唐山市地名文化丛书

唐山市地名故事

TANGSHANSHI DIMINGGUSHI

唐山市民政局 编

中国社会出版社
国家一级出版社·全国百佳图书出版单位

图书在版编目（CIP）数据

唐山市地名故事／唐山市民政局编．—北京：中国社会出版社，2019. 10
（唐山市地名文化丛书）
ISBN 978-7-5087-6365-1

Ⅰ.①唐…　Ⅱ.①唐…　Ⅲ.①地名—介绍—唐山
Ⅳ.①K922. 23

中国版本图书馆 CIP 数据核字（2020）第 109399 号

丛 书 名：唐山市地名文化丛书
书　　名：唐山市地名故事
编　　者：唐山市民政局

出 版 人：浦善新
终 审 人：王　前
责任编辑：张　迟

出版发行：中国社会出版社　**邮政编码：** 100032
通联方式：北京市西城区二龙路甲 33 号
电　　话：编辑室：（010）58124856
　　　　　销售部：（010）58124850
网　　址：www.shcbs.com.cn
　　　　　shcbs.mca.gov.cn
经　　销：各地新华书店

中国社会出版社天猫旗舰店

印刷装订：北京虎彩文化传播有限公司
开　　本：185mm×260mm　1/16
印　　张：34. 5
字　　数：550 千字
版　　次：2020 年 7 月第 1 版
印　　次：2020 年 7 月第 1 次印刷
定　　价：150. 00 元

中国社会出版社微信公众号

—编纂委员会—

—编辑部—

前　言

唐山位于冀东平原，北依燕山，南临渤海，物产丰富，交通便利，享有“北方近代工业摇篮”的盛誉。唐山有着悠久的历史文化。早在4万年前人类就在此劳作生息，商代属孤竹国，战国为燕地，汉代属幽州，清代属直隶省永平府和遵化直隶州，1938年正式建市。在数万年的历史嬗变过程中，唐山积淀了深厚的文化底蕴，有众多的历史遗存，也产生了许多富有历史价值和丰富文化内涵的各类地名。这些地名真实记录了历史沧桑、地理变迁和文明发展，形成独具地方特色的地名文化。

《唐山市地名文化丛书》通过对地名的解读，还原唐山文化记忆，有助于积累和保存地名资源，传承和弘扬地名文化，提高唐山人民对本地文化的认同感、自豪感，推动地名文化可持续发展。该套丛书分为《唐山市政区地名文化通览》（上、下）、《唐山市地名故事》两部，第一部已于2019年出版，《唐山市地名故事》作为丛书第二部，历时3年收集整理而成。

地名故事涵盖了老马识途、唐王东征、长城抗战等历史典故，种石得玉、九牛驮泉成陡河、灵山秀色景忠山等民间传说，提马越河、称土立衙、神龟背上蚕沙口等趣闻趣事，或记录人文历史，描绘自然景观，亦或寄托思想情感，共收集了251篇，分类收录于城镇溯源、乡村逸闻、山水传奇、匠心揽景、革命遗迹、探古寻踪六个篇章，透过这些地名背后的故事，倾听历史的低语，触摸文化的脉络，感受岁月的变迁。编纂过程中，由于资料有限、经验不足，错漏之处，敬祈教正。

目　录

城镇溯源

稻地镇

稻地镇历史悠久，民风质朴，文化气息浓郁。南宋时期唐山大地为金国地域，金章宗明昌元年（1190 年）建镇，至今已有 800 余年。为古滦州四大名镇之首，现属唐山市路南区管辖。稻地镇，读其地名即可知为种稻之地。

千余年前，这里是一块极低洼的濒海地区。元仁宗时，虞集（字伯生）官拜祭酒，曾与仁宗谈起京师仰仗东南一带以海运输送粮食，实在是严重耗费民力，于是进言道："京师东方滨海数千里之地，都是芦苇丛生的荒地，北从辽海，南到青州、齐州，潮每日冲击，长期以来已淤积为可供耕种的肥沃之地。如果用浙江人的方法，筑堤挡住潮水，可使成为耕地。让想做官的富人分领这些田地，由官府加以规定，有办法找到 1 万人耕田的，就给他 1 万人份的田地，让他做这 1 万人的首长；以下 1000 人、100 人也如此办理。3 年之内看结果，由朝廷依土地的肥瘠程度定额课税，依等级征收。5 年之后能有积蓄，就任命他做官，以其所积蓄作为俸禄。10 年后赐他符节印信，使他能流传给子孙。这么一来便可得到数万民兵对内卫京师，对外防御海贼，而且不必仰赖东南海运，使百姓得以休息，又可借富人的能力，让京师得到充足的粮食供应，四处游食的百姓得到归宿，自然不会做海贼了。"但因朝廷上下评论不一，遂不了了之。

元朝末年，海运受阻，宰相脱脱提出：京师近海，深得地利，招募江南人来耕种，不必仰赖海运，京师也可以足食。至正十三年（1353 年），设立分司农司（官署名），以右丞（掌管钱谷的官）为大司农卿，给分司农司印，投入 500 万锭银子。脱脱又模仿前集贤学士虞集的建议，在江淮招募能种水田及修筑园圃、堤防的人各 1000，担任农师，教农民修堤筑坝，种植水稻。又设一些有名无实的职位，以十二道令牌宣称：能招募 100 个农民的人，授予正九品官，200 人的正八品官，300 人的正七品官，由招募者自行领导管理，所招募的农民，每人给 10 锭银子，一年后放回家。经实施一系列措施，京东一带水稻获得大丰收。稻地因土质肥沃，广植稻田而得名。

元末由于战乱，这一带人口锐减，满目荒凉。明立国后，明成祖朱棣下诏由人口稠密的黄河流域向北方大批移民，稻地经济又开始繁荣。明宣德年间，与安机寨称土立集后，稻地店铺林立，商业繁盛，形成一个大乡镇。据传，当时安机寨对在稻地建镇立集不服。双方争执不下，就提出了"称土立集"的折中方案（相当于现在的抓阄儿）。取安机寨和稻地同等体积的土壤，以秤约之，选分量重者为先。结果，稻地土壤因重于安机寨取胜，遂定稻地为镇，并建立集市，使稻地成为手工业者和商贸的杂居之地。

清光绪二十七年（1901 年），始建稻地大桥。大桥横跨陡河，形成了贯通南北的桥头横街；把稻地本街（今二村）和以桥命名的桥东、桥西、西门外、龙凤庄等部分，联结在一起，扩大了稻地镇区域范围，形成了古镇式的十字街格局。市井的建筑群，多是仿庑殿顶和歇山顶出檐明柱封闭型的院落。清中晚期的稻地状似一座城堡：几个城门遥相对应，大街两侧建筑林立，气势恢宏；镇内有文昌宫、火神庙等庙宇 13 座，每逢庙会，热闹非凡。至清光绪三年（1877 年），稻地已名噪京东了。

但是，历史的发展总是曲折的。正因为稻地的古老文明繁荣名噪京东，也同时给它带来了许多灾难。日伪和国民党反动派统治滦县时期，相继在这里设立区公所、警察局，组织反动武装民团改为滦县八区。安上据点，修筑碉堡炮楼，废街道的闾邻户为保甲组织，把稻地推向水深火热之中。哪里有压迫，哪里就有反抗，正因为这样，稻地也是革命的发祥地。1930 年秋天，京东特委负责人宋维新到稻地南关小学开展工作，发展了小学教员赵玉清入党，与毛树德组成了第一个共产党支部。1938 年，稻地附近于庄子于小泉率众 300 余人，参加了冀东抗日大暴动，与八路军高小安部队配合，赶走了稻地伪商团。

新中国成立后，古老的稻地蒸蒸日上，镇中繁荣景象不减当年。位于集镇中心的稻地二村发挥集镇交通便利、劳力充足的优势，不仅办起了猪毛加工厂、绒毛加工厂，使传统加工业得以恢复，而且兴办了服装、草药、木业、棉花、电焊等加工厂和打井、建筑、养鱼等工副业，饭店、影院、缝纫、百货等多种服务性商业也遍布街面。

600 多年前广袤的稻田已湮没在历史的烟尘中，唯有“稻地”这个名字代代相传，记忆着它的历史。如今，镇内古建筑因年代久远及地震损毁均不可寻，唯有清代集资修桥的残碑和两对清代石狮伫立桥头，见证着古镇的兴衰沉浮。“今人不见古时月，今月曾经照古人。”现今的稻地镇地理位置优越，处在唐津高速公路与唐柏路、205 国道交会区，是发展物流、运输产业的首选之地。稻地人在实现中国梦的征途中描绘着辉煌的画卷……

古冶得名之谜

说冶，很不容易。通常，提起冶就会想起冶炼、冶铁。不过，冶不只是冶炼金属，还有冶炼培养、锻炼人才的含义。例如，王安石上皇帝万言书：“冶天下之士而使之皆有君子之才。”冶还有艳丽多姿的含义。例如，李斯的《谏逐客令》一文曰：“佳冶窈窕，赵女不立于侧也。”美女如美丽得让男人痴迷而影响事业或去干坏事，就又有了“妖冶惑人”的贬义。冶还有田野的含义，如乐府中春歌一诗有“冶游步春露”的诗句，其中的“冶”即为田野的含义。冶还是地名，全国许多省份有带冶字的地名，在唐山至今留有四处：古冶区、开平区的冶里，丰南区的东老冶和西老冶，还有一处为遵化市的铁厂镇，古时的白冶村。地名中的冶为古时冶铁之地，都与冶铁的历史联系在一起，其中古冶如今已是唐山市一个区。而古冶却是个令人着迷的地名。

首先要了解冶铁的历史。一般教科书中，都将冶铁技术的成熟和在生活中的应用定在战国时期，齐国首先推行铁器的使用。但这种提法早已被打破，在20世纪50年代出版的《中国通史简编》中，大史学家范文澜就留下了这样的话：“铜的熔点为1120摄氏度，铁的熔点为1200摄氏度，只差80摄氏度，说西周时不知炼铁，很难说得通。”范文澜认为早在西周时期就应已掌握冶铁技术。老先生确有先见之明，在其后的几十年中，史学界在甲骨文中发现了钛、铗、铊等字，钛为铁钳，铗为持铸铁锅的工具，铊为圆形切割铁的工具。甲骨文为商朝文字，可以说商朝已掌握冶铁技术。而在河北藁城、北京平谷，都出土了铁刃铜钺，先锻打成铁刃，再用青铜浇铸成器，这就将冶铁史推进至商朝。而近代史学者的研究已将先人接触冶铁的历史推至黄帝、蚩尤时期，留存下来的许多资料都说明中国历史上曾有过铁器时代。《皇观》一书载：“有蚩尤弟兄七十二人，食铁石。”并不是说蚩尤他们能将铁矿石吞下去，而是说蚩尤他们靠采铁矿石为生。而远古时，人们开山用烈火烧山，用冷水浇山，炸开山石，铁矿石与木炭一起燃烧，铁液流出化作原始的带孔的铣铁，即俗称的疙瘩铁、蒜头铁，而这种原始铁块在900摄氏度下即可变软，所以上古时人们冶铁应是蒜头铁。《尸子》一书载：“造冶者蚩尤。”而《管子》一书记载得更为详细：“葛卢之山，发而出金，蚩尤以为剑、铠、矛、戟。”明确记述了蚩尤在葛卢山采矿冶铁，可见蚩尤族开采铁矿石，冶铁规模不小。所以在《孔子三朝记》中，孔子曰：“蚩尤，庶民之贪也。”同时，文史也大量记述了黄帝族与冶铁的事情。《山海经》载：“黄帝问伯高，伯高对曰，‘上有丹砂者下有金，上有赫者下有铁’。”《风胡子》一书载：

“黄帝以玉为兵。”这些记述说明黄帝深明探寻铁矿石的地脉形成，开采铁矿石是黄帝族的衣食来源之一，而且黄帝族将铁矿石制作成兵器，即打磨成六角形的玄玉弹。六角形的玉弹不仅锋利，而且是黄帝族的图腾天鼋的图形，成为识别本族人的标志。而唐山的迁安市是“轩辕之丘”所在地，是黄帝族人所在地。在迁安谌新庄一带的田野里，经常会找到六角形的天鼋石。所以说在黄帝、蚩尤时期已有冶铁是有可能的。

夏商周三代对铁禁忌，称之“恶金”。夏商之时，便收“天下铜铁，以铸九鼎”。而春秋时期，用铁铸鼎称“锕鼎”，上面刻着严厉的刑法，只有周王有这样的权力。晋国曾私自冶铁铸锕鼎，遭到诸侯国的反对，孔子也反对，认为“晋其亡也，失其度也”。可见在春秋时期，冶铁使用“恶金”是失其国度的大事。即便齐国大量冶铁，但也不得不遮掩说：“美金以铸剑戟，试诸狗马；恶金以铸夷斤，试诸土壤。”说明齐国炼铁只是用来做农具而已。显然，从黄帝、蚩尤时代至春秋战国，对铁的冶炼一直未间断，只是对铁的禁忌法令太严厉，所以使这段历史为后世所疏忽。而《山海经》和《管子》两部书中留下相同的记述：“出铜之山四百六十七，出铁之山三千六百九十。”足以说明春秋战国时人们对铁的重视程度。至秦统一中国，民间已有许多冶铁致富、富可敌国的大户。

至汉武帝，收回冶铁权，实施国有官营，在全国出铁处设铁官 48 处。京东大地蕴藏着丰厚的铁资源，从遵化到迁西，从迁安至滦州市，含铁山脉连绵起伏，到处可见露出地表的红石山、铁石山。汉朝时已在这里采石炼铁，在夕阳设铁官。夕阳即今日的玉田县。汉朝时冶铁的管理分为三级，在朝廷设有总管的铁监，在出铁之地设有铁官，铁官之下设“冶”，冶为开采矿石、冶铁铸铁之地。古冶在汉代时称为“千斤冶”。至此，我们就清楚了，凡有冶的地名，都始建于汉武帝时期。至今在古冶镇的北部红石山上仍有古时采矿的坑洞，还有散落的一块块的蒜头铁。古时冶石炼铁是件庞大的工程，以木炼石，兴师动众，每次冶炼中，用上百人或上千人。所以，在汉朝时，古冶称千斤冶，年产铁千斤以上已是重要的产铁基地，全国的产铁量在几万斤左右，到了唐朝方达到两位数以上。至宋朝时，开始用煤炭炼铁才有了铁产量的大幅增长，至王安石变法期间，最高年产铁量曾达到 1460 万斤。

然而，古冶并非只在汉武帝时才有冶铁，其冶炼史可追溯到商朝。1984 年的《考古文物》第六期刊登了文启明先生的文章《冀东地区商朝时期古文化遗址综述》。其文记述：“我们在古冶遗址中，还采集到一件铸造铜斧的石范，石范长 8.6 厘米，宽 4.6 厘米，厚 1.6 厘米，斧形扁体宽刃。鉴的两端有平行凸出的两条擴棱，出土时还有残留的青铜颗粒。可见冀东铸造和使用青铜器的历史已很悠久，古冶出土的青铜器和石范为研究殷商高度发展的青铜器文化提供了线索，为探求我国古代青铜器起源和发展提供了线索。”所以说古冶的冶炼史可上溯到商代，至今已有3000多年的历史。

冶里在古冶西边20余里的陡河岸边，古时为滦州名胜之地，山清水秀，有巍山飞瀑、风洞飞虹、白云松涛三大景观。相传为铁官来千斤冶时的食宿下榻之地。夕阳至千斤冶约一两天的路程，来此后由里长安排食宿车马，休息一夜再到烟尘滚滚的冶炼之地巡查，也算想得周全。

至辽代，京东一带的冶铁有较大发展，在幽燕一带设有17处，年产铁1600万斤。至明永乐年间，唐山冶铁业达到高潮。至明朝，冶铁业发展迅速。洪武末年，朱元璋下诏，取消了民间采铁的禁令，“令民得自采炼，每三十分取二”。各县都有采石的、打铁的，甚至以铁为业，聚居成庄，名闻四方，至今仍留下17处带铁字村庄名。

至明朝时，古冶镇制造的斧锤剪和农耕用具已经名扬滦州，吸引大批移民来此建庄，在周围建庄64处。移民的增多，又促进了古冶铁业的发展，每年三月二十八定为铁器会，并演化出铁匠的先祖古爷来此定居冶铁的传说。每年这一天，天南地北的商人、艺人云集古冶，成为滦州最热闹的铁器交流贸易的集会，镇内3里多长的东西大道摆满了明光闪亮的刀具、农具，人山人海，车水马龙，热闹异常。铁匠会一直延续至今。

古爷在此开炉打铁的传说，也并非子虚乌有。古冶镇确有古姓家族，其宗族中的古恒，为20世纪五六十年代工人作家，他对此有过讲述：古姓先祖于大明永乐年间迁来，先祖为军中工匠，都是善于打制刀具的高手，因此融入民间，其手艺便有过人之处，所以都慕“古爷”之名而来，古冶便成了一方地域的代称。但正史县志中均为古冶，“古爷”均为民间口语俗称。

至此，揭开了古冶得名之谜，可以得出这样的结论：商朝时古冶已有冶炼活动，到汉朝时已能冶铁，明之前为“千斤冶”，明之后逐渐演化成古冶。清末在此开矿挖煤建车站，使古冶逐渐繁荣起来。今为古冶区。

作者：闫克岐

奇观寺庙话林西

提到开滦矿区，便想到百里煤海。这里每寸土地都留下了厚重的历史和动人的故事，成为唐山史话中的精彩篇章，比如古冶区林西街道。明永乐二年（1404年），林西庄属滦州孩古社，东林东、西林东属滦州广益屯。清光绪十五年（1889年），林西矿建成后，林西庄、东林东、西林东连接成片，统称林西。

林西在明朝之前称为岑东和岑西，岑东有一村落，岑西则为荒野。与岑东相近有一元代聚落“海子沿”。明朝之后，这里移民倍增，岑西开始有人居住。人们在村边岑上种植林木，于是槐树成林，便唤成林西庄、东林东和东林西。但东林东和东林西仍为人们主要聚集之地。

东林东至东林西的北面有两座小山。一为白马山，二为鸡冠山。白马山上建有望海寺，鸡冠山上建有天齐庙。

有人说小山形状像一马头，但林西一带的山石皆为红色，为何称白马山呢？而这一带又没有海，为何又在山上建有望海寺呢？这的确给后人留下了难解的谜团。但山上望海寺确有与其他寺庙的不同之处。寺不大，却都是双层楼阁，木结构，显然，这是明朝之前的寺庙。因制砖技术至明朝方在北方普及，此前的辽、金、元三朝，只是在建塔时使用昂贵的砖。寺中下层供奉着如来佛祖，但上层却是唐太宗的塑像，两侧墙壁是太宗征东在此登山望海的故事。为何唐太宗要高居佛祖之上呢？因为古代讲究三教九流。三教即佛、道、儒。九流的等级划分却有两种排列，信佛和僧者则排列成“一流佛祖二流仙，三流天子四流官……”，将佛祖排列为首。但儒家排列则是“一流天子二流官，三流佛祖四流仙……”，将天子列为首位。显然这座寺庙应为世俗民间的儒者牵头集资建寺。而在这一带又流传着唐太宗在此骑白马登山望海的故事，也就解了红色山石却称为白马山的渊源。

既然是唐太宗登山望海，海从何来呢？其实在唐山大地不仅此处有望海寺，迁安龙山、丰润腰带山都有望海亭，山下都曾有“海”。海的原义是近岸为海，远海为洋。但内陆一池汪洋之水也有湖、泊、泽、海之称，所以白马山下的“海”是这里曾有过湖泊。水又从何来？《滦县志》有明确的记述：“大沙河发源于迁安西南草来子屯。由沙河驿南流，折西南过海子沿，向丰南地界。每夏秋洪水涨发，势甚奔腾，海子沿低阔，湖水终年不竭，其它处则时而断流。”至此，我们知道此处确有湖泊。同时，“海子沿”的村称告诉我们，这是一处元朝出现的村落。因蒙古人将湖泊称为“海子”，村在沿岸，故称“海子沿”。因此告诉我们，山上的望海寺为元朝时所建。而寺中将唐太宗皇帝塑于上层，隐含着民间期盼出现唐太宗这样的英雄，改变元朝的统治。

在红色岩石的鸡冠山上有一突兀的巨型红色片石，宛如鸡冠，称之鸡冠山倒也相符。到了清朝，有一云游道长见此鸡冠突兀，深知此乃风水宝地。于是在山上搭棚屋住下，四处化缘集资建起庙宇，庙内供《封神榜》一书中的殷商大将黄飞虎，相传他降妖避邪，赐福民间。道长去世后，住进了尼姑，将塑像改为佛祖，天齐庙改为尼姑庵，香火依然兴旺。但最吸引人的是此山下有宝的传说，说每天黎明鸡冠山传出声响，犹如鸡鸣，有土地神来此送宝，于是有两位南方人来此循声觅宝。每天黎明时刻，二人便耳贴鸡冠谛听传来的声响，将发出声响的方位用石块记下。几年间，两人用光了山上的石块也未觅得宝物。其后寺庙为土匪占据，乱世中寺庙消亡。

不过，到了大清光绪二年（1876 年），唐廷枢来开平考察，从开平到古冶，一路勘察却发现了这一带地下有宝，接着建立起开平煤矿。到了 1887 年冬，开始在林西开凿南井，即今天的三号井，第二年打成，同年开始出煤。从此，不仅做工者来自四面八方，商业也应运而兴。当铺、药房、饭馆、浴池、洗染店、裁缝铺，鳞次栉比，连成一片。林西也随之繁华起来，于是就有了渔市街、中横街、小山街、大庙街、新立大街等。林西成为这一带象征。1890 年唐胥铁路又向东延伸至古冶，林西矿羽翼丰满，煤炭直接走铁路至天津。随之机厂、发电厂、洗煤厂均建于林西，林西成为了东三矿的核心，林西二字也成为了唐山大地一个永久响亮的地标。

望海寺、天齐庙早已消失，白马寺、鸡冠山已被荡平，高楼林立起，但这些历史文化足迹在告诉世人，开滦矿区也是唐山史话的丰茂之地。

作者：闫克岐

卑氏留名卑家店

在唐山展现民族团结的历史文化中，最值得重彩一笔的是古冶区卑家店镇。它与一位鲜卑族的鲜卑仲吉的名字连在一起。鲜卑仲吉的先祖在南北朝时迁居到今万山脚下。他的先祖不但善于狩猎放牧，而且重视向汉民学习种植和农耕技术。几代人下来，卑氏家族在万山脚下有了自家的牧场。牧场内，绿草丛中风吹草低见牛羊，有自己的庄园和田地，每当秋熟时节，卑氏家族乘坐着鲜卑人特有的大轮车，往返于田间收谷，往返于果林摘果，坐在大轮高车上哼唱着鲜卑人最爱听的“疏勒歌”。鲜卑仲吉的祖先成了这里的望族。

鲜卑仲吉的父亲鲜卑彦明是个能精讲四书五经的儒学大师。鲜卑仲吉在父亲的教诲下，从小就非常注重“孝养尚气节，好给施”。他家虽广有资财，却从不张扬。他从小就养成了与民相近、常做善事的性格，凡有穷人上门讨借或僧尼上门化缘，都会尽力相助，决不让来者空手而去。相传在他 12 岁那年，有一天，他正和下人在田间收谷，忽然，田边的茶马古道上，一辆马车失控狂奔，连车带人翻到沟下。他立刻带领下人相救落难之人，扔下田间收谷的活儿，用大轮车将一个素不相识之人，送到七八十里外的滦州府城就医。事后，滦州府来人到卑家致谢，这才知道被救者是滦州的信使。鲜卑仲吉的善良和无私助人，广获乡中父老的好评，滦州知府也很看重这个知书懂礼的少年。

年龄稍长之后，滦州知府派他到迁安一带管理官府的栗园。他管得有条有理，按时锄草，定时施肥，栗树绿油油，栗果满匝匝的。然而每到了秋天，常有四周的穷人到官府栗园偷摘栗子，他常常装作不知，有时下人抓到偷摘栗子的村民，他也有意将穷人放走。他对下人说，这些官园的栗子，是为官者的滋补品，而那些偷摘栗子的穷人是因饥饿所迫，才不得已而为之。他还动情地吟诗一首：“官园果栗甜可期，农夫偷栗实为饥。君子不可争其短，人到温饱知礼仪。”下人听罢，对他更加敬重，四周饥民也十分感激他。由于他的宽容大度，使得滦州一带鲜卑人和汉人和谐相处，平安无事，他也名声日重。他 29 岁那年，升任滦州节度使，管辖滦州的行政事务。

然而，他就任滦州节度使期间，却是金国灭亡的时代，蒙古铁骑攻克幽州，一场血染滦州的战事随即到来，滦州百姓惶恐不安，有的已是全家逃亡。他单身前去蒙军大营，面见元主，以保全滦州百姓为条件归顺元军，使滦州免遭战祸。之后，他信守诺言，随元军南征北战，屡建战功，其后官至阿木鲁南征右副元帅，元主统一北方后，鲜卑仲吉随元主过江灭宋。在攻克邳州后，有的元将主张屠城，将汉人全部杀掉，认为："汉人无补于国，可悉空其城，以为牧地。"其他元将也随之附和。鲜卑仲吉力排众议，犯颜直谏，向元主指出，江南乃鱼米之乡，为建国之根本，又指出得汉民心者得天下。结果说动元主，保住了邳州上万汉人的性命。这段故事，至今仍在今江苏邳州流行。由于鲜卑仲吉在汉民心中威望极高，因此他升任为河北诸路汉军兵马都元帅、右监军，后又升至永安州节度使，兼滦州管内观察使和提举常平仓事，位至开国侯。

鲜卑仲吉虽位至极臣，但他处事冷静，极看重民族和解和与民相近。那时汉人反元是常有之事，一次，汉人苏椿率众反元，他随军平叛，胜后，主将想把战俘全部杀死，鲜卑仲吉当面阻止，他反问主将："椿反，与百姓何与?"由于他的官位和他的力争，保全了众多战俘的性命，一人未杀。鲜卑仲吉虽位高权重，但他经常回到滦州，与乡民同聚，乡民多感他的恩德。他一生之中有五妻十子三女，于元朝大德八年（1304 年）病逝，终年 57 岁。乡人为他在滦州万山脚下建墓立碑。其后人依然住在万山一带，为卑家庄。

明永乐之后，京东遍是军营和军垦户移民，万山脚下也迁来大量军垦户，为三百户营，人员流动增多，于是卑氏后人便在此开店。由于卑氏家族广有资财，又恪守与民相近的祖训，在此开店获得成功。日久，人们来此尽知卑家店而淡化了三百户营。在历史的长河中，卑家店作为地名留存了下来。

作者：闫克岐

开平名缘“开国平安”

开平位于唐山市城区东部，距市政府驻地约 9.5 千米，现为开平区政府和开平镇政府驻地。

开平有着悠久的历史。唐、虞、夏为冀州地，商为孤竹国，东周春秋为山戎地，战国属燕地，秦时属辽西郡，汉属右北平郡，三国属魏，晋属辽西郡，南北朝属平州辽西郡肥如县，隋属北平郡卢龙县〔隋开皇六年（586 年）省肥如入新昌，十八年（598 年）改新昌为卢龙〕，唐代属平州石城县，五代十国属契丹地，辽、金属石城县，元属义丰县。明洪武二年（1369 年）撤义丰县，辖境属滦州和丰润县。明永乐元年（1403 年）二月，朱棣将设在真定府的开平（意为开国平安）中屯卫徙置石城废县地。永乐二年（1404 年）滦州始编屯社，旧石城县治编为义丰社开平镇，开平得名。清、民国沿用明制至 1948 年 12 月 12 日开平解放。

清光绪四年（1878 年）开平矿务局在开平成立后，随着人口增加，豪商富贾纷纷开设店铺、烧锅、粮栈、绸缎庄和当铺等，开平镇东、西、南、北 4 条大街商店林立，参加旧商会能登银市的就有 50 多户。另外，还有一批未入商会的小商号、饭馆、理发馆以及大量街头摆摊和赶集的摊点。镇内有 2 个剧院，5 座寺庙。1888 年，传统的农历五、十大集和二、七小集开集后，每逢集期和庙会期，农副产品充满大街小巷，四乡农民云集开平，游览和贸易十分活跃。开平老酒醇香浓郁，行销冀东，远销山东、烟台等地。这里的市场贸易，西达天津，北通口外，商贾辐辏，财贸丰盈，因而广为流传“拉不尽的开平粮，填不满的开平城”之说法，成为开、稻、倴、榛“京东四大名镇之首”。

新中国成立后，开平镇属唐山市五区。1956 年 10 月与唐山八区（碑子院区）、九区（洼里区）合并为唐山市郊区。1961 年 6 月成立开平区。1965 年 8 月为唐山市郊区。1982 年在地名标准化处理中，按驻地名称改开平区，沿用至今。

说起“开平”二字却非土生原配。相传，最早名标史册是在汉朝，即《汉书》记载：“高祖十二年，燕王卢绾反，使周勃、樊哙击绾，破绾军平定反叛，赦吏民与反者，立皇子建为燕王，设石城县。”又有《中国历代行政区划》载：“右北平郡领九，石城、无终、俊靡、徐无、夕阳、昌城、土垠、平刚、广城。”汉朝之后淹没于史册之中。不过均以右北平代称，邑人留有“冒雨抵开平”一诗：“瘦马随饥仆，迢迢古北平。歧路回积水，寒雨入秋城。地僻炊烟少，年荒酒味更。客怀正无赖，愁见雁南征。”显然唐之前这里已有土城、酒家，已是去北平途中的食宿之地。至大唐武德之年升为石城县治，也说明至唐朝时，今开平已是这一带较大的聚落、最“繁华”的地方。《滦县志》载：“唐高祖武德元年戊寅，改平州郡为北平郡，临榆县东部入卢龙，西部设石城县。”

此后至明朝几百年的风风雨雨和朝代更替中，石城县也经历多次变更。大唐贞观十五年（641 年）复改为临榆县，至武则天万岁通天元年（696 年）改临榆县为石城。至北宋宣和年间改石城为临关县，又称临闾县。辽时划入滦州，仍为石城，辽太后喜游唐溪，在石城建有“月榭风亭”和“莲池柳岸”二景。至金朝时仍为石城，金主在今唐山有两处行宫，《滦县志》载：“一在玉田偏林，一在石城，金大定二十年（1180 年）春，金主幸石城县行宫。”金时还建有兴福寺，即《滦县志》所载：“有兴福寺，开平镇，金大定年间勅建。”因金朝时，不许民间建寺，所以多“勅建”二字。至元朝时仍为石城，也得到朝廷的重视，曾在这里建有学宫。《滦县志》载：“至元五年（1339 年），县尹谦，修石城学宫。”又载：“石城县学宫在南关外，元时建，石城县令尹谦，县监怯烈木丁，教谕董持敬等兴修，始于至元五年（1339 年）正月，于至元六年（1440 年）四月落成，今开平南门外有文昌宫。”元朝后期，又将石城入义丰，为义丰县治。这时的开平一带已更加富饶，有石桥酒店，有金色粮仓，有绿色瓜架，有遍地棉花。邑人留有《秋日》一诗：“秫篱低护老农家，十里西风酒旗斜。积水夕阳山数点，石桥疏柳路三叉。黄澄岁晚千仓粟，牵裙提衣采棉花。”

到了明朝，开平为重要的京东三卫之一。京东三卫是天津卫、开平卫、三屯卫。《滦县志》载：“开平中屯卫，洪武二十九年（1396 年）置于沙峪，永乐元年（1403 年）二月徙至石城，遂废县。”又载：“开平城，明之中屯卫也，原设口北宁沙岭，永乐元年（1403 年），移置石城，元之义丰旧地。”沙峪即宁沙岭，在今内蒙古闪电河南岸一带。上述两段记述，使我们清楚地知道，开平中屯卫是从内蒙古的北地移来，开平从此得名。至此不禁要问，朱元璋极为重视对元朝残部的防卫，在北边宁沙岭设开平中卫，寓意“开国平安”。而明成祖为何将这样重要的军事驻地移到开平呢？原因有二：一是明成祖曾多次亲率大军追击北元残部，至明成祖登基时，北边已经安定，北元已无力南侵。二是明成祖迁都北平，开平城对他太重要了。建文帝登基之后，锐意削藩，在削平五王之后，直指为燕王的朱棣，令其心腹谢贵任北平都指挥使，掌握军权。命张昺为北平布政使，掌握行政权，并将燕王府的精锐护卫部队调往开平，命宋忠率兵 3 万驻守开平，既控制了燕王的精兵，又对北平形成包围之势。此时燕王的处境危在旦夕，然而，派往北平监视燕王的张信投向燕王，向燕王告密。正在途中的燕王和部下张玉、朱能率领仅能从开平驻地调动的 800 士兵，星夜赶回北平起事，用计杀掉谢贵和张昺，所以在开平留下了燕王马越唐溪的传说，留下了如今越河的地名。之后，宋忠诈称禁卫军士兵的家属已被燕王杀害。燕王闻讯后，让禁卫士兵的家属打前锋。结果，士兵们阵前倒戈，宋忠大败，开平落入燕王手中。所以，燕王登基迁都北平之后，极为重视开平，建立中屯卫，派重兵驻守，并在开平外围设两处驻军点，作为开平的岗哨。因明朝时军队每甲为 10 人，两处各驻兵 60 人，因此在开平区又留下了大六甲和小六甲的地名。

（在撰写此文时参阅了《开平文史资料》中的相关文章和《解读唐山地名》及《唐山近代史纲要》等书籍中的部分内容。如内容有出入，以原著为准，并恳请知情者给予补正，将不胜感谢。）

作者：赵晓楼

栗园源自旅缘

开平区栗园镇，因政府原驻栗园村而得名。但在文字记载中，栗园这个地方不要说从未有过栗园，就连一棵栗树也没有，怎么会叫栗园呢？这和当年称路庄的道边小店有关联。

栗园村这个地方，在唐代已形成村落。1972 年，栗园村村民平整土地时发现一眼古井，井旁立一块石碑，上面写着“路庄”。据悉，此井为路庄所建。元代敦武校尉路进兴就出生在路庄。路氏曾是栗园村的兴旺家族。路氏家族中，曾有一个年轻人叫路一。他头脑灵活，心灵手巧，待人热情，善做生意。当时由乐亭经丰润到玉田有一条交通要道，来来往往的客商很多，这条大道正好从路庄通过。路一抓住了这一商机，在道边开了个小店。小店虽然建起来了，但生意却不是想象的那样红火。

夏季的三伏天，天气说变就变。一天下午，突然下起雨来，店里没有客人。路一便坐在屋檐下无目的地望着大道，一会儿，一个撑着雨伞、斜背着包袱的人走了过来，看样子是位读书人。路一急忙起身说：“快到屋里避避雨吧。”读书人进到店内，路一帮他脱下被雨淋湿的衣服，又麻利地为他做好了饭菜，使读书人觉得像到了自己的家，边吃边与店主人聊天。读书人问路一：“你这店怎么没个招牌？我原以为是农家呢。”“唉！”路一叹了口气，有气无力地说，“这生意不景气，还弄什么招牌。”读书人说：“没招牌，谁知道这里是旅店，又有谁会来这里呢？”路一听了，茅塞顿开，一拍大腿说：“您说得对呀，是得弄个招牌。”路一给读书人斟了满满一杯酒，说：“这小店还没名字呢，您见多识广，给小店起个名字吧。”读书人拿起杯来一饮而尽，说：“好！你是开旅店的，我是住旅店的，你我都沾一个‘旅’字，今天我们相遇，交上朋友，这就是缘分，我看这店就叫‘旅缘店’吧。”路一说：“太好了。”回身又倒来一壶酒，说：“咱们交上了朋友，送你一壶，喝完这壶，您再给我起个名字吧。”读书人听了一愣，说：“什么？你还没名字？”路一接着向读书人说：“要说有就算有，要说没有也没有。我们家哥三个，我排行老大，小名‘大一’，我姓路，所以大名就叫‘路一’，人们平时也叫我‘路幺’或‘一路’。与旅缘店相比，这叫啥名字呢。”读书人听了点点头说：“可也是，你是开旅店的，这路幺与路遥音相近，旅客不喜欢。应起个旅客爱听的名字。旅客爱听，自然爱来，旅客多了，生意自然兴隆。”读书人在问明路一起名时对长辈无须避讳什么字后，说：“我看就叫‘路平安’，也可叫‘一路平安’。”听罢，路一高兴地双手紧扣，向读书人作揖、道谢。

第二天，路平安不仅按读书人的要求找来了松木板、松杆，请来了木匠，还另请来了四位邻居和老族长。请他们来，名为帮忙，实则是让他们传播消息。读书人指点着木匠做旅店的招牌，路平安则带着邻居们先将松杆要埋入土里的部分用火燎出一层黑炭，以防腐烂。松杆竖起后，在松杆的上端，高高地固定着两块刻有“旅缘店”三个黑色阴文大字的招牌，每块招牌都迎着大道上的来人。

路平安在店内备好了酒菜，宴请大家。席间，路平安说：“从今，我的小店有了招牌，我也起了新名字，大家今后就不要再叫我路幺了。以后，对来店旅客，我要用店名‘旅缘’相迎，用我的名字‘一路平安’相送。”老族长和四位邻居连声说：“好！好！”并对饭菜赞不绝口。路平安乘势说：“今后谁家来了客人，就带到这里，我一定盛情招待，让各位不丢面子。”读书人岔开话题，对路平安说：“昨晚我觉得客房特别凉快，完全没有闷热潮湿之感，睡得特别舒服。从你将松杆燎出一层黑炭来看，这客房你也一定是用了妙招。”路平安笑着点了点头，并没说出是何妙招。在座的各位很惊讶，你看看我，我看看你，窃窃私语。老族长站起来说：“不管什么妙招，什么秘方，咱们共同举杯！”于是大家酒杯碰在一起，共同祝愿店主人“生意兴隆、财源广进”。

接下来的日子，“路庄的旅缘店饭菜味美价廉，客房夏凉冬暖，店主路平安待人热情诚恳”的消息不胫而走，旅缘店声名鹊起，旅客纷纷慕名前来，“抬腿就想路平安，落脚就在旅缘店”成了这条道路上旅客的口头禅。在以后的经营中，旅缘店还创出了让栗园村至今仍有“肉饼村”之称的招牌饭——旅缘肉饼。没过几年，小店就扩大了门店、增加了客房、盖起了车马草料棚，还兼营杂货店。小店变成了大店，路庄的名字被旅缘店取代了，人们开始称路庄这个地方为旅缘店。

不知过了多少年，固定招牌的松杆倒了，招牌也不知下落。见不到字，只能听到音的旅缘店被讹传为了栗园店。

又不知过了多久，这里因有店而兴集，成了栗园集。到了20世纪30年代后期推行编乡制，栗园因是滦县第9区第32编乡驻地而称栗园镇，不过当时的“镇”与今日的“镇”意义完全不同。新中国成立后，栗园村在1963年为栗园人民公社办公地，1984年为栗园乡政府驻地，1993年为栗园镇政府驻地。

作者：王凤琴

燕王提马越陡河

越河镇位于开平区南部，因镇政府曾驻越河村得名。“越河”这一地名历史悠久，与明朝燕王朱棣有关。

朱棣是明朝开国皇帝朱元璋的第四个儿子，他被封为燕王，王府在北平。明朝洪武初年，虽说明政权已建立起来，但是元朝依然占据着北方。燕地与蒙古接壤，因此朱元璋经常派朱棣出塞巡边。一次，他领兵穿过茫茫草原，出其不意地逼近敌营，迫使敌军首领乃儿不花不战而降。朱元璋得到捷报后，非常高兴。此后，朱棣屡次率诸将出征，威名大振，也由此渐渐地滋长了他继承皇位的欲望和野心。朱元璋去世后，朱棣的侄子朱允炆当了皇帝，称建文帝。建文帝执政后，开始削藩。朱棣大为不满，在其王府中，偷偷操练人马，打造兵器，蓄意夺取皇位。燕王的举动很快就传到了京师。建文帝下达削夺燕王封爵及逮捕燕王府官员的诏书，并派大将张昺、谢贵率军包围北平城。朱棣将张昺、谢贵二位大将骗进王府杀掉，而后起兵。这场王室夺权战争史称“靖难之役”。建文元年（1399年），朝廷起用年近古稀的老将耿炳文率13万大军伐燕。朱棣在滹沱河北岸大败耿炳文的主力部队，耿炳文只得退守真定。朝廷任李景隆为大将军去接替耿炳文。朱棣听到这一消息后，暗喜。当时辽东军为配合李景隆正在攻打永平。于是，朱棣趁机率援军赴永平，让世子朱高炽留守北平。朱棣带兵长驱直入，到了永平境内。此时李景隆的军队及辽东军向朱棣军队扑来，因寡不敌众，朱棣率军撤到今越河镇境内陡河东岸的一片树林地。朝廷军死死地将其围困。几天过去了，朱棣十分着急。心想，突围吧，敌军重兵把守，不仅损失惨重，而且难以冲出，怎么办呢？他左思右想，决定求援，给在北平的世子朱高炽写信，让其派援军解围。他指使手下的一名士兵，化装成当地老百姓，偷偷地越过陡河，去北平，将信交给朱高炽。但是那位士兵却一去不回，没有任何音信，也看不到援军的踪影。接着，朱棣派出第二个、第三个送信的士兵，其结果都是如此。朱棣心急如焚，令将士们就地掘土，用土堆起一个数丈高的大土台子。他天天亲自登上高高的土台子，瞭望援军，但每次都使他失望。

援军不到，该如何呢？朱棣听说邻近有一座北魏时期修建的寺庙，叫兀台寺（今遗址在王盼庄小学），此庙规模宏大，香火旺盛。他想，何不去烧烧香，拜拜佛，也许神仙能为我指点迷津。于是，他带两个侍从去寺庙。刚到寺院门前，正好遇到一位长老从寺院出来，朱棣正要上前行礼，那位长老却两手一合，放在胸前，说道：“阿弥陀佛。”扑棱，这是什么声音呢？朱棣扭头一看，一棵大树下，正站着一只头顶光秃秃的大鸟，全身羽毛棕黑，不停地扑扇着翅膀。朱棣回过头来再看长老，长老已不知去向了。再看那只大鸟，它已腾空而飞，一会儿也不见了。朱棣呆呆地站在那儿，自言自语地说："哦，那只大鸟叫秃鹫，也叫坐山雕，猛禽之王啊。"他焚香后，走出寺院，回头一望，一位着三国时代装束的人站在寺院门前，定神一看，原来是刘备。他赶紧走过去，到了跟前，人却没有了。他原路返回，没走多远，回头又看看，刘备还站在那儿，他又赶过去，到了近处，又没人了。朱棣只好返回。到了营地，他越想越觉得在寺庙见到的事奇怪，百思不得其解。但是，他突然明白了，"秃鹫"不就是突围才有救吗？刘备忽隐忽现，若即若离，这不是告诉我当年刘备曾"马跃檀溪"而成帝王吗？

此时燕王军中已无粮草，而援军又无望。朱棣想，那位长老已给我指了路，不能束手就擒，坐以待毙。他拿定主意，要从陡河突围。一天夜里，趁对岸守敌不备，他骑上自己日行千里的乌龙驹，扬鞭跃马直奔陡河。到了岸边将缰绳一提，一声"驾"，乌龙驹嗖的一下子跃过了陡河，从东岸到了西岸。燕王只身冲进敌营，杀得敌军顿时乱作一团，为全军将士突围杀出了一条血路。涉水过河的将士们紧随燕王，终于冲出重围。燕军突然突围，朝廷军吴高不能敌，只得退保山海关。朱棣突围后，挥军直奔大宁。

后来，人们在燕王朱棣盼望援军、瞭望援军的大土台子附近建起的村庄，就叫王盼庄。在燕王朱棣提马越过陡河的地方建起的村庄，就叫越河村。1958 年，设越河乡人民公社。1984 年，政社分设，置越河乡。2007 年，撤乡设镇，设立越河镇。

作者：王凤琴

双桥好过

双桥镇位于开平区北部，因镇政府原驻双桥村而得名。对于双桥的得名，一般说法是因为村西的小河汊上有两座桥。这个缘由听起来似乎顺理成章，可仔细一琢磨，却大有问题。因为“双”字虽然是表示两个，可又称桥梁的“桥”如同房梁一样，是细长物，对于细长物而言，称其为“双”，不单单是两个，而且还有两者成对、并列之意。一个小小山村旁的小河汊上有必要建两座并列的桥吗？倒是一些当地的老者们活灵活现的讲述，道出了“双桥”的本义。

在明永乐二年（1404年）“随龙拨民”中，由山东枣林来到这依山傍水、山清水秀之地（原双桥村址现已淹没在陡河水库中）的村民之中，有两人首先过得殷实起来。一人是郝善举，此人头脑灵活、善于经营，爱张罗事。另一人是侯守财，此人勤俭持家、事事精打细算，人称“老抠”。郝善举见村民们每年春种秋收时都要蹚过寒冷的河水，很是辛苦，便想与侯守财各出一根粗大的原木在小河汊搭一座简易木桥，在夏季水大时就拆除，以防被水冲走。可侯守财一听不乐意，认为自己出木料建桥大家走太吃亏。于是，郝善举就用一根原木搭了个独木桥。虽是独木桥，可还是方便多了。为了记住郝善举的恩情，人们称其为善举桥。侯守财在建桥中虽没出料出工，可由于种地勤快，过桥的次数倒是比别人还多，有一次不小心竟掉在了河中。村民们见了也假装没看见，没人来搭救，在远处偷着乐，弄得他浑身泥水，很是狼狈。自那以后，侯守财在人前那种财大气粗的架势没有了，总觉得像是做了愧对别人的事似的。

再说侯守财由于把钱财看得重，聘闺女也是看彩礼多少，结果大闺女找了个拙口笨腮的“傻姑爷”。每当“傻姑爷”来侯家时，总会被小姨子们捉弄一番。大闺女虽说每次回家都是插金戴银，穿绫罗着绸缎，马车接送，甚是风光，可一想到每次回家时夫婿总遭妹妹们的戏弄，总觉得别扭，于是她决定花钱让“傻姑爷”外出学话。“傻姑爷”学话的钱还真没白花，在一次上岳父家时还真派上了用场。那次刚一进岳父家院子大门，就听见屋里小姨子们像麻雀集群儿一样叽叽喳喳在谈论这次如何戏耍“傻姑爷”。“傻姑爷”一迈进屋门，叽叽喳喳的声音戛然而止。“傻姑爷”来了一句“一鸟入林，百鸟雅静”，听得小姨子们都傻了，邻居的两个丫头赶紧溜回了家。等到吃饭时，小姨子只给姐夫放了一支筷子，“傻姑爷”拿着一支筷子的一头儿，在鼻梁前晃动着说：“双桥好过，独木难行。”侯守财一听甚感诧异，问道：“从哪学来的吧？”“正是，待小婿与您道来。”听了这话侯守财竟忘了吃饭，静听“傻姑爷”述说学话的经过。“那天我外出学话，碰见一个人从一座独木桥上掉了下去，随着说一句话，我没听清，就问他说的啥。他不肯告诉我，结果我给了他一两银子，他才告诉我了这句话。”侯守财一听花了一两银子学一句话，甚是惋惜；不过对“双桥好过，独木难行”却是深有同感。回过神来的侯守财忙吩咐在一旁伺候的小闺女：“还不快去给你姐夫取筷子！”小姨子拿来筷子递给姐夫，随口说了句：“对不起。”接过小姨子递给的筷子，“傻姑爷”又来了一句：“不管过去，改了就中。”这句话不是学来的，是“傻姑爷”的临场发挥，不过倒是挺对，而且与“双桥好过，独木难行”合辙押韵。侯守财听了“傻姑爷”的这句话，如醍醐灌顶，自落水以来的压抑感全没了，顿觉浑身轻松。他要改了，他要为建桥出木。

第二天，侯守财找人抬了家中的粗大原木，与善举桥原有的一根并在一起，并成了“双桥”。人们见了无不拍手称快，都问侯守财是咋回事。看着大家一张张喜悦的脸，侯守财沾沾自喜，跟大家叙述了昨天吃饭时发生的事情。大家听着像故事一样的趣事儿，个个乐得前仰后合。

既然现在这桥不再是郝善举一人出木所建，当然不能再叫善举桥了，那该叫什么桥呢？大家去问郝善举。郝善举听了侯守财愿意出木建桥的原因后高兴地说：“本来我再努努力，用两根木料建桥也能办得到，只是想留给守财一个为大家办好事的机会，才先搭了一座独木桥。现在守财改了，又有傻姑爷学来的话，我看就叫双桥挺好。”于是，这座由两根原木并在一起的简便木桥就被称为“双桥”。随着双桥故事在邻村传播，这个小山村就被叫成了双桥村。

1961 年，设双桥人民公社，属滦县。1963 年，划归开平。1984 年，政社分设，设双桥乡。2007 年，撤乡设镇，设立双桥镇。

作者：王凤琴

丰闰如何变丰润

丰润位于唐山市西北部，是个古老的地名。春秋属无终，战国为燕地，秦属右北平郡。到了汉朝，在这里设置土垠县，其县治在今新区银城铺一带。垠为岸也，土垠即土城。说明在汉朝立为县治时已有土城，但县志记述，土城的历史更为久远，为赵武灵王时期所建。还有更为神奇的传说，说这里曾有海市蜃楼的景观，每逢清晨晓雾之时可见遥远处有城堞楼橹之形，自北向南，远而无极，不止数里之城，因有此景而称土垠，又称银城，其后演化成丰润八景之一的“银城晓市”。这一传说说明这一景观留存了相当长的时间。应当说，这一传说是可信的，是曾存在的。因为在古代，这一带均为“北海”之地，而《山海经》中更有记述：“北海，自九泽穷夏晦之极，北至令正之谷，漂润群水之野。”这就告诉我们京东大地曾是群水之野，曾有九处大的湖泽，所以出现海市蜃楼的现象是存在的。而在丰润、迁安、滦县一带的山上都留下了望海楼，后人常对此不解，觉得青山绿野，为何称望海楼呢？这样恰恰忽略了从历史角度找答案，也恰恰证明了这些地方都曾有非常大的湖泽，后世消失化为四野。

到了南北朝时，在玉田城东设永济务，后改为永济县，至盛唐大辽时期均属无终，其后金灭辽。到了金大安元年，即 1209 年，为避讳金卫绍王完颜永济之名讳，改称丰闰县。其后到了大明朝时，朱元璋洪武元年，即 1368 年，取此地润泽丰美，改闰为润。朱元璋为何将闰加三点水改成润字呢？这里有一段故事。

相传朱元璋幼时贫穷，为富家放牛，时至乱世，家无存粮，他便与小伙伴将牛杀死分食，之后将牛尾巴插到岩石缝中，谎称牛钻入山中。富家不信，来到山中果见一牛尾插在岩石缝中，上前去拔，久久不能拔出，还听到山石中传来牛的叫声。富户大吃一惊，知此子非常人也，于是不再让他放牛，待若上宾。其后天下大乱，处处起兵反元，朱元璋也参军入伍。由于他有过人的才智和善于用人，打败陈友谅，活捉张士诚，统一南方之后，派大元帅徐达率大军北伐，将元朝的残余势力赶到山海关之外。于是，朱元璋诏命徐达镇守北边，在长城沿线大量驻军。但军粮供应成了问题，须从海上运到直沽口即今天津，之后再陆运至各驻军之地。运粮之繁忙令臣下忙得焦头烂额，于是徐达上书建言，请皇帝下旨往边塞移民，就地产粮方能解决供应军粮的矛盾。朱元璋看罢徐达的奏章，点头称是。不过，朱元璋毕竟是开创天下的皇帝，要比徐达的谋略高超。于是朱元璋下旨诏告天下，招募移民来长城边塞补充耕户，并规定：“每户给田十五亩又二亩菜田，如有余力开荒者免收租税。”而且规定，“无论是官府给牛或自备耕牛的农户，每亩田地均只收一斗租。”同时，禁止抢掠百姓卖为奴，如发现庶民家中存养奴婢者，将被杖击一百，并立即释放奴婢从良。与此同时，又向徐达下旨，军队实行屯田制，即军队中的士兵三成守城，七成种田。朱元璋这些政策对于恢复农耕、补充军粮、充实国库、稳定北边起了重要作用。

然而，开始将大批移民迁居长城边塞之后，却连续大旱，竟然三月无雨，田中颗粒不收，朝廷不仅要供应军粮，还要赈济灾民，令朱元璋头疼，于是他问计于谋臣刘伯温。刘伯温告诉他，长城一带乃新归大明朝之地，应当祭祀土地神，方能解决此旱情。于是朱元璋率领众臣到京郊土地庙祭祀土地神。谁知祭祀之后，依然天旱无雨。于是朱元璋大怒，下旨土地神庙降至三尺，村中不建土地庙。霎时，高大的土地庙全被拆掉，从此以后，都变成了仅三尺高的矮矮的土地庙，土地神也只好屈居小庙之中。而村中不许建土地庙，农户只好在田边立一木牌上书土地神之位。

土地神倍感冤屈，于是托梦给朱元璋，说他只管土地，行云布雨为龙王的差事。但朱元璋依然怒气未息，于是写下“润泽丰美”四字，并诏令将丰闰改为丰润，让土地神传话给龙王，如再不下雨，达不到润泽丰美之意，便将龙王庙也降至三尺。土地神急忙将朱皇帝的话传给北方玄龙。北方玄龙听罢大吃一惊，这行云布雨均天帝安排，长城一带当有三年大旱。北方玄龙有些为难，既不能违背天帝旨意，又怕惹恼人间皇帝，失去人间香祭品，更怕将龙王庙降至三尺的小庙。多亏土地神常来人间，学会了东挪西倒瞒上欺下的方法，玄龙按土地神所教之法，将应下到承德青龙一带雨量挪到丰润一带，也就满足了朱皇帝的旨意，而承德青龙多山少田，少些雨量也无人注意。从此，丰闰变为丰润，成了润泽丰美之乡。

作者：闫克岐

仁义当属沙流河

沙流河镇位于丰润区西北部，因镇政府驻沙流河村而得名。沙流河最初为沙坡河，是典型的唐山地貌，有细沙，有坡岗，有清清河水。其后改称沙仁河。到了清朝，东北至北平京都的贡道从村中穿过，往来吏使商客川流不息，多有在此驻足夜宿的。由于沙仁河与杀人河同音，便改为沙流河。然而，为何曾改为沙仁河？在一个普通的村落竟留下重重的“仁”字，也为这里留下了动人的传说。

相传在唐朝时，这里地处北国边塞，人烟稀少，村庄里只有十几户人家。日常，人们种田养猪，倒也能自给自足。有一年天逢大旱，三个月没有下雨，河水断流，大地龟裂，全村人只好背井离乡另谋生计或乞讨度日。遭遇最惨的是村东的少年双合，他父母双亡，只好孤零零四处漂泊。有时露宿街头，有时夜宿古庙，捡拾供果充饥。一天清晨，他坐在古庙的门前，寻思着到哪里去乞讨，忽然一个绿衣少女从古庙匆匆过去。双合站起来准备到附近村中乞食，忽然发现草丛中有一黄色绸缎包袱，他捡起来打开看，却愣住了，里面都是些他从未见过的金银首饰和一对玉镯。善良的双合虽然穷困至极，但并未见财起意，而是坐在庙前等待丢失包袱的绿衣少女。果然，不久之后绿衣少女急匆匆地回来，在草丛中寻找，双合举出包袱说：“姑娘，这个绸缎包袱是你丢的吧。”绿衣少女接过包袱，打开一看，里面的东西一件不少，又将包袱包好，对双合说：“大哥，你真是天下少有的好人，你救了我的命啊，如何感谢你呢？”双合摇摇头说：“不是我的东西我不能要，你走吧，我也该讨饭去了。”绿衣姑娘听罢，对双合说：“大哥，以后你不用讨饭去了，每天午后你就到这里等我，庙旁边的大院就是我主人家，我每天送饭给你。”

从此，每天午后，绿衣少女在大院后门一挥手，双合就过去，她就会递给双合一盆热腾腾的饭菜。两人渐渐熟悉，双合也知道了姑娘的名字叫秀儿。谁知，这件事情被秀儿的小姐无意中发现，秀儿将实情告诉了小姐，小姐也大为感动，一个穷困潦倒的乞讨者，竟然有如此仁义之心。于是，小姐叫秀儿包了一些金银，让双合回家安居。双合却不肯收下金银，对秀儿说：“我不想要钱财呀。”秀儿问道：“那你还想要什么呢？”双合回答：“我想有个家。”秀儿顿时明白了他的心意，对他说：“你回去把房子盖好，日后我会去看你的。”

转眼三年过去，小姐也已经婚嫁，说起当年双合拾金不昧之事仍旧大为感动，于是夫妻二人与秀儿一起来到沙坡河，要见一见这位仁义之人。谁知找到双合之后，秀儿大为不解，因为双合依然住着一间破旧不堪的草舍，顿时变脸问他当年小姐资助的金银到哪里去了。双合告诉秀儿，当年他回到村中，见到几户未能到外面乞讨的老人都已饿得奄奄一息，便将那些金银买米煮粥，帮助村中父老度过了灾荒。双合对秀儿说："秀儿，救命比盖房子要紧啊！"秀儿和小夫妻再次被双合的仁爱之心感动，于是秀儿留了下来，他们二人又得到了小姐夫妻的资助，双合与秀儿的小日子过得红红火火，双合仁义得娇妻的故事也越传越远。

贞观十九年（645年），唐太宗率大军征东，曾在此扎营。这时小姐的夫婿已成为太宗帐下的文官，仁义双合的故事也因此传到太宗耳中。太宗备受感动说："此乃福地，方有此仁义之人，真乃可信可用之人。"从此，沙坡河改称沙仁河，而双合也被征入军中做了百夫火头长，专管钱粮物品。由于双合做事严谨，钱物不差分毫，备受军中将士的信任。后来，升职为催管粮草的将官。

虽然后世朝代更迭，但沙仁河的仁义之风延续了下来。仁者善事辈出。至明清两朝，沙仁河也已成为人丁兴旺的大镇。如今虽改名沙流河镇，但仁心义举仍然是村民处事的标准，也成为沙流河兴旺的基础。沙流河村已成为镇机关所在地，成为丰润区西北部最大的集市，每到初一、初六的大集之日，沙流河人山人海，车水马龙，商贸鼎盛。人们常说，来到这里，没有买不到的东西；来到这里，没有做不成的买卖，或许是仁义也融入其中了吧。曾有丰润邑人留诗："古来丰润君子多，仁义当属沙流河。村民常喜助人乐，善者双合古今说。"

1961年，设沙流河人民公社。1984年，政社分设，置沙流河乡；同年，撤乡设镇，置沙流河镇。

作者：闫克岐

新军屯镇

新军屯镇位于丰润区西南部，距丰润城区 30 千米，因三国时期曹操曾在此屯兵招募新军而得名。该镇既是一个闻名遐迩的古镇，又是远播八方的商品集散地。地理位置十分重要，四通八达的区位优势成了历代兵家必争之地。

据史料记载，东汉末年，中原地区诸侯割据，战乱不断。盘踞在辽东的游牧民族乌桓（又称乌丸）势力逐渐扩大，乘中原大乱之机，不断向南扩张，抢占地盘，控制了右北平郡（现今唐山市西部）。其首领蹋顿单于投靠袁绍。当时，曹操正“挟天子以令诸侯”，势力日益强大。公元 200 年，曹操在官渡之战中击败袁绍。袁绍忧愤而死，其子袁尚带领残兵败将投奔辽西乌桓。曹操为了消灭袁绍的残余势力，于建安十二年（207 年）出兵北上打击乌桓。当曹操率领将士行至无终（今玉田县）时，巧遇田畴（168—214 年）。田畴，无终人，因乱率数百族人进入徐无山中（现遵化市东北部山区），垦荒种田，积谷自守，附近平民百姓 5000 余家主动加入其列。袁绍父子曾多次召请田畴出山，均遭拒绝。曹操对田畴此举大为赞赏，对他垦荒种地、屯粮治乱的做法给予充分肯定，并邀田畴入伍北上抗击乌桓，统一中国北方，田畴欣然应允。曹操本打算在建安十二年（207 年）出击乌桓，但田畴建议“不打无准备之仗”，应坚持“兵马未动，粮草先行”，得到曹操的认可。于是，在田畴引领下，曹操一行从无终出发，一路风尘仆仆，朝位于燕山山脉南麓一马平川的丰润西南走来。曹操驻马远眺，这里地势平坦、高燥，土质肥沃，雨量充沛，四季分明，宜渔宜猎，宜牧宜耕，且南临波涛汹涌的渤海，北靠绵延起伏的燕山，奔流不息的泥河穿境而过，北面还乡河水朝西流淌，是一块难得的风水宝地，遂决定在此招募新兵开荒种地，屯兵屯粮，以应战事之急需。于是一片荒芜乡野得到大面积开发利用，招募的新兵也劳武结合，为北征打下了坚实的基础。待养精蓄锐之后，曹操带领强兵强将继续北征，并委任田畴为从事（僚属），善用其计。他们突袭乌桓统治中心，在白狼山（今辽宁喀喇沁蒙古自治县）大破乌桓军，痛杀蹋顿单于，斩杀 20 余万将士，袁尚逃走后不久也被斩。这次北征彻底消灭了乌桓和袁氏的残余势力，收复了右北平郡和辽西一带。新军屯村也由此诞生，并一直延续至今。曹操在此垦田、屯粮屯兵的故事被后人传为佳话。明万历知州常元庆曾为此抒怀：“凿渠通海谋略深，曹公北上起征尘。无终平霸安百姓，募兵留迹新军屯。时逢大雨阻军道，幸得田畴为路人。卢龙古塞旌旗过，柳城平虏尽称臣。”

始建于东汉末年的新军屯，在漫漫历史长河中，经历了从无到有、从小到大、从弱到强、从愚昧落后到文明富有的发展过程。兴于明、盛于清的新军屯历经风雨岁月千百年，逐渐变得繁荣与富庶。

在古城内有一道奇特的景观和现象：四条主街、次街与胡同贯通，形成了路路纵横交错、巷弄左右逢源、进出方便自如的格局。更令人叹为观止的是，不熟悉地形地貌的外地人，只要沿着任何一条街巷行进，不用担心迷路，准能返回原地。这一奇特现象，不知是先民设计理念超前，还是因地制宜顺势而建，抑或出于战事的考虑，能进能出、能攻能守。有关形似迷宫但又不是迷宫的布局，至今仍是一个难解的谜团。这些印迹着岁月沧桑的古街古巷，有的至今犹存，有的却早已毁于战火、“文化大革命”或唐山大地震。

1961 年，置新军屯人民公社。1984 年，撤人民公社，置新军屯乡；同年，改置新军屯镇。

曹妃甸的传说

曹妃甸区位于唐山市东南部，因境内南部海域有一个沙岛，岛上曾建有曹妃庙，得名曹妃甸。6000年至3000年前，此处为古滦河三角洲南端，滦河经溯河、小青龙河故道分流入海，建造了全新世中期的三角洲，并形成了三角洲前缘的曹妃甸滨岸沙坝，滦河东移后，来沙中断，三角洲前缘受波浪、潮流经久冲刷下，渐渐脱离河口和陆地而形成海岛，曹妃甸北面形成宽阔的潮滩。

曹妃甸南缘水深30多米，波涛万顷，航道通畅，直通黄海而无阻。历代海运，南粮北调，出东海，经黄海，入渤海，进京畿之舟船必经此地，当地土著及熟悉海道者，虽百石粮船由河口出入，如蚁穿九曲经来无碍。然而，不熟海道者则如进“水八阵图”，百转而不得出。地险水急浪高，舟毁蒙难者亦不在少数，沿海渔民常说：“英雄并好汉，难过曹妃甸。”为此，南船望甸生愁，海客谈岛色变。

曹妃甸，原系无名岛，何时得名，旧志未详。据考，盖因岛上有曹妃殿而得名。相传，唐太宗李世民跨海东征高丽时，随军有一曹妃，姿容秀丽，能歌善舞，且擅长赋诗作画，一路陪伴李世民歌舞对弈，深得宠幸。然而，弱质丽人终难禁军旅风浪之苦，班师时，船行到滦州地界时一病不起。一日，人报前面有一沙岛，太宗急命登岛扎营，令太医为其医治。怎奈曹妃病情日重，终殁于岛上。太宗大悲，离岛时令在岛上建三层大殿，内塑曹妃像，赐名曹妃殿。故此岛因建有曹妃殿得名曹妃甸。

以后，由于海运繁忙，曹妃甸岛上建起了导航用的灯楼（灯塔）。元代时期，曹妃甸上建有六丈灯楼，昼则插旗，夜则明盏，为南北海运行船引航定向，甸周渔民网船，捕鱼虾，捞蟹贝，曹妃甸上香火缭绕，南北海客登殿焚香祈求平安，络绎不绝。传说当时凡虔诚求祷者，皆平安无虞。因曹妃像秀丽多姿，光彩照人，凡望美容而生邪念者，多受风浪惩教。而甸上的“古井甘泉”则更为奇，“大海之中，茫茫无际绕甸海水皆咸，惟曹妃殿前一井甘美。”（《滦州志·地理河流》）其井名为“古井甘泉”。井水清澈见底，甘甜如饴，用之不绝，往来渔船到此，无不焚燃桂香而汲储甜水，以备航用。

清代北塘一驾船人，几番遇劫难，乃看破红尘，出家为僧，自号法本，法本曾到过曹妃殿，焚香祈安，而化险为夷。见到曹妃殿殿宇雄伟，气象不凡，于是，来到曹妃甸上建寺修行。法本携弟子在甸上开荒耕种，化缘参禅。法本在岛上多行善事，逢大雾封海，恐航船渔舟不辨灯旗，即专派一望海僧击鼓敲锣，以引迷航之船。当时，灯楼上皆燃灯油，无玻璃作罩，遇海风强烈，灯火在纸罩中摇曳如豆，难以将光线远传，每年时有误撞沙礁遇难者。法本闻天津道台衙门有一盏水晶灯，燃之火光明彻，不惧风吹，为世奇物，乃下决心登衙门去化这盏灯。法本来到道台衙门，言明欲化道台的水晶灯，用以为舟船指航，道台难割其爱。法本盘坐衙门敲动木鱼，三天不吃不喝也未感动道台。法本自知善化难果，于是用棉花蘸上香油缠在小手指上，燃指化缘。十指连心，法本痛得汗珠淋漓，面黄如蜡。围观百姓愤而成堵。小指燃没，又燃中指，道台怕激怒百姓，又恐上司见责，只得忍痛拿出水晶灯。法本燃指化灯之事，传遍沿海诸县和天津一带，于是，有募捐银两者，有施舍砖石者，在曹妃甸建起一座灯塔。新塔矗立，水晶灯点燃，夜间照出几十里，自此，海中遇难者渐少，曹妃甸名声大振。此时，曹妃殿、慈航庵香火缭绕，孤岛寺院，暮鼓晨钟，曹妃殿空前兴旺。以后，法本在乐亭的石臼坨建潮音寺，圆寂在那里。

近代，海洋水文变化，渤海海域海啸大潮频仍。1895 年、1900 年两次强风暴袭淹曹妃殿，岛上殿庙渔铺被淹冲大部，岛民迁徙，遂日渐衰凉。1936 年，曹妃殿为潮水所漫，庙宇倾圮，灯塔亦毁。自此，曹妃殿、慈航庵荡然无存，以后未得重建。

1961 年，建柏各庄农场；1982 年，设唐海县；2012 年，滦南县柳赞镇和丰南区滨海镇划入，撤县设区，设曹妃甸区。

搜集整理：李全健

神奇地名扒齿港

扒齿港镇地处滦南县西部，镇政府驻扒齿港村。扒齿港，读音“pāchīgǎng”。原名“蟠龙港”，因此地有一条青龙河的支流蜿蜒似蟠龙，河道弯曲，地势低洼，得名蟠龙港，后谐音为扒齿港。关于“蟠龙港”这一地名的由来，在民间流传着许多美丽的神话传说。

很久以前，这里住着一位会看风水的老人，他技艺高超，凡是请他看过风水并按他的建议造阳宅、立墓地的人家，不是发家致富过上了好日子，就是做官为宦光宗耀祖。老人的儿子、儿媳非常眼热。有一天，他们对老人说：“您老到处看风水，让别人家都过好了，为什么不给咱们家看一看？”老人听了呵呵一笑说：“我给咱家看了以后，你们能按着我说的去做吗？”儿子儿媳连忙答应一定照办。于是，老人便对儿子、儿媳说：“我百年之后，你们别给我穿衣服，只披件蓑衣，也不用棺材，把我埋在村北的土岗上。我死后，如果你们生了孩子，立即把咱家的门窗全都封闭好，一百天内绝对不能打开。我今天说的话你们千万要记好，到时候只要按我说的去做了，咱家以后准能出人头地。”

过了不久，儿媳妇便怀孕了。到儿媳妇快要临盆的时候，老人突然无病而终。老人死后，儿子儿媳便按着老人的遗嘱去做了。他们趁夜深人静时偷偷地在村北河边高岗上挖了个墓穴要把老人埋掉，但临下葬时，儿媳妇看到老人的遗体一丝不挂，有失体面，怕被外人知道了笑话自己不孝顺，便给老人穿了一条短裤。把老人安葬后，儿媳便生了一个男孩。按着老人的嘱咐，儿子把自家住房的门窗都封好了，不再出入。

不久，当朝皇帝便接到了有关大臣的奏章，说天上的紫薇星下界，出了新的真龙天子。皇帝得知这一消息，立刻慌了手脚，认为自己的江山朝不保夕，便赶紧召集满朝文武大臣商量对策。商量的结果是派很多文臣武将到民间寻找真龙天子的下落，及早采取措施。皇帝派出的人来到民间，明察暗访，始终没有发现真龙天子的下落。后来，有个大臣便出了个主意：多找几拨唱戏的，到处搭台唱戏，借人们出来看戏的时候发现破绽。风水老人死后的第 99 天，外面唱戏的锣鼓敲响了。老人的儿子想，已经过了 99 天，不会有啥事了，便打开房门去看戏。房门一开可不得了，立刻从屋子里飞出了一条真龙，直奔村北而去，一头钻进了老人的墓地。朝廷派来的人发现后，立刻追到墓地，挖开了老人的坟墓后，发现一条真龙的头已钻入河水中，龙尾部有一条没有褪掉的短裤。据说，如果不穿那条短裤的话，老人的尸体早就变成真龙顺水游走了，老人的孙子便是真龙天子，将来就能夺取江山做皇帝。挖出来的真龙死了，老人的孙子也夭折了。

这一传说的结果还有另一种说法。风水老人被安葬后，儿媳便生了个男孩。此后，家里养的一只黑狗便上了房，整天蹲在瓦房脊上。因此，老人的坟头始终被一片阴影笼罩着，朝廷派来察访的人总也没能找到真龙天子的下落。老人死后的第 99 天，老人的儿子见自家的黑狗天天蹲在房上，不吃不喝也不动，非常生气，就用棍子把黑狗从房上轰了下来。黑狗从房上下来后，老人坟头上的阴影不见了。朝廷派来的人发现了破绽，从老人的坟墓中挖出了一条还没顺水游走的真龙。

第三种说法是：在老人死后的第 99 天，朝廷派来的一名武将因总也找不到真龙天子的下落十分烦闷，便信马由缰漫无目的地到处转悠。他来到老人的墓地，下马小解，顺便将手中的扎枪向老人的坟头一戳，这下可不得了，顺着扎枪尖从地下冒出了一股鲜血。武将立即找人挖开墓地，发现一条真龙被扎死了。

无论哪种说法，都是因河边的高岗上曾出了一条真龙，所以称为“蟠龙港”。久而久之，人们便以谐音，把蟠龙港演化为扒齿港。

关于这一地名还有一种神话传说。很久以前，在山东胶州湾住着一户李姓人家，兄妹二人相依为命。有一年，哥哥外出做生意，妹妹一个人留在家中生活。一天中午，妹妹独自一人去河边洗衣服，困了，就在河边睡着了，睡梦中一条巨龙向她怀中扑来，惊醒后赶紧回了家。不料从这天起，李家妹妹便怀孕了。第二年春天的一个傍晚，电闪雷鸣，风雨交加，李家妹妹生下了一条小黑龙。小黑龙白天不知去向，夜间回家找妈妈吃奶。不久，哥哥回家了，他听说妹妹未婚就生了孩子，非常气愤，便追问妹妹是怎么回事，妹妹说出了原委。于是，哥哥便暗地里磨快了菜刀，趁小黑龙夜间回家吃奶的时候，突然砍了小黑龙一刀。一声巨雷响过，小黑龙不见了，地上留下了一截龙尾巴。小黑龙冲出小屋，腾上天空，忍着剧痛，到处乱飞，终因体力不支，掉在了倴城西北的地上。小黑龙不停地在地上挣扎，拱起的沙土成了坨，卷走了泥土的地方成了水坑，向前爬留下的痕迹成了弯弯曲曲的小河，实在动不了了就盘在地上休息。因此，拱起沙坨的地方叫“龙坨”，卷成水洼的地方叫“汪庄”，出现弯曲小河的地方叫“龙湾子”，盘在地上休息的地方叫“盘龙岗”，也作蟠龙港，时间长了就演化成了“扒齿港”。

作者：王义钧

胡家坨

胡家坨简称胡坨，在乐亭县城东 11.5 千米处，这里是胡家坨镇政府的所在地，也是乐亭县境内的一个重要集镇和交通枢纽。为什么叫胡坨？在古时候这里有沙坨，胡姓家族在此地生活，因此得名。

相传在古时候中原地区有一个人姓胡，在家排行第三，人们都叫他胡三。胡三家境贫寒，两个哥哥长大成人后相继离家在外谋生，只有他和父母在家耕种薄田，维持生计。他对父母非常孝顺，所有的重活脏活累活都由他一个人干，父母想帮他干他都是让父母去休息，坚持自己一个人把活干完。一年又一年他把地里、山上、家里的活干得特别好，什么事也不用父母操心。

这个胡三还愿意帮助他人，不论相识与否，只要别人有了难处，他都会鼎力相助，从不吝惜自己的力气和钱财。有一次他上山去采药，见到一个衣服褴褛、酒醉倒地的人，这个人睡得不省人事，而手里攥着一个黄灿灿的大元宝。他想，这个人睡得这样香，一时半会儿醒不了，我得看他一会儿，等他醒了再回家吧。于是他就坐在一块石头上看着这个人和他的元宝。到了半夜，这个人醒了，没有说一句客气话就走了，转眼之间就像风一样不见了踪影。这件事他和谁也没有提起过。

胡三在附近孝顺、助人出了名，附近的人们也都羡慕胡家有一个好儿子。到了 20 岁的那一年父母就开始为他的亲事操心，可是他总是婉言推辞，对那些上门提亲的人他也都婉言谢绝。父母问他为什么，他总是说："报答父母养育之恩是大事，自己生儿育女是小事。让我多报答几年父母之恩再娶妻生子吧。"他一直到 25 岁的年龄还没有娶亲。

就在这一年，他上山砍柴到了天色渐黑才下山回家。在下山的半路上他遇到了一个白胡子老头，这个老头微笑着对他说："胡三啦，你天天这样干活不觉得累吗?"胡三挑着柴担对老头说："不累不累，我一想到父母就不累。"老头又说："你帮助别人不觉得吃亏吗?"胡三回答说："不亏不亏，帮助别人心里高兴就不吃亏。"老头自言自语地说："孝顺兮，仁慈兮。人之本兮，亦神之本兮。"胡三有点听不明白，老头又对他说："你为一个人看过金元宝，你知道那个人是谁吗？他就是天上的财神赵公明。他要赐给你金钱，我说金钱多了没有用；我是天上的寿星南极仙翁，我要赐给你长寿，赵公明说长寿终有头。我们俩争执不下，最后他赐给你钱财但是不足以过奢侈生活，我赐给你长寿但是不能超过百年。"老头说完就走了。胡三揉了揉眼睛，不知道是怎么了有点昏昏然，回忆刚才的情景也模模糊糊，他自己也不知道是梦还是幻。当回到家以后这个事也越来越模糊了，时间不长也就淡忘了。

胡三仍然是胡三，他依然像以前那样孝顺父母，依然像以前那样帮助他人。到了30岁胡三才娶妻生子，三世同堂生活快乐。父母都90岁无疾而终。胡三百岁那年在山头上坐着成仙升天了，成了李铁拐、钟离汉他们的师父。后来姓胡的都把胡三奉为神明，称他为胡三太爷。

明朝年间，胡家坨这个地方从中原地区搬迁来了姓胡的移民，他们在这里建庄立户，开荒种地，以后有了积蓄，就建了一座胡三太爷庙，供奉已经成神的祖先——胡三太爷。因为这个地方当时沙坨很多，人们就把这个地方称为胡家坨。1984年，设胡家坨乡。1989年，于寨乡并入，设胡家坨镇。

摘自《乐亭地名传说》

马头营

马头营镇位于乐亭县西南部，因镇政府驻于马头营村得名。在很早以前马头营就是一个繁华热闹的地方，南面就是渤海湾，有乐亭南部沿海最大的集镇。

在唐朝以前马头营这个地方就有了人类活动，他们在这里以下海为业，以捕鱼为生，渔猎大概是人类早期的生产活动之一。距离马头营几华里的黄坨古人类遗址出土文物表明，这个地方5000年前就有了人类使用的石制工具和陶土制作的生活用具，就是说这里已经有了人类的生产劳动。

到了唐代，这里的人们就以渔猎为主，以种植农作物为辅，也是在这个时候，渔船多了，就在这个地方修建了一个比较大的渔码头，渔船出海回来以后就聚集在这个码头上，卸货上岸，回家用饭，休息睡觉，为第二天下海捕鱼做准备。

在唐太宗李世民东征的时候，唐朝的大军到过这个地方，曾经在这里临时安营扎寨，休整军队，也就是说曾经在这里建过兵营。唐太宗李世民及其随从官员从水路到了石臼坨，就住在了那个岛上。唐朝的东征大军就住在了从西到东的各个村庄，从西边的新寨到阎各庄的大家坨再到马头营住的全是唐朝的军队，号称10万大军。一直到明朝，马头营这个地方仍然有唐朝军队驻扎过的遗迹。

因为这个地方有一座大桥，金代设立新桥镇。明朝建国后，海上势力并不平静，残余反抗势力和倭寇不断侵扰沿海地区。随着朱元璋对日交涉失败，倭寇更加猖狂。为了铲除倭患、维持海禁政策和保护航道，明朝开始建设大规模的海防聚落，不仅有水军巡海、水寨巡防，还有陆地聚落。海防巡检司就是设立在沿海的弓兵的陆地军事聚落，用于驻扎巡弋海疆，其作用在于“主缉捕盗贼，盘诘奸伪”。马头营历来为海口重地，因此建立了新桥镇海口巡检司，驻扎的明朝军队称为海口营，主要任务是巡视海防，守卫疆土，防止倭寇进犯。也就在这个时期，新桥镇已经是一个人口聚集的集镇了。这里有九街十八胡同，与其他集镇不同的是这里有很多小桥。那个时候，虽然官方称这里为新桥镇，但因为这里有码头又有兵营，人们称这里为码头营。

到了明朝末期，海口巡检司撤销，海口营随着撤离这个地方，新桥镇这个名称也就逐渐地消失了，只有俗称保留了下来，那就是码头营。再后来码头没有了，人们就把码头营谐音写成马头营，这个名称一直到现在没有变化。1961年，设马头营人民公社；1984年，改设马头营乡；1985年，撤乡设镇，设马头营镇。

摘自《乐亭地名传说》

姜各庄

姜各庄镇地处乐亭县东部，镇政府驻姜各庄村。东、南临渤海，北有滦河，波涛汹涌的滦河水就从这里奔腾入海。这里是滦河入海口，有很多的支流纵横成网。有一条支流称大河，穿经姜各庄村。当还没有建村时，这条大河自由地同滦河一样河床宽阔，水量充沛，河水最深的地方也有几丈深。除夏季汛期以外，河水平缓明亮，绿色的河水就像一块翡翠磨成的大镜，把蓝天、白云、月亮、星辰、朝霞、晚夕、花魂、树影全部收到他的怀抱，仿佛他们都是他的孩子似的。大河两岸长满了五六尺高的芦苇、蒲棒、风稗、青蒿和各种杂草野菜。各种乔木、灌木也悠闲地漫步在杂草野花之中，形成了两个绵延无际的绿色裙带，把碧绿的河水夹在其中。

大河中生活着各种各样的水生动物，尤其是蛤蜊的数量、品种最多，几乎成了他们的自由王国。在这里他们有两个大家族。一个是黑蛤蜊家族，一个是花蛤蜊家族。黑蛤蜊家族的首领称为黑大姐，花蛤蜊家族的首领称为花大姐。黑蛤蜊有椭圆形的身材，全身黝黑发亮，就像穿了一件黑色的锦缎外衣。他们身材魁伟，身强力壮，个个都像铁甲勇士。花蛤蜊身如扇形，全身布满各种各样点状条状褐色花纹。有的像花，有的像叶；有的像月牙初弯，有的像漫天星斗；有的像昆虫，有的像龙蛇；有的像小鱼戏水，有的像紫燕衔泥……只要是自然界中存在的，就能在他们身上找到。花蛤蜊性格开朗，聪明机敏。黑蛤蜊和花蛤蜊两个家族各据领地，各自生活。两个家族互相来往，互通有无，感情和睦，世代交好。两个首领受天地之气、日月精华，道行颇深，能够幻化人形，口吐人语。蛤蜊怎么能幻化人形，这个谁也不知道。只知道《红楼梦》中的石头能变人，更何况有生命的蛤蜊呢！

有一年，两个家族在平静的生活中却发生了一点小小的矛盾，影响了世代的友好往来。原来是黑蛤蜊家族有一条戒律，就是两个家族不能通婚，谁违背将严厉处罚。而花蛤蜊家族并没有这些清规戒律，他们反倒认为，只要能够促进整个家族的壮大，两个家族通婚又有何妨？之所以两个家族世代不通婚，主要是因为黑蛤蜊家族的戒律。恰恰就在这时，黑蛤蜊家族的一个成员同花蛤蜊家族的一个成员在界河边伉俪成婚，欢度了蜜月。此事被黑大姐知道了，她严厉地处罚了黑家族那个成员，并找上门来，气势汹汹地质问花大姐是如何管教部下的。花大姐理直气壮地给予了反驳。黑大姐怒气未消，愤然离去。从此以后两个家族逐渐生疏起来。花大姐看到这种情况，虽然主动约黑大姐面谈几次，但是收效甚微。后来又发生了几次边地摩擦。花大姐决定，要远离黑蛤蜊家族，搬出现在的领地，去开辟新的领地。在一个月光如水的晚上，数以亿万计的花蛤蜊家族在花大姐的率领下，浩浩荡荡地逆水而上，向西开拔了。

究竟到什么地方去，他们自己也不知道。可他们有坚定的信念，有顽强的决心，有坚强的毅力。他们相信，只要坚持不懈，锲而不舍，总会找到生存的空间，总会找到理想的家园。游啊游，不知道游了几日几夜，当他们感到身体困乏、渐渐不支的时候，眼前却是光明一片。这里河宽浪平，水流舒缓，河水晶莹剔透，与原来的领地相比有过之而无不及。美味食物堆积如山，几年几代也享用不完。花蛤蜊家族欣喜若狂，亿万的花蛤蜊按照花大姐的指令，划定河界，建造新居，开始了在他们新家园的新生活。

后来海龙王升任花大姐为大海蛤蜊统领，花大姐又率领花蛤蜊家族去了大海。花蛤蜊家族又在大海繁衍生息，现在大海中的蛤蜊都是花蛤蜊。不知几千几百年后，人们在花蛤蜊居住的地方建立了村庄，取名蛤蜊查。

在原来领地生活的黑蛤蜊，自从花蛤蜊家族迁走以后，他们仍然在那里生活着。不知过了几朝几代，黑蛤蜊原来居住的那条大河逐渐干枯了。他们又不得不迁移到其他的河流中去，寻找自己生存的地方。后来人们在这个地方建立村庄，从底下挖出了几米厚的蛤蜊皮。这些蛤蜊皮呈上宽下窄的椭圆形，就像孟姜女的鞋子，人们就把这个村庄称为姜蛤庄，后来演变为姜各庄。

该镇因镇政府驻于姜各庄而得名。1958 年，设立姜各庄人民公社。1984 年，改设姜各庄乡。1989 年，合并姜各庄乡、桥头乡，建姜各庄镇。1996 年，王庄子乡、董庄乡并入，至今。

摘自《乐亭地名传说》

兴城镇从“破城” 到“兴城” 的变迁

兴城镇位于迁西县西南部，镇政府驻迁西县景忠东街6号。东邻新集镇，西连白庙子乡，南邻新庄子乡，北至大黑汀水库。兴城镇历史久远，据传明万历年间，在此修筑城堡，取名兴城。

据《迁西县志》记载，早在数千年以前，今迁西县城这个地方还是滦河的河道。那时候，汹涌的滦河水从大黑汀一直向南流，出崖口入丰润、玉田，过蓟运河一带注入渤海。当时滦河岸边高地上就居住着我们的祖先，现有沙岭子、西城峪、照燕洲、白龙山文化遗址中出土的石斧、石网坠、陶片等文物为证。在1万年前至3000年前之间，由于钓鱼崖老分水岭被夷平和照燕洲新分水岭的产生，致使滦河改道，由今兴城之北转而流向东，穿过狭窄的龟口进入迁安境内。据北京考古专家任重远先生考证，在距今4000年前左右的夏朝初期，大禹治水时首先开通了龟口，使这里的水位下降。从那以后，今兴城这片土地便露出水面，成了水草茂盛的湿地。再后来，稍高处露出水面，变成了沙石滩地。商、周至宋、元时代，这里无疑仍有人居住，然而经过多次改朝换代的长期争战，百姓大都死于战乱或逃亡，房屋毁于战火，所以，明朝以前的村庄没有保留下来，只流传下来一些“唐王征东”“八月十五杀鞑子”之类的传说。到了明初，朝廷从南方人口密集之地向北方荒芜之地大量移民，县城这里才有了固定的村庄。据《迁西县地名志》记载：明朝初期，徐、赵、傅、蒋等姓先后从河南、山东等地迁此居住建村。在明朝万历年间曾有人在此修建过城堡，当初起名叫“兴城”，后因地下的泥土冬冻春化，城墙屡建屡塌，故称此地为“破城”。但是，从今兴城镇下寺村《重修五峰山上禅林寺碑记》可以证明，远在500多年前的明成化五年（1469年）就已经称此地为“破城庄”了，当时有赵、徐、傅、王、穆等姓向上禅林寺捐了款。到了明朝中后期，有人在破城修建了寺庙，每年二月二十三日在庙会期间举办铁器会，据说赶会者近万人。

民国九年（1920年），迁安县在此设立镇政府和警察局，因嫌“破城”不雅，故改回“兴城”。但当时也只是官方用名，老百姓仍习惯称此为“破城”。每值夏汛，滦河水泛滥成灾，洪峰袭来，破城首当其冲，当地早有“沙子掩破城”的说法。这里的人饱受水患侵袭之苦，因此“破城”之“破”，名实相符。当时城镇人口不足3000人，村落主要分布在今长城路以东、凤凰街以北、喜峰路以西范围之内，面积不足0.5平方千米。除农户居住外，还有十几家商业店铺。1933年侵华日军从喜峰口进关占领兴城后，商号关门，集市冷清。日军在这里安了炮楼，实行血腥统治，经常抓人杀人，人民陷入了水深火热之中。1946 年 1 月建立迁西办事处，9 月建立迁西佐公署，1947 年建立迁西县，县政府驻地均在兴城。抗日战争胜利后，兴城集市上已发展有德顺成、福顺成、永泰昌等 20 多家商号，集市渐兴。但一条凹凸不平的土面主街道长不过 500 米，两侧多为陈旧的草房，间杂一些瓦房，看上去仍显得很寒酸。

新中国成立后，兴城作为迁西县政府驻地，被确定为全县的政治、经济和文化中心，各项事业得到逐步恢复和发展。1954 年初，县城内建起了第一家县办集体企业——自行车修配社，以后又陆续建起了皮麻社、铁业社等企业。20 世纪 80 年代，县城建设发展迅猛。县城内相继建起了百货大楼、体育馆、工会大楼、电影院、文化馆、县政府办公大楼和百货商场等。于 1985 年在喜峰路两侧兴建了占地面积为 3. 29 万平方米的农贸市场，集日改为农历单日为集，集日人流量达到 1. 8 万人。从此，彻底改变了交易不便、交通堵塞、以各街道为集市的混乱状况。

20 世纪 90 年代，随着经济的迅速发展，县城的建设日新月异。原来遍布草木、坟墓的西沙坨，已变成平底。宽敞的街道，漂亮的楼群拔地而起、居民小区、超市、商城、酒楼、洗浴等商业服务楼如雨后春笋，各条街道如珍珠串联，相映生辉，绚丽多姿。由于县城发展迅速，县城面积达到了 5. 6 平方千米。每年都不断加大建设力度，使县城面貌发生了巨大变化。

1953 年，置兴城乡，属迁西县；1956 年，改置兴城镇；1958 年，并入迁安县，改称兴城管理区；1961 年，复归迁西县，置兴城人民公社。1984 年，改置兴城镇。1996 年，南观乡、夹河乡并入。

摘自潘秀华著《栗乡纵笔》

汉儿庄古城

汉儿庄乡位于迁西县西北部26千米处，东与洒河桥镇、滦阳镇毗邻，南邻三屯营镇，西与遵化市小厂乡相连、兴隆满族自治县三道河乡接壤，北与兴隆满族自治县蘑菇峪乡、宽城满族自治县独石沟乡相邻。此处地理位置十分重要，在古今历史上，曾经历过许多大事、要事，发生了沧桑巨变。

据《迁西县志》记载，远在西汉时期，从广阳郡治所蓟（今北京）至右北平郡治所平岗（今内蒙古宁城县）有一条大路，经过迁西境内。在境内的大致走向是，从三屯营入境，经澈河河谷至潘家口（古称卢龙塞）出境，史称卢龙塞道，而汉儿庄则是这条卢龙塞道的必经之路。据说，东汉建安十二年（207年），曹操北征乌桓时就曾途经汉儿庄出兵卢龙塞（今潘家口）。卢龙塞道的战略地位十分重要，汉、晋、南北朝、隋、唐等时期，常有军队经过此地。

据传说，因为这里是交通要道，很早以前就有人在此修建了一座四角城。到了唐王李世民东征高丽时途经此地，传说大将张士贵就曾在此镇守，并重修了一座五角城，当时称汉马营。后经过残唐五代多年的混战时期，长城沿线的汉儿庄一带已是人烟稀少的荒凉之地。到辽代初期，为了加速这一带的开发，辽太祖曾将蔚州（今河北蔚县）掠来的俘户安置在喜峰口西南的汉儿庄、滦阳一带，让他们安家落户，开荒种地。《迁安县志》载，辽人称汉族人为“南人”或“汉儿”，并在这里设置了管理汉族赋税、军事事务的汉儿司和汉儿行宫都部署等办事机构。这些办事机构统称为“汉儿馆”，而在这些办事机构的官员则称为“南面官”。

到了金代，《金史》将“汉儿馆”写成了“孩儿馆”。金承安二年（1197年），设置惠州，同时升孩儿馆为滦阳县，隶属惠州。金泰和四年（1204年），惠州和滦阳县俱废，此地并入神山县（治所在平泉）。

元代初期，在今汉儿庄复置惠州，无属县。据《迁安县志·轶闻篇》记载，境内东至太平寨，南至夹河，西至遵化县，北至喜峰口及口外宽城等地皆属惠州之地。

明代初期，废惠州入迁安县。自此，汉儿庄归迁安县管辖。据明万历四年（1576年）本《四镇三关志·乘障》记载，明洪武年间，在这里建汉儿庄营城堡一座，驻有官兵。明隆庆初年戚继光任蓟镇总兵以后，于隆庆六年（1572年），在汉儿庄城内建中路南兵副总兵公署（即戚家军驻地），并在此设兵营。万历七年（1579年），戚继光重修汉儿庄营城。据《迁安县志·职官篇》记载，万历十年（1582 年），汉儿庄车营改操练步兵。

从汉唐在这里驻军开始，到辽代建汉儿馆，金代建惠州和滦阳县，元代复置惠州，一直到明初的 700 多年间，在这里应该发生过多次修城、毁城、再修城事件。因为每次改朝换代，一般都要毁掉前朝建筑物，几乎是所剩无几。即使没有毁掉，经过数百年的风雨侵蚀，也必然成为断壁残垣，后人只好再加重修。然而，修建汉儿庄城和两只大石狮的传说却一直流传至今，这对雕刻精美的大石狮子至今留在汉儿庄乡政府门前。

清朝建立以后，汉儿庄已经失去了明代的战略意义，顺治四年（1647 年）裁撤三屯营总兵，将汉儿庄营副将移到三屯营，为蓟镇副将，隶属山海关总兵管辖。而汉儿庄只设参将一人。乾隆十七年（1752 年）又降为外委驻守，直到清末。

民国初年，汉儿庄已无兵驰守。1943 年，日军制造“无人区”，汉儿庄民房大都被烧毁，古城堡日渐损毁。幸存下来的黑白洞于“破四旧”年代的 1968 年被拆毁。现仅存南门“带川门”一座，为县级重点文物保护单位 。

1953 年，置汉儿庄乡。1961 年，建汉儿庄人民公社。1984 年，改称汉儿庄乡。1996 年，栗树湾子乡并入，至今。

摘自潘秀华著《栗乡纵笔》

滦阳古城

滦阳位于迁西县北部偏西 25 千米，东与渔户寨乡和上营乡交界，西南与洒河桥镇、汉儿庄乡接壤，北与宽城满族自治县为邻。因该地位居潵河桥的滦阳渡口之北，古时以河南为阴、以河北为阳，故取名为滦阳。

自古以来，滦阳一直为关里关外的交通要道，军事地位十分重要。相传，唐王征东时，大将何宗宪曾在滦阳镇守并修筑城池。经过残唐五代多年的混战时期，长城沿线的滦阳一带已是人烟稀少的荒凉之地。

辽代初期，滦阳、松亭关一带是辽国从中京（今内蒙古宁城）至南京（今北京）交通干线的必经之路，时称松亭关路。为了加速开发这一带，辽太祖将蔚州（今河北蔚县）掠来的俘户安置在这一带，让他们安家落户，开荒种地，并在今滦阳设置滦河县（因临近滦河而得名），辖区为今迁西县北部及宽城、兴隆南部等地。

金朝建立后，废滦河县入神山县（治所在今平泉）。金承安二年（1197 年），建立滦阳县，不过治所不在今滦阳，而在今滦阳城西 15 千米的汉儿庄。今滦阳这一带归属滦阳县管辖。金泰和四年（1204 年），滦阳县又废入神山县。这里又归神山县管辖。

元代初期，在今汉儿庄建立惠州，今滦阳一带归惠州管辖。

明代初期，废惠州入迁安县。今滦阳一带始归迁安县管辖。据明万历四年（1576 年）本《四镇三关志·乘障》记载："滦阳营城堡一座，洪武年建。"为明初大将徐达所建，当时称"滦阳营"。从此可以证明：此地称"滦阳"，是从明朝洪武年间开始的。当时城内曾有参将驻守，后改为游击驻守。万历八年（1580 年），戚继光修完汉儿庄城后，曾赋诗一首，其中有这样两句："喜看金汤开汉上，还将畚锸卜滦阳。"意思是：戚继光高兴地看到固若金汤的汉儿庄城已经建成，下一步还要选择时间再重修滦阳城。

时隔两年以后，到了万历十一年（1583 年），戚继光重修滦阳营城（据城门石匾记载）。重修后的滦阳城，城高丈余，周长 600 丈，有东、西、南三门。城内街道呈井字形，建筑雄伟。城南有教场，占地 80 亩。据《迁安县志·职官》记载：由于万历十年（1582 年）将汉儿庄车营改操练步兵，因此于万历十一年（1583 年）在滦阳设立车营。

据 1986 年发现的"万历三十年滦阳营春防城工"碑记载：明万历三十年（1602 年）曾对滦阳营城进行修缮。当时驻滦阳营的游击将军是胡梦士，参与修城的还有千户、千总、把总等。

《迁西石刻》有关石碑记载：万历四十年（1612年），当时驻守滦阳营的游击将军王家柱等人重修了滦阳城内的关王庙（即关羽庙）。到清朝乾隆十四年（1749年），滦阳城内“众善士”捐资，又重修了滦阳城隍庙。

滦阳虽然地处交通要道，军事地位十分重要，然而，这里却未见发生较大战事的记载，可见滦阳是一块福地。据《迁西县志·文化篇》记载：1956年，滦阳古城堡遭到严重破坏。1960年，该城残存的南门、西门亦被拆毁。滦阳城仅余东门石基和一些土城残垣。

如今，滦阳古城虽已残破无存，但世世代代居住在这里的人们的生活却改变了模样，家家过上了幸福生活。1953年，置滦阳乡。1961年，建滦阳人民公社。1984年，改称滦阳乡。1996年，喜峰口乡并入。1999年，撤乡改镇，改称滦阳镇。

摘自潘秀华著《栗乡纵笔》

太平寨古城

太平寨镇，位于迁西县东北部21千米处，东接迁安市，西与金厂峪镇相接，南邻大秦铁路和三抚公路，北邻宽城满族自治县、青龙满族自治县，地理位置优越，交通便利，是迁西县经济文化重镇之一。

太平寨古城，始建于明代正德十年（1515年），当时有参将驻守，时称“太平营”。隆庆三年（1569年），戚继光调任蓟镇总兵后，为加强防御能力，重新调整军事部署，将全镇2100多里防线划分为12路，每一路由一名参将驻守，太平营便成了太平路参将的驻守之地。《戚少保年谱耆编》记载：万历四年（1576年）秋七月，戚继光重修太平寨城。重修后的新城高2.6丈，周506.6丈，护城河51丈。有东、西、南3门，还有西小门、北水关。城内建有钟楼和鼓楼。有南北走向的主大街1条，东西走向街道3条。城南有教军场。清顺治六年（1649年），太平寨撤参将，降为都司、千总和把总，至清朝灭亡。

太平寨，在历史上并不太平，曾发生过许多战事。据《迁西县志》记载：明崇祯十二年（1639年）三月五日，清兵从青山关进犯，已到丰润。副总兵杨德政、虎大威、何其明等人率兵将敌兵击退，到太平寨时，京营各镇将士在太平寨之北与敌兵激战。八日，清兵不敢恋战，准备从冷口退出，因冷口戒备森严，又从青山关退出。

太平寨一带至今仍流传着“李自成兵进太平营”的传说。据说李自成大军兵临太平寨，对百姓秋毫不犯，最后百姓开城门迎接闯王入城。崇祯十七年（1644年）三月，农民起义军首领李自成攻占北京城后，遂派官员在各地驻守，驻守在太平寨的农民起义军将领名叫黄锭。原明朝顺天巡抚宋权（驻遵化）悄悄进兵太平寨。农民军守将黄锭疏于防御，忽然发现明军已到门前，便仓促应战，最后被明军杀死，其余士兵投降。

《迁西县志·大事记》载，清光绪二十八年（1902年）七月初二，票匪头目周振国率领39名匪徒偷袭三屯营、兴城、罗家屯等地，绑走驻守官兵和商民，抢劫当铺，甚至枪杀商民，城乡商民共集银6000两才赎回了被绑架的官兵商民。票匪四处绑掠烧奸，干尽了坏事，使官民大受惊恐。驻太平察把总姚万春，与绅士商民合力保护城池，戒备森严，票匪未能侵入，使太平寨得以幸免于难。

1933年长城抗战失败以后，日军侵占了冀东一带，在太平寨城内设置了日军据点。为了革命斗争需要，抗战军民为太平寨取化名为“中京”。1943年春的一天，迁青平支队一个连120人埋伏在太平寨北面（破城沿村北）的一个山洼里，准备伏击日伪军。第二天拂晓，驻太平寨伪军一名营长带一个排的兵力陪同一名日本教官到太平寨城外的清河去打鱼。迁青平支队指导员孙小川指挥队伍与日伪军展开激烈的战斗，结果只用了 15 分钟，就消灭敌人 30 多名，俘虏 20 多名，并缴获机枪一挺，步枪 40 多支。日军教官和治安军营长当场被打死。支队无一伤亡。1944 年，在抗日军民严重打击下，太平寨日伪军据点被迫撤离。1945 年 1 月第二次建立迁青平联合县时，太平寨曾为县政府驻地。

1953 年，置太平寨乡。1961 年，建太平寨人民公社。1984 年，改称太平寨乡。1988 年，撤乡改镇，改称太平寨镇。1996 年，南刘古庄乡、龙辛庄乡并入，至今。

摘自潘秀华著《栗乡纵笔》

蓟镇古城三屯营

迁西县三屯营在兴城西北 13 千米处，是明代九镇之首蓟镇的驻地。三屯营之名最早产生于明景泰四年（1453 年），沿用至今已有 500 多年。三屯营地近边塞，历来为军事要地。从春秋战国时期齐桓公帮助燕国灭掉山戎属国令支国（今迁西、迁安一带）及其盟国孤竹国（今卢龙、滦州市一带），到东汉建安十二年（207 年）曹操北征乌桓出兵卢龙塞（今潘家口），都可能经过三屯营一带。此后南北朝时期的混战，隋、唐、五代的更替，宋、辽、金、元的厮杀，在这里不知发生过多少次惨烈的战争，不知发生过多少次村庄的毁灭，也不知在这里更改过多少次地名。到明朝初期，这里除了保存下来一个“大王庄”村名之外，尚未发现明代之前其他重要的历史遗迹。

明代御史郑书在《三屯营帅府职官题名碑记》中称蓟镇“乃天下第一重镇也”。当时就有诗赞美此地是“虎观云流第一枢”“九关鱼钥控雄闭”（引明代杨兆《定三屯新城》诗）的北方重镇。三屯营自明天顺二年（1458 年）建镇至崇祯十七年（1644 年）明朝灭亡，经历了 186 年的辉煌历史，先后共驻过 78 任总兵官，其中最杰出者当数民族英雄戚继光。戚继光镇守蓟镇 16 年间，完善了蓟镇长城并创建了空心敌台；练兵练将，改善武器，彻底扭转了北方被动挨打的糟糕局面；将三屯营城和总兵府重修为明代最具特色的府衙建筑；保国卫民促进了长城内外的民族团结；在总兵府撰写了《练兵实纪》和《止止堂集》两部重要的传世著作。总之，戚继光的英雄之名和三屯营之地名，自明代以来青史留名！

戚继光在《重建辟三屯营城记》中说：“营曰三屯者，忠义中卫三百户屯地也。”说明三屯营之名与明朝的屯田制度有关。据《卢龙塞略》记载，1453 年，蓟镇总兵宗胜派高明、程兴、史允 3 个百户长统领 300 多个军户来此屯田。因为这里是 300 多军户屯田的营地，所以人称此地为“三屯营”，原来的“大王庄”之名反倒被人们遗忘了。

明朝初期，为了防御元蒙南侵，非常重视加强北部边防，朝廷在长城沿线设置众多卫所的同时，于永乐二年（1404 年）又建蓟镇，专门负责山海关至居庸关一线京畿地区的防御。蓟镇“初设桃林口，移于狮子峪，天顺又移三屯营”（引自戚继光《重建辟三屯营城记》碑）。戚继光明确说出了蓟镇先后经过三次移址，从桃林口迁到狮子峪，最后才迁到三屯营。

一是自然条件优越。三屯营地处山间小平原，地域宽阔，适合重镇居住。四面皆山，是个山奇水秀田肥、藏龙卧虎的风水宝地。二是军事地位重要。戚继光在《重建辟三屯营城记》中说："三屯营去喜峰二舍矣，左山海右居庸，而绾毂其中，以要贡路示重。"三屯营作为蓟镇重地，位居全镇中心，北面60里有蓟北雄关喜峰口，是蒙古兀良哈三卫进京入贡的贡路，东面可控"天下第一关"的山海关，西面可控堪称"绝险"的居庸关，这样便于统驭全镇。三是交通方便。明代有一条从京城向东通往蓟州、遵化、迁安、永平至山海关的交通要道，沿途设置递铺驿站，而三屯营则是必经之路。这条路同时也是董家口以东至山海关长城各关口通往蓟镇三屯营和京城的唯一大路，是重要的边防干线。从三屯营向南可直通丰润、唐山及沿海地区，向北可通喜峰口左右长城各关口。由此可见，三屯营在当时已是四通八达、交通便利的军营驻地了。雄伟壮观的三屯营城并不是一次性修建成功的，而是经过胡镛和戚继光先后两次大规模修建才达到如此规模。三屯营当时是蓟镇驻地，城内建有总兵、副总兵、参将、游击、都司、守备等官员的官府署衙及军士居住的营房等，城外的教军场更是必不可少的。胡镛这次始建的三屯营城。后来戚继光这次利用了三屯营旧城的北、东、西三面旧墙加以修缮。

明代嘉靖年间，由于北方蒙古经常侵扰边塞，北部边防已经成了明朝的心腹大患。从胡镛始建三屯营城到隆庆三年（1569年），已经过去了110多年。经历了百年风雨，三屯营城已经残破，南墙已经坍塌。因此，重修镇城成了当务之急。但是，戚继光上任伊始，百废待举，还有很多比重修镇城更加重要的大事、要事和急事。鉴于当时蓟镇危急的形势，他要尽快练好精兵，改革武器和装备，修建长城，切实加强防御，以防蒙古随时来犯。于万历元年（1573年），戚继光请示朝廷，将驻在遵化城内的忠义中卫及所属机构移到三屯营城内，城内显得更加拥挤。待练兵和修建长城等工作已经安排就绪，于是戚继光便开始着手重修三屯营城的工作。

戚继光不仅是杰出的军事家，而且是军事技术的工程师。他经过精心设计，巧妙布局，把这次修城的建筑艺术与军事防御功能巧妙地结合在一起，构成完备的防御体系。他为三屯营城设计了三道防御工事。第一道防御工事是护城河。戚继光引来城北的横河之水，此风景优美的震湖具有供将士、乡民游赏和护卫城池的双重作用。第二道防御工事是牛马墙。第三道防御工事是城墙。既可远击敌兵，又可藏身近击，使此城真正成为一座易守难攻、固若金汤的堡垒。

面对重修后的三屯营城，戚继光也感到很满意，他在《重修三屯营城记》中说："登而眺之，楼台署庙，联以阛阓，绣错而翠飞，谓之锦城可也！"进京路过三屯营的蒙古贡使团队见此城时无不惊异。蓟镇总兵府，亦称"总镇都督府""帅府"，为三屯营城中的一个小城，相当于北京城里的紫禁城。占地面积2万平方米左右。戚继光重修后的三屯营城内，有东西方向2条大街，南北方向2

条大街，4 条大街纵横交织，形成一个“井”字格局。总兵府正好建在“井”字大街的中心位置。戚继光重修后的镇府，雄伟壮观，富丽堂皇，成为明代最为典型的府衙建筑。据戚继光《重建三屯营镇府记》和三屯营刘禾田先生调查，镇府四周建高墙，并有环城之路。镇府左右各有两条街道，前有广场，后有胡同。正如风水先生所说：镇府就像一个猛虎卧在此地，前面广场为虎头，左右街道为四条腿，后面胡同为虎尾，并说镇府是藏龙卧虎的风水宝地。

三屯营古城是蓟镇的标志，是蓟镇文化的载体。蓟镇在明代历史中闪烁着璀璨而神秘的光辉，蓟镇文化是不应忽略的文化。富丽堂皇的蓟镇总兵府，是明代设施完备、功能齐全、最典型的府衙建筑；雄伟壮观的三屯营古城是当时设计科学合理、防御功能极强的军事重镇。城内密布着具有北方风格的四合院。这古建筑群，处处记载着我国古代高超的建筑艺术和古人的聪明才智。

1953 年，置三屯营乡。1961 年，建三屯营人民公社。1984 年，彭庄等 7 个村析出，改设三屯营乡。1988 年，撤乡改镇，改称三屯营镇。1996 年，彭庄乡、高家店乡并入，至今。

摘自潘秀华著《栗乡纵笔》

玉田的来历

玉田县位于唐山市西北部，京、津、唐三角地带，源于阳伯雍义浆助人、种石成玉的民间传说结晶而成的。这段传说最早被晋代史学家、文学家干宝收录在《搜神记》一书中，大意如下。

很久很久以前，洛阳城里有个名叫阳伯雍的小伙子，本以交易中介为职业。他是个孝子，对父母特别孝顺。为躲避战乱，他扶持着年迈的父母亲，风尘仆仆跑到无终。这里虽然偏僻荒凉，毕竟可以过安生日子。父母死后，他把二老的遗体埋葬在无终山上，又在墓旁搭了间屋子，守护二老的亡灵。

无终山下有条崎岖不平的山路，来往行人往往口渴难耐，到了盛夏，更使行人痛苦不堪。心地善良的阳伯雍看在眼里，急在心上，决心尽力帮助过路人解除饮水的困难。他每天从很远的地方挑来清水，有时还做成茶汤，放在路旁，供过路人饮用，一分钱也不收。过路人喝了他的清水或茶汤，就像喝下雨露甘霖一样，解除了饥渴，振奋了精神，说了不少感谢话，然后继续赶路。就这样，阳伯雍坚持了一天又一天，一年又一年，虽然受了不少累，心里却非常快活。阳伯雍的善举也远近闻名。

三年之后的一天，一位白胡子老头喝了阳伯雍的清水，送给他一斗石子，并且叮嘱他："你寻找一块既高且平又杂有石块的好地，种下这些石子，将来可以生出白玉来。"听说阳伯雍还没娶媳妇，老人又说："你不必着急，将来一定能娶上漂亮而又贤惠的好媳妇！"说完，这位过路人飘然而去。阳伯雍按照老人的嘱咐，选了块好地种下石子。这块好地在哪儿？就在距离无终山 10 多里的麻山顶上，那里比较高，比较平，又掺杂着许多石块。

此后，阳伯雍经常到种下石子的地方观看。春风秋雨、年复一年，他也记不清过了多长时间，一天清晨，他又一次登上麻山，发现种下石子的地方长出了一对对白玉！看到这一奇迹，阳伯雍又惊又喜。但他心里想，这些白玉圣洁无比，不到万不得已，决不能触动它们。

又过了一段时间，一位过路人告诉阳伯雍："右北平城里有位姓徐的人家，是个豪门大户，他家有位小姐，品行特别好，又很俊俏，很多官宦人家的子弟都去求婚，结果怎么样呢？进去时挺胸抬头，出来后蔫头耷脑，一个也没能成功。"阳伯雍听后心中暗想，那位白胡子老头不是说我可以娶一位品貌双全的好媳妇吗？说不定徐小姐等待的夫婿就是我呢。第二天他徒步赶往北平城，到徐家求婚。

徐员外见到阳伯雍，问他来干什么，阳伯雍回答说："我是来求婚的！"徐员外把他上上下下仔仔细细打量了一番，又好气又好笑，心想，到我家求婚的我见得多了，哪有像你这样寒酸的？你骑的不是高头大马，穿的不是绫罗绸缎，长得不是细皮嫩肉，就想娶走我闺女？你是不是有病呀?！于是故意要笑他："小伙子，你要想娶我女儿并不难，只要献上一对白玉，这事儿就可以搞定！"徐员外为什么跟阳伯雍要一对白玉？因为当时的白玉价值连城，比金子还要贵重。他琢磨着，阳伯雍这样的穷小子，怎么会有白玉可献？

听了徐员外的一番话，阳伯雍心里偷着乐，他想：要金要银我拿不出来，要白玉可难不倒我。他什么话也没说，出门就一溜小跑，一口气跑到麻山山顶，抱起五对白玉，又一口气送到徐家。徐员外看了十分惊讶，真没想到，这位貌不出众、语不惊人的小伙子，竟能一下子捧来这么多白玉！他没话可说，答应了阳伯雍的求婚。阳伯雍听了，既十分兴奋又感激当年送他玉种的白须老人。此后不久，他跟徐小姐喜结良缘。

后来，阳伯雍种石得玉的故事传到天子的耳朵里，天子也觉得挺新奇，就封他为大夫。于是，阳伯雍在种玉处四角竖起大石柱，每根石柱都有一丈高，中间那块地就叫"玉田"。

从秦朝到南北朝，玉田县辖属于无终县，县治在今天津市蓟县。隋代改无终县为渔阳县，县治未变。唐高祖武德二年（619 年），析渔阳县东部建无终县。无终县设有驿站一座，名为玉田驿。武则天万岁通天元年（696 年），将县治无终城移建于玉田驿一侧。与此同时，根据前边讲述的阳伯雍义浆助人、种石成玉的传说，将无终县更名为玉田县，无终城也就更名为玉田城了。

搜集整理：张树云

彩亭桥的故事

在唐山以桥为称的地名共有62处，其中玉田有33处。因为玉田有荣辉河、金水河、双城河、兰泉河四大水系，因此，唐山的许多名桥也都多在玉田，彩亭桥就是其中一座。玉田城西9千米处有个彩亭桥村，如今是彩亭桥镇政府所在地。提起村名和镇名的由来，当地人们会告诉你：村名和镇名都来自兰泉河（古称蓝水、蓝泉河）上的一座古桥，这座古桥是金代学士杨采亭创修的，所以叫采亭桥，后演变为彩亭桥。

彩亭桥是一座三孔拱券石桥，呈长虹弓弦状。桥身长19米，宽6米，高约6.1米。桥券两侧外部，各有神态动人的原雕霸下石龙头一对。桥上南北两边，共有雕刻着狮子、莲花瓣、桃形柱头的石柱子28根，刻有“犀牛望月”“莲花荷叶”等不同花饰的石栏板26块。石桥的东西两端均有2米长的八字形翼墙。

据清人李琮撰写的《采亭桥记》记载，杨采亭名绘，采亭是他的字，金朝末年曾任学士之职。可敬的是，他“一生好义，力行善”，只要能为大家提供方便，给他人解除困难，他总是不遗余力地去做。卸职为民后回到故乡玉田，看到蓝泉河水横穿驿路，来往行人十分困难，杨老先生毅然决定：独自出资，在蓝泉河上架设石桥。他说干就干，先是雇人雇车，从北部山中拉来石料；然后东奔西走，从县内外聘请能工巧匠。奔忙劳碌了好几个月，终于大功告成。

竣工后的采亭桥不但规模可观，而且十分坚固，正如《采亭桥记》所描述的：“长数丈，广容并轨，极坚好，可久远。其势若垂虹，二里外皆望见。”明代撰修的《顺天府志》把这座桥列为顺天府13座古桥之一。

采亭桥不仅大大便利了人们的通行，而且创建了一处景观，登桥远望，常使游人心旷神怡，流连忘返。《采亭桥记》描述：“桥之北群山如屏障，烟障晴岚，岫云岭雪。涉斯桥也，一睇览而毕得。桥之南水汇为湖，芰荷掩映，蒲荇交横，从桥上望之，渺渺波光潋滟，葱茜盈眸。则新桥之成也，不独有以济行人，抑且有以供登眺。”

石桥建好之后，不仅方便了行人，更让乡亲们敬重他舍私为公的义举，因此，乡亲们为了感谢杨老先生，要以他的字——“采亭”作为石桥的名字，杨老先生一再推辞，众人却不肯松口。于是，采亭桥这一桥名便流传开来。后来，这里的人口逐渐增多，形成村落；再后来又扩展成为集镇。但是，不管是村落还是集镇，均以“采亭桥”为名，到了清朝末期历经数百年的彩亭桥已破损不堪，然而又出现了义举之人，乡里的石印堂等人八方奔走，组织义捐，附近20余村百余人自动义捐，终于在大清宣统元年将彩亭桥修复一新。至民国时期，滦州文人马文炳曾来此一游，细读碑文，心中感慨玉田人的高义民风，留诗一首："此水南流隔两村，桥通东西便行人。三道彩虹祉福地，两代义举古风存。金有彩亭开先例，清有义众继后尘。无终境内多善举，玉田乡民心地淳。"

新中国成立后，这里曾经是彩亭桥乡、彩亭桥公社驻地。1985 年，彩亭桥乡改建为镇，镇名仍以桥名冠之。只是在传承过程中，"采"字被讹写为"彩"字，留下一个小小的遗憾。

1986 年，彩亭桥被玉田县人民政府公布为重点文物保护单位。1988 年，被唐山市人民政府公布为重点文物保护单位，2002 年为河北省重点文物保护单位。近年来，文物管理部门及当地人民政府曾先后几次对其进行修缮。

作者：张树云

鸦鸿桥的传说

很早很早以前，九曲十八弯的还乡河，把玉田县名镇鸦鸿桥镇分隔成东西两半。河上横架着一座又宽又长的五孔大石桥，它使还乡河两岸的居民可以方便地往来。相传，五孔大石桥名为雅鸿桥，“雅”为正，“鸿”为大之意，后毁于洪水。后写作鸦鸿桥。鸦鸿桥的消失在民间还流传着这样一个故事。

鸦鸿桥西面店铺林立，十字街头中心矗立着一座方方正正的两层佛阁。琉璃瓦顶，翘脊飞檐，光彩夺目。上层供奉着南海大士观音菩萨神像，下层供奉着敞怀露肚的弥勒佛，两旁还站着十八罗汉。且说大桥东头，埝根下住着母子俩。妈妈是个历尽忧患的中年妇女，还不到 40 岁，就已经鬓发斑白、满脸皱纹了。儿子小虎子，虽说已经 15 岁，看上去也不过十一二，长得又瘦又小。在他还没“落草”的那年给人扛长活的爸爸就一病不起，离开了人世。这母子俩无依无靠，只落得挎着破篮子沿街乞讨。

这年大秋，年景不错，庄稼差不多都收割完了，地里只剩下一块一块的茬子。一天傍晚，母子俩讨饭回来，只见扛长活打短工的人们刨完茬子，都陆续收工回家。小虎子非常眼热，就跟妈妈说：“妈，咱们别要饭了，你老看家，我去做工夫，刨茬子，赚来钱养活你老。”妈妈听了年幼的儿子说出这样懂事的话，辛酸的泪水顺着满脸皱纹流下来。她疼爱地抚摸着小虎子的脑袋说：“虎子，你还小，咱娘儿俩再忍两年吧！”小虎子执拗地说：“还小？都 15 了，让我去吧，妈！”

第二天一早，小虎子兴冲冲地过了大桥，到河西去“做工夫”（即打短工）。原来那里有“工夫市”，每到春秋忙月，大清早就聚集着几十名三里八庄的穷哥们儿，自带锹、镐等应时农具，等着给地主老财家去做工夫。小虎子来到这里，地主老财一来嫌他瘦小没力气，二来看他没带着镐，谁也不雇他。

小虎子只好垂头丧气地回了家。小虎子日夜盼着个子快点长高、长大，盼着弄到一把好镐，常常在睡梦中哭醒。一天深夜，小虎子睡得正香。忽然门帘飘动，闪进一位白发银须、满面红光的老人，那老人微笑着问小虎子：“你是要阁（俗读镐）还是要桥（锹）？”小虎子一心只想刨茬子，所以忙不迭地回答：“我要镐（阁），不要锹（桥）。”老人点点头，一闪身不见了。时间不长，浓浓的大雾从天而降，罩住了鸦鸿桥镇，罩住了五孔大石桥，罩住了还乡河。不到一个时辰，河水上涨，吞没了桥面，与埝相平了，就在这紧急的关头，只见一道蓝光把乌黑的天空裂开了一道大缝，咔嚓一声巨响，震得房屋直打晃。霎时，雾散天晴，满天星斗。河水也早已降落，由浑变清。可是，连接东西两岸的五孔大桥却不见了。这是怎么回事？桥到哪里去了？谁也说不清。

这个谜还是小虎子给解开了。这天夜里，小虎子在睡梦中，又见那白胡子老头给他留下了一张纸条，上面写着："要阁（镐）不要桥（锹），留阁神佛笑。鸿鸦随雾飞，石桥顺水绕。南走火丙丁，无（吴）桥变有桥。"果然，就是这一天，在距鸦鸿桥好几百里的吴桥县城西，突然出现了一座斜卧着的五孔大石桥，上面清清楚楚地刻着五个楷书大字："鸦鸿桥大桥"。

从这以后，鸦鸿桥镇就一直没有大桥了，人们修了多少次都没有成功。春天，天旱水浅，过往人马车辆，只能蹚水渡河；夏秋水涨，就在被水冲走的桥头，设置渡船。鸦鸿桥这个繁华的名镇，也就变得冷落萧条了。只有在十字街头的那座佛阁，每天从早到晚，香烟缭绕，善男信女出出进进，祈祷神佛赐福：风调雨顺，国泰民安。

1953 年，建鸦鸿桥乡。1961 年，设鸦鸿桥人民公社。1983 年，复设鸦鸿桥乡。1984 年，撤乡建镇，改设鸦鸿桥镇。1989 年，邢庄乡、孙各庄乡并入。1993 年，大和平乡并入，至今。

搜集整理：韩述本，摘自《玉田民间故事选》

遵化历史名镇——铁厂

铁厂镇，位于遵化市东南部，东邻迁西，南接丰润，距城区 35 千米。铁厂的历史，由来已久，据明朝弘治年间（1488—1506 年）《重建铁厂城碑记》载："遵化铁冶始创自中唐历经宋元至今。"相传，它晚于玉田，早于遵化，距今已有 1000 多年的历史。据传，铁厂村的名字也有过几次变更。

早在中唐时期以前，铁厂附近还是一片荒凉地带，没有人烟。中唐在铁厂聚匠炼铁，铸造盔甲兵器，故起名为白冶庄（白：荒凉意；冶：冶炼铸造），为防御边寇始建土城，驻守军队。后经宋元两代，一直在此炼铁铸造兵器盔甲。至明朝，由于铁冶业不断发展，人口也逐年增加，于是把白冶庄，改称白冶厂。到明弘治年间，倭寇侵扰频繁，兵器需求量不断加大，遂将白冶庄视为重镇。除增派驻军，加强守备外，又将原来土城拆除，重规改建大石头城，规模长宽各一华里，城墙高 2 丈、宽 1 丈，基础用 9 层灰土夯实，南北城门两侧建有跑道，以备巡城，石块平均 1 立方米左右，四门镶有石刻匾额各一块，南门为"峰岚耸秀"，北门为"畿辅保障"，东门为"海岳清宁"，西门为"山河盘带"。城池建成后，城内屯兵，炼铁铸造兵器，城外居住平民百姓。当时城外有南北二关，大街（包括南北关）延长到 2 华里，城东有东庄子、侯庄子；城西有西店子、小西街；城南有小高庄。这些村都是平民百姓的住所。为了解决城里城外军民饮水，在南北 2 华里的大街西侧，还打了石井 5 眼（每半华里 1 眼，城里 3 眼，城外 2 眼，这 5 眼井一直到 1976 年地震后才废掉）。这时铁冶业发展很快，规模也相应扩大，炼铁炉达到 25 座之多，铸造炉达到 50 多个。从事铁冶工人就达 2500 多人，居民有 500 多口，成为当时我国最大的铁冶基地之一，也是白冶厂的鼎盛时期。在《中国科技史》一书中，留下浓墨重彩的一笔："遵化铁厂的大鉴炉高 1 丈 2 尺，一炉可熔矿砂 2000 多斤，正德四年（1509 年），投入生产的炉铁 10 座，年生产铁 49 万斤，炼钢炉 20 座，生产熟铁 21 万斤，钢铁 60 万斤，规模空前。"现在，铁厂城内东北角仍存有一座体积达 45 万立方米的焦子山。

到明万历年间，戚继光任蓟辽总理，镇守边关各口，仍视白冶厂为重镇，下令再次重修白冶城，并在南北关的两端新建守卫栅楼各一座，在东街路北建武衙门一处，守备把总在前庭，炒铁郎君驻后院，把白冶厂建设得铁筒一般。

据清《天府广记》记载，到明朝末叶，因附近山林伐尽，炭源断绝，靠买炭炼铁，加之附近矿石贫乏，致使冶铁成本高而产值低，遂于万历九年（1581 年），蓟督梁梦龙奏请工部批准，停止冶铁业。当时守备将领遂将城内营房分给部下甄、刘、袁、侯四大家，以西街道口为界，南城路东包括东街分给甄姓，路西分给侯姓，北城路东分给袁家，路西包括西街分给刘家，把一座坚固的军事重镇，变成民城。居住在东庄子、侯庄子的军民因吃水困难，都陆续迁入城里，有几个村的房屋逐渐都被拆除，村址变成耕地，只有西店子、小西街、小高庄一直保存到今天。一部分城外居民到城里定居以后，除经营土地外，有些农民开始做买卖，由于商业的逐渐兴起，官家出布告立起了四、九大集。为了纪念古老的铁冶历史，把白字换上了铁字，就叫铁冶厂了。清道光年间，铁冶厂又改为铁厂。清朝建立以后，清政府出榜安民，鼓励农民垦荒种田，提倡经商做买卖，于是城里城外商号买卖越来越多。到清中、后期，铁冶厂的大街两侧已是商贾云集，铺户林立了，成为附近闻名的重要集镇。

1958 年，铁厂属东风人民公社。1961 年，析出，设立铁厂人民公社。1984 年，撤销人民公社，设立铁厂乡；同年，撤乡，改为铁厂镇，沿用至今。

唐太宗病愈平安城

唐山地名中，以平安为称的共有三处：遵化县的平安城镇、平安庄和曹妃甸的平安坨，其中最值得说道的是遵化县的平安城，是个唐朝时已有古聚落，那里留下了唐太宗的传说。

唐太宗东征辽宁的故事，在《唐史》中有明确记述，发生在贞观十九年（645 年），分海上和陆地两路大军远征辽东，二月初，唐太宗率领陆路大军从东都洛阳出发，北至幽州 ，经今唐山大地，过榆关进军辽东。相传唐朝大军行至山里各庄一带的洪水川时，唐太宗偶感风寒，周身发热，头痛得厉害，只好在此扎营养病。太宗乃马上皇帝，虽身染风寒，发烧头痛，仍不失警惕，让三军将士运土筑城，以防敌军袭营。太宗病倒在营帐之中，急坏了文武将官，而最心焦的是随军太医。从洛阳出发时，太医曾让太宗多穿些衣服，以抵御塞北寒冷。太宗正值血气方刚的年龄，并未听从太医的建议。到了今唐山一带，天气乍暖还寒，太宗骤染风寒，发烧头痛。而古时医治风寒，除用绿豆、甘草等制汤解毒去热，多用奇凉之物外敷降温。而此时已无冰雪之物可寻，太医也急得没有办法。这天太医转到村外一口古井前，一股凉气从井口腾空而起，只见村民陆续从井口中取水。太医让取水村民停下水桶，他注目观看，好干净的水呀，净得透明，没有一丝杂物。太医俯下身子试饮一口，井水奇凉，太医惊异，于是询问村民，为何此井水如此凉，村民告知，井中有大小两条青蛇，从不伤人，而村中老人孩子，如有个发烧头痛，饮此水即可退烧痊愈。太医喜出望外。这青蛇乃大阴之物，俗称小龙，此井水乃龙游水，我主乃真龙天子，有百灵相助也。于是每天用此井水为太宗外敷，为太宗熬制内服汤药，几天后，太宗龙体康愈。而此时土城也已建起，太宗心情愉快，说："我已平安，土城已立，此处乃平安城也。"于是在文武官的陪同下外出散步，来到村外古井处，果然，一股冷气从井内升腾，太宗向井内望去，只见碧波中有两条青蛇向太宗昂首摇头，太宗说："有此神水，附近当有寺庙，有神灵保佑。"尉迟恭说："陛下所言极是，北面便是夹山寺。"太宗向北望去，果然是青山秀岭，既像游龙昂首，又似凤凰展翅，山脉气势非凡。太宗信步来到夹山寺，只见寺院正在修整之中，一些匠人正在勾金染彩，而正殿中，传来一片诵经之声，太宗问："正殿内在做何法事？"尉迟恭说："前几天臣下来此上香，为我主早日康愈求神佛保佑，寺内住持听说陛下龙体欠安后，立刻组织寺内僧众作法诵经，为陛下祈祷。"太宗听后很受感动，对尉迟恭说："难得住持有此忠心，我已痊愈，法事可停。此寺正在修整，我当捐资，敬奉神佛，烦请爱卿为我了此心愿。”于是尉迟恭奉旨每天到寺内监管修寺工程。不久，太宗下令，大军拔寨东行，尉迟恭伴驾东征，大军出山海关，到了兴城一带，尉迟恭忽然想起夹山寺虽重修完毕，却未建山门。他立刻派人在当地修了一座山门，上书“夹山寺”三个大字。于是，便留下了夹山寺山门在关外的传说。

由于夹山寺有唐太宗捐资的传说，其后的宋元明清四朝，均重修此寺，香火兴盛数百年之久。寺院曾占地 10 亩之多，有僧房 40 多间，殿内供有如来佛祖、四大天王、十八罗汉等。明宪宗曾为寺赐额匾“慈应”二字，尤总兵曾以僧舍为行馆，戚继光还曾在此修建了“炎天冰雪亭”。然而，在日侵华期间，为建碉堡将古寺拆毁。但平安城的地名和唐太宗来此的传说流传下来，如今平安城已成为镇政府所在地。

作者：闫克岐

霞妃娘娘的传说与娘娘庄名称的由来

娘娘庄乡地处遵化市东南部山区，距遵化市区 20 千米，史称“娘娘御花园”，拥有面积达 25000 余平方米的旧石器时代的人类生活区——丁各庄遗址。北有峰峦叠嶂、绵延百里、宛若腾空而起蛟龙的卧龙山，南有波光潋滟、鱼美虾肥、渔舟点点的金凤湖。山水灵气，滋养着这方美丽宜人、民风淳朴的土地，使这里成为游人休闲、观光、摄影、垂钓的绝好去处。

说到娘娘庄乡的由来，这里有一个美丽的传说。娘娘庄，明代建村。明永乐年间，因此地有一娘子庙，故此取名娘子庄。

相传，明太祖朱元璋登基之后，封他的第四子朱棣为燕王，镇守北方。他曾多次率大军追剿元军的残余势力，有力地巩固了明王朝的政权。朱元璋死后，朱棣的侄子、皇太孙朱允炆登上了皇位，并进行削藩。于是，燕王便发动了“靖难之变”，4 年后，朱棣用武力夺取了皇位，10 年后，他将都城由南京迁到了北京。从此以后，县城边防成了朝廷的重中之重。明成祖朱棣不仅布下重兵，而且下诏移民，来此解决军粮供应，同时他多次到长城沿线巡视边防，今天遵化市的西三里乡城子峪北山上的“燕王台”，便是他当年的驻足之地之一。随着长城边防的巩固，明成祖的心绪也宽松下来，于是带了两个侍卫，便衣着装漫步到一条山沟。此时正值初春，看到一个姑娘正在河边洗衣，一边洗衣一边唱着“燕山三月风光柔”的乡村小调，吸引了明成祖。明成祖来到河边，向姑娘问话，姑娘大大方方回答，方知她是附近村中窦家的姑娘，名唤彩霞。明成祖细细端看，果然容貌绝世，心中一喜，明成祖接着又出一上联“风生古木晴天雨”来试考姑娘，谁知姑娘旋即对出下联“月照平沙夏夜霜”。燕王的心被打动，脱口而出：“果然遵化出才女呀！窦姑娘真是朕之爱妃！”聪明的窦姑娘立刻叩首，“谢陛下！”当日夜里，彩霞姑娘伴驾明成祖。燕王在此滞留 3 日，临行时特封彩霞为“霞妃”。此事轰动乡邻，大家都来彩霞家中道贺，一些几乎没有来往的乡民也来此认亲，想沾点皇妃的福气。由于彩霞已成皇妃，再也无人敢到她家中提亲，当地官府也时常来皇妃家中探望皇妃。谁知这一别就是 4 年，彩霞姑娘竟未得到任何消息，朝思暮想，竟郁闷早逝。村民为纪念这一未进过宫的妃子，在村西南的一处台地上（今高庙遗址），筑一大坟厚葬之，后人又在此地建一妃子庙，世称娘子庙，招一本地已婚男子（即另一传说中的陈老公）为宫外公公，负责看管妃子庙，称其庄为娘娘庄。

现在的娘娘庄村以还乡河（经邱庄水库流向丰润区）支流为界分为东西两庄，河东岸为东娘娘庄村，河西岸为西娘娘庄村，窦姓人口仍为东、西娘娘庄村的大户人口。

太宗御口野鸡坨

野鸡坨，位于今迁安城南 34 华里处，为乡政府所在地。为东西贯穿、南北交往的十字路口会合之处，绿树成林，高楼迭起，一派兴旺景象。很难想象这里曾是唐朝之前已有的古聚落，而且留下了太宗御口野鸡坨的传说。

首先，野鸡坨古老到什么朝代呢？夏商之间。《尚书·禹贡》载：“鸟夷皮服，夹右碣石。”“鸟夷”是以飞鸟为图腾、观鸟知时节的玄鸟族部落，“皮服”是用各种兽皮做成的衣服。“夹右”指今永定河以东的地方，“碣石”指今昌黎的碣石山。这段古文换成今文即：有一个以鸟为图腾、观鸟知时节、身穿皮衣的玄鸟族部落，曾在永定河以东，至昌黎碣石一带的地方生活聚居。而古代的野鸡坨正在这个区域之中。而唐山大地的地名中，以鸟为称的地名有 39 处之多，更可佐证玄鸟族人曾在唐山大地聚居。而更直接的资证是当代著名的研究上古文化的学者王大有所著《三皇五帝时代 》一书，有载：“玄鸟族过太行，向东北至涿州，入滦河流域，再至东北平原。”又载：“部分玄鸟族人留在滦河流域定居。”又载：“迁安野鸡坨是玄鸟族的遗址。”因此，无论是 2000 多年的文献史料记载或是唐山地名留下的印记，还是当代学者的认同，可知野鸡坨在 3000 多年前的商朝，或更早的夏朝，已有先民居住生活，是我市最古老的聚落之一，不可小视。而且在野鸡坨的北面便是龙山人类史前文化遗址，南面有扶苏泉，东面是商时的黄洛古城，并有首阳山、清节庙、迷谷等与之比邻，形成了一个上古文化遗址的文化圈，野鸡坨正在其中。

到了唐朝，贞观十九年（645 年），唐太宗率大军出洛阳，经幽州，过碣石，出榆关平定辽西，而野鸡坨为古时连接幽州至榆关的茶马古道，因此，就留下了太宗御口野鸡坨的传说。

相传，太宗平定辽西凯旋，入山海关，走茶马古道，按兵法行军，在金秋十月曾在野鸡坨一带驻军。安营扎寨之后，房玄龄和尉迟敬德二人，一文一武陪护太宗到营外巡游，时至黄昏，已是“千峰竞夕阳，落日满秋山”。近野远山染上一层落霞熠熠生辉，天边飘着深红的火烧云，秋景极为壮丽。君臣三人巡游间，一群山鸡从草丛中飞出，更给秋景增添生机。太宗心绪畅快，房玄龄说：“陛下，这些飞鸟名为锦鸡，又称赤凤，俗称野鸡，立秋而来，立冬而去，观其鸟便可知秋冬。此乃古之玄鸟族之地，玄鸟族人视为神鸟。”太宗说：“房爱卿博知多识也。”尉迟敬德接过话头说：“陛下，臣问过向导，这里叫金鸡庄。”太宗望尉迟敬德一眼，说：“金鸡不飞野鸡飞。”之后，不再言语。尉迟敬德疑惑不解，但见太宗脸无笑容，便不敢再问。回营后，尉迟敬德百思不解其意，便来到房玄龄的帐中求教。房玄龄说：“金鸡乃死物器，野鸡乃其神鸟，陛下出语，金鸡不飞野鸡飞，有两重含义。陛下说到野字时，语音极重，听其野字即可知陛下心胸。”尉迟敬德猛悟：“野乃一望无际也，陛下千里迢迢远征辽西，是望我等为大唐开疆扩土。”房玄龄点点头说：“还有一层含义，陛下兴道教，尊老子为先祖。老子食野鸡神鸟而长寿，你却视为金鸡，讨陛下不悦。”尉迟敬德心中“咯噔”一震，说：“多谢房兄点拨。”房玄龄说：“还有，金鸡即禁忌谐音，陛下最反感之。陛下登基之前，被软禁秦府之中三年之久。玄武门之役，得诛二贼，陛下方得以登基。你乃陛下爱将，才不怪罪于你。陛下出语，言简而意博，你揣其明白后再语。”尉迟敬德听罢房玄龄的高谈阔论，佩服至极。此后，除行军打仗参议，再不胡乱插语。

其后，这段故事传到村民耳中，得知天子留下口诏，欣喜不已，便改名野鸡坨。从此，野鸡坨不仅为神鸟栖居之地，而又有“野”为开阔视野之义，“鸡”含吉祥如意一义。唐朝之后村民们在大年初一，在门前贴上幅神鸡画图，焚香祈祝迎“吉神”，其风俗一直延续到明清，野鸡坨的名声也越来越大。

作者：闫克岐

辽太祖如何选定滦州城

滦州古城在滦州新城东5千米处，滦河西岸。大辽皇帝耶律阿保机始建滦州城，后各朝代又多次重修，现旧城已废。2009年，当地政府重建滦州古城，现是一处集旅游、文化、商业、居住于一体的旅游度假地，为国家4A级景区。

提起滦州古城，在滦州一带还有一个大辽皇帝如何选定州城的传说。大辽国定都临潢，所谓临潢，就是临近潢河之意，那么潢河是哪条河呢？原来就是滦河，那时滦河上游称为潢河，这说明临潢府就在滦河边上。

有一天，大辽国皇帝阿保机中午喝了许多酒，倒在大帐中睡觉，忽然梦见南方一条大水边上一道白虹冲天而起，逐渐化成一股紫气直扑入怀，不由惊醒过来。阿保机赶紧召见军师圆梦，军师说滦河边上可能要出一位真龙天子，要和你争夺天下，因此需要早作定夺。阿保机想，我刚刚统一北方，还没能完成统一全国的大业，就有人要和我争夺天下，我岂能容你！想着就要点起兵马顺着滦河一路血洗过去，看谁还敢跟我分享日月！军师连忙摆摆手说，陛下万万不可，我们要想统一全国需要的是人，没人还统治什么？咱在出白虹变紫光的地方建一座城池，把那里的龙脉给镇住，这样不但能叫这块宝地为我所用，还能增强我大辽国的风水之势，岂不更好？阿保机说有道理，赶紧带我去看看，究竟是哪里出的白虹紫光！

他在军师的向导下打马滦河边，从临潢到卢龙都没有找到那出白虹变紫光的地方，不由心浮气躁，在卢龙城找个酒馆喝起闷酒来。喝到微醺之际，他还是不死心，甩掉军师就独自信马由缰地跑到滦河边上来，一直过了横山来到偏凉汀附近，这拐过山弯往南一打量，奇迹出现了：只见山南一马平川沃野千里，左有大河蜿蜒自北向南缓缓流淌，右有村宇屋舍鳞次栉比树木茂密，西望群山环抱做藏龙之势，东望阡陌纵横如卧虎之盘，身后横山怀恰似一把太师椅围拢四靠，眼前紫金山正好如一只供案。阿保机看过周边形势不禁心头一喜，这不正是军师常说的“青龙蜿蜒，白虎踞伏，玄武恬静，朱雀翔舞”的藏龙卧虎之地吗？

赶军师顺着马蹄印一路找过来，刚才还好好的天空忽然下起倾盆大雨，不一会儿，雨过天晴，一道白虹喷薄而出横跨天际，转眼就变成一道紫气落到阿保机面前。看到这一道天象奇观，不但阿保机十分惊讶，连见多识广的军师也不由大叫一声：这不正是那道“白虹紫气”吗?！正是一块天造地设的风水宝地，就在此地建造城池，必能保我大辽国千秋万世！

阿保机亲自选定了城址，但是在建一座什么样的城池上众说不一，弄得阿保机难以决断，只得打马到滦河边上闲走。这时，一叶扁舟从上游急流而下，船上一位须发皆白的艄翁，口中唱着喑哑的古调，有两句清晰入耳：“地是元宝城是船，昂头翘尾山是帆。要得江山千年固，养精蓄锐老龙湾。”

阿保机浑身一震，这不正是自己所要的建城之势吗？可是老龙湾是怎么回事呢？待要问问那位艄公，那叶扁舟早已不知去向。阿保机回去后把河上艄公之事向军师说了，军师立马说道：“恭喜皇上，这分明是神明所示，要把此城建成舟船之形、元宝之势，至于那老龙湾嘛，自然是要把滦河水蓄住，才能蓄住龙形。需要在城址南部开挖一条人工湖，引来滦河之水，以成龙蟠之势，大势毕矣！”

因此，滦州城开始建的就是船形，但中间阁上隆起，南关和北关两头下凹，就像一个大元宝。建城的时候，其他几个城门不管是奠基还是垒砌都很顺利，唯独北城门屡建屡坍，一直不能解决门基流沙问题。耶律阿保机召军师上殿商议，军师掐指一算说，三门好垒一门难建，显然是有什么秽物捣乱。阿保机和军师到了施工地点，军师占方位、摆八卦、焚香祷告等等，弄了一阵子说，在北门捣乱的是滦河老鼋，那家伙已经在这块地下修炼了千年，我们建城乱了它的清修。阿保机说，既然是老鼋，有没有治它的办法啊？军师挠挠脑袋说，这家伙不怕刀剑不怕戟，专怕铁棒槌！只要在北门正中地下铸一件柱天柱地的铁棒槌，越大越好，那家伙就得逃之夭夭，北门就能建成了。阿保机传令下去，叫工匠们连夜赶制铁棒槌。那时候打制铁制品都是用沙子铸件，工人们就在北门外堆了有二里地的沙子棒槌模型，点起几十座铁炉烧铁水，烧一炉铸一炉，一直铸了七七四十九天，才把这个奇大无比的铁棒槌全部铸成。怎样才能把它竖起来栽到地底下去，这可难坏了众民夫，一连三天，大家都想不出好主意来。这天傍晚时分，不知从哪里过来一个瘦小的老头，大师傅也是不经意地问了句，老人家，到底咋才能把这么大的东西立起来呢？老头摇摇头说，我老人家的墓道都砌好了，我哪知道咋才能立起它来呀！说完转瞬不见。大师傅正纳闷这老头怎么突然就出现突然就没了呢？忽然脑袋里灵光一闪：墓道？嘿，就是墓道法！就这样，大师傅马上命人在铁棒槌底部开挖斜坡式墓道沟，一直延伸到城门正中，那家伙顺着斜坡慢慢自个就开始出溜，溜着溜着就竖起来，又开始慢慢下沉，一直沉到与平地齐，才岿然不动。可不是，竖起铁棒槌后，北门很快就建起来，再也没有发生坍塌事故。1945年滦州大地震的时候，其他三门都坍塌了，唯独北门完好无损。当时平滦一带有歌谣：“东门金鸡叫，西门狗曳犁。南门无影塔，北门铁棒槌。”滦州北门的铁棒槌即由此出。

州城建好了，因为建在滦河边上，耶律阿保机亲自命名此地为“滦州”，时在契丹天赞二年，即公元923年。从此，大辽国如日中天，统治中国北方200余年，而耶律阿保机亲自选定滦州城的故事也一代代流传下来。

作者：吴述东

地名油榨留传奇

油榨是个因经济活动留称的地名，以经济活动留存的地名在唐山大地共有161处。油榨镇位于今滦州市新城东北约20千米的地方，相传在大明朝洪武年间移民随“龙”而来迁此定居。油榨原为榨油，但二者含义不同，榨油是从物体中榨出油来，而油榨则是将物体放入油中而榨，先有榨油坊，后改油榨村，为何改成油榨呢？因为留存一段传奇故事。

明太祖朱元璋灭掉元朝之后，为巩固长城边防，不仅大量驻军，而且招募移民来长城边塞定居，补充耕户解决驻军食用，洪武三年（1370年），明太祖再次下诏移民来此定居，并规定来此移民“每户给田十五亩又二亩菜田，如有余力多开荒者，新田免交租税”。于是，今油榨一带也就有了移民聚居的小村落，三五户或七八户结伴至此。

相传有三户人家，来此后历经搭铺建屋，开荒种田的艰辛，生活安稳之后，见这里土壤适合种植花生果，于是三户合伙开起榨油坊，按照古时的规矩，三户各出一人，义结金兰，长者为兄，供奉关帝神灵，将小榨油坊开办起来。但榨出的油脂却总是浑浑的，油渣漂含在油脂之中。三人转动脑筋寻找油脂不清的原因，先想到磨料粗糙，加细后依然是油渣漂浮油脂之中，又想到用纱布过滤，谁知细末似的油渣全漏下去，依然混在油中。三弟兄左思右想也未能觅得去油渣之法，此时方知开榨油坊并非易事。榨出来的油虽然混浊一些，还是使四周乡邻能够有油可用，一年下来，由于销量太小，没有什么盈余，忙忙碌碌一年，只落得三家不用花钱买油。就这样农忙时下田，农闲榨油，三兄弟也曾有关机停榨的念头，但停机之后，左右乡邻又都来此就近买油，并不嫌油脂混浊，三兄弟只好再次支好油锅开机榨油。

这一天，大哥在关帝像前睡着了，梦中只见关帝从云中飘来，说你兄弟三户人家皆诚信之人，供我香火，风雨不误，你速去村东10里处接一神仙归来，将惠你后世之福。大哥猛然醒来，将梦中关帝所言告知两个兄弟，二弟听罢有些疑惑，又不能不信，三弟想得比较实际，关帝所说神仙或许是能帮我们解决油脂混浊之人。大哥点点头，觉得应当前去寻找，哪怕空跑一趟呢。二弟又提议让大哥拉着小车前去，万一找到神仙，也不能让神仙走啊。大哥听罢，心想，是自己所做之梦，二弟既说了，我就拉着小车去接神仙吧。

大哥拉着小车出了村庄，按着梦中关帝所言向东方的茶马古道走去，直至中午才走到茶马古道的路口，秋风阵阵，北雁南飞，边塞之道空无一人，大哥犯了犹豫，神仙在哪里呢？望望空中，没有神仙出现，左右环顾也没有神仙喊他，于是他沿着古道四处寻找，果然听到了喊声，不是神仙喊他，却是呼喊救命的声音，大哥急忙顺着声音奔过去，只见一老者摔落到水坑之中。大哥迅速过去将老人从水坑中背出来，老人左腿摔伤，鲜血淋漓，大哥再也顾不得寻找神仙，急忙将受伤的老人抱上小车，拉回家中。这时已近黄昏，大哥拉回个受伤的老人，二位兄弟倍感意外，但也未责怪大哥，连忙请来医生为老人包扎治病。大哥为人憨厚，觉得这位受伤的老人是他拉回来的，便安置到自己的家中治疗，然而救人一时不易，善始善终更难。医生为老人包扎好之后告诉大哥，伤筋动骨须静养100天。这下可给大哥家找来麻烦，大嫂不好明言，心中还是有不快，觉得大哥自找麻烦。不过，两兄弟虽然认字不多却极懂道理为大哥分担难处，每十天轮流侍奉老人，大嫂也就不再犯嘀咕，就这样，善良的三户滦民照顾一位不相识不知名的受伤老人100余天，榨油所得微利都搭到为老人治伤养病之中，直到隆冬腊月，老人的伤腿痊愈，然而却成了瘸子，走路拐拐的极为困难，只能在院内拄着木棍转上几圈。弟兄三人请来医生，均说只能如此，再也不能复原了。

顿时，事态变得严峻起来，这位不知家在何处的老人再也走不了了啊！清晨，大哥将两户兄弟找来，商量此事，大哥说这是关帝让我做此差事，我就认其做义父养老送终吧。两户兄弟听罢，对大哥说，咱们三户迁此聚居，结义为兄弟，他是大哥的义父，也是我们的义父，咱们共同将这善事做到底吧。说罢，三兄弟面对老人叩首认作义父，在关帝像前燃香明誓。

这时坐在炕上的老人缓缓下地，慢慢走到炸油锅前，三兄弟不知何事，怕老人摔倒，凑到老人旁边。老人对他们说，你们三户心地诚善感动上苍，我帮你们一文铜钱吧。老人说罢，从口袋掏出一枚铜钱扔至油锅之中，霎时油锅发生变化，油渣细末儿纷纷坠入锅底，油脂清亮得照见人脸，而且浓烈的清香从锅中飞出，飘香数十里之远。三兄弟高兴之时，再也不见老人的身影，只见炕上留下一张白纸，上有四句诗："我去昌黎会韩湘，途经滦州度善良。欲知我身来何处，八仙之中我名扬。"三兄弟这才知道是关帝显灵，请来八仙中的铁拐李来此。三兄弟再拜关帝。从此，关帝像旁又多了八仙的神像。三兄弟的榨油坊名声在外。一年腊月，前来买油的川流不断，三兄弟昼夜加班，赚足了银两也赚足了名声。事情因榨而起，故事由油渣而来，都知道他们的油脂清碧无渣是因为他们有个神仙的义父保佑。油榨变成了这一方地域的代称，日久化作了地名。

当然，应是三户人家精心制作榨出好油，但人们还是相信神仙保佑的故事，或许有一种古滦民的精神在其中。至清朝之后，这里已成为滦州重镇，不仅有榨油坊，也有烧锅制酒，商铺林立，并留下初一、初六的大集，成为卢龙、迁安、滦州三地集贸交易之地。如今，古老的传说伴着腾飞的经济活动，集贸之日更是盛况空前。

作者：闫克岐

各县名称源何时

唐山各县名称源何时？主要是说玉田、遵化、滦州、迁安、丰润、乐亭这六个古老的县称，当然也包括滦南、丰南、迁西、唐海等。说清此事应分两个层次叙述，首先是县作为地方区划出现于何时，其二是如今的县名出现在哪个朝代。

唐山大地古为红山文化区域的南部地带，为轩辕部落聚居地之一。如今滦州市旧城为商朝孤竹国都的黄洛古城，到了春秋时，京东大地已有了四个方国，包括两个华族的方国（孤竹和北燕），还有两个山戎族的方国（无终和令支）。战国归于燕地，其后秦统一中国，实行郡县制，全国划分三十六郡，即《史记·秦始皇本纪》载："分天下以为三十六郡，郡置守、尉、监。"但并没有更为详细的记述，在裴骃所著的《史记集解》一书中留下三十六郡的详尽记述，可知，唐山大地古时为辽西郡和右北平郡境内。辽西郡郡治在阳乐，今辽宁义县西南，右北平郡治在无终，今天津蓟县。但没有县的记述。

唐山大地最早形成众多县治的文字为汉朝，最早出现的县治为石城县，即《汉书》载："高祖十二年，燕王卢绾反，使周勃、樊哙击绾，破绾军平定反叛，赦吏民与反者，立皇子建为燕王，设石城县。"按《中国历代行政区划》一书载，汉朝时辽西郡共领 14 县。

按时间顺序排列，我市如今的县称出现最早的首推玉田。玉田在春秋为无终子国，战国属燕地，隋朝属渔阳郡，唐初复归无终，至唐朝武则天万岁通天元年，公元 696 年改无终为玉田县，沿承至今。改称为玉田缘于杨伯雍种石得玉的神话，即《无和郡县补志》所载："邑内有地一顷，名曰玉田，杨伯雍种石产璧之所也。"即《读史方舆纪要》所载："种玉山在县北十里，县以此名。"

其二是遵化，遵化在春秋属无终，战国为燕地，秦属辽西郡，汉朝时属徐无、俊靡二县，至唐玄宗天宝元年，即公元 742 年在今遵化一带设平州买马监，后唐时将买马监改为遵化县，至清朝时因是皇陵所在地，升为直隶州；民国二年（1913 年）改回遵化县，今为遵化市。

其三为今滦州市。滦州一带春秋为孤竹，战国为燕地，秦时入辽西郡，北齐为肥如，隋为卢龙，唐朝时属平州。公元 940 年，辽太祖耶律阿保机将战争中俘获的民众迁至今滦州市旧城一带，设滦州，将石城和马城一部分归属于滦州。其后历经元明清，至民国二年（1913 年）改称滦县，2018 年改称滦州市。

其四为今迁安，春秋为山戎，战国归燕地，汉为令支县，北齐时令支入阳乐，隋朝入卢龙，唐朝属平州。至辽时，辽太祖从安喜县俘获大批民户，迁至今迁安东部青山院至卢龙一带置安喜县。其后金灭辽，长江以北均属大金国，于是出现了两个安喜县，因此在金大定七年（1167 年）将安喜县迁至今迁安城关一带，改称为迁安，属平州，其名延续至今，今为迁安市。

其五为丰润县，春秋为无终，战国为燕地；汉时设土垠，今银城铺一带；唐天宝八年（749 年）迁民聚堡，设永济务。金大定二十七年（1187 年）改玉田县的永济务为永济县，至金卫绍王大安元年（1209 年）。为避卫绍王完颜永济之讳，改称为丰闰县，至明朝洪武元年（1368 年）改丰闰为丰润，沿用至今。

其六为乐亭县，汉时属海阳，辽宋时为马城或为安城；辽寿隆五年冬十月，以齐陶为马城县乐安镇监酒。至金大定末年，1189 年改马城为乐亭县，先属平州，后归滦州，县名沿用至今。

抗日战争期间，20 世纪 40 年代，冀东大地多为抗日根据地，1942 年滦南县从滦县划出，1945 年丰南由丰润划出，1946 年迁西由迁安划出，1982 年 9 月将滦南、丰南沿海一带的柏各庄农场改置唐海县，今已改为曹妃甸区。而今丰南已为区，遵化、迁安、滦州已为县级市。

作者：闫克岐

乡村逸闻

碑子院的传说

路北区碑子院，是唐山市一处奇特而古老的地名。在唐山以院为称的地名至今留存17处，有书院、寺院，但多为道院。道教中，按其庙内供奉的神父和庙内道长地位，分为宫、观、院、庙、庐5个等级。宫为供奉老子或教主居住地称为宫，享受帝王级待遇；其次为观，观内供奉诸神或教主，居住着祖师或道行极高的道长；第三是院，院内供奉诸神，其道长多为祖师嫡传弟子及所传后人。当然也有非祖师嫡传之人，但道德高深，功德显著，在州府乡里声望极高者，也尊称为院。最普遍的是庙，庙内供奉诸神，居住着一般道士；其下为庐，为山野间自行修炼的道士居住之地。当年笔者在碑子院一带采风时听到了一段关于碑子院的传说。

相传，此道院在大元朝时已有，其灵云道长为大元朝道教教主丘处机的18位入室弟子之一。他师父丘处机为全真教祖师王纯阳的七弟子之一，即俗称的全真七子。祖师仙逝后，七弟子分散各地传教。丘处机道德高深，积善从世，曾受到大金国朝廷的诏请，到中都燕京传道。因此，丘处机名满天下。其后，成吉思汗灭掉金，他下诏见丘处机。此时，丘处机已72岁高龄，他为了拯救众生，劝导元军少开杀戒，毅然带着18弟子西行万里，历时3载，在印度大雪山——今阿富汗境内，追上了成吉思汗的西征军队。成吉思汗极为感动，尊称他为老神仙。1年后丘处机辞汗东归，成吉思汗向他请教治国之策。他告诉大汗，要敬天爱民，尽量少开杀戒，仁德者得民心，得民心者得天下。成吉思汗点头纳议，并赐予他虎头金牌和圣旨一道，尊他为大元朝道教国主，统管全国道教。丘处机仙逝后，安置在今北京白云观的丘祖殿中。

元主稳定中原，让丘处机的18弟子分赴各地传教，灵云道长来到了京都东大门的石城（今开平）。他在唐溪边巡绕时，忽然一群燕子飞来将他团团围住，在他身边呢喃不止。灵云道长曰：“天意留我，我留此地。”从此，这里便有了一座无名的小庙，灵云道长在庙内修行，从不张扬，经常向四周穷人施舍钱物，常做善事。一次，一队元军押解从江南俘虏的百姓，路过此地，几个抱着幼子的女人再也承受不了一路上的鞭打和饥饿，乘机逃到庙中避难。灵云道长让他们藏在神像的后面，自己则将师父赐给他的金牌挂到胸前，之后，气定神闲地诵经。押送俘虏的元军将领搜寻到此。只见灵云道长端坐诵经，他正要发怒时，见其胸前挂有金牌，元军将领大吃一惊，原来是老神仙的弟子在此，立刻纳头便拜。这几名女人和她们的孩子得救。四乡村民这才知道老神仙的弟子就在身边。从此，灵云道长名声在此传开。四周乡中望族慕名而来，积极捐资修庙。村民也都自动出工，为记述这段故事，由乡中文人题名为“背子院”。自从灵云道长在此的消息传开后，灵云道长也成了这方水土的保护神，这时原聚落人也越来越多。天长日久“背子院”名声远扬，香火鼎盛，其后世的人们觉得一个“背”字不足以凸显灵云道长的大悲大德，便将“背子院”改为“悲子院”。因灵云道长重生，院内供奉的神像为天仙圣母，即碧霞元君娘娘，两侧为送子娘娘和催生娘娘。

到了大明永乐之后，大批移民迁至开平一带，纷纷来此上香，一些乡绅、文人觉得应为灵云道长立碑，当年被道长所救之人的后代，都已是人丁兴旺，家业富足，纷纷出资建碑。碑建成后，立于院前南侧，从此又称“碑子院”。到了清朝末年，八国联军进北京，滦州一带爆发了义和团运动，一些山野间的寺院庙堂成了拳民居住、袭击洋人的地方。于是，洋人将滦州一带的寺院庙堂摧毁一空，幸免者寥寥无几。碑子院的庙堂也毁于那场洗劫之中。

作者：闫克岐

缤纷地名说曹妃

曹妃甸像一颗光彩夺目的明珠冉冉升起，曹妃的故事在许多人们的心底呼唤，她从哪里来，又到哪里去？然而，《滦县志》只寥寥数语：“曹妃甸，在海中，距北岸四十里，上有曹妃殿，故名。”不过，留在我们身边的传说和其他史料却填补了这一空白。

相传曹妃实有其人，为大唐贞观临榆人，曹姓之女。曹姓为临榆望族，时至今日，在唐山以曹为称的地名还有 47 处，其中丰润独占 11 处。

贞观十九年（645 年），太宗亲率大军，于二月从洛阳出发，经幽州，过碣石，出榆关，平定辽东，十一月返回幽州。但《唐史后妃传》中无皇后或后妃随驾出征的事情，但军中确有随军伴驾的“皇妃”，由地方官府挑选，先入军中乐营，再从乐营中选秀。乐营是大唐军中特殊的编制，由多才多艺的乐师和众多美女构成，称之乐营，每 25 人组成一个“两”，其领班称“两头”娘子。在将帅出征时，为将帅壮行或凯旋的祝捷宴会上，由“两头”娘子领班，组织歌舞演出，载歌载舞助兴。因此，在大唐的边塞诗中便留下了“葡萄美酒夜光杯”或“美人帐下犹歌舞”的诗句。

唐太宗为马上天子，非常看重将帅之间的关系，经常在军中设宴，与将帅同饮，曹妃则在宴席中的歌舞表演时为太宗选中。为什么在美女如云的歌舞中偏偏选中曹妃呢？原来，唐朝时的歌舞有独舞、群舞，大型酒宴上多为群舞。在群舞队列中，有排列的规矩，才艺绝伦容貌绝佳者站到头排第一人，其次按才貌优次往后排列。如今，评论和夸奖女人的美丽常用“头排人”比喻的俗语，出处即在此。

在一次唐太宗参加的军中盛宴上，曹妃得以展示才华。曹妃时年二八，容貌绝世，才艺超群。在悠扬的乐曲中，曹妃轻盈起舞，时而拂袖，时而飞旋，一个飞天仙女倒弹琵琶的舞姿，惊艳太宗，龙心大悦。于是，太宗让她为自己满酒，曹妃斟满美酒敬献太宗，太宗却口出“小令”让曹妃作答。在大唐时，饮酒行令是一桩雅饮，“小令”即将字拆开作联唱答，不能答者则要罚酒。太宗道：“一大为天，青天在上。”曹妃宛然一笑，随即唱和：“大一为太，海日东升。”长空对红日，天为朝廷，红日为天子，曹妃的敏捷让太宗心动，太宗又连出两个小令，曹妃均出口成章，喜得太宗连饮三杯。此时，太宗已喝得半醉，说：“真乃吾之爱妃也。”曹妃立刻叩拜皇恩，谢陛下。当晚，曹妃于太宗帐中伴驾，备受太宗宠爱。从此，曹妃成为太宗的随军伴驾皇妃。

在开平与古冶交界的地方，有处名字带辇的村庄为王辇庄。在春秋之后称宫内后妃所乘之车为凤辇。辇的含义为人拉之车，即常说的步辇，源于夏后氏改牛拉车为人拉车，人拉车更能听从指挥，皇上和后妃乘车也就更加舒服。王辇庄原为王家庄，位于长山古道，曹妃的凤辇行至这里，突遇暴雨，山洪卷着泥土淹没长山古道，曹妃的凤辇陷入蛇盘谷的泥沙之中，已非人力所能救出。于是，侍臣到路边的王家庄，找到里正求助。里正招来村民，说明情况，村民听说凤辇陷入泥沙之中，纷纷前来救驾。然而泥沙太多了，凤辇已非人力所能救出。于是，里正又从周围各村借来八匹壮马，马拉人推，终将凤辇救出，曹妃脱险。山野村民能遇到救驾的事情，那是莫大的荣耀，为让后人记住此事，便将王家庄改为王辇庄。周围八个借马出力的村庄，也觉得是很荣耀的事情，就将村名都改成套字，有刁家套、西李家套、东李家套、解家套、杨家套、任家套、于家套、西营套，从此便留下了“八套拉一辇”的传说。

曹妃乘坐凤辇，徐徐东行，经历凤辇陷入泥潭的折腾，有些唇干口渴，便停下凤辇，让侍臣去找水喝，停辇处正是菜园村，家家种菜。村民听说皇妃口渴，立刻送来洗得干干净净的大红萝卜，曹妃干渴之急，将大红萝卜吃在口中，真是甘甜爽口，赞不绝口。村民听了，好高兴啊！此后，因皇妃吃过菜园的萝卜，名声远播，便都争先恐后到这里来买皇妃吃过的萝卜。因此，托皇妃的福，这里的菜园子越种越多，扩成两庄，就又有了大菜园和小菜园两个聚落。而更为出奇的是，这里的萝卜籽卖得极快。关外的东北人都到这里购买沾皇妃福运的萝卜籽，回到东北后，当年就结出了又大又甜的红萝卜，借皇妃的名声，也卖了个好价钱，第二年用自己收获的萝卜籽种下去，却结出又小又苦的小萝卜，东北人只好年年来此买萝卜籽。一千多年后的今天，依然如此，菜园村种萝卜不卖萝卜专卖萝卜籽，依然对皇妃奉若神明。

曹妃的凤辇继续随军东行，至今大水峪一带，山路崎岖，又将凤辇的车轴折断，侍者们都有些不安，在此边塞荒野，不如洛阳城中可随处寻得铁匠，侍者只好沿石榴河寻找，终于在石榴河畔找到一个只有五户的五姓庄，其中周姓为祖传铁匠，立刻招来修车。周铁匠说需用三天时间，太宗闻讯赶来，见爱妃两次遇险，怕她心中不安，便偕曹妃在石榴河边漫步，河水清碧见沙，两岸绿柳成荫，只见岸边树丛中露出村屋，太宗问：“此为何庄?”随从均摇手不知，曹妃略做思索，回道：“应为横河村。”太宗问：“何故?”曹妃答：“自古南北为顺水，东西为横水，此段河水由东向西流去，为横河之水，村在河边，当为横河村。”太宗让随从入村询问，果然是横河村。太宗心喜，对曹妃宠爱日重。

周铁匠“叮叮当当”锻打了三天，修好凤辇，太宗欣喜，口诏周铁匠随军东征，口诏五姓庄修辇有功，从此不再纳税，此后五姓庄便改为无税庄。清末，李鸿章开矿挖煤水位下降，便成了今日的无水庄。折断车轴的大水峪也改为秣轴峪，其故事零星散落于县志之中。

曹妃随太宗来到军营驻地。大军驻在大沙河边。此时正值炎炎五月却逢大旱，沙河断流，大地如同火烤，不仅三军饮水困难，田野上禾苗枯萎，农夫面带愁容，纷纷敲锣打鼓游行求雨。然而，一连数日无雨，三军吃水做饭却成了问题。太宗内心焦急，想移师别处，这时曹妃来到帐中，侍者旋即回避，曹妃向太宗进言："臣妾得知明日午后，必有暴雨，望陛下搭台为民祈雨。"太宗半信半疑，说："爱妃，军中可无戏言。"曹妃曰："如无雨臣妾以首祭天。"唐太宗见曹妃说得如此坚决，便下令让士兵连夜搭起祭台。第二天清晨，太宗登上祭台，焚香祈祷，为民求雨，曹妃伴在太宗身边，不时为太宗擦汗。军民见太宗如此心诚，纷纷跪倒祭台四周，祭天求雨。时近中午，依然万里无云，跪在地上的大臣不免心中犯起嘀咕，不知还要跪地多久，才能感动上苍。太宗已是酷热难当，不时望望晴空，望望曹妃，如果依然无雨，太宗已很难走下祭坛。刚过午时，突然冷风乍起，千万朵黑云从四面八方涌来，顷刻间，天如墨染，天地间黑成一片，只见云端一道金龙闪过，惊雷炸响，瓢泼大雨降落。刹那间，大雨中三军将士、四野村民山呼万岁。太宗乃真龙天子，有百神相助。

大雨中，太宗与曹妃走下祭坛速回帐中，太宗问曹妃，何以算准今日之暴雨？曹妃答："家父教小女观看天象，落日外面带红晕，翌日暴雨天；田野蛇过道，午后大雨暴。从此，臣妾故知今日暴雨。"太宗欣喜："爱妃还懂天象，可是朕之幸事。"曹妃忽觉阵阵腹痛，太宗急唤太医诊治，但身怀六甲的曹妃经烈日灼烤和暴雨淋身，病倒在帐中。几天后，不幸小产，生一女夭折，而三军已经启程，曹妃还得伴驾随行，只好将小公主埋在大沙河岸边。从此，此地名曰"公主坟"。四邻百姓将怀念曹妃的心情转到祭祀亡去的小公主身上，不仅重修公主坟，而且村民集资，义务出工，在坟边又建起公主塔，从此建塔之处又留下地名"塔上"。

金秋十月，太宗平定辽东凯旋，入榆关、过碣石，来到滦州汉武台前，只见汉武台已经塌落残破。太宗想到汉武帝当年的文治武功，感慨万分，有意修复汉武台。曹妃在旁进言："陛下乃开国英主，此乃边塞养马之地，何不也为养马练兵做些事情？"太宗纳其言，将汉武台整修成将台，前面旷野修成练兵场，并为养马人修建房屋马舍，还建起东西两座望马台。之后，曹妃伴太宗登碣石山望海，太宗心绪浩茫，感慨颇多，留诗一首，其中"怀卑运深广"的诗句即为称赞身边曹妃心怀卑下不忘百姓，而且才智深广，给予曹妃极高的评价。太宗对曹妃倍加宠爱。

其后，太宗偕曹妃来到海边，只见海上渔帆点点，起伏在波涛之中，曹妃看到岸边的渔夫吃干粮时只喝几口苦咸的海水，曹妃心中一动，在岛上巡回漫步，站到一浅黑青石岩前，对侍者说："告诉渔夫，在此打井，其下有甘泉。"果然，凿挖不过十几米，便涌出甘泉，人们啧啧称奇。《滦县志》有记载："绕甸海水皆咸，唯曹妃殿前一井水甘甜。"从此渔夫出海均到此提水，再也不为喝水犯愁。此井也成为乐亭县的八景之一——"古井甘泉"。渔民不忘曹妃恩赐的甘泉，为其建起殿宇，塑其像供于殿中，香火极其鼎盛，曹妃也成村夫渔民心中的保护神。因此，也引起乐亭、滦州两县对其归属的争夺。至清光绪七年（1881 年），将曹妃殿划归滦州，两县的争执方有了结果。但这并不影响两县民众对曹妃的爱戴和朝拜，每年三月，人山人海，人们蜂拥而至祭拜曹妃，反映了人们感恩曹妃保佑和对美好生活的憧憬，留下了曹妃甸的地名。

作者：闫克岐

地名有菜说神奇

以蔬菜为称的地名在唐山共留存 14 处：古冶的大菜园、小菜园，丰润的菜园和菜庄子，丰南的菜园，乐亭的菜园，迁安的菜井沟，迁西的菜家沟、芹菜峪、韭菜峪，还有崔家堡子乡的大菜沟、洒河桥乡的大菜沟，以及丰润的萝卜坨和玉田的萝卜窝。足以说明在唐山历史上，先人早已掌握了种植蔬菜的技术，种植范围也普及唐山大地。唐山南面临海，北部多山，奇特的地形造就了许许多多风味各异的蔬菜，最著名者为玉田大白菜，翠绿如玉，细嫩可口，家家必备，名扬河北。但最为神奇的还是古冶区大小菜园种植的萝卜籽和留下的传说。

大小菜园古时原为一个村庄，是个非常古老的聚落，相传唐朝时这里已有刘姓宗族三户人家的小村庄，石榴河从东流过，二龙河从村西流过，两条河水过越河村合入陡河。两河之间留下了神奇的土地。相传村中的一户在田里种上了萝卜，秋后挖出的萝卜个大皮红，咬一口嫩得流水，甘甜可口。无意之间竟然有此收获，村人欣喜至极。发现这片沃土非常适种大红萝卜，从此三户人家都在地里种植大红萝卜，到集市上也能卖个好价钱，成为家家重要的收入，村庄也被人们呼唤成菜园。

到了大唐贞观十九年（645 年），唐太宗征东，大军路过此地，跟在后边伴驾皇妃凤辇曾在此停留。太宗的伴驾皇妃从何而来？并非宫中的后妃，唐朝时军中有一个独特的组织，称为“乐营”。“乐营”中由音乐高手和才艺超群、容貌俱佳的美女组成，为军中的宴会助兴，或为将帅壮行，或迎接将帅凯旋，她们在酒宴中载歌载舞，所以留下许多军中歌舞的诗句，如“葡萄美酒夜光杯，欲饮琵琶马上催”“战士军前半生死，美人帐下犹歌舞”等。清朝末年民国初期的《京东轶事》一书载：“滦州古称临榆，临榆望族曹姓之女，年方二八，才貌双全，被选入乐营，为太宗看中，封为伴驾皇妃。”

此时正值大旱的五月，烈日晒得树梢低垂，大地上热土飞扬，曹皇妃在凤辇中渴得干抿嘴角，前后推拉凤辇的侍者也都汗流浃背。曹妃见这里有一片碧绿萝秧，心中大喜，于是让侍者到田中去拔，可惜刚刚种下只有绿秧没有萝卜，几个侍者便到村中寻找，几户村民听说皇妃口渴至极，便从地窖中取出一筐鲜红的大萝卜，抬到凤辇前面。或许是曹皇妃渴急，或许是大萝卜甘甜，曹皇妃一口咬下，吃到口中，滋润得流汁，甘甜得满口冒凉风。其后，几个侍者也是狼吞虎咽，竟然吃下十几个大红萝卜。曹皇妃高兴地手捧大红萝卜说：“仙果只应此地有！”三户村民见皇妃出语称赞，感激得立刻跪拜：“谢皇妃口诏！”几个侍者意犹未尽，将筐内剩下的大红萝卜分别带在身上。

这年秋天，菜园的大红萝卜好得出奇，有人说受了皇封所致，也有说皇妃驻足于此，凤凰不落无宝之地。不管如何，借着皇妃品尝过的名声，菜园的大红萝卜身价倍增，人们纷纷来此定居，以种萝卜为业，于是，单姓庄变成了多姓庄，一个菜园扩成了两个村庄。由于这一带的大红萝卜个大甘甜，竟然卖到了东北，每年秋天，东北人赶着大车到关内来此买萝卜。日久，有的东北人聪明，来此不买萝卜，只买萝卜籽儿，回到东北去种，当年果然丰收，长出个大皮红、甘甜可口的大红萝卜。谁知，第二年用在东北生长的萝卜籽种下去，秋天结出来的萝卜又瘦又小又干巴，咬一口苦辣辣的，只好再来关内，到菜园去买萝卜籽儿。一位有心人偷偷拉走一马车泥土，到了东北依然是只长一年的好萝卜。东北人百思不得其解，于是来菜园买萝卜籽时向村民探讨缘由。村民一笑，将东北人带到村中的菜神庙中，只见庙内正面端坐美貌的皇妃，左侧是听命的龙王，右侧是听命的土地爷，正殿两侧刻有楹联："仙果只应此地有，皇妃一语定乾坤。"东北人恍然大悟，此乃凤落宝地，龙王和土地爷将水肥都用到这里了，非人力所能争胜。历经明清，时至今日，大小菜园依然是种萝卜不卖萝卜专卖籽儿，东北的客商依然是年年秋末来这里购买萝卜籽儿，皇妃的故事代代相传下来，这块福地的神奇之处依然无人能够解开。

作者：闫克岐

地名有“海”——海子沿

海有两类：一是大洋之中近岸之水为海，如渤海；二是内陆之水泽，如青海。唐山以海为称的地名共留存16处，也分两类：一是近海而居的聚落，如芦台的大海北、小海北，乐亭的北海滨、南海滨；第二类是古代曾有过的内湖水泽，如迁西夹河乡的北海、海河，遵化东陵满族乡的上海，玉田城关镇的海子等。这些地名留存了唐山在远古时期曾为水泽之乡的历史。其实在古文献中早有记述，如《淮南子》书中所载：“自九泽穷夏晦之极，北至令正之谷。”令正之谷即今迁安至青龙一带的山谷之地。在迁安爪村出土的古象化石也证明了这里古时为热带气候，尤其当代著名的气象学家竺可桢经多年研究，指出：“华北平原在三千年前为亚热带气候，春秋之后逐渐变冷。”了解了这些也就清楚了地名有海所浓缩的历史，也就了解了为什么古时在丰润、迁安等地都有过望海亭。因为古时那些地方都曾有过一望无际的水泽内海，所以唐山留下许多望海亭的遗址和故事就不足为奇了。然而，以海为称的地名中留下感人故事的是海子沿。

海子沿，是今古冶区卑家店镇的一个古老聚落，大沙河从旁穿过，《滦县志》载：“沙河发源于迁安西南草来子屯，经沙河驿至新立庄西，过石佛口南流，值盛夏则由贾山泉涌入其中，折而西南，经海子沿、石佛庄，又经钱营之东流向丰南，夏秋之际河水势猛，冲决田芦一片汪洋。”因此古时这里曾是浩渺水泽的内海。河边有座小山，古时乡人站其上观“海”，称之望海山，周围的聚落也就以此为称。其后唐太宗征东过此，曾骑白马登山望“海”，于是村称又演化为白马山，后人为纪念太宗来此，在山上建起望海寺，大殿分成两层，上层供奉弥勒佛祖，曾经香火鼎盛一时。村人也以望海寺为荣，村称又演化成望海寺。望海寺又如何演化成海子沿呢？故事发生在元代。

相传元代时，滦州一带为元人安置俘户之地，元人将在战争中俘获的百姓押带到滦州至北部长城一带聚居，充实国内的丁口，让其开荒种粮充盈国库。但元人在漫长的押解汉民途中，只留青壮，常常将老弱病残者在途中杀死，减轻拖累。元军中的伙夫均为汉人，而望海寺一带是元人押带俘户东至滦州的间歇站，一个常在这里为元人做饭的伙夫心地善良，便偷偷地多做饭食，让老弱者吃饱后悄悄逃走。而元人只盯住青壮者，并不计较老弱者的逃离，就这样，年轻的伙夫救出了许多的汉民。一次，在滦州一带发生了反抗元人战事，而望海寺一带仍有上百名被押解的青壮汉民。元人为防止汉民反叛，决定当晚不给汉民做饭，半夜时将这些汉民全部杀死。伙夫得知这一情况后，为元人做好饭，元人用饭之际，他悄悄出来告诉大家快逃。这些汉民立刻抢刀夺棍，拼死向外冲去，杀死了数名押解看守的元兵，混战之中大部分汉民逃脱，未能逃走的被元兵杀死。小伙夫知道元人不会放过自己，他趁乱在夜色中逃脱，毫无目的地向南面逃去，一直逃到几乎无人居住的海边。夜色中海风冰冷，海涛拍岸，他已无路可走，饥饿和劳累使他昏倒在海岸边上。天明，一对赶海的父女将他救起，当他醒来时，已躺在简陋的草棚窝铺之中。当他洗脸更衣之后，互相之间都觉得似曾相见，当他说出自己是望海寺那里的伙夫时，父女二人顿时向他叩拜。他们父女也是当年经他解救之人，如今女儿已经长大，于是老汉将女儿许配给他，他便留在了海边。其后，妻子为他生下一双儿女，为苦难的生活增添了一丝快乐。但他是农户出身，还是思念故乡的田野，思念故乡的望海寺，思念故乡的亲人。转瞬十几年过去，老汉去世后，他们夫妻二人带着儿女返回望海寺，他和亲人相见恍若隔世，热泪盈眶。乡民见他归来，又带回妻子儿女都为他高兴。而他当年多次义救汉民的事情也为乡民引以为荣，日久小伙夫救人和老汉父女知恩图报的传奇故事流传开来。村人为记住这段传奇故事，便将村称改为海子沿，其意为这里曾出过仗义救人的伙夫，到了海边又被他人相救，并携妻儿回到故土，在沙河沿岸定居下来。

海子沿的地名一直沿用至今，同时也留存了滦州人心地善良的民风。但“海子”为蒙音汉字，蒙语称内湖为海子，所以海子沿为元代出现的地名。

作者：闫克岐

地名有佛说石佛

自东汉佛教传入中国，南北朝后佛寺和佛的雕塑日益增多，因此常常成为一个地方的象征性建筑，成为地名，至今在唐山地名中仍留有带佛字的地名14处：有开平的大佛头、小佛头，丰润的千佛院、石佛林，滦州市的石佛口、大石佛口和小石佛口，有乐亭的流世佛、王火烧佛、付火烧佛、刘火烧佛、张火烧佛，有遵化的佛来峪，有玉田的石佛桥。古滦州时的王盼庄还曾有石佛雕像四尊，但唐山大地的石佛历史最长，故事极为动人者为白道子村北的千佛石。

白道子为今古冶区王辇庄乡的古庄，今已扩庄为东白道子、西白道子和新白道子三个村庄。在村庄的北面有一座隆起的山岗，山岗上曾有一座千佛石，高约一丈五尺，长约三丈三尺，上面雕有一座如来佛像，面南端坐目视远方。尤其是衣纹线条浑然飘逸，吴带当风，将唐朝绘画艺术的特点留存在石佛身上。更让人显而易见的是，大佛身上处处雕有精致的小佛像，眼中有佛，手中有佛，耳中有佛，大佛套小佛，佛中有佛，令游人可见者为99尊小佛，其寓意是佛祖无处不有、无处不见，佛时时刻刻在观察着人们的举止，心中有佛方能知善终果。更为神秘的是大佛身上的9条飘带衣纹，远看为衣纹，近看似蝌蚪，细看似梵文，时断时连，似断非断，令世人迷惑不解，产生许多联想，甚至联想成藏宝的密码。其实是唐朝绘画中特有的一笔画，以极其简练的一笔绘出佛祖的神态，求其神而不求其形。将这种技法运用于雕刻之中，石佛身上的九条衣纹中，每条均刻有百个“神似佛”共计900尊佛，其寓意为佛法无边千变万化。这样，在这座石佛雕像中，有900座神似佛，99座佛中佛和1尊显形正像共计成千佛。

这座千佛石又是何人雕刻呢？为白道子。白道子今虽为村称，但相传古时却是一位绘画雕刻的高手，为唐朝时临榆人氏。因唐朝时出现了一位大画家吴道子，因此许多画师或雕刻高手均以道子为名，以示追求艺术的境界。

一天，白道子来这龙岗之上，立刻被这块突兀而起的巨石吸引住了，他前后观赏，左右抚摸。他发自内心地赞叹，真是一块难得的石料，石纹细细却没有裂开，石质坚硬又不失柔韧，颜色红泽而正面南向，正是一座雕刻大佛的石材。再四面环视，他惊呆了。北面是十里长山，南面有二龙河蜿蜒流过，东面是一望无际的槐林，西面有处虎形的山岗。此乃风水宝地：“前有兆（即水），后有靠（即大山），左青龙（即树木），右白虎（即虎形山岗）。”他不再犹疑，在山岗上搭起窝铺，决意在此雕凿石佛。夜里，他刚刚躺下，忽然一位白发银须的老人站在面前，手指他说：“白道子，此块巨石乃镇山之宝，你若动此石雕像，我将勾你3年阳寿!”白道子急问:“你是何人?”白发老人答曰:“我乃此土地神是也!”白道子再想诉说,白发老人飘然消失。白道子一急,骤然醒来,梦中情景历历在目。白道子走出窝铺,围着巨石转悠,不知不觉中天已大亮。白道子咬咬牙自语:“就是抹去10年寿命,我也要雕成大佛。就这样,白道子将雕凿佛像看得比生命还重要,寒来暑往,他忘记了岁月时辰,只知一会儿天黑了,一会儿天又亮了,忘记了什么时候开什么花、什么时候结什么果,只知大地忽地变绿变黄,天气忽地变冷变热。整整五个春秋,他终于雕凿成千佛石。这天下午,他意想不到的事情又发生了,他的妻子带着一双儿女来到他的面前,妻子告诉他,是一位白发老人将他们送到这里的。白道子恍然大悟,土地爷当年说要抹掉他3年阳寿,是试探他的决心,如今他已功德圆满,土地神显灵使他与妻儿团聚。白道子焚香祭拜佛祖,感恩神灵保佑他成功。从此,白道子一家就在这里落户。由于有了千佛石,来此拜佛和定居者日众,这里便形成了聚落。白道子去世后,聚落仍以白道子为村称,后世又在此建起石佛寺。而千佛石自明代后更为神奇,每当大雨来临之前,大佛的双耳冒出云气。而天雨降临时,只有大石佛滴水不湿,因此又称阴阳千佛石,究其原因,后人未能解开其神秘之处。

作者:闫克岐

藏头诗蕴泉河头

泉河头村原址地处燕山余脉的围山北麓，在今开平区双桥镇境内，整个村落依围山、傍陡河而建。这个村庄为什么叫泉河头村呢？

相传，明太祖朱元璋之四子燕王朱棣挂帅扫北时，路过围山一带，在那里暂住、休整。见眼前连绵、蜿蜒、起伏的燕山余脉，层峦叠嶂，郁郁葱葱，情不自禁“啊”了一声，说：“好地方……乃为军事要地也。”遂带十几名将士登上围山，鸟瞰四周。往西，滔滔陡河水，奔流不息；往南，一望无际、沃野千里。对此，燕王兴奋不已。夜里，他辗转反侧，“山、水、土，燕山、燕国、燕王”反复出现在脑海。次日，尽管他非常留恋此地，但因军务缠身，还是踏上了行军征程。但临行前，他留下一员大将和几十名士兵在此安营扎寨，镇守围山。留守将士们驻扎在了围山山顶上。一天，他们在围山山岭北麓的山脚下找到了一眼泉眼。为了取水方便，将士们在山下泉水之处到山上营房驻地之间修筑起一条山道。至今，这条山道还依稀可见，在接近峰顶的陡峭处，仍保留着一段6尺多长、2尺多宽的用石料铺成的台阶式的路。山泉开凿后，不仅驻山将士们喝到用到了甘甜、干净的泉水，而且令人想不到的是泉水旺盛，流淌不息，形成了一条小河。河水清澈见底，在阳光的照射下，如白银熠熠生辉，故得名银子河。银子河的源头就在当时泉河头村的东南，从发源地流经泉河头村东，到村北，再到村西，注入陡河。

银子河的形成无疑给这依山傍水，本来就很美的泉河头村增添了几笔绚丽的色彩。每年春季，银子河两岸，杨柳依依，绿草茵茵，野花漫山遍野，五彩缤纷。围山脚下，山泉叮咚，水流汩汩。泉河头村老树新枝，鸟语花香。这里是人们踏青、游玩的好地方，也引来了不少文人墨客。有一年春，一位秀才慕名来此游览、观光，住进了泉河头村一家农户。对于秀才的到来，淳朴、好客的村民们自然高兴又热情，这家拿来几个山鸡蛋，那家送来几根野兔子腿儿，还有人家捧来几把山梨干儿、山楂干儿等；有的村民为其当导游。秀才当然既高兴又感激。几天的时光很快就过去了，秀才要回去了。村民们对其依依不舍。送别时，村民们请秀才给村子起个名字。秀才低头无语，不作答。一会儿，他让那家农户放张桌子，拿来笔和墨，他挥笔泼墨，写下一首诗：“泉傍高山景最幽，河环村北水长流。头寻麓底知源远，庄种苍松绿百秋。”

送走秀才后，几个识字的村民围坐在桌子旁吟诵、欣赏、品味这首诗。聪明的村民突然发现，将这四句诗的每一句开头的第一个字连接起来，则是“泉河头庄”。村民们明白了，这首诗原来是秀才给我们村起的名字呀。庄与村为同义词，故可曰庄，又可叫村。泉河头村之意，是因银子河流经该村，银子河的河水来自围山下的泉眼，是山泉水，所以银子河又叫泉河。小村地处泉河流入陡河之处，为泉河的尽头。泉河的源头就是村东南那山下的泉眼，而那泉眼喷涌不止，象征该村兴盛不衰，源远流长。根据这首藏头诗，该村得名泉河头村。泉河头村这个名称一直沿用到20世纪50年代。

1955年，河北省在此建立第一座大型水库——陡河水库。为了建设水库，泉河头村整体搬迁，移至开平区郑庄子镇，置两处村址，两村南、北相距4千米。村民们虽然迁居，建立了新的村庄，但他们依恋世代居住的家园，不忘村庄的泉水和小河，珍爱自己村庄的名字。搬到南面村址的村，就称为前泉河头村；搬到北面村址的村，就称为北泉河头村。这样，在郑庄子镇就出现了两个带“泉河头村”字样的村庄。本来这两个村是一个村，同为泉河头村。而今，只不过是依据两村所处的地理位置，在原村名前面加了一个方位字罢了。

（本文写作中参考了《开平纵览》，系中共唐山市开平区委、唐山市开平区人民政府编著。）

作者：王凤琴

薛礼命名茅草营

茅草营村为开平区栗园镇所辖。这一带，自商周就有人类在此生息繁衍。位于该村北面几千米处有于家庄古文化遗址。该遗址长 100 米，宽 50 米，面积 5000 平方米。经文物部门鉴定，属商代晚期古村落遗址，属夏家店文化。但是，那时茅草营这个地方并无人居住。到了唐初，这里仍是杂草丛生、荆棘遍地、蚊虫肆虐、野兽出没。这里野兽的种类数量很多，有山鸡、野兔、黄鼬、野狐、野狼等，因此常有人来此打猎。前来打猎的人需要有个歇歇脚的地方，所以他们就地取材，砍树枝，割柴草，支起简易草房。这草房既可挡风又可遮雨，猎人便可在里面休息了。不管用什么草铺成的屋顶，凡是草房，按人们的习惯统称为茅草房，所以人们自然地称这里的简易草房为茅草房或茅草屋。有了茅草房，并且茅草房逐渐增多，人们就慢慢地称这里为茅草庄了。

唐代，茅草庄东面有个冶炼村（今为双桥镇冶里村），村中有炼铁场，铸造兵器。铁匠们每天从事繁重的体力劳动，但得不到什么报酬，还时常受到工头的欺压。一名手艺精湛的铁匠不堪忍受这种折磨，一天夜里，他偷偷地逃出，跑到了无人居住的茅草庄，怕铁场来人抓他，便隐姓埋名，以茅草庄的“茅”字为姓，给自己取名茅子径。起初，他以打猎维持生活，后来又渐渐地打起铁来。他的打铁技艺不胫而走，传到了占据摩天岭（今马家沟矿医院柏树林，解放初期，此处还有刻着摩天岭碑文的红色碑石）的寨王那里。寨王大喜，遂带十几名兵卒去茅草庄。对于寨王的到来，茅子径没有任何准备，又惊又怕，不知如何是好，心里嘀咕：“这位不速之客干什么来了？”还没等茅子径开口说话，寨王毫不客气地对茅子径说：“从明天起，你给我锻箭头，打兵器。”说完，拂袖而去。茅子径当然不愿意接受寨王的吩咐，但敢怒不敢言。从此，他便给寨王打造兵器。

唐太宗李世民做皇帝后，派薛礼挂帅征东，在石城（今开平）外围安营扎寨，以攻石城，但在摩天岭一带受阻，几次攻打都未拿下。薛礼暗中私访，调查了解摩天岭的情况。听说有位叫茅子径的人，每隔三天向摩天岭送一次兵器，他熟悉摩天岭的情况。薛礼心里盘算着，如果茅子径能够相助，摩天岭不必强攻，可以智取，于是薛礼亲自去茅草庄拜见茅子径。茅子径对大将军亲临，自然喜出望外，热情招待。薛礼说明来意，二人谈得很投机。之后，薛礼又几次去茅草庄，与茅子径秘密商定夺取摩天岭之事。

那天，按规定是茅子径进寨送兵器之日，薛礼挑选了两名得力士兵，让其扮作茅子径搬运兵器的挑夫，跟随茅子径入寨。薛礼还在寨门两侧事先埋伏了几十名将士。茅子径带着两名挑夫来到了摩天岭寨门前，喊一声暗号，守卫寨门的两名兵卒一看是茅子径，也没多想，立刻打开了寨门，随即向第二道寨门的守兵传令，意思是茅子径送兵器来了，快开寨门。说时迟，那时快，两名挑夫迅速地将第一道寨门的两名守兵控制起来，同时一声喊叫，埋伏在寨门外的几十名将士以迅雷不及掩耳之势，冲入寨内。茅子径带人直扑寨王处，去擒拿寨王。此时，摩天岭寨内的兵卒们不知发生了什么事。但是，兵卒们又忽然回过神来了，疯狂地追杀茅子径等一帮人。茅子径身中多箭，倒地身亡。很快，薛礼率兵长驱直入，占领了摩天岭。薛礼为失去茅子径悲痛不已，将茅子径的尸体隆重地安葬在了茅子径存身的茅草庄。为了纪念茅子径，也为了让茅子径的灵魂得以安宁，薛礼将茅草庄改名为茅草营。茅草营的“茅”，有两层含意，其一为茅子径，其二为茅草；而“营”，则是说此处驻军，是兵营，一般百姓不得来此滋扰。

自唐末到五代十国，再到宋、辽、金，中国北方战乱频发，人们流离失所，此地荒凉，村落稀少，直到明初，茅草营虽有其名，但还未形成村落。明永乐二年（1404 年），山东枣林庄移民至此建村。1984 年，该村因处在采煤塌陷地，整体南迁。村庄旧址已被水淹没，经整治已建成人工湖，被人们称为唐山北湖。该村搬迁后的村庄，村名仍为茅草营。

作者：王凤琴

“马” 字连环

开平区越河镇有东、西马各庄，大、小史马村，谢马庄，惊马林村等，这些村庄的名字都带一个“马”字。人们不禁要问，这里面会有什么样的故事呢？

相传，唐太宗李世民做皇帝后，国家稳定，百姓安居乐业。为平定四方，让国家长治久安，李世民亲率大军东征，同时派手下大将尉迟恭到北方购马。尉迟恭奉命去北方大草原觅马、买马，经过路途的艰辛，千挑百选，尉迟恭购到了一批良马，还专为李世民选了一匹叫白龙驹的好马。

尉迟恭带着这些良马，满怀喜悦地赶到今越河镇一带。因这里地势平坦，土地肥沃，水草丰茂，人烟稀少，东、南、西三面有石榴河和陡河环绕，马群饮水非常方便，而且便于迎接唐太宗李世民得胜还朝。尉迟恭看中了这块地方，把它作为临时牧场，在这里暂住了。据传，当时尉迟恭住宿、放马的地方，后来人们在此建起的村庄，就叫马各庄。随着人口的增多，村子越来越大，就分成了东、西马各庄。

唐太宗李世民凯旋，途经今丰南区钱营一带时，老远就望见前面有一大片树林，看到树林上空云雾缭绕，像仙境，如梦如幻。于是，他率兵朝树林奔去。树林旁宽阔、平坦，他们就在此歇息，安营扎寨，暂驻。次日，尉迟恭邀请唐太宗李世民去识马，并将那匹专为李世民挑选来的，经过数日精心照料的白龙驹马献给李世民。白龙驹膘肥体壮，威武高大，李世民一见很高兴，不由自主地想跃马一试。这时士兵拿来早已为白龙驹准备好的马鞍、羁头等，为白龙驹佩戴好。李世民一跃上马，这匹马立刻飞奔起来。这位久经沙场的皇帝就喜欢这样的烈性快马。白龙驹一溜烟地向南跑出了 10 多里，前面有个小村庄，忽然它放慢了脚步，好像是要讨背上主人的欢心，让主人在此游览一番，因此李世民围绕村庄转了一圈。后来，人们就把皇帝在村周围骑马走过的道路叫试马道。随后，该村又以道名取村名，叫试马村。又后来，随着读音的讹化，试马村变为史马村。该村又分为两个村，人口多的，就叫大史马村；人口少的，就叫小史马村。

唐太宗李世民骑白龙驹回到了树林旁的营地，当然白龙驹也跟随李世民在此歇息。马夫对白龙驹细心饲养，谨慎看护。尽管如此，意外还是发生了。一天早晨，马夫给白龙驹又喂料又饮水，白龙驹吃饱喝足，围着树桩高高兴兴地蹦来蹦去的。突然，一声嘶鸣，一个跳跃，挣脱了缰绳，箭似的冲入东面的树林。在树林里，它狂奔乱跳，横冲直撞。顿时，马夫慌了手脚，一边追马，一边叫喊：“马惊了！马惊了！”十几名士兵闻讯跑来，与马夫一起拦截惊马，但是白龙驹正在兴头儿，树都被它踩得撞得歪歪斜斜，怎么能拦得住呢？马夫与士兵无从下手，白龙驹闹腾了一阵，闯出了树林，向东南方飞奔，马夫与士兵尾随其后。前面有几家零散住户，当马夫与士兵赶到那里时，几户人家告诉他们，那匹惊马已被他们撵跑了。后来人们就称此庄为撵马庄。

追马的马夫与士兵就地登上一个大土岗子，看到东北方有一座大寺庙，白龙驹正朝寺庙方向跑去。他们赶紧从大土岗子上下来，朝寺庙追赶过去。这时，寺庙的僧人看到一匹惊马飞奔而来，他们列好阵势，做好了拦截惊马的准备。惊马一到，就被寺庙的众僧拦截下来了。紧接着马夫与士兵们也赶到了。

此后，那片树林逐渐被砍伐，人们在那里建房造舍，形成了村庄，取名为惊马林村。在唐太宗李世民率军暂驻及他的战马休歇的地方，建起的村庄，人们称之为歇马庄。在以马车为重要交通运输工具的那个年代，人们头脑难免存在迷信思想，当乘车出行，要路过惊马林村时，总是心有余悸，恐怕马惊车翻。因此，当人们出行，若必经惊马林村，总要事先在紧邻惊马林村的歇马庄旁烧几炷香，祷告几句，以祈求、感谢马王爷保佑，平安无事。这样，人们渐渐地称歇马庄为谢马庄了。

当年众僧拦惊马的那座寺庙原名叫华麻寺。因寺庙众僧拦截惊马，李世民龙颜大悦，御赐该寺庙名为拿马寺。千余年时光过去了，拿马寺早已是残砖破瓦。但是，自 2012 年又重建拿马寺，现已初具规模，再现了拿马寺的风采。

作者：王凤琴

双庙镇龙

双庙村位于开平区栗园镇，北部靠近陡河上游的支流泉水河，东临陡河水库，地势平坦，水资源丰富，历来是一块风水宝地。所以，很早就有人在此居住，唐代这里就形成了村落。

相传，很久以前，这里风调雨顺，人们春种秋收，安居乐业。可是，有一年陡河突然泛滥，良田被水淹没，房屋被水冲倒。此后，也经常发生水患。说来也怪，某天一夜之间，村西隆起了一道南高北低，长达几里的土岗子，远远望去，像一条欲要腾飞的巨龙。人们很惊讶，不知是怎么回事，相互神秘地猜测和传言。不管怎么说，从这以后，陡河不再像以前那样凶恶地发大水了。传说，住在滦河水下水宫的龙王，特别溺爱它的七子。七子长大后，骄横无道，惹是生非。每年夏季，它总要带上一群大乌龟及虾兵蟹将，到陡河玩耍。它们堵塞河道，让河水肆虐，导致百姓遭灾。因这里总是多水多涝多灾，引起了天宫的注意，所以玉皇大帝派水神下凡，到人间查看水灾，体察民情。水神回天宫后，将滦河龙王七子之事禀告于玉皇大帝。玉皇大帝非常气愤，令东海龙王处理此事 。东海龙王并未杀掉滦河龙王七子，而是念其同为龙族，把它点化成一条土岗子，即前面所述的那道似龙的土岗子。

过了些年，人们对土岗子的神化渐渐淡化了。人们日出而作，日落而息，似乎很平静。可是，围绕着土岗子，又一次风生水起。本来恶龙已被镇压，陡河也不像以前那样发大水了，人们可以平安地生活了，可是有的人总是在土岗子上动心眼儿，找人到处游说，蛊惑人心，搬弄是非，说土岗子是龙的化身，风水先生已算定是条恶龙，如果不治住这条龙，这里就会经常发大水。一时间，传得沸沸扬扬，众说纷纭。人们六神不安，茶饭不思，无力劳作。此时，官府来人，向村里人宣布搬走之事。一位官府来者，当众开口便讲：这里不能住了，官府决定把这片地划为官地，在这里建两座大庙，一座压龙头，一座压龙尾，把恶龙镇住。官府来者还说：财主某某掌管修庙，留下镇龙，其他人全部搬走。人们虽然不愿意离开自己的故土，但却拿不出不搬走的理由，又无力抗争，只得扶老携幼，拖儿带女，眼含热泪，远走他乡。

其实，让人们搬走的背后是有故事的，原来是留下的那位财主一手谋划的。他早就看中了这块风水宝地，想在这里建一处大庄园，如果不把左邻右舍及村上的住户撵走，就没有那么宽阔的地方。所以他暗中与官府勾结，给官府送钱，又买通风水先生造谣、传谣，迷惑人们，从而达到霸占这块土地的罪恶野心。

由官府相助，没过多久，财主的大庄园就建起来了，并在土岗子两端修了两座寺庙。两座寺庙南北相距 3 里，建筑结构相同，样式相似。坐落在南面的寺庙，称南大寺；坐落在北面的寺庙，称北大寺。从此，附近的人们称此地为“双庙”。

唐末，战乱不断，狼烟四起，黄巢领导的农民起义席卷全国。在那个社会动荡的年代，那位财主的大庄园危机四伏。财主自入住大庄园后，就没睡过一个安稳觉，一合眼，就是一群人蜂拥而上，无数只手指着他的鼻梁骨骂他。他一次又一次地从梦中惊醒。眼下，兵、匪来此吃、喝、住、抢，吓得他心惊肉跳，惶惶不可终日。没过几天，他抱病不起，郁郁而终。他挖空心思地建起来的大庄园随着战乱，也遭到了破坏。后来远迁的人们明白了，是那位财主和官府背后捣鬼，他们被欺骗。战乱稍有平息，他们就陆陆续续地返回故乡，重建家园。这里很快就形成了村落，取名“双庙村”。

自唐至清，历经千年岁月，两座寺庙历代虽有修补，但到清代已破旧不堪。清光绪十九年（1893 年），村里重修南、北大寺。寺院内立有碑文，直到解放前，字迹仍清晰可见。寺院大殿有九品莲花台，如来佛背靠莲花，两旁有十八罗汉，如来佛背面倒坐观音塑像，并有一副对联，上联写“问观音为何倒坐”，下联配“因众生不肯回头”，横批“慈航普度”。每年这里都有庙会，附近几十里，乃至上百里村庄的人们云集于此，摆摊的、搭棚的、做买卖的、说唱的、演戏的、踩高跷的等等，人们熙熙攘攘，车水马龙，热闹非凡。两座寺庙毁于解放前，现北大寺遗址尚存，但“双庙村”的村名一直流传至今。

作者：王凤琴

一马惊出马家沟

马家沟村属开平区开平镇辖村。清末，北洋滦州官矿有限公司在马家沟村南开凿煤井，因此将煤井定名为滦州官矿有限公司马家沟矿。自此，以马家沟命名的名字相继而出。

唐朝，今马家沟村这个地方还没有村落，丛林、杂草、沟壑比比皆是，非常荒凉。贞观十九年（645 年），唐太宗李世民派大将军薛礼挂帅东征。薛礼率兵路过此地，时值盛夏，人困马乏，疲惫不堪。薛礼传令，就地休整。马夫将薛礼骑的白龙马拴在山坡下的一棵树桩上，薛礼把脱下的铠甲放在马背上。然后，沿山坡去找水。天气骤变，轰隆一声巨雷，白龙马受惊，长嘶一声，挣脱缰绳，向东飞驰，马夫死死地追赶，薛礼也奔了过来。突然，前面出现一条河，白龙马腾起四蹄一跃而过，但是背上的铠甲却落入水中。薛礼命马夫下河去捞，自己涉水追马。薛礼在一片树林里将马逮住，返回河边时，只见铠甲晾在河边，却不见马夫了。薛礼派人四处寻找。此时，马夫躲在了一条山沟里的树丛中。因为他害怕薛礼逮马回来受到惩处，就将自己隐藏了起来。尽管一群群士兵在他旁边搜查，但他始终未暴露。薛礼率大军出征后，马夫仍躲在山沟树林中，独自一人过起了野外生活。他隐姓埋名，因他曾为马夫，故自称马壮。

过了些日子，马壮得知附近有个地方叫摩天岭，住着一刘姓山寨王。摩天岭为土山，四周平坦，是古时兵家争夺的重要之地。当时凤山（今双桥镇内）的寨主康王名声大，曾来此围攻，大战数日，双方损失惨重，最终康王败退。而刘姓寨主沾沾自喜，做了一面三角形大旗，上面写着“摩天岭”，悬挂在空中。自此，人们就把此处叫摩天岭。解放前，此处还有刻着摩天岭碑文的红色碑石。马壮决定去摩天岭，投奔刘寨主。马壮不仅高大魁梧、一表人才，而且彬彬有礼，刘寨主见到后很高兴，马壮很快得到了重用。

刘寨主有一义女，年方十八，叫芙蓉。芙蓉四五岁时走失，在山坡下被刘寨主遇到带回山寨。当时小姑娘乖巧可爱，很讨寨主喜欢。寨主不仅给她起了名字，而且收她为义女。一晃十多年过去了，小芙蓉含苞待放，青翠欲滴，犹如刚刚出水的芙蓉。刘寨主有个如花似玉的漂亮义女，附近的人们早有耳闻，也传到了今开平区北部山区的山寨。此时，占据凤山的寨主康王已成为邻近几个山寨的盟主，在今开平区一带的寨主中，最为强大。他要一雪败走摩天岭之耻，决定再次攻打摩天岭。刘寨主听说后，胆战心惊，自知敌不过康王，那么如何是好呢？他思来想去，打算把芙蓉嫁给康王。他养育了十几年的女儿，真是舍不得，但又无计可施，也只有如此了。刘寨主派人去康王那儿商议。康王早就对芙蓉小姐垂涎三尺。他对使者说："七月七日晚上是我的良辰吉日，只要把小姐按时送来，其他事均不在话下。"使者归来，将康王的话禀告刘寨主，寨主将此事告诉义女。听罢，芙蓉心如刀绞，摔倒在地上。自从马壮上山后，芙蓉从第一次见到他，马壮就好像在她心中燃起了一团炽热的火焰，给她的生活带来了美好的希望。而马壮呢？芙蓉的倩影时常打动着他的心，但他以为这是可望而不可即的事，看她几眼就是对自己奢求的满足了。芙蓉回到房间，哭哭啼啼，茶饭不思。她想，义父养育我 10 余载，今有难处，理应相助。但是若嫁给那个康王，岂不是毁了自己一辈子？还不如一死了之。这些都被她的奶妈看在眼里。芙蓉与奶妈秘密商量，准备逃出。奶妈偷偷地把此事告诉给马壮，马壮愿意同她们一起走。夜黑人静，马壮备好马车，奶妈与芙蓉坐其上，假装给芙蓉去求医，出了寨门关。不一会儿，山寨一队人马跑到山下，他们手持火把，到处寻找、搜查。马壮他们正好潜藏在他当年躲过薛礼士兵搜查的沟壑丛林里。尽管马蹄四践，奔来跑去，却没有找到他们。到了第二天夜晚，这里风平浪静，万籁俱寂。原来，刘寨主害怕找不到人，不能如期送出义女，无法向康王交代。所以，趁早赶紧搬出山寨，率人马远走高飞。到了娶亲之日，康王骑着高头大马，胸前戴着大红花，率领长长的迎亲队伍伴随着响亮的喇叭声来到了山寨前，却不见里面有任何动静。于是，康王带人进入山寨，一看空无一人。康王大怒，调来人马大砸山寨之后扬长而去。

一切都过去了，马壮和芙蓉谢天谢地。他们认为，是仙神保佑，他们才逃过了劫难。这山沟有灵气，是块风水宝地。从此他们在这里安家落户，生子繁衍，就将此处叫"马家沟"。明朝，山东移民迁徙到此，这里很快形成了村落，就叫"马家沟村"，一直延续至今。不仅如此，而今以马家沟取名的企业、商业、市场等应运而生。

作者：王凤琴

尚庄得名品德高尚

尚庄，属开平区洼里镇，在洼里镇政府西北部约2千米，距离开平城6千米左右。这村以老爷庙沟为界，划分为两个村，沟东的叫东尚庄，沟西的叫西尚庄。尚庄得名有三个传说：

传说之一，古时候，这一带只是一片荒滩，并无人家，冷落萧条。到了明代永乐二年（1404年）时，才有山东历城县枣庄的几户移民迁到此处落户，垦荒造田，耕耘播种。乐亭县有一位书生赴京赶考路过这里时，不幸身染重病，被其中的一家收留调养。这家老人心地善良，热心肠，待那位书生如同手足。村中的其他人对这位书生也很热情，这家为他宰鸡，那家为他蒸馍。就这样过了10天，但书生的病情仍不见好转。于是，几户人家又凑了些钱，请来了大夫为他诊治。又过了些日子，书生的身体渐渐康复起来。然而考期临近，徒步进京已很难准时应试。所以，书生心急如火，焦虑万分。这时，主人看出书生的心思，就把家里的一匹马送给了他。书生感激涕零，拜谢了主人和乡亲，骑上快马，飞奔京城。正好赶上科考，结果中了举。上任前，书生归家探亲再次路过这里时，他停步下马。一来感谢这里的乡亲们的救命之恩，二来将马归还于主人。说来也巧，这时几户人家正为村子的起名大伤脑筋哩！书生的到来，可帮了他们的大忙。书生为感谢这里的乡亲们送给他快马赴京的恩情，就为这里起了个“上马庄”的名字。

后来，迁至上马庄的居民越来越多，村子也越扩越大。后人为尊崇祖先的这种助人为乐的高尚品德，又将上马庄改为“尚庄”。

传说之二，则称与燕王有关。《明史》记载，明太祖朱元璋建立大明朝之后，为保证大明朝的国祚绵长，3次分封24子和各孙儿为藩王。然而，天有不测风云，年仅38岁的太子朱标英年早逝，朱元璋立朱标之子朱允炆为太子。一次，燕王在宫中和太子朱允炆在一起时，燕王用手拍着太子的背部，以开玩笑的口吻对他说：“不意儿乃有今日。”恰巧被朱元璋看到，便责怪燕王怎敢如此无礼，太子朱允炆急忙为叔叔开脱，但心中却记下了叔叔对他的不敬。洪武三十一年（1398年），朱元璋病逝，21岁的朱允炆登基为建文帝，他面临的却是众多藩王拥兵自重，于是建文帝开始削藩，在废掉湘王、齐王、代王、岷王之后，目标直指镇守北平的燕王朱棣。

燕王察觉朝廷对自己有戒心后托词患病，暗中在燕王府内打制兵器。然而他派往朝廷奏事的长史葛城却将燕王私打兵器等告知建文帝，建文帝派他回燕王府监视燕王以做内应，并派张昺为北平左布政使，谢贵为都指挥，并密令二人抓捕燕王。又命宋忠统三万精兵驻守开平，并借边防为名将燕王府精锐护卫亲兵调至开平由宋忠管辖，另在山海关、临清一带皆有驻军，将燕王包围起来，又密令葛城、卢振为内应，令北平都指挥张信抓捕燕王，建文帝为燕王设下天罗地网。

但是，建文帝没有想到张信倒向燕王一边，将朝廷抓捕他的计划全盘告诉燕王。正在途中的燕王听罢大吃一惊，他途经开平时派亲信调出部分驻守开平的亲兵，宋忠闻讯后派兵截杀燕王。当时燕王身边兵少，宋忠的人马围攻燕王，燕王的许多亲兵战死，战斗极为惨烈，张信护住燕王拼死抵抗，而燕王的坐骑连连被射杀，燕王手中的宝剑也被砍断，情况极为危险。张信让燕王骑他的战马快快脱队，君臣说话之间，村内一老汉牵来一匹壮马说："请燕王快快上马。"燕王飞身上马，带着八百壮士赶回北平。燕王用计擒杀张昺和谢贵等人，随后在扫平北平周围的战斗中再战宋忠。宋忠知道队伍中的燕王府亲兵不愿和燕王作战，便造谣说燕王已将亲兵家属全部杀死。燕王得知消息后，便让燕王府亲兵家属到军前作前锋，顿时戳破宋忠的谣言，数千名燕王府亲兵阵前倒戈，宋忠大败，开平重镇落入燕王手中。四年后，燕王打败建文帝，登基为明成祖，后又迁都北平。

燕王迁都后，曾派人来开平一带寻访当年他在危难之时为他送马的老汉，但村人侠义，只想到救燕王于危难之中，并没有事后图报之心，因此只找到了燕王上马时的村庄，却未能找到献马救驾的老汉。自古功高莫过救驾，村人为记住这段故事便将村名改为上马庄，后呼成尚庄。

据《唐山政区概览》记载：这村建于明朝永乐二年（1404 年），因这里地势较高，取村名上庄，后称尚庄。

上述三种村名的由来，均是由"上"字演变成为"尚"字的，佐证了尚庄人具有高尚品质的优良传统。如今，这里的百姓和谐友善，正是尚庄民风的真实写照。

（在撰写此文时采访了东尚庄张凯兰等同志，并参阅了《开平文史资料》第三辑中的相关文章和《解读唐山地名》书中的部分内容等书刊。如内容有出入以原著为准。对受访者表示感谢，同时恳请知情者给予补正，将不胜感谢。）

作者：赵晓楼

礼尚庄的由来

古冶礼尚庄原为北李上庄，是个古老的聚落，明清时大批移民至此定居变为多姓庄。后改称礼尚庄，对此有两种传说。一是谐音说，李上庄与礼尚庄同音而改称。二是故事说。相传在大清光绪年间，刘姓宗族出了一名秀才，但一生未能中举，初时他在乡间耕几亩薄田和教书度日，后来他当年的同窗吴秀才中举后来滦州任知州，吴知州知道刘秀才为人清廉，写一手好字，便请他来滦州知府做事，负责起草各种文书、刑名定案和档案管理。刘秀才尽职尽责，吴知州也极为欣慰，闲暇之时两人或游览滦州名胜古迹，或对坐饮茶，吟诗作对，日子过得很潇洒。刘秀才自从到滦州知府做事，又是知州当年的同窗，名声在外，日久，也常有人前来求助于他，只要他能做到的都尽力帮忙。一次，刘秀才回到家中，一位白发苍苍的老大娘来到他家，见到刘秀才就伏地大哭，刘秀才将老大娘扶起，耐心听其诉说，得知她的女婿被一恶棍打死，想霸占她女儿，女儿不从，便将她女儿送至滦州知府，勾结官吏将女儿定成杀害亲夫的罪名，押在牢中待秋后问斩。刘秀才回到滦州，细查档案果有此事，为前任留下的积案，他细读案卷，果然是破绽百出，于是，刘秀才独去死囚牢中，再审被囚之女，问明其原委。之后，刘秀才禀报吴知州，终于抓住真凶，为冤女平反。此事为吴知州赢得极大声誉，吴知州也更看重刘秀才。刘秀才的公正处事和扶助危困，也名扬邻里之间。又过了几年，吴知州升迁他处为官，力约刘秀才与他同行，但刘秀才不愿远离故土，便留了下来。

新知州到来之后，刘秀才依然留在州中为吏做事，一天，新知州让他查看一宗案卷，他找出档案，细读案卷，没有丝毫错处，但他仍不放心，便将案卷带回家中细阅。当晚刘秀才回到家中，只见桌上放着一个包儿和一封信，妻子告诉刘秀才，曾有两人前来，说是他的朋友，将包儿和信放到这里。刘秀才将包儿打开，是黄澄澄的50两黄金。刘秀才大吃一惊，是何人送来如此之多的黄金？又有何事相求呢？他打开信封抽出信笺，内容极其简单："请君在案卷中寻一字增一笔即可，预付黄金50两，明晨前来借用案卷，当面再付君50两黄金。"刘秀才反复思索，案卷中什么字儿只增一笔就值百两黄金啊？刘秀才细阅案卷，良久，刘秀才终于悟透其中奥妙，是想让他将案卷中的用刀杀人的用字增添一笔，则改成了甩刀杀人，于是便可改为误伤，便可免除死罪。刘秀才长叹一口气，自语道："真是有钱能使鬼推磨，不知有多少刀笔吏为财而昧良心啊！"夜深，刘秀才刚刚入睡，就见两个满身鲜血之人向他扑来，连连求他秉公执法。刘秀才被惊醒，心中依然怦怦跳。刘秀才再也睡不着觉，心想，我尚未贪不义之财，就难以入睡，若做此亏心事，我后半生能安心吗！

第二天清晨，果然有两个人提着包儿前来，相见之后，来者开门见山地说："知州大人已叮嘱你重阅案卷了吧？"刘秀才也直言相告："请将包儿带回，小可是非礼勿作之人。"

两人见刘秀才如此耿直，只好将昨日放下的包儿一并带回。二人走后，刘秀才望着二人的背影，自知此事已得罪新来的知州，便留在家乡耕田教书度日，清贫一生。但刘秀才的故事却成为乡邻的骄傲和学习的楷模，为教育后人便将村名改为礼尚庄，其后人丁繁荣扩村建庄，今已为东西两个礼尚庄，如今依然是文人辈出尊礼尚德的故乡。

作者：闫克岐

孩儿屯名源将军纪念令郎

孩儿屯，属开平区洼里镇管辖。坐落在开平东南部约10千米处，距洼里镇政府1.5千米。东至小寨，南邻卜家大寨，西至夏庄，北至洼里村。这村是远近闻名的大村，人口达3800人，土地面积5000多亩。解放前，这村曾立过集市，集市分别设有杂货市、粮食市、牲口市，每逢农历四、九，来自外县和本地赶集的人络绎不绝，市场交易繁荣。但是由于解放前，八路军小队与伙会儿交火打仗，造成炸集事件，于解放前夕，孩儿屯集市自行解散。

说起这村的村名，曾两次易名，第一次是在解放前，曾叫过新城村；第二次是在1958年村北石榴河修建水电站时，欲将孩儿屯改成东风村，但两次易名都以昙花一现告终。关于这个村名的来历，也很蹊跷，据说与明代随燕王朱棣扫北的一个先锋官的两个儿子葬于此地有关。但这个先锋官的两个儿子是怎样死的，民间里有两种传说。一种传说是，燕王朱棣扫北，当军队行进到现在的洼里镇孩儿屯以南4华里左右时，先锋官的两个儿子突然身患重病，无奈命全军将士止步安营，一连扎下了4座营寨。然而，先锋官两个儿子的病情一天天加重，因医治无效而先后病死，就埋葬在4座营寨的北面（今孩儿屯村南）。另一种传说是，先锋官的两个儿子，本是随父从军的两员小将。行至此处时与敌人相遇，不幸在战场阵亡，安葬于此。在600年前，这一带还是一片荒滩，只有车、温、周、申四姓氏五六户人家居住。先锋官的两个儿子死后，他便问那几户人家，这里叫什么村子。那几户人家说还没有起村名呢。于是，先锋官想了想说："我的两个爱子埋葬在这里，若没个村名，改日如何来寻找？不然，就叫孩儿坟吧！"从此，这里便叫"孩儿坟"了。随着时光荏苒，温、周、申三姓氏逐渐消失。

燕王朱棣做了皇帝后，于永乐二年（1404年），迁江、淮、浙、鲁之民到北方开荒种田。山东枣林庄的居民到这里耕耘务农定居的人越来越多，村民男耕女织，生活好生安宁，故村子越扩越大，成为远近闻名以农为主的大村。明成祖为便于管理，采取了"移民为屯，土民为社"的办法，因此在唐山大地出现了以"屯"为称的地名122处。而且人们觉得"孩儿坟"这个名字很不吉利，就改称为"孩儿屯"了。

新中国成立后，特别是1958年这里百姓大搞平整土地治沙治洼，辛勤耕耘。1974年后，驻村工作队带领全村党员干部群众艰苦奋斗，早战、午战、加夜战，苦战鏖战连轴转，昼夜奋战修方田、打机井、植树造林，全村耕地实现了方田化、林网化、水利化、电气化，成为种植小麦面积较大的村，夏粮交售居当地首位，曾有妇女赶着百辆马车去唐山向国家交售夏粮之美谈。如今的孩儿屯村耕种土地基本实现了机械化，人们结束了脸朝黄土背朝天收割小麦的历史，村容村貌干净整洁，主要街道路灯林立，村民广场健身器材应有尽有，新修的快速公路坐落在村头，公交车开到了家门口，村民生活安康幸福。

（在撰写此文时采访了孩儿屯的郭炳海等老同志并参阅了《开平文史资料》第三辑中的相关文章和《解读唐山地名》书中的部分内容等书刊。如内容有出入以原著为准，对受访者表示感谢。同时，恳请知情者给予补正，将不胜感谢。）

作者：赵晓楼

冶里村名故事趣味浓

冶里村，属开平区双桥镇，位于唐山市东北方向约20千米处，距离开平城8千米左右，在陡河水库南端，凤山南麓。东邻鞠家岭村，南与徐庄子相连，西通马家沟，北与刘庄、栗园、陡河发电厂相通。现为双桥镇政府驻地。说起冶里村名的来由，曲折跌宕，几经变更，传说不一，听起来饶有趣味。

相传冶里村始建于唐朝，唐王征东时，在凤山屯兵，把冶里这片地方作为积草屯粮之地。由于这里地势易守难攻，唐王将一部分将士留在这里，逐渐扩展为村庄。小村无名，因是积草屯粮的地方，将士们随便起了个名字叫“粮米庄”。原始的粮米庄只有几十户人家，一百多口人，韩姓是大户，其次是王姓，俗有韩大王二之称。粮米庄虽经多年发展，但人口增长相当缓慢，尤其是韩姓，屡屡出现负增长。为了找出村里人口不兴旺的原因，村里有名的人士几次找来风水先生察看，最后，认为是村名有问题。

粮米庄村东3华里有一个小山村叫鞠家岭，因村里鞠姓是大户而得名。由于当地人对字发音不准确的原因，把“鞠”念成“鸡”音，鞠家岭谐音就变成了鸡家岭。鸡是吃米的，守着粮米庄，有吃不完的粮米，鞠家岭的人口当然发展得很快。那时，两村人口相差无几。既然鸡吃米，如果改个村名，反过来吃鸡，也许就能改变村里的人口状况。什么吃鸡呢？大家想到了野狸，当地人称山狸子或野狸子，体大如猫，常盗食家禽。于是，村里人把粮米庄更名为野狸村。原来鸡吃米，现在反过来野狸吃鸡。据说粮米庄更名后，鞠家岭的人口锐减。后来，鞠家岭的鞠姓人家又把茔地选在凤山东侧。以后，日伪军在凤山山顶修建炮楼，形成了“炮打车”（车在象棋里念鞠，谐音鸡）的态势，直到现在鞠家岭的鞠姓人口总是不旺，反倒是外来户人口猛增。

更名后的野狸村又过了好多年，村里人口增长很快，究其原因，一是明朝永乐年间从山东往河北大量移民，二是清朝年间，随清军入关而依附满族的原朝鲜族朴姓移民，这两股移民使村内达到了几十个姓氏，而坐地户韩、王两家人口仍旧增长缓慢。

还有一种说法，早在唐朝末年，契丹国天赞年间，约公元922年，契丹大元帅耶律德光攻打后唐，占领燕云十六州，其中有位将官，名曰耶律罕，在攻占石家庄后，发现井陉县有一村，村民中懂炼铁技术者甚多，他就把有炼铁技术之人大部分虏回北方（虏，古代指奴隶）。因当时交通不便，这些奴隶都用绳索捆绑，行动不便，日行不足十一二里，日夜兼程缺医少药又吃不饱，行至数月人死过半。耶律罕见此情景，心里暗暗着急，如人都死了，一是无法交差，二是冶炼技术就可能中断。一日队伍行至一河边时人困马乏，于是就地扎营，并命人四处查看，发现此地三四里内铁矿石和炼铁的辅助材料蹩石、石灰石及矾土多而质量好，经上奏耶律德光并允许后，在此采矿建厂，逐渐发展成规模庞大的综合冶炼厂，同时建有砖瓦窑、陶器窑、烧炭厂等占地约300余亩。（因在附近都发现旧遗址。）

冶里冶炼何时结束，史料无记载。相传，辽太祖耶律德光大同元年即公元947年契丹国号又改辽，至1125年金国灭辽后，金国对耶律氏追杀灭族，耶律罕为保存性命和残存的族人埋名隐姓，把原名耶律罕拆开前两字耶律改成冶里，谐音相同，后面的罕字改成韩姓，这就形成了冶里韩家，而让后人永远记住耶律罕（冶里韩）的名字，永远流长。因此，冶里得名源于耶律罕。

传说冶里关闭冶炼业时还用最后一炉铁水铸成了一卧牛，形态逼真，头朝东南伸颈昂首，四蹄入土，做欲腾飞之势，留予后人观之。据《滦州志》记载：在城西90里有顽铁，形似牛。所以古代行人过客专程来此游玩观看铁牛。但1957年修建陡河水库后，此牛被市政府运往市文化宫院内西侧。今日唐山钢铁集团公司在国内名列前茅，可又很少有人知晓早在一千多年前，这里已是中国北方乃至全国的大型炼铁厂了。可以说唐山的冶炼历史向前推进了一千多年。

冶里，即冶炼的地方，谐音野狸。如今冶里村，风景秀丽，交通便利，村民住宅鳞次栉比，红色彩钢屋顶别致新颖，街道平坦环境整洁，文体设备齐全，新安装的自来水和新改造的厕所等便民设施一应俱全，人们生活安居乐业。

（本文采访了王全节、孟庆庭等老先生，参阅了《开平文史资料》中的相关文章和《解读唐山地名》书中的部分内容等书刊，如内容有出入，以原著为准。对提供资料的两位老先生表示感谢，并恳请知情者给予补正，将不胜感谢。）

作者：赵晓楼

元帅晾盔甲易名帅甲河

帅甲河村，属开平区开平镇，在开平城东南部。弯弯曲曲的石榴河水从中穿过，这里土质肥沃，种植五谷杂粮，百姓纯朴勤劳，生活安居乐业。

村名原名石河庄，后与元帅晾甲有关，更名帅甲河。相传唐朝时，薛礼征东时有位元帅领兵路经石榴河，因当时无桥，只好蹚水过河，过河后，元帅在此晾晒盔甲，人们为纪念这一事情，便将石河庄改成帅甲河。

另一传说在民间流传甚广。相传明朝崇祯末年，李闯王率大军横扫河北时在此留下了挂甲的遗迹，便将村名改为帅甲河，随着村子的扩大，后来，以石榴河为界分成东西两个村，居河东者为东帅甲，居河西者为西帅甲。

这村地下一带是开平煤田，据《滦县志》载："石炭即煤，出开平卫及峰山口。"明朝初期禁采，怕挖坏龙脉，至嘉靖之后允许民间采煤，朝廷收税。从此，来这里谋生的炭工与日俱增。这一带兴旺了起来。村边又是东至榆关西至京城的要道，交通极为便利，附近村民多在道边摆小摊儿，有的卖馒头，有的做大饼，有的卖汤，有的卖豆腐脑儿，也有的卖日用商品小杂货，天长日久，这一带便成了大批炭工聚散之地。

崇祯末年，天下大旱，河北许多饥民拥到开平一带挖炭谋生。三月初，李闯王率大军横扫河北，直扑京师。闯王军中已有河南炭工组成的义军，这些炭兵作战英勇，冲锋在前，李闯王听说这一带炭工云集，便在开平暂时扎营，招兵买马，筹集粮草，做攻克京师的准备工作。由于打出了"跟闯王，家乡三年不纳粮，五年不纳税"的口号，大受民众的欢迎，几天之内就有一批批炭工报名，参加义军，闯王格外高兴。此时的闯王已被共推为义军盟主，立为大顺王，他知道这一带是辽金元三朝的行宫之地，山水秀美又多奇观，于是闯王在大将李岩的陪同下，先乘坐小舟畅游碧水唐溪，再登山观赏凌空飞瀑和风洞飞虹奇景，之后沿着石榴河漫步，行至石河村时已近正午，见路边尽是小吃摊，闯王便将盔甲挂到路边的古槐树上，坐到长凳上，要品尝北方的豆腐脑儿。北方豆腐多为卤水点成，放到碗内要露出尖儿，掉在地上依然成块，一反南方豆腐柔软的味道。谁知，这硬朗朗的老豆腐正合闯王口味。原来闯王吃饭有三好，好吃猪耳朵、花生米、老豆腐。闯王一连吃了七八碗老豆腐，连连夸奖老豆腐做得极为筋道。卖豆腐脑的小摊主人听着格外开心，连连点头，唯唯应声，更加小心伺候闯王，但心中还是害怕得罪了闯王，招来大祸。这时，一员大将快马而来，李岩为不影响闯王吃豆腐脑的兴致，便起身迎过去，两人一阵低语，待闯王吃完豆腐脑，李岩告诉闯王，新招入伍的炭工，军心不稳。因为有的士兵在筹粮中有掠民现象，而这些新招的炭兵中，许多人的家就住在附近村庄，因此家人纷纷来军中告状，还有的炭工跟家人回家。闯王听罢大怒："凡掠民违我军纪者就地正法。"李岩说："大王，这样做还不够，如果我们走了，后面而来的义军照样掠民呢？"闯王望着碗中的豆腐脑儿，灵机一动，说："这一带炭工参军，家属都是我的义民，让他们家家门口摆上一碗豆腐为记，谁也不许入宅掠民！"卖豆腐脑小摊主人听完，以手加额，庆幸闯王在此挂甲留步，吃豆腐吃得高兴，留草民一条生路。闯王走后，小摊主人立刻收摊回村，将此事报告乡邻，一传十，十传百。第二天，从古冶至开平，家家门口摆着一碗豆腐，其后几天，连过大军，果然秋毫无犯，乡民躲过一场兵灾，从此也就留下了俗语："别处的豆腐可饱人，石河的豆腐可救命。"而石河村路边那棵闯王挂甲的古槐也成为讲述故事的引子。故事越传越广，名气越来越大，于是便将村名改成了帅甲河，这里的古槐留存至 20 世纪 70 年代，随着国道的扩宽，古槐如今已换成高高的白杨，路边小吃饭店一派红火，越聚越多已连成一片……

上述两个故事，均与古代兵马战将晾晒和在树上挂盔甲有关，虽说法不同，正是传说的多样性，让地名的文化含义更加丰富。

（在撰写此文时参阅了《开平文史资料》中的相关文章和《解读唐山地名》书中的部分内容等书刊。如内容有出入以原著为准，并恳请知情者给予补正，将不胜感谢。）

作者：赵晓楼

塔头庄传说有两座塔

塔头庄位于开平区越河镇东部，石榴河东岸。1952 年秋，分成东塔头、西塔头和北塔头三个村。塔头庄的名字，相传来自古时村头曾有两座古塔。

隋朝时，在塔头庄的东边，有个 200 多户人家的村子，叫沈家庄。庄内有个沈财主，豢养打手百余名，并与官府勾结，抢男霸女，无恶不作，逼得许多穷人离乡背井、流落他方。方圆几十里的人，没有不恨他的。有几个年轻人曾去他家行刺，但都因戒备森严，未能成功，死于他手。

在沈家庄村西 3 里地，住着李、孙、马三户人家。一天，三家凑在一起，商议如何惩治沈财主。姓李的说："北山有个神通广大的老人，经常帮助穷人，咱们咋不去求他指点?"于是就决定让姓孙的去找那个老人。第二天，姓孙的上了北山，当他爬到半山腰时，不料踩着一块活动的石头，轰隆一声，连他带石头一起滚下山崖。待他从昏迷中醒来后，发现自己躺在山顶的庙里，身边还守着一位面目慈祥银须过胸的老人。那老人笑眯眯地瞅着他。他忙爬起来，跪在地上，给老人家连连磕了几个头，感谢老人的救命之恩。那老人听说他是来找乐意帮助穷人的老人的，就点了点头说："你找的就是我呀!"姓孙的一听，惊喜万分，说明来意，又拜了三拜。当晚他就领了那位老人来到村里，见了姓李的和姓马的。三家人拜见了老人，诉说了沈财主的罪恶。老人说："我自有道理。"次日清晨，李、孙、马三家人朝沈家庄望去，真奇怪，财主的宅院不见了，那里还冒着余烟呢。他们知道是老人干的，无不兴高采烈。

后来村头立起一座 13 层高塔，塔角上有 13 对铜铃，被风一吹丁零零响。关于这座塔，有两种说法：一种说法，它是李、孙、马三家为感谢那位老人为民除害，集资修建的，那铜铃声是镇邪恶的。另一种说法，它是那位老人留下的宝物，那铜铃响声是告诫人们不要做恶事。不管哪种说法都寄托了劳动人民的美好愿望。每当太阳升起时，塔身的影子映在西南方向的地面上，长达一里半之多，人们就把塔影占据的土地叫"塔洼"；当太阳西下时，塔影又在东北方向的土地上留下半里左右，人们将那块土地称为"塔后"。后来，迁到这儿的人家越来越多，便形成个大村子，起名叫塔头庄。解放初期，塔头庄村头的古塔还保留着 1 米左右高的塔基，直到 1967 年才全部拆平。

（在撰写此文时参阅了《开平文史资料》中的相关文章和《解读唐山地名》书中的部分内容等书刊。如内容有出入以原著为准，并恳请知情者给予补正，将不胜感谢。）

作者：赵晓楼

耿家营缘何无耿姓

在唐山市开平区，有一个耿家营村。按理说，耿家营应以耿姓居多，然而，令人不解的是这村却没有姓耿的人家，这是为什么呢？相传还有一段耿家三兄妹安营扎寨、带领百姓与明王朝的残暴统治浴血奋战、除暴安良的悲壮故事。

相传，明朝洪武末年，由山东移民北方的耿姓、常姓和陈姓定居在耿家营村，因耿姓早于常、陈两姓，故此取名耿家庄。耿家有兄妹三人，大哥耿龙娶了常家闺女为妻，老二耿虎与陈家的女儿联姻，小妹妹耿才华模样俊俏，正待字闺中。从此，耿家庄耿、常、陈三家通过盟结秦晋之好的方式，形成了一个家族式的庄园。耿家三兄妹从小酷爱舞刀弄棒，个个练得一身好武艺。农闲时，周围村里的年轻人都到耿家庄学艺练武，因此，耿氏三兄妹也就收了很多徒弟，平时在村里习武授徒。

可是，由于当时中国处于封建制度且生产技术落后，当地农民生活很苦，官府的苛捐杂税非常多，加之自然灾害频繁，贪官污吏横行，于是，各地纷纷爆发了大规模的农民起义。耿家三兄妹早就对明王朝的残暴统治恨之入骨，他们乘机带领众多乡民、弟子揭竿而起，在村头建起了座座营帐，招兵买马，并率领兵丁攻县城、杀贪官、砸监牢、释放囚犯，开仓放粮，周济贫民，深受百姓拥护，沉重地打击了明王朝的统治。明王朝为了维护其封建统治，除净耿家庄耿氏三兄妹领导的农民起义军，进行了大规模的残酷镇压。一天夜里，官兵突然包围了耿家庄。耿家三兄妹施展高超的武艺，带领义军中的兄弟姐妹，与明军进行殊死搏斗，激战数日，终因寡不敌众，战死疆场。官兵攻占耿家庄以后，传令凡是见到姓耿的全部斩杀，一个不留。耿龙的妻子和耿虎的妻子带着孩子想逃走，不料还是被官兵抓住，当官兵问其姓氏时，耿龙妻子灵机一动，就说："我们姓常。"耿虎的妻子见嫂子说了姓常，也随即说了自己娘家的姓，蒙过官兵追捕，使耿家后代免遭了屠杀。事情过后，为了防止官兵再下毒手，耿龙耿虎兄弟俩的孩子，都随其母姓，分别姓常和姓陈。从此耿家庄也就没有姓耿的了。

后来，闯王李自成的农民起义军终于推翻了明朝统治。人们为了纪念耿家三兄妹在这里领导农民设营帐，带领百姓揭竿而起，除暴安良的英雄事迹，就把耿家庄改称为耿家营了，并为英雄的耿家兄妹立碑。据说在"文化大革命"破四旧中，村里上了年纪的还参加了平坟，到现在耿家营常、陈两姓中还有耿家的血脉。耿家营曾属开平区缸窑乡，20 世纪 90 年代初划归开平区开平镇管辖。虽然耿家营没有姓耿的，但是，耿家三兄妹敢于带领农民起义推翻明王朝残暴统治的英雄事迹却在冀东大地广为传颂。

（在撰写此文时参阅了《开平文史资料》《开平纵览》书中的相关文章和《解读唐山地名》书中的部分内容。如内容有出入以原著为准，并恳请知情者给予补正，将不胜感谢。）

作者：赵晓楼

越支村的由来

越支村，属丰南区西葛镇，始建于元至元二年，即1336年。1961年分为6个生产大队，1984年改村委会，越支6个村分别分布在西葛镇周围，彼此相距几千米，村子里的人们热爱生活，勤劳能干，有养殖业，主要有陡河鲤鱼、猪、羊等。农作物主要有小麦、玉米、水稻等。还有大棚种植，有黄瓜、辣椒、西红柿等。

关于越支村的名字有两种由来。一种是民间传说。据丰南文史资料大全记载，很久很久以前，人们不知道盐是什么东西，不知是哪个朝代，有一天，忽然有一个人拿着一个裹得非常严实的草纸包来给皇上献宝，献宝人把宝物交给门官后就匆匆离去，因为门官不知道是什么东西，也不敢贸然把宝物交给皇上，便随手给了旁边的厨师。厨师也不知道是什么东西，便随手放在了厨房的房梁上，这样过了很长时间，有一天皇上忽然觉得菜味格外鲜美，便招来厨师问他今天用了什么方法炒出了如此美味的菜肴，厨师很是茫然地说和每天炒菜没什么两样。于是皇上就亲自到厨房看厨师炒菜，果然没看出什么问题，只是在盛菜的时候，从房梁上掉下了一颗水珠，皇上便命人去查看，原来房梁上有个草纸包正往下渗水，皇上用手沾了沾纸包上的水珠用舌头一舔，边点头边问："这是谁干的？"厨师赶忙下跪，说明纸包的来历，并磕头向皇上请罪。皇上哈哈大笑："此乃国宝，你做出这么好的菜肴有功，何罪之有？"厨师又惊又喜，赶忙谢恩。随后皇上即刻下圣旨，寻找此宝物和献宝的人。找到海边的时候，发现有一个小村，村里的人们正在用海水晒出一种白色的颗粒，与进宝者所献一样，于是下诏不许私人任意贩卖，全部由国家掌握，这就是后来人们所吃的盐。为了弥补村民失去的产盐收入，官府按月发给这个村钱粮，因所得的钱粮少，难以维持生活，月月超支，这村便取谐音为越（月）支村。

还有另一种由来。据史料记载，古越支盐场位于丰南区西葛镇越支村南部沿海，最初的越支村为沿海滩地，有几户人家以熬盐为生，后来发展规模越来越大形成了闻名遐迩的古越支盐场。如日中天的盐业发展，给当时的朝廷和官员们带来了巨大的财富，却并没有给百姓带来什么实质性的好处，相反却使一些制盐的灶民陷入了极端的困境。当时的盐税构成封建王朝重要的财政收入，古时候的盐税又叫课税，历代封建王朝统治者征收课税非常严厉，对完不成课税的灶丁进行残酷的迫害。由于封建统治者的层层盘剥，还有一些贪官污吏以缉私之名进行敲诈勒索，巧取豪夺，不按时付给灶民工本费，甚至自己贩卖私盐，坑害百姓，致使灶民过着极其悲惨的生活，纷纷起来反抗。再加上连年战争，大批盐民走失逃亡，致使古越支盐场曾一度出现“户口锐减，商逃课缺”的现象。政府为扭转这一局面，曾做过一些改革，一面“出标招商”，一面“先盐后课”。这样虽对盐业生产起了积极作用，但都不能彻底根除弊害。

在众多的官员中，有一个叫倪德政的好官，元至二年（1265 年）倪德政为中都转运使监管盐税事务。他为政清廉，体恤灶民，改善经营管理，革除前弊，采取了一系列的抚民措施。倪德政根据对当时灶民的实际生活状况，进一步实地走访调查，看到灶民的生活已经到了水深火热的地步，于是决定采取最有效的措施，就是允许灶民在这个月的钱粮不够用的时候，可以提前预支下月的月钱。这样，就缓解了灶民民不聊生、食不果腹的状态，极大地调动了灶民产盐制盐的积极性。正是倪德政的勤政爱民，使得越支盐场出现了鼎盛时期，在倪德政上任不到三年的时间里，越支盐场呈现了盐的产量“席代山积”，盐场区“瓦炉相连，牛马蔽野，熙熙然如在春台和气中”的繁荣景象。后来人们为了纪念倪德政和他制定的这一体恤民情的政策，便把这个村取谐音为越（月）支，意思是可以越过这个月，支取下个月月钱的意思。这个名字一直沿用至今。

紫草坞村名的由来

紫草坞建村于明朝末年，位于丰润城北 4 千米处，它北倚燕山余脉横龙山，南与郑庄子村隔道相邻，东是沙地，西接平坦的耕地。现有人口 2400 人，耕地 2300 亩，区域面积 8 平方千米。这里山川秀美，土地肥沃，物产丰富，民风淳朴，文化底蕴深厚，著名评剧表演艺术家魏荣元就出生在这里。

紫草坞村北的横龙山，自东向西，绵延起伏，似一条巨龙横卧。它是丰润城北第一座横亘东西的山，似一座天然屏障护卫着城区。在丰润八景中，它是“燕山障郡”的一个重要组成部分。

紫草坞村名由来，主要有地理说和王封说。

地理说。相传，紫草坞村北横龙山的山脚下长有许多紫草，人们常常去采集入药。而“坞”字有两种解释：一是四周高而中间平的凹地；二是能停泊船只的地方，是据紫草坞地理形态而来。该村北是山地，村西是高出村庄很多的农田，村东则是沙坨子。站在远处向村子望去，除看到村中浓郁的杨树、槐树的顶部外，房屋一概看不见，整个村子处于凹地之中。东边则是浭水的一个支流，由今八一水库经村东，绕郑庄子村南，入还乡河。当时这里能够行船，在村头停泊，人们可以在河中撒网捕鱼。紫草坞村名即由此得来。

王封说。相传贞观十八年（644 年）十一月，高丽发生叛乱，酋长盖苏文杀高丽国王高建武，夺得王位，又去攻打南部的新罗和百济。新罗、百济向唐朝求救，唐太宗李世民亲自率兵东征，伐高丽。当唐王率兵行至紫草坞时，坐骑病倒，唐王便下令扎营。一连几天，随军医生想尽各种办法，战马病情也不见好转。唐王只得派人寻医为他的黑色宝马治病。当地的郎中由北山脚下采来紫草，煎后为马服下，第二天马病大除。唐王大喜，问用的是什么药，郎中说用的是北边山下的紫草。唐王手握紫草，看着村东泊船渡口说：“此地紫草坞也。”

紫草坞虽然建村于明末，但在很早以前，这里就有人类活动。从紫草坞村东北、今八一水库大坝西河沟发现的石斧、刮削器等磨制石器可以证明，早在新石器时代，紫草坞这个地方就有人类活动。到了秦汉时期，这里的人类活动更为普遍。北宋时期，紫草坞属辽国地域。元末明初，丰润屡遭战乱，村庄几乎全部毁灭，人烟几乎绝迹。紫草坞北依燕山，南接平原，交通便利，又距城区较近，属兵家必争之地，自古就有驻军。几经战乱后，当时紫草坞已无人生活居住。明永乐二年（1404 年），为解决京师要畿因战乱而造成的土地荒芜、人员减少的问题，曾先后从山东、山西、江浙等地组织了几次大规模的移民行动，紫草坞人也由此而来。

仰山村名的由来

仰山村地处丰润区北部边界，距城区 20 千米，原名两山村。据《丰润县地名志》载："查《丰润县志》，明隆庆年间（1567—1573 年），该地即有村落名两山，今称仰山。"两山村依两郎山而得名，民间俗称"两山"。而仰山，据民间传说是依肚子山而得名，"仰"做"靠"讲。肚子山其"肚"为座，其峰为靠，有"座"有"靠"之山，谓之"仰山"。新中国成立后，为规范地名称村为"仰山"。但"两山"之称，民间一直流行。

"两郎山"的传奇故事。宋辽时期，辽国元帅韩昌与北宋名将杨业激战于丰润韩城，几经交战，辽兵败退至北部山区，依山顽固据守。杨业派其子六郎杨延昭、七郎杨延嗣率兵一路向北追杀，双方在仰山村东的山上交战。辽兵占据了此山（时至今日，城子山顶仍然有人工修造城堡的痕迹），凭借坚固的工事，拼死阻击。六郎、七郎英勇善战，冒着飞蝗般的箭矢和滚木礌石，迂回反击，激战 20 余天，辽军大败，落荒而逃。人们感慨两郎的英勇威猛，将此山命名为"两郎山"。后来，山脚下建村，当地人称村为"两山"，流传至今。

仰山村的古老传说。在很久很久以前，有一盗贼自诩为"神偷"，是当地一害。一天，盗贼又出来作祟，见一位老人提箱赶路，便想杀人抢包。在他欲动手时，一勇者挺身护老者。盗贼痛恨勇者，决心先偷光勇者家东西再除掉他。一个夜晚，他先偷走了勇者的钱财，然后开始谋划杀害勇者。正当他选择荒无人烟的旷野准备下手时，突然轰隆巨响，数座高山从天而降，"神偷"被困不能走出半步，无奈仰山长叹。勇者危坐高山，哈哈大笑说："真心悔改山自移开。"说完勇者飘然而去。原来，勇者乃天神下凡惩罚他的。从此，被困深山的"神偷"开始忏悔、醒悟。天神得知他有悔改心，施法将山移开，中间呈现出一片风水宝地。后来，这里有了人烟，出现了村落，即仰山。

还有东吴大将程普的传说。三国时期东吴大将程普为右北平土垠（丰润）人，辅佐东吴孙坚、孙策、孙权三代君王，忠勇善战，为后人所景仰，尊为程公。但究竟他是丰润哪村哪镇人，众说纷纭。据有关人士考证，程普为左家坞镇仰山人，便是一说。仰山有程姓人家 30 余户，旧时有程氏谱牒，曾建有程公祠。据《丰润县志》记述，北夏庄村北的陈宫山，名称由来可能与程普籍有关。

太宗纳谏党家山

唐山地名中以党为称的共留存六处：有丰润县的党家庄、党家山，滦州市的党庄，乐亭县的党庄，还有遵化县的大党峪和小党峪。

党，是个分量很重的汉字，为多义词。党在周代时为一级地方管理组织，五百户为党，周代的管理制度是："五家为比，五比为闾，四闾为族，五族为党，五党为州，五州为乡。"分别设有比长、闾胥、族师、党正、州长、乡大夫。居民，村人平时种田，战时出征，不许随意迁徙，不许混杂，所以老子才留下"鸡犬之声相闻，老死不相往来"的名句。也正如郭沫若所言："保存了古代的一部分制度。"

到了汉朝时，党依然是一级重要居民管理组织，即《汉书·食货志》中所载："五族为党，每族一百户。"东汉后期，党又成为一个集体的代称。到了唐朝，基层管理制度略有改变，"四户为邻，五邻为保，五保为里，五里为乡"。里设里正，乡设耆老。耆老相当于党正。党又成为姓氏，如遵化的大党峪和小党峪，相传党龙、党虎兄弟二人来此建庄，兄为大，弟为小，留下了大小党峪两个古老的聚落，然而流传下传奇故事的却是丰润县的党家山。

党家山是个唐朝时已有的古老聚落，有山不高，但松林密布山岗，草屋散落其间，一条西至右北平，东通榆关的茶马古道从村边穿过，邑人有诗赞美小村的雅静："夕照松林静小山，草屋茅舍数十间。紫燕呢喃穿房过，老牛卧睡清溪边。"村庄虽名为党家山，却非党姓家族之庄，为何又称党家山呢？缘由从唐太宗征东说起。唐太宗征东确有此事，于大唐贞观十九年（645 年）从东都洛阳出发，分水路和陆路两路大军进军辽东。唐太宗率陆路大军经幽州，过碣石，出榆关，远征辽东，连下四城，平定了辽东叛乱，秋十月凯旋，十一月达幽州。相传太宗进军期间曾在丰润一带扎营数日，筹集粮草，一天太宗正与魏征在帐中议事，大将尉迟恭来到帐内，向太宗禀报，茶马古道上有数百人手执木棒挡住道路，而为首者又是乡中耆老。太宗一听大怒，尚未到辽东，在幽燕之地就遇山民挡路，王法何在?！于是令尉迟恭驱散山民，违令者抓，抗命者杀。正在帐中的大臣魏征立刻进言："请陛下息怒，臣有话要讲。臣以为乡中耆老率众挡驾，其中必有缘故。此乃夏王旧地，多豪侠之士。陛下应以安抚民心为上策，臣愿与尉迟将军同去平息此事。"太宗听罢，觉得魏征说得有道理，不能偏听尉迟恭之言。太宗听谏纳言，便对魏征说："那就烦爱卿与尉迟将军同去，全权处理此事。"

魏征同尉迟将军来到茶马古道，果然是黑压压一片村民，人们坐在地上，当看到魏征与尉迟恭骑马而来，忽地都站立起来，手持木棍，大有以死相拼的架势。然而，站在最前面的乡中耆老却跪在地上，大声高呼请圣上为小民做主，魏征见状，顿知必有隐情，立刻下马扶起耆老说：“我是道长魏征，耆老如有隐语可向我倾诉。”两人来到路边稍静之处，对坐山石之上，魏征细听耆老诉说，方知村边山中有堆山似的干柴垛，均为砍伐的松枝，年代久远，松枝有的已朽，尉迟恭的部下想用车拉去，当做饭的柴烧，村民不许士兵拉柴，因为柴垛中有大仙，村民每周都要焚香上供，备好鸡鸭肉食，不然，惹大仙恼怒就会降灾村民。魏征听罢，对耆老说：“我自幼学过道法，能将大仙请走。这堆干柴为乡中财产，理当掏银，按市价买下，请耆老放心。望耆老替天子分忧。”耆老听罢，心想人家既掏银两，又能作法请走大仙，何乐而不为。而且办好此事是为天子分忧，魏道长把他抬举得太高了，于是答应下来。

第二天，魏征带将士来到村边山上的柴垛前，魏征端坐，焚香三炷，念念有词，将士们用小车拉柴，拉一车付一车银两。耆老在旁边监管，村民围得人山人海，时至中午，柴垛拉走大半，里面露出黑洞，一条两米多长的黑花大蟒蛇从里面冲出，村人惊叫起来。魏征身边将士用大网将巨蛇捕获，抬进深山老林放生。此后，村人再也不供大仙，也不再出现丢失鸡鸭、咬死小猪的事情。干柴也都拉到军营使用，事情圆满解决。

事后，这段传奇故事因拦路挡驾而起，便将村子名为挡驾村。但村人觉得这件事圆满收场应归功于乡中耆老，如何记住耆老呢？古时的丰润乃文人荟萃之地，邑中文士反复思量，用“党家山”三字妥当。因为乡中耆老相当于古时党正，党字含有公正直言之义，还有保护亲族之义，这两点美誉放到耆老身上都不为过，而柴垛又在山上，所以就留下了党家山的村称，也留下了这段传奇故事。

作者：闫克岐

宋徽宗悲宿安乐庄

以“安乐”为称的地名在唐山大地留存五处：有丰润县的大安乐庄、小安乐庄，遵化县的大安乐庄和小安乐庄及玉田县的安乐庄。其中，凝聚历史最为沉重的是丰润县的大安乐庄。然而，在历史上，大安乐庄为安各庄，是宋朝时已有的古聚落，在这里曾留下宋徽宗悲宿于此的传说，众多史料记述了宋人难以平复的伤痛。

宋徽宗赵佶是神宗第十一子，北宋的第八位皇帝，是历史上被视为荒淫腐败的皇帝。他沉湎于声色犬马，尽管后宫有三千佳丽，他还要微服出宫到名妓李师师家中过夜。他重用蔡京等六位奸臣，荒于政事，专心于书法绘画之中，终于积成亡国之祸。

宣和七年（1125 年），金兵分两路大举进攻汴京，他吓得慌忙让位于钦宗，而软弱的钦宗依然重用奸臣。靖康元年（1126 年）十一月，金兵攻克汴京外城，被金兵吓破胆的钦宗被迫到金营求和，送上降表。金人在军营中向北方设下香案，令钦宗君臣向北跪拜。当时风雪交加，君臣受辱，无不暗泣。接着，金人索要黄金一万锭，白银两万锭，帛一千万匹，少女一千五百人。钦宗一味屈辱退让，满足金人的索求，到了靖康二年（1127 年）的二月七日，宋徽宗也被迫前往金营，徽钦二帝被迫脱去龙袍，被囚于金营之中。至四月一日，汴京被金兵抢掠一空，被掠走男女达 10 万人之多，徽钦二帝被迫穿青衣，头戴斗笠，分别押送嫔妃及财帛等，共用 690 多辆牛车排成长龙押往北国。北行途中，食物奇缺，宋俘饿死无数，惨不忍睹。五月下旬，过太和岺，徽钦二帝被绑在马背上前行。七月二十日到了燕京，徽钦二帝父子方得相见抱头痛哭。其后，钦宗又被先行带走，徽宗和众嫔妃宫女被金兵押送途经今唐山大地，中途曾留宿于丰润县安各庄一带。田间树下，是一片望不见边的被掠宋俘，一个个衣帽破烂，一丛丛挤在一起，饥饿的哭喊声、病危者的呻吟声交织一起，周围坐落着金兵的帐篷。徽宗和众嫔妃被囚住到村边的沙岩古寺，徽宗和韦德妃囚到西厢房的僧舍之中，屋内只有一张木床，床上一张草席，众嫔妃宫女露宿在古寺院内外。天色渐渐昏暗下来，徽宗和韦德妃坐在木床上，低头无语，这时几个金兵进来，拽走韦德妃，挟到马上，消失在夜色之中。徽宗不敢吱声。妃子曹才人乘夜色找个僻静处如厕，被几个金兵乘机奸淫。半夜下起暴雨，更可怕的事情发生了，露宿中的众多宫女跑入附近金兵帐中避雨，被众多的金兵轮奸，更有的被凌辱死去，宫女的惨叫声穿破雨幕。而破屋中独坐的宋徽宗无可奈何，独坐床上，凄风苦雨从西面的破窗吹来，屋中一盏昏暗的烛光摇摇晃晃。徽宗心中悔恨万千，提笔在壁上写道："彻夜西风破窗扉，萧条孤馆一灯微。家山回首三千里，目断天南无燕飞。"清晨，韦德妃才被放还，满脸憔悴，头发凌乱，衣着残破，徽宗不敢过问夜间发生何事，韦德妃垂泪无语。雨住，一行人继续北行，徽宗过浭水木桥时，见浭水西流，不尽叹曰："过此渐近大漠，吾安得此水还乡。"相传从此以后浭水改名为还乡河。后有丰润邑人为此事作诗："沙岩古寺树苍苍，塔势峻峙大路旁。北狩至尊仍出塞，西流浭水自还乡。"

其后至建炎二年（1128 年），徽钦二帝及众嫔妃押至上京沈阳，幸存下来三百余名嫔妃入洗衣院为奴，朱皇后不堪受辱跳河而死，宋俘中男者编入兵列。不久，徽钦二帝又被押送到更偏僻的五国城，今辽宁一带，二帝均病死于此。

或许，后人觉得这段历史太令人伤痛，于是又流传了另一传说：宋金两国在此交战，宋徽宗夜间巡营至此感慨而言："东安乐，西太平，南沧桑，北还乡。"此后将安各庄改名安乐庄。不过如何也抹不平宋人心中二帝蒙尘的亡国之痛，也正是这段惨痛历史，成为南宋臣民拼死抗金的精神力量，以至留下岳飞"怒发冲冠"的《满江红》。历史已成为过去，如今这里已成为名实相符的安乐庄，村人安居乐业，勤劳和谐，人丁兴旺，因而在村西又建安乐庄，故老庄加一大字，成为今天的大安乐庄。然而，徽宗留在这里的故事，令人警醒。前人之悲，后者可鉴，沉湎于安乐，积祸其中，居安思危方能励精图治。

作者：闫克岐

美丽传说龙潭坨

以龙为称的地名在唐山大地共有46处，说唐山是龙的故乡名实相符。丰润县的新军屯镇有个美丽的村庄龙潭坨，然而更美丽的是龙潭坨留下的传说。

相传这里古时是个只有十几户人家的小村，村内槐林密布，村边一湖碧水，因此而称龙潭庄。龙潭碧水与滦河相通，直入大海。小村中的人们日出而作，日落而息，过着平静的田园生活。但也有不幸的人家，小小的秀儿跟哥嫂度日，一场疾病又使哥哥英年早逝，剩下姑嫂二人艰难度日。所幸嫂嫂吃苦耐劳，又会织布，姑嫂二人种几亩薄田，喂一头猪，养几只鸡，卖几匹布，日子也能过得去。小姑秀儿虽然不满10岁，却极为懂事，时时想着分忧，尽力多干活儿。虽然日子清苦一些，但姑嫂二人相依为命却也苦中有乐。

一天嫂嫂到田间去采野菜，走到潭边，见村人网到一只小龟，小龟呆呆地伏在网中，见到嫂嫂时竟然落下泪水。而此时村人已在潭边支起灶锅，准备将网到的鲜鱼和小龟放入锅中。心地善良的嫂嫂见到落泪的小龟，心中一动，对村人说："古之四灵为麟、凤、龟、龙。龟是神灵之一，将小龟给我吧，我来养着它。"村人见嫂嫂说得真诚，便将小龟给了嫂嫂。当晚，嫂嫂悄悄地将小龟放生，小龟恋恋不舍地向嫂嫂点了三次头儿，仿佛在感谢嫂嫂的救命之恩，之后消失在水中。

几天后，嫂嫂将这件事儿忘得光光的。这天夜里，嫂嫂睡熟之后，只见村头潭内冒出一条青龙，飞入屋中，化作一个俊美的少年，嫂嫂惊问："你是何人？"少年说："我是龙王的第九子盘龙，又称龟龙。日前我化作小龟游到龙潭，误入网中，幸得你救我一命。你就是我的再生之母，我就是你的龙儿，请受龙儿一拜。"龙儿拜罢又说："我送母亲金竹一节，母亲想要什么就要什么，用金竹在水缸内敲三下即可。"说罢化作青龙腾云而去。嫂嫂顿时惊醒，发现身边果然多了一节黄澄澄的金竹。嫂嫂倍觉惊奇，便将金竹藏到柜子里边。

嫂嫂是个施恩不图报的人，她将金竹放到柜里后就渐渐忘掉了，姑嫂二人依然过着平静清贫的日子。春风秋雨，一年之后，小姑秀儿累倒了，得病在床，秀儿想吃鲜鱼，嫂嫂舍尽家资为小姑买鱼熬汤，滋补身体。几个集日之后，嫂嫂再也无力为秀儿买鱼吃，但小姑秀儿还是想吃鱼，嫂嫂有些犯愁，于是打开柜子看看还有什么可卖之物，能换几个钱为秀儿买鱼吃呀！嫂嫂翻出了放到柜中的金竹，她想起梦中的奇景，她想试试看，龙儿或许真的会帮助她。于是嫂嫂拿着金竹在水缸内轻轻地敲了三下，说："龙儿，你若有灵，就给你小妹送几条鲜鱼来吧。”嫂嫂话音刚落，只见水缸里浪花翻滚，十几条鲜鱼在水缸内跳跃，将嫂嫂喜得连说：“够用了，够用了！龙儿谢谢你了！”小姑秀儿吃了东海龙王送来的鲜鱼，很快病愈。过了不久，一天夜里，姑嫂之间闲聊，小姑秀儿说：“如有一台织布机多好哇！”嫂嫂用金竹在水缸内敲了三下，第二天姑嫂醒来，堂屋内果然有一台崭新的织布机。从此，姑嫂二人将日子过得越来越红火。小姑秀儿也知道嫂嫂手中有根能与龙王通话的金竹，但小姑秀儿并非贪婪之人，有台织布机能自食其力，已经很满足了。第二年春天，连日无雨，村边的龙潭也干枯了，心地善良的嫂嫂便来到自家门外的井边，连敲三下，说：“龙儿，让我家的水井涌出泉水，救救乡亲们哪！”嫂嫂话刚落音，井水上涨，溢出井口喷如泉涌，流成小河，流入龙潭，顿时化解了旱情。而嫂嫂家的水井变成涌流不断的泉水，全庄再也不为干旱犯愁，龙潭庄从此改为龙泉庄。

然而，小姑年少，不慎说出嫂嫂手中有根神奇的金竹，话儿传到县官耳中，县官是贪官，立刻派人到嫂嫂家将金竹抢走，并将嫂嫂和小姑秀儿绑起来。贪婪的县官手握沉甸甸的金竹，打起歪主意，说：“我想吃龙王肉，我用金竹在地上敲三下，如果龙王不到，你俩就是欺君之罪，我将金竹没收。”县官在地上敲了三下又说了一遍，霎时激怒了龙儿，但见天空乌云密布惊雷炸响，大雨倾盆而降，而且地冒黑水，转眼一片汪洋，怒浪滔天。只见一条青龙从天而降，一口吞掉贪官，之后驯服地伏在姑嫂面前，示意她们赶紧骑上龙背，送她们躲过水灾，嫂嫂手扶龙头，不忍离去，说：“龙儿，贪官有罪，可是百姓无辜。你救救丰润的百姓吧！”龙儿听罢，被母亲的善良感动，张开大口吸水，顿时天晴雨住，地面干枯。然而，没有了水，龙儿再也回不去了，化作一座土坨。从此，龙泉庄又改名为龙潭坨。

作者：闫克岐

曾家湾和远去的曾氏家族

曾家湾村是北方海洋民俗文化的重要集聚地，在当地流传着与地名有关的传说。其中，中国文联出版社2013年版长篇历史小说《大唐曹妃》，就是以唐代曾家湾村发生的故事为内核演绎而成的。黄河出版社2014年版《曹妃甸民间故事集——地老天荒》中大多故事、民俗也来源于曾家湾村。而近年修订的《孙氏家谱》中，亦有其详尽记述。

《唐海县地名资料汇编》记载说，曾家湾村始建于唐朝中叶，而据《滦州志》旧志记载，村北卧如寺始建于辽清宁九年（1063年），这是曾家湾村最早的痕迹，唯北方古海上丝绸之路上距岸最近的村庄之一。关于村名有说法是，因当时地处渤海湾北岸海边有曾姓定驻后成村而得名，后因驻民增加，曾姓淡失，村中以孙、张、郑及其他姓氏为主。

那么，曾家湾村究竟有没有曾姓？如果是曾姓建村，但至今为什么没有任何记载？曾姓又为什么消失得无影无踪了呢？

乙未年（2015年）春末，一位张姓子孙找到已退休的、曾专修地方史志的学者讨教家谱修订中的种种事宜。闲谈时，张姓流露出了关于曾氏家族的点点滴滴，以及曾氏家族与张氏家族那些撕扯不断的故事。

唐朝中期，渤海湾海水已退到了今天的唐山市曹妃甸区第六农场场部以南，其形自西向东、南大北小，形成了一个月牙形的小海湾。滦河分支双龙河从这里入海，入海口的沙坨上一片荒凉。这个地方比较神奇，海水退后裸露出的高坨地竟是大片大片的黄沙，和其他地方不一样的是，大片大片黄沙少盐贫碱，经几场大雨的冲刷马上变成了肥沃的良田熟地，之后又生长出了许多芦苇等野草。

那时候，渤海湾北岸这一区域地广人稀，少有人烟，几十里也不见个小村小庄。有一年，曾氏家族因受排挤，从中原来了大大小小十几口子人，便在这片大沙坨地上住了下来，并形成了一个小村落，他们以种植和加工棉花为业。在后来几年，曾姓与周边村落人熟悉起来、有了交集，人们约定俗成，把曾氏家族住的地方就叫成了曾家湾。

曾氏家族的长辈是个精明的人，他不仅对种庄稼轻车熟路，而且还特别精通商道。他带着家族冬天拓荒开田，春天播种从老家带来的棉花种，秋天将采下棉花加工好，留下种子，然后北上东辽卖棉花换钱。几十年工夫，曾氏家族日子过得厚厚实实、红红火火。

周边村落的人们那时只会下海赶潮，不会种庄稼，见曾家会种庄稼又会做买卖，都十分眼馋，隔三岔五就有村民搬过来，选择离曾家不远、自己认为不错的地方固定下来，主动和曾家搞好关系，和他们学改良土地，和他们学种庄稼，和他们学做买卖。当然，改良土地、种庄稼的手艺一学就会，可做买卖的手艺就是学不会。那时候闭塞，大多数村民都是本乡本土，去过最远的地方也就是二三十里以外的集镇，没见过世面，所以做买卖挣大钱发财是难事。

曾家则不然，曾家姓氏出名门，在“孔孟颜曾”排行第四，从祖上到今天都相当厉害，因为经历丰富，曾家人普遍都有生存、经营之道。这股从中原过来的曾氏家族更是特别的精细，他们在教本村外姓种棉花的同时，也教外村想种棉花的人。

曾姓当时有自己的私心。他们不怕种棉花的人多，种棉花的越多越好，因为种棉花的多，产量就大，当地人不会加工也卖不了，只得卖给做棉花买卖的曾姓，这样他们可保证货源，可以减少外出收棉花的本钱。

数百年下来，曾家湾村因曾家的棉花生意越做越大，村子也是越来越大。曾家每年都有不小的收入，逐渐成了这一带的大户人家，并在村中心地带建了一个“曾家湾寺”，把这个曾家湾村建得有模有样，成为当时最有名的村落。

俗话说：出头的椽子先烂。曾家也有曾家的麻烦事。曾家在渤海湾北岸名气太大了，在引来无数人羡慕的同时，也引起了黑道上的人的注意。这一年秋天，曾家运棉花的骡马队刚刚进山便被土匪抢劫一空，其中有两个伙计还受了重伤。货丢人伤吃了大亏，曾家人聚在一起商量着对策，商量来商量去，大家都认为：不能怕土匪抢劫就断了财路，最好的办法就是请武林高手护送。经过千挑万选，曾家请来本地名气最大的张氏兄弟，一是看家护院，一是做护运高手。

张氏兄弟自幼拜师习武，练就一身过人的本领，而且生性刚烈，为人正直，行侠仗义。当时在渤海湾北岸，深受乡民推崇。张氏兄弟前前后后了解了曾家货物被抢的经过，和曾家主事人商量了一套运货路线和详细的行程：走官道，昼行夜宿。起初，张氏兄弟的这套方案确实可行。在进山运货的路途中，也遇到过大大小小的劫贼十几起，都让张氏兄弟给摆平了，趟趟有惊无险，总算顺顺当当把当年秋收冬卖的棉花全都卖出去了。为此，曾家对张氏兄弟更加刮目相看，认为花钱请张氏兄弟值。

春种秋收又一年，曾家种的棉花加上收购的棉花，一共存放了整整10间房。天气刚一转冷，曾家满心欢喜，一边让家族中懂弹棉花的人带人加工棉花，一边把喂得膘肥体壮的骡马牵出来驮上棉花，让张氏兄弟护镖，一路向北朝今天的关外东辽去卖。可是，令人万万没想到的是，这第一趟买卖不仅彻底改变了曾家的命运、改变了张氏兄弟的命运，而且还改写了曾家湾村的历史。

且说，张氏兄弟护着运棉花的骡马队顺风顺水，半个月下来，一行十几人很快进入了北部深山区。因为有武功在身，加上前一年行走关外东辽的经验，张氏兄弟心里很轻松，根本没把路上的匪呀盗的放在眼里。所以，张氏兄弟在夜宿安顿上很简单，该喝喝该睡睡。殊不知，曾氏家运棉花的骡马队早就被一伙凶狠的劫匪盯上了，他们在前一年试抢了几次都因张氏兄弟没能抢劫成功。这伙劫匪招募了二十几个人，练了一个夏天，又练了一个秋天，设计了几套抢劫方案，同时安排好了谁和谁对付张氏兄弟，谁和谁对付骡马队伙计，谁和谁专门抢骡马队，扬言说只要货物不留人。

这一天，张氏兄弟护着运棉花的骡马队刚刚走进一个山沟里，就听到一阵轰响，随后是山石滚木从山上落下，堵住了前去的山路。“不好，有劫匪！”正当张氏兄弟和伙计愣神的工夫，二十几个劫匪从树丛中冲出来，堵在回去的路口，声言：要么留下货物走人，要么就鱼死网破。艺高人胆大的张氏兄弟没有言语，只是冷笑一声，抡刀便向劫匪头领砍去，劫匪头领急忙迎战，双方伙计持械也都战在了一起。双方乱战了小半天，凭借武功，张氏兄弟砍倒了两个劫匪头领，劫匪大败。在收拾惨局中发现，两个劫匪头领当场死亡，六个劫匪负重伤。张氏兄弟这边有五个伙计也负重伤。张氏兄弟就近简单把货物处理后，连夜带人回到曾家湾，把事情经过和曾家学说了一遍。曾家人说：“兵来将挡，水来土囤。先把咱们受伤的伙计请先生（医生）治好，劫匪那边看看动静再说。”时隔不久，府衙下来一纸通牒，要曾家抵命赔银。曾家这才发现祸惹大了。尽管张氏兄弟杀了人，但护的是曾家的镖，按律曾家罪该当罚。曾家一商量，心里没了底：这人命官司可吃不得呀。思量来思量去，决定破财免灾，还有就是三十六计，走为上策。曾家把张氏兄弟请来，把曾家湾的房产、地产和棉花都交给了他们，拜托张氏兄弟把双方的伤者医好、把两个劫匪头领的后事处理好。张氏兄弟为人仗义，满口答应了。第二天早晨，曾家数十口人全部消失得无影无踪。后来，张氏兄弟变卖了曾家的财产，历经几年才平息了这场官司。后来，张氏兄弟定居下来，沿用了曾家湾的村名。后来，曾家湾来了其他姓氏定居。

作者：李连君

蚕沙口——神龟背上的村庄

蚕沙口位于唐山市曹妃甸区柳赞镇西2公里处。东邻柳赞二村，西邻溯（泝）河，南邻渤海湾，北邻南堡镇。面积11.3平方公里，人口2359人。蚕沙口是渤海湾西岸古村落，曾名天井河，古有趋春、秋鱼汛下海捕鱼的渔人散居，泝河左岸有元代古码头和建于元初的天妃宫、古戏楼。明朝永乐二年（1404年）移民，有高姓由山西山后陆州迁至此地，与原散居渔人凿井筑庐共建村落。因从地下挖出蚕状空心姜石和沙粒，村西又有泝河海口，故取名为蚕沙河口，后简称蚕沙口。时，蚕沙口属滦州柏二社。因村落地势望若卧龟，且代有古老神奇之传说留世，故被称“神龟背上的村庄”。

仙山道士的谶语

古人说“山不在高，有仙则名；水不在深，有龙则灵”，这话一点也不假。渤海边泝河口岸的蚕沙口，庄子不算特大，人口不算很多，却蜚声京东，远近闻名。这是为啥？

说来凡事皆有因：一是这里踞要津、把河口，曾为元代古码头；二是这里海浪缓、海滩平，船到这里可避风；三是这里古戏楼、天妃宫，妈祖救难显神灵。

一乡村弹丸之地，却得天地造化这么多，这又是为啥？

凡到过蚕沙口的人，都会惊异地发现，这个村子的地势非常特别。这沿海一带方圆百里地都是一马平川的盐碱滩，平坦得像镜子一般；可到了蚕沙口，平地上却陡地鼓起了一个自西向东一里地长的大土丘。这土丘，西部中部隆起似龟尾、龟背，东部缓缓低去像龟颈、龟首，远远望去，酷似一个巨大的乌龟卧在海滩上。蚕沙口村的街巷民居就分布在“龟背”上。为此，早年邻村有人曾以“乌龟”嘲笑这个村，这个村里的人听了嗤之以鼻，村里人笃信仙山道士的点化，不听村俗无知之言。这是因为某年有一从青城山下来的道士，曾到此一游，这道士绕村一周后，念道：“善哉，善哉，神龟伏地，四灵之气，伏地福地！”有一村塾先生在侧，听后躬身请教：“敢问道长，什么是‘四灵’？”

道士说：“《礼记》有云：‘何谓四灵，麟凤龟龙。’故汉以龟形铸九鼎，做镇国之宝；唐以龟形制印绶，分百官之级。盖龟能吸天地山川之灵气，能降幅寿祥瑞之吉祥。此龟形福地，濒海福祉，民生永安无虞矣！”说罢飘然而去。道士的话，在场村民懵懵懂懂，唯有村塾先生知晓其意，解读给村人，传于后代。

慢慢地，邻村人不敢以此取笑了。这不仅是因为听了道士的话，而是因为他们亲眼看到，多少年来不管发洪水还是海啸，周围村庄被洪水、海啸淹得房倒屋坍一塌糊涂，而大水经过这个“龟背”上的村子时，就被“龟脚”分开水流，悄悄地流向大海，而“龟背”上的蚕沙口总是安然无恙。人们嘲笑也好，敬畏也好，这个村里的人对外村人的议论并不理会，他们心里装着、口里传着祖辈留下来的关于神龟的传说。

祖辈留下的传说

传说很早很早以前，泝河东岸有一个小渔村叫天井河，小村南头儿住着一个叫田桑的老汉。这田桑老汉孤身一人，无亲无故，下海没樯没船，靠在浅海下几片插步网，下散海捕一些小鱼小虾、抠一些蛤蜊蚶子过日子。他整年地铺着水、盖着天、风吹日晒地辛苦劳累，却练就一副硬硬朗朗的好身板儿；他一辈子没人在身边疼爱，没享过家庭温暖，可这个受尽鳏寡孤独的老人，却有一副真诚善良可怜别人的好心肠。

田桑老汉下海有门道，不怕吃苦，虽然干的是插步网、下散海的小营生，可他是一个人吃饱了一家子就都不饿的单身汉，所以一直是自己吃喝没怎么发过愁。这田老汉爱喝酒，他腰里挂着的一个大葫芦，里面就没断过酒。他下海赚了钱，留下自己吃的喝的后，就解囊周济村里的穷人。他还有一个怪习惯，他每下几天海卖的鱼虾钱够几天吃喝了，便在家歇息上几天。待手里的钱花光了，再整理网具扛上蛤耙去下海。如此往往复复，家里没有一点儿积蓄。他乐乐呵呵地哼着自编的歌谣：今朝有酒今朝醉，不管明日死与活。百姓死活一个价儿，阳冥同唱穷字歌。渤海湾里一天一宿十二个时辰涨落四水，这一天，田桑老汉赶潮下网，傍晚去收网时，网里除了一些小虾，一条鱼也没有。抖落着空网，他叹了口气：“我田桑家里已是米粒不剩了，今天可是等米下锅呀！”他把网收到最后，却见一个小乌龟在里面。这小乌龟很漂亮，乌亮的龟壳上长着“红、橙、黄、绿、青、蓝、紫”七道美丽的花纹，这可是奇货呀！田桑老汉眼前一亮。可当看到这个被网着的小乌龟拧着脖子，露出痛苦的样子，嘴一张一合的像是在说什么。田桑老汉心软了，他捧起小乌龟一看，原来小乌龟的腿根处被咬了一个大口子，正在不住地流血。田桑老汉看了很心疼，他放下小乌龟，从上衣撕下一块儿衣襟，又从葫芦里向衣襟上倒了一点儿酒，然后小心地用布将小乌龟的伤包扎好，说：“嗨，我本劳碌命，合该米粒不剩，空网就空网吧，你去吧。”说着轻轻地把小乌龟放进海水里，小乌龟进了水，伸出脖子仰起头，对老汉点了点，一头钻进海里。

数日之后，田桑老汉去海滩抠蛏，看看快要涨潮了，他收拾蛏钩、挑上网兜离开海滩回家。途中遇到一个穿褐袍、褐胡须的老翁。老翁向田桑老汉施礼，自称是渤海的龙首神龟，说前几天曾孙子在浅海戏耍，被恶鲨追逐并咬伤，为逃避恶鲨鱼的追赶，情急中误入渔网，多亏田桑老汉的救治并放生。老翁知恩图报，说今夜镇守渤海北段的黑龙要扩大所辖海域，向北推进一百里，田桑所住的天井河村将要被海水吞没。他要田桑老汉伏在他背上，送老汉到一百里之外逃生。

田桑老汉听了，惊骇不已，央告神龟不要只救他一人，求神龟大发慈悲救全村的人逃生。神龟说，时间紧迫，难以救全村的众人。田桑老汉急了，对神龟说："我们全村男女老少几百口人，你只救活我一个有啥用？我不走，我要与我的乡亲们同生共死！"说完，扔下挑子，坐在海滩上闭目等死。

神龟被田桑老汉的舍身仗义深深感动，他低头寻思了好一会，让田桑老汉回村将这消息告诉大家，做好准备。他回到海里，天黑前要办两件事情，第一件事要在他存身的海湾修一个平整舒缓的海滩，让田桑老汉通知村民天黑前将各自的渔船都驶进他修的那个海湾里躲避今夜的大风浪；第二件事是他要去找黑龙，尽力劝说黑龙怜悯沿海百姓，停止扩张海域。

神龟说："倘若劝说不成，我便与黑龙比试高低。我若战胜了黑龙，你们的村子就会安然无恙；若是败了，我便现原形伏身海滩，驮起你和你们全村人，保你们避水救生。不过若那样，我将从此永世不得翻身了。"神龟说罢，从怀里掏出一印有"红、橙、黄、绿、青、蓝、紫"七道美丽花纹的布块，交给田桑老汉，说："危机时，你和乡亲们可持此登高避水，当化险为夷。"田桑老汉一看，正是自己撕下的那块衣襟，只是衣襟上多了七道彩条，在第一道彩条上方写了一个"田"字，在末一道彩条上写了一个"桑"字。他不解其中的意思，待要抬头问时，老翁蓦地转身入海，霎时不见。

神龟舍身庇护

田桑老汉扔下挑子，踏着泥水，跑回村子将这一消息告知乡亲们。大家心惊胆战，乱成一团。田桑老汉劝告大家不要慌乱，让村里派人驾小船入海，火速通知尚在海上的渔船天黑前一定要驶入神龟指定的港湾停泊。然后，等待傍晚的消息。于是，人们揪着心盼望神龟能劝说好黑龙。

晌午时分，天井河的人们望见泝河口外的浅海里，大晴天的蓝天碧水间竟然飞来一片方圆几里的大雾，大雾里传出"沙沙"的巨响，约两个时辰方止。原来，这是神龟在布雾施法，为人们修避风港。神龟挥动四个巨爪用了一个时辰抠挖出一个几里长的平整海滩，又翻过身来，用它那宽大的龟背在海滩上磨来蹭去，又用了足足一个时辰，把一个宽宽阔阔的海滩打磨得光光滑滑。大雾散去，蚕沙河口一个滩平浪缓的避风港湾，从此而生！

黄昏时分，平静的海上忽然雷声滚滚，狂风卷着乌云，压向海面。大海上，海水咆哮，激起十几丈高的巨浪，龙首神龟和黑龙开始了殊死搏斗！凶暴的黑龙呼风唤雨，搅得天昏地暗；龙首神龟也不示弱，也使出千年道行，与黑龙杀得难解难分。天渐渐黑了，大海上却仍大雨倾盆，波浪滔天。

这天，海上的船只可遭了殃。南来的船只，在大风浪里不断地被打翻撞碎。只有本地的渔船闻报早，驶入战前神龟为渔家修整的避风港湾里，侥幸脱险。

神龟和黑龙战了足足两个时辰，渐渐抵挡不住，边杀边向沿岸退缩。黑龙紧逼，带着丈八水头直向岸边劈来。人们惊慌失措，哭叫着逃命。神龟看看难以取胜，使出了最后的、也是致命的一招。神龟一伸脖子，咕噜一下将腹内千年炼成的灵珠运到口中，接着使出全力将灵珠唰地一下向黑龙脑门儿打去！随后向空中一蹿，翻了一个跟斗平身摔在溹河口东岸，伏在地上，变成一个将近一里地长的高高的大土丘。田桑老汉见状，取出七彩衣襟迎风一挥，招呼全村人爬上大土丘。这个大土丘拦住了黑龙北进，水涨丘长，水落丘缩，驮着田桑老汉和乡亲们与黑龙对峙着。

黑龙被灵珠打伤，破了元气，无力再兴风作浪扩张辖域。定更前，他息了风浪，悄悄退去。

清晨，大潮水退去，溹河口东岸平地突起了一个巨龟形状的大土丘。天井河的村民们聚在大土丘上，跪地烧香膜拜。原来的天井河已被大海吞噬，人们就在大土丘上筑庐凿井，造船下海，繁衍后代，渐成村落。

神龟背上的村庄

那场龟龙大战中，倒海翻江，搅得海底翻沙，之后，在溹河口集聚了大片大片的蚕状大沙粒。于是，人们就将这建在神龟背上的村庄取名“蚕沙口”。

此后经年，这里人口越聚越多。到了元代，元世祖忽必烈下诏疏浚滦河、大开海运后，溹河口建码头、驻守军、聚商甲、收赋税，成为元大都京畿海运的枢纽要津。因为这里有当年龙首神龟开辟的避风港湾，北上的南船多在这里避风聚泊，所以这里桅樯如林，商贾云集，十分繁华。就连我国古代著名历史地里典籍《方舆纪要》也详有载文：“蚕沙河口为渤海湾中之湾，浪缓滩平，江南商船、米艚，海运多避风于此”。

多少年来，商船海客和当地渔民在海里遇到风暴，多是一边祈海神妈祖护佑，一边寻蚕沙口湾避风。待脱险，无不感戴天妃神庇护，无不念及蚕沙口重生。传说妈祖娘娘经常在这里腾云驾雾，红灯朱衣，拯救海上危船。元初，浙江巨贾黄百万驾船北上，遇大风暴，被妈祖娘娘显圣搭救，始修鱼骨庙于此，后又修葺扩建为天妃宫，接着又有了古戏楼，蚕沙口一天天兴旺热闹起来。

传说，田桑老汉放生的那个小乌龟，为了不离它留在溹河口的龙首神龟祖爷爷的灵土，几百年一直守护着泝河口，被称作泝河老龟。这泝河老龟，憨而友善，在蚕沙口一带，也留下了不少传说。

此龟形福地，濒海福祉，由“田、李、高、张、朱、杨、桑”组成的“七姓海”。但是多少年后，七彩衣襟上的“田……桑”之间，只有“田、李、高、张、杨、桑”的“六姓海”。直到明末闯王进京，明朝朱氏皇族后裔逃亡海边，到了蚕沙口，这才圆了“田李高张朱杨桑”“七姓海”的谶语。

千百年来，这神龟背上的村庄，它身边的大海、天妃宫、古戏楼、元码头……留下来不少神奇、美丽的传说。

摘自朱永远、朱长波著《神龟背上的村庄》

九趾秀才跑三家

曹妃甸区九农场有个以稻谷加工闻名的村庄：三家子。按照自古人们给村庄命名的习惯，误以为三家子最初有三家在此落户。但是，三家子村虽然有桑、董、李三大姓，但是村名的来历却和姓氏无关。

相传，在三家子村还不叫三家子村的时候，村里有个叫桑林的小伙子，虽然是个秀才，却无父无母，也没有亲门近支。仗着年轻力壮能干活吃穿没问题，要想说媳妇成家就难了，一直是光棍一个。桑林家只有三间小房子，虽算不上好，但不透风、不漏雨，种田读书之余，桑林在院子里种了点菜，养了十几只鸡。

这天，桑林发现少了一只鸡，过了几天又少了一只，就放了个“笼子”在鸡窝旁边，第二天果然抓到一只小黄鼠狼。黄鼠狼长得肥头大耳、皮毛发亮、特别好玩，桑林把它拴在门框上逗它玩。有村民见了说，这是只小黄鼠狼，孩子丢了，母亲肯定会来找，挖个陷阱把它放到后边当诱饵，一定能抓着大黄鼠狼，剥皮吃肉多好。桑林听了便在院子里挖了坑，把小黄鼠狼放进坑里，可是等了许久却没见到有黄鼠狼的父母来救小黄鼠狼。其实，这只小黄鼠狼是只受伤的黄鼠狼，它修炼时，忘了隐形，被路过的农人用锄头打伤，失去了大半的法力，只能重新修炼，身形也小了许多，因为饥饿，才来偷桑林的鸡，没想到却被他捉住，它和桑林一样无父无母，哪里会有人来救它呢？法力又消失了大半，不能从坑里逃走，只能在这里困死饿死。黄鼠狼越想心里越难过，眼里不禁转起了泪花。桑林见黄鼠狼的眼里充满了泪水，在土坑里哀鸣不止，心生怜悯，起了恻隐之心，填了土坑放了黄鼠狼。

半年后，桑林听到有人叫门开门一看，见一个漂亮的姑娘站在面前，就问：“你找谁呀？”姑娘说：“我叫彩霞，来找我的夫君桑林，我俩从小定的亲，定亲时他三岁，我两岁。”桑林想起听父母说过这事，但一直想自己很穷，或许女方早已悔婚，几乎把这件事忘了，如今彩霞自己找来，桑林心里高兴，却又怕委屈了彩霞，便把自己的情况如实说了，谁知彩霞并不嫌弃，请来桑林的几个童年好友，请他们做见证，和桑林成了亲。来年，彩霞便生了大胖儿子。

日子渐渐地好了起来，彩霞便对桑林说，你原本是秀才，曾经乡试第一名，只是因为家贫耽误了学业，如今咱们的日子过好了，你是不是要努力学习，考取功名呢？桑林觉得彩霞的话有道理，便把家中的一切活计都交给了彩霞，在书房里一心读起圣贤书。一天晚上，桑林读书读得累了，忽然看到彩霞端着水进来，要给他洗脚，桑林看着彩霞，心里很感动，觉得自己能娶到这么贤惠的妻子，真是上辈子修来的福气！桑林刚想对彩霞说出自己的心里所想，忽然听到书房门响，抬头一看，彩霞从门外走进来，桑林一惊，低头一看，给自己洗脚的女人并不认识。女人见彩霞进门，慌忙站起，从门缝里逃走，彩霞见了，以为桑林背着自己以读书之名和别的女人勾勾搭搭。气得走到桑林面前一脚踢翻了水盆，桑林慌忙将脚抬起，正好碰到彩霞的手，彩霞顺手拉起，一口将他的小拇脚趾咬了下来。原来，彩霞一觉醒来，见桑林还在书房读书，便做了他爱吃的糕点送过来，没想到，桑林竟然和一个陌生女子卿卿我我。其实，这个女人是附近的一个狐狸精，她看桑林年轻英俊，想用桑林的阳刚之气，助她修行，桑林和彩霞怎么会知道这一切呢？面对彩霞的指责，桑林又气又惭愧，忍着疼把淌血的脚包扎了一下，拿起自己常读的几本书就走出了家门，说考不上状元便不会再回来！

桑林出了家门，想起彩霞平时贤惠持家，想起儿子的活泼可爱，便有些后悔离家出走，正思忖着回去给彩霞道个歉。忽然从远处走来一个白胡子老人，老人一见桑林双手抱拳道：“你可是秀才桑林?”桑林诧异，老人家你认得我？老人笑道：“我认得你，那年你乡试可是第一名!”桑林把自己和彩霞的误会告诉老人，说如果不能考取功名，便没脸回家了。老者说：“如果你不嫌弃，就去我那里吧，我膝下有一七岁的孙子，如果你不嫌弃孩子笨拙，就顺便做他的老师如何，学费我会加倍付的。”就这样，桑林一边教老人的孙子读书、一边苦苦攻读诗书，为秋后的科考做准备。

转眼到了科举之时，桑林金榜题名，被钦点为状元。两年后，升任三省巡按。桑林衣锦还乡，乘坐的官船在蚕沙口码头停靠，上岸后住在水馆驿里，准备去接彩霞和儿子，却听到一个不幸的消息。原来，他走后，村里一个无赖看中彩霞的美貌，几次逼婚，彩霞宁死不从，在桑林几个童年好友的帮助下，逃出村子，不知去向。晚上，水馆驿一位打杂的女子端来一盆热水，服侍桑林洗脚就寝，脱下鞋袜把脚泡在热水中，回想着和彩霞相处的种种，想起自己离家出走的冒失和荒唐，想起彩霞的贤惠勤劳，又不知她流落何方，是不是受尽凄苦，堂堂三省巡按竟然放声大哭。身旁一直低头服侍的女子见了忙递过一块毛巾，侧眼看到泡在盆中的脚上少一个小拇脚趾头，猛然抬头看着桑林，说了一声“你……”就昏了过去。桑林扶起女子仔细一看，不由大喜过望，原来这个女子竟然是彩霞！彩霞醒来，桑林请她和自己一起去上任，彩霞却不肯随他同行！她恨桑林离家出走抛妻弃子，宁肯教授别人家的孩子，也不回家来给妻儿报个平安，没有一个男子汉应有的担当，要写下一封休书，休夫！听着彩霞的指责，想想她这几年受的磨难，桑林心中十分愧疚，但彩霞休夫的心意已决，任他苦苦哀求也不回头。这时，那个白胡子老头又出现了，他对桑林连声说对不起，原来，他就是桑林当年放走的那只黄鼠狼，他为了报恩，帮桑林找来了从小定亲的彩霞。可是，又出于私心，留下了桑林教自己的孙子，因为，桑林是状元之命，由他教授小黄鼠狼学问，会让小黄鼠狼免去许多修炼之苦。白胡子老头告诉桑林，要想彩霞回心转意，只有去天妃宫求娘娘帮忙。天妃娘娘也想小小惩戒一下桑林，便去离蚕沙口不远的永庆寺找如来佛祖商量。如来虽然是至尊无上的佛祖，有时候也有点小孩儿心性，他笑着给天妃娘娘出了一个好主意。于是，天妃娘娘对桑林说，要想让彩霞回心转意，必须去薛庄村南的永庆寺，在院内 7 株巨柏、3 棵响杨树上系上写了他和彩霞名字的香包，然后，他赤脚从永庆寺跑回，跑回的路上必须有三家，如果他能做到，如来佛祖便会让彩霞不再休夫，与他白头偕老，共享富贵。

桑林在永庆寺的 7 株巨柏、3 棵响杨树上系上写了他和彩霞名字的香包，然后脱了鞋袜，赤脚向他曾经和彩霞住过的家的方向跑去。如果桑林没有缺一个脚趾，跑起来绝对没有问题，可是他缺了一个脚趾，路上又有不少的石疙瘩和硬土块，硌得脚上伤痕累累，一步一个血脚印。最让桑林痛心的是，从永庆寺一路飞奔，根本没有什么三家人。他有些后悔，早知道这样，就找一起长大的伙伴们分成三家来帮忙了。难道是天意注定自己要和彩霞分开，即使和彩霞分开，自己这辈子也不会再娶妻，怀着这样的想法，桑林一瘸一拐地回到自己和彩霞曾经的家，却惊喜地看到彩霞戴了凤冠霞帔坐在房内等他，脚上的伤也奇迹般好了，不疼了。桑林大喜过望，上前把彩霞紧紧抱在怀里，生怕她再次离开这里。等心情平静下来，桑林问彩霞，他并没有完成如来佛祖说的条件，为什么彩霞还会原谅他呢？彩霞说，你已经完成了佛祖的条件！“可是，我在路上并没有遇上三家啊？”桑林诧异不解。“三家，不是三家人，三家是你跑的这段路程的里数。”彩霞忍不住笑，“薛庄离咱们这里九里地，佛祖调皮，把三里定为一家，九里地你不正好跑了三家吗？”桑林也忍不住笑了，原来如来佛祖也很幽默风趣啊。

一直到现在，三家子附近村庄有的老人，还喜欢把三里地叫作“一家”。“九趾秀才跑三家”的故事，也一代一代地流传了下来。

作者：耿湘春

以土为墙筑老营

老营上是曹妃甸区九农场一个美丽的村庄，四周稻田围绕，春来碧草如丝，秋至遍野金黄，映了农人喜悦的笑脸。自辽代开始，人们在这里一代代繁衍生息，也留下了一个个美丽的传说。

相传，辽代以前，这里并没有村庄，是一望无际的滨海滩涂，杂草树木丛生，一片荒芜。辽占领平州一带后，独莫将军率军南征。独莫将军，不见史料记载，据说“独莫”二字为契丹语，也或许是契丹姓氏。独莫将军见这里有大田泊，水面宽阔，可捕鱼；苇蒿丛中匿狐兔，可狩猎。便带领将士们在这儿安营扎寨。但是，毕竟离海近，契丹人睡惯了帐篷，海边多风，有时风大，透过帐篷的缝隙吹进来，吹得将士们身上很不舒服。滩涂上的水汽又重，被褥每天都很潮湿，有时候被子几乎能拧出水来，将士们长期住在这样的环境里，身体怎么能受得了，有的甚至得了很严重的风湿病，关节几近变形。

独莫将军爱兵如子，见将士们深受风湿之痛，便招来军中谋士商讨怎样改变生活环境，但是，商量来商量去，也没商量出一个好的办法，有的将士们渐渐起了叛逃之心。一天，一位姓赢的副将，带着几名受不了潮湿之苦的士兵，趁夜黑风高悄悄逃离了营地，他们骑着马也不知跑出了多远，一直到马跑累了，才停下脚步。可是，他们却奇怪地发现，他们只是骑着马围着营地在转圈，根本没有跑出营地。天亮了，独莫将军发现了想要逃跑的赢副将和士兵，命人把他们捉起来，用绳子捆绑在木桩上，叫来军中的弓箭手想射死他们，以此警告那些想要逃跑的副将和士兵。赢副将苦苦哀求，说逃跑的主意是他出的，求独莫将军放了那几个士兵，他自己甘愿引颈受死。几名副将和谋士们也都跪下为赢副将和士兵们求情，说他们也只不过是想逃离天天被风吹、被潮气侵蚀的潮湿环境，免受风湿之痛，这和在战场上的逃离是两回事，罪不至死。

赢副将是独莫将军的一员得力大将，和他一起出生入死征战沙场，独莫将军不想杀他，也不忍心杀他，却又不能因为释放他们扰乱军心，便心生一计对赢副将说：“本将军饶你不死，放你出营，但是你必须找出能解决潮湿环境的办法，不然无论你跑到哪里，本将军也会派人把你抓回来！”赢副将跪谢独莫将军不杀之恩，带着士兵出了营地，骑着马漫无目的一路游荡。他知道独莫将军虽然这么说，却是故意放了他们。可是，茫茫海滩，遍野的杂草灌木，他们又能到哪里去存身谋生？走着，走着，他们忽然看见一只野狗正在追逐一只白兔，白兔跑到赢副将面前，举起前爪，好像作揖求救。赢副将平时也猎杀过野兔，不知为什么，看到这只白兔，却心生怜悯之情，便搭弓射箭赶走了野狗。野狗被赶跑，忽然一阵青烟升起，一个白衣胜雪的女子挺着大肚皮走到嬴副将面前。嬴副将知道遇上了兔子精，拔出长剑大喝一声："大胆兔子精，竟然在此蛊惑本将军！"说完，举剑向兔子精刺去。兔子精侧身躲过，用手抚着肚子缓缓下跪说："我因为即将临盆，法术无法正常施展，幸亏遇上将军救我和孩子们一命，心存感激，所以幻化人形跪谢将军救命之恩。"嬴副将听兔子精言辞恳切，便收回了长剑。兔子精站起身，又施一礼说："我知道将军从军营而来，有事要办。您顺着这条路一直向南走，便会找到需要的东西。"说完，兔子精又幻化成一缕青烟，瞬间消失。

嬴副将对兔子精的话将信将疑，带着士兵骑着马顺着路一直往南走。走着走着，来到了海边，走了将近一天，肚子已经饿得咕咕叫，于是他们便往不远处用苇子围着的一户渔民家走去，想买些米面做些干粮。走近，却发现这家住的地方好奇怪，和他们搭的帐篷不一样，而是用土筑的四四方方的"帐篷"，走进去，只见里面还有一座用土筑的方形土台，土台旁架了铁锅，锅下燃烧的干草散发出阵阵清香，土台上热热乎乎的。嬴副将摸摸上面的被褥，干干的软软的，没有一点潮湿的感觉。用土怎么搭"帐篷"，怎么搭用火烧的土台呢？嬴将军和士兵们很奇怪。这时，一个中年汉子肩背鱼篓走进来，见到嬴将军和士兵们很是诧异。嬴将军对中年汉子说明来意，中年汉子很热情地放下鱼篓，倒出里面的鱼，很麻利地刮鳞剖肚上锅。渔家人煮鱼不用盐，从海边舀一瓢海水，放进锅里，用海水煮熟的鱼，又鲜又嫩，好吃极了！嬴副将和几个士兵吃饱喝足，忍不住问起中年汉子用土怎么搭的"帐篷"，中年汉子听了哈哈大笑，说这叫渔铺，不叫帐篷；那个不叫土台，叫炕！嬴副将听了也哈哈大笑说，叫什么并不重要，重要的是用土怎么能建起这样干爽不潮湿的渔铺和炕！中年汉子带着嬴副将他们走到院子里，只见他拿起一把铁锹，弯腰一使劲，便铲起一块四四方方的土块，中年汉子一连铲起好几块这样的土块，他把土块一块块码起来，不一会儿，便筑起了一座土墙。哦，嬴副将和士兵们明白了，中年汉子是用土块搭的渔铺，如果他们也这样搭起一座座渔铺和炕，将士们不就不用再受潮湿之苦吗？

嬴副将请中年汉子和他们一起回军营，教士兵们怎么搭渔铺和炕，中年汉子很爽快地答应了，和他们一起回到了军营。中年汉子带着独莫将军和士兵们筑土为墙，铁锹不够用，便两个人合作，一个人用锹铲土疙瘩，一个人用手举起土疙瘩码墙，有时候负责筑墙的士兵们会大喊："这里再放几块举疙瘩！"所以，一直到今天，老营上附近村庄里有的老辈人还把大块的土疙瘩叫作"举疙瘩"。就这样，在中年汉子的指点下，在将士们的齐心努力下，杂草丛生的滩涂上，建起了一座座营房，里面搭起一座座土炕，将士们住在营房里，睡在暖暖的炕上，舒服极了！后来，独莫将军受此启发，在离营地不远的地方，筑土围墙，建了一座留有四门的土城，带着一部分将士住进了新土城。赢副将带着一部分士兵驻扎在营地，土城里的将士们习惯称营地为老营，去老营办事，总喜欢说，“去老营上”。渐渐地，老营便被叫作老营上。后来，独莫将军带着军队班师回朝，留下一些契丹士兵居住在新城和老营。随着人口的不断繁衍，逐渐发展为村庄，而村庄却一直用老营上命名，老营上村里也一直流传着这么一句话：“举疙瘩盖房，土搭炕，独莫将军赢副将，一座新城老营上。”

独莫将军修筑的离老营上两三里地之遥的新土城，就是现在属滦南县坨里镇管辖的独莫城，据说这两个村子里姓罗的都是契丹后裔。相传燕王扫北时，“村城成墟，人非杀即逃”，罗姓躲入墓穴，逃过劫难，便是兔子精后人来报恩点化。

作者：耿湘春

神奇粮仓李八廒

廒意“敖”，意为“抬高”“隆起”。“广”与“敖”联合起来表示“具有隆起屋顶的粮仓”。本义：屋顶隆起像蒙古包外形的粮仓。李八廒村《李氏家谱》大事记首篇记述说：“明万历八年（1580年），李氏迁居李八廒村，时此地盐碱荒滩，数十里无人烟，择岗定居，以熬盐捕鱼为生，兼营农业……初垦八个自然坨岗，因土质肥沃，种植农作物，产量较高，近似粮仓，故定名为李八廒，时属越支盐场管辖。”

通过这段文字可以看出，渤海湾北岸还是有少许良田的。那么，既然曹妃甸区域都是海退地和滩涂，这八个神奇粮仓又是怎么来的呢？

相传，八仙之一的韩湘子是唐朝韩愈的侄孙子。他生性放荡不羁，不好读书，只好饮酒，世传拜吕洞宾为师学道成仙。道教音乐《天花引》，有人说就是他创作的。有一段日子，得道成仙的韩湘子经常在渤海湾一带隐居修行，他无事可做，就约铁拐李在离岸边不远的漕泊岛（今曹妃甸岛）上下棋，两人谁也不服谁，有时一盘棋一下就是三天三夜。

北山脚下，靠海边的小村里来了两个人，他们在村西边上盖了两间土屋住下来。起初，这两人互相都不认识，没过多久，觉得彼此投缘，加上本地没亲没故，需要相互照应，于是找了个好日子，两人点香磕头，拜了把子，异口同声说：“有难同担，有福共享，不求同日生，但求同日死。”老大问：“兄弟，你的愿望呢？”老二说：“打鱼种地这活儿，我实在懒得干，我只想天天能得。大哥你呢？”老大说：“哪有这样的好事呀，庄稼人只有舍出力气才会有好收成，我呀先舍吧。”

两人本来都没姓没名，自此村里按他们的喜好，叫老大为舍，叫老二为得。也许是天意，也许是性情，舍老大不论是种地，还是下海赶潮，总是舍得出力气，不怕苦不怕累，把日子过得红红火火，很快娶了妻生了子。再说得老二，风大了嫌风大，出太阳了嫌没阴天，凉不行，热也不行。每天靠东家西家给点有吃喝就行，吃了上顿等下顿，日子过得紧巴不说，依然是冷屋冷灶一个人。一块儿来的一块儿拜的把兄弟，却一个天一个地。得老二不服气，他不仅每天三顿在舍老大家胡吃海喝，还处处给舍老大出难题。都是兄弟，舍老大并不怪罪得老二。有天舍老大放下手中的活儿，让孩子妈炒了几样菜，烫上几壶酒，哥俩开喝。舍老大说：“兄弟，哥养你一辈子都行，但你长期这么下去也不是个事。”得老二问：“那你说咋办？”

舍老大说："你看这么办行不，我把这儿的家业全给你，你好好过，该干活儿也得干活儿，到时候娶个媳妇成个家呗！"得老二一听能不高兴吗！"好好好"，他满口答应了。第二天，舍老大一家净身出户，举家南迁到现在李八廒西北附近的土坨地上，这是一个四面环水而且没人的地方，他盖了间土屋先安顿下来，然后领着一家人在盐碱坨土上开荒种粮。在盐碱坨土上开荒种粮，谈何容易。舍老大一家人没日没夜干了一年，硬是一棵苗也没出来，要不是在海滩抓点小鱼小虾，一家人恐怕早就饿死了。舍老大媳妇说："咱们还是搬回去吧。"舍老大说："开弓没有回头箭，咱不回去，我就不信凭着一膀子力气种不出庄稼来！"舍老大说这话时，正巧韩湘子和铁拐李从此经过，他俩早就知道舍老大和得老二的事。铁拐李说："这个得老二太不成人。"韩湘子说："这个舍老大太仗义。"铁拐李说："要不帮帮舍老大？"韩湘子想了一下说："有了，你等下。"韩湘子一眨眼不见了，他来到天庭，找到太上老君说明来意，并索要了点炼丹炉灰，折身回到铁拐李身边。韩湘子笑道："妥了。"韩湘子和铁拐李在周围转了一圈，选定地方把手一挥，投点炼丹炉灰，一共投了八处，炼丹炉灰落地处，平地凸起了八个大坨地。韩湘子问："怎么样？"铁拐李高兴地把铁拐一戳，说："好！"

韩湘子和铁拐李办完事，又接着去下棋了。韩湘子炼丹炉灰为后人造了八个粮仓，铁拐李高兴地用铁拐一点，竟出一口甜水井，这就是现在的八廒之一"甜水坨"。自此，舍老大一家在这里开荒种粮生存下来。再后来，李氏搬来繁衍，取名李八廒。

作者：李连君

凰落王凤为奇珍

传说中，凤凰是人世间幸福的使者，每500年，它就要背负着积累于人世间的所有不快和仇恨恩怨，投身于熊熊烈火中自焚，以生命和美丽的终结换取人世的祥和和幸福。同样在肉体经受了巨大的痛苦和轮回后它们才能以更美好的躯体得以重生。所以，凤凰是传说中的神鸟，是鸟中之王，是吉祥高贵的象征。爱屋及乌，吉祥富贵的凤凰落脚栖息的地方，自然也就是风水宝地了。

多少年来，尽管人们对凤凰寄予厚望，却很少有人见到过它。然而，曹妃甸王凤坨村的人们提起凤凰不落无宝之地来，时至今日仍津津乐道。王凤坨地处唐海镇西南部，因相传此地曾落过凤凰而得名。

数百年前，王凤坨这个地方没有人，只是双龙河下游的一个大土坨。但这个大土坨比渤海湾上所有的坨地都神奇，别的坨地上都不长植物，这个坨地却生长出少量植物，别的坨地上裸露贫瘠，这个坨地却是含盐量高。

不知道是什么时候，坨地的北面来了一个姓王的小伙子，他叫王左，是个流浪汉。他在坨边上挖了个方形坑，捡了点河滩漂来的破木头烂草当屋顶，拾了点碎网片当工具，独自一人在这里生活起来。虽无依无靠，但心地善良无以为业，每天只是在双龙河边捞点鱼虾蟹维持生活。一天，王左在河边扎网捕鱼时，听到几声奇怪的鸟鸣，他抬头望去，只见一只振翅高飞的凤凰正在空中盘旋，似乎在寻找着什么。这只凤凰在附近转了几圈后，竟直朝东面飞去了。王左也是头一次见到凤凰，被凤凰的美丽深深吸引，他看着凤凰想起了老辈人常拉的话嗑，凤凰落哪儿哪儿有宝。他见凤凰东飞，马上放下手中活计，向着凤凰飞的方向追去。那只凤凰来到王左住的土坨上空，飞旋一圈后，一头扎下来，落在了坨土的最高处。等王左追过来，凤凰又腾空飞走了。王左急忙来到凤凰落脚之处，他要找宝。但找了半天也没找到，他十分扫兴，就把凤凰落脚处踩到的土收起来，拿了回家。其实，追凤凰的不仅是王左，还有许多人，皇宫有一拨人早就跟在凤凰后面，一路而下。王左回到家，刚把用衣服兜来的土换成一块布包好，皇宫的人便追了过来，很快就找到了他并向他索宝。王左把事情经过说了一遍，将土包一摔，说："这就是你们要的那个宝贝。"皇宫里的人不信，把王左的土屋翻了三遍后，还是什么也没有，又让王左带他们到凤凰落脚之处，翻了几遍，又挖了几遍，就是没找到什么宝贝。不能空手而归，否则回去无法向皇上交差，皇宫里的人拿上土包，带上王左回宫交差了。回到宫里，那些王公大臣围着土包研究半天，用手摸是土，用鼻子闻还是土。的确，自古以来都说凤凰不落无宝之地，凤凰真落了，怎么会没有宝贝呢？皇宫里带人追凤凰的官员一肚子委屈，说："翻了个底朝天，当真没有。"

凤凰落了，宝贝真没有，连神仙也没法儿。经过商量，丞相对王左说："你也算个有福之人，别回去打鱼摸虾了，你就在御膳房烧火吧。"说完将那包土扔在了王左面前，走了。王左拿着土包来到御膳房后，土包没地儿放，他见经常做饭炒菜大锅的房顶上有个洞，把土包一塞，便开始干活儿了。皇上吃饭可不比百姓，每天吃的是天下美味，每顿都不重样，每餐有数不过来的菜。有一天，皇上吃了一道菜后，感觉味道鲜美，口感特别好，其他菜一口没动，他干脆把这道菜端到自己跟前，狼吞虎咽吃得那叫香。皇上抹抹嘴问："这道菜好吃，下次还要。"管御膳的差使查来查去，查到了王左烧火的那个灶台，问："王左，你往菜里放了什么东西？"王左一头雾水，说："没有呀。"御膳主管把皇上喜欢吃那道菜的情形描述了一遍，说："不对，这么多年来皇上还是第一次。"王左想了想，自言自语说："没啥东西呀，就是蒸菜时，热气大，从屋顶上往锅里滴了点水呀，莫非是……"御膳主管说："赶紧找找，皇上还要吃这道菜，要是做不出来就得掉脑袋。"王左也害怕了，马上开始找，找来找去，没找到别的，找到了他自己藏的土包，不过那土包被气熏得变成了泥包。御膳主管翻着土包，说："莫非是它……"他用鼻子闻了闻，有一股清鲜之气，用手沾下放在嘴里，有一种清鲜之味。他兴奋地拍着王左："就是它。"

原来，这包凤凰落过的土，含大量海盐，经蒸汽一熏变成海盐水滴落在锅里，菜就变成了美味无比的调料。从此，人们才发现了海盐的妙用。后来，居住在这个地方的人越来越多，便取村名王凤坨。

作者：李连君

北坨极

北坨极村地处曹妃甸区第五农场场部驻地南 8 千米处。民国初年，此地归李八廒村（现属第十农场）李殿杞所有，后迁来李八廒村民来此居住，扎箔治鱼，当时有南北两个坨岗，故将北边的坨岗叫北坨极。关于这一地名，在民间还有一个传说。

古滦州的财主周武，是渤海湾沿海九镇十八村的首户。周武家大业大，粮满囤，鱼虾成垛，钱多得连他自个儿也数不过来。周大财主有 99 条船，333 个伙计，使着 69 个丫鬟。别看周武的家业这么大，他可是小心眼儿，吝啬鬼，一文钱掰成八瓣花。他对穷苦渔民更是狠毒，总想把世上所有的金银占为己有，所以无论干啥事，他总是精打细算，算到骨头缝里为止。

周大财主把一切事都交给了几个管家，他自个儿天天吃喝玩乐。这几天，周大财主茶饭难咽，闷闷不乐起来，他沉着苦瓜脸寻思着："日子过得比神仙还乐呵，没有啥不随心的事了，咋整天提不起精神来？顿顿山珍海味，吃得腻腻歪歪，真没意思。唉——"周大财主苦思苦想了几天，也没想出个子丑寅卯来。一天，管家给他出了个主意，管家见他天天绷着脸，就知道是咋回事了。管家点头哈腰，没笑强挤地嘿嘿着，说："老爷，你天天闷在家里，不如出去走走！"周大财主一听，问："走？上哪儿去呀？"管家凑了凑，说："老爷家大业大，去海边堡上看看吧！""对！"周大财主听了挺高兴。于是，周大财主带了几个贴身保镖，乘船一路直下，奔他自家的网场北坨而来。

周大财主坐在船上，看着海面上白帆点点的渔船，心里畅快多了。他来到北坨渔堡就住下了。天天在手下人陪同下，去海边游玩，倒也开心。住了几天后，周大财主开始盘算起来，心里琢磨："这儿鱼虾成堆，要是从这儿养群鸡准中。那时候，想吃鸡就杀，吃蛋就炒，吃剩下一年也能捞几百两银子。"想到这儿，周大财主哈哈大笑起来。他拨浪着脑袋，扬扬自得地夸自己：我周武比聪明人都聪明，能在神仙以上啊！他盘算妥当，就派人四外张罗，收拾好了北坨渔堡。

第二年的一开春，周大财主不知从哪儿弄来两千只小鸡，他亲自押船，亲自在北坨渔堡坐镇，亲自吩咐伙计们按照自个儿的意思把养鸡场操办起来。秋后，在周大财主的精心喂养下，小鸡变成了大鸡，他乐得不知东南西北。两千只鸡一个没死，一个个冠红毛亮，十分招人喜欢。

有一天，周大财主在海边看着正在吃食的鸡，哈哈大笑起来，直乐得他上气不接下气。他笑罢，对着大海说："上天有眼，我周武并非凡人之身呀，未卜先知，事事如愿，该我发财，该我发财呀！”他越想越高兴，心里越美。看着两千只鸡又说：“你们吃吧，吃得胖胖的，一个鸡一天给我下两个蛋，该多好呀！”两千只鸡咯咯叫，周武哈哈笑，把个渤海湾平静的海水都搅起了浪。浪涛哗哗，一个挨一个，向海边的鸡群涌来。鸡们已经习惯了浪声，不害怕了浪涛，依然悠闲地吃着食。周大财主心里美，嘴也不闲，乐呵呵说着过头话，他说：“世间数我大，我说是啥就是啥。玉帝和我是亲家，龙王见我都害怕，干啥啥随心，养鸡也发家，烧鸡炖鸡蛋，气死几神家。”他的话音刚落，忽然，海里腾地打了一个大浪，浪涛足有两三房高，哗地向周大财主砸来。鸡们吓得咯咯乱叫，一个个张开翅膀向岸里跑过。说来也怪，两千只鸡跑着跑着，都乘风势飞上了天空。周大财主被刚才的浪涛吓飞了魂，他看着天空中的鸡，号啕起来。他急得捶胸跺脚，一点法儿也没有。周大财主的心尖好像被谁咬了一口，他在地下转着圈，喊着：“鸡呀，我的鸡呀，快回来呀！”周大财主从此败了家。不管咋折腾，他的家业一天比一天少，干啥啥不随心，弄啥啥赔钱。

后来，下海的人们把北坨渔堡，又加了一个字，叫北坨鸡，意思就是周大财主从这儿养鸡败了家。再后来，山挪了，海退了，北坨鸡变成了陆地，人们嫌北坨鸡不好听，改成了今天的北坨极。

作者：李连君

肖家河与萧太后的传说

滦南县有个古老的村庄叫肖家河，位于胡各庄镇。

肖家河，原名萧家后。传说，因辽萧太后曾在此建行宫驻跸而得名。驻跸，旧时指帝王出行时沿路停留暂住。萧太后虽是停留暂住，也留下几多遗迹。如，村西杨家坟南侧就曾留有“萧太后梳妆台”遗址。20 世纪四五十年代，赶集上店的部分村民仍使用写有“萧家后村”的钱褡子。

萧家后村是如何变为肖家河的呢？这要从历史上的水灾说起：清光绪二十一年（1895 年）发大水，萧家后村被洪水分割成四部分，河南称前庄，河北称后庄，河东称东场，河西叫西场。因有河流从村中流过，村名便逐渐由“萧家后”演化为“萧家河”，以后又惯称为肖家河。

虽有辽萧太后驻跸的传说，却未见史籍记载。《辽史》曾为 20 位后妃立传，其中 18 位姓萧。究竟是哪位萧太后来过此地呢？据笔者考证，应是辽景宗皇帝的睿智皇后、辽圣宗皇帝的生母睿德神略应运启化承天皇太后萧氏，即北宋年间与杨家将多年征战的那位萧太后。

据《辽史·后妃传》记载，辽景宗睿智皇后萧绰（953—1009 年），小字燕燕，原姓拔里氏，拔里氏被耶律阿保机赐姓萧氏。辽景宗继位后，因为萧思温拥戴有功，将萧绰选为贵妃，保宁元年（969 年），被册封为皇后，当年生下景宗长女观音女。保宁三年（971 年），生景宗长子隆绪即辽圣宗。辽景宗体弱多病，有时无法上朝，军国大事多由皇后萧绰代理。乾亨四年（982 年），辽景宗崩，辽圣宗继位，尊萧绰为皇太后，摄政。时年 30 岁，圣宗 12 岁，萧太后在辅佐儿子当皇帝之后，事必躬亲，亲自挂帅，麾三军，多次南征，与宋军征战。“其南伐点兵，多在幽州北千里鸳鸯泊。及行，并取居庸关、曹王峪、白马口、古北口、安达马口、松亭关、榆关等路。将至平州、幽州境，又遣使分道催发，不得久驻，恐践禾稼。”（《辽史·兵卫志》）萧太后率军南征，平州多是其必经之地。当时，肖家河这个地方归平州管辖，因此萧太后来此驻跸当在情理之中。

萧太后在此驻跸期间，发现这里四面环水，中间地势很高，是一块风水宝地，便下令拨款，在肖家河村西北百米处的高地上建一座洪觉寺。寺院规模宏大，占地十多亩，有各种房屋一百多间。大殿内供奉三霄娘娘，寺门旁有两棵大树，粗可五人合抱。寺院落成后，香火鼎盛，前来朝拜的善男信女络绎不绝。萧太后每游玩至此，必沐浴整装，入寺朝拜。因此，就在寺南不远处修建了梳妆台。

另外，在肖家河村曾留存多个舂米用的古石臼。石臼呈粉红色，状古朴，村民传说是古代高丽人舂米所用。抗日战争时期，朝鲜浪人随日本侵略军来柏各庄垦荒种稻。肖家河距柏各庄很近，村民怕这些石臼给自己带来麻烦，便将其埋入地下，现仅有个别遗于路边。用石臼舂米，本是契丹族风俗。肖家河村的石臼，实际是契丹人在此居住时遗留下来的。村人认为，契丹人在此定居生活或与萧太后在此行止不无关系。

作者：王义钧

虫儿林与虫王庙

在唐山地名中，有一奇特的地名虫儿林，位于滦南县扒齿港镇，是一方福地圣土，有的说古时这里多蛇，蛇为虫，故名虫儿林，也有的说虫为蝗虫，在这里曾留下刘猛将军驱蝗斗邪鸟的故事，经查史料，此说在《滦县志》的杂记篇和寺庙篇中均有记述，显然刘猛将军驱蝗的故事在古滦州多有流传。

的确，从古到今，满天飞来的蝗灾，令人可怕，嫩绿的禾苗被蝗虫顷刻之间洗劫一空，令村人无可奈何，欲哭无泪。经查史料，唐山大地在明清两代就发生蝗灾11次之多，而其中6次集中清朝道光年间，史料虽记述简略，仍令人感觉到蝗灾是可怕景象，《滦县志》载："道光二年（1822年），夏五月蝗虫伤麦。""道光四年，秋大蝗灾，人多饥死。""道光五年，春虫食苗，秋蝗大旱，禾尽枯。""道光六年（1826年）大蝗灾。""道光十二年（1832年），夏秋之交，虫食禾稼，野无青草。""道光二十六年（1846年），夏蝗为麦灾。"古人又是怎样治理蝗灾呢？主要是祭祀神灵求其保佑，于是产生了祭祀八蜡的风俗，后世建起八蜡庙，虫王位列第八。到了南宋时期，一些儒生提出异议，认为虫王乃蝗灾之神，有害于人间，不配食人间香火，于是将虫王的神位取缔，然而八蜡的神灵又缺少了一位，怎样补齐呢？于是又提出猫虎之神位分开，猫食野鼠，虎食野猪，均有益于人间田作，此后的八蜡庙中就再没有虫王之神位。然而，神不遂人意，宋元两朝频发蝗灾，人们又归罪于未祭祀虫王。

到了明清两朝又重祭虫王，而且单建虫王庙，如今有史料可查的有两处，古时滦州城内曾有虫王庙，另一处在今滦南县侯各庄乡的速火庄，不但古时有虫王庙，而且曾有香火地22亩。但各虫王庙中所供奉的神像却非虫王，而是一位叫刘猛的将军，人们为何将他尊为驱蝗之神呢？

据《滦县志》记载，刘猛名承忠，字固元，为元末明初之人，为吴川人，曾任滦州武备将军。他虽为武将，却重视军民关系，常令士兵帮村民春种和秋收，村民遇到房屋倒塌等灾难之时，刘猛闻讯后立刻派军队帮扶百姓，因此在滦州一带，他的口碑极佳。

相传，有一年收秋时节到来，田野中一片金黄，显然丰收在望，村民欣喜。然而，突然飞来漫天蝗虫，遮天盖地，密密麻麻，大片大片待收的庄稼，顷刻之间被蝗虫吃得一干二净，村人叫苦不迭。刘猛将军闻讯之后，带3000士兵前来捕蝗，被打死的蝗虫堆如小山，但蝗虫成千上万，迎面而来，3000士兵不停顿地扑打，个个累得筋疲力尽，坐在田地间，飞蝗仍不见少。刘猛将军忽然发现一只灰色大鸟立在田头，它飞到哪里，蝗虫便从四面八方飞来。刘猛心中一动，莫非是虫王怪鸟，他连忙张弓搭射，向怪鸟射去，他连发两箭射中双翅，怪鸟疼得在地上呼扇双翅，刘猛赶上前去，一剑斩落鸟头，谁知，刘猛惹下大祸，虫王怪鸟又生出一个头来，刚刚落地的鸟首又飞回头部，变成了双头鸟。双头鸟向刘猛啄来，刘猛奋力反击，再次挥剑，斩落两个鸟头，谁知刹那之间又变成四头鸟。刘猛大吃一惊，已无退路，他使尽全身的力气，挥剑斩怪鸟，连连斩下四颗鸟首，谁知，分秒之间又变成了九头鸟，九头鸟拼命向刘猛啄来。刘猛已经力不从心，只有招架之功，再无还手之力，眼看就要被怪鸟扑到爪下，忽听后面一声大喊："刘将军快向树林处跑!"刘猛随即向树林内飞奔，只见林内有一瘦小的老者向他招手。刘猛刚刚奔入树林，愤怒的怪鸟腾空而起，向树林中的刘猛和老者冲去，但树林中挂有透明的天罗地网，刹那间将怪鸟网住。原来，林中的老者是滦州境内的土地神，食尽四季烟火，却未学得制服虫王怪鸟的本领，而刘猛将军无所畏惧斗怪鸟，给土地神创造了机会，他就势布好天罗地网，将虫王怪鸟网住。刘猛顿时精神百倍，挥剑斩鸟。他斩落一个鸟头，土地神就立刻将鸟首压在地上，地上便涌起一个沙坨。这样斩一鸟首，压一鸟首，终于将九头鸟斩落林中，土地神就势将虫王埋在林中，从此留下地名——虫儿林。而周围因压住鸟首而多出九个沙坨的地名，分别是龙坨、青坨、港坨、黄坨、白坨、蓝坨、狼坨、横坨、平坨。斩掉虫王九头鸟后，蝗虫乱飞，经一阵扑打，将蝗灾灭掉，但刘猛将军却因过力吐血而死。后世，滦州百姓不忘刘猛将军的功德，便尊他为驱蝗之神，为其建庙，享受四季香火，并在春秋两季隆重祭祀刘猛将军。到了大清雍正年间，滦州总督李维钧上奏朝廷，要正式为刘猛将军建庙，雍正顺应民意，下旨诏建虫王庙，封刘猛为驱蝗之神。从雍正二年（1724 年）之后，虫王庙不再是民间兴建的祠庙，而是朝廷诏建的官庙，而且，雍正皇帝还为虫王庙诏下祝文曰："维神仰翼皇图，力除虫灾，去在田之害，护田野之嘉禾，千箱庆赖，德被苍生，百姓讴歌。"

由于虫儿林和九处沙坨为镇杀九头怪鸟之福地，数百年来没有蝗灾，成为物产丰茂、人丁兴旺的村民聚居之地，虽然虫王庙今已不见，但刘猛将军驱蝗斗邪鸟的故事却广为流传，并在各地演化出多种传说。

作者：闫克岐

青龙河岸三村的传说

柏各庄镇政府驻地柏各庄，距滦南县政府驻地 35 千米，自古以来就是冀东一带有名的大村。它由几个自然村组成，其中就包含“狼虎庄”“小菜庄”“西山上”三个自然村。

提起“狼虎庄”“小菜庄”“西山上”三个自然村，还有一段美丽的传说。

很久以前，青龙河边来了两兄弟，哥哥叫春生，弟弟叫秋生。他们看到青龙河里的水清澈见底，岸边的草浓绿茂盛，相中了这块土壮水美的好地方，决定在这里开荒种地，便搭了个草棚住下来。兄弟俩早起晚睡，刨除了草根，挖走了荆棘，开出了一大片土地。哥俩凭着一手种菜的好手艺，在地里种上了南瓜、冬瓜、葫芦、茄子等，哥俩精心侍奉，按时浇水、施肥，收获颇丰，兄弟俩乐得合不上嘴。他们卖了青菜，买来柴米油盐，还把一些蔬菜送给附近村里的穷哥们儿。人们见兄弟俩老实厚道，有空闲都愿意到这里来坐坐，兄弟俩总是热情招待。时间长了，大家的感情越处越深，乡亲们就帮助哥俩盖上了房，娶上了媳妇。从此，青龙河边多了个两户人家的小村，因为有个菜园子，大家就把这个新村叫小菜庄。

在小菜庄东边不远的村里住着个财主周耀祖，人称地老虎。他养着一帮如狼似虎的打手，在这一带称王称霸，见穷人的哪块地好，就想霸占，人们惹不起他，只好忍气吞声。周耀祖看到在自己的庄园外边冒出了个小菜庄，新开的菜园里还长了那么多好菜，赚了好多钱，还让附近的穷人沾了光，早就红了眼。他吃不下饭，睡不好觉，盘算着怎样才能把小菜庄霸占过来。冥思苦想，他终于想出了一个利用风水霸占小菜庄的坏主意。他叫人在自己庄园门口挂上一块大木牌上写“狼虎庄”三个大字。然后派人把春生、秋生两兄弟找来，恶狠狠地对他们说：“我这是狼虎庄，虎是百兽之王，无论是谁都得给我让路。你们那个小庄挡住了我的风水，限你们两天之内搬家，不然我就行使虎威，踏平小菜庄。”

这下可愁坏了兄弟俩，在回家的路上边走边商量，也没想出个好主意来。一进家门，屋子里坐满了乡亲们。听兄弟俩一说大伙都气坏了，就你一言、我一语地，商量对付地老虎的办法。最后决定以牙还牙，以眼还眼，也用风水治治地老虎。

两天很快就过去了，第三天一大早，地老虎就带着打手们去霸占小菜园。刚一出门，他就被惊呆了，只见在通往小菜庄的路上横着一座山，山顶上有一块大石头，足有两间房那么大，上面有五个大字：“西山镇虎石”。山周围集聚着许多百姓，大声高喊着：“老天爷保佑小菜庄，降下西山镇虎石，镇住了狼虎庄！”地老虎见此情景，明白这是天怒人怨，吓得赶紧缩回庄里，大门紧闭，再也不敢霸占小菜庄了。

原来，周围的百姓为了保住小菜庄，杀一杀地老虎威风，家家都把自己的石头、土块贡献出来，一夜工夫就堆起了一座小山，并题上了“西山镇虎石”五个字。这座山镇住了地老虎的威风，使穷苦百姓扬眉吐气。大家见团结起来力量大，便纷纷搬到西山旁来住，逐渐形成一个小村，称“西山上”。为了祈求老天保佑，人们还在山上修了座山神庙，供奉山神。春生、秋生兄弟俩和乡亲们，靠着这青龙河水，种菜栽莲，采菱打鱼，过上了舒心的日子。

事到如今，“西山镇虎石”早已不在了，山神庙也早已拆除，但青龙河畔柏各庄西部的三个小自然村还在，人们依旧称其为“狼虎庄”“小菜庄”“西山上”。

作者：王义钧

喑牛淀的传说

喑牛淀位于滦南县柏各庄镇，为村委会驻地，明朝永乐二年（1404 年）建村。此地原为海淀边，渔民以此为市，喧闹异常，居民盼环境幽静，遂取村名为喑牛淀。喑指静默，牛指小帆船，淀指停船浅泊。同时，还留下了青龙和神牛的传说。

相传在很久以前，这里有一个巨大的清水湖与青龙河相通，湖水清澈见底。湖边的人祖祖辈辈在这里劳作生息，用清澈的湖水灌溉肥沃的田地，过着祥和欢乐的日子。青龙河里的青龙得知这一祥和景象，非常嫉妒，就想霸占清水湖。

有一天，人们和往常一样正在地里干活，突然从青龙河方向刮来一阵狂风，直刮得天昏地暗。接着，天空乌云密布，电闪雷鸣，瓢泼大雨夹着鸡蛋大的冰雹从天而降。凶恶的青龙在风雨中哇哇怪叫，直奔清水湖中。自从清水湖被青龙霸占后，湖水变得又浑又脏。这条青龙三天两头在清水湖中兴风作浪，冲毁四周的土地和庄稼，毁坏人们的房舍，还有不少人被吞噬。人们对青龙恨得咬牙切齿，但又没有任何办法，万般无奈，好多人家都搬走了，美丽祥和的清水湖畔变得冷冷清清。

土地爷气愤不过，便将青龙的种种罪行启奏给玉皇大帝。玉皇大帝派太白金星下界查看，太白金星如实回奏。玉帝大怒，立即传旨，令神牛赶快下界平灭青龙。神牛接过金牌，直奔清水湖而来。

神牛来到清水湖畔，用金牌向湖水中一指，一道金光射入水中，同时大喝一声："出！"霎时，湖水浊浪翻滚，青龙冲出水面，张牙舞爪地向神牛扑来。神牛舞动诛龙神角，迎上前去。青龙张开血口，一股混浊的污水向神牛射来。神牛口念避水诀，这股浊水向青龙反射回去。青龙见第一招不灵，便甩动巨大的尾巴向神牛头部击来。说时迟，那时快，神牛腾空而起，用诛龙神角迎上前去，只听"咔嚓"一声巨响，青龙的尾巴被击落下来，掉在地上变成了一个大土岗。现在大土岗已被推平种上了果树。

青龙被击掉了尾巴，疼痛难忍，大叫一声，伸开龙爪向神牛扑来。神牛更不示弱，上前和青龙打斗在一起。这场恶斗煞是激烈，直杀得天昏地暗。周围的百姓早已对青龙恨之入骨，见神牛与青龙打斗起来，便都来帮助神牛作战。青龙见势不妙，便虚晃一爪向青龙河方向逃去。神牛哪能罢休，舞动诛龙神角，将青龙戳为两截，青龙栽到青龙河里死了。

青龙被降服了，但清水湖的水还很混浊，人们还高兴不起来。神牛说："我有办法。”然后它把嘴巴伸到湖水中，把混浊的湖水吸进肚子里，湖水慢慢变得又像从前一样清澈见底了，人们一片欢呼声。可是，神牛却不会说话不会叫了，它向人们点点头，腾空而去。人们久久望着神牛飞走的方向，既激动，又难过。

从此以后，这里的人们又开始过上幸福安乐的日子，搬走的人们又都搬回来了。人们为了纪念神牛，便把这个村子叫“喑牛淀”。如今，那清水湖不知什么时候被填平了，但神牛的故事却一直被传颂着。

作者：王义钧

木梳庄

明朝永乐二年（1404年），孟、赵两姓由山西山后陆州迁至此地立村，因大多数人家会做木梳，故名“木梳庄”。其实，不然也。木梳庄村名由来，有一段美丽的传说。

相传，很早以前，这个村有个年轻人，姓刘名贵，因父母早亡，独自一人在河边搭了一间草棚过活。他白天给财主打工，挣钱糊口，晚上看书写字。有一年春天，贵儿给财主干完活回家，走到河边，见一只大鸟正追逐一条岸边上的鲤鱼，每当大鸟就要叼住鲤鱼，鲤鱼一蹦就让大鸟叼空，他便迅速从地上拾起一个硬土块，向空中抛去，大鸟慌忙飞走。贵儿向岸边跑去想帮助鲤鱼回到水中，只见闪闪发光的小鲤鱼向他摆摆尾，闪身之间便不见了。

一个月朗星稀的晚上，贵儿在房中读书，忽听有人叩门，开门一看，见是一位年轻貌美的女子站在门前。他心中疑惑：“谁家女子深更半夜叩我房门？”女子说：“我叫珠儿，是来报恩的。”贵儿说：“我与你素不相识，有何恩相报？”珠儿连忙解释说：“你忘了，那天你用土块砸鸟救那条小鲤鱼吗？那便是我。”说着，推门进入贵儿的房间，继续说：“我是鱼仙，命中注定你我有姻缘。”贵儿不信，心想世上哪有这等好事，低声自语道：“我穷得四壁皆空，谁肯与我做夫妻？”鱼仙珠儿笑笑说：“这有何难！”说着从怀中取出剪刀和纸，随手剪出一座房子，口中念念有词，用嘴轻轻一吹，就出现一座富丽堂皇的大房子，屋内家具应有尽有。在珠儿的再三劝说下，他俩便在大房子中自拜天地，自主成婚了。第二天，乡亲们见贵儿的草房变成宫殿式的大院子，都前来参观，见贵儿媳妇美若天仙，更是赞不绝口。其中有个酒色之徒见贵儿娶了这么个好媳妇，妒火中烧，便心生歹意，到县衙状告贵儿盗窃。

县令名吴赖，把贵儿抓到县衙，不由分说判贵儿犯盗窃罪，投入监牢，又把珠儿传唤到县衙审问。他一见珠儿长得美丽非凡，便心生邪念，问：“你与你丈夫盗窃巨额资财，可知罪？从实招来，免你丈夫一死。但你必须与我叠被铺床。”珠儿强忍怒火说：“我们从未盗窃任何资财，那大房子是我变的，我想要什么就变什么。”吴赖眯着两只小眼狞笑着说：“事到如今，你还敢吹牛，那好，就当场给我变头牛看看。”珠儿从怀中掏出木梳，往上一抛，说声“变”。待木梳落地，一头大黄牛就在大堂上横冲直撞起来，直冲吴赖而去，只听噗的一声，牛角插入吴赖胸中，吴赖立刻血流如注，一命归阴了。衙役们围上来，捉拿珠儿。珠儿警告说：“谁敢上前，定死无疑！”有不信的，刚一挪步，黄牛便猛冲上去，那人和吴赖一样命归西天了，其余四散逃离。黄牛复原木梳，珠儿打开牢房，救出贵儿，回家了。

珠儿与贵儿商量，此处已不是久留之地，于是掏出木梳，放在地上，说声“变”，眼前立时就出现了一座大庄园。梳齿变作整齐排列的房屋，梳背变作厚实的大土围，整体形象酷似一把木梳。贵儿拿来纸墨，写下：“木梳变庄园，庄园似木梳。留给众乡亲，乐业居新屋。”贴在墙上，便远游四海了。乡亲们感念珠儿和贵儿的大恩大德，那个告状的酒色之徒被赶出庄园，他不久便冻饿而死。因这个庄园形似木梳，人们就把这个庄园叫作木梳庄了。

作者：韩永成

大火烧出来的村庄

在滦南县东部与乐亭县西部交界处，有一大片与“火”字有关的村庄，即“顾烧纸庄、杨烧纸庄、马烧纸庄、王烧纸庄、徐烧纸庄、李火烧佛、张火烧佛、王火烧佛、傅火烧佛、刘火烧佛、烧家岭、速火庄、连火店、断火庄”。关于这些村名的来历，有许多动人的故事传说。

一种传说是：很多年以前，乐亭县有姑嫂二人冬季上坟烧纸，不慎引发了一场大火。起火地遂称“姑嫂庄”，后改成“顾烧纸庄”。东邻被烧的村庄便称“马烧纸庄”“杨烧纸庄”“王烧纸庄”“徐烧纸庄”。随着人口的繁衍，村庄的规模越来越大，马烧纸庄后分为二村。当时，西风劲吹，风借火势，荒草连片，变成火海，今李家寺村的寺庙也遭遇火灾，寺中的佛像被焚，遂得名“李火烧佛”，相邻被烧村庄便称“张火烧佛”“王火烧佛”“傅火烧佛”“刘火烧佛”“烧家岭”。后来，李火烧佛改称李家寺，烧家岭谐音改称邵家岭。接着，西风突变西南风，大火继续向东北方向蔓延。烧到今滦南县境内，风势更大，火势更猛，被烧村庄遂称“速火庄”。火势进一步蔓延，被波及的村庄遂称“连火店”，后改称连北店。大火继续向东北燃烧，至风停火熄的村庄，便称“断火庄”。一场大火，烧出了 14 个带“火”字的村名（乐亭县 11 个，滦南县 3 个），至今乐亭、滦南两县有 8 个带火字的村名仍在沿用。

另一个传说是：北宋年间，呼延庆上坟烧纸，引发了一场大火，烧出了一连串带“火”字的村庄。呼延庆，是评书《呼家将》等文艺作品中的人物。《呼家将》说的是北宋年间，世代忠良的呼延氏家族为奸臣陷害，被满门抄斩，只有呼延庆只身逃脱。呼延氏家族的尸骸被埋在一起，铸成“肉丘坟”。若干年后，呼延庆长大成人并学得满身武艺，他为了报效国家并为家族平反，赴京打擂，大闹东京汴梁。上坟烧纸时，引发大火。

东京汴梁，即今河南省开封市。开封与乐亭县、滦南县这些带火字的村庄相距千余里，呼延庆在汴梁烧纸发生火灾，怎么会烧到这里来呢？或许，在人们的心目中，呼延庆乃忠良之后，是英武正义的代表，出于对英雄的敬仰与怀念，故意将烧纸的地点转移，并演绎出动人的传说，尚可理解。

作者：王义钧

烧纸庄

烧纸庄在乐亭县城的西部，是一个大的片村，有马烧纸庄、顾烧纸庄、王烧纸庄、徐烧纸庄，距离乐亭县城约有 15 千米。这个地方全是黑土地，土质肥沃，是一个比较富庶的地方。这个地方为什么称为烧纸庄，还得从古时候说起。

从前这里人烟稀少，荒草连天。在这片荒原之中，零零星星地能见到几间草房，几缕炊烟。这里有一户人家，全家三口有丈夫、妻子、丈夫的妹妹。

这家的男主人是一个木匠，有 30 多岁，长得大手大脚，身材魁梧，一看就知道是一个身强力壮的小伙子。两只眼睛圆圆的，透着精明与智慧，他的木工技术远近闻名，无论是粗活还是细活，没有不遂雇主心愿的。一年到头，在家的时间少，在外地干活的时间多。赚的钱足以维持家中生活。家中只有姑嫂两人操持家务，那时候人心向善，世道平安，姑嫂两人常年在家也相安无事。再加上嫂子淑慧贤德，勤俭持家，日子过得也有滋有味儿。那一年寒食节，姑嫂两人买了很多黄表纸，剪成纸钱，准备为去世的双亲上坟扫墓，烧纸送钱。寒食节是清明节的前一天，这个季节春风很大，气候干燥，去年一人高的蒿草已经是遍地干柴。风一吹就断，人一碰就折。而寒食节又偏偏是这个时候。这都是介子推惹的祸。可历史无情，风俗难变。寒食节的风俗就是上坟烧纸。这也是祭奠逝去亲人、追怀亲人恩德、寄托哀思的一个仪式。

这天一大早，姑嫂两人匆匆整理了家务，挎上了装满纸钱的柳条篮子，出门上路，到父母的坟地去了。到了坟地，姑嫂二人看到这里一片荒凉，荒草把坟头都淹没了，不觉心中酸痛。她们精心拔去了坟墓西面的荒草，摆上了肉、蛋、米饭、白酒等供品，点燃了纸钱。她们双双跪在父母坟前，想起父母的音容笑貌，想起父母为家庭付出的辛酸劳累，想起父母生前对他们的养育呵护，姑嫂两人不禁满脸流泪，放声大哭。纸已烧完，哭声渐弱。但余火尚在，青烟未散。时间已近中午，姑嫂两人互相搀扶，一步三回头地转身回家了。

中午刚过，就听有人大喊：“失火了，失火了！”姑嫂两人跑出门外向北一看，惊得目瞪口呆。原来坟地的周围已经成了一片火海。风卷火，火卷风，风助火势，火借风威，发出呼呼的响声。浓烟滚滚，遮蔽了半个天空；火势熊熊，吞没了半个大地。飞鸟凌空远遁，鼠兔进洞封门。没有一个活物敢在此地停留片刻。它们深知稍有不慎就会葬身火海。大火是怎么引起的，姑嫂二人不是很清楚。但她们隐隐感到是不是她们烧纸的缘故呢？如果是她们烧纸的缘故，那她们就罪莫大焉！这时候又听到有人喊：“那是天火呀，是老天爷的赐福啊！你烧得越旺越好，火烧旺运，火烧旺运哪！”姑嫂二人听到这里，心里稍微平静了一些。大火一直烧了三天三夜，从烧纸庄烧到了火烧佛。

火烧佛这个地方原来有一个大寺庙，庙中供奉着很多佛像。大庙周围连片的草树全部烧光，可是寺庙和佛像丝毫未损。后来人们在这里建立了很多村庄，村庄的专名不一样，而通名都叫火烧佛，有刘火烧佛、傅火烧佛、王火烧佛等。

大火从火烧佛又烧到了速火庄，从速火庄又烧到了连北店，从连北店向北烧到断火庄。到这里大火就戛然而止了。虽然向北仍然是草树相连，荒草遍野，可是大火并未向北蔓延，就像刀裁的一样顿时停了下来。大火过后，人们跑到覆盖着厚厚灰烬的大地上，扒开灰烬一看，灰下全是肥得像要流油的黑土地。庄稼人有了土地，比得到金子还宝贵。那时荒地很多，开荒是最费力的。上天突然赐给宝地，怎么不使人欣喜若狂呢？因祸得福，姑嫂二人也非常高兴。她们没有想到，这场大火却给乡邻们带来了福气。乡邻们则认为是神仙在她们姑嫂身上附了体，借她们烧纸给乡邻赐福。后来人们捐资为她们姑嫂修建了祠堂，题名“姑嫂祠”。这个村庄取名为姑嫂烧纸庄，后简称姑烧纸庄，再后来谐音为顾烧纸庄，现在也简称顾庄，曾属陶庄公社管辖，现在属大相各乡管辖。速火庄、连北店、断火庄则属滦南县管辖。

安各庄村名的传说

安各庄村地处滦南县政府驻地西南20千米，双龙河从村旁缓缓流过，不仅因为出了个抗日英雄高小安而远近闻名，更因有一个传说而蜚声乡里。

据高瑞发先生撰写的《安各庄村史》记载，在元代，这里就有了村落，但规模较小，人员不多。明朝永乐二年（1404年），山西移民刘姓家族来村居住，成了这里的一个大户，并将村名定为“刘家庄”，到了永乐十五年（1417年），又从山西来了高氏弟兄两家，村内的人员逐渐多了起来。可能由于生活上的一些琐事，双方在接触中，渐渐出现了矛盾，两个家族常常发生冲突，甚至拳脚相向，大打出手。由于刘家强盛，自然吃亏受损的就是高家了，一时之间，弄得高姓族人惊慌失措，不得安生。

高姓族人在这里的窘况，不知怎的被生活在山西的父亲高景春知晓。毕竟是自己骨肉，一脉亲情，老头在家中坐卧不安，寝食难进，思忖再三，决定也离开故土，去和孩子们一起生活。高景春是个明白事理之人，他去河北刘家庄倒不是帮着孩子们打架，而是想弄清事实真相，寻求一个妥善解决办法。时日不多，高景春风尘仆仆地到了儿子们面前。他们一见老父突然来到，紧张多日的心情马上放松下来。哥儿两个知道老爸武功极好，刘家族人再多，若是打起来他们也不是对手。当他们把要找刘家进行报复的想法一说，却意外地遭到父亲训斥。高景春表示，我这次前来，并不是来给你们助威，打架之事不可再次提起，是非曲直，等我调查一番再说。老头说到做到，先后走访了刘姓族人里的几个长辈，在交谈中，他态度和蔼，言辞恳切，很快摸清了双方引起矛盾的始末根由，心中逐渐有了底数。

回家以后，高景春反复思忖，村里不和睦的原因，双方均有责任，不是单方面的过错，并且纠纷引起都是因为一些日常琐碎之事，没有大是大非问题。对待这种事情，只有用调解的方法加以解决，若是依仗自己的武功，不问青红皂白，大打出手，只能把问题闹大，对两方面都无好处。想至此，老头翻身而起，唤起两个儿子，带着他们一起来到刘家长辈家中，首先检讨了本身教子不严，接着，又批评儿子们脾气大，易急躁，不能很好地处理问题。同时，还指出对方一些年轻人也都存在这方面的缺点和不足。而后，高家弟兄二人也做了检讨。刘姓族人长辈见到高景春如此深明大理，教育孩子们又很有方，且见哥儿两个态度诚恳，深受感动，马上喊来自己的晚辈，双方立即握手言和，并保证日后一定团结起来，共同建设美好家园。在大家临分手之际，刘姓族人长辈把众人喊住说：“咱们这个刘家庄，是我们来时取的名字，现在又添人进口，来了你们高家，以后就不能这样叫下去了，我看改个名字叫作‘安和庄’，意在大家和谐友爱，长治久安，想必大家同意吧?”高景春和两个儿子，见到刘家族人如此大度，欣喜异常，在痛痛快快答应的同时，立即上前，和刘家人员拥抱在一起。

从此，这个安和庄叫了好长时间，当中经过多代人的传承，不论什么姓氏，全村里总是呈现一派团结和睦气氛，家家户户的生活蒸蒸日上。然而，随着时间的推移，安和庄这三个字，不知何时演变成了“安各庄”，尽管有了一字之差，总体意义没变，村子的庄风也没变，时至现在仍是如此。

作者：张浩洪

丰信庄村名传说

在滦南县宋道口镇东南方，有个 1000 多口人的村。开始，这个村子叫作“奉信庄”，后来改为了“丰信庄”。这里面有一个优美的传说。

在建村初期，这里本是一个仅有几十口人的小村落。人们在这里日出而作，日落而息，长年累月在这块土地上躬耕田亩，勤恳劳作，过着土里刨食的朴实生活。有一天，村里来了一个经商客人，身上背着一个装有金银珠宝的袋子。到了这里以后，客人将钱袋子交予一个白发老人之手，陈说他去京城办事，唯恐途中带钱不便，暂存这里保管，待日后办完事情，再来取走。因为素不相识，又恐金银来路不明，担心日后官司缠身，白发老人未敢答应。客人说：“我既存放你处，就是相信于你。如果不放心钱财来源，你可看看我的账本。”说完，就从衣袋中掏出账本，上面的收入笔笔有宗，记载清楚。白发老人一见客人绝非不良之辈，既然如此信任，如果予以拒绝，岂不有负于人？于是，老人将钱财一一过目，并给客人写了两份收据，两人一人一张，并在上面各自签好名字，待日后取付金银时，也好有个依据，免得产生不必要的纠纷。就这样，客人装好收据，千恩万谢，又上路了。客人走后老人将金银藏好，就带着家人下地干活去了。然而，不知出于什么原因，客商一去未归。一年，两年，一直等了十年，仍无客商踪影。其间，村子屡遭荒乱，土匪多次来袭，因藏匿严密，金银分文未损。后来，连年又遭水旱灾害，庄稼颗粒不收，人们生活饥寒交迫。尽管如此，老人也是未动一丝一毫，钱财仍是安全无恙地藏在原地。又过了五年，人们早将此事忘却，老人已是耄耋之年，儿子也已娶妻生子。忽有一天，村里来了两个骑着高头大马的年轻人，其中一个官人打扮，另一个则是随从。进村以后，二人下马，彬彬有礼地问询老人住址。当见到老人以后，那个官员一躬到地，称老伯可好？老人微微还礼，慢声慢语地问道：“找我何事？”官员立即掏出一纸字据，正是十五年前的那张条子。经询问，方弄清就里。原来，此人是客商儿子，客商走后，进京经商，不幸，几年后突发疾病，不治身亡。临死前，将收据拿出，告诉了事情经过和金银财宝所藏之地，叫他有了机会就去取回。怎奈，此子忙于官场之事，总未抽身前往，现在有了急用方想起这笔钱财，这才寻觅至此。老人听后，倒是非常伤感，安慰一下官员以后，就将财宝悉数取出，一对数量，分毫不差。官员为老人的诚恳负责精神所感动，马上将其中一半金银留给老人，一是兑现家父临终所嘱，二是作为对老人的报答。可是，老人连连摇头，决不取分文。官员只得带泪携着全部钱财回到京城，向皇帝奏说此事。皇帝深受感动，马上敕令当地官府，封老人为“奉信之主”，这个村就叫“奉信庄”。

就这样，这个得到皇封的奉信庄又过了几十年，当年的老人和他同时代的人们早已作古，村名的来历虽已从人们的记忆中淡忘，可是，为人做事奉行诚信、讲究道德的良好风气，始终未变。后来，在一代一代的口语传承中，因“奉”和“丰”两个字同音，不知从何时起，“奉信庄”改叫为“丰信庄”了，并且，一直延续到现在。

作者：张浩洪

连北店的传说

连北店，位于滦南县政府驻地东南 16 千米。相传为明洪武年间建村，曾名“连北店”“连北堡”。东关关帝庙碑记曾有“连火店”的记载。清咸丰年间重修西关玉皇庙，碑记有曾名“连北堡”的记载。明永乐三年（1405 年），编屯社，连北店属滦州连清社，清沿置。清康熙、乾隆年间《永平府志》均有“连北堡”的记载（时属乐亭县），为滦州二十四镇之一。民国初年废屯社，连北店属四区三十四编乡，只辖本村。1953 年建连北店乡，隶属三区，辖龙落湾、速火庄、南店、断火庄、张狼窝、港北及本村。1956 年撤乡，隶属南侯各庄乡。1958 年隶属火箭人民公社（后改倴城人民公社）。1961 年后隶属侯各庄人民公社、侯各庄乡、侯各庄管理区。今属宋道口镇，分南连、北连两个行政村。

相传，该村由七部分组成，即俗称“连北店七段”，即东关、街里、西关、东前庄、西前庄和两个南前庄。东桥东为东关，日伪时期分属乐亭县管辖；桥西均属滦县（今属滦南县）。一村属二县，也是连北店独有的一大特点。东关街长一华里，均为民居。东关街东端南北均有池塘。街里东西主街长约一华里，东西两石桥相对。南北石桥错位而建，南桥靠东，有南北胡同与主街相连；北桥靠西，没有南北胡同。由北桥进入主街，由马道绕行。东西主街两侧均为临街瓦房，门前有两条石砌成的月台，商业店铺栉次鳞比。西桥西称西关。在护城河西岸路北有一高岗，上建玉皇庙一座。玉皇庙西便是西关大街，西关大街东端路北有五间临街店铺，路南有三间临街店铺，解放前为大车店兼饭馆、包子铺等。西关大街西头路北有观音寺一座，规模宏大，建筑讲究。南桥南是东前庄。东前庄东西大街长不足一里，沿街东行便是边流河村，可直达乐亭县城。东前庄是东短西长的十字街，均为民居。在街西端路北有一土地庙。庙北庙西是池塘，与护城河相连。池塘对面路南有一苇塘，塘南洼地东为一高岗，当地人称“山上”。岗上原是宋老四家住宅。东前庄苇塘西为一条南北大道，道西便是西前庄。西前庄东西大街长约一华里，即与东前庄的驿道相连。街中段路北有一座青砖门楼，院内建正房三间，此便是宋老彩故居。宋老彩为当地一庄稼财主，性格豪爽，乐善好施。在西前庄南边是南前庄，东西街长约一华里，南北均为民居。现与东前庄、西前庄合为一个行政村，称南连北店。

连北店独特的建筑布局在滦南县各村中绝无仅有。时至今日，护城河已大部被掩埋，东西南北四座桥已倾废，众多庙宇皆荡然无存。连北店的辉煌，已载入史册。

摘自《滦南文物古迹寻踪》

独幽城

独幽城在乐亭县城南6.5千米的地方。这是一个很大的片村，人们都说独幽城有13个庄，究竟哪13个庄现在已经无从查考了，能说上名字的现在也就是六七个。可是独幽城这个村庄现在仍然独立存在着。

这个地方为什么叫独幽城呢？传说跟乐亭建县有着直接的关系。元朝天会年间以前，乐亭县归马城县管辖，到元朝天会年间，乐亭开始建县，自此成为一个独立的行政区划。建县就得有县衙，县衙建立在什么地方是个大事，它意味着县城在什么地方，意味着一个县的政治、经济、文化中心在什么地方。

朝廷任命的知县到任后，第一件事就是选好建立衙署的地方。知县和他的幕僚们几经勘测、磋商，决定在独幽城这个地方建立衙署。这件事上报到州府后，他们也同意了知县的意见。正在准备动工的时候，却出了一件让知县意想不到的事情。

原来，在那个时候，各地都有很多的乡绅，这些乡绅有钱有势有影响，是不好惹的，在没有地方政权的时候他们独霸一方，不仅是平民百姓，就是前来巡视的地方官员们又有谁不敬他们三分呢？在县城这个地方的乡绅们势力更大，他们得知建立衙门这个事情后就聚集在一起商量说："建立衙门口这个事是个好事，咱们决不能让他们建到别处去，要千方百计争取建到咱们这个地方来，将来来了知县，啥事都能和咱们一条心，如果建到别处去那可就不一样了。"

于是他们就找到新到任的知县说："听说咱们这里要建衙门，我们都很高兴，咱们这里的救阵是一个老集镇了，你来我往的人很多，在救阵南一二里的地方很有风水，要把衙门建在那里是最合适不过了，请县台大人明察。"

这个新到任的知县听他们说得也有道理，就也有心思把县城建立在他们说的这个地方，可是建在独幽城这个地方已经定了下来，而且州府已经批准了。如果想改变地方还要同原来那个地方的人们商量商量。这样他就又找到独幽城那里的人们重新商量，当然那里的人们还是想把衙门建立在他们那里。于是这个知县就想了一个办法，他把双方的乡绅们召集到一起，说："今天请各位来，想与大家共商一事，北边的父老欲把县衙建在救阵南，南边的父老欲把县衙建在他们那边，我有一拙计，不知可否？"南北两边的乡绅们异口同声地说："请县台大人明言，草民聆听大人定夺。"知县说："学生斗胆向各位直抒己见。县衙选址，实属大事，天地乾坤自然生成，地者厚重为佳，轻薄为次，我欲取同样多的土称其轻重，重者即为衙署新址，如有不妥，请父老们不吝赐教。"知县这个办法双方都一致同意，就派人回家去取土样。

取土样的人很快就回来了，用秤一称，北边的土比南边的土多三钱，这使南边的乡绅目瞪口呆，而北边的乡绅们却兴高采烈。这个知县当场就把衙署地址定了下来。南边的乡绅们没有办法，也只有自叹命运不济了。其实南边的乡绅们知道，南边的土黏滞，肯定重；北边的土松散，肯定轻。可是为什么南边的土反倒轻了呢？他们百思不得其解。

实际上，北边的乡绅们在取土样的时候，知道自己这边的土轻，就想了一个办法，他们在土中掺了很多的盐，加重了土的重量，因此他们的土就比南边的土重了一些。对于北边的土重，不光是南边的乡绅们纳闷，就是知县也感到蹊跷，他怀疑北边的乡绅们一定做了什么手脚。可是这事又没有必要查明，也就这样不了了之了。

县衙建成以后，实际上就是给县城定了位，县衙的驻地肯定就是县城了。可是原来选定的作为县城的地方怎么办？知县前思后想，决定在那个地方也建一个城，他就给那个城取了个名字，叫独幽城，意思是独立在南边的幽静幽雅的小城。自那时以后，原来选定县城的地方就叫这个名字，这个名字一直延续到现在。这里曾经归蔡庄公社、蔡庄乡管辖，现在归乐亭镇管辖。

摘自《乐亭地名传说》

戈儿崖

戈儿崖位于乐亭县汤家河镇东北方向7千米左右，这里水土丰美，人杰地灵，盛产高粱、玉米、小麦、苹果、葡萄、梨。可是在古时候这里却是荒蛮不毛之地。那时候，这里是漫无边际的黄沙岗，一个一个大小不等的沙丘就像一个一个连绵起伏的小山包。在小山包的包围之中，有一个十几户人家的小村庄，住着老老少少几十口人。由于此处可耕种的土地很少，且怕旱易涝，所以丰收的年头少，歉收的年头多。此地距离大海不远，村民经常下海捕鱼，以补粮食歉收的不足。他们的生活虽然清贫困苦，但没有你争我夺、尔虞我诈，没有机关算尽、投机取巧，没有溜门撬锁，偷鸡摸狗，没有打架斗殴、寻衅滋事。家家户户都和睦相处，平等相待。多少年来，这个小村十几户人家的生活平静如水，和暖如春，就如同桃花源中的生活一样。人们除了辛勤劳动、勤俭度日以外，最重要的活动就是祭祀了。每年春种秋收前和过年过节都举行大型的祭祀活动。一到这时，全村的男女老少都集中到村外的大沙丘上，祭天地、祭神明、祭祖宗，祈求幸福，祈求平安，祈求家道康泰，祈求风调雨顺、庄稼丰收。

那一年，这里出了一件怪事，让全村人心中着实不安了一阵儿。有一天早晨，人们看到在村北的大沙丘上，有一个小孩在操练武术。这个小孩头上扎个抓髻，穿着一件红兜子，看样子也就是七八岁。他一会儿练枪，一会儿练剑，一会儿练刀，一会儿练棍，练到兴致高时，呼呼风响，黄沙飞扬。练武的小孩儿被刀光剑影和掀起的黄沙卷在中间，旁观的人只能见到一个朦胧的人影。好事的人想到跟前看个清楚，可是离的距离稍近，小孩就不见了。拉开了一定的距离后，小孩又出现在那个沙丘上，继续操练他的武艺。这件怪事就成了全村人茶余饭后议论的中心话题。有人说，这个小孩肯定是个将门之后，从小练武，长大报国。有人说，这个孩子是个小侠，习练武艺是为报家仇国恨。有人说，他是龙王的儿子，变幻人形到这里修行的。也有人说得更玄，他说这个孩子是南海观音菩萨的大徒弟，下界练武是为了活动筋骨，体察民情，将来要普度众生，救人脱离苦海。听到这些话，有些老年人就每天在远处向这个小孩长揖叩拜，合掌祷告。祈求观音菩萨的保佑。不知道这个孩子练了几月几日，也不知道人们议论了多少昼夜。

有一天突然狂风大作，漫天沙尘，昏天黑地，不见天日。人们全都躲在屋里，不敢出门。大风刮了三天三夜，人们也三天三夜未敢睡觉。谁也不知道发生了什么事情，是触犯了天还是触犯了地？是触犯了神灵还是触犯了阎王？再不就是招惹了哪路小鬼儿？要不然为什么天降大灾呢？可是祭祀祷告从不间断，供奉天地神灵从无二心，难道说是福不是祸？人们心神不安地等到第三天，大风慢慢停了下来。天上仍然是蓝天白云，艳阳高照。可地上那些连绵不断的沙丘却不见了踪影，袒露出来的是黑油油的土地。这真是柳暗花明又一村了。在大片黑色的土地当中，最显眼的是小孩练武的那个大沙丘，它丝毫未变地仍然伫立在原来的地方。可是，那个穿着红兜子在沙丘上练武的小孩却不见了。这回，人们都相信那个小孩是神仙了，是观音菩萨的大徒弟了。小孩练武的大沙丘被称为戈儿崖，意思是小儿操戈练武的沙崖。这个村庄也依据沙丘的名字称为戈儿崖。现在戈儿崖是个大片村，周围的村庄都称戈儿崖。

摘自《乐亭地名传说》

勒柳河

勒柳河在乐亭县城北边 10 千米的地方，这个村庄很大，东西长也有约两千米，分成勒柳河东村、勒柳河中村、勒柳河西村三个村庄。勒柳河的北边就是滦河。勒柳河本不是一条河，自古就没有勒柳河这条河。那这又是怎么回事呢？原来这里有一个民间小故事。

在清朝时期，这里就是一个有一定规模的村庄。那时候，这里连年闹灾，不是水灾就是旱灾，要不就是虫灾，老天爷总也不让老百姓过安定日子。这个村老百姓的日子虽然清贫艰苦，可是家家都注重诗书礼仪，都想让自己的孩子念点书，以后好脱离这个穷乡僻壤。

清朝乾隆年间，这里出了一个才女，这个才女姓李，李姑娘出生在贫苦家庭，父母都给别人家做佣工以抚养子女，养活全家。李姑娘六七岁的时候经常到村中的私塾偷偷听先生讲读古文，到了十三四岁的时候就能熟练地写诗作赋了。她写的诗文受到村中私塾先生的高度赞誉，说她是一个世上少见的绝顶聪明的才女，如果是个男的，肯定是国家的栋梁之材。

李姑娘的才女名声越传越远，竟然传到了朝廷，乾隆皇帝听说了这件事，就派朝廷的一个大臣到此地来查访。这个大臣快马加鞭走了几天，那天来到了滦河的北岸，滦河水挡住了南行的去路。那时候的滦河河床宽阔，水流湍急，白色的浪头一个跟着一个地向前涌。他骑着马从东走到西又从西走到东，整整走了半天既没有找到桥梁也没找到渡船，更没有见到一个过往的行人。眼看天黑了下来，这个大臣就在北岸撒开了马，让它到河边的草丛中去吃草，自己就躺在沙滩上休息。不知不觉，这个大臣就睡着了，蒙眬中好像有个白胡子老头站在他面前，他就对白胡子老头说："弟子奉圣谕到河的南岸去查访才女，可是河中既无桥梁又无渡船，怎样才可过河？望老神仙指点迷津。"白胡子老头微笑地指着滦河两岸的柳树说："岸柳成行，可做桥梁。"

第二天天刚亮，这个大臣一觉醒来，梦中之事依稀可见，梦中之语犹然在耳。他两眼呆呆地看着河两岸的柳树，脑子里翻来覆去地琢磨着白胡子老头说的话。伐树造船？不可能。伐树建桥？也不可能。那么这个白胡子老头说的是什么意思呢？眼看半天就要过去了，还没有一个过河之策。蹚水过河，河水太深；游泳过河，自己又不善此道。圣命难违，找不到才女又不行。人到了急时大概也会突生一计。他看到微风拂动的柳树枝，就突然想到了打秋千，如果像打秋千一样悠动起来，说不定会被甩到对岸。如果被甩到了河的中央，那只有去见阎王爷了。事到如今，只有硬着头皮试试再说了。

他大着胆子用手抓住柳条来回游荡了几下，猛一用劲，眼睛一合手一撒，只听耳边呼呼风响，就落在了河的南岸。他站起来欣喜若狂，顾不上找马，一溜烟儿向河南岸的村庄跑去。

真可谓乘兴而来败兴而归。才女一家几天前离开了村子，迁往了外地，究竟到什么地方去了谁也不知道。大臣只好顺原路返回，仍是快马加鞭到京城复命去了。乾隆皇帝说："才女没有查到没关系，你过的河叫什么河？你去的村子叫什么名字？"大臣回答说："过的河叫滦河，村庄没有名字。"乾隆皇帝说："村子没有名字，我来起个名字，你是勒着柳树过的河去找才女，那这个村就叫勒柳河村吧！"一直到现在这个地方还是叫勒柳河。勒柳河曾经归中堡王庄公社、中堡王庄乡管辖，现在归中堡镇管辖。

还有一篇勒柳河的民间故事。

相传在清朝乾隆年间，乾隆皇帝经常外出巡游，一为体察民情，二为检查吏治，三为散散郁闷，既尽皇帝之责，又得常人之乐。有一次，乾隆皇帝又离开了皇宫出巡各地。他出了北京城后就一直向东走，过了一州又一州，走了一县又一县，那天皇帝走到滦州的时候就天黑了。他和随从人员住进了一家客栈，用了晚膳后就上炕睡觉了。

乾隆皇帝躺在炕上，想着一天中看到的民情、听到的民意，慢慢地也就睡着了。在蒙蒙眬眬的睡梦中，他看到一个身穿羽衣、头戴金盔、手握鲜花、脚踩神龟美若天仙的少女走到了他的面前。这个少女把鲜花一摇，嫣然一笑就走出了房门，头也没回地一直向南走去。等乾隆皇帝回过神来，这个少女已经无影无踪了。

第二天皇帝醒来，夜间梦中的情形清晰异常如在眼前。他就把这个事向随员们讲述了一遍，于是这些随员们就按照皇帝讲述的方向仔细寻找，找了好几天也没有结果。乾隆皇帝梦中之事渐渐淡忘了。

这天他们来到了乐亭县的安各庄，正赶上安各庄一年一度的盛大庙会。庙会上熙熙攘攘，人山人海，不亚于北京城的大庙会，而且这里的庙会又有着淳朴的民俗民风。乾隆皇帝来了兴致，就同随员们到庙会上去看热闹。正在人群里挤来挤去的时候，他突然看到一个身穿绿裙、头戴金盔的女孩，正站在一个石雕神龟的背上看马戏表演。乾隆皇帝惊喜地对随员们说："你们快看，那儿站着的女孩是不是梦中所见的那个？"随员们一看大喜，这个少女不正是皇帝梦中所见的那一个吗？头戴着金盔，身穿着绿裙，脚踩着神龟，唯一不同的是手中的鲜花不见了。虽然没有了鲜花，也肯定是皇帝的梦中之人。真是踏破铁鞋无觅处，得来全不费工夫。于是这些随员们就带着这个少女跟着皇帝向北出发了。

当走到勒柳河村北滦河岸边的时候，河水暴涨挡住去路，这里一无桥梁二无船，怎样才能过河呢？正在无可奈何之际，这个少女突然望着一棵高大的柳树出神。乾隆皇帝和随员们一会儿看看这棵大树，一会儿看看这个少女，一会儿又互相看看，不知道这位少女这时在想什么。这时她突然说，我们拽着这棵大树的树枝可以跃过河去。于是这个少女首先拽着树枝悠荡了几下，一撒手就飞到了河对岸。乾隆皇帝和随员们也照着她的样子，悠荡到了河对岸。他们过了河以后继续北进，顺利地到达了滦州城。于是乾隆皇帝就把紧靠河边的那个村命名为勒柳河。这个村庄的名称一直延续到今天从没有变更过。

摘自《乐亭地名传说》

馒首庄

馒首庄在乐亭县城西约五千米的地方，现在是一个片村，有馒首王庄、馒首张庄、馒首孙庄等。在古时候，这里居住的人很少，只有稀稀拉拉的几个小村落，每个村落也只不过几户人家。他们在这里开荒种地，放牧牛羊，没有欺诈，没有争斗，没有名利的幻想，各家各户过着自给自足的生活。

唐朝的时候，国家富强，社会安定，但边境地区有时候也被侵扰，因此驱逐外侮、平定四夷就成了唐朝时期的重要国策。唐高宗乾封年间，唐朝的名将薛仁贵奉旨率部东征，曾有部队在馒首庄这一带驻扎，短暂休整。薛仁贵名薛礼，山西绛州人，他武艺高强，治军严谨，作战有奇谋，尤其善骑射，是唐太宗、唐高宗两朝的著名将领，军中广为流传的是他曾“三箭定天山”。这一年，他的部队从西向东浩浩荡荡开了过来，他看到馒首庄这个地方地势平坦，远离村庄，就命令部队就地安营扎寨，埋锅造饭，补充粮草，治疗伤病员，恢复部队体力，准备继续东征作战。

周边各村的过往行人看到这里驻扎了很多军队，觉得非常好奇，就一传十、十传百，到这里来看热闹。那时候，部队的士兵们中午饭吃馒首，当地的老百姓从来没有看到过这么多的军队，也没有看到过军队的生活，更没有看到过他们吃的这种饭。他们不知道这种饭叫什么名字，询问了那些士兵才知道那是馒首。那些士兵说，馒首又叫馒头，是三国时期蜀国的诸葛亮发明的。诸葛亮南征孟获渡泸水时，因为河中的邪神作祟，他就命令火头军们用面裹上猪牛羊肉，做成形状像人头一样的食品，蒸熟后扔在河中用以祭祀，从此就有了馒首。可是这些士兵吃的馒首已经没有肉馅了，全是面粉经过发酵蒸熟后的半球形的食品了。

当地的老百姓们把看到馒首也作为一种稀奇事，好像见了大世面一样在人群中传了开去。以后他们也学着做馒首，几经试验，各种面粉做的馒首终于成功了。相传，乐亭县有了馒首就是从这里开始的。馒首里裹了煮熟的小豆、绿豆、豌豆、爬豆、蚕豆等就是豆饽饽，馒首里裹上肉馅、菜馅再捏上花儿就是包子。

后来，人们在唐朝士兵们驻扎的地方建立了村庄，这个村庄的名称就叫馒首庄，现在馒首庄是一个片村，曾归大杨庄公社、大杨庄乡管辖，现在归汀流河镇管辖。

摘自《乐亭地名传说》

南　寨

南寨在乐亭县城东南 12.5 千米的地方。这个地方为什么叫南寨呢？它在历史发展进程中又有怎样的故事传说呢？

话说明朝万历年间，这里来了一户姓张的人家，这家人看到这里土地肥沃，就在这里住了下来，春种、夏长、秋收、冬藏，开垦荒地，创立家业，人们把这里叫小庄子。还是在明朝的万历年间，这里又来了三户移民，一户姓李，一户姓刘，一户姓史。史姓来了弟兄俩，一个在南寨定居了下来，一个去了大港，传说是乐亭四大家族之一史湘崖的先人。

这三户来到南寨以后，这里的人就多了起来 ，村庄也就越来越大，人们就开始为这个村庄重新命名，因为这个地方过去曾经做过兵营，是旧营寨的遗址，又因为冀东曾经有九营十八寨的说法，这个旧营寨又在县城以南，就把这个地方称为南寨。但这个地方名字的由来还有另一种说法，就有点传奇性了。

这个地方原来叫小庄子。在清朝的嘉庆年间，这里来了一位姑娘，这个姑娘身上穿着当时农村姑娘们都愿意穿的土花布的衣服，头上蒙着一个土花布的头巾，胳膊上挎着一个土花布的包袱，里边有几件农家常穿的换洗衣服。她来到这里以后就在村子里住了下来。

当时的人们都感到奇怪，一个姑娘家怎么孤身一人到这里来了呢？就是走亲串友也该有个做伴儿的，既无车马又无轿的，这是怎么一回事呢？人们试探着想摸清姑娘的底细，这个姑娘总是笑而不答，用其他的话语把人们的问题支开，就像人们常说的古语“王顾左右而言他”一样。住的时间稍长，人们也就不再问这些问题了。

有一次，这个姑娘找了村子里的几名老者，对他们说，她想在村子里建造一座庵院，请老人们帮助找一些工匠。这些老人们一听很高兴，因为这是一件积德行善的好事，人们都愿意帮忙。这些老人们说干就干，他们买来砖石木料，找来木工、瓦匠，很快一座漂亮的庵院就建立起来。当时这个姑娘有三根金条，建造庵院用了一根半，剩下的就埋在了庵院的地下。姑娘也搬到了庵院当了尼姑。这个姑娘为庵院起名为“华易庵”。

你道这个姑娘是谁？后来人们才知道，这个姑娘原来是和珅的妹妹。和珅是正红旗人，钮祜禄氏，最初是乾隆年间的侍卫，后来升任军机大臣，文华殿大学士，一品大员。和珅在朝二十多年，结党营私，招权纳贿，嘉庆即位后宣布其罪状二十多条，责命自尽，抄没家产。在抄没家产时，发现他贪污受贿之财富惊人。当时就有“和珅跌倒，嘉庆吃饱”的民谣。和珅的妹妹怕株连九族，就从京城逃了出来，来到了乐亭县南寨这个地方。其实嘉庆在处理和珅的时候并没有株连九族。和珅的妹妹在华易庵出家修行，不问外事，一心礼佛，与外界的人们接触也很少。后来她又收了两个徒弟，师徒三人仍然一心念佛，别无他事。

随着这里的人口增多，村庄也逐渐扩大，村子的人们就想改一下村名。改一个什么名字好呢？想来想去，就想到了和珅的妹妹，她逃难来到了这个地方，又在村子里做了善事，这个地方又是旧时的营寨，那就叫难寨吧！于是这个地方就叫了难寨。到了清朝末年，人们觉得“难寨”这个名字不雅不吉利，就谐音为“南寨”了。这个地方曾经归于家寨公社、于家寨乡管辖，现在归胡家坨镇管辖。

摘自《乐亭地名传说》

撒马店和略军坨

撒马店和略军坨是相邻的两个村庄，它们都在乐亭县城西面偏南 15 千米的地方。这两个村庄都不很大，一共也只有 1000 人。可是这里地势平坦，土质肥沃，盛产粮食、果品和蔬菜，是两个富庶祥和的村庄。

撒马店和略军坨本是两个独立的行政村，也是两个独立的自然村，为什么把它们放在一起来说？这两个村庄是怎样形成的？它们之间有什么历史渊源？又有什么内在的联系呢？

在古代，也就是唐朝以前，这里本是一片荒草地，那些荒草野菜长得又高又密，芦苇、茅草、稗草、莎草、三棱草、车前草、鸡爪草、猫尾巴草、蓬蒿、木贼、落藜、苍耳、红蓼、红柳、牵牛、荆棘、蒺藜、苦荬菜、苣荬菜、老鸹筋、天南星……只要在乐亭县能见到的野草野菜，在这里都能够找到。这些野草野菜自由自在地生长在这片土地上，它们相依相偎，相扶相帮，各占领地，各得其所，几世几劫都安然地在这里繁衍生长，繁育后代。

唐朝时期，唐王李世民和大将军薛礼率军队东征路过略军坨这个地方，看到这里地势平坦，四周宽阔，水源充足，人烟稀少，一不扰民，二不损稼，就命令部队在这里暂时休整，撂下兵器，卸下盔甲，放下辎重，搭棚设帐，埋锅造饭，补充给养，使士兵们有充足的精力和体力继续东征。同时等与海上而来的另一支东征大军，两军合并后东征辽东，平定盖苏文的反叛。

李世民是唐朝的一代开明君主，他体恤士兵，关注百姓，深知“水能载舟，亦能覆舟”的道理，注意澄清吏治，选拔亲民之官。为了巩固唐王朝的政权，他一生进行了三次东征，而大将军薛礼则是东征的主要将领。

唐朝的后续部队主要是骑兵和车马辎重，当他们行军来到撒马店这个地方的时候，人困马乏，战马也到了应该喂草料的时候，这里的蒿草又多又密，比别的地方的蒿草更茂盛。于是就把战马全部撒开，在这里自由放牧。

唐朝的军队东征开拔以后，就有几户人家搬到了这两个地方，在这里建造房屋，开荒种地，也有唐太宗东征凯旋时途中掉队的士兵留在这里，成家立业，在此定居。因此，被开垦的荒地逐年增加，小块连成大块，小片连成大片。略军坨这个地方开垦得快，近千亩的荒地被开垦出来了；撒马店这个地方开垦得慢，可被开垦的荒地也有几百亩。人们看到这个地方有地可种，有利可图，又陆陆续续搬来了很多人家。自然是略军坨来的人家多，撒马店来的人家少，搬来的人家逐渐增多，就形成了两个小村庄。既然形成了村庄，就应该有村庄的名称。略军坨这个地方因为曾经是唐朝军队撂下兵器辎重休整的地方，就起名为撂军坨。现在写成略军坨。在乐亭方言中的“略”仍读作“撂”。撒马店这个地方曾经是唐朝军队撒开战马进行放牧的地方，就起名为撒马店。这两个村曾经归新寨公社、新寨乡管辖，现在归新寨镇管辖。

摘自《乐亭地名传说》

葡萄庄子

乐亭县城南面有一条大河，河水直接入海，人们称这条河为湖林河。在古时候，这条河河宽水多，越到入海口河床越宽，河水越深，湖林河的两岸长了很多芦苇。明朝永乐年间，人们在湖林河的西岸建立了村庄，当时这个村庄不大，零零散散的有几户人家。这些人家居住的都是窝铺，所谓窝铺，是很简单的住房，他们就地取材，砍来木棍，割来芦苇，用木棍做檩子，做椽子，周围用芦苇编成墙壁，抹上厚厚的草泥，房顶上也是用芦苇打成帘子盖在上边，帘子上铺上潮土，潮土上再抹上一层草泥，既防风刮，又防日晒，又防雨淋。窝铺面朝南留一个门，窝铺里边垒一个土炕，用于休息和夜间睡觉。这就是当时人们居住的房屋，也就是窝铺。他们多数是以漕运和捕鱼为生，为船主们装船卸船或随船出海捕鱼。运输的船只主要是在湖林河中，他们把内地的粮食运到海上，装上大船运到山东，那些大船又把山东的物产运到湖林河口，然后装船通过湖林河运往乐亭内地以及北边的滦州市、昌黎等地。这条河海相连的水上通道整天处于一片繁忙之中。

河西的这个小村庄在那个时候没有一个固定的村名，村庄以外的人大都称它为河西儿，意思是“湖林河西这个地方”，还有人称这里为“河西儿铺上”，意思是“湖林河西搭铺的地方”。无论别人怎样称谓，本村的人却不知道自己的村名叫什么。也无怪乎他们不知道自己的村名，因为他们这几户窝棚还算不上是一个村子，好像是零零散散的几户渔民的临时住所。他们从来也没有给自己的村庄起过名字，也就是说这个地方本来就没有名字，从未有人光顾的地方怎么会有名字呢？这样的常识大概谁都清楚。

那时候的湖林河可不是现在的湖林河，如果把现在的湖林河看成就是那时候的湖林河，那可就相差不知多少倍了。那时候的湖林河口宽约二里，水深几丈，每到汛期，连塌河带发水，河两岸的居民经常搬家。有一年的汛期前，湖林河西岸的人们突然看到有几只黄鼬排着横队，站在河西岸向河东岸作揖，人们不知道是哪里来的黄鼬，也不知道它们这是干什么。没过两天，天下大雨，河水暴涨，西岸河床大量坍塌，不一会儿就塌到了人们居住的地方。人们一见此景，纷纷弃家逃走。

洪水过后，人们陆续回到了原来的住地，可是他们原来搭建窝铺的地方已经坍塌到河里了，就是一根树棍、半截芦苇也没有给他们留下来。这时候，他们突然想起洪水以前黄鼬排队向东作揖的怪事，就纷纷议论起来，有的说是黄仙想渡河过不去而作揖，有的说是黄仙向河神祷告不要发大水，还有的说黄仙向东作揖是让人们向东逃难。人们的议论似乎对那些一筹莫展的人是一个启示，他们决定乘船到河东岸去看看。结果，河东岸河床完好无损，没有一点儿坍塌的痕迹。他们越发坚信黄仙向东作揖是为人们指出了避难的地方，搬到东岸就能继续得到黄仙的保佑，于是就决定西岸的人们都迁移到东岸去居住。由于东岸没有塌河，也为了永远不塌河，就把新建的地方取名为不塌庄子。后来谐音为葡萄庄子。其实，葡萄庄子在古时候从来没有栽种过葡萄，也就是说，葡萄庄子这个村跟葡萄没有一点儿联系。这个村曾归孟庄公社、麦港公社、麦港乡管辖，现在归汤家河镇管辖。

摘自《乐亭地名传说》

黑王庄

黑王庄在乐亭县城东北方向，是一个人口众多的大村，分前黑王庄和后黑王庄两个村。滦河流经黑王庄村东北，向南奔腾入海。从前这里并没有村庄，只是一片辽阔广袤的平坦沙滩。夏天，阳光一照，白色如银，耀眼夺目。到了冬天，北风骤起，漫天沙尘，昏黄一片。环境恶劣，人烟稀少。

不知几经春秋又几劫，何朝何代是何年，这里神不知鬼不觉地来了一支庞大的军队。他们悄悄地支起帐篷，垒土建房，埋起锅灶，生火做饭。时日不久，他们就建造了大量营房，一排挨一排，一座连一座，曲折往还，连绵不断，方圆有一里多地。就像一个神秘的古代战阵。刀枪剑戟斧钺钩叉林立于营寨之内。早晨五更未尽他们就起床操练，刀枪相撞的铮铮声不绝于耳，威武雄壮的喊杀声震动四野，以此欢送着繁星的退却，迎迓着旭日的到来。到了晚上，营寨里灯火通明，照亮了半个夜空。炊烟袅袅，欢声阵阵。敲动金鼓，演唱歌谣，犹如歌舞升平的人间乐园。这支队伍不但戍边，还要屯田。白天，他们就身带锹镐锄镰，开垦荒地，种植粮棉油菜，以期自给自足。不几年，这里白茫茫的沙荒变成了绿油油的家园。

俗话说，鸟无头不飞。你道这支军队的首领是谁？谁也不知道他的高姓大名，不知他是何方人氏，也不知他的行伍经历。士兵们当面尊称元帅，背后敬称黑王。黑王的名字就这样叫开了。黑王有 40 岁，高大的身躯像半截黑塔，黑红的脸膛，粗硬的胡须，圆圆的眼睛，浓浓的眉毛，高高的额头，厚厚的嘴唇，威风凛凛，意气昂昂，一看就是一个威武不能屈、富贵不能淫、贫贱不能移的钢铁硬汉。他精通武艺，熟读兵书，是一个智勇双全、身先士卒的大将。他几经沙场，南征北战，每到一处，他的威武与谋略足以使敌手闻风丧胆。在多年的军旅生涯中为朝廷建立了赫赫战功。他军纪严整，赏罚分明，慈爱士兵，维护百姓。从他对士兵的训诫中可以看到他治军的韬略。他说："我奉朝廷旨意率部戍边屯田，应上不负朝廷，下不负百姓。官居庙堂，心怀黎庶。身在行伍，事忧部下。吾全体将士操练时一人不可懈怠，垦荒时一人不可偷闲，办事时一人不可扰民。有违者严惩不贷。望众位将士谨遵训令，发愤图强，刻意进勉。"在这里，他的话就是天书，就是圣旨。部下将士谁敢违逆？他既是一个号令威严的将军，又是一个体恤部下的兄长。他说，我的部队就是一个家庭，我的士兵全是自己的弟兄。我要像管理家庭一样治理军队，要像爱护弟兄一样爱护士兵。他虽然曾对扰害乡民的士兵进行了严厉处罚，可是也曾放宽军纪，允许那些从军时间比较长、年龄比较大的士兵娶妻生子，安家立业。他认为这是天之道、人之伦，只可顺应，不可抗逆；抗者违天理，逆者违人心。在这里，他率部苦心操练，精心垦荒，在沙海中建立绿色之洲。

又过了几年，军队撤走了，黑王也奉旨回京了。那些娶妻生子的士兵留了下来，还住在他们的营寨里。军队开垦的土地也都归他们经营。他们就在这里生活下来，辛苦劳作，繁衍生息。而黑王的威武形象和慈祥笑容时常浮现在眼前，黑王的业绩也多年为人们津津乐道。为纪念黑王，感念恩德，在建户立庄时，这些留下的士兵就把此地取名为黑王庄。黑王庄曾属会里公社、会里乡管辖，现在属毛庄镇管辖。

摘自《乐亭地名传说》

何新庄

何新庄在乐亭县城南15千米的地方。这个地方沙地很多，经过30年的综合治理，沙地都变成了良田，现在到何新庄去根本就见不到沙地了。这里原本盛产小麦和玉米，但最近这几年，小麦和玉米也很少了，多数都是水果和蔬菜，种植结构的变化给人们带来的是富裕的生活。

古时候，何新庄这个地方非常荒凉，遍地是一眼望不到头的沙坨子，那些沙坨子大大小小、高高低低、起起伏伏，就像一个连着一个的小山包，方圆数十里连绵不断。沙包上下长着稀稀疏疏的草树，如果遇到雨水多的年头，这些草树还能茂盛生长，有点绿色的生机；如果遇到雨水稀少的旱年头，这些草树就长得蔫蔫巴巴，叶子灰突突的，枝条耷拉着脑袋，没有一点儿精气神儿。这个地方虽然荒凉，却是一个没有被开垦过的、人迹罕至的洁净之地。

明朝永乐年间，乐亭来了大批移民，他们大多来自山西和山东。何新庄这个地方来了一个名叫何新的人，他们全家四口准备找一个安身立命之地安定下来过日子。当他们走到何新庄这个地方的时候，天已经黑了下来，他们看看四周围，没有人烟，没有灯火，很难找到一个借宿的人家，无奈，只得就地睡觉休息了。睡到半夜，何新突然做了一个梦，梦到天上的风神站到了他的面前，向他说了一句什么话他也没有听清，紧接着在他周围就刮起了一阵大风，漫天的黄沙腾空而起，在天空中飞快地旋转。不一会儿，腾空的黄沙在天空中越转越低，越转越低，转呀转的就转到了他的周围，腾空的黄沙慢慢地落了下来，全都落在了他的周围，落下来的不是黄沙，而是黄灿灿的金子。他欣喜若狂，一下子就坐了起来。他一坐起来，梦也醒了。他回忆着梦中的情景，不由自主地笑了。他想，虽然是个梦，却也是一个好兆头，这个梦不就是告诉自己这里土地生黄金吗？不就是让自己在这里安家落户吗？借这个梦的吉兆，他们就在这里安下家来，开始了自己的新生活。

何新非常相信自己的梦，他相信梦到的一切将来都会实现。他知道，天上不会掉黄金，可是黄沙黄土会变成黄金，要想让它们变成黄金，就要靠自己的劳动和汗水。于是，他拿出自己全部的气力，平沙丘、开荒地、挖沟渠、引水源，生活从这里发端，劳动从这里开始，美好在这里萌芽，幸福在这里创造。一年中，他平了十几个沙丘，开垦了二十几亩荒地，收获的粮食、柴草除自己家里的吃穿外，还有了自己的积蓄，这不都是梦中的金子吗？这真是一滴汗水一分钱、一年汗水一寸金呀！

年复一年，荒地不断在开垦，收获不断在增多，积蓄不断在上涨。他靠着诚实劳动居然变成了富厚之家。随着时间的推移，到这里定居的人也越来越多，逐渐形成了一个十几户的小村子。人们说，何新第一个到这里来安家落户，又是第一个在这里开垦了荒地，这个地方就叫何新庄吧！后来村庄人口越来越多，村庄规模越来越大，就分成了前后两个村，南面的叫前何新庄，北面的叫后何新庄，简称前新、后新。这两个村曾属芦河公社、芦河乡管辖，现在属阎各庄镇管辖。

摘自《乐亭地名传说》

王栋庄子

王栋庄子在乐亭县城西部15千米多的地方，古时候这里也是荒草一片，杨树、柳树、榆树、槐树、椿树、桃树、杏树、杜树、梨树、樱桃树，大大小小，高高低低，遍地皆是。尤其是椿树特别多，它们长得又高又粗又大，树干笔直，树冠摩天。椿树是众树之王，自古以来就是它统领着各种树木，它说让谁长在什么地方就长在什么地方，它说让谁长多高就长多高，它说让谁长什么形状就长什么形状。农村盖房子都得有一块椿木，就是让它管着房子上的其他木头。

公元504年南北朝时期，乐亭来了姓王的弟兄两个，他们是从山东逃荒来到乐亭的。哥哥叫王栋，弟弟叫王梁，他们不知走了多长时间，有一天走到了乐亭境内，看到王栋庄子这个地方芳草遍地，古树参天，尤其是那些树王挺拔屹立在众树之中，使这弟兄两个顿时喜欢上了这个地方。

他们弟兄两个决定在这里定居后，第一件事就是建造房屋，使自己有一个遮风挡雨的家。他们为了选好木料，经常到树林中去转悠，每一次到树林，耳边总是传来这样的声音："王栋王梁，快快盖房，要想盖房，别忘白杨。"他们去的时候多了，越听越像这句话，于是他们就决定用杨树做木料，砍伐杨树做成柁、檩、椽。当这些木料准备得基本齐全的时候，他们又听到树林中发出了声音："要想盖房，别忘树王，王栋王梁，带着树王。"每一次到树林，都听到这样的声音，而且这声音越来越清晰。他们知道，树王就是椿树，那是椿树也想去建房。到了晚上睡觉的时候，弟兄两个似乎又听到这样的声音："王栋王梁，我去建房，有了树王，福寿绵长。"第二天，弟兄两个走到树林，砍来一棵大椿树也作为建房的木料。经过他们白天黑夜的干，新房建好了，有了他们自己的家园。从此建造房屋都用一点儿椿树就成了全乐亭的风俗了。

房屋建造好了以后，弟兄两个一心一意开荒种地，营造着自己的新生活。他们辛辛苦苦地劳动，勤勤恳恳地度日，开垦的大片荒地为他们结出了丰硕的果实。过了几年，他们都娶了媳妇，生了孩子，村外的大树林就是孩子们戏耍的好地方。弟兄两个有时间就给孩子们讲大树林里的故事，讲椿树的故事，孩子们从小就知道椿树是树林的大王了。

有一天，弟兄两个做了一个同样的梦，他们梦见大椿树变成了一个白胡子老头，这个老头拄着个拐杖，坐在他们的床头对他们说："你们弟兄两个开垦荒地，保护树林，为天地增加了灵气，为万物带来了福祉，太上老君传来圣旨，要我奖励你们。你们在10天内砍树30棵，到时候自然有人来买，你们把树卖掉后，盖几间好房子，再给这里起一个庄名，这个庄名就用你们的姓名吧，这个庄很快会兴旺起来，也让子孙后代牢记你们的功德。”

他们按照白胡子老头的话去做了，砍了树，盖了新房，也为这个地方起了庄名，庄名就用哥哥的名字，叫王栋庄子。这个庄名一直延续到现在。王栋庄子曾属陶庄公社、陶庄乡管辖，现在属大相各庄乡管辖。

摘自《乐亭地名传说》

李现庄

李现庄在乐亭县城北偏西 10 千米的地方，这里北靠滦河，沙土地很多，主要种植小麦、玉米、豆类以及水果，特别是桃的生产面积很大，品质也很好。虽然只有 400 多口人，但却是个富庶的地方。

在唐朝以前，这里是一片荒无人烟的沙滩地，人们都说这里是兔子不拉屎的地方。到了唐昭宗在位时期，这里来了一群逃难的人，为首的那个人叫李现。李现这个人高个子，黑脸膛，浓眉毛，大眼睛，一看就是一个仪表堂堂、中性烈烈、外有勇悍、内藏计谋的人。

他带着这群人到了李现庄这个地方后，就停下来对大家说："大家跟我出来逃难这么多天，也没有找到一个落脚的地方，今天走到这里大家商量一下，我们是继续走呢，还是在这里落地生根？"

大家你瞅瞅我，我看看你，七嘴八舌地说："你说咋办就咋办，我们都跟着你就是了。"李现看了看大家又看了看四周说："你们看，咱们的北面是一条大河，听说这条大河叫滦河，花草树木、鸟兽虫鱼，什么东西没有水也不行。同样，我们没有水也不能活，我们找的地方必须有水。你们再看，这里四周围没有村庄，大片的土地可以让我们去开垦，不会和别的人有什么争执。"

他又接着说："这里的土地沙滩很多，种庄稼不如黑土地长得好，可是这个地方也长了很多的草，只要长草就能种，不能种大庄稼我们还能种白薯，种土豆，种花生，种芝麻，还能种甜瓜、西瓜，栽果树，我们走了一道，果树很少，为什么不可以多种点果树呢？我们种这些东西不是也可以换来银子吗？"他停了一会儿看了看大家说，我看咱们就在这里安家吧！要不然走到什么时候是个头呢？

大家听说要在这里安家，都高兴得不行。自从离开了自己的故乡，就顶风冒雨，风餐露宿，爬山越岭，走街串巷，千里迢迢地东奔西走，他们自有一番滋味在心头，自然不是那种"隔座送钩春酒暖，分曹射覆蜡灯红"的滋味吧！这些饥饿难忍、苦累不堪的人们一听要在这里安家，谁又能不高兴呢！

就这样，李现带领着大家在这里居住了下来。接着的事就是组织大家建造房屋，开垦荒地。他们首先在开垦出来的荒地上种上高粱、玉米、白薯、土豆，一年下来收成不错，打下的粮食各家各户都够一年填饱肚子的。这是他们的第一个好年头，也为他们在这里扎下根来打下了基础。大家也都说："李现带着我们逃难没白辛苦，我们总算有了自己的家了。"

又过了几年，村里的土地越开越多，他们就把那些好地都种了粮食、蔬菜，次一点的地栽种了桃树、梨树、杏树、樱桃树、黑枣树，在最次的地里就栽种杨树、柳树、槐树、榆树、椿树，把这个本来荒无人烟的地方打扮得庄稼成片，绿树成荫，真是“桃李花枝双蝶舞，篱笆院内几家人”，大有桃花源内的田园景色和田园风情。

不知道又过了多少年，村子里的子孙们都长大成人了，李现他们这些第一代的垦荒者们也都两鬓成霜了，一直到这时村子也没有一个正式的名称，这些鬓发斑白的老人们经常坐在一起谈论着这件事，就像一桩魂牵梦绕的心结一般。李现说就叫李家庄，其他的老人们都说应该叫李现庄。众口难掩，李现庄这个村庄的名称就这样叫起来了，也这样流传下来了。从那时开始，这个名称到现在一直没有变更。李现庄曾属中堡王庄公社、中堡王庄乡管辖，现在属中堡镇管辖。

摘自《乐亭地名传说》

走马浮

在乐亭县城东部 15 千米的地方，有两个很大的村庄，一个叫东走马浮，一个叫西走马浮，过去统称走马浮。古时候，走马浮这个地方是一片黄沙，一眼望不到头。沙包沙丘连绵起伏，就像海中涌起的波浪，在沙海中滚滚流动。金黄色的沙砾在阳光的照耀下闪闪发光，就像满地星斗在眼前晃动。大风季节到来，黄沙漫天飞扬，遮天蔽日，就连习惯于沙地生活的小动物们也都藏匿身形，停止觅食，防止风沙的侵害。如果诗人们看到此情此景，也会有“大漠风尘日色昏”的感慨。

当时，这里居住的人不多，是一个二十几户人家的小村庄。他们在这里植槐种柳，防风固沙。年复一年，日复一日，不知道操了多少心，不知道费了多少力，也不知道种植了多少树，尽管存活率很低，但种植的树木还是逐年增加。这里的人年年种树，先是为了生存而植树，后是因为对树情有独钟而植树。他们认为，地上的花草树木都是有生命、有感情的。他们把植树当成生儿育女，把管树当成抚育小孩。大树只会给人造福，不会给人灾害。炎天夏日，它们给人提供阴凉；数九寒冬，它们给人提供薪柴；修建房屋，它们提供栋梁；建造桥梁，它们提供木桩；给人的是无数，索取的是点滴。当人们高兴时，可以扶树大笑，当人们哀伤时，可以抱树痛哭。这些树木都有自身的品格，杨树象征人的高大，松柏象征人的坚韧，柳树象征人的婀娜，槐树象征人的纯正。似乎大树与人是心心相印、脉脉相通的。他们都说，人有人身，人身有人魂；树有树形，树形有树神。钟爱树木，树神也会降福于人。他们把年轮多的老树都看成是神树，不但不损害它们，还刻意加以保护。无论是谁损害了树木，都会被拉到祖宗祠堂里训诫一番，以警后人。

有一年的春天，春风微微吹拂着刚吐嫩芽的柳枝，吹动着才能没马蹄的小草。春天是农家的大好时光，人们都在忙碌着做春耕的准备。这时候，有人看见从树丛中跑出了一匹金马驹，它围绕着村庄不断地奔跑转圈儿。这匹金马驹个头不大，全身金光灿灿，烁烁发光。两条腿粗壮有力，跑起来特别快，就像飞的一样，身后拖着的一溜光圈儿把村庄围在了中间，照耀着各家各户。人们在屋子里从窗纸上也能看见窗外的金光。还能清晰地听到金马驹发出的咴咴儿的叫声，它的叫声清亮悦耳，就像铜铃一般。随着叫声，身后扬起了漫天的灰尘。

金马驹跑了一天一夜，跑到树林中就不见了。这一天一夜村庄周围的沙子全刮到远处去了，栽种的树木好像长高了一大截，长粗了一大圈儿。树上的叶子也都放开了脸，就像晶莹剔透的绿翡翠。人们在惊讶之余议论纷纷，终究也没有说出个所以然来。人们最认可的还是德高望重的族长的话。他说，这个金马驹是村子东头树林中那棵老槐树变的，这棵树年头最多了，不知道有多少年了。它看到我们历尽艰辛栽种树木，看到我们爱树如宝，爱树如子，它一高兴，就变成了金马驹，给我们送福音、送财宝来了。后来他带着全村的人到村东头的树林中，朝那棵大树顶礼膜拜，那棵大槐树也摇动树枝，似乎理解了人们的崇拜之情，似乎愿意继续降福给人们。从此这个村的树木越栽越多，树越长越大，周围成了一片片的树林。庄稼也越长越好，连年丰收。之后人们就把这个村称为走马浮，取走马浮尘之意。现在这个村还有两棵 600 年以上的大槐树，这两棵树还是枝繁叶茂，郁郁葱葱。

金马驹跑了一天一夜，跑到树林中就不见了。这一天一夜村庄周围的沙子全刮到远处去了，栽种的树木好像长高了一大截，长粗了一大圈儿。树上的叶子也都放开了脸，就像晶莹剔透的绿翡翠。人们在惊讶之余议论纷纷，终究也没有说出个所以然来。人们最认可的还是德高望重的族长的话。他说，这个金马驹是村子东头树林中那棵老槐树变的，这棵树年头最多了，不知道有多少年了。它看到我们历尽艰辛栽种树木，看到我们爱树如宝，爱树如子，它一高兴，就变成了金马驹，给我们送福音、送财宝来了。后来他带着全村的人到村东头的树林中，朝那棵大树顶礼膜拜，那棵大槐树也摇动树枝，似乎理解了人们的崇拜之情，似乎愿意继续降福给人们。从此这个村的树木越栽越多，树越长越大，周围成了一片片的树林。庄稼也越长越好，连年丰收。之后人们就把这个村称为走马浮，取走马浮尘之意。现在这个村还有两棵 600 年以上的大槐树，这两棵树还是枝繁叶茂，郁郁葱葱。走马浮片村曾属胡家坨公社、胡家坨乡管辖，现属胡家坨镇管辖。

摘自《乐亭地名传说》

泗沟港

泗沟港这个地方在过去沟壑交错、港汊纵横，因为地势比较低洼，滦河泛滥的时候，河水既不能回流又不能入海，就聚集在了这个地方，夏季的雨水也都从四面八方流到这个地方，这里就形成了大片的草甸湿地。湿地上长满了各种各样的花草树木，真是千树鸟声鸣，万径花影动。初春时节，清水潺潺，绿草葱葱。夏季到来，树遮重影，蛙声长鸣。十五月圆，月光照水水映月，月下的港汊就像舞女的长袖翩翩；喜雨飞来，清露滋润花草树木，就像观音大士瓶中甘露漫洒人间。碧草中的虫鸣，树丛中的鸟吟，繁花中的蜂舞，浅水中的鱼戏，兔走蛇盘，狼追鹿藏，一片繁华热闹的景象，一个无人干扰的悠闲自由世界，多彩的生活，质朴的情趣，大自然的构想就是合理的，合理的构想就是上天的裁夺，就像一支巨大的画笔勾勒出了谁也不可侵扰的千姿百态的天地画图。在这个天地画图中，每一个物种都有自己的存在位置和生长方式。它们互相依存，互相依托，构建着自己的生活与未来。

有一年的春天，正是微风拂徐、旭日温馨、蓝天澄碧、白云缥缈、柳枝泛绿、浅草吐芽的初春季节，雄鸡啼唱，农家睡眼惺忪的时刻，天空突然下起了大雾，湿软的雾气笼罩着大地，滋润着刚刚萌动的万物，大有烟笼春水雾笼纱的意境。正在大雾弥漫朦胧之际，天上突然飘来一位仙女，乘着朦胧雾气，驾着五色彩云飘然落在了泗沟港这个地方。她穿着白色的长裙，挥舞着白色的长袖，在沟壑港汊之间的陆地上翩翩起舞，她似乎为这美丽的景色而陶醉，为这里的万物生灵而祝福，她婀娜的身影在朦胧的雾气中时隐时现、若有若无。没有两个时辰，大雾悄悄散去，仙女也驾起五色彩云慢慢地腾空而起，飘向了远处，飘向了天外。

大雾散尽了，仙女飘走了。人们惊诧之余发现，这里铺满了杏花，杏花遮盖了大地。雪白色的花朵带着淡淡的红晕，显得格外清纯淡雅。人们远远地站着，呆呆地看着，看着这天外飘来的无上神圣之物，没有人去拿一朵，也没有人去践踏一瓣儿。谁都不愿意损害这些小花一丝一毫，谁损害了这些花，就意味着他亵渎了圣洁、亵渎了神灵。

时间一天天过去了，这些花也逐渐变得萎缩了。最终，它们扎根在了泥土里，土地上已经看不到它们的倩影了。人们为它惋惜，为它祈祷，有的人为失去它们而痛哭流涕，彻夜不眠。而更多的人则是梦中欢迎仙女的到来，梦中欢送仙女的离去，梦中又见到漫天遍野的杏花飘飘洒洒，落满了院内院外，落满了河汊港湾，落在了人们的生活之中，使这里变成了杏花的海洋，杏花的世界。

人们不知道是崇敬还是畏惧，凡是落了杏花的地方就不再耕种了，不再放牧了，不再让孩童们到那里戏耍了。到了第二年的春天，人们突然发现在杏花撒落的地方，长出了一片片绿油油的、整整齐齐的杏树苗。人们这才恍然大悟，原来那个仙女是上天派来的红杏仙子，是她来到人间播种了杏树，为人间送来花的美丽和杏的甘甜。要不然，人间也不会有“一枝红杏出墙来”的千古诗篇。对于这些大片大片的杏树，人们不知道怎样去养护，怎样去管理。只有看着它在大自然的怀抱中自由自在地生长。过了三年，这些杏树全部长大成林，开花吐蕊，它们开出的花朵与仙女撒下的花朵一模一样，似乎是红杏仙女又降临到人间。因此这里就取名为杏花村。不知道什么时候，这里的杏树老化干枯了。它们都到了方圆百里的农家小院，在那里又开始生根、开花、结果了。泗沟港这个地方仍然是河汊纵横，最大的沟汊是南沟、北沟、黄沟、母家沟四条大河沟，因此，人们又把杏花村称为四沟港。后来有一个秀才把四沟港改写为泗沟港。这个名称一直沿用到现在。这个村曾属于家寨公社、于家寨乡管辖，现在属胡家坨镇管辖。

摘自《乐亭地名传说》

打网岗和新开口

打网岗和新开口本不是一个地方，打网岗是渤海湾中的一个沙岛，这条沙岛呈现一长条形，弯弯曲曲横亘海中，逶迤绵延30多里，就像一条白色的巨龙闪展腾挪在万顷波涛之中。新开口则是乐亭县城南部20千米处的一个村庄，是南部沿海一个重要的古代小集镇，是20世纪新开口公社、新开口乡政府的驻地。这两个互不相干的地方为什么会联系在一起呢？这还得从八仙之一的韩湘子说起。

传说韩湘子是唐朝时代的人，曾在朝廷任大理丞。他的叔伯爷爷是唐朝重臣、大文学家韩愈。韩湘子名叫韩湘，从小聪明乖张，性情狂放，读书一目十行，过目不忘，办事常出奇想，神鬼莫测。有一次他竟让牡丹花在冬季开放，文人墨客百思不得其解，韩愈也是大为惊异。后来经常给韩愈预测未来，无不应验。韩愈被贬潮阳时他雪地送行，住在蓝关驿舍，同韩愈畅谈生前未来之事。自此他便出家为道，进山修行，成为传说中的八仙之一。

有一年韩湘子云游归来，准备到昌黎县的韩家林探望故旧，走到乐亭县渤海湾的上空，看到海水暴涨漫溢，立面几人高的海水呼啸着向北狂奔，霎时沿海的村庄就被狂怒的海水吞没了。韩湘子看到这种情况，很是悲愤，他想："人间杀戮，生灵涂炭；大海狂涛，惨绝人寰，太平世界正是人之愿也。为道之人谁无恻隐之心？救人水深火热能增道行10年。吾今略施小计，挡住海啸，救民生死于顷刻之间，亦是道家之本，岂能垂手而过？"于是他从花篮之中捏出仙土一撮，撒向了大海之中。顿时，大海中就出现了一条弯弯曲曲的长堤，挡住了狂怒的海水，使大海马上平静了下来。他看到这里脸上露出了欣慰的笑容，离开了这向韩家林去了。以后这里就成了渔民打网、晒鱼、休息的地方，人们称这条韩湘子变化的沙堤为打网岗。

海水是被挡住了，海啸是被根除了，可是还有新的水患怎么办？这个新的水患就是滦河的洪水泛滥。古时候的滦河水量特别大，几乎每年都泛滥成灾。而滦河泛滥后主要的泄洪处是渤海湾，而渤海湾被韩湘子点化的大堤挡住了洪水的去处，洪水泛滥的灾情不就更严重了吗？

那一年的一天，正是新开口这个地方的集市赶集的人你来我往，络绎不绝。滦河水突然泛滥，漫天遍野的洪水从滦河里涌了出来，荡平沟壑，越过高坡，穿过村庄，没过禾苗，一直向大海滚滚而来。一到大海却被韩湘子点化的那条打网岗挡住了去路。到达大海的洪水被挡在了打网岗的北面，陆地上的洪水不能下泄也越涨越高，有的村庄眼看就被淹没了，村庄的人们也呼天喊地乱成一团。他们除了抱怨韩湘子以外没有一点办法了。

韩湘子在万里之外听到人们的抱怨声后，觉得愧对黎民百姓，就给东海龙王传信，请他帮忙派一条青龙前去解救黎民苦难，龙王于是派了独角青龙前往渤海湾疏导洪水。

正在人们无可奈何、仰天长叹之际，大海中突然出现了一条独角青龙，它在打网岗上东拱一下，西拱一下，一会儿就拱开了九条大口子，滦河水从这九条大口子中呼啸着奔向了大海。陆地上的洪水渐渐减少了，人们得救了，那条青龙也昂着头慢慢游向大海深处，潜入水底不见了。

新开口的南面正好拱开了一条大口子，新开口一带的洪水从这个大口子流向了大海。新开口的集市没有搅散，新开口一带的人们没有遭殃，人们就把这个有集市的沿海小村称为新开口。之后人们在这一带修了一座龙王庙，以祭祀独角青龙的功德。新开口这个村名一直沿用到现在，这里曾属新开口公社、新开口乡管辖，现在属王滩镇管辖。

摘自《乐亭地名传说》

流世佛

流世佛在乐亭县城西部 5 千米多的地方，这里地势平坦，村庄周围桃树很多，春天桃花灼目，夏天绿树蔽天，秋天硕果压枝，桃林一幅画，人在画中游，真可谓天上人间的桃源生活图。

这个地方是在清朝光绪年间建立的村庄，在这之前，这里只是个几户人家的小村子，谁也不知道这里叫什么名字，也不知道这里的人们是从何处迁来，他们以开荒种地为生，劳动的辛苦自不必说，一年到头也只能养家糊口，勉强度日。到了咸丰、同治年间，这里的人家逐步增加，渐渐有了村庄的规模。

光绪元年，乐亭发生了大洪水，流世佛这个地方也被洪水淹没，虽然庄稼大都被毁坏，可是村庄仍然完好无缺，人们站在房顶上、墙头上和村中的高岗上，看着洪水迅猛地涌来，也看着洪水慢慢地退去。人们痛心失去了自己的庄稼，也痛心失去了一年的生计，正在人们仰头长叹的时候，突然发现在水中漂来了一块木匾，这块木匾不大，宽有一尺左右，高有二尺左右，随着洪水颠颠簸簸向村子附近漂来，很多人都目不转睛地盯着这块木匾。过了一会儿，人们隐约发现，木匾上好像坐着一个小和尚，他不摇也不晃，头上罩着光圈，稳稳地坐在上面，好像坐在一条游船上悠然自得地观光一样。有一个人用手指着木匾大声喊："那上边有一个小和尚！"有的人好像也看到了这一奇怪的景象，可是那个人一喊，小和尚就不见了。有的人埋怨他，说他瞎喊乱嚷冲犯了神灵，也有的说没有看得很清楚，好像是有一个小人的影子。但这件事情谁也没有再议论就不了了之了。

木匾漂到了村中，好奇的人们把它捞了上来，看到木匾上有三个大字"流世佛"。当时人们不知道这个木匾是从什么地方漂来的，也不知道这是什么意思，他们就拿到村中让那些年长的老人们看。那些老年人、特别是那些有点文化的老年人们都是家长和族长，在封建时期，他们就能决定一个家庭、一个家族、一个村庄的大事小情。这些人用心研究了几天几夜，也争论了几天几夜。

有的人认为，这个牌匾是神佛放在水里的，他们知道我们村里寺院多，供佛心诚，特意赠给我们的。

有的人认为，牌匾是从别的寺院冲来的，不是神仙赐给的。

有的人不同意这样的说法，认为如果是别的寺院的，总应该有悬挂的痕迹，可是这个牌匾上没有任何痕迹，不能说是从别的寺院冲来的。

总而言之是众说纷纭，没有定论，但是有一条让各位老人们意见一致的，那就是既然是顺水漂到了我们这里，那就是我们与佛神有缘，应该把它供奉到我们村的寺院中。后来这些老人们认为，只是把这个牌匾供奉起来还不足以表示人们的虔诚，只有把牌匾上的字作为村庄的名字，才能让子孙后代牢记这件事情。于是这个村庄从此就叫作流世佛，这个名字一直延续到现在。这个村曾属青坨公社、青坨乡管辖，现在属庞各庄乡管辖。

摘自《乐亭地名传说》

龙井关求雨风俗

龙井关村在迁西县与兴隆县搭边的地方，此处依山傍水、地势险要、风景秀丽。在村北有一道险要的长城关口，关口因西面的旗山上有三道深不见底的天然水井得名。这三个水井为什么叫“龙井”呢？因为传说此井里住着东海龙王，所以取名叫龙井关。

据说有一年夏天，太阳火辣辣的，晒得人直冒油，大地热烘烘的，烤得人喘不过气来。接连两个多月没下一滴雨，地都裂成了大缝子，庄稼黄了尖。庄稼人可愁死啦，本来就吃了上顿没下顿，要是再大旱下去，颗粒不收，还不得饿死喽！那时候人们都信奉龙王，大家便定了日子，准备到龙王庙里求雨。

龙王庙在龙井关村东，瀓河南岸边上。这一天求雨的人男女老少从四面八方会聚成了一千多人的队伍。前边铜锣开道，牛皮大鼓擂得山响，两个壮小伙子抬着龙王驾。龙王驾是啥样的呢？就是在一把椅子上扎个柳条圈，柳条圈里写着供奉龙王的牌位。求雨的人都戴着柳条圈编的帽子，光着膀子，肩上扛着柳树枝子，把裤腿挽得高高的，光着脚。嗬，那阵势可热闹啦。求雨的队伍一直走到村东的龙王庙，庙里庙外跪满了人。一位年岁大的老汉点着了整股的香，双手举着插在香炉里，领着大伙一边磕头，一边诉说着旱情。然后他许愿说：“如果三天之内下场透雨，一定杀猪宰羊，唱影唱戏，感谢龙王大恩。”然后，人们又端来满满一大盆水，放在龙王塑像面前。据说，这盆水如果在三天内自己往外流，就是龙王爷要下雨了。可是，等了三天，盆里的水不但没往外流，还越来越少了。这下人们更愁啦！又结成大队，敲着锣，打着鼓，抬着龙王驾，到西旗山西面的大山沟里求雨去了。为啥到大山沟里求雨呢？因为都说那儿住着龙王。这个大山沟山势险要，两边的山就和刀劈的一样，又直又高又陡，沟底又深又窄，平常人们很少进去。就在这个大沟里有三道深不见底的天然水井，也不知啥年啥月形成的。据说有个放牛的割了一天葛条，再把葛条接起来，一头系上石头往下探，把葛条放完了也没探到底。不管怎么旱，这三道水井总是朝外流水。人们说，这井通着东海，龙王就住在这井里。求雨的人群来到这条大山沟的第一道水井处，都跪下烧香磕头，嘴里不住地哀求龙王爷下雨。说来也巧，有一条二尺长的小白长虫，从第一道水井深处钻出来，昂着脑袋往人多的地方游。一位老头忙跪着把锣翻过来，舀满水，磕着头说：“是龙王爷显灵吧？那您就屈尊进锣里来，请上驾吧。”那小白长虫真的爬进锣里，一点也不怕人。人们又是磕头又是烧香，恭恭敬敬地把盛着小白长虫的锣放到龙王驾上供了起来。人们高喊：“龙王爷显灵啦！

龙王爷显灵啦!”求雨人群到各村的大街小巷去报喜。家家户户都在门口放上高桌，桌上放一盆清水，求雨的队伍一到，人们就捧起一大捧水往天空中一扬，高喊着：“下透雨喽!”就这样，人们在龙井关周围的几个村子闹腾了三天，又把小白长虫抬到龙王庙里供了三天，这才让几个人抬着龙王驾把小白长虫送回原处。可是抬到半路上，小白长虫就不见了，回去一找，小白长虫还在龙王庙里呢。一位花白胡子老头说：“龙王爷准是嫌咱们送的人少哇!”于是又聚齐了求雨的人们，敲着锣，打着鼓，热热闹闹地把小白长虫送回了第一道水井中。果然，三天后下了场透雨，井水满了，庄稼绿了，人们都乐坏了！大伙儿又是杀猪宰羊，又是唱影唱戏，家家供奉“龙王”。从这以后，人们便把那三道水井叫成了“龙井”（也叫龙潭），把那条大山沟叫成了“龙潭沟”，关口因此也就叫“龙井关”了。从此以后，每逢大旱之年，人们就召集在一起，到龙潭沟的龙井向龙王爷求雨。

龙井关求雨的风俗，一直沿袭到民国年间。新中国成立以后，集体组织打井抗旱，讲求科学，人们就不再求雨了。

摘自潘秀华著《栗乡纵笔》

唐山地名有太阳

太阳本在天上，怎会落到地上呢？而在唐山地名之中，至今仍留存10处以阳为称的古聚落：有丰南县的北阳庄、南阳庄，乐亭县的向阳庄、向阳坨，遵化市的左阳庄和朝阳庄，迁西县的向阳、滦阳、朝阳寺，还有一处就称太阳峪，那里山青满碧色，林密冷夕阳，窄窄的山石小路，古朴的茅草村屋，别有一方幽静，如今已是迁西境内小有名气的旅游之地，那么太阳峪又是如何而来呢？

其实，迁西古为迁安，太阳峪古为炭窑峪。唐山大地的窑兴盛于明朝，有炭窑、灰窑、缸窑、砖瓦窑，至今在唐山大地，仍留存16处带窑字的地名。古时，这里曾有两座著名的炭窑，是古迁安出炭产地之一，多为松枝炭，不知是物华天宝，还是人杰地灵，所烧出的松枝炭火候极佳，不但火苗旺盛，而且炭挺经使。也有人来此观察偷艺，终未得知烧炭人的技艺真谛。更令人惊奇的是，这里的炭燃起来有一股浓郁的奇香，不仅做香的常来此买炭，增加香的灵气，京津望族、官宦人家也专派人来此买炭，放入堂炉、脚炉之中，取暖之余又满屋清香。更有大家闺秀用此炭做成手炉，冬日带在身边以示高贵。迁安炭兴于明朝，盛于清朝。相传当年袁世凯的三夫人极为喜爱迁安松枝炭，一日不闻其香便周身困倦，于是有京城邑人作打油诗："东来夫人喜奇香，迁安佳炭伴闺房。一日不闻松枝炭，昏昏欲睡懒梳妆。"因为三夫人是朝鲜人，更传出迁安松枝炭传到朝鲜平壤，传到高丽王宫之中，越传越玄而已。然而，炭窑峪是如何变成太阳峪的呢？

相传辽金之时这里就只有几户人家在此定居，明清之时村户逐渐增多，人们开荒种田，打井建屋。其中有一户人家会做炭窑，于是在山坡上挖坑垒坝，做成炭窑，经常烧炭用于家中取暖和到集市卖掉换些小钱贴补家用。有一年初春时节，天气乍暖还寒，地上残雪犹存。烧炭老汉到山中收集松枝，见山道边躺着一个人，老汉走到跟前，呼唤两声，见已不会说话，便近身抚摸他的额头，火烫烫的，手至鼻尖，依然有呼吸。老汉什么也不再多想，救人要紧啊！立刻将人背回家中，老两口为他煮汤熬药，终于将这人救了过来。但这人依然身体虚弱，时而苏醒时而昏迷，整整一个月，这个人才完全身体康复，老两口这才知道这人是从关外而来，进京赶考的书生，在口外遇强人抢走盘缠，他依然空腹赶路，遇村户则乞食而已，因山路上无有人家，饿昏在路边，幸遇老汉而得救。但春闱考期已过，又需三载之后。书生感激老汉夫妇之余，也伤心不已，如若返回吉林故土，又不知将走到何时，经老汉相劝，便留下来度日，苦读诗书。老汉夫妇将小书生当亲子对待，从不让他干活，而卖炭的钱几乎都用在为小书生购置书墨纸张。转眼间已过一个春秋，小书生再过一年就要早早启程进京赶考，他想能为老汉夫妇做点什么呢？他发现老汉夫妇二人烧窑制炭，卡不准时间，而烧炭的火候恰恰需要准时熄火，既烧透松枝，没有死心，又要保留松枝香气。老汉夫妇只是望望太阳，估摸着停火上水。于是他决定为老汉做一个圭表，他让老汉找来一根笔直的松杆，又制作了许多短小的木杆。老汉不知他要做什么，只是他要什么就帮他做什么。他在窑旁弄出一块平地，之后栽上一根松木杆，地面至顶端整整八尺高。到了夏至这天，小书生测得日影长度为二尺九寸三分。他钉下木桩，之后用线尺川木杆为中心画圆，钉满木桩，便有一个圆。到了冬至，小书生又测得日影长一丈九尺八寸三分，又钉下木桩，做成圆，这就有了太阳一年周期的长度，从中分开便为半年，再各分十二度便有二十四节气，再细分下去就有了准确的时间。从此，烧炭老汉有了准确的时间，烧炭质量倍增，渐渐名扬各地。其他村的庄户都做窑制炭，而小书生做的日圭表也被乡民复制。当年的岁尾，老汉夫妇为小书生备好盘缠上路，小书生三拜老汉夫妇，深表感激之情，之后上路进京赶考。相传小书生春闱中试，因他对天文的特长留到朝中任司天监一职。而炭窑峪也渐渐被唤成太阳峪，人们称赞炭窑峪的松枝炭，更留存了炭窑峪人的无私和善良。历经数百年之后，直至清朝末年，钟表逐渐风行民间，日圭表在唐山大地才逐渐消失。而煤矿开采逐渐形成能源的主流，烧炭业逐渐消失在历史的长河之中，但太阳峪的地名留下了我们走入历史的启迪。

作者：闫克岐

迷王会的大闺女

在玉田县西南部的林南仓大洼，有一首歌谣广为流传：“林仓席，霍庄席，迷王会的大闺女。”这首歌谣中的“林仓”是指现在的林南仓镇，“霍庄”是指现在的林西镇南、北两个霍庄村，“迷王会”则指林西镇东、西两个迷王会村。这段歌谣里蕴含有一段动人的传说。

明朝永乐年间，有位王子叫朱英，从金陵（今南京）回返北京，途经玉田县。策马路过娄家庄时，看到禾场边有位妙龄少女，满头秀发，两道蛾眉，一双水灵灵的大眼睛，脸蛋若桃花，俊俏极了。朱英凝视良久，不由自主地脱口而出：“如此美貌的女子天下少有，本王子定要娶她为妻！”

回京述职后，他便与王爷禀明了自己的心事，并且表示，要娶玉田县娄家庄的一位美丽的村姑为妻。王爷一听勃然大怒，说什么也不答应；可王子矢志不渝，决不屈从父王的高压。王妃心疼爱子，苦口婆心地劝说王爷：“英儿既然拿定了主意，权且依了他吧。咱夫妻就这么一个儿子，倘若把他逼个好歹的，偌大的家业谁来继承？”王爷挡不住耳边风，态度慢慢软化，最后也就听之任之了。

朱英得到父母的准许后，二次来到玉田县娄家庄。他先找到里正（即村长），里正告诉他：“那姑娘姓娄，名叫娄秀，不但美丽无双，而且聪明贤惠，是个人见人爱的好姑娘。”然后又找到族长，表明自己要娶娄姑娘为妻的心意。族长把王子领到娄家，说明来意。娄秀的父母喜出望外，把闺女叫出来，问她愿不愿意。娄秀不慌不忙地走出屋子，没有回答父母的问话，却向王子提出了问题：“你是位王子，但不知会干哪些农活儿？”王子坦诚地说：“我只会读书写字，从没学过农活儿。”姑娘说：“你不会农活儿，怎能体察民间疾苦？不能体察民间疾苦，怎能做官从政？要我嫁给你，你得答应我一个条件：至少学会两样农活儿！”王子是个通情达理的人，他觉得姑娘的话蛮有道理，当即表示：“姑娘放心好了，从今天起，我就跟乡亲们学干农活儿。”王子到娄家村附近转了一圈，他见林南仓一带是个大洼，坑塘一个挨一个，心想，这些坑塘不就是天然的养鱼池吗？坑塘里鱼多了，乡亲们的日子也就好过了。于是，他从江南水乡运来鱼苗，放入大坑中；然后，他又修整扩种了霍庄村边的苇田，还选了处高岗，建造了三间房子，长期住在那里。他把侍候他的仆人打发走，又脱去身上的绫罗绸缎，吃粗粮，穿布衣，每日里起早贪黑，啥活都干。他还经常走访各村的老人，向他们学习养鱼、织席的技术。一年以后，他编出的苇席结实漂亮，养出的鲤鱼又大又肥。不认识他的人看到他，真的以为他是个聪明能干的农村小伙子呢！

第二年中秋节前夕，王子带着自己养殖的鲤鱼和自己编织的苇席，又一次来到娄家庄，对姑娘说：“这鱼是我亲手养的，这席是我亲手织的，请姑娘指教！”其实，娄家庄的村民常常到霍庄村边偷看王子，回来就把情况告诉娄秀，所以，姑娘对王子的情况了如指掌。今天亲眼看到王子的劳动成果，还有那诚恳殷切的神情，不由得心中暗喜。可她什么话也没说，对王子嫣然一笑，便离开了。王子正在惶惑不安，姑娘的双亲走了出来，笑容满面地对王子说：“我闺女说了，愿意跟王子结为夫妇，王子可以择日成亲了。”

婚后，王子操劳国事，功绩不凡，皇上很倚重他，有什么重要差事，都派他操办。娄秀是个贤内助，给王子出了不少利国利民的好主意。夫妻俩情投意合，互敬互爱。可是，天有不测风云，就在王子春风得意的时刻，遭到了奸徒的陷害。一次，王子奉皇上之命乔装改扮成平民百姓到京东巡察。不料，一伙爱财如命的奸徒劫持了他，把他关进一间冷屋。王子心中暗想，必须让朝廷知道我的遭遇，不然我真的没救了。他见冷屋里的土炕没铺苇席，便心生一计，对那伙奸徒说：“我会织席，会养鱼，织出的苇席非常精美，养出的鲤鱼又大又肥。你们若给我弄些芦苇、鱼苗，我就天天给你们织席，养鱼，到那时你们就可以发大财了！”奸徒一听，觉得倒也是个挣钱的路子，就答应了他。他们不敢把王子放出去养鱼，就弄了些芦苇来，命他织席，还对他说：你若织得多，织得好，我就留你一条命；不然，你没有几天活头了。从这以后，王子一天到晚忙着织席。他织的席花样繁多，特别漂亮，运到市上，人们总是争前恐后地购买。不久，连皇宫、王府都来选购他织的苇席。可是，谁也没有看出，王子在每张席子中都编织着自己的姓名“朱英”。

自从丈夫失踪后，娄秀朝思暮想，寝食不安，但是，她坚持着不让自己倒下去，她相信，丈夫一定能够想出办法摆脱劫难。这一天，王府的管家从市上买来几领精致的苇席，她近前一看，觉得这苇席特别眼熟，仔细端详，发现席纹中隐藏着“朱英”两个字。她连忙找到公婆，向他们禀告了自己的发现。公婆先是惊喜，继而为难。王妃说：“就算苇席是英儿所编，可是怎样才能找到他呢？”娄秀说：“只需派出一位精明强干之人，扮成贩席的商人，顺藤摸瓜，肯定能够找到王子的下落。”王爷说：“这倒是个好办法。只是这个贩席商人，一要忠诚可靠，二要机智勇敢，三要懂一点织席技术，这样的人上哪里去找啊？”娄秀胸有成竹：“公婆不用担心，我早已想好了，我要女扮男装，深入虎穴，营救王子。”王爷夫妇虽然觉得风险太大，可是想来想去，也没有想出更好的办法，又见儿媳妇主意已定，只好答应她。不到 10 天工夫，女扮男装的娄秀就探明了关押王子的那座冷屋。为了稳住奸徒，保证王子不出意外，娄秀高价购买了全部现货，又给他们留下一笔定金，说是几天后还要前来，有多少买多少。奸徒听了心里美滋滋的。离开奸徒，娄秀马不停蹄地回到王府，向王爷禀告了实情。王爷急忙奏明皇上，皇上派出数千名官兵，很快就抓获了那伙奸徒，把王子从冷屋里营救出来。合家团聚，自然是欣喜万状。

从那以后，美丽的娄秀迷住王子，又能救出王子的事迹传遍天下，娄家庄的大闺女成为人们心目中的偶像，娄家庄也便改名为迷王会村了。再后来，由于人口逐渐增多，有的住户迁到村西，称为西迷王会村，迷王会原址更名为东迷王会村。

张树云根据《玉田县地名志》的有关记载改写

虎儿斑凿山开泉

小泉村坐落在玉田城东北处，今属亮甲店镇。村西北有座低矮的山头，叫小泉山。旧时，山脚下曾有一眼眼泉水汩汩流出，当地人称其为小泉。相传，小泉是无终国大将虎儿斑开凿而出的。

很久很久以前，山戎族在冀东东部建立了令支、孤竹等小国，他们兵强马壮，勇猛剽悍，经常侵扰国都在蓟城（今北京市内）的燕国。应燕国之请，北方霸主齐桓公亲自领兵解燕国之围，然后乘胜追击，要把令支、孤竹彻底消灭。无终国虽然也是山戎族所建，却不肯与令支、孤竹同流合污。听说齐桓公要去讨伐令支、孤竹，就派遣大将虎儿斑带领 2000 人马，为齐国大军充当先锋。

齐桓公率大军向东挺进，因为长途行军，又是炎热的夏天，部队找不到水喝，人人渴得要命，实在难以行进。齐桓公把虎儿斑叫到跟前，命他为大军寻找水源。虎儿斑派部下跟当地百姓打听，可是，这一带本来就人烟稀少，加上连续几年雨水奇缺，仅有的几户人家也因连年大旱流落他乡了，虎儿斑的部下转了几圈也没找到一个人影。

正在万分焦急的时刻，一位白胡子老头飘然而至。虎儿斑急忙上前，很有礼貌地询问："老伯，请您告诉我，附近有没有水源？"那老汉顺口说出八个字来："山下有泉，找水何难！"虎儿斑正想仔细询问，可那老汉已经飘然而去，踪迹不见了。手下人气愤地说："这个疯老头，胡说些什么呀？干干巴巴的石头山，咋能凿出泉水来？"虎儿斑制止道："不要这样讲话！我看这老汉完全是一番好意，咱们不能不信，赶快凿山开泉吧！"于是他一声令下，2000 名将士挥动大镐，大干起来。

凿啊凿啊，一直凿到日落西山，将士们累得东倒西歪，还是没有凿出水来。虎儿斑急了，他把身上的衣服脱了个一干二净，举起大镐亲自凿山。他的力气太大了，镐头下去，把小山震得东摇西晃；那镐头也太不结实了，刨上十几下，就得换一把。就这样，他一口气刨了九千九百九十九下，刨坏了九百九十九把大镐，累得筋疲力尽，简直要死。但他仍不灰心，抄起最后一把大镐，用尽最后力气凿下去……啊，奇迹出现了！镐头落处竟然喷出清澈的泉水！士兵们惊喜万状，一片欢腾。

齐桓公闻讯，急匆匆赶到现场。有人端起水杯请他品尝第一杯泉水，齐桓公却说："这第一杯泉水谁也不能动，我要用他慰劳凿山开泉的英雄虎儿斑！"

虎儿斑累得神志昏迷，躺在地上一动不动。齐桓公走到他的身边，把清甜的泉水一滴一滴地倒进他的嘴里。虎儿斑喝下泉水，很快就恢复了往日的神采。然后，将士们纷纷来到泉边喝水，一个个笑逐颜开，精神抖擞。齐桓公见大家喝得差不多了，高声宣布："我决定，把小泉一带的山河、土地封给虎儿斑，世代享用！"全军将士听了，一片欢腾，纷纷向虎儿斑祝贺。

虎儿斑随齐桓公东征山戎连打胜仗，灭掉了孤竹和令支。凯旋后，他把全家老小迁到小泉山居住。由于这里有山有水，土地肥沃，庄稼年年丰收，到这一带定居的人越来越多。后来，这里的人们还培育出最好吃的水稻——胭脂稻！

搜集整理：张树云

王寡铺改名王官铺

玉田县散水头镇有个村子，原来叫王寡铺，后来改名王官铺。相传，村名的更改跟清朝大学士刘墉有着千丝万缕的联系。

说不清哪年哪月，一位姓王的寡妇成为村里的主心骨，她精明强干，有胆有识，男男女女没有一个不佩服她。因为这个原因，人们称这个村子为王寡妇铺，简称王寡铺。

后来，山东人刘仲举为逃荒去往北京，要找在京城做官的族侄刘墉谋个差事，混碗饭吃。路过王寡铺时，因又累又饿而病倒，只好住下来养病。王寡妇为他请医买药，精心照顾，使他病弱的身体迅速康复。二人从相识到相爱，不久便结为夫妇，刘仲举也就在王寡铺安家落户，不再去北京了。两口子和和美美，日子过得挺滋润。特别让他俩高兴的是，两个儿子先后降生，一个比一个招人喜欢。

20多年后的一天，一位名叫关希武的国舅爷路过王寡铺，见这里土肥水美，就起了圈占侵夺的歹心。诚实厚道的刘仲举非常气愤，要到衙门告他。王寡妇低头想了想，对丈夫说："到衙门告状不管用，地方官怎么惹得起国舅爷？要告状得上京城，找大官！"刘仲举说："咱们老百姓，上哪儿去找大官呀？"王寡妇说："刘墉不是你的族侄吗？听我那个刚刚考上秀才的叔伯弟弟说，如今他已经当了宰相了，咱可以找他帮忙呀！"刘仲举说："找刘墉帮忙不是不可以，可我年事已高，走不了这么远的路呀！"王寡妇说："哪能要你去？两个儿子都20上下岁了，让他们闯荡闯荡有啥不好？"刘仲举点头称是。于是，夫妻二人把两个儿子唤到屋里，如此这般地叮嘱一番，命他们明日起早动身。

遵照父母亲的吩咐，小哥俩风风火火地奔赴京都。刘墉听说本族兄弟找他，便叫人仔细盘问一番，确信来人身份并无虚假，才把他们叫到屋里，仔细倾听了他俩的申诉。而刘墉对关希武的劣迹已有耳闻，早就想给他点颜色看看。见他欺负到本家叔婶的头上，觉得不能再听之任之了。他略施小计，抓住国舅爷的一个把柄，把他着实教训一番。但是，刘宰相不过是敲山震虎而已，并没提及王寡铺之事，更没透露他跟刘仲举的同族弟兄的关系。

关国舅对刘墉虽然有所畏惧，却不是出自内心，更不想改邪归正。他贼心不死，说啥也要独吞王寡铺这块肥肉。刘仲举催促妻子赶快想办法。王寡妇眉头一皱，计上心来："既然刘墉已经承认刘仲举是他的族叔，既然刘墉对关国舅的恶行也很痛恨，既然关国舅对刘墉确有几分畏惧，我们何不借助刘墉的地位与声望吓走关希武?”

打定主意后，她用自己的一双巧手，制作了两盏又大又精致的宫灯，然后从娘家请来已经考上秀才的叔伯弟弟，仿照刘墉的手迹，在宫灯上书写了“内官宅第”四个大字，还署上了刘墉的姓名。第二天凌晨，她命两个儿子将宫灯高高悬挂在村头。

这天上午，国舅爷带着一大群随从，骑着高头大马奔王寡铺而来，那气势是志在必得。但是，离村还有半里远，他就看到了高高悬挂在村头的两盏宫灯。近前观看，这宫灯竟是刘墉所赐，他不由自主地打了个寒噤。转而呼唤手下的师爷，让他辨识宫灯上的字迹是否真的出自刘墉之手。师爷察看半天，没看出半点破绽。关国舅又令手下人找到村民，打听刘仲举的背景，村民都说刘墉是刘仲举的族侄，都知道刘仲举的两个儿子曾到北京找过刘墉。想到前些日子刘墉对自己的训诫，关国舅不由得暗自叫苦，不敢再生侵夺之意，垂头丧气地打道回府。

从这以后，王寡铺恢复了往日的平静，村名也便改为王官铺了。

搜集整理：张树云

水峪寺的传说

玉田有个叫水峪的小山村。紧挨着这个村的那座山有座庙，名叫水峪寺。寺里塑着四尊高大的神像，姿态各异，活灵活现。这四勇士神像，不是人们常说的“四大金刚”，而是“毛家四将”。提起这毛家四将来，还有一个动人的传说呢。

很早很早以前，有毛家四弟兄，从山西洪洞县来到这里。这哥四个，都力大无穷，能够移山填海。当时，正是玉米甩棒儿、高粱扬花儿的季节。可是，这一带却遇到了百年罕见的大旱，井水、泉水、河水全干了。庄稼眼看着就要被日头晒着了，人也渴死了好多。见此情景，毛家四弟兄心急如火，决心靠自己的本领驱除旱魔，为百姓寻找水源。

老大带领三个弟弟，在群山万岭中不分昼夜地干起来。他们开山凿岭，寻找水湖，却一直没有找到。哥四个一急之下，一人背起一座山，扔到东海里。但在地底下，还是没有找到有水的地方。

这时候，一个拄着拐杖的白胡子老头儿突然出现在四弟兄面前，告诉他们说：“要在这万山之中找到有水的地方，必须用东海龙王的‘探水宝镜’。”说完，老头儿在一阵风声中不见了。四弟兄按照老人的指点，立刻去东海龙王那里借探水宝镜。这东西是龙王的心爱宝贝，他本想不借。可他知道四人有移山倒海的力量，不敢怠慢，乖乖地借给他们了。

弟兄四人拿着“探水宝镜”，寻遍了一座座山，找完了一道道岭，终于在一座又高又大的山底下找到了水源。用“探水宝镜”望去，这座山底下的水，一片白茫茫，无边无际，真像是个大海。四弟兄又惊又喜，恨不得一脚踢翻大山引出水来。可是，这座山太高太大了，四人喊着号子，推了推，大山只是晃晃，却推不动，搬不动，四人急得直跺脚。这时那白胡子老头儿又出现在他们面前。四人像见了救星似的，把他围了起来。

老人家告诉他们，这座山下，真的是个大海。这是龙王藏在这一带山里的一个暗海，龙王称它为西海。西海和东海，在地下有水道相通，龙王和虾兵蟹将，可以随意往来。要是引出西海水，这一带黎民百姓就永远都不愁没水了。

听到这里，四弟兄急着问：“这山我们推不倒、搬不动，钎穿斧凿又太慢，这可怎么办？你老就再帮我们想想法子吧。”

老人家接着向他们讲述着：这座山是一个大海龟变成的。在很久很久以前，这西海和东海一样，都是露天儿的。有一只不知修炼了多少千年、多少万年的大海龟，因触犯海规，受到龙王惩罚，让它永远不动地伏在西海上面，四个爪子插进大地深处，长长的脖子伸进海边的一座大山底下，龟壳挨着蓝天，变成了这座又高又大的山。所以，凭你们弟兄四人的力气，是推不倒的，钎穿斧凿更不成，那龟壳变成的山石，比别山的石头更硬。

老人家看了看四人有些失望的样子，转过话头儿说：“要破乌龟山，只有用龙王那‘定海针’。可以……可是这样做，引出西海水，救活了别人，你们弟兄四人性命就难保了。”

“我们不怕！只要乡亲们有了水，我们死也心甘情愿！”说着，四人拔腿就走。老山神忙上前截住，又嘱咐道：“你们到龙王那里，只说借‘定海针’玩耍玩耍，试试力气，千万不要说出真正用处，不然的话，龙王是死也不借的。”

四人刚想道谢，一眨眼，这老人又不见了。

按着老人家的嘱咐，四弟兄借来了“定海针”。他们八只大手把“定海针”高高举到空中，然后猛力向下戳去，只听一声巨响，天崩地裂，海水翻腾，“定海针”从龟山山顶一直戳到西海海底。整个龟山碎裂了。西海海水，从大豁口小缝中挤出来，从大窟窿小眼里冒出来，哗哗地流向四面八方。

有了水，快旱死的庄稼得救了，快渴死的人得救了。可是，毛家四弟兄却随着一声巨响，昏倒在清泉边，一直没有苏醒过来。

天长日久，这座山，大豁口变成山川、峪谷；小缝儿变成深涧溪流；大窟窿小眼儿，变成了大大小小的清泉。这座龟山，也变成了好多大小不同的山。

自从毛家弟兄找到水源，这一带一直没有干旱过。人们为了纪念他们，就在这一座清泉、溪流最多的山上，修了一座庙，叫作“水峪寺”，把离这座庙最近的小村子叫作“水峪村”。

搜集整理：秋生、高玉顺，摘自《玉田民间故事选》

君子口留君子情

君子口是一个古老的聚落，位于遵化市城南30余里的新店子镇。君子口又指一段山路，即《遵化县志》所载：“君子口在县南三十五里，山路长十余里，石磴经雨冲刷，车辙难通。”古时山谷中还有河流阻拦，乱石于途，只有很少的砍柴人往来于此，行人视之畏途。

相传到了宋代，这里已是北通遵化、兴隆的必经之路，已有零星村户在山中居住，由于山路难行，村户与路人只好肩担货物或身背物品而行。到了元代时山中村户增多，形成了聚落，因此处为进入山路之口，便称之过山口。

到了明朝移民北聚，唐山大地的村落倍增，尤其至大明永乐之后，明成祖迁都北京，在长城沿线驻下重兵，又从山东江淮一带移民于此，开荒屯田以济军粮，随之而来店铺骤增，集市贸易热闹起来，经此山路去遵化县城的行人日增，一些善良的村民便带着钢钎铁锤，一点点地开石修路，又不辞辛苦地在河上架起小木桥。春风秋雨，行人无数，但谁也不知是何人修路，有多少人修过山路，更不记得是何时架起的木桥。而附近的村民心怀高义，只知修路架桥乃积善之事，既方便别人也方便自己，只知不停顿地清除乱石，修整山路。一种高尚的君子之情无声地留在越来越好的道路之中，日久，人们便称这里为君子口。

然而世事不可预测，由于过此路者不仅有村夫小贩，也有长途贩货的商贾，于是，出现了夜间有劫匪劫财抢货的事情，但此路是去遵化县城的必经之路，人们只好白天结队而行，但贪婪的劫匪竟然在光天化日之下拦路劫财，顿时将事情闹大。遵化县令闻讯大怒，此乃京郊之地，怎容劫匪出没！为保一方平安，立刻派捕快抓贼，当地驻军也协助围捕劫匪，很快将劫匪擒获，全部就地正法，于是又恢复了地方的平安和路人的安宁。路人每至此便讲起官府擒贼之事，一吐心中之快，于是便唤成了擒贼口。

随着时间的推移，人们将此事渐渐淡忘，人们看到是君子口的村民一代代地除石修路，于是又习惯地称这里为君子口。到了清朝初期这里已有了一条较为平整的山路，木桥已变为石桥，村民还在路边修起一座凉亭，取其名曰“鸿雪亭”，其含义为鸿飞印雪，不忘先人积善往事的君子之情。而后人更是继先人之高义，常在凉亭中备有清茶供行人止渴。这种助人为乐的义举在路人中留下非常好的口碑，曾有邑人作诗：“君子口留君子情，架桥修路助人行。历经世代积善举，鸿雪清茶小凉亭。”其后又在鸿雪亭后面建起一座观音阁，保佑行人平安吉祥，但仍未留名，不知何人何时所建。

到了大清同治六年（1867 年）间，盛夏的七月、八月，阴雨不晴连绵多日，引起山洪暴发，凶猛的山洪冲毁了桥梁山路，到处乱石堆积遍是沟壑，已无道路可行。善良的村民节衣缩食，纷纷捐资，修桥修路，并留下了“君子口重修桥道碑”。碑文中留下赞誉：“故捐资成美，竭力存诚庶不负风微人往之愚忠，少以济人之急。”

到了大清光绪十三年（1887 年）间，由于风摧雨残，鸿雪亭已有栋梁折断，观音阁也出现破损，石桥山路多有损坏。君子口附近的村民再次义捐，请来工匠，重修石桥凉亭和观音阁，历经一个春夏，重修一新。此时的遵化因系皇陵所在地，已升为州治，村民的义举也感动了知州陈以培大人，他主动提出均减君子口附近村庄的税赋和徭役，以示支持村民的义举。同时也留下了《重修观音阁桥道碑记》。从漂亮的碑文中我们感到了君子口村民的善良之心，他们修庙修桥修亭路，“诚恐为邱墟者，行人之感叹也。”从碑文中也感受到了重修之后所带来的喜悦：“行见山之高，而高皆壮色，泉之冽，冽亦生辉者，庙貌成也。即见者歌于途，行者休于树，瞻仰而水绝者，行人悦也。行人之悦不在山，在乎亭之幽敞也。亭幽敞不在乎大，在乎庙宇之尊崇也，后之人当亦有感于斯。”历史虽已过去，山路已成坦途，但君子口人历代修桥修路之义举，节衣捐资克己为公、先他人之乐而乐的境界和品德实为中华民族时代昌盛之底蕴！

作者：闫克岐

地名有鸡说鸡鸣

唐山地名中以鸡为称的共留存四处，有迁安的野鸡坨乡和杨各庄乡的鸡鸣庄，有遵化的鸡鸣村乡和洪山口乡的野鸡峪。此文要讲的是遵化建明镇的鸡鸣村。

鸡鸣村位于遵化城的东北部，大约22华里的路程，村庄坐落于苍绿的大山之中，村落中红瓦白墙，人丁兴旺，一片生机，而且是个充满传说的土地。相传为唐朝时开始有人居住建起聚落，关于鸡鸣村的来历有谐音说和故事说。

先讲谐音说。该村古时为荆木村，山上长满荆木条儿，因地貌而形成地名。其后世，人们觉得荆木二字与“惊堂木”中的惊木同音不吉利，其字面也有贫瘦之感，村人便想改一改村称。那么，改成什么村名才好啊？村落中有乡塾先生是文墨之人，因此，修改村称的任务就落到他的肩上，先生深知此事非同小可，寄寓着众乡亲的希望，于是他细翻文史诗赋，翻阅中他被唐寅的诗吸引住了：“头上红冠不用裁，满身白雪走将来。平生不敢轻言语，一叫千门万户开。”唐寅将大公鸡写得豪气冲天，先生灵感爆发，想到鸡鸣二字，字面上吉祥，鸡鸣之后一片光明啊！说起也很上口，又与荆木二字大致谐音，遂起鸡鸣村一称，村人听罢皆大欢喜，此后便改为鸡鸣村。

不过，其故事说比谐音说还要动人。相传明朝之后，荆木村中有移民迁居至此，山中聚落倍增，大家和睦相处，日出而作日落而息，过着平静的日子，一天，住在村东的张姓大哥上山砍柴，忽然发现林中有一只被套住的大公鸡，显然已挣扎很久了，大公鸡倒在山坡上，急速地喘气。心地善良的张大哥解开鸡腿上的套索，将大公鸡抱回家中，妻子喜出望外，立刻想杀鸡炖肉吃掉，张大哥劝妻子不要杀掉大公鸡，好好将它养活，万一是村中谁家走失的公鸡时，如来认领就送还人家。再者，家中有母鸡，如今有了这只大公鸡，明年就可孵小鸡了。妻子听罢，觉得丈夫说得有理，于是精心照料大公鸡。很快，大公鸡缓过神来，格外雄壮，张开翅膀像只小鹰，力量大得惊人。一次夜里有黄鼠狼前来偷鸡时，竟被大公鸡活活啄死。张大哥夫妻欣喜若狂。张家的大公鸡能啄死黄鼠狼的事情在小村中传开，但也有些人不相信，因为村中还是时有黄鼠狼偷鸡的事情，于是便将张家的大公鸡借去守夜。果然，在第二天清晨看到被大公鸡啄死的黄鼠狼，从此，张家的大公鸡成了村中的神鸡，它到哪家都受主人的关爱。大公鸡每天呼扇着翅膀满村儿转，许多母鸡像粉丝似的追随在后边，村人看了哈哈大笑。大公鸡每天带着鸡群巡游成了小村中一道独特风景线。张大哥夫妻二人不仅从内心高兴，也心安下来。显然这只大公鸡不是村中走失的公鸡，这只大公鸡给村中带来了好运。

不久，又一个神奇的事情发生了。一天，张大哥上山打柴，张大嫂在家补衣服，张大哥中午回家吃饭时，夫妻二人才发现在院内玩耍刚满四周岁的儿子走失了。张大嫂着急了，后悔自己在屋里太专心补衣服，未看住孩子。夫妻二人急忙到左邻右舍、前街后院寻找，都未见儿子的影子，夫妻二人心绪更加不安了。邻居提醒说："千万别让孩儿掉到井里啊！"夫妻二人听罢惊出一身冷汗，立刻向村头的水井奔去。当他们赶到村井时，都愣住了，看到了人们竟想不到的一幕，张大哥那四岁的儿子半身已探进了井沿向井里张望着，身子已探下去，大公鸡在背后死劲地啄住孩儿的后衣襟。张大嫂疯奔过去，抱起险些落井的孩儿，热泪唰唰地从她脸颊流下来。此刻大公鸡也力尽了，一撒嘴瘫倒在井台上。张大嫂爱抚地又抱起大公鸡，就这样，张大嫂一手抱着爱子一手抱着大公鸡回到家中。

儿子找回来了，但大公鸡嘴角淌出鲜血，再也未能活过来。夫妻二人将大公鸡埋到屋子的后边，像失去亲人一样难过了好些日子。大公鸡没有了，而村民却更加思念这只神奇的大公鸡，都说它没有死，它是吉神下界，误被绳扣锁住，被张大哥救出，吉神回报村人义救之恩后仙去归天。村人为记住大公鸡保佑村人的传奇故事，便将村名改成鸡鸣村。如今的鸡鸣村已是乡政府所在地，已成为遵化北部一处重要的贸易市场。鸡鸣村人也正以他们的善良勤奋，辉煌着这片充满传说的热土。

作者：闫克岐

北峪的传说

北峪，属遵化市西三里乡管辖，坐落在遵化城区西北部。这里毗邻城区，交通发达，山势起伏，植被良好，风景优美。境内栽植 1.5 万亩无公害有机板栗，素有板栗之乡和小杂粮之乡的美誉。这里流传着一个动人的传说。

北峪原名九泉峪，因为在村北有九个泉水日夜不停地奔涌着而得名，据说这九道泉水是连着东海龙宫的。在很早以前，这里山高林密，水流湍急，狼虫虎豹众多，是个人烟稀少的地方。

山里住着一个猎户，姓赵叫赵明理，妻子赵氏，给儿子起名叫赵燕山，一个小女儿叫英姑。别的地方生了孩子是大喜之事，可是在这个方圆百里的地方，谁家生了孩子，高兴也是一会儿的事儿，瞬间就会愁眉苦脸，因为不知道哪一天就会被选去当童男童女喂恶龙。

在九泉峪下方不远的地方有一个很大的水潭，叫“黑龙潭”。潭里住着一条恶龙，经常出来为非作歹，人们为了哄他开心，就在潭边为他建了庙宇，每天有人负责给他送来猪、牛、羊、鸡、鸭等肉类食物，还要给他备足好酒，每天还要为其上香祭祀。这个恶龙就在这里过着逍遥快活的日子，但稍有不快，就会为这里的乡民降下灾难。每年正月初三是恶龙的生日，人们都要事先安排好谁家的孩子做童男童女，专门给恶龙食用。凡是被选上的孩子，三天不许吃饭，而且要用当地盛产的艾蒿水洗澡，据说艾蒿水是可以祛毒的。谁家的孩子被选上了，都是哭声一片，一家人肝肠寸断，但是恶龙惹不起啊！家家都是如此，为了保一方平安，也只能认账。所以英姑的出生，只是短暂的快乐。很快英姑长到九岁了，乖巧伶俐，美丽迷人，就像下凡的仙女儿一般惹人怜爱，很受父母和哥哥的宠爱。可是，英姑还是没能逃脱被恶龙吃掉的厄运。英姑临走乞求哥哥要为她报仇，哥哥含泪答应了。

恶龙的本事实在太大了，白天从来不出来，潭水又很大很深，谁都没见过恶龙的真面目，想报仇谈何容易呢？赵燕山听说在北边很远的地方有一个高人，有降妖捉鬼的本领，就告辞了父母，拜师学艺去了。赵燕山还真寻访到了这位高人，号水木真人，终日修炼，须发皆白，已经看不出他的年纪了。赵燕山说明了自己拜师的原因后，真人收留了他，终日教他修道习武。赵燕山练得非常刻苦，春去秋来，寒来暑往，一晃三年过去了，赵燕山从一个 16 岁的孩子长成了一个 19 岁的英俊少年。这天师父把他叫到身边，告诉他可以回家报仇了，赵燕山很兴奋，因为他太想父母了，而且太想除掉这条恶龙了。可是他又舍不得离开恩师，这三年的勤学苦练，他和师父结下了深厚的情意。但是想到家乡人还在受着恶龙的欺压，还生活在水深火热之中，还是先回家除掉恶龙重要，等完成了使命再回来跟随和孝敬恩师不迟。师父给他一把青钢宝剑，而且告诉他这把宝剑是专门用来斩杀恶龙的，不得见天日，更不能示人，并且将杀死恶龙的办法传授给了他。

回家的脚步是轻盈的，燕山脚下像长上了风火轮一样，十天就到家了。当他见到眼前的景象时惊呆了，家早就没有了。原来恶龙知道赵燕山要找他报仇之后，就来找燕山的父母，逼他们说出儿子的下落，否则就吃掉他们。燕山的父母哪里知道燕山的下落，再说父母那么疼爱儿子，那么痛恨恶龙，怎么会告诉他只言片语呢？于是恶龙吃掉了燕山的父母，也一把火烧了房子。家就这样没有了，燕山从乡亲们口中知道这一切后，怒火中烧，他化悲痛为力量，开始着手准备与恶龙决斗。

他找了一个隐秘的地方，召集众乡亲，铸了九口直径九尺的大铁锅，当铁水翻滚时，默念师父传给他的咒语。恶龙家在东海，恶龙来黑龙潭是循着九泉峪的泉水从东海来的，有时候来了做完坏事就走了，有时候就在黑龙潭里住上几天。大铁锅就是用来断恶龙回路的法器。

这年的正月初三，恶龙又来享受人们供奉的童男童女了。午时一刻，恶龙准时到达，燕山吩咐乡亲们在恶龙到达时，将九口大锅分别扣在九道泉水上，他把师父给的降龙草撒到黑龙潭里，口含师父给的隐身草躲到童男身后。眼见恶龙伸出爪子来抓男孩儿时，赵燕山把所有的仇恨化作力量挥舞着青钢宝剑向恶龙拦腰砍去，只听恶龙一声哀号，鲜血喷了一地，急忙向黑龙潭水里钻去。谁知潭水像翻滚的开水一样，只见恶龙急急地向西北方向飞去，本想钻入九泉峪的泉水回东海的，哪知道九口大锅稳稳地扣在那里，像油锅一样炽热，恶龙根本靠不到近前，便身子一挺，死在了九泉水前。

恶龙是杀死了，但是九口大铁锅就像生了根一样扣在那里，泉水再也没有了。当赵燕山砍下一剑时，正好削下了恶龙的下半截身子，龙身猛地一甩，就掉到了九泉峪的西南方向化作了一座小山，现在那座山的名字就叫“龙尾巴山”。

东海龙王知道自己的儿子在人间作怪被斩杀后非但没有责怪赵燕山，而且觉得亏欠这里的人们，就把东海里的紫珠和紫玉带来一把撒在漫山遍野，于是这里就长出了无数的葡萄和板栗树。因此，这里生产的葡萄肉肥多汁，板栗甘甜爽口，从此这里的人们过上了幸福的生活。

九泉峪因为没有了泉水，就慢慢地改叫北峪了。

作者：西三里乡副乡长 史海征

租户村的故事

遵化市东陵乡有一座金牛山，很久以前在这山脚下住着几户人家，有一位瓜农人称孟大爷。他种的瓜，个个叫绝。这一年秋天，孟大爷的瓜地里，有一条瓠瓜长得比其他的瓠瓜要大好多，孟大爷准备把这瓜留作种子，每天都要看上几遍。

一天，从外地来了一位叫胡四的风水先生，他来到孟大爷的瓜地里，非要买这个最大的瓠瓜。孟大爷说："这是我留的瓜种，给多少钱也不卖！"任胡四软磨硬泡，就是不松口。

胡四气呼呼地走了。原来，胡四早就听说这座金牛山里有头大金牛。他在山下搭了个草窝棚住下了。围着金牛山转了好几天，发现这座山果然是宝山，山里必有金牛。而且他还寻访到开山取宝的金钥匙就在孟大爷瓜园里那个长得最大的瓠瓜里。眼看着瓠瓜快要成熟了，孟大爷却说什么也不卖，这可怎么办呢？

俗话说："火急上房，狗急跳墙。"就在大瓠瓜成熟的那天夜里，正巧下起了大雨。胡四抄起蓑衣，悄悄溜进了孟大爷的瓜园里，把大瓠瓜偷走了。回到草窝棚，剥开大瓠瓜，真的露出了一把光芒耀眼的金钥匙，钥匙的两面还有口诀。

胡四急忙把金钥匙藏在怀里，又拿起一条布口袋，披上蓑衣，匆匆奔向金牛山。远处传来了头遍鸡叫，胡四不禁一怔，因为如果打开山门，山门会在鸡叫三遍时关闭。他顶着雨，蹚着水，一口气跑到金牛山西坡脚下，这是胡四早就相看好的进山之处。他按照金钥匙上的开山口诀，念道："天灵灵，地灵灵，金牛大仙快开门！"只听"咔嚓"一声巨响，金牛山裂开了一条小缝儿。胡四忙把钥匙插进了山缝儿里，就见那把金钥匙越变越大，山缝儿也越来越宽。胡四财迷心窍，不等山门完全打开，就顺着那道山缝钻了进去。越往里面越亮堂。走了有一袋烟的工夫，忽觉金光四射，晃得他睁不开眼睛。胡四揉了揉双眼，仔细一瞧，哇，一头大金牛正围着一个金磨盘转圈呢！地上堆满了磨出来的金豆子。胡四赶紧趴在地上，把金豆子装了满满一布袋，然后背起布袋，去扛金磨盘。可是金磨盘太重了，怎么也搬不起来。他只好拉住金牛的金缰绳，想牵走金牛。谁知这金牛是怎么牵也牵不动一步。这时，远处传来了第二遍鸡叫声。胡四慌了神儿，急得满头大汗。忽然，他记起了金钥匙上的另一句口诀，忙念道："天灵开，地灵开，金牛大仙跟我来！"这口诀真灵验，他念一遍，金牛就向前走一步。就这样，胡四一边念着口诀，一边牵着金牛往外走。走到山门口处，鸡叫三遍了，山门正慢慢合拢。胡四急扛着布袋先钻出来，然后一面念口诀，一面拽金牛。不料，胡四用力过猛，金牛的犄角撞在了山岩壁上，牛一下子惊了，拼命向后退。只听“轰隆”一声巨响，山门合上了，金钥匙也不见了。

胡四担心孟大爷发现瓠瓜丢了，来找他算账，就冒雨逃往马兰峪，想由马兰峪向东逃。来到马兰河边，胡四刚走到河中间，山洪就下来了，胡四被洪水卷走了，那些金豆子也纷纷从袋子里滚落出来，撒满了河底。

孟大爷发现大瓠瓜不见了，猜出十有八九是胡四偷的，找到胡四住的草窝棚，看见大瓠瓜被掰开扔在地上，孟大爷心疼极了。老人家捡了几粒种子，第二年又种在园里，这些瓜熟后，脆嫩清香，远近闻名。

后来，在金牛山脚下住户越来越多，为纪念这个神奇的瓠瓜，这个村庄起名“祖瓠”，随着岁月流逝，因谐音而演变为“租户”。

遵化市民政局收集

捣药口

遵化城西南方向约十几里，笔架山的西边，有个山口，叫捣药口。为什么起了这么个名呢?

很久以前，笔架山娘娘庙里，住着一个云游四方的僧人。这个僧人有点与众不同，别的僧人烧香念佛，乞化布施，不问世俗是非黑白。而这个僧人，却下庄化缘，救世济贫。因为他道术高深，穷苦人尊敬地称他为仙僧。

笔架山南有个村子叫北岗，北岗有个财主姓秦，广有田地钱财，心肠却歹毒。这天，仙僧来化缘，见村头一家门口人出人进，屋里哭哭嚎嚎。一问才知道，这家里男人卧床已有半年，秦财主三番五次来逼债，贫病交加，已奄奄一息了。仙僧分开众人，来到屋内。

“仙僧师父慈悲，救救命吧。”

“莫慌。”仙僧仔细看了病人气色脉象，安慰着他的妻子和众人。仙僧从怀里摸出一颗大葡萄粒大小，圆溜溜、光闪闪的东西，撬开病人的嘴，放到里头。立马病人呼吸力加强，脸色由苍白一点点变红，睁开了双眼，自己又坐起来。仙僧收回那圆圆的东西。病人的妻子跪地不住磕头，众人也喊“真是救苦救难菩萨下凡了”。

“这是一颗宝珠，能起死回生。”秦财主知道了这件异事，惦上了仙僧这颗宝珠。这天，秦财主上笔架山求见那和尚。说明来意，要出两百两白银买这宝珠。“阿弥陀佛！这宝珠乃贫僧祖师用多种名贵草药和九十九种名贵鲜花的露水熬制提炼而成，专门救济无医无药的百姓，岂能卖与你?!”仙僧说罢，闭上双眼，再也不说话，秦财主讨了没趣，怏怏而回。

不知道过了多少天，一个衣衫褴褛、满面漆黑的人来笔架山，他两手捂着嘴巴子，哼哼呀呀地走进庙来，叫着仙僧的名字，说牙疼得厉害，也没钱买药，求仙僧用宝珠给治治。仙僧的眼睛是干什么的?一看这人不是别人，正是秦财主。你要什么花招?我且不说破。“施主，不要紧，请坐下，含一宝珠，牙疼即止。”说着摸出宝珠，放进秦财主的嘴里。秦财主心里以为得计，美滋滋的。他想，含一含起死回生，要是吃了它，说不定长生不老呢。

“哎呀，不好，溜下去了!”秦财主吞下宝珠，还假装惊慌。他这一咽下去不要紧，只见秦财主从头开始，一点点地变成了一块大石头。僧人一见，又气又恨又悔，就朝着这块石头狠狠踢了一脚。“贪婪的东西，我要你永远挨千人捶，万人捣，给人治病!”这一脚用力太猛，把这块石头从笔架山踢到了那个山口。

石头一落地，上边出现了三个字“捣药石”。后来人们抓了药，拿到石头上捣一捣，沾上石头面，药力大增。一传十、十传百，人们就把有捣药石的这个山口叫捣药口了。

采录：张永顺

刘备寨村的传说

地处遵化城南40里的刘备寨村，自明朝建庄户以来一直叫牛背寨，那为什么后来改称为刘备寨村了呢？说起来这里面还有一段惊心动魄的故事呢。

明洪武年间，大批移民从山西等地移居河北、河南等地，位于山西蒲州大郑庄的郑氏先祖郑均宗携妻带子来到河北遵化，老家只留下一个嫁到李家的长女，望见该地处于两山夹一川，被冲积成几千亩肥沃的小平原，鸭戏鱼肥，南北两山植被丰富——是名副其实的青山绿水、旱涝保收的鱼米之乡，遂落下脚来，因该庄所靠北山形似卧牛之背，故取村名叫牛背寨。

多年的开垦经营，牛背寨逐渐聚集成方圆几十里的大村，郑均宗带领全家秉承勤劳持家、忠厚待人的祖训，亦农亦商，家道兴隆逐渐成为本村的大户。20年后，60多岁的老郑思念女儿，这时听逃荒过来的人说，女儿已生有一女，也十分想念父母。老郑听后，于早春二月，就带着盘缠骑着毛驴上路了。进入山西，大旱绝收，大道上到处是饿死的人，活人把饿死人大腿肉割下来烧烤吃。临近霍州，竟有人易子而食（不忍心吃自己的孩子，只好两家交换子女吃掉）。此景恰让老郑看见，心地善良的老郑早已动了恻隐之心，向家长大吼一声："你们还是人吗？"家长说："孩子还可以生，眼看一家被饿死，我们也是无奈！"老郑说："把孩子放了，我给你们帮忙。"可干粮几乎用尽，有银子在附近也买不到吃的，剩下的只有小毛驴了，就说："咱们把驴杀了，我去蒲州，有百八十里就到了。"说完，老郑和灾民一同将驴杀掉，引来上百灾民分吃。

老郑徒步一天，来到女儿家，父女相见，各诉相思之情。女儿说："你外孙女已12岁，长得清秀可爱，跟他爹出去玩了。你女婿做着小买卖，日子还过得去。只是女婿他见利忘义，心狠手辣，你可要当心他。"话刚说完，女婿李友义担着杂货挑子回来了，后面还跟着一个小女孩。饭后各自休息，李友义躺在床上睡不着，心想：虽说做着小买卖，日子还过得去，老头子吃住在这里早晚承担不起，我何不背着妻女把他卖给人肉包子铺呢？

第二天一早，李友义就对妻子说："今天去酒店和他姥爷喝几盅去。"妻子打心眼里高兴，哪知丈夫早已心怀歹意，要把父亲送上不归路。老郑头跟着姑爷来到一家很隐蔽的包子铺前，看到酒家一脸横丝肉，窃喜的表情着实让人毛骨悚然。叫过几个小菜和一笼肉包子，酒过三巡，老郑感到头昏脑涨，想到刚才吃包子时馅中似有"人指甲"一样的东西，心想：莫不是他们在酒菜中下了药，故意害我不成？他内心立马警觉起来，但表面装得很平静，趁人不备，把酒倒入袖内并说："我醉了，要休息。"李友义和店家交换一下眼色，就搀扶老郑去西厢房休息。"岳父睡着了吗?"老郑听得清清楚楚，装睡没有回答。只听"啪"一声，门被锁上。一会儿，老郑听到门外窃窃私语："手头紧，来卖俩钱花，五两，但要现钱。"

老郑年轻时就习武，虽然年岁大了，但精神矍铄。三更时，店家蹑手蹑脚走近老郑，见还在熟睡，就拿杀猪刀向老郑颈部扎去，老郑一个打挺反将店家压在身下，抢住杀猪刀掐住店家的脖子，说："我有五两，赎自己出来可以吗?"店家见老郑功夫了得，忙说："您快走吧。""再也不许干这伤天害理的事，再让我知道，定杀不饶!"老郑说完连夜奔女儿家，把熟睡中的李友义打死并在院内挖坑埋掉，还把经过跟女儿复述一遍。女儿担心官府缉拿父亲，就说你快走吧，再晚就来不及了。父女含泪告别。且说老郑走得急，并未从女儿家中带走盘缠，行了两天，饿得头昏脑涨，倒在路边。这时从南面过来一个骑马的人，借着夜色只见这马额头上白色斑点。这人双耳垂肩，双手过膝，这人这马似乎在哪儿见过。骑马人策马来到跟前："这不是牛背寨的老郑吗?""是我。""你怎么躺在这里?"老郑头把来去经过说了一遍。这骑马人说："老郑，你拉着我的马尾巴把眼睛闭上，我送你回家去。"郑均宗拉紧马尾巴，只听"叭叭"两鞭，顿觉耳边生风，似腾云驾雾飞奔起来。大约一时辰，骑马人说："睁开眼睛吧!"老郑一看眼前都是熟悉的景色，这不是牛背寨的官界?未及言谢，骑马人早已没了踪影。

老郑回家吃饭后不等休息，就吩咐家人买香和猪头供品。老伴问买香干啥，老郑说一路上多亏了牛背顶大庙上的刘备老爷显灵救了他，不然他就客死他乡了，我要到刘备顶大庙烧香去。老郑带领郑氏家族来到刘备庙，至西配殿一看马身，马额头上有白色斑点且浑身是汗，正是路上看见的刘备的卢马。烧完香后，老郑头和家人商量说："我要在有生之年重修牛背顶大庙。"

全村人听说了老郑的传奇经历，对刘备老爷显灵的事都很感动，纷纷响应修庙的义举，老郑又联合了周边村村民，有钱的出钱，有力的出力，联合修庙。一年后，一座宏伟的庙宇耸立在山顶。该庙正殿立在悬崖之上，殿内供奉刘关张三义士，东西有耳房，前面左右有配殿、钟鼓楼，正殿前有常青柏一棵，并立石碑以记重修庙宇之事。庙修建成后，该地常年香火旺盛，方圆百里无人不知、无人不晓。修完庙后，人们为了感谢刘备老爷显灵，保佑当地百姓风调雨顺，五谷丰登，就将此山改叫刘备顶，山下的村庄就改为刘备寨了。

作者：刘备寨村郑玉山

山黄雀救驾

清东陵正东100余华里的龙门口东北边，有一条几里长弯弯曲曲的大深沟。过去，这里有好多的黄雀，人称黄雀沟。由于这些黄雀救过驾，这地方又名皇喜沟。

200年前的嘉庆皇帝在位时，也像老祖宗那样，常常外出打猎。嘉庆五年（1800年）九月初，嘉庆由新任左都御史冯光熊、吏部尚书刘权之等伴驾，谒完父陵之后，听遵化知州来报告：州城东北五虎岭上又发现老虎，正在差人捕打。嘉庆听说有老虎，也想像老祖宗那样创出箭射猛虎的奇迹，便从守陵绿营军内挑选50名好猎手，大清早就顺着长城南麓向东走去。

洪山口长城南面的五虎岭上，总有老虎伤人。今天一些猎人正在捕捉老虎，附近有一股100多人的土匪队伍，混在了猎人之中，听说皇帝也来打猎，准备要借机捉住他。

中午时分，嘉庆刚一登上五虎岭，还没等站住脚，匪首张三愣一声令下，埋伏在四周的许多土匪恶狼似的向皇上扑了过来。跟随皇上的侍卫、大臣一齐来护驾，有的放火枪，有的用刀砍，杀成一团。在众人的掩护下，侍卫们给嘉庆换了装，混到猎人中向北面山沟跑去。

土匪们捉住了由侍卫假扮的皇上，有的欢喜，有的怀疑。认为皇上身边没有多少护卫，怕是中了计策。经过查问，果真如此，于是土匪们又四处搜寻起来。

嘉庆皇帝由几名侍卫和大臣护卫着，逃进五虎岭北面的龙山口北沟，藏在了一个看栗园的草窝棚里，这时一群土匪向着龙山口追来。

听人说，有人向北沟里钻去，土匪们也就往沟里追。他们追进一大截子，只见沟里面的栗树、坡坎和窝铺上都落满了黄雀，叽叽喳喳直叫唤，似乎在说："没皇上，没皇上！快走吧，快走吧！"就在这时，土匪们看见树根下一个捡栗子的老头。忙问："老头，你看见往这沟里跑来几个人吗？他们当中有当今的皇上，要是看见了快告诉我们，把他拿住，给你赏钱。"老头直起腰摆摆手说："没人来过，就我自个儿在这拾栗子呢！"

接着，他用手向山上、树上的黄雀一指，说："你们看，要是沟里进来好多人，这些黄雀能够老老实实的一动不动吗？再说，你们有人懂鸟语吗？""我们没人懂鸟语！"一个土匪回答。

"这就是了，你们刚才一问我皇上来没来，这些鸟就替我说了：'没皇上，快走吧！不然你们再听听？'"

这许多黄雀又似乎同声在说："没皇上，快走吧……"

有个土匪说："皇上看来是没上这沟来，要不，这满山的黄雀儿不会待在这儿。咱们走吧！"

其他十几个土匪半信半疑。听着也在理儿，都没人答言。愣了一阵儿，一个小匪头儿说："咱们到别的沟里去找。"

那捡栗子的老头子插了句："说不定，皇上这时候该到洪山口了，他还不往兵营里跑！你们说是不？"

土匪败兴地说："要是皇上逃到兵营，可就逮不着了。干脆咱们向张大哥交令去吧！"

果然，这帮土匪呼呼啦啦地走了。

嘉庆从窝铺里钻了出来，迈步先向那位捡栗子的老头走去，近前深施一礼说："多谢老人救命之恩！"

那老头赶快跪下连说："圣上受惊了！圣上多礼了！这样做小民担待不起呀！再说，我主有难，大清国民岂有不救之理！"

接着，嘉庆又向满山满树的黄雀作了个揖："感谢禽灵们的救命之恩。只要我执掌朝政，决不让人伤害你们。"

从此，嘉庆亲自把这个"黄雀沟"改称"皇喜沟"。

采录：孙伟

大官屯的传说

大官屯，位于遵化娘娘庄乡中部，明代建村，原名“小屯”。因民国年间有一官员代管周围几个村庄事务，故改称“代管屯”。后因有他姓相继迁入，村民渐多，改称“大管屯”。后人为了书写方便，将管子写作官，遂称“大官屯”。但在民间关于“大官屯”的由来流传着另一种传说。

传说在明永乐年间，在“大管屯”有一阎姓的穷秀才，名尚文，字本初。其家族在元代尚为贵族，从其祖辈开始没落，至大明永乐年间，由于本初又不善经营，家道更加败落，只有土地三分，草房三间，与妻子勉强度日。虽然家境贫寒，但仍遵其祖训遗风，崇尚科举，奉“四书五经”为尊。因为他自小饱读诗书，颇有些文采，在当地也小有名气。大明永乐十一年（1413年），成祖朱棣开科取士，遍罗全国各地文人雅士。本初在家人的鼓励下，只身赶赴京城应试。走至京城东部通州城时，因遇大雨，偶感风寒，遂于一小客栈中小住三日。不承想这一停留便耽误了考试期限，等他赶到京城时，科考已经结束。无奈，他只得在京城又寻一小店小住一日，待第二天天明赶回家中。当晚，在小店里用餐时，本初因感叹自己命运不济，平时从不喝酒的他竟独自喝了半斤二锅头酒，酒后颇有些醉意。此时，店中来了两位贡院（科举考试院）当差的小吏王某和张某两个官员。两人在吃饭的过程中，无意间说起了前几天科举考试的情况。原来偌大的一个大明国，虽有几百举子才华出众，但竟无一人将一副天子对联对得准确无误，使永乐皇帝闷闷不乐。本初由于酒醉胆大，加上不知二位为何人，信口问道：“请问二位能否说出是什么对联，看小生可否对出？”二位官员看了看他，衣帽虽然寒酸，但面容上透出一股文人的儒雅气象，便问他是什么人。本初将自己的情况如实相告。二位官员觉得，既然本初是读书人，肚中也许有些才华，便给他出了这副天子对联的上联。其上联是：灯明月明大明江山一统。本初沉思片刻，脱口而出：“我给您对：君乐民乐永乐天子万年。”二位官员听了之后，仔细揣摩了两遍，竟同时拍手说：“好，太好了，绝对。”于是恭敬地对本初曰：“我二人本是当朝考官，待明日我们将公子的‘绝对’拿给主考官陈望陈大人看。”第二天，主考官陈大官人看了之后非常满意，于是呈报给皇上。永乐皇帝看后，龙颜大悦，急召本初入宫觐见，当即赐本初进士及第，令本初不日返乡探亲，之后到吏部听任调用。本初谢过皇恩后，第二天便回家报喜。但也许是上天的安排吧，本初由于自幼体弱多病，探亲在家的这几天，竟由于突发胸痛症猝死。消息传到宫中，皇上倍感遗憾。但仍念本初的才华，保留其进士及第身份，追封其为翰林院名誉大学士。并敕令当地官员为本初修筑了一座大墓，对其加以厚葬；又令史官将本初的事迹载入大明史册。

这样，小屯，这个原本不出名的小村，由于出了个没做过官的大官员阎本初，遂后来改称“大官屯”。

采录：万广宝、王瑞生

东梁子河村的来历

遵化有一村子名叫东梁子河。传说在很早以前，这里除了一条小河外，就是河北面有这么一片荒沙滩了。那时，无论是河边还是荒滩连棵像样的树都没有，更不用说有人烟了。那么，为啥后来这里竟成了一个村庄了呢？

传说，过去有这么老两口子，只有一个儿子。这老两口特别勤俭能干，而且心眼好使。可是，他们特别穷，连根草刺都没有。只能四处游荡，靠帮人打短工过活。

这年夏天，他们帮一个老财主收完了麦子就又上路了。这一天来到了梁子河这地方，看见这里有河又有一大片平原，虽说都是沙土地，可也许能凑合着长点啥，这老头就对老婆说："咱们都老了，也经不起摔打了，再说儿子也不小了，再这么游荡也不是个事呀。我看，不如就在这儿搭个窝棚，开点地种吧。弄好了，或许也能混上半碗粥喝。"

老太太巴不得找个落脚地，好过个安稳日子，忙说："我看中，就是这片地打不了粮食咱就挖野菜，也够咱凑合多半年的。再说，这儿还有水。"

一家三口就在这儿住下了。白天，儿子和爹开荒种地，老太太挑野菜。黑夜，一家子就睡在草棚子里。这一年，一半野菜一半粮的还真凑合着过来了。

第二年夏天，有一天，老头派儿子挑点粮食上镇换点油盐。可这里离镇很远，打个来回得一天一宿。天傍黑的时候，估计儿子是不会回来了，天又下起了毛毛雨，老两口一边叨念着儿子，一边打算插上门早早地睡觉也不做饭吃了，好节省点粮食。可刚要插门就看见有三个人奔这儿来了。这三个人都拿着锛凿斧锯木匠家什，身披蓑衣，头戴草帽，每人长一双贼溜溜的小圆眼，没眼眉，转眼之间就到跟前了。

老太太忙问："你们……是干啥的？"

"我们是木匠，给人家干活回来晚了，天下了雨，想在你们这儿住一宿。"

老头听了忙迎了出来："三位老哥，那就快进来吧。"说着就让老婆子快做饭。还把藏了不少日子舍不得喝的一点酒也拿出来了，并把当天打死的一只野兔子扔给老婆，让她给炖上。

饭熟了，灯点上来了，四个人便一块儿吃喝起来。奇怪的是那三个人并不客气，也不言语，只是各顾各地吃喝，吃完饭就睡。一宿没话。第二天早起，老两口又尽其所有好饭食款待了三个人。他们要走了，其中一个说：

"算算吧，要多少饭钱？"

老太太忙说："哪儿的话呀，吃顿粗饭，要的哪家子钱呢？只要你们不嫌赖，就是瞧得起我们了。出门在外地，不容易啊。"

老头也说："是啊，几位老哥，出门在外，谁用不着谁呀，提钱就见外了。"

三个木匠看他们说啥也不要，互相看了一眼，有一个就说："既然老哥实在不要，也就算了。不过，有件事本不该跟你说，可我们看你们心眼儿太好，有点不忍……就跟你说了吧。记住，从今往后10天里将有一场大水从你们这儿经过。不管听到啥声响，你们都不要开门。否则，你们也难逃这场灾难了。如果你们能按我的话做，将来就会有好日子过。记住，千万不要开门！"

说完，三个人就走了。这天雾真大呀，转眼就不见三个人的踪影了。

一会儿，儿子回来了，雾也散净了，天却阴得很沉，不到晌午就下起了大雨。

瓢泼大雨下了10天10宿。这天黑夜，三口人正在睡觉，忽听河的上游像有啥在叫唤。老头推了一把老太婆："喂，听，真发大水了吧。"这时候，就听水"哗哗"下来了，撞得他们这间草屋直摇晃。接着，好像听见水就从他们房前、房后甚至是房顶上流过。不一会儿，又听见了说话声：

"注意啊，这有好人哪！别碰着！"

"喂，就势给他们留点木头吧！"

"好嘞！把好土也给他们留点吧！"

"轰隆隆——轰隆——哗啦——"

屋外吵吵闹闹乱乱哄哄响了一宿，天亮时才静下来。等这三口开门一看，嗬！都傻眼了！

原来，那一大片薄沙地被盖上挺厚的一层淤泥土。那淤泥土肥得抓一把攥攥能攥出四两油来，薄沙地变成了一片肥地。

再看那河边，一夜之间长出不少树来。不用说，这就是给他们留下的木头了。

老两口用那些树盖了一层像样的房子，又有了许多好地种，这以后，他们再也不愁吃穿了，儿子也娶了媳妇。因为这么多的地种不过来呀，后来又收了一些和他们一样的穷人，让他们也在这盖房子，并分给他们一些地。慢慢地，这里就形成了一个小屯子，就是如今的东梁子河村。

采录：唐继彦

擂鼓台的传说

迁安市区北部的大崔庄镇，有一个古老的村庄，叫擂鼓台。擂鼓台只是简称，村庄的全称叫轩辕擂鼓台。说起村名的由来，还有一个古老的传说。

相传当年黄帝与蚩尤部落在燕山一带交战多年，双方可谓势均力敌，多次交锋难分胜负。黄帝心中忧虑，苦苦思索战胜敌手的妙计。这一天，他借战斗的间隙来到附近的一座高山上，苦思冥想破敌妙计，不知不觉睡着了。恍惚中，一个人头鸟身的人来到他面前说道："我是玄女，你有什么困难要我帮助吗？"黄帝说："我为了推行王道，与蚩尤交战多年，却一直不能取胜，目前形势艰难。"玄女说道："在东海中有一座山，叫作流波山，山上有一只野兽，名叫'夔'，形状像牛，无角，苍灰色的身子，只有一只脚，能够自由地在海水里出入。当它进出海水的时候，必定伴随着大风大雨，身上能发出像日月般闪闪的光辉，发出的声音好像打雷。你用它的皮来制鼓。然后，你用雷泽中雷兽的骨头做鼓槌，这样就能发出最大的响声，任何人听到这样的鼓声都会步履沉重，行动迟缓，蚩尤凌空飞腾的绝技也会失灵。"接着，玄女密授黄帝九九八十一句定身鼓的口诀。

回到军中，黄帝马上派人到流波山上捉来夔，剥下它的皮，那张皮有一亩地大小。黄帝让人将皮晾干了，便绷起了一面特大号的鼓。又派人到雷泽中抓来雷兽杀掉，取出它身上最好的骨头，制成了天下最好的鼓槌。两件东西碰到一起，发出的声音真是比炸雷还响，500里以外都能听见。因为这面大鼓是在轩辕黄帝亲自指导下制成的，所以人们称之为轩辕鼓。

为了放置这面鼓，黄帝派人专门搭建一个鼓台。轩辕黄帝登上鼓台，双手并举，亲手擂响了它。这鼓声雄壮豪迈，极大地鼓舞了黄帝将士战胜蚩尤的勇气。于是，黄帝与蚩尤在涿鹿展开了决战。双方战到激烈处，擂鼓台上鼓声骤起，一连响了九通，果然山鸣谷应，天地变色，黄帝的军队军威大振，锐不可当地扑向蚩尤的阵地。蚩尤的将士们听见鼓声却一个个吓得胆战心寒、魂飞魄散，纷纷抱着脑袋捂着耳朵逃窜。当蚩尤又要故技重演施展飞腾神功时，黄帝命手下人打起了定身鼓，并念起玄女密授的口诀，鼓声惊天动地，只见刚刚腾起在半空中的蚩尤重重地摔在了地上。蚩尤被黄帝活捉，黄帝当即命人把蚩尤的头砍下来。从此，这场旷日持久的战争结束了，老百姓也开始过上安定幸福的日子。

后来，为了纪念这场伟大的胜利，就把这个放鼓的台子称为轩辕擂鼓台。再后来，这里有了人家，人们就把这村庄的名字叫作轩辕擂鼓台。

作者：张森

蚕姑庙的由来

在迁安市区西南约30里处，曾有一座蚕姑庙，庙附近有个村庄，就叫蚕姑庙村。据说东汉以前，蚕姑庙一带有两个自然村，西边的叫李家庄，东边的叫东小庄，其地名仍然沿用，是东汉时期才更名为蚕姑庙的。其中的缘由，据说与光武帝刘秀有关。

王莽篡位改立新朝后，怕刘家日后报仇，对刘氏宗嗣实行斩草除根。而此时隐匿民间的汉高祖九世孙刘秀已长大成人，他联络先父的旧友为刘氏宗族报仇雪恨。王莽与刘秀交战初始，因王莽兵强马壮，刘秀大败，被王莽追捕诛杀，紧追不放。

刘秀逃到迁安境内，人困马乏，又饥又渴，往后一瞧，已经把王莽甩掉了，便松了一口气。忽然想起自己已经三天三夜水米没打牙，肚里饿得咕咕叫，看到沙岗桑树上的桑葚挂满枝条，特别好看，就随手摘下放到嘴里，酸甜可口。刘秀赶忙爬到树上，狼吞虎咽吃起来，把两手和嘴巴都吃得黑乎乎的。肚子问题解决了，精神一放松，刘秀就再也支持不住数天的奔波了，瞌睡劲上来，索性躺在桑树下大睡起来。刘秀睡得正香，忽然有一只黄士鲁鸟从远处飞来，落在桑树上冲着刘秀大叫："嘿！黑屁股，莽来捕！黑屁股，莽来捕！"一下子把刘秀吵醒了，刘秀望了望小鸟，非常生气："你才黑屁股呢！"抓起一个石子就冲着小鸟扔去，黄士鲁"嗖"的一声飞跑了。由于刘秀的金口玉言，黄士鲁后来反倒真成黑屁股了。

刘秀躺下身子，还想再接着睡下去，这时又有一个大拉拉蛄（蝼蛄）爬过来，在刘秀的大腿上狠狠地咬了一下，咬得还挺疼。刘秀一激灵坐了起来，一伸手，就把这个大拉拉蛄揪成了两截。正在这时，在附近采桑叶的三个蚕姑挎着桑叶篮子慌慌张张地跑过来，冲着刘秀说："快跑吧！王莽派人追你来了！"这时候刘秀才醒过梦来，原来黄士鲁吵他、拉拉蛄咬他、三个蚕姑叫他，都是来救驾的。可惜黄士鲁被他夯跑了，没办法补救啦。拉拉蛄被他揪成了两节，刘秀随手用小细木棍把大拉拉蛄又接起来。到如今，拉拉蛄的脊背上还有一个硬棍，那就是刘秀给做的外科"应急"手术。

且说刘秀随着三个蚕姑，跑到前面不远的一个小庙里，这个小庙是当地蚕桑户祭祀黄帝正妃嫘祖的。他们刚进庙，天空一道闪电，雷雨交加，天降瓢泼大雨，庙外变成了一条汹涌澎湃的大河，挡住了王莽的人马追捕。刘秀对三位蚕姑感激不尽，说道："谢谢你们的救命之恩！容我日后报答。你们都是哪个村子的？

叫什么名字?”当听说是东小庄、西小店的，就说，干脆合成一个村子，叫蚕姑庙得了。

后来刘秀登基称帝，念念不忘三位蚕姑，为报答三位蚕姑的救命之恩，专门在这里修大庙相谢。后来，东小庄、西小店两个村遵御命改名合称为蚕姑庙。

时过境迁，到现在蚕姑庙仍存有青石碑一块，碑文记载：“姐妹三人不分寒暑，专事育蚕，终身不嫁。光武中兴时显灵扈跸，蒙赐蚕姑之号，建刹祠之故。”

作者：玄兆海

康熙私访留诗迁安

传说清朝康熙皇帝为告祭先祖，每次巡视“龙兴之地”，去盛京谒福陵、昭陵后，总喜欢到沿线附近各地微服私访，体察民俗风情，曾多次驾幸迁安，留下许多逸事。

话说这一天，康熙又微服私访到了迁安境内。当他路过迁安城南的野鸡坨时，太阳已经升起，但仍听见有雄鸡在啼叫。康熙帝感到很蹊跷，于是拉开銮驾围帘向外张望，突然看见有一只雄鸡正飞往柴垛，就问左右道：“我们现在到的这是什么地方？”左右答道：“回皇上，叫野鸡坨。”康熙帝一听，当下有了灵感，随口吟出一首诗来：

野鸡坨上金鸡鸣，金鸡展翅跃腾空。

欢乐终古在农家，国朝盛世度升平。

从野鸡坨继续北行，君臣一行来到老鸹岭山北边的老牛坡。当时这地方还是一片荒凉，附近连一个村落也没有，只有孤零零的一座小关帝庙，庙旁路边有一个小茶馆，招待过往客商。说是茶馆，实际就是一个简易的草棚，可以临时遮阳挡雨，一位老者守在一旁。康熙等一路劳累，见有茶棚，就进棚休息。喝完了茶，康熙帝问道：“请问老人家，这地方叫什么名字？”老者答道：“这乡野偏僻之地，哪有什么像样的地名。因这儿是个山坡，老牛拉车上这个坡往往需要歇几次，人们就管它叫老牛歇。”康熙帝听后，环视四野，说道：“我看这里山清水秀，有此茶棚倒也别致，就叫它老牛坡吧。”又看见坡上坡下有黄牛在秋耕，一派丰收后的欢乐情景，于是诗兴大发，出口吟道：

老牛坡下黄牛行，坡前坡后百媚生。

小阳春里无暇日，山村水郭尽秋风。

吟罢，又坐下小憩。皇帝金口玉言，圣上赐名，焉能不从？老牛坡从此传开，一直到今天。

继续前行，当銮驾至爪村渡口时，看到巍巍的龙山，康熙帝又来了诗兴，朗声吟道：

龙爪村口渡头边，巨龙高飞谒全銮。

不废滦河流万古，唯我一统好河山。

过了滦河北行，并没直奔县城，而是先去了城北的小寨村。村中有一个两三亩大的莲花池，虽是初秋，仍是满池荷叶田田，花朵盛开。康熙又来了兴致，望着池中的莲花，开口吟道：

朵朵花儿笑微微，抻着拳头要打谁？

此句一出，顿时招来一片称赞声："好诗，莲花绽放，就像满脸欢笑。还有那些未放的花蕾，真是像极了那直直抻着的拳头。"君臣一唱一和，气氛融洽极了。

出了小寨，君臣一行没有留驾县城，却驻跸城南谢留庄（今迁安镇谢庄村）。谢留庄村东头有个关帝庙，康熙帝见了，便要进去一览。进入庙门，只见殿门上一副对联，上写道：

兄玄德，弟翼德，德兄德弟；

长卧龙，次子龙，龙师龙友。

康熙帝见此妙对，顿生感慨，出口赞道：

桃园结义功重汉，

三分鼎立我为天。

次日，康熙在村中体查了民情后，便起驾回京。南行路过老牛坡茶棚时，又留下一首诗：

月上东溟会有时，老牛一啸海云低。

高陵碧落身常现，俯吸滦河角不欹。

半夜含烟疑出谷，中霄饮露却忘饥。

龙山紫气恍如迁，赏尽幽人咏入诗。

作者：李宝德

牛山村的由来

迁安市扣庄乡有两个村子，一个叫西牛山村，一个叫东牛山村。两村之间横着一座山，山不大，但很陡，远远看去，就像一头大牛趴在地上，头朝南，尾朝北，很是威风。据老辈人讲，山名的来历和黄帝有关。

当年，黄帝征服炎帝、平定蚩尤之后，大小部落纷纷归顺，天下太平，百姓安居乐业。就在这时候，都城附近出现了一头凶牛，伏在路旁，看到行人就攻击，伤害了不少老百姓。黄帝听说后，立刻派力黑、高阳两员大将去降服凶牛。

力黑、高阳跟随黄帝多年，英勇善战，足智多谋。这一次奉命去降服凶牛，两人都做了充分的准备。出了都城向东，远远地就看到路旁站着那头凶牛，饶是见多识广，力黑、高阳还是一惊，只见那头牛身形巨大，身长一丈有余，眼似铜铃，透出一股凶光，支棱着两个大耳朵，活似凶神恶煞。看有路人过来，那凶牛一声嘶吼，恰似打雷，摇头摆尾，就冲向走在路上的老头儿，头一摆，牛角就豁开了老人的肚子，眨眼工夫，老人就倒在血泊当中。力黑、高阳打了个冷战，想要上前搭救，已是来不及了。

力黑、高阳一看巨牛凶猛，就合计智取。于是取来锹镐，估摸着凶牛的身量，挖了一个又深又大的陷阱，上面用柴草薄薄盖了一层。陷阱挖好，这两人一前一后前去诱敌。力黑在前，高举开山斧，一声不响，冲着牛头就劈过去。高阳在后，绕到凶牛背后，大吼一声，举枪就刺。凶牛刚要进攻力黑，听到动静，忙掉头向后，躲避高阳的进攻。这凶牛与力黑、高阳就战到了一处，腹背受敌，忙得团团转。凶牛连声嘶吼，发了疯。力黑一看时机已到，撒腿就跑，凶牛哪肯放过，在后边紧紧追赶。说时迟那时快，凶牛冲到了陷阱旁，“扑通”一声就掉进了陷阱。力黑、高阳一见牛中计，慌忙上前去捉牛。却只见那凶牛在坑中，头一扭，腿一蹬，瞬时就蹿到了半空中，对准力黑猛力一冲，可怜这位大将还没来得及反应，就被戳穿了两个大窟窿，一下丧了命。下落的当儿，凶牛又对准高阳坐下去，高阳来不及躲闪，一下子被凶牛庞大的身躯压扁了。眼见着两员大将死于非命，凶牛高兴得撒开了欢儿。

黄帝听闻噩耗，眼圈一红。这两人跟随自己南征北战多年，身经无数战役，如今却死在这凶牛蹄下。想着力黑、高阳的惨死，想着百姓深受伤害，黄帝不听众人劝阻，披挂上阵，提着一柄玉斧，亲自去击杀凶牛。来到路旁，黄帝一见凶牛，举斧就砍。凶牛一看眼前人，器宇轩昂，一柄玉斧光闪闪，好似天神一般。瞪大双眼仔细再看，眼前又分明是一条威风凛凛的巨龙，凶牛一下慌了神，连连后退腿筛糠。黄帝哪容它逃走，纵身一跃上了牛背，扳住牛角往下压，凶牛吃疼，拼命挣扎，怎奈黄帝力气大，凶牛一点儿动不得，转眼牛蹄陷下四个坑。黄帝又是一掌，震碎了凶牛的五脏六腑，只见凶牛喷出一口鲜血，当场毙命。黄帝为民除害，也为力黑、高阳报了仇。

后来，凶牛化作一座山。老百姓为了铭记黄帝降牛为民除害的故事，就把两个村子叫作“东牛山”和“西牛山”。

作者：范立彦

蛇探峪村的由来

在迁安市太平庄乡有东、西蛇探峪村，说起村名的由来，有个美丽的传说。

传说1300多年前，有一位挑着担子走街串巷卖货的货郎。一天挑着担子到外村卖货，走到田间小路上看见一条金黄色的小蛇有筷子大小，很好看，于是放下担子把小蛇拿住放在装货的箱子里，挑起担子继续往前走，突然感觉挑子比原来轻了。

每天货郎外出卖货总挑着小蛇，转眼间几十年过去了，小蛇和货郎始终没有离开过。有一天货郎走到管山的地方，忽然感觉挑子特别重。货郎说："年岁大了，没出息了，休息会儿吧。"货郎放下担子坐在地上，休息时往四周张望，看见管山很雄伟，泉水不停地流，水清澈见底，山上树茂草茵，环境优美。货郎看到管山如此优美，想起小蛇已经跟他生活了几十年，自己年老了不能再卖货了，总想给小蛇安排一个好地方生存，看这地方很适合。想到这儿，货郎站起来打开箱子将小蛇拿出来抱了又抱，恋恋不舍地对小蛇说："我老了，卖不动货了，想把你放在这地方自己生存。咱们在一起几十年，真是舍不得呀！"小蛇向货郎连点三下头。主人又说："你自己多注意，别受大动物伤害。今天六月初六，以后每年的今天我都到这地方来看你，你要在这地方等我。"小蛇又点了三下头。货郎临走时又抱起小蛇摸了摸，再三嘱咐："你多加小心，别受伤害。一定记住我的话。"小蛇又点下头。货郎眼含老泪将小蛇放下，三步一回头地走了。

货郎将一担子货处理完就回家了，可是货郎昼夜担心小蛇的安危。第二年六月初六这天，货郎很早就起床，准备好小蛇爱吃的东西，走了几十里山路来到与小蛇约定的地方。小蛇也早早在那儿等着呢。货郎和小蛇相见，都很高兴。太阳偏西了，货郎恋恋不舍地和小蛇告别。就这样十几年，年年如此，风雨不误，六月六货郎与小蛇相会从未间断过。货郎病危时，再三嘱咐孩子们要爱护蛇，不能伤害它。货郎死后，清明节这天，他的坟前总有一人早早来烧纸。每年的六月六这天货郎的坟头上，总盘着一条小蛇，很久才离去。

多年后一天傍晚，天降大雾，伸手不见五指，只见从管山方向刮来一股飓风，风中有一怪物落在西南山大佛寺泉水处喝水。有胆大的站在山上，趁雾小往管山方向看，这怪物身子围管山盘三圈，头到大佛寺泉水处喝水，一连三次如此。后来有人说这怪物就是当年老货郎挑着的那条小蛇，经过几百年的修行得道了，能变小，能变大，还能变成人。据说这条巨蛇有几百年的道行，但野性没改，总想吃人。菩萨指点它与货郎在一起生存磨炼自己，磨炼好再出世；要是不改野性伤人犯天条，必遭雷劈，性命难保，几百年的修炼白费了。所以才变成小蛇与货郎生活，最终修成正果。菩萨又指点，要成仙，必须现出原形，不吓人、不伤物，饮大佛寺的佛水三次才能成仙。所以，才有蛇乘雾来大佛寺饮泉水一幕。

因为蛇到泉水处探头饮水，所以就管这个地方叫蛇探峪，泉水东面的村庄叫东蛇探峪村，泉水西面的村庄叫西蛇探峪村。这就是蛇探峪村的由来。

作者：董志贵

唐王征东留村名

公元645年，李世民亲驾东征高丽（今朝鲜），平定叛乱，史称唐王征东。途经今迁安时，曾经留下许多故事，其中赏赐村名便是其中的佳话。

提岭寨。迁安北部山区有个枣儿岭，唐王征东途经此地时，突然遭遇敌兵阻拦。唐王李世民作为主帅，面对敌情，沉着应战，他手提缰绳，狠摇马铃，三军将士随之，一时马铃声震动山谷，士气大振，敌兵被杀退，唐军就此安营扎寨。唐王李世民高兴，庆功宴上，喜赐村名提铃寨，又因该村地处山岭，也称提岭寨。

射雁庄。大军一路东行，来到一处高坡沙丘，但见白沙一片，视野开阔，地上落着成片的大雁，空中飞着成群的大雁。李世民和将士们正行走间，忽闻空中有大雁鸣叫，于是李世民对身边将士道："今日好心情，我们来一个射雁比赛如何？如果谁能一箭射中空中飞雁，本王有赏。"闻听此言，将士们纷纷张弓搭箭，对着天上的大雁射去，转瞬间，数只大雁从空中落下。眼见其余的大雁越飞越远，唐王才举起自己手中的弓箭，似乎没怎么瞄准，就向空中射去，飞在最后边的大雁应声而落。周边的将士们一片欢呼。因为唐王李世民在此射雁，后来该村命名为射雁庄。后分为上射雁庄和下射雁庄，当地人简称上庄、下庄。

晒甲山。唐王大军继续东行，眼看来到一座山前，忽然天降暴雨，士兵们全被淋成了落汤鸡，连铠甲里面也浸入了雨水。转眼雨过天晴，爱兵如子的唐王李世民吩咐将士，就在向阳的山坡上晾晒铠甲，待铠甲晾干后再开拔。因为李世民在这里晾晒铠甲，于是这座晾晒铠甲的小山就叫晒甲山，山下的小村庄也改名为晒甲山村。

披甲窝。话说唐军在山前晾晒铠甲，未等铠甲晾干，忽然发现敌情，于是将士们拎起铠甲，披在身上就出发了。因此，翻过晒甲山，东边的村庄就叫披甲窝。

大贤庄。大军急行十数里未停歇，将士个个口干舌燥，急需饮水。恰好见到前面不远处有个村落，李世民于是急忙打马前去。进入村中，见井台上有一老者正在井边打水，满满的一桶清水就放在井边，便上前讨水喝。老人从桶中舀出一瓢水来，递给他，却又随手从路边揪一把草叶撒在了里面。唐王一见，十分不解。老人见此，连忙解释道："看您是急行之人，立即喝水会炸肺，所以才放了草叶子在水里，目的就是让您慢点喝，以免伤了肺。"唐王一听转怒为喜，感动地说："您真是一位大贤人呀！"有了唐王这句赞语，后来这个村子就改名叫作大贤庄了。

换甲套。唐军继续东行十余里，敌情解除，士兵们身上的铠甲此时也已经干得差不多了，于是传令下去，所有将士原地稍息，披挂整齐。后来，这里的村庄就改名叫作换甲套村。

鸡鸣庄。军队继续前行，一条大河横在前面，这条河就是今天青龙河上游支流沙河。此时夕阳西下，夜幕降临，将士正要涉水过沙河，忽听河东岸有一村落，鸡鸣起来，唐王有些奇怪，就问左右："怎么天刚刚擦黑，就有啼鸣报晓？"身边军师连忙答道："这是天意，金鸡提前报晓，是让我们早渡青龙河东征啊。"唐王闻听此言，大喜，遂命名该村为鸡鸣庄。

万军。渡过青龙河，河东岸是一处高台。高台上视野开阔，环顾四周，前面有青龙河阻隔，后面有山可以依靠，正是安营扎寨的好地方。于是，唐王传令下去，大军就在此地安营扎寨。后来，这里村庄的名字就改为万军了。

作者：赵田、张森

上伍旗与尚武旗

在唐山地名中带旗字的共有三处，以旗为称的聚落有滦州市响嘡街道的上伍旗和迁安市杨各庄镇的尚武旗，另有一处带旗的地名是迁西汉儿庄乡的旗杆沟。本文要说的是上伍旗和尚武旗。

这两处特殊的地名均为明朝驻军留下的地名，这也是唐山地名的特点之一。明朝的军事编制为卫所制，卫辖5600人，设指挥使，同知佥事，下辖5个千户所。千户所辖1120人，设正千户、副千户和镇抚，千户所下辖10个百户所。百户所辖112人，设百户官1人，下辖3总旗。总旗辖56人设总旗1人，下辖5小旗。小旗为明军最基层单位为11人。上伍旗和尚武旗均为50人驻军的总旗所在地，虽然军队分驻各地，但遇有战事便奉调集中参战，古今一理。为何留下这两处独特的地名，相传与戚继光北国镇边的一段故事相关。

嘉靖、万历、隆庆三朝期间，长城外的兀良哈部不断南侵，偷袭冷口、喜峰口各地，朝廷连换10余员大将都未能守住关城。隆庆六年（1572年），兀良哈、长昂率部队破关而入，大掠卢龙、抚宁、昌黎，3日后而去，震动朝廷上下。后经谭伦鼎力举荐，朝廷下旨调南方平倭名将戚继光北上镇边。他来此后，发现募兵来此多属乌合之众，未曾接战即想逃跑。而京中禁军，虽奉调可用，但将士骄惰，不易指挥，于是他上书朝廷允许他在边塞各县招兵，有保卫家园之心，方能戍边卫国，方能胜敌。朝廷下旨应允，即《戚继光传》所载：“他自行在边疆各县招募10万军队，编制训练成车、步、骑三者皆备的精锐部队。从此，唐山大地的先民成为戚继光的主力部队之一，充分说明戚继光知兵知人。恰恰是饱经被掠之苦的边民士兵，在几次大战中拼死向前，发挥了先锋作用。”

当年的十二月，兀良哈、董狐狸和长昂率部队进犯青山口，戚继光一改往日将帅在后督兵、士兵胆怯不前的劣习，拍马上前，身先士卒冲杀在最前面，手持一杆长枪冲入敌群，左刺右挑连杀数敌。顿时，主帅不怕死的精神激起明军将士的士气，一起冲杀上前。但戚继光单枪匹马冲在前面与大军已拉开近百米距离，董狐狸立刻挥军包围戚继光。戚继光虽身经百战，但已处于极度危险之中。这时突然从山坡上冲下数十名勇士，冲破敌军阵脚，戚继光转危为安，后面的大军也冲杀上来，大败董狐狸。戚继光率军追杀到口外上百里，大获全胜。胜后，戚继光将冲锋在前的勇士召入帐中，方知是滦州李兴庄一带的边民驻军，戚继光当即表彰，旗号为“上伍旗”，寓意勇冠三军者为上，并每人赏田10亩。这在军中产生反响，不仅激励了边民勇战，也树立了戍边卫国英雄杀敌的正气雄风，同时也将朝廷的奖赏分发给各路将士。此举振奋三军士气，也佩服戚继光不仅身先士卒而且胜后不忘士兵，使戚继光威信倍增。

万历元年（1573 年）春天，董狐狸和长昂再犯桃林口，戚继光率兵再战，山坡上田野间杀声震天。乱兵交战之中总是互有局部的优势和劣势，正在山岗的戚继光忽然发现田野间 3 名士兵被 20 多名敌军围住，3 人拼死抵抗，只听田野间一声呐喊："快回救他们！"数十名明军一回身再战，救出 3 人，但已有两人受伤迅速被抬下战场，这一幕戚继光铭记在心。这场恶战董狐狸几乎被擒，明军再次大获全胜。

胜后，戚继光亲自抚恤伤兵，得知二伤者和回救二人的勇士均为迁安杨各庄一带的边民驻军，其中有父子、有兄弟，大家在阵中拼死相救奋不顾身。戚继光不但重抚伤兵及家属，而且名其号为"尚武营"，寓意为既要奋勇杀敌，又要不忘回救危难弟兄，要重武德尚义。因此，戚继光在士兵中树立起两个人人皆服的标杆，以此治军，极大地提高了明军的素质。《戚继光传》有载："战，必有死，或死敌人或死自己，只有轻其死才能获其生。"激励士兵像"上伍旗"那样"身甘马革，勿为神羞，永光史册"，有冲锋向前的豪气。同时，他也从回救战友的阵型中看到不足，改建编制，编为五人为一伍，五伍为甲，五甲为队，二队为哨设三长，增强了阵型的机动性和战斗力。戚继光不但激励士兵学习"尚武旗"的"武德尚义"的团结互救精神，而且立下了军规："每甲一人当先，八人不救，至令阵亡者，八人俱斩；一甲被围，二甲不救，或一队被围，本哨各队不救，至使失隘者，依法斩其哨、队、甲三长。"正是戚继光赏罚分明，军纪严格，使北塞驻军逐渐训练成精兵。在万历三年（1575 年），戚继光三败董狐狸，抓获部落酋长、董狐狸的兄弟长秃。董狐狸不得不率家族 300 多人前来投降，跪伏在喜峰口外，请求放回长秃，保证不再犯边掠民。从此，戚继光威镇北边 16 年再无战事。

至此，我们也就了解了"上伍旗"和"尚武旗"留下的地名故事，了解了曾发生在先人身上保家戍边的惊天地泣鬼神的英雄胆魄、尚义雄魂。或许，数百年后的今天，我们已难知道在这两个聚落之中谁是当年那些英雄的后人。这种保家爱国的精神正是我们中华民族永盛不败的民族底蕴，这也正是笔者记述这些先民小事的意义所在。地名留存了历史，故事就在我们身边……

作者：闫克岐

唐山地名有“法宝”

在唐山地名中以宝为称的共有13处，滦州市独占6处，而其中有5处为“法宝”，集中到滦州市响嘡街道的有东法宝、西法宝和后法宝，李兴庄乡有王法宝和东王法宝，还有宝兴庄。为何留有这样的奇特的地名呢？曾有一个流传已久的传说，说这里是块风水宝地。清军入关时，在山海关一战中，八旗将士多有牺牲，经达海提议，将牺牲的重要将领埋葬于此，并将其坟墓命名为法宝。这一传说是否与历史相符？是否有清军将领埋葬于此呢？我们先从八旗说起。

八旗是满语八固山的汉译。清太祖努尔哈赤在统一女真部落的战争中，创立了军政合一的牛录固山制度，以300男丁为一个基层单位，设一牛录之爵位，若干牛录组成一个固山，设一贝勒亲王统率，努尔哈赤指挥各个固山。固山即旗，在作战中因有包抄敌军的需要，便会分为两路，以不同旗色为引导，便形成两个固山，其后的战事中须四面包围敌军，便形成四个不同颜色旗帜的固山。至万历四十三年（1615年），形成了以红黄白蓝为标记的四固山。其后，随着战事规模的不断扩大，军队的扩充，形成了女真人的军事组织系统——八旗军，即正黄、镶黄、正红、镶红、正白、镶白、正蓝、镶蓝，成为清军的精锐部队。

清军入关时的山海关之战打得极为惨烈，《清史》留下翔实的记述。战争发生在山海关内的石河西岸，具体日期为崇祯十七年（1644年）四月二十二日上午，多尔衮让吴三桂率先出战，既有考验真假降清之意，也有在吴军与农民军交战疲惫之时，清军以逸待劳一战而胜的用意。李自成已在石河西岸红瓦店一带列阵二三十里，吴三桂率部队挥刀跃马冲锋陷阵。农民军毫不示弱奋勇进击，吴军冲到哪里，农民军就围到哪里，顿时战马嘶鸣，人声呐喊，血肉横飞。战至中午，吴军已支撑不住，农民军也已力竭。这时，数万清军骑兵从山海关冲出，直扑农民军，农民军在清军联军的攻击下大败，清军连续追击了六七十里方停下来，此时已到滦州境内。这场战事虽以清军大获全胜结束，但毕竟是一场双方拼实力的血战，战后双方留下的尸体达数万之众，暴尸盈野，三年收之未尽。后人留下一首《石河吊古诗》，记述当年战事的惨烈：“二十年前战马来，石河西岸鼓如雷。至今河上留残雪，夜夜青磷照绿苔。”清军中，正白正蓝两旗冲锋在前，战功卓著，但也伤亡重大，不仅许多清军陈尸河岸，也有多名大将在战事中身亡。于是，多尔衮安排人在河岸收尸掩埋士兵尸体，并听从达海的建议，将多名阵亡的将领埋葬于滦州境内。

达海何许人也？达海为满族正蓝旗人，9岁即通晓汉文、满文，16岁即在努尔哈赤身边供职。其后，皇太极更加重用达海，令其改进无标点之满文，在清室中占有重要位置。因此，多尔衮看重达海，听从他的建议将阵亡将领埋葬于滦州响嘡一带的风水宝地，并将坟墓命名为“法宝”。法乃景仰效仿之意，而女真人极为重视男丁生育，视男丁为宝，阵亡将领皆国之重宝。法宝之意是让其后人不要忘记祖先的英勇忠贞，要仿效祖先，忠贞于大清朝廷。同时，法宝二字也饱含了清帝对阵亡将领的嘉奖和表彰。后世，这里人丁兴旺，扩庄建村，于是就有了多处以法宝为称的村庄。

丰南县的张友仁先生向笔者讲述，他为满族正蓝旗人，祖先为董一道。曾跟随努尔哈赤屡建战功，清太祖赐姓张，其后随大军入关，死后埋葬于滦州一带，俗称法宝庄。大清建国后的200多年间，有专人看守坟墓，按时祭奠祖先。他家祖先的坟墓称张家法宝，每年到滦州法宝墓祭祖是重要的事情，家有去世之人也要到法宝处向守陵人报知留名，家有生者也要到这里续祖入祖籍簿。因此，法宝庄成为许多满族后人续写族谱和敬祭祖先的圣土，可惜在之后的岁月里，坟中遗物不慎丢失，墓穴也遭受破坏，从此失去了与祖先续谱的重要物证，令人可惜。但张先生的讲述却证实了这一流传已久的传说，也说明张友仁先生的祖先，曾是战功卓著的大将，阵亡后隆葬于此。

作者：闫克岐

迷谷村与成语“老马识途”

迷谷村位于今滦州市油榨镇最北部，滦河西岸，距新城 27 千米。明洪武初年（1370 年）左右建村，因建于古“迷沟”沙丘之中，故名迷谷。成语“老马识途”就发生在迷谷。

迷谷也叫“迷沟”，在孤竹城遗址南三里许。据《永平府志》记载：“迷沟，在府城滦河西二十里，去其地多平沙，无草木。相传即齐桓公伐孤竹老马识途处。今西北之泥沟山是也，盖误‘迷’为‘泥’云。”迷谷一带，沟壑纵横，犬牙交错，九曲回肠，荒沙遍地，天生兵法，自然成阵，俗称“迷谷九连环”，也叫“迷谷九阵图”。不要说外地人，就是本地土著也“莫敢入焉”。当地有句顺口溜：“迷谷迷谷，好进难出，一朝不慎，进去喂狗。”说的就是迷谷外表看起来平静如水，但里面却隐藏着暗暗杀机。当然，随着时代变迁，这里现今已是阡陌纵横，沃野平畴，成生活乐园。迷谷之所以名扬天下，还是人人皆知的“老马识途”。

相传春秋末期，齐桓公善于识人用才，在重臣管仲等人的辅佐下，齐国国力日渐强大，成为诸侯霸主。此时，在今迁安、迁西、卢龙和滦州市北部一带活动的山戎族逐渐强大起来，建立了令支国。令支国为游牧民族，弓马娴熟，骁勇善战，因此经常袭扰燕国，甚至越过燕国去袭扰晋国。燕庄公二十八年（公元前 663 年），令支国国王密卢率兵万骑攻打燕国，一路势如破竹，直抵燕国上都蓟城下。燕庄公一边组织兵民固守，一边派人向齐国求救，条件是将燕国的五座城池让于齐国。齐国遂派兵 10 万，在管仲的陪同下，亲自率兵征讨令支，救援燕国。密卢率兵在燕国烧杀掳掠，久攻城池不下，闻听齐国来援，遂向孤竹国逃窜。齐桓公见燕国之围已解，便想罢兵南归。管仲说：“山戎未挫，得意而去，我军若归，他必又来，劳师远征，兵家大忌，不如一鼓作气直捣令支巢穴，以绝后患，方显大国神威！”齐桓公觉得很有道理，遂命无终国（今玉田一带）大将虎儿斑自领一队为前锋，燕军作后卫，齐桓公自领齐军作中军，一路军容整肃，浩浩荡荡杀奔东来。齐国大军东渡濡水（滦河）攻打孤竹。孤竹国乃圣贤之地，以仁政治理国家城邦，素不养兵。密卢王尊重孤竹国，从不到孤竹国境打家劫舍，因此两国关系甚好，大难来临，他毫不犹豫地选择到孤竹国避难。听说燕齐联军大兵压境，国君惊慌失措，大将黄花说不必担心，我有一计，管叫他 10 万大军有去无回！国君忙问其计，黄花说，只是此计须借密卢王一件东西，密卢忙问所借何物，黄花正色说就是你项上人头，密卢已明白黄花的用意，凛然道只要能置齐军于死地，替我那些死难的弟兄报仇，人头尽管拿去！说着挥剑自刎。黄花提了密卢首级到燕齐联军诈降，齐桓公果然上当。黄花说令支还有一支主力在燕山深处，不消灭必成后患！于是假意为燕齐联军做向导，把大部队引入迷谷深处。联军入迷谷已是黄昏，忽然狂风大作，飞沙走石，天昏地暗，黄花乘机逃脱。联军在迷谷内如盲人瞎马，左冲右突，找不到出路，军心大乱。齐桓公也大惊失色说，我命休矣！管仲说不妨，老马之智可用也。于是放几匹从孤竹国掠来的老马在前边带路，终于顺利走出迷谷，全军脱离险境。“老马识途”成语即源于此。

作者：吴述东、陈明广

无税庄的来历

无税庄属东安各庄镇，位于滦州市新城北 11 千米。关于无税庄的来历，至少有两个版本，一是救驾说，一是娘娘说。

先说救驾说。就是滦州一带，急公好义，富甲平州的赵养蔚，“三炮救万历”的传说。

话说万历之时，这位做了 47 年皇帝的朱翊钧 10 岁即位，初年由首辅张居正执政，清丈全国土地，推行一条鞭法，治理黄河，缓和了政治危机。成年亲政后不常视朝，大肆营建豪华楼台殿阁，自己亲手制作各种木制工艺，乐此不疲。后派宦官到各地任矿监、税监，对人民疯狂掠夺，多次激起民变。有一年，这位太平皇帝放下手中的木匠活计，忽发奇想，要到秦皇汉武登临处的碣石、汉武台一带走走。一路都很顺利，只是刚刚渡过滦河回銮时忽然遇到后金兵的袭击。原来这后金兵趁中原王朝内弛外松之机，已然悄悄发展壮大起来，常常到平滦一带烧杀掳掠，并且攻城略地频频得手。这次是努尔哈赤的一哨兵马又来永平袭扰，忽见旌罗伞盖、气势非凡的一支长龙般队伍迎面而来，领队的都拉哈心中大喜，心想这个队伍不是大明王爷也是公侯，肯定是块肥肉，于是掩兵袭杀而至。但他哪里想到这是一支皇家卫队，他们拼死掩护的是当今万历皇帝，这支皇家卫队哪里会想到大明关内会有敌兵袭击之事，一时慌了手脚，乱了阵脚，一字长蛇阵很快被后金兵冲得七零八落。这次首辅张居正也随侍同行，一见形势紧迫，一边指挥皇家卫队拼死挡住后金兵的攻势，一边对万历皇帝说：“滦州城就在渡口南方不远，此城形势坚固，守防有方，陛下不妨移驾滦州到那里暂避一时。”张居正一行护着龙驾惶惶如丧家之犬向滦州方向急退下来，眼看卫队人员越战越少，而后金马队势如破竹越追越近，万历皇帝暗暗叫苦：“我命休矣！”正在万分危急时刻，忽听一声炮响，在后金马队中轰然炸开，顿时有七八匹战马倒在硝烟中，后金兵攻势受挫，被这突发一炮惊呆了，一时不知是进是退。还是都拉哈比较镇静，听得一声炮响过后，再无什么动静，命令手下继续追赶那黄罗伞下之人，务求活捉。相差不过一箭之地，眼看肥肉就到了嘴边，都拉哈不禁喜上眉梢，大喊一声：“谁要活捉伞下之人，赏银三千两！”后金兵继续奋勇直追。忽听又是一声炮响，在后金马队中爆炸开来，连人带马又躺倒了一片。一块弹片从都拉哈耳边呼啸而过，都拉哈脸都吓白了，他摸了摸脑袋连说：“好险好险！”这是什么家伙，好大的威力，连折我数十弟兄！一边想一边怒火中烧，待我擒得发炮之人，定要将他碎尸万段！于是大喝一声：“滦州州城在即，休要跑了那伞下之人，若是逮他不着，日后我诛你们九族！”众金兵个个奋勇，人人率先，一阵马蹄急雨般掠了过去，那黄罗伞盖就在前面，眼看唾手可得。这回万历皇帝心都凉了，也跑不动了，张居正年事已高，更是上气不接下气，但他还是安慰万历皇帝："放心陛下，州城就在眼前，刚才这两声大炮就是城上发的，我看这守城之人文韬武略，不慌不忙，很有章法，总是在咱们最危险时刻发炮救咱们，我料用不多会儿，还会发炮，那金兵奈何不了我们！”

话音未落，果真又是一炮响起，这炮威力更大，不偏不倚，正在都拉哈坐骑前爆炸，都拉哈连人带马登时毙命。一见没了主帅，刚才还气势汹汹的金兵马队顿时没了主意，攻势马上停了下来。这时从城内齐刷刷赶来一支马队，为首之人来到万历皇帝面前倒头便拜："末将只顾命人发炮，救驾来迟，还请圣上恕罪！”万历皇帝一见来了救兵，心下欢喜，面子上却马上端起皇帝的架子说："罢了，好在朕还无性命之忧。赦你无罪，起来吧！”那后金兵一见城内来了大批人马增援，不敢恋战，拖起都拉哈的尸体急匆匆撤走了。

那赶来增援救驾之人，正是州城守备赵养蔚。赵养蔚用私钱造起的大炮这次真是用到了节骨眼上，三炮救了万历皇帝。惊魂未定的皇帝一行来到州城安排住下，一夜无话，第二天就在州衙升庭议事，要重赏赵养蔚救驾之功。赵养蔚说："末将家不缺钱，职不缺官，只是我家乡土地瘠薄，百姓困苦，若能免税或许能救一方百姓，可得衣食无忧，小民将不胜感激圣上大恩大德！”万历问："你家住在何处？”赵养蔚答："城北18里税赋庄。”万历很痛快地答道："那好吧，朕就答应你，从此以后，你家乡税赋庄再也不要纳税，就叫无税庄吧！”赵养蔚赶紧叩头谢恩。万历把好人做到底，又下旨："着赵养蔚持监易、蓟、密之镇军务，加尚宝少卿，钦此！”

就这样，赵养蔚做梦也没想到三炮救了个当今皇帝，自己不但连升三级，家乡还从此更名无税庄，再也不用害怕那些苛捐杂税了。

再说娘娘说。

说的是万历之时，税赋庄出过一位娘娘，这娘娘国色天香，知书达理。甚得万历皇帝宠爱，正是三千宠爱集一身，只恨昼长夜太短。只是这娘娘常常黯然伤情，默默垂泪，难得有开心的时候。万历几次问她，她都摇头不语。有一次万历动怒道："贱人！每见你以泪洗面，问你你又不说，莫不是怪朕不称尔意怎的？”这娘娘顿时花容失色，赶快跪了下来，禀道："妾身垂泪不为别的，只为我家乡年年大旱，颗粒无收，加上赋税又重，常常饿死家小，每想至此，故而难过。”皇帝一听忙问道："你家在哪里？”娘娘禀道："滦州城北18里税赋庄。”皇帝为逗她高兴说："这点小事好办，朕下道圣旨免了你家乡税赋不就完了？”娘娘一听有门，赶紧跪谢："谢皇帝陛下，还请皇帝赐我家乡名为

‘无税庄’。”“准奏。”……自此，这位娘娘再没有在皇上面前哭过。这就是无税庄由来的另一版本。

如今，无税庄已建成文明生态村，人们安居乐业，生活富裕，走上了小康之路。

作者：吴树东、陈明广

牛过庄

牛过庄，后传为尤各庄。尤各庄分上尤各庄和下尤各庄，下尤各庄现在叫东营村，位于滦州市新城西北40千米，榛子镇西南部。东至相公庄，西至北营，南至开平区安家庄，北至小山子。东营村有着一个人人皆知的牛触虎救童的传说。

民国《滦县志》在“古迹篇”中专有“牛过庄”一个条目，写道：“牛过庄，在县城西北九十二里，今讹为牛过庄。先是有牧童遇虎，童坠，卧牛腹下，自忖分必死。牛乃怒与虎斗，触虎毙，童竟得生。土人义牛，因牛过其地，遂以名村。今村东庙壁上，犹刻其像，即牧童卧牛腹下，牛触虎死状，依稀尚有字迹。庄分上下，石刻在下牛过庄，土人又名为东营。”

当时这个村仅有几十户人家，二三百口人，全村只有这一头牛，名叫花牤。花牤这年两岁口，是东营朱家儿媳从娘家带过来的陪嫁品。这花牤天性善良，干活又好，全村那百十亩地，几乎全赖花牤耕种，家家待它为上宾。特别是这花牤颇通人性，它能看懂听懂役使它的主人的喜怒哀乐，它知道朱家人是它真正意义上的主人，不管到哪里，一遇到朱家人它便“哞哞”叫几声。据说有一年冬天花牤正独自在塘内的冰窟窿处饮水，忽然有个滑冰玩的男孩一下子收不住脚急驰过来，“哗啦”一声掉进冰洞。说时迟那时快，花牤在这千钧一发之际一口就叼住那男孩的衣襟，一摇头生生地把那男孩给扔到岸上。站在岸上的人都看到了这极惊险的一幕，都认为这是头神牛。那男孩的父母闻讯赶来，双双给花牤跪下磕了几个响头。

一次，有个叫朱老二的村民用它坌青耕地。这朱老二脾气暴躁，一天下来，花牤连在地头歇歇脚的时间都没有，身上的鞭子更是挨了无其数，可它一声都没吭，帮朱老二把本应三天干完的活计一天就干完了。好容易熬到回家的时刻，天又下起大雨，谁知雨大路滑，没跑多远，朱老二一声惨叫跌到了沟里，有一只脚脱臼，站起来都困难。花牤小心翼翼地下到沟底，就在朱老二身边趴下来，示意朱老二趴到自己背上去。朱老二一下子泪流满面，抽咽着努力了半天，才爬到牛背上，花牤一步一步在泥水中把他安全驮回家。从此，朱老二撅折了打牛鞭。

花牤和全村人有感情，和它的主人家感情更深，久而久之，全村人都把花牤当作了自己家庭中的一员，花牤在这个村里过着忙累而快乐的生活。这年又是挂锄季节，朱牧童照例骑上花牤出去放牧。临出门父母关照他：“听说最近山里闹虎，你们不要走远了，就在村边上吃吃草吧！”嘱咐完朱牧童他们又特别对花牤说："牤子，要真遇上老虎，你可别丢下他不管呀！"花牤似乎听得懂主人的叮嘱，不但很庄重地点点头，还轻轻叫了两声，意思是说："你们放心吧，有我花牤在就有小主人在！"

朱牧童可不管这些，他早就盯上了烂石山上的一窝凤头鹃，好歹今天他要去把它掏了来，自己那个鸟笼子都空了好几个月了。掏来这一窝，说不定还能训练出个"铜嘴儿"呢！朱牧童一边美滋滋地想着，一边骑在花牤背上往烂石山上走。开始花牤有些不愿意，几次停下脚步看朱牧童，朱牧童知道它的心思，说："走吧花牤，爸妈的话可听可不听，哪来的老虎！再说什么样的老虎在你花牤面前还不甘拜下风，我对你有信心着呢！"花牤受到鼓励，虽然觉着不听老人言，这事有点玄，但还是很高兴地按照小主人的意愿往烂石山方向走去。

烂石山虽名烂石山，但林木繁茂，在这个原始森林中遍布着大大小小的石头，大超磨盘，小若鹅卵，而且全都是连山石，放眼望去，就像群羊卧地，毫无规则可言，故名烂石山。这里还就真藏着一只虎大虫，可能靠近烂石山的小兽不多，虎大虫难以果腹，因此常在林丛边缘处寻食。朱牧童和花牤刚进烂石山，就碰到了这只胖大的家伙。朱牧童吓得连声都没出就晕了过去，接着就发生了本文开头旧志所载的那一幕。牛与虎斗，顶死老虎，牧童得救。

花牤再次立功的消息迅速传遍三里五村，村人为之建庙，名曰："牛神庙"。春夏秋冬，四时有祭，直到花牤死去多年，祭祀之人不断。花牤大约是在生前就接受人间祭祀的唯一一头牲畜，至今人们还不忘它的名字。

作者：吴述东

迁义庄的由来

迁义庄位于滦州市新城东南8千米处，东临老滦河，西接新滦河，南至王法宝村，北至东法宝村。

迁义庄原为一片高岗，并无村庄。清嘉庆年间多灾多难，各代州（县）志有述，比如飓风吹倒城墙十余丈，摧毁房屋无数。更可怕的是在嘉庆十三年至二十三年（1808—1818年）间，滦河5次洪水泛滥。其时暴雨不断，山洪暴发，滦河改道，两岸500余座村庄被淹，大片良田被沙石淹没。其间还发生5次地震，最大一次地震引起海啸上淹20多里，房屋被大水卷走，饥民成千上万。官府虽搭起粥棚救济灾民，远不足抵御这样大的水灾，每天有病饿而死的尸体散落田野。在这场大灾之中，临近滦河被淹的陆家营、裴家庄、新立庄、枣园铺等村庄幸存下来的灾民，为躲避洪水来到这片高岗聚居。灾民有的已妻离子散，有的已片瓦无存，有儿子背老母而来，有妻子怀抱幼子而来，更有的只剩下孤身一人，还有十几岁的孩子已经举目无亲。为了生存下去，幸存灾民搭起窝棚共渡难关，多人聚居一处，已无家可分了。日久大水退下，有的亲人找来相聚，开始另建草屋，也有人灾后组成新家，搭草屋另过，于是这里便有了一户户新的人家。之后人们清沙开荒，顽强地生存下来。而一些孤弱老人都被各户主动义养家中，村民在艰辛中团结义助，多年之后终于形成了几十户人家的村庄，便想到了应有个村称，但叫什么村名才好呢？大家想到这里居住的家家户户都是从各处迁居于此，全凭一个义字互助而生存下来，因此立村名为迁义庄，寓意从各处迁来以义建庄。

然而，后来又多次闹天灾。《滦县志》载："丙寅，夏五月初四，大雨雹骤降，平地积雹尺余。"这一年，田间颗粒不收。但村民间义举无数，有存粮者大家分食，青壮者到处挖野菜，一家煮粥，多家同食，终于又度过了这场天灾。

到了道光年间，境遇更糟，12次滦河泛滥，3次瘟疫流行。《滦县志》载："道光二十五年四月，海啸上淹20余里，渔舍尽没。"再如："道光五年春，虫食苗，秋蝗禾尽枯。""丁亥夏，大旱，疫，死者甚众。""道光十一年冬，夜大雪深五尺。"虽然迁义村地处高岗未被大水淹庄，但连年不断的灾难已让村民心理上难以承受。村人觉得连年遭灾是村中没有建庙，只有敬天请神才能保佑村庄平安，风调雨顺，于是全村议定建庙请神。

然而在艰辛中生活的村民，又屡屡遭灾，集资建庙谈何容易。直至道光二十年（1840年），村民历经30多年捐资积蓄，方选置一块风水好的地方，但尚无起庙资金。又过了7年，村民共同义捐，出钱出力，打出官井一口，供全村人吃水。之后又过了9年，至咸丰六年（1586年），村民第三次义捐，终于建起了庙宇，铸成铁钟，塑画神像，实现了建村、打井、建庙。至此，已经历三朝皇帝，历时61年。迁义庄人一路走来，患难与共，将村民间的情义张扬得淋漓尽致，不愧为滦河文化的华彩乐段！

转眼间历史又过百余年，如今迁义庄村民更是和平共处、和谐礼让，过上了丰衣足食、美满幸福的小康生活。2002年村民在村中发现了记述迁义庄的碑志，它记载了迁义庄的风雨沧桑。为保护古碑，经两村决定将古碑重立于村北法宝山阳坡之上，又筑碑亭以护之，碑亭以“德义”为名，并撰记刻于石碑之上，与迁义庄古碑并立于“德义”亭中，不仅成了村民和谐互助的教材，也为研究唐山古聚落发展史留下不可多得的文物与史料。

作者：闫克岐、陈明广

八里桥的传说

八里桥村属滦州市滦城街道，位于滦州市新城东南 3 千米，明永乐初年迁民所建，因村周围皆水，村四周架有 8 座桥，该村距滦县老城 8 里，故得名八里桥。现分为东、西、北八里桥 3 个村。东至马鞍山，南至任店子，西至高官营，北至吴坎村。八里桥还有一个传说。

说的是这八里桥村住着一位百岁老人叫邱千丈，老头身子骨非常健朗，一二百斤重的碌碡扛起来就走，人们都管他叫老神仙。老神仙原来住在五子山上（八里桥西南），向阳处搭了一个棚寮。老神仙每天不是侍弄庄稼就是砍柴打猎，倒也吃穿不愁。有人来上门，不管老幼，只要需要他帮忙，没有不尽力的。有一年冬天，他把积攒的粮食和兽肉都周济了穷人，自己不得不顶着暴风雪到山上打猎，才没有饿肚子。因此，人们还管老神仙叫大善人。

这年冬天，北风呼啸，滴水成冰，老神仙裹上貂皮褥子正想早早睡觉，有人敲门，他开了门，一阵冷风刮进一个白胡子老头，手上还拿着一个类似于卖唱的渔鼓筒，一进来就倒下了。老神仙赶紧把他弄上床，盖上自己的貂皮大衣，烧了壶热水，又煮了点稀饭，慢慢喂那老头喝水吃饭，半晌老头才转过神来。老神仙还没来得及和他搭话，那老头连声招呼都没打就走了。老神仙也不怪他，把门关好，想继续睡觉。

这时候，又有人敲门，一开门进来一个漂亮大闺女，哭着说“老丈救我”。老神仙问她怎么回事，闺女说有个地主恶霸看上了她，非娶她做小，他们已经追来了。说着进来一伙人，为首一个身背一柄龙泉宝剑，对老神仙说：“老东西，竟敢把我的美人给藏起来?”老神仙赶忙赔着笑脸说：“诸位大爷，有话慢慢说。”“小的们，把何姑娘给我带走，一把火把这个烂棚子给我烧了!”这时老神仙眼疾手快一把抄起那把猎枪大喝道：“谁敢抢人?得问问我这杆猎枪答不答应!放开她，我数一二三，如果不放，休怪我无情!”没想到那帮坏蛋不禁吓唬，拔腿开溜了。姑娘抱住老神仙说：“我知你是个好人，你就把我娶了吧!”老神仙笑笑，慢慢推开姑娘说：“闺女，论年龄，我都能做你爷爷了，娶了你不成天下笑话了吗?你要无处可去，老朽这里或可存身，请姑娘勿再多言!”姑娘留下一张字条走了：善有善报，时辰未到。

老神仙正在纳闷，刚才关好的门竟吱扭一声开了，进来两个胖子，一个手拿芭蕉扇，一个拿个长条玉笏。到了屋里拿扇子的就说：“老丈，刚才的事我们都见到了，老丈扶危济困德高品懋令人敬佩，我们哼哈二将正为朝廷遴选人才，就请老丈随我们到京城，包你有享不尽的荣华富贵！”老神仙说：“我一山野村夫，饮清泉食柏子，餐华啜露，笑傲烟霞，岂不快哉，要那荣华富贵作甚？二位休要再逞口舌之利，稍坐片刻，老朽给二位看茶。”

也不知是梦还是真，这一夜，老神仙被一拨一拨来的不明不白的人闹腾得几乎彻夜未眠。天亮时刚打了个盹，然后带上那杆猎枪进山，一出门才知道昨夜下了一场大雪。他知道锄钩峪那儿有一头老野猪，年年糟害附近百姓的庄稼，要是能把它弄来，不但能为民除害，还有一冬吃的。刚过一道沟，从前面的山膀上传来一阵悠扬的笛声，原来是一位少年正在岭上吹《梅花三弄》。那公子开口道：“老先生，在下姓韩，乃是滦州城里一名卦师，昨夜我偶得一卦，卦上说先生今天将有血光之灾，所以不敢耽搁，先生可是要进山打野猪吗？那野猪王已成气候，要碰它必死无疑！”老神仙哈哈大笑：“那头老野猪糟践老百姓的很多庄稼，今天雪大封山必出来觅食，是个好机会。”韩公子说：“我的卦从来不爽！”老神仙笑道：“多谢公子美意，老朽心领了，老朽拼得一死，也要为民除害！”

老神仙继续前行，来到二道沟内，遇见一位虬髯中年，左腿骨折，呻吟不止。老神仙要上前施救，却被那中年一掌推了个跟头，还骂道：“老不死的，谁要你来管？走开！”老神仙说：“我会看跌打损伤，跟我回家，如无大碍，马上就好。”那人道：“世风日下人心不古，天下黑得像锅底，你把我救过来不是还要受罪吗？”老神仙问道：“究竟怎么了？”那人道：“媳妇叫人家霸占了，爹妈给人气死了，一双儿女被人拐跑了，你说我还怎么活？”老神仙道：“是糟心，可你要一死，不就一家子都完了吗？只要人在，媳妇就有可能夺回来，孩子就有可能找回来！走吧，我背着你，好死不如赖活着呀！”老神仙蹲下身子想背那伤者下山，等了半天回头一看，哪有人的踪迹！

老神仙来到三道岭上，这天真的打到了那头野猪王，好不容易把它拖到家里，正想坐下来歇一会儿，呼啦一下进来七男一女。老神仙仔细瞅瞅，都是昨夜和今天遇到的几位。那位折了腿的虬髯中年说道：“老先生，能否赏我们口饭吃？”老神仙说：“老朽有些累，窗前有新打来的野猪，墙上有昨天打的兔肉，厨下有山菇、木耳、柴米油盐之类，你们自己弄来吃吧！”那几个人自己动手，不一会儿，一桌子色香味俱佳的菜肴香饭上了桌子。老神仙又搬出一坛陈年老酒，大家喝得直到醉眼蒙眬才罢休。

那个拿芭蕉扇的说：“老丈，叨扰了你半天，总得报答你点什么。”那个手提花篮的说：“你的棚寮太小了，我给你起一栋大房子。”那个身背宝剑的说：“福禄寿喜，总要挑一个吧。”那位漂亮的姑娘说：“老人家，你什么都不想要，想必要当仙人吧？”老神仙摇摇头：“我什么都有了，快乐、健康、自在、助人，别无所求。”老神仙忽然一拍脑袋说：“嗨，差点把大事忘了！我们这山下有道龙溪（从五子山流过来的小河），龙溪虽小，可是每到雨季就会泛滥成灾，河水四溢，两岸百姓受苦。你们何不各显神通使龙溪不再为害呢？”那个破衣烂衫的白胡子老头说：“在龙溪上修座桥，不就行了吗？我们一人一里。”于是，众人齐施法术，就把龙溪给盖上了地桥，8个人正好8里，故称“八里桥”。

这时，老神仙才明白，原来这8个人是想度他成仙的，度他不成，又受了他许多恩惠，自是感激不尽，才受他所托，给这里的百姓修了个地桥，使龙溪再也不能危害百姓。过去“龙溪地桥”为滦州十二景之一。

作者：吴述东、陈明广

龙坨曾为龙女坨

鲤鱼的鳞都是白色，而滦河的鲤鱼却是红鳞。为什么滦鲤红鳞呢？有朱砂人朱砂洞说和龙女说。此文讲述的是龙女说。

龙女说要从龙坨说起。龙坨位于滦州市新城的西北部，东邻宜安，西邻榛子镇，南邻麻湾坨，北邻高城子，管河从北向南绕龙坨流过。龙坨是个古老的聚落，有地形说和故事说。地形说较为简单，即《地名志》所载：“龙坨村相传为唐朝武德年间建村，因村址建在一条龙形的沙岗之上，故名龙坨庄，后简称龙坨，今已为乡，乡以村名。”然而，这条龙形的沙岗又是怎样形成的呢？那就留下了《茶余故里》中的“龙坨曾为龙女坨的故事”。

相传唐朝时，今滦州市一带为石城或临榆境内，统称为“北地”。这一带有许许多多的巧手姑娘，许多戍边将士都以从这里娶回妻子为荣，即《国史补》载：“凡幕军中未有妻室者，厚给货币，密令从北地娶妇以归。”当然也有留在这片土地上的将士，管郎便是其中一个。

管郎原为江南人氏，随军戍边至此，两年后本该回归故乡，但他留在这里，却是缘于一段奇遇。管郎的姓氏已被人们忘去，因他随身带着一支管箫，无事之时便坐在河边林下吹箫，因此大家都称他管郎。的确，他的箫声太动听了，几乎感动了天地间一切生灵。每天清晨，他的箫声响起，就会聚来百鸟伏在树枝上静静谛听；每当夕阳时，他吹动箫声便引来滦河中的鲤鱼浮在水中随他箫声起舞；每到静夜，他那动人的箫声常常声传数里，乡邻们都会静静地享受在美妙的箫声之中。一连几天，常有一个美丽的姑娘来到他的身边，听他吹动管箫，一动不动的，双手托腮如痴如醉。管郎也被姑娘的美丽惊艳。这天，已是月挂中天，姑娘依然没有走，月光下宛若仙女降临身边。管郎不由心动，便吹奏了一曲箫乐中的极品《凤求凰》。姑娘听懂了他的箫声，春心萌动了。当管郎回到他的草屋时，忽然发现姑娘已坐在草屋的土炕上。管郎惊呆了：“姑娘，你应该回家，夜已深，我送你回去吧！”姑娘一笑：“你对我动心了，我为情而来，你的箫声已做了媒妁。”管郎面含愧色地说：“姑娘的美貌令人动心，但我一介戍边的穷汉，怎能让你幸福呢？”姑娘一笑：“幸福尽在以身相许之中。”管郎听罢再也按捺不住相爱之情，就这样，两人做成了夫妻。姑娘告诉他，她姓龙，就称她小龙女。憨厚的管郎也未再多想。从此，山林边多了一户人家，小龙女和他一起下田除草，同去同归。不过，令管郎惊奇的是，缺什么，小龙女夜游一次，家中就有什么，小两口过得美满无忧。最幸福莫过夕阳时分，小龙女静静地依偎在管郎身边听管郎吹箫，月光下滦河中的鲤鱼都游到他俩面前随着箫声起舞，好壮观啊。一次，管郎见河中满是鲤鱼便用网儿将鲤鱼网住，但小龙女对他说：“不要伤害鱼儿，这些鱼儿是来听你吹箫的，都是有灵性的……”管郎被小龙女的善良感动了，扯掉渔网，成群的鲤鱼摇头摆尾地游走了。一年后，小龙女怀孕了，但小龙女却要到娘家去生。临别，小龙女告诉他，她的家离这里很远很远，需三年以后方能回来，如果他遇到危难时，只要吹一曲《凤求凰》她就会回来救他。

就这样，管郎在思念中期盼着小龙女的归来。两年后的春天，遇到旱灾，连月无雨，田地里的禾苗一片片地枯萎，四乡村民愁眉不展。这天夜里，管郎吹起了《凤求凰》。果然，小龙女降临他的身边。清晨，管郎带她来到田边，田野一片枯黄，田地干裂数里。小龙女明白了管郎的心意，于是小龙女腾空而去，往返于东海去取水浇田。一连三天，临榆境内浓云密布，连降大雨，顿时救活了田间的禾苗，保住了乡民的期盼。但小龙女却已经累得力竭，她再也回不到东海抚育龙子去了。夜静之时，她对管郎说：“我很快就要石化在这里，我还能答应你一个要求。”管郎落泪了：“我和你一起石化在这里，我们再也不分离了。你喜欢听我吹管箫，就让管箫变成小河，每天我的箫声随着流水声吹奏给你听！”天明时分，小龙女和管郎即化作了弯弯曲曲的沙岗，沙岗上留下两个依偎的沙丘，管箫化作小河。河中的鲤鱼哭红了眼睛，哭出了血，哭游到滦河时已全身红鳞。从此，后人称这里为龙女坨，称这河为管郎河。相传每到清明时节，这里便会下场轻雨，人们说这是东海中的龙子前来祭祀母亲，管郎河就涌来无数滦河红鲤，人们说这是鱼儿不忘小龙女的善良和为人间降雨献身的无私。后世，渐渐唤成龙坨和管河。但龙女坨的故事却流传下来。

作者：闫克岐

地名宫上说辽金

《说文》载："宫，室也。"但宫和室又有区别，宫是指房屋整体的空间，室是整体内所分隔出来的空间。这种宫室结构的房屋早在6000多年前就已产生。西安半坡遗址即为这样结构的房屋，整座房屋内，南部为一间大屋，北面有多间小屋，小屋门皆南开。这种结构的房屋时至今日仍可见到，丰润县居多。至秦汉之后，宫成为帝王居住地方的专用词。

在唐山大地以宫命名的地名共有四处。在此，我们重点说迁安市五重安乡的"宫上"村。相传这里曾是辽主渔猎场地之一，金灭辽之后，依然是金主渔猎的行宫。辽史的游幸篇，金史的燕幸篇，以及《永平府志》和《滦县志》，为我们留下了辽主金主当年在此渔猎的盛况。

既然宫上村一带曾是辽主渔猎的行宫，为何未留下土石建筑遗址呢？因为契丹人为游猎民族，辽主喜欢渔猎，每年从黑龙江游猎至内蒙古一带，为便于流动，所谓的行宫均为蒙古包式的帐篷，游到哪里，行宫就建在哪里，大臣们禀奏事情也只好追至辽主游猎之地。

"宫上"村一带的大沙河，古时河水丰盈，清澈见底，两岸苇草丰茂，河中有肉质肥嫩的沙河鱼和草虾。每年入秋时节，更是引来无数野鸭和野鹅，也就是《山海经》中所记述的"鹁鸟"，是理想的渔猎之地。因此每年春天，辽主便让臣下来此先栽下鸭鹅群爱食的稷草，入秋时稷草的清香便引来野鸭群游至此，肥鹅也铺天盖地地飞来。这时，辽主便来此行猎，建起临时行宫。随行的将士便悄悄地围住飞来的野鹅和河中的野鸭。入夜，将士们弯弓备箭之后，令人击鼓，顿时河面腾起一片野鹅，呼啦啦乱飞，霎时，乱箭纷飞，肥鹅纷纷中箭落水。之后，士兵乘小舟或泅水去捉野鹅、野鸭，有时竟闹到通宵达旦，甚至下起暴雨也令士兵下水捕捉鸭鹅。随后便宰杀鸭鹅，设宴豪饮一醉方休，弄得臣下和下人疲惫不堪，而辽主稍不如意就会将人推出问斩。辽穆宗就因沉湎渔猎又性情残暴，杀人成性，被他身边的近侍小哥、花哥和庖人辛石古等杀死在游猎行宫之中。

其后，萧太后主政，虽然"明达治道，闻善必从"，但依然喜欢渔猎。每次辽太后来此之前，臣下都要提前两个月在进冬之时做好准备，在河面平坦处下网拉鱼，之后将鱼集中到拉网区内。入冬时大河结冰，便在冰面上建起辽主钓鱼的"行宫"，在行宫的帐篷内打出四个冰洞，让其再冻上薄冰，能看见冰下的鱼儿游来游去。这四个封冻孔为观鱼洞，再从中间打一冰洞，保持见水不封，因此中间的冰洞聚满鱼儿，甚至有的鱼儿跳到冰面上。此时便请辽主前来钓鱼。辽主垂下钓鱼绳儿，很快就会钓到肥美的沙河鱼。随即向太后报喜，已钓到头鱼，庖人便开始做“头鱼宴”。其后，辽主大宴群臣，各臣服于大辽国的部落首领也都来此助兴，宴席间载歌载舞，直至醉入梦乡。辽人毫无戒备之心，其弱点为后起的女真族抓住，终为女真族所灭。

女真人建立大金国，仍保持了辽主的渔猎之风。由于宫上村环境幽雅，大沙河内有鱼有鹅，山中有野鹿山狼，因此续成金主游猎之地。但金主吸取辽主游猎而不戒备因此亡国的教训，来此游猎时，在周围布以重兵。金主的牙帐之外以枪为寨，用毛绳连接，每条枪下都设有黑檀帐一张，为卫士挡风遮雨，枪城之外再设小檀帐一层，每帐内布兵五人，各执兵器形成禁围，可见防备之严。

在禁围区之内设有省方殿和宁寿殿，二者之间约 2 里之遥。其宫殿也为蒙古包，四周以鹿皮为墙，地铺黄幛，比辽主时的行宫豪华一些。在这两处之间再设一处八方共用殿以接待朝贡官员，另设长春帐为金主寝室。外围再筑木栏硬寨，派 4000 士兵守护，每天轮换 1000 人，其外再设传令护卫，稍有惊动，禁内便知。“行宫”修好后，金主便前来渔猎，但渔猎范围已大大超过辽主。如金武宗不仅来“宫上”渔猎，还游猎至建昌，从建昌又至偏凉汀打鱼，之后乘船顺风 3 里许到北释院口打鱼捕鹅，日落而归，可见当时河流的水量是何等充足。冬日来此狩猎时，先将猎物轰至场中，由金主先射，其后亲兵射猎。金主来此一次常常月余而归。

其后蒙古铁骑兴起，灭掉大金，杀戮不断，这里成了荒凉的牧马之地。但村人聚落仍留存下来，以“宫上”为称，留存了当年辽主金主在这一带渔猎盛况的历史……

虽然往事已成历史，但仍有辽金遗迹留在我们生活之中：石榴树是宋人从南方进贡而来，在京东大地广为种植，成为人们喜爱的吉祥果，而西瓜则是大辽破回纥后带回的果种，因此称之为西瓜。还有，烧田鼠的风俗在山野村头也偶尔可见。将地中的田鼠捉回家中，入笼中饲养，喂其黄豆，长得肥似小猪，其后用火烤食，味道美过烤小猪，这是地地道道的辽金风俗。更有的抓住田鼠，就地用黄泥封严田鼠用柴火烧烤，乃野游中的一大乐事。或许，这些辽金往事、民俗特色，会为故土的旅游事业提供一些历史文化的启迪。

作者：闫克岐

大泊村的由来

大泊村坐落于汉沽管理区东南部，是一个有600余年历史的村庄。“泊”字读“bǎi”，是大泊村名的专用读音，字典上没有，却约定俗成被世人认可。村名突显了村庄疆域开阔、草肥水美的田园特色。

明永乐二年（1404年），明朝由江浙、山东等人口稠密地区向北移民，大泊陈氏祖先陈浦海由山东省即墨县野桥窝镇枣林庄乡陈家留村启程，前往直隶省（今河北省）进发。陈浦海偕妻龚氏、长子陈昇、长媳白氏、次子陈梓、次媳林氏和家小，定居于直隶省顺天府蓟州丰润县宣庄镇胥各庄。次子陈梓善能张网捕鸟，每日早出晚归。一次由胥各庄来到大泊老泊处捕鸟，鸟多忘了时间，天黑后索性割草搭棚住下，见老泊水阔、鸟多、鱼肥、芦壮，是个“棒打兔子、瓢舀鱼，野鸡飞到饭锅里”的好地方。陈梓便与父兄商议偕妻林氏迁至老泊西北岸居住，把居住的无名高地取名为“黑眼坨”，因此“黑眼坨”也就成为大泊最早的村名。陈氏一家在此生活了64年，逐渐发展成为人口几十人、草房几十间的独立小村。至今在黑眼坨旧址还能找到先人在那里生活的痕迹，诸如建在屋外的锅灶、草灰等物。明成化四年（1468年），由于黑眼坨高地面积小，周围地势低洼等原因，陈氏三世祖兄弟6人商议把村子迁至老泊东南高地，称为“古坨”的地方（今中泊村正街），由大哥陈福、二哥陈章、五弟陈稳、六弟陈型负责破土动工，三弟陈雷、四弟陈电负责外出购买石材木料，请来木工、泥匠，建土房数十间。因祖辈陈梓乃半哑之人，全家又住在老泊边，村名人们自送“哑巴泊”，这是大泊第二个村址。清乾隆年间，由于人口增多，有人逐渐在村南北约五百米处建房居住，在村南北又形成两条新街，也就是现在的南泊、北泊。大泊由1条街演变成3条街，外部统称为“哑巴泊”。清光绪八年（1882年），丰润县修改县志，给全县800多个村庄确定村名时，因村周围有千亩草泊，地势低洼，沟汊纵横，芦苇丛生，绿草繁茂，飞鸟云集，鱼美蟹肥，为此把“哑巴泊”改称“大泊”。自此这个村庄寒来暑往，经朝历代，几易其名后，最终定名为大泊，一直沿用至今。1976年唐山发生7.8级强烈地震，因中泊大部分民居被毁，中泊一分为二，在西北约5千米处修建一村，近半中泊人移居新村，因是地震后新建村所以取名“震新村”。自此大泊四村分治的格局形成，但4村人都称自己为大泊人。

在600余年中，大泊多次变更归属，但县级属区只有两次改变，自1404年至1960年的556年中始终归属丰润县管辖，1960年3月至今归河北省国营汉沽农场管辖。汉沽农场于2003年3月改称唐山市汉沽管理区，大泊归属汉沽管理区汉丰镇管辖。

作者：陈忠时

新开口村的传说

唐山海港经济开发区王滩镇新开口村明朝建庄，因其东临滦河支流一个河套，起初庄名叫河套，后改名新开口。更改庄名缘于一个离奇故事。

八仙之一的韩湘子游到乐亭沿海一带，正遇渤海发生海啸，他不忍看着大片良田被毁、许多村庄被淹、黎民百姓死于非命，用宝篮取来天河之沙，沿海边轻轻一撒，在东起昌黎、西到石臼坨的沿海边筑起了一道沙岭子。海啸被挡住了，海水对陆地的侵害解除了。韩湘子筑起沿海沙岭子后，又派了一位野牛精坐镇。这百多里的沙岗，没有野牛精的命令，谁也休想动它一粒沙子。但是，新问题随之又产生了：遇上内陆长河发水，沥涝成灾，积水不能入海，陆地慢慢变成了汪洋大海。

直到有一天，相传天地万物各有一定之规，无论高山大川，江河湖海，都得有个神灵护佑着。新开口这一带沿海的镇河大帅是位好心肠的独角龙。它掌管沿岸的河流，为沿岸百姓灌溉耕地，运送船只，被当地百姓尊仰。然而，独角龙无法掌控大海，沿海地区百姓经常遭受海水倒灌之苦。

有一年的盛夏，燕山一带暴雨不断，一场大雨接一场大雨，七七四十九天没开晴。山洪下泄，势如下山猛虎，不到一宿工夫滔滔洪水便到了乐亭沿海，到处一洼汪洋。许多村庄被淹没，地势略高，幸存下来的村庄在一个孤岛上。遭灾的村庄里，大人哭，小孩叫，鸡飞狗跳，一时间乱成了一锅粥。镇河大帅独角龙见此情景，吃不住劲了，赶紧找到镇沙大帅野牛精，请求它赶快豁沙放水，解救百姓们的水淹之苦。野牛精哪里能听独角龙的话，没容独角龙把话说完，把一双眼睛瞪得铜铃般大，气势汹汹地说："你说什么？叫我豁开沙岭放水？我告诉你，东起沙垅望，西到石臼坨，这100多里的沙岗子我说了算。水不水的我管不着，谁敢在我的沙岭上动一把沙子，哼哼！"野牛精说着晃了晃那对大牛角，似笑非笑地说："我立刻叫他变作角下之鬼！"

独角龙再三央告也无济于事，它回头看看被淹没的村庄、良田，悲愤交集，立刻喷云吐雾，晃动着独角朝野牛精冲了过去。

野牛精哪能示弱，立即摆开阵势迎了上去，一场恶战就这样在海边发生了。两位大帅各施出看家本领，足足战了三天三夜，只战得山呼海啸，日月无光。野牛精终因道行浅薄，被独角龙活活豁死。

独角龙战败了野牛精，赶紧奔向海边去开河口，谁料到那沙岗是韩湘子用天河沙筑就的，风吹不动，雨冲不走，是出奇的结实。独角龙救灾心切，不顾疲劳，仗着它一股子冲劲，一下子把独角钻进大沙岭子，拱呀拱，还是拱不动。它施展了法术，张开大口，喷出雨来，借着雨水边吼边拱，一拱就又是三天三夜，竟然水米没打牙。沿海的百姓都听得见独角龙那惊天动地的吼声，直到第六天清晨，大沙岭子被独角龙豁开了两三道大口子，洪水“哗哗”流入大海。百姓得救了，独角龙却活活地累死在海边。

当地百姓见此情景，眼含热泪为独角龙致哀。为永远铭记独角龙对黎民百姓的好处，把原来的庄名改为“新开口”，并一直沿用至今。

作者：刘汝宁、赵志文、周俊杰

垛瓦村的传说

唐山海港经济开发区王滩镇垛瓦村自建村以来，一直流传着一个美丽的故事。

据传，垛瓦村西南10里曾有一座庙宇，规模并不算大，名字却有两个：一名“龙兴寺”，一名“传瓦寺”。

唐初，高丽国盖苏文反叛。大唐贞观十九年（645年），唐太宗李世民御驾东征，兵分两路：一路为海路乘船北上；一路为陆路，由唐太宗亲率东征，过幽州，过碣石。两路大军相约在碣石口会师，之后北上征讨盖苏文。唐太宗率师至现在的乐亭南部的翔云岛处，等候与水路大军会合。其间，唐太宗登上一座小岛，惊动了上天。天神施展法力，乘神风而来，驾一朵祥云，在空中暗佑真龙天子。唐太宗见祥云飞来大喜，金口玉言，为小岛命名“翔云岛”。这就是过去曾经的小岛，现在在陆地上的“翔云岛”这个地方。小岛上栖身没问题了，但没有水源，小岛仍是死亡之岛。大将薛礼将岛上唯一的深不见底的水井奋力拔出来斜放在地面上，解决了吃水问题。唐太宗决定就在小岛上休整部队，以便重整旗鼓，继续东征。

一天清晨，唐太宗在几个武将文臣陪同下，在岛上边散步边议论东征走过的历程和下步如何行动等军情。唐太宗猛然抬眼向东北望去，只见远处在水汽烟雾的缭绕笼罩下，在草滩中竟然耸立着一座寺庙，蔚为壮观，长时间凝视不语。身旁近臣见状，忙问：“陛下在望什么？”唐太宗并未听到众人问话。众人再次询问，唐太宗回过神，回顾众人：“东北方向的不远处，尔等可见一座寺庙？”众人茫然，相互对望，齐声回答未曾见有寺庙。唐太宗暗想，难道是朕看花了眼？在诧异中派人查看。好一会儿来人回报：“东北方向的远近周围已仔细查看，并无寺庙。”唐太宗为解疑释惑，第二天早起再次到原地亲自观望，如昨晨一样，那寺庙仍在东北方向不远处。于是，唐太宗派了更多官兵，向东北方向进行拉网式搜索，寸草不能放过，查不出水落石出不准回兵！好半日官兵派人回报，我们向东北方向进行了扇面搜查，未放过每寸地方，细查到十几里之外，仍未发现有寺庙。只见到了一处有几块砖搭成的类似庙宇的东西，已有专人看护。唐太宗“呃”一声发出疑问，在几个近臣陪同下，让回报的官兵带路前往查看。如同官兵所说，几块砖搭建了一座“小庙儿”。却原来是当地牧人所为，插草为香，为祈上苍保佑平安！唐太宗说：“这就是了！一定是岛上神灵点化朕在此建造庙宇，以供世人供奉香火，佑护我大唐疆土！此次东征定能大获全胜。”于是，唐太宗下令在此建造一座寺庙，以谢神灵之恩，并佑护当地百姓。

唐太宗立即命令大将薛礼日夜施工建造庙宇。薛礼安排在庙址东北方向10里处立窑两个，大窑烧砖，小窑烧瓦，并购置了木料、石块，组织人员向岛上发运。但因受潮起而作潮落而息的限制，赶不出工程进度。薛礼马上改变运送砖瓦的安排，将官兵排成两个长队，一队运砖，一队运瓦，以手相递。一块块砖瓦从窑场到寺庙全部由官兵过了手，大大加快了进度，很快完了工。完工后，唐太宗亲自到庙里，焚香礼拜，赐庙名“龙兴寺”，取大唐从此兴旺发达之意。

龙兴寺建成后，这里逐年富庶，在原建窑处居住的人家越来越多。因为这里有尚未用完的瓦垛，立庄名时取名“垛瓦”。但是，“龙兴寺”这一名字渐渐被人遗忘。当地居民对当年官兵排队传瓦印象最深，“传瓦寺”取代了“龙兴寺”。

作者：刘汝宁、赵志文、周俊杰

西关里与海防海关

西关里，原系乐亭县汤家河镇雷庄村所属的一个小自然村，有70多户，200多口人。2014年1月，雷庄村划归唐山海港经济开发区王滩镇所辖，其随之。

西关里地处渤海岸边，右靠小长河与老米河汇集入海口处（此处现在叫臭沟子）。这个临海靠河的小庄取名西关里，其历史渊源却有来历。《乐亭县地名志》中载：西关里“据查，清初（1687年）建庄，因此地有一海关衙门，该庄坐落在海关街门西边，故名西关里”。据庄中的知情老人回忆：现在庄东头有两户人家的住宅就是在旧时海关衙门上建起来的。

在这个偏僻小庄为何建有海关衙门呢？《清光绪三年乐亭县志》在“武备志”中记载：“东自昌黎沙崖口至野猪口二十五里，次冲。明永乐中倭犯境，闻自此口入。自野猪口至胡林口八里，次冲。明万历中曾派河南车营官军三千员名于此三口防守。”对于此处炮台、防兵、兵房在《清光绪三年乐亭县志》“武备志”中又载有：臭水沟土炮台一座，道光二十年（1840年）建；臭水沟驻扎防兵200名；西关里兵房35间，瓦房5间。在其“职官志”中记载：“臭水沟把总刘鸿章，天津人，行伍，同治八年（1869年）任。”从上述志书记载中可看出自明万历至清光绪初年，这里兵防未断，一直延续了明清两个朝代达400年之久。

《清光绪三年乐亭县志》“武备志之海防附海运”中载：“至天启、崇祯间，因添沿边兵马，需粮甚多，青河卒难挑浚，乃以海运。由天津航海三百余里至乐亭县刘家墩（原址在王滩镇曹庄南3里，东距胡林口5里，至臭水沟13里）海口，入滦河二十五里上至银夯柳交卸，改用河运府城西门外盘入永丰仓。”旧志中这段记载说明，在明朝末年，随着乐亭县沿海边防增添兵马，军粮需求增多，县西青河淤浅，疏浚困难，因而由天津海运至刘家墩海口改河运至银夯柳（现汤家河镇旧称）交卸。因银夯柳靠近的是滦河支流长河（现称小长河），故无疑行船是由臭水沟驶入长河经西关里达银夯柳。

《清光绪三年乐亭县志》又载：“海漕即通，商舟乃集，南北货物，亦赖以通，荒瘠之区，稍变饶腴。”万事有利则有弊，河海运通商后，“因鬼方内附洋泊纷来，奸宄往往混迹其中，稽察禁御之方尤不可等”。这样臭水沟这个海防前沿也就时不我待地成了海运稽查禁御之关口，相应在长河西岸建起海关衙门。

随着这里海防、海运、海关的发展，荒瘠海滩逐变丰腴，于清康熙二十六年（1687年），邑人李家迁来立庄。据村庄与海关衙门的位置定名西关里。

作者：刘汝宁、赵志文

山水传奇

凤凰山上说双凤

坐落在市中心的凤凰山公园已成为人们娱乐游玩的胜地，晨练的人们享受着霞光；如云的游客在园中各得其乐。母亲望着坐飞船的孩子尽享爱子之乐。长椅上一对对的年轻人窃窃低语。也有古稀老人面对夕阳回忆往事。

相传在明朝之前已有凤凰山之称，最迟在辽代时已称凤凰山，《滦县志》记载，辽时滦州邑人高诚曾来此游历，留诗一首："唐溪岸边凤凰游，山满青松细水流。远眺四野低回燕，神清气爽无所求。"在清朝乾隆四十四年（1779 年）的两通碑文中也有"南麓莲池；东跨泮泉"的记述，说明至明清两代时，凤凰山上仍有泉水，当然在其后的人类在地下大量开采，致使水位下降，使山上泉水消失，也使山上的青松骤减，但这不影响古时曾有过自然胜景。

关于双凤山之称来源有三种说法：《唐山大全》一书的山脉篇说是依据山形而得名，山的东西两侧像凤凰的双翼，山后像凤凰长长的尾羽，而在"新城古迹"说是曾有一对凤凰落到此山，因此传说而得名，总之，凤凰不落无宝之地，凤凰是吉祥的象征，人们喜爱凤凰，得名双凤山寄托着人们美好的期盼。而且以凤为称的地名并非只此，在唐山这块宝地仍留存 10 处之多：有市内的凤凰山、田凤庄，丰润的周凤里、五凤头，丰南的龙凤庄，迁安的凤凰山，迁西的龙凤沟，遵化的小龙凤门，玉田的新凤庄和曹妃甸的王凤坨。而凤即是玄鸟，玄鸟即燕子，燕子春分而来，秋分而去。观燕子以知春秋，燕子又与我们同居草舍屋檐之下，为人们报晴报雨。至今仍留有 7 处以燕为称的地名，有丰润的燕子河、燕子峪，滦州市的燕子峪，滦南的燕方各庄，迁西的照燕州、燕子峪和燕家沟。以燕和凤为称的地名，两者加在一起就有 17 处之多，所以说唐山是凤凰的故乡名实相符，人们称唐山是凤凰城理所当然。凤凰山公园便成为了唐山凤凰城的一张闪光的名片。其实在几千年前的岁月，我们的祖先就是爱护飞鸟、观鸟测时的民族，即《尚书·禹贡》所载："鸟夷皮服，夹右碣石。"其具体所指就是从永定河往东，直至海边碣石山的我们生活的这片热土。

最迟在明朝之后，凤凰山已有铁菩萨山和双凤山两个称谓。但铁菩萨位于山上何处，《唐山大全》一书中的两篇文章中却记述了两个位置。在山脉篇载："明朝永乐年间，在双凤山顶建造了一座庙宇，庙内安放一尊丈二高的铁菩萨，从此改称铁菩萨山。"但在新城古迹篇载："明朝永乐年间，在山腰开洞，名弥勒洞，洞内有铁菩萨一尊。"在两者之间，相信哪一处呢？笔者认同前者，因为《滦县志》载："铁菩萨山在唐山西，里许，一名双凤山。山腰有洞，黝而黑，无人敢入。稍近洞口，则闻风声拂拂。”而清朝乾隆四十四年（1779年）的碑文更有详细记载：“有双凤山，有朝阳洞，山顶有朝阳寺。”因此山腰的山洞应为天然洞，非人力所为，古称朝阳洞，而铁菩萨在山顶朝阳寺内，山顶还有报犊厅、娘娘宫、客舍僧房等。文中没有弥勒洞和铁菩萨的记述。

其三，双凤山之称还留下动人的传说，相传明朝永乐之后逐步解除民禁，民间打井挖煤和开山打石者日增，日久，出现了许多富户望族。相传刘姓家有小女凤儿，父母视若掌上明珠，遍请名师家教，学的琴棋书画无一不精，年至二八，不仅容貌出众，而且才艺绝伦，上门提亲者众。其父便请来卜者求算小女婚姻之事，谁知惹来大祸，卜者告知其父，此女命硬，嫁夫克夫。其父大为忧虑，其母得知后与其父大吵，凤儿得知后情绪冲动，突然从屋内奔出投入深井之中。顿时全家慌忙追去救人，向井内望去，只见小女坐在水面仿佛有神人托住。众人惊异急忙派人下井去救，人到井底方知水中有一木锅盖浮在水中，小女命大得救。从此父母格外善待凤儿，凤儿对于婚姻也心灰意冷，从此待闺家中专心作画。凤儿尤精于画梅，多为雪中梅，又只有几点鲜艳未放的花蕾，真是雪映梅花添傲骨，梅凌冰雪更精神。于是又有许多花痴俊男登门求画，一时间洛阳纸贵，寸纸寸金，但凤儿只卖画不提亲事，吊足了追求者的胃口。有一年，天下大旱，饥民遍地，心地善良的凤儿倾其积蓄，让父母在门前煮粥，凤儿亲自救助饥民。凤儿的举动德喻邻里，然而凤儿却英年早逝，乡人怀念其德，将凤凰山改称双凤山。人们到山顶庙中为凤儿焚香祈祝，称凤儿是娘娘下界，凤落人间，并将四月十八定为凤儿的诞辰。到了清朝道光年间，重修庙宇，在凤凰山后峰建起一座比铁菩萨庙还大的娘娘殿和一座铁塔。凤儿已融入娘娘神像之中，使双凤山名实相符。并定每年四月十八为庙会，届时人山人海，车水马龙，香火鼎盛。相传至日本占领时期，庙宇被毁，铁塔和铁菩萨被日寇拆走改作军用，至解放时已是荒山残垣，一片荒凉。1956年人民政府将这里辟为公园，动工兴建。1963年完工开放，名为“劳动公园”。不久，便发现劳动与公园合在一起不妥，当年便以山为称改为“凤凰山公园”，“文化大革命”期间也留下了痕迹，一度更名为“工农兵公园”，1974年又改为“凤凰山公园”，一直沿用至今。如今的凤凰山公园，三季有花，四季常青，环境优美，百鸟常鸣。可以说，不游凤凰山，不算到唐山。

作者：闫克岐

青龙山上接青龙

在唐山地名中，青龙山乃名山之一，位于古冶北，榛子镇东部。青龙山古称清凉山，即《滦县志》所载："清凉山在宜安山西北，山之北与卢龙、迁安二县分界处，群峰攒簇。有延古寺，旁二井水流成溪。又有罗汉洞，勒石佛数十，中有黄土山院。其巅有三霄宫，古树参天，其山所产药材数十种。"主峰娘娘顶修有望海楼，曾有邑人进士刘东美留诗赞其壮伟："百尺危楼矗岑巅，登临会饮醉中仙。北瞻雁迹云横塞，南望蛟宫浪接天。松壑岚烟浮栏外，山泉琴筑落阶前。"又用另韵抒情："清凉绝顶有高楼，极目南天海国秋。万派朝宗恢眼界，千年往事注心头。更上一层望几甸，可怜虎啸据神州。"旧志所载可知青龙山古时的壮美和寺院香火之鼎盛，名人雅士来此留诗。

那么，古时的清凉山如何演化成青龙山，原因有二。

其一是"谐音说"。青与清同音，龙与凉在滦州方言谐音，因此后世唤成青龙山，形成今时地名。

其二是"故事说"。相传古时延古寺多出圣僧，大清道光年间，延古寺圣僧松云法师10岁出家已虔心悟禅60载，阅尽人间沧桑，参透玄机。相传法师闭目参禅可与神灵相通，预知人间祸福。因此，来延古寺拜佛求签问卜吉凶者川流不息，但多由弟子出面，松云法师很难与世人相见，独在禅房静坐。这一年入春，已经月余无雨，乡民惊恐，四处求雨无果，地中禾苗焦干，一方乡民躁动，更引起滦州知府不安。于是州府大人来到清凉山延古寺上香拜佛，亲至禅堂拜访松云法师，松云法师见州府大人为民不安，心下十分感动，不过他已卜知，今年将有大灾，为百天无雨之年。州府大人听罢，骤然眉头蹙紧，连忙问计于松云法师，是否可免其灾，救助田间禾苗四方百姓。松云法师沉吟良久，告知州府大人说："请大人告知滦民，三天后将有大雨，或许是天意呀！"州府大人连声替百姓致谢大师，并又追问大师何以得知三天后将有大雨。松云法师不再言语，闭目参禅。州府大人知天机不可泄露，悄悄退出禅房，但他还是未能贴出三天后有雨的安民布告，唯恐失信于民。

州府大人走后，松云法师密嘱身边小僧，怀揣香茶立即下山到山口凉亭，迎接一青衣女子，青衣上绣满水花。此乃到人间布雨的小青龙，将她诱上山来与老僧对弈，接着耳语小僧，小僧点头记在心中。

小僧来到下寺凉亭之中，摆上浓浓的香茶，香味随风自远，然在第二天下午，果有一青衣女子被香味引来，来者正是在人间布雨的北海小青龙。原来每次降雨都由双龙而作，一在空中行云积蓄雨量，一在人间布雨出示夜明珠确定降雨方位，也就是古时俗称的行云布雨，所以画二龙戏珠时一龙图有云花为雄，一龙画有雨花为雌。而前来布雨的小青龙最喜欢茶花的淡淡清香，而这山上的茶花就是今日京东大地家中遍有的“茶叶花”，应称茉莉花，长在山中，土人称野茉莉或茉莉芽，又称龙香饮。

青衣女子来到凉亭向小僧求茶，小僧正在玩九连环，他见青衣女施主来此求茶，便按着师父所教，对青衣女子说：“女施主，我师父有嘱于我，凡能解开九连环的聪明人方可茗此香茶。”青衣女子淡淡一笑，接过九连环，分秒之间解开，套上又解开，连做三次丢在小石桌上。小僧连连恭维：“好聪明的女施主呀！请喝茶。”青衣女子满心欢喜，坐下品茶，品茶间，小僧告知女施主山上寺内，师父存有百年香茶，比此茶浓香数倍，不过从来未有人能饮得此茶。青衣女子笑问何故，小僧告知，师父是棋坛高手，至今无人能在黑白世界中弈胜，所以未能茗得百年香茶。激将法果然奏效，青衣女子立刻随小僧上山，松云法师立刻将青衣女子让进禅房，并开特例，先为女施主满上一壶香茶。小青龙饮后顿觉神清气爽，果是百年香茶。于是，松云法师摆好棋盘，双方对弈，小僧在旁边为青衣女子满茶。小青龙哪将凡僧放在眼里，手执黑子执先第，一手就定子中央傲气凌人，松云法师执白，应一子落到南边，躬谦为北面称臣以示敬重对手。不过博弈起来，小青龙渐渐感到松云法师功力深厚，落子绵里藏针。小青龙将精神全部集中到与松云法师对弈之中，竟然从下午一直博弈到子夜凌晨。就在此时，小僧悄悄地在香茶中做了手脚，小青龙又饮几杯香茶之后，一头睡倒在棋盘上。松云法师一拍前额：“天助我也!”迅速从小青龙的藏宝袋中取出夜明珠来到院中，刹那间一道白光直冲九霄，顿时白光化作闪电惊雷，云龙在空中配合下起倾盆大雨，一直下到天明，不仅清凉山四野焦禾泛绿，百里滦州也都普降甘霖，州府大人方知松云法师圣僧也神仙也。第二天州府大人率领乡绅民众前来上香，感谢松云法师救民大德。然而，松云法师道破天机已经坐化辞世，面前只剩那盘未分胜负的棋局……

从此，松云法师为救百姓迎青龙上山故事流传下来，为不忘松云法师妙计请青龙的故事，清凉山演化为青龙山。清末滦州名士马文炳来此题壁留诗咏颂松云法师：“清凉延古有圣僧，香茗巧弈接青龙。普降甘霖禾苗绿，了却一生救苍生。”

如今盛世修庙，延古寺雄姿再现，已成为旅游胜地，令笔者欣慰。

作者：闫克岐

陡河与牤牛河的传说

当打开唐山行政区域版图时，可清晰地看到，有一条蓝色微粗的线条弯弯曲曲地贯穿唐山区域南北，经过迁安、开平凤山，穿过唐山市区，又摇头摆尾地奔向渤海。这条河在凤山脚下有一座中型水库——陡河水库，是唐山的大水缸。据传，陡河有一段原来叫牤牛河，那么牤牛河这个名字是怎样得来的呢？说起来，这里有一个生动有趣的传说。

在很早很早以前，凤山一带根本没有河流，只是在群山的环抱中，有几眼小山泉，泉水流成小溪，淌不多远，便蒸腾渗透、销声匿迹了。生活在这一带的远近居民只得在每眼泉的旁边筑起一个个石塘，蓄水供人们担挑饮用。

在凤山脚下，有一个山村，村里有一户人家，一位白发苍苍的老母亲和9个健壮的儿子，这9个儿子，一生下来就壮如牛犊，因此，分别起名“大牛、二牛……九牛”，他们长到20岁左右的时候，个个英俊威武，膀大腰粗，果真力大如牛。后来，兄弟9人都成了家，有了儿女，一家30多口，三世同堂，辛勤耕地，生活得十分美满和睦。

天有不测风云，这一年，从春到夏，滴雨未洒，天旱地裂，炎热难忍。田里的禾苗枯萎了，山泉的泉水也干涸了，全村人只好依靠石塘内积存的一点水维持着生活。牛兄弟9个看到这种情景，心急火燎，就每人提起特大的水桶，爬山越岭，到海边去挑水，结果，海水又苦又涩又咸，根本没法喝。石塘的水眼看没有了，干渴威胁着全村人的生命。

就在这时，村里来了一位白胡子道人，他告诉人们说：“从这儿一直往北走，在一个深山峡谷中，有73眼山泉，泉水清又甜。”乡亲们听后，心里想，远水解不了近渴，如何是好？人们正在忧虑中，只见牛兄弟九人撒腿跑回家去，不大会儿工夫，只见他们各担着两只特大水桶，快步从家门口向人群走来。乡亲们转忧为喜，变愁为乐了。

白胡子道人迎上去，拍了拍大牛的肩头，认真地说：“你们要去挑水的地方，需要过99座山，有数不清的艰难……”没等白胡子道人说完，兄弟9人异口同声地回答：“只要有水，能救活乡亲们，就是让我们上刀山下火海，也心甘情愿！”道人手捋银白的胡须，满意地点点头，笑着说：“好啊，有志者事竟成。去吧，你们一定会成功的。”

牛兄弟九人告别了家人和乡亲们，担着水桶，向北上路了。他们披星戴月，日夜兼程，穿山越岭走了千里路，在一天夜晚，爬上了第99座山峰。夜里，兄弟九人就住在一个山洞里，天蒙蒙亮的时候，他们刚一醒来就听到泉水的叮咚声，九兄弟高兴极了，他们忘记了疲劳，便来到群泉集聚的深谷中。

但他们看到73眼喷涌不断的山泉时，高兴地撂下水桶，捧起甘甜泉水，大口大口地喝了个饱。接着，他们把水桶都装满水，刚要挑在肩上，大牛突然对8个兄弟说："咱们水桶虽然很大，但担回去又够乡亲们吃多少日子呢?""是啊，如果能把山泉搬回一个去，那该多好哇。"兄弟们天真地说。

"世上无难事，只怕有心人……"咦，谁在说话，九兄弟不约而同地朝说话的方向望去，顿时都愣住了，说话的原来是那个白胡子道士。白胡子道士走近九兄弟。大牛说："师父，你说'世上无难事，只怕有心人'，我们想把山泉搬回家去，你能帮我们出个主意吗?""主意倒有，不过，得需九牛二虎之力。""我们兄弟九人，个个身强力壮，每人能顶一头牛，再加把劲，二虎的力量也会有的。"白胡子道人摇摇头。"师父，如果能把山泉搬回去，能救活乡亲们，我们情愿变成九头牛!"九兄弟异口同声地说。"你们不后悔吗?""不后悔!""那好，你们就趴在地上吧!"白胡子道人说完，九兄弟都趴下了。白胡子道人捧起泉水，用嘴含了一口，猛地向九兄弟身上喷去，然后一挥拂尘，喊了声"变"，顿时，9兄弟觉得浑身疼痛难忍，骨关节咔吧咔吧直响，真的变成了9头牛。接着，白胡子道人又挥了挥拂尘，口中念道："山泉起，山泉飞，山泉飞上牤牛背。"骤然间，9眼山泉腾空而起，稳稳当当落在9头牛的背上。

再说九兄弟的家乡，自从他们走后，大家天天想，日日盼。一天，白胡子道人又来到村里，并告诉人们说："你们看，有九头牛到附近的山根去了。"人们顺着白胡子道人所指的方向望去，果然有九头牤牛站在那里。人们"呼啦"一下涌到山根一看，九头牛身边有九眼山泉。多日没喝到水的乡亲们，一见到清泉，高兴地欢呼起来，人们捧着泉水，喝了个痛快。这时，只见9头牛走到一位老母亲身边，"哞哞"叫着，而后，又分别走到9位妇人面前，用鼻子嗅了嗅，发出"夫、夫"的声音，还用舌头舔着妇人身边的孩子。乡亲们不知怎么回事，都怔住了。经白胡子道人一说，乡亲们才恍然大悟，都情不自禁地痛哭起来。

突然，一头牤牛吼了一声，其余八头牛都聚在他身边。他低下头，在泉边用犄角一坌，坌出一条深深的沟，泉水从豁口流入沟内。其他八头牛明白了他的意思，照着他的样子，接着坌水沟，他们依次交替坌下去。就这样，一直坌到了海边，泉水也流进了大海，使更多的人得了救。然而，九头牛却都累死了。

随着日月的流逝，这条水沟被泉水越冲越宽，渐渐形成了一条河，他用甘甜的河水，滋润着两岸广大的人民，灌溉着这一带的沃土良田。后人为纪念变牛驮泉掘河道的九兄弟，把这条河起名叫"牤牛河"，并把榛子镇东横跨在这条河上的一座桥叫牤牛桥。

直到今天，在陡河上游居住的人们还习惯地把这段河叫牤牛河。

（在撰写此文时参阅了《凤山的传说》《开平文史资料》中的相关文章和《解读唐山地名》书中的部分内容。如内容有出入，以原著为准，并恳请知情者给予补正，将不胜感谢。）

作者：赵晓楼

尉迟敬德射海成泊

现在丰南区境内有很多村名都带有一个泊字，如于家泊、莲花泊、幺家泊、无名泊、望马泊等等。原因是这里曾经发生过一个关于尉迟敬德治海的神奇故事。

从前，有一座非常有名的寺院叫望海寺，望海寺始建于唐朝初年，位于丰南区小集镇郑庄子村北，后经历代重修，使这座大殿规模空前，享誉京东。全庙共有“四殿”“四庙”，加之库房、宿舍等房屋，共计 99 间。据说望海寺里有一通碑，碑上记载着这寺乃唐朝大将尉迟敬德监修，虽然现在寺和碑都没有了，但是有关望海寺的故事却流传了下来。

尉迟敬德（585—658 年），名恭，字敬德，以字行，朔州善阳（今山西朔县）人。隋朝大业末年，尉迟敬德在高阳从军，被李世民俘虏后一直跟随李世民，为李世民打江山和后来的统治朝野，立下了赫赫战功，被列为凌烟阁二十四功臣之一。

据说在很久很久以前，丰南区南半部没有人烟，是一片汪洋大海，只有一个小村庄叫宋甲营，这个村庄就是今天的宋家营。关于这个村庄的名字，是有来历的。相传，唐太宗征东驻扎于此，并在今天的小集南面打造铠甲兵器，送到这里存放，故得名“送甲营”。那时，站在这个村的村口上，就可以看见大海的浪头不断向村里扑过来，还发出吓人的轰隆轰隆的怒吼。有时，随风卷起一条通天水柱，把海边的水都吸过去，露出一片泥滩，弄得那些躲不过的鱼虾鳖蛤，在泥滩上挣扎乱跳，直到“哗啦”一声，水柱垮塌下来，再把它们淹没。有时候水柱会持续好长时间，接着就是一阵瓢泼大雨从天而降。人们把这种现象说成是龙取水。正因为大海的凶猛，有时不仅吞没村里的土地和海上的船只，甚至把一些不知情的外乡人吞掉。面对大海，人们都非常恐慌。但是，村里人谁都没有办法制服大海，只能任由它到处肆虐，带给人们危害。

关于龙取水，还有一种民间传说。龙取江河里的水而成雨，这是个令人半信半疑的说法。《聊斋志异》记载，徐东痴南游时，停船江岸，看见一条苍龙从云彩中垂下来，用尾巴搅动江水，立时波浪涌起，随着龙身往上升腾。远远看去，水光一闪一闪的，比三匹白练还要宽。一会儿，龙尾收回去，水也即刻平息了。刹那间大雨倾盆而落，沟满壕平。

有一天，唐朝大将尉迟敬德东征，奉旨来到这里扎营，正碰上“龙取水”。一时间，天昏地暗，人仰马翻。被风刮起来的盔甲兵器，就像千万块破布片漫天飞舞。眼看大海里的怒涛像山倒了一样压过来，要吞掉尉迟敬德的军队。就在这千钧一发之际，只见尉迟敬德瞪圆了双眼，站稳了脚跟，奓起胡须，把全身的腱子肉变成了滚动的石头，大吼一声，弯弓搭箭，向大海射去。只见那大海喷着白沫，喘着粗气，无可奈何地号哭起来：呜哇！呜哇！

大海退却了，它一步挨一步地扯着、拽着，极不情愿地舔着海边的泥滩，把一无遮拦遍体鳞伤的海滩赤裸裸地丢给了我们，形成了后来方圆百里的大草泊。从那以后，整个大草泊风平浪静，水草丰美。到了秋季，一眼望去，满草泊的芦花漫天飞舞，这将是一个收获的季节。村民用芦苇织席子、搭棚子、喂牲口，水里生长着各种各样的鱼虾、一年四季供给人们可口的美味。野鸭、大雁等数十种野鸟到处都有，人与自然和谐相处，再也不用害怕大海的凶猛了。

后来人们都知道了大海怕尉迟敬德，就借他的名字在送甲营建造了一座一眼就能望见大海的望海寺，用来镇住大海，以求村民能够安稳度日。望海寺自建造以来一直香火旺盛，每年农历五月初四、初五、初六三天，是望海寺举办庙会的日子，其中初五为正日，热闹非凡。除附近十里八村的民众赶庙之外，许多外地、外县区的善男信女，也都起早贪黑，甚至夜宿旅店赶来进香朝拜，每天都有万人之多。远近商贾小贩也来赶会卖货，各种商品琳琅满目，众多风味小吃香味扑鼻。文娱活动如花会、打把式卖艺、变戏法、拉洋片、耍猴等。有的年份还搭台请戏班子唱戏。望海寺一时声名鹊起，热闹非凡。村民在这片土地上辛勤耕种、休养生息。送甲营的人口也越来越多，周围的许多村庄也因为这个传说都带有一个泊字。尉迟敬德射海成泊的故事也被越来越多的人传为了佳话。

丰南区民政局整理

腰带山中横玉带

唐山大地，以山为称的地名共留存159处。在丰润县城东北约50里有座名山名为腰带山，古时称遥黛山又称黛山。山有奇景为“腰带横云”，村人讲述，腰带横云常出现在暴雨之后，云雾如一条长丝飘于山间，也有的讲这道长丝状的白云常常出现金光万道的异景。还有更神奇的说法是，山间横云隔成两个世界，云上端艳阳高照，云下面暴雨倾盆，雨后的长云像一条白龙穿梭于山谷之间……为何腰带山有此奇景？有山体说和故事说。

山体说从山体自然成因说起，是因山腰确有一道白白的岩层。《丰润县志》也有记述：“山腰有白石如带，望之隐隐如云气之横。”白色岩层在阳光下熠熠闪光，而这道白色的岩层为燧石，即古时常用的火石。清朝乾隆年间曾在这一带开采火石，因此也留下了火石营的地名。而燧石又是陶瓷工业的重要原料，随着近代唐山陶瓷业的兴起，这里的燧石已经大量开采，不仅本地使用，而且畅销国内，远销日本，成为村民一项重要的收入。再有，形成腰带横云是因山石间多有石缝、石洞，常有雾气从山腰中喷出白雾聚成条云，形成腰带横云的奇观盛景。此说也有据可依，京东山脉为水成岩，因此山腹中多有洞穴，有的长达数里，有的往下分为数层；洞内有钟乳奇石，所以出现了山中有云、云中有虹、长若飘带的奇观异景。《丰润县志》有载：“由山南盘旋而上不下数里，中有古寺，额曰横云，每天早晨，见白云如练，此腰带横云所由，列邑八景之一也。”

然而，唐山大地，有名山必有传奇故事。相传唐太宗征东时在这一带扎营小住，筹集粮草。一天，太宗听土人讲，此山腰常有白云腾空，山顶可以望海。于是，太宗在魏征的陪同之下，带十几名亲兵护卫来此登山望海。此时已近六月，天气炎热，君臣二人漫步登到山顶，周身发热，太宗便解下御带挎到手臂，敞开龙袍，山风吹来格外清爽。太宗向南面望去，水泽茫茫，在阳光下跃起金光，几驾小舟浮在水面。至此，读者会问，丰润一带海从何来？海分两类即外海和内海，外海有两种称谓，近岸为海，远岸为洋，而内海有湖、泽、海三种称谓。古时的唐山大地曾有九处大的湖泽，所以在唐山大地留下多处望海亭，这也正是古时留有湖泽内海的遗迹之一。

这时太阳已渐偏西，太宗注目远眺，心绪宽畅，不由信步来到悬崖之处。忽然一阵风起，众人急忙拽住太宗，刹那之间，搭在太宗臂上的御带被阵风吹落悬崖谷底。于是，让几位亲兵绕下山谷寻觅。魏征见天色已晚，便对太宗说：“请陛下下山回营。三天内，臣下当为陛下找回御带。”太宗知魏征做事稳重，因此对他是言听计从。君臣下山回营，回到营地已是黄昏。因此，后世又留下黄昏峪的地名。几个亲兵也因天黑未能找到太宗失落的御带无功而归，魏征并未责怪亲兵，只是耳语授以密计。

第二天清晨，一个穷书生来谷中砍柴，见是一条金丝玉石的宝带，绣有金龙戏珠的图案，此非常人所能穿戴之物，价值连城，失主定来寻找，于是便坐在谷底山道边等候失主。良久，又过来两个衣食无忧、不学无术的乡间恶少，两人见一介书生坐在山石上手捧一条闪闪发光的玉带，便上前问他，这玉带从何而来，书生以实相告，两人顿起贪心，立刻将玉带拿过去，说是他家之物，丢失在山谷之间。两人交替系在腰间玩耍，美滋滋地扬长而去。书生知道不会是他俩家中之物，但也无可奈何，只好背起荆柴跟在后面出山。山口已有亲兵把守，一眼看到系在恶少身上的玉带，立刻将他俩抓住。两人这才知道此乃皇上的御带，随意系在腰间当为死罪，两人立刻推说是后面背柴的书生给他们系上的，亲兵立刻将书生也抓起来，将三人押到大堂。太宗见找回御带，龙心大悦，魏征又将审问三人的情况告知太宗，书生拾得宝物，静待失主，两个乡间恶少心生贪欲抢去玉带。太宗点点头，下旨："书生得宝不贪，实乃君子，可留营中管理粮草。两个恶少本应杀头，免去死罪，罚到军中当火头军烧火做饭。"又诏："既然朕之玉带曾落此山中，就称玉带山吧！"土地神听罢太宗口诏，急忙将他山玉石移到此山之中，从此山中有了白白的玉石岩层，有了闪闪银光的奇景，后世唤成腰带山。

其后到了玄宗年间，再现李唐盛世，当年太宗所到之处遍修寺庙，腰带山顶在太宗驻足之处建起望海寺。至明朝成化年间，知州李瑞来此登临古寺，感慨往事，留诗一首："望海古寺耸峰间，松涛阵阵境如仙。晨钟暮鼓随日落，曾有传奇留此间。太宗御带飘谷底，人生有欲切莫贪。君子之心存正道，腰带横云遥黛山。"到了清光绪十八年（1892 年），望海寺已毁，又重建望海亭，曾挖出玄宗开元年铜钱。抗日战争时期曾为冀东革命根据地，解放后建有国营林场。如今的腰带山风景依旧，景色迷人，腰带横云仍是诱人奇观。

作者：闫克岐

李世民遇险秦王山

丰润县城东北大约20里，山峦起伏，东西延伸，群峰环拱，松林浓郁，柏树葱茏，中间一峰独秀，挺拔得像王者傲视人间，其下几条余脉起伏苍劲像龙爪抓住地面，这山峰称秦王山，相传秦王李世民曾在此遇险避难，这段传说发生在大唐武德三年（620年）。

这时的李世民被封为秦王，但天下并未统一，陕西一带为大唐皇帝李渊，河南为大郑皇帝王世充，河北为大夏皇帝窦建德。七月间秦王李世民奉父命率大军进攻洛阳，历经数战，王世充大败，于是，他死守洛阳城，双方僵持不下，于是，洛阳王世充派使者去河北向大夏国皇帝窦建德求救，窦建德权衡利害之后，率大军南下进攻唐军，李世民留军队续围洛阳，之后，亲率大军北上迎敌。此时，双方对阵的形势是，河北的军队，粮草充足，供应方便，但不习鞍马，骑兵不及唐军精锐，因此夏王准备打持久战，而唐军则力求速战。而古时交战中，“计毒莫过绝粮”。为弄清夏国运粮情况，正值血气方刚年龄的秦王李世民率500轻骑深入河北境内探察虚实，沿途留下伏兵以做接应，不知不觉间已出行数百里，来到了今丰润县城东北面的秦王山一带。但这里在唐朝时还没有丰润的地名，为玉田境内的“永济务”，至金朝大定二十七年（1187年）将永济务改为永济县；到了金朝大安元年（1209年）为避金卫绍王完颜永济之名讳，改永济县为丰闰；至明朝洪武元年（1368年）改为丰润，沿用至今。

此时，秦王李世民已弄清了夏国的运粮通道和可劫粮的险要之处，胸中已有破敌之策。这时天色已近黄昏，秦王李世民身边只剩下四骑亲兵，处境已十分危险，这时山路上下来一个推独轮车运柴的老汉，见五人格外眼生，便停下车对他们说：“看样子你们不是本地人吧?”秦王李世民上前答话：“我们路过此地，请大伯指教。”厚道的老汉对他说：“你们快躲一躲吧，眼下夏王与唐王争天下，双方正在交战，每天傍晚都有部队巡查，发现外乡人，立刻捕杀。”秦王李世民做怯态，答曰：“请大伯指条生路。”老汉说：“快躲到上边的山谷之中，里面林密草深，可躲过巡查队。快，快躲吧。”这时，远处扬起烟尘，老汉继续推车顺山路下山，李世民谢过老汉翻身上马与四名亲兵迅速躲入山中。

时间不长，果然有十几匹快马奔来，旋即后面又有百十名士兵四处跟来，几位将官将马匹拴到松树上，接着指挥士兵四处搜索。一队士兵几次从山谷中穿过，由于草深林密，天色又渐渐地暗下来，始终未发现近在咫尺的李世民等人。然而，意外的事情发生了，山坡下拴在松树上的十几匹战马突然嘶叫起来，藏在草丛中的秦王李世民和四位亲兵顿时大吃一惊。因为引起卧在身边的战马嘶鸣，这是谁也控制不住的事情，藏身的地点立刻会暴露无遗。秦王李世民和亲兵立刻刀出鞘，箭上弦做好拼死厮杀的准备，而巡逻队的大队士兵近在咫尺，秦王的处境已万分危急……

天色已完全暗下来，大营之中仍不见秦王归来，急坏了魏征等人。虽然大家表面镇静，不能引起军心惶惶，但内心已急成热锅上的蚂蚁。魏征与程咬金等大将商议，立刻派 1000 人的精锐骑兵北上救主，于是由魏征坐镇大营，程咬金、秦琼两人率精锐骑兵星夜北上。

漆黑的夜色中，正当秦王拔剑而起的刹那，夜空中一串闷雷炸响，震耳欲聋，山摇地动，盖过战马的嘶鸣声，随之黑风怒卷夹杂大雨点砸向山谷之中，巡逻队的士兵纷纷向山下奔去，唯恐遭遇大雨，深伏草丛中的秦王李世民见状，以手加额，内心在呼喊："天助我也!"良久，山坡下恢复宁静，黑风雨点也消失得一干二净，夜空中云块散开，露出一轮明月，仿佛专为秦王李世民照路，李世民和四位亲兵轻骑快马飞奔南下，途中与前来接应的部队会合，迅速返回大营，天已拂晓。

随即，秦王李世民升帐点兵，派大将拦劫夏军粮草，迫使窦建德列阵与唐军决战，唐军一战成功生擒窦建德，之后回师洛阳，郑王王世充被迫率众出降，从此唐朝削平群雄一统天下。秦王探敌遇险的地方也被称为秦王山，其地名和传奇故事一起流传至今。

作者：闫克岐

高粱米山传说

在丰润县城东南方10多里处的银城铺（过去的土垠）北，有一座小山叫高米山。高米山是一座从四面平旷坦荡无垠的土地上拔地而起的孤山，它与众山不同的是不但山体小，而且山上草木不生光秃一片，如同镶在大平原上的一粒高粱米，所以人们便把它称为高米山。

正因为高米山不但山体小而且山上草木不生，所以它不能与之西南方秀美的车轴山相媲美，更不能与之西北方腰带山相比之壮观。高米山虽不闻名于世，但在它山顶上经常出现的“银城晓市”，却鲜为人知。

高米山名字的由来，还流传着一个动人的故事。相传在春秋战国时期，山东一带连年干旱，又逢兵荒马乱，所以小坞沟的李老好夫妻便逃荒出来。李老好夫妻本想要逃到关外去，当来到关里距丰润县城的东南方10多里处的银城铺时，李老好突然想起银城铺南的李庄子所住人家是自己的本家。本家也是多年前因逃荒到这里落的户，现在虽然和自己已出五服（五辈），但总归是本家族人，所以李老好便偕妻子直奔李庄子投亲去了。

李老好两口子又勤快又贴心，妻子在30多岁时才好不容易地怀上孕，所以到丰润时李老好的妻子已怀有身孕。妻子怀孕后说来也怪，都快满24个月了妻子还没生，李老好感觉这段时间妻子身体沉重准是要生了，所以就急着到李庄子来投亲。

李老好夫妻来到李庄子后，本家看在是远房亲戚的分上就收留了他们，又看到李老好的妻子身怀有孕，一开始还关心备至，可不到一个月后突然听说李老好的妻子已怀孕快满24个月了还没生，猜想李老好的妻子怀的准是一个怪胎，如果李老好的妻子在这儿生下来，全家人都会遭殃。所以也不看在本家的分上了，连夜把李老好夫妻赶了出来。

这天正是妻子怀孕满24个月的时候，夜里天灰蒙蒙的雷电交加，大雨倾盆而下，李老好夫妻出庄后刚来到银城铺村外，妻子便感腹内疼痛难忍，快生了，李老好一看银城铺村外有一个看场院的破草屋无人居住，便拖着妻子连滚带爬地来到房中，妻子躺在炕上疼得翻来覆去地打滚。李老好看着妻子虽然揪心，但自己也用不上力。突然李老好瞅着妻子的下身生出一条黑蛇。黑蛇落生在炕上扑扑摇摇，身子眼见越长越大。妻子一看吓死过去。李老好盼妻子生个大胖小子，没想生了个怪物，妻子又被吓死过去，又气又难受就扬起拳头向小黑蛇砸去。那小东西有灵性，它呼地跳起，把身子盘在梁上，“吱吱”叫着，摇头摆尾，像是和爸爸捉迷藏。

李老好一看拿小黑蛇没办法只好先抢救妻子，妻子被抢救过来后看到梁上的小黑蛇更是心惊，对李老好说："快！快把这小东西赶走，它吓死我了。"

小黑蛇在梁上好像听明白了妈妈的话一样，没等李老好赶，就恋恋不舍地自己从窗户蹿到雨里跑了。这下李老好夫妻才算松了一口气，李老好便帮妻子收拾好身体，拿出带的干粮让妻子产后充充饥。

到了第二天天刚亮，小黑蛇在灰蒙蒙的细雨中又回到破草屋外，对着李老好的妻子哀号地请求着："妈妈我饿，求求您让我吃口奶吧！"声音既可怜又凄惨。

李老好的妻子听着这哀号的声音辛酸地流出了眼泪，心想："孩呀虽然你不是我们人类，但你总归是娘身上掉下来的肉哇。"没办法只好揭开怀让小黑蛇吃了奶。

由于李老好的妻子刚生产完，暂时被困在了破草屋中，李老好靠着乞讨照顾着妻子，周围的人们看着这夫妻俩实在可怜也都纷纷伸出援助之手。但小黑蛇却隔三岔五地找妈妈来吃奶，夫妇俩因现在小黑蛇太小无人照顾也就不愿离去。乡亲们因小黑蛇在此的缘故，这一年得了一个好收成，所以也对李老好夫妻另眼相看，就把夫妻俩留在破草屋中为他们看管场院，这样李老好夫妻也有了一个栖息之地。

再说小黑蛇经过几个月的生长，身子越长越大。一开始时还趴在院子里借着窗户吃奶，后来就身子趴在房顶上，头伸到屋子里吃妈妈的奶，等到十冬腊月小黑蛇已过百岁儿（百日）了，小黑蛇趴在房顶上吃奶时尾巴已可耷拉到后房檐的地上，而且每次来吃奶时，李老好夫妻还得把窗户打开。由于这年的天气格外冷，再加上李老好夫妻取暖的煤炭又少，所以每次小黑蛇吃奶时都把妻子冻得够呛。所以李老好一是为了心疼妻子，二是看到小黑蛇已经长大，就心想："总这样下去也不是办法，我一定要想办法把它赶走。"

就在这天夜里李老好和妻子商量了半天，决定在下次小黑蛇来吃奶时，李老好就用烧红的炉钩子去烫小黑蛇的尾巴。妻子因经常来给小黑蛇喂奶时总是害怕，所以也就同意了丈夫的做法。

第二天小黑蛇果然来吃奶了，李老好就偷偷地把后门打开，用早已准备好烧红的炉钩子一咬牙向小黑蛇的尾巴烫去。小黑蛇正在吃着奶没想到爸爸会向自己下毒手，所以一惊之下失口把妈妈的奶子咬下来了一个，再由于身子一颤把头扬起到空中，结果一撒嘴把妈妈的那个奶子摔到了距银城铺村北一里的地上。又由于当时正是十冬腊月妈妈的奶子掉在地上就被冻在地上，后来就变成了一座小山。小黑蛇在疼痛难忍的情况下，腾空而起驾着云向东北方向逃走了。

小黑蛇虽然逃走了，但李老好的妻子因被小黑蛇咬去了一个奶子，连痛带吓就一命呜呼了。李老好一看得到了这个结局，在万念俱灰的情况下带上妻子的尸体回山东小坞沟的老家去了。

再说小黑蛇带伤向东北方向逃出去1000多里后才按住云头，一看眼前是一条大河就跳在里面为生了，这条河便是黑龙江。小黑蛇变成了一条黑龙，也就是后来的秃尾巴老李。

秃尾巴老李长大后，虽然嫉恨父母对自己的狠心，但又回想起小时候父母在那样艰苦的情况下还把自己抚养成人，而自己又不懂事，在那样寒冷的天气里还让妈妈喂奶。能怪爸爸对自己下毒手吗？所以在第二年的春天就变化成一个黑脸小伙来到银城铺看望自己的爸爸妈妈。

到这里一打听才知道自己的妈妈已经被自己咬死，爸爸带着妈妈的尸体回山东小坞沟的老家去了，这里只剩下被自己咬下的妈妈的一个奶子。妈妈的奶子已变成村北的小秃山。秃尾巴老李听到这些，来到小秃山下看着妈妈留下的奶子，痛苦万分，眼泪掉在山顶上变成了血。从此在小秃山的周围长出了一种作物，这种作物有高高的秸秆，种子长在尖上，人们就把这种作物叫作高粱，而且这种高粱被碾成米后有的呈乳白色，有的呈殷红色。所以人们就认为白高粱米是吸收了秃尾巴老李妈妈的乳汁长成的，殷红色的高粱米是吸收了秃尾巴老李的血泪长成的。所以这两种米做成饭，吃在嘴里特别肉头，就像小孩含在嘴里的乳头一样，所以就把这座小秃山称作了高米山。

秃尾巴老李每年的春天在自己生日时就会来到这里，一是纪念自己死去的妈妈，二是来这里再吃一口妈妈的奶。每次来时都会行风布雨，走后雨过天晴，高米山的天空上还要出现秃尾巴老李父母在银城铺生活时的情景，也就是后来人们常说的“银城晓市”——丰润的八大美景之一。

络故事 丰润区民政局整理

车轴山的传说

车轴山坐落于丰润县城南 10 千米，是一处平地而起的孤峰，因辽代此处林深草密，是“轴辕”木材主要产地而得名。车轴山，海拔 58.9 米，石质为奥陶系灰岩，北至燕山南麓之余脉约 15 千米，向南到渤海之滨 100 多千米，周围是一望无际、一马平川的坦荡原野。这里原有始建于辽代、规模宏大的寿峰寺。山上有三塔：车轴山级，中建无梁高阁，两侧起建浮屠，使山体含蕴了浓郁的幽古秀雅之风韵。

在这广阔无垠的田畴上，车轴山独树一峰，拔地而起。山四周松、柏、柘、槐诸树葱茏繁茂，像是这平展展的大地上喷薄升腾的一朵翡翠般的云；南面山脚下，六棵千年古槐苍碧蓊郁，极像是六个滚动着的绿绒球；山北坡一个石洞内，泉水潺流，在山脚下汇成一个好大的池塘，仿佛是一条系在车轴山上的银链，牵着一块银光闪闪的大明镜。再加上山顶上巍峨高耸的古建奇观——无梁阁、药师灵塔、文昌阁，山南麓的省级重点中学那美丽的校园，给这数百里内的大平原平添了一道绮丽的风景线。

车轴山形体秀丽、小巧玲珑，关于它的形成有着许多美好的传说。相传很早以前，车轴山这地方有一个海眼，下面经过地河连通着大海。海眼向外长年翻水，水势且汹且涌，附近村庄常受水患之害，百姓无法生存，纷纷逃往外地，受尽人间疾苦。这件事被太上老君得知，从天上朝海眼扔下一粒金丹，将海眼堵住才制住了水患，但又造成了连年的干旱，大面积土地无收，百姓仍然无法生活。太上老君知道这个情况以后，就把堵海眼的金丹换上了一个金车毂，水从金车毂中间的孔洞里往外流。至此才使涌动的地下水有了一定的节制，既防止了水患，又可用来灌溉农田，周边的庄稼生长茂盛，百姓从此丰衣足食。后来二郎神杨戬担山赶太阳过此，见下面地里一个金车毂被大水冲得上下翻动，担心被冲走，酿成水灾，于是按住了云头，从空中扔下一块石头，变成一座小山，将金车毂牢牢压住。此后，地下水从金车毂冒出，经山缝隙向外流，灌溉附近的庄稼。这就是现在后山崖下那个山洞里流出的清泉水。这一股清泉水，冬温夏凉，含有丰富的矿物质，人畜饮之十分有益，被当地人称为“圣水”。

后人误将压在山里的金车毂传为金车轴，再加上此山确有车轴的形体，因此人们就将此山称为“车轴山”。

车轴山里压着一个金车轴的传说，惊动了许多有非分之念的人，他们纷纷前来“憋宝”。据说有一个南方人（当地人称为南蛮子）看出了这个秘密，经过多日查研，算出在大年除夕之夜念动咒语，如果没人冲破，便可把压在里边的金车毂憋出。这一年除夕天黑之后，他潜在山旁念起咒来，念到午夜之时，金毂已经拱开了山顶西部两块巨石，露出了金灿灿的边缘。恰在这时，山西车轴山村一个老太太煮熟了饺子，来到街上呼喊儿孙吃饭，喊声破了憋宝人的“好事”，金车毂又缩回山里，两块大石“呱嗒”一声落归原位。这件事被那老太太看见了，但却以为被憋出的是个金车轴，于是后来传得家喻户晓。至今人们仍然能在林木掩映下的山顶西侧，找到被金车毂拱破，后又重新归拢镇了金毂的那两块巨石，并被赋予带有传奇色彩的名字——“镇轴石”。

秀美的车轴山，使这一方土地具有了非凡的瑞秀之气。车轴山资源也是十分丰富，山石洁白如玉，质地绵柔，是加工上等建筑料石和烧制石灰的好材料。它的地下有丰富的煤矿蕴藏。但是为保护车轴山这一处秀美的自然景观，一直封禁采伐，至今山体面貌保存完好。

政协唐山市丰润区文史资料　张平　郑文石

望子山传说

望子山位于丰润城东北 25 千米处，属王官营镇上水路村。望子山是一座底面呈“人”字形的孤山，占地约计 64 万平方米，海拔 232 米。它的西侧隔一道 1 千米宽的沟地与野猫山相峙；南面是约 1 平方千米的平地；北面 1 千米外，是北山那高低不一的群峰；东面 150 米，陡河的源流之一——泉水河自东而来，折向南去。上水路村傍山而建，它的河西片就置于望子山的山怀里。

望子山虽不太高，但由于独特的位置，立在山顶可以望得很远很远。特别是向西北望去，可以看见 10 多千米外腰带山脚的丰董公路。所以登高远望是望子山的一大优势，可以远眺自然风光景色，可以寻人觅物，也可以环望四周情况。关于望子山有多个历史故事流传至今，都与母亲望子相关。赋予望子山一股浓浓的慈母情，因此也得名望子山。

传说之一。这是发生于近代的抗日战争时期。这件事要从日寇侵华在冀东进行第五次治安强化运动说起。1942 年秋后，日军从丰南海边大新庄、黑沿子一带强征了几百名民工，在望子山顶和上水路村四周修了 5 座炮楼，挖了长约 7 华里、深约 4 米、宽约 7 米的封锁沟，构筑长约 7 华里、高约 3 米、宽约 1 米的封锁墙，将上水路村包围起来。被抓来的民工在日本兵、伪警察的监视和欺压下，苦不堪言。修筑望子山顶及附近的炮楼、沟壕、石墙一共干了 40 天，在没上大冻的时候完工了，可是民工们又被强行赶着到迁西、迁安继续受这样的苦和罪去了。就在民工开走的第二天下午，一个 40 岁上下的妇女披散着花白的头发，趿拉着一双穿飞了的布鞋，风尘仆仆地到这里来寻找儿子。她一把眼泪、一把鼻涕地向村人哭诉：她只有这一个儿子，没落草儿丈夫就死了，她寡妇扯业十几年把儿子刚拉扯大，娶了媳妇。儿媳妇快要分娩了，儿子又被日本人抓了夫。她给日本人磕头求告，日本人踹了她几个骨碌子，把儿子抓走了。媳妇之后生了孩子，整日哭哭啼啼，惦记丈夫，得了产后风死去了，没了娘的孩子也饿死了。现在只剩下她一个人来找儿子，儿子又走了。她哭天喊地地说：“儿子是我的命，找不到儿子，我可怎么活？”村里人都很同情她，让她别着急，今天先歇一宿，明天再往北慢慢地去找。好心的老太太们要拉着她到自己家里去吃饭，她说什么也不去。她拍拍挎着的蓝布小包包，说带着干粮呢。她坐在望子山的北坡上，扒着一块石头往北望着哭。她告诉来劝她的老太太们，她哪里也不去，待一会儿还往北边去找。人们最后都回去了，直到夜很深很深，村民们还听见这个妇人在哭，还在念叨着被日本人抓走的她那苦命的儿子。第二天村里人早早起来，到山上去看那妇女，人已经不在了。但却把对儿子思念担忧的泪水和心声永远地留在望子山上。

传说之二。很久以前，非常贫穷荒乱的望子山下住着一户人家。丈夫刚去世不久，儿子还在襁褓之中，生活无有着落，那媳妇哭天天不语，叫地地不应。在这十分悲凄的日子里，有一天，一伙打家劫舍的强盗撞进了家门，他们把家翻了个底朝天，稍值几个钱的东西全部被抢走了，还不顾那媳妇的拼命阻拦，抢走了刚刚几个月大的儿子。那媳妇跟跟跄跄地追了出去，强盗已经跑远。万般无奈之中，她哭喊着爬上望子山，想再看一眼强盗手中的儿子，然后跳崖自尽。可是当她跷脚向东一望的时候，看见对面那座山的山坡上，有一团红艳艳的东西，她心中一惊：那不正是包裹儿子的被子吗？莫非强盗把儿子丢在那里不成？于是她打消了跳崖自尽的念头，抱着一线希望疯了似的跑到对面的山坡上。只见儿子正在手脚乱蹬地嗷嗷哭叫，原来强盗们抢走这个孩子是想拉扯大，培养一个接杆子的人。可是近来他们因为地盘之争，经常与另一拨强盗血战，感到实在力不从心，才把孩子又丢弃在这里的。那媳妇把儿子抱回家，娘俩相依为命，把孩子抚养成人。这就成了望子山名称由来的另一个传说。后来人们把抱孩子回家的那个山头叫抱子山。

传说之三。唐代贞观十七年（643 年）秋，建于朝鲜半岛东北部的高丽、中部的百济、东南部的新罗三国，都接受了唐室的皇封为王。其中高丽东部部酋盖苏文凶暴不法，弑主自立为吏部尚书兼兵部尚书，专擅国事，联合百济侵袭新罗，造成了屡屡的战事兵祸。唐朝发诏劝阻，盖苏文拒不听从。唐太宗李世民遂率年长皇子及大将尉迟敬德领 10 万大军东征。此时盖苏文西侵唐地亦甚远阔，唐太宗李世民率皇子将士一路杀敌破阵，十分艰辛惨苦。一日，大军驻扎在丰润县左家坞北部锅框山、东陡面山一带，与盖苏文大战数日不分胜败。这一天盖苏文佯溃，李世民率众追至山北旷地，陷入敌军重围，激战一日，伤亡惨重，幸当地山神相救才击败敌军。正在连日鏖战之时，随李世民出征的部分嫔妃及其他属眷已先行移至王官营东北的望子山下。嫔妃们在望子山下停住多日，只闻探马传来一个个激战的报告消息，不见大军上来，十分惦念各自的随李世民与敌拼杀的皇子，终日心神不安。她们吃不香睡不甜，天天站在望子山向西南遥望，大有望眼欲穿之势，企盼自己的儿子早些杀败敌兵，平安来到她们身边。

传说之四。在很古很古的时候，在这人烟稀少、一片荒凉的望子山下，住着一户人家，丈夫早年去世，孤儿寡母与小叔一起度日。不想儿子长大以后不成材，对于母亲和叔叔的管教软硬不吃。一天叔叔实在被他气坏了，就要用尖刀子把他扎死。侄子见状往外就跑，出了家门又向东南方向奔去，叔叔紧追不舍。这个妇人在后边喊了这个喊那个，但是谁都不听，只好随出院外。儿子再不好也是她的身上肉，眼下小叔追杀儿子，她实在放心不下。她家紧挨着望子山，就登上山头焦急地向东瞭望。只见在一片洼地里，小叔渐渐追上了儿子，猛地一刀子捅过去，刺进了儿子的后心窝。儿子一痛，龇着牙回过头痛苦惊恐地看了叔叔一眼，“咕咚”一声倒在了地上。叔叔看见侄子在被扎的刹那间狰狞恐怖的面孔，吓得血管迸裂，也一命呜呼。此后人们把妇人张望儿子的这座山叫作望子山，把侄子被扎、回头龇牙面对叔叔惨死的那片洼地，称为龇牙甸。

如今，望子山下面的上水路村日益兴旺发达，南北通行的丰潘公路也呈现车水马龙的繁荣景象。但是从山下经过的人们，还都习惯性地望望屹立于山顶的日军炮楼旧迹，讲一讲一位位母亲在这里发生的寸断肝肠的故事。这些故事虽然只是一个个人类历史中的小小侧面，但它却真实地反映了中华民族走过的漫长苦难的道路。

压库山传说

压库山，又名鸦鸪山，丰润旧志中又称其为压瓠山。它位于丰润县城西北10千米处，峰峦秀拔，是一座呈弧形月牙状的山脉，东西长2.5千米，南北宽0.7千米，海拔250米，石质为蓟县系白云岩，占地面积1.6平方千米。

压库山是丰润著名的山脉之一，有着悠久的历史和丰富的文化内涵，相传在很久以前，这座山没有名字，人们习惯叫它北山。在山的南坡下，住着一户人家，家中有老两口子，没有儿女。老两口子比较勤快，老头开荒种地，老太婆纺线织布，还在院子里种了一架瓠子。瓠子旺盛，长满了架。其中有一个瓠子长得很个别，个头大，色泽、形状也好看，非常显眼儿，谁见谁夸。

到了快收获的时候，来了一个南方寻宝人（北方人称其为南蛮子）看了这个瓠子，非要出高价把它买下来。老两口割舍不得。第二天又来买还是没卖给他。南蛮子三番五次来，老两口起了戒心，心想这瓠子准是个宝。为了向南蛮子把这个秘密套弄出来，老两口把它摘了下来。果不其然，这个南蛮子过了两天又来了，一看瓠子没了，打了个愣神儿问："这个瓠子怎么不见了？"老两口装作很痛心的样子说："唉！不如卖给你了，被人家偷去了！"南蛮子连声说："太可惜啦！"老太太接着问他："你说太可惜，到底有啥用？"南蛮子很惋惜地说："不瞒你们说，这是一把开山门的钥匙。这座北山东北角有一个门，只要打开它，里面有的是金银财宝和各种农作物的好种子。要打开此门，非那个大瓠子不可。现在被人家偷走了，岂不太可惜了！"说完怏怏地离去了。老两口知道了瓠子的妙用，喜出望外。

天黑后，老两口悄悄地走到北山东北角儿，那里果然有个小洞，把瓠子往里一塞正合适。接着就听轰隆一声响，山门打开了，只见里边灯火通明，进去一看，每件珠宝都金光闪闪，老两口摸摸这个，又掂掂那个，又都放在那里。又走到一堆粮食种子前，老头捧了一捧，看了看说："这太好啦！"刚想往口袋里装，就听有人喊："关山门喽！"老两口儿吓得撒腿就跑到门外，大门"咣当"一声关上了。宝贝一件也没带出来，还把开山门的钥匙——瓠子丢在了山洞里。老两口丧气地回到家里。待到天亮，睁开眼一看，炕上长出一棵黄澄澄、沉甸甸的大谷穗。这是老头儿在山洞里看粮食种子时，掉进鞋窠拉里一粒种子，回家脱鞋时掉在炕上的。这谷子叫"鸡鸣谷"，晚上种上，清晨鸡叫就成熟。两口子看着很高兴，心想，有了谷种，不几天就可以多得不得了。老太婆打开窗户想通通风，没承想飞进一只鸽子，一口把谷穗拧下来，叼走了，急得老两口搓手顿足。

从此，“鸡鸣谷”没有传下来。山门再也打不开，金银财宝和开山门的钥匙——瓠子一直压在山里边。从那时起，这座山就叫作“压库山”或“压瓠山”。

政协唐山市丰润区文史资料　隆顺新

银子山传说

银子山，位于丰润城北偏东 13 千米处。银子山村紧倚山脚而建。清光绪版《丰润县志》一卷《山川》记曰：“银子山在城东北二十五里，每逢夏雨初雾，白石层叠，望若银山，附近村民故以村名。”

相传银子山村在很久以前，坐落在今村东南 500 米一条南北走向的大沟西侧，名叫童南庄。当时任各庄有一个大财主，他的儿子整天躲在屋里念书，也没考取功名，许多人给他提亲，他都不同意。于是财主就派管家到外边寻访贤淑女子。一日近午时，管家来到王官营一带的鲍庄村外，在一块瓜地里一边买瓜吃解渴，一边与看瓜老头聊天。正说着话，老头女儿前来为父送饭。管家一看，此女正当妙龄，端庄秀丽，乖巧可亲，情态纯朴豁达。于是问明家中情况，认为是理想人选。回去向财主一说，财主十分满意，择日娶到家中。洞房花烛夜时，书生对新娘说：“今日之事，父命难违，但实在委屈了姑娘，只好你睡你的觉，我看我的书，咱们各不相扰，等老人过世后再让你走。”过了几年，老人双双谢世，书生准备了马匹鞍褥，在鞍褥里装满了碎整纹银，要让媳妇骑着马，带着银子走。媳妇无奈，只得离开。

这女子觉得无脸面回鲍庄见爹娘，只得信马由缰，听天由命。天黑时分走到童南庄，投宿到老太太的家中。老太太告诉她，家中还有一儿，在外扛活，尚没娶妻。这女子在老太太家吃了晚饭，住了一夜，感到这个人家还好。老太太知道了她的情况，便为儿子提亲，这女子就应允了。婚后，女子打开马鞍的褥套，告诉小伙子说这是她带来的银子，让小伙子购置房屋土地。小伙子一看，惊奇地说：“这是银子？”那女子说：“可不是。”小伙子又说：“如果这是银子，我们村西北的翠华山后有的是！”那女子不信，跟着小伙子到翠华山后一看，果然有许多银子。于是这座山又有了一个别名“银子山”。到现在，村中还流传着“翠华山有银子九缸十八窝，不在前坡在后坡”的民谣。

又传，在丰润北部，有一个小山村，叫作银子山，在很久以前，这里的人过着贫困的生活，人们天天祈祷神能让这个村子里的人富裕起来。一天，一个老神仙下凡游玩，看到了这个村子里悲惨的景象，也被这个村子人的诚心感动，但还想试一试村子的人们品质如何。

第二天早晨，老神仙变成一个老乞丐，去这个村讨饭，村里的人们给了他吃的喝的，临走还给他装了几个玉米饼子。老神仙被村子的人感动了，决定帮他们过上富裕的生活。一天深夜，老神仙开始施法，变了许多金银财宝放在了一座山上，村民们都得到了珠宝，小村由此富裕起来，人们便把这座山叫作运财山。

数十年后，降了场大雪，雪后一老樵夫在山上砍柴，无意间发现了山上有很多银子。他以为自己老眼昏花，就找了十几个人来看，原来真是银子，就装了九口缸和十几口大锅。后来，人们把这座运财山改名为银子山，后又把这个村名改称银子山。

协唐山市丰润区文史资料　董宝莹

围屏山传说

围屏山位于丰润区潘家峪村。相传唐代初年，李世民御驾东征路过这里，当时已是人困马乏，就在山脚下安营扎寨，准备休息一夜。李世民见天色尚早，就带两员大将探察附近地势形貌。他登上围屏山四面眺望，立时被这里的山形地势惊呆了：这座山的后背固若金汤，前襟九龙戏珠，两侧溪水潺流，前罩王冠巍峨，这里绝对是一处风水宝地，日后定有奇人异士出世，雄霸天下，将对唐室江山构成极大威胁。想到这里，他又仔细对围屏山进行了一番观测，发现围屏山西坡中间一条山腿正对山下的圆台——“宝珠”，乃为九龙之首，灵魄最盛，于是决定擒龙先擒首。他马上回到营寨，不顾将士长途跋涉的一路劳顿，调集重兵用了 12 天的工夫，在这条山腿与圆台东侧的相接处，钎凿斧剁，开挖了一条南北走向、长约 150 米、宽 3~5 米、深二三十米的大沟，以断龙脉。这条沟系唐王督兵所挖，后人称之为“唐挑沟”。

据说，当初始挖唐挑沟，只挖了 10 米深，便要急行赶路。不料想将士们撤回营里准备行装之时，有两名士兵忽然想起自己的兵器丢在挖沟的工地上，就立即赶回寻找。忽听沟下传来低声交谈的话语。一个说：“真是好险，幸亏没再往下挖，我们的筋脉才保住了，若再往下挖，我们就被拦腰斩断了。”另一个说：“真险！真是天不绝我们生路。当时可真吓得我没命了呀！”两名士兵好生奇怪，这里荒无人烟，怎么会有人说话？他们寻了个遍，也没见一个人影，于是拔腿跑回营中向唐王李世民禀报，李世民一听吓出了一身冷汗。心想，看来我是低估了这条龙脉，若不是这两个士兵听破了天机，可真要铸成大错了。于是重又集合人马，返回圆台东侧，继续深挖此沟。一直挖到 20 多米深以后才住手。现在这条“唐挑沟”仍保存得十分完好。当年的钎痕斧迹仍历历在目。

沟挖得这么长、这么深，李世民觉得可以罢手了，但是他还是不放心。因为这个圆台的风水仍然很好，如果有人在此建坟立墓，其后代仍非等闲之辈。于是又令人在围屏山下的这个圆台南侧，建起一座寺庙，并命名“香风寺”。因为古人坟地都远避庙宇，这样就防止了百姓在此遴选墓地之事发生了。这座香风寺一直保留到“文革”前。寺院坐东朝西占地二亩有余。院内有一层面阔三间的大殿，内塑释迦牟尼神像，两侧塑四大金刚神像。大殿两侧建有耳房，南耳房内塑关羽、关平、周仓神像，北耳房内塑风神、雨神、雷神神像。大殿前两侧各建配房为和尚住室。香风寺的住持和尚一直传到解放前，最后一届住持法号“纪稳”，后来还俗，取名张焕民。他的师父法号“兴荣”。香风寺的山门在寺院西侧，门外临南北通行的大道，道西是由潘家峪村流来的小溪。寺庙内殿宇辉煌，古树参天，四周红墙围绕，神奇壮观。

据说挖完唐挑沟、建完香风寺之后，被斩压的那条山梁里的龙脉日蓄月积，渐渐存储不下，于是顺着山势向外迸发，不久就把满山的岩石撑裂，白生生的这里一簇，那里一团，就像满山盛开着千姿百态的花朵一样，甚是动人。由此，这道山梁遂得名为百花山。香风寺又冠为百花香风寺。

政协唐山市丰润区文史资料　董凤良　潘晓红

湿地迷藏“妻家宝”

在曹妃甸万顷湿地的核心区附近，有一片全国罕见的湿地迷宫，每年都有数万游客慕名而来，凡是乘坐电瓶船在迷宫穿行过的人，无不被它的稀奇和神秘而吸引。的确，大部分游客可能都曾体验过陆地上的各式迷宫，但很少留下过记忆。曹妃甸湿地迷宫则不同，在芦苇丛中用八卦图形修成水道，乘船驶入，若没有路标和向导，很多人不容易闯出这个天然的迷魂阵。

曹妃甸湿地迷宫亦是八卦阵，八卦方位是乾、坎、艮、震、巽、离、坤、兑，对应西北、正北、东北、正东、东南、正南、西南、正西。中央斗叫五黄，也叫阅兵台，这里叫观鸟台。游人步入八卦阵游玩，流连忘返，可谓“人在宫中走，一览千古情”。

曹妃甸湿地迷宫尽管是2008年人工修建的，但为什么要在天然芦苇荡中，建一个独一无二的水上迷宫呢？它又是如何稀奇和神秘呢？莫非这个地方有某种传奇和故事吗？史上有记载说，八卦阵是三国时诸葛亮创设的一种阵法。而在曹妃甸有另一种传说，十分有趣引人。

远古岁月，男女之间没有那么多清规戒律，男和女随意搭伙同居，女的遇到可心的男性，只要愿意就可认他为夫；男的遇到可心的女性，只要愿意就可认她为妻。日子久了，女的不免要怀孕生小孩，当问小孩是谁的时，女的竟然说不出来和哪位男性有的。那时人的关系非常混乱。女娲心细，经过长时间琢磨，她弄出了一个到现在还用的规矩：如果一个女人认同一个男人，并有意在一起生活，这两人还能在一起终老的，就叫作家；如果男人得到女人的认可并在一起生活到终老的，就叫作宝；有家有宝有住所，初始的家就这么固定下来了。后来，男人和女人才明白了夫妻的“妻”字是“齐”的意思，是同心合意，相敬如宾。

好景不长。几年之后，水神发怒起来造反，和火神开始了不分昼夜的大战，水神力单势孤，终于被火神彻底打败了，水神一气之下撞倒了天际支柱，造成了天塌地陷，滚滚天河水从天而降，淹没人间。天地一片混沌，连成一片，生灵万物全都消失了。世上只留下了哥哥伏羲，妹妹女娲。女娲不能忍受天地和人类的消亡，她经过苦炼五色石，精心修补天空，硬行折断了神鳌的四只腿脚，拿它支起四极，全力拼退了泛滥的洪水，杀绝了各种猛兽，才得以恢复了原来的天地。

女娲补完天后，露出了原来的山岭起伏，复原了原来的江河奔流和丛林茂密，蓝天上有了百鸟飞鸣，草地上添了群兽奔跑，水中多了鱼儿嬉戏。但这天地之间，除哥哥伏羲，就是妹妹女娲，再没有了其他人，在空旷的天地里，他俩都有种说不出的孤寂感。

有一天，女娲和哥哥伏羲商量：我想把你当成家，你想把我当成宝吗？伏羲有点犹豫：有悖天理和人伦。女娲惘然：天间有神，地上没人，只有你我。

琢磨来琢磨去，伏羲勉强答应了妹妹女娲提出的“家宝”主意。每天傍晚，星星布满了整个天空。伏羲和女娲坐在一起，他们商量着用自己的方法造人。起初，伏羲和女娲还感觉特别别扭。女娲满脑袋想着自己孩子的模样，她出于完全自然的、无意识的状态下，萌发了另一种念头。她顺手抓泥土捏了一个有活泼可爱模样的孩子。女娲是神，有非凡的能力，她造人的手段和方法体现了“神”的威力。当女娲的第一个孩子呼喊“妈妈”时，她死寂的心里重新获得了生机，女娲第一次获得了做母亲的自豪和欣慰。

天有不测风云。被打败的水神经过休养调整，又缓过精神来，因女娲补天退水他一直记恨在心，见女娲和伏羲日子过得挺美，心里十分不痛快。于是，他开始向他们发难，他还要把打不过火神的怨气都撒在他们身上。水神首先把伏羲和女娲住的地方用大水冲毁，然后紧跟他们，伏羲和女娲躲到山上他发水，伏羲和女娲躲到树林里他发水，伏羲和女娲躲到沙滩中他发水，水神让他们一刻也不得安宁。因为泥捏的孩子刚出生不久，伏羲和女娲不愿和水神纠缠，万般无奈，连夜赶到一个荒滩野地躲藏起来，求得了一时安稳。

为了防备水神偷袭，女娲在荒滩上种下了成片的芦苇，她把芦苇按乾、坎、艮、震、巽、离、坤、兑八卦方位摆成迷魂阵，他们一家藏在了迷魂阵的中间。水神连续找了七七四十九天，也没有找到伏羲和女娲，他又开始发邪威，用天上之水淹没了这个地方，使这个地方变成了与黄海相连的一个新海湾——渤海湾。万般无奈，伏羲和女娲只好带孩子躲到了别的地方。女娲在离开八卦迷魂阵避难时，将剩下的泥沙都撒在了渤海湾北面。这些泥沙逐年一点一点长高，将海水一步一步逼退。

数百年来，海水不断后退，裸出大片海滩，经过几十辈人的开垦，水神淹过的地方因此都变成了米粮仓。然而，女娲在荒滩上种下的成片芦苇依然茂盛，八卦迷魂阵的图形依然清晰。这就是传说中曹妃甸湿地的本源。这就是在这里修建湿地迷宫的缘由。

作者：李连君

青龙河的传说

滦南县境内西部有一条河流，名叫青龙河。它是一条季节河，别看此河无甚出奇之处，但它的身后，却隐藏着几个美丽的传说。

传说一。那是个久远的年代，这片土地贫瘠荒凉，人烟稀少，一年下来，打的粮食根本不能填饱肚皮。常言道，房漏偏遭连阴雨，黄鼠狼单咬病鸭子。这里越是荒凉，越有灾星降临。距离此地 100 千米的南面，就是汹涌澎湃的渤海湾，渤海湾里有一个千年大乌龟，这天闲来无事，变幻成人形，装作一个风流倜傥的公子哥，轻摇纸扇，哼着小曲，来到黄土地界，无意间看见田野里，有一个年轻貌美的姑娘在挑野菜。这个东西大概在海里没见过美色，顿时欲兴大发，上前就要对姑娘非礼。姑娘也非好惹之人，见上来这样一个坏蛋，立即拿起剜菜的薅锄，猛地向它戳去，不偏不倚，正好戳在右眼之上，直疼得它惨叫一声，露出原形：一只大似磨盘的乌龟趴在地上，从硬壳里伸出三尺长的脖子，张着血红大口，龇着一排芝麻样的牙齿，一拱一拱地向姑娘爬来。姑娘见状，吓得魂魄俱散，扔下菜篮跑回家中。显形的乌龟疼过以后，渐渐又变回人样，捂着受伤的眼睛，恨恨地向海中跑去。它边跑边叫："你们不用着急，我一定要报此仇!"到了海中以后，由于里面一没医院，二没诊所，更没懂得包扎治疗技术的鱼鳖虾蟹，受伤的眼睛得不到及时治疗，渐渐失明成了一只独眼乌龟。乌龟本不是良善之辈，又经此次受伤，说什么也不善罢甘休。自此以后，乌龟经常来到黄土地界，腾在空中张牙舞爪地作法，让这里春无雨、夏沥涝、地难种、苗不长，一年四季搅得人们不得安生。老百姓颗粒不收，饿着肚皮，一边呼天喊地，埋怨姑娘惹是生非，一边诅咒乌龟的害人恶行。

恶乌龟祸害黄土地上人们的消息，很快为渤海龙王敖辰所知，他非常恼怒，马上招呼鲸鱼大帅，前去擒拿恶乌龟。正在此时，龙王身后闪出女儿小青，往前请求道："父王，此事交给小女，我一定把恶乌龟捉来严惩，为黎民百姓报仇雪恨!"龙王一听女儿要去，心中非常欣喜，马上点头答应。小青立即装束打扮，旋即飞上空中，腾云驾雾来到黄土地块，见到恶乌龟正躲在一个阴暗地方作法，喷出串串火球，妄图将刚刚露出地面的禾苗烤化。小青见状，纵下云头，拔出利剑，向恶乌龟砍去。恶乌龟正得意间，没承想遭到暗算，翻身起来，和小青打在一起。打了两个回合以后，小青一脚把恶乌龟踢翻，用捆仙绳将它捆住，凌空飞起，带到渤海，交予父王处理。最终，恶乌龟被囚禁起来。而小青又违逆父命，来到黄土地上，保护庇佑着这里的黎民百姓。为了和百姓永不分离，她将身体化成一条弯弯曲曲的龙状河流，春天，用盈盈绿水抵御旱情，滋润庄稼；夏天以宽阔的河床排泄洪水，防止涝灾；秋冬之时，为减少对大地的冲刷，则退出大水，只留一小部分延续着河水流淌。

从此，这里的人们，常年过着风调雨顺、无难无灾的生活。人们为了不忘小青的功德，就将这条河叫作“青龙河”。世道沧桑，风云变幻，尽管历史巨人撤换了一个个朝代，不变的还是这条青龙河，无声无息地在黄土地上履行着自己的职责。

传说二。很久以前，在滦南县西南有个村子，村子里住着父子两人，儿子长得身强体壮，是个干活的好手，地里的活计样样都行，侍弄出来的土地精细平整，长出来的庄稼比任何一家的都好，受到全村人的夸奖，都说老头遇见一个好儿子。然而，天有不测风云，有一天父亲忽然病倒在床，找了好多郎中也没治好，把个儿子急得心慌意乱。

在一个风雨交加的夜晚，父亲躺在炕上，把儿子叫到跟前，喘着粗气对儿子说：“孩子，你知道我是怎么得的病吗？”儿子说：“不是做活时扭伤的吗？”父亲摇了摇头：“孩子，你有所不知，现在我告诉你真相，你要仔细听着。”接着他便讲了起来。

那是半年前的一天，父亲又下地干活了，当走到一深潭旁边时，忽然听见有乒乒乓乓打斗厮杀的声音，谁和谁在打斗？带着满腹疑虑，他扭头一看，大吃一惊！只见有一黑一白两个动物在打架。那黑的是条巨蟒，那白的是个小龙。他曾听长辈们说过龙的样子，因此认得。龙和蟒打斗在一起，那龙上下翻飞，想跃过巨蟒跳进旁边的深潭之中。可是那蟒一会儿身子直立，一会儿凌空飞起，挡住小龙的去路。由于小龙力弱，斗着斗着眼见就不行了，那蟒却是越斗越猛，只见它张着大嘴，恶狠狠地向小龙咬去。老人看到这里，急速跨身一步，举起板斧，照准巨蟒的后背就是一下，不偏不倚正中蟒蛇的身子，只听一声惨叫，蟒蛇留下一片血迹，刮起一阵旋风逃走了。此时，小龙已经疲惫不堪，它趴在地上，看着老人，冲他频频点头，似乎是表示感激救命之意，然后爬进深潭。

父亲断断续续地说：“从那儿以后，我的腰便有些不舒服，开始并未在意，但时过半年，仍是越来越厉害，简直难以动弹。昨晚那个小龙托梦给我，说我砍的蟒是一条害人的恶蟒。为了感恩，小龙要助我到朝里做官。你看如何办理？”

儿子听后，思索一下说：“当今朝廷昏庸无道，当官又有什么用呢？”父亲点了点头说：“我儿所言极是，这个官绝对当不得，不仅我不当，日后你也不能去当。咱这里经常干旱，庄稼收成不好，日后你有了本领，要把这里的水利治理好，免得老百姓们遭灾。”正说间，忽然窗外响了一声炸雷，一道青色的闪电过后，屋里又是一团漆黑。儿子突然看见父亲身上发出了青光。只听父亲喘着气说："我死以后，就把我埋在深潭旁边，到了一定时间，我就要出世。一定记住我的话。"说完，气绝身亡。

父亲死后，儿子果然很听话，把父亲埋在深潭之旁，并按时上坟烧纸，祈祷父亲早日成仙。到了父亲病逝99天之时，门外忽然人喊马叫，很是热闹，儿子出去一看，原来是朝里的一个大官到民间来为皇上选美女。他刚一开门，就见几个骑马人奔过来举鞭要打，嘴里还骂着："老爷到了，还不快滚开！"正当皮鞭就要落在他的头上之时，忽然发现从深潭那里飞出一条青龙，大吼一声，吓得这些官员和士兵抱头鼠窜，逃命去了。

人们这时看到，这条青龙，腾云驾雾，摇头摆尾，接着往下一落，地上立即出来一条河流。河流清澈见底，缓缓向南流去。人们都知道是儿子的父亲所变，是来解救两岸的黎民百姓的。从此，人们就叫这条河为"青龙河"。

传说三：很久以前，这里没有这条河流，因缺少水源，时常闹旱灾，种下的禾苗大多枯萎，一年到头打的粮食只能吃上一两个月，剩下的时间都得去外面逃荒要饭，人们真正是生活在水深火热之中。

有一年春天，天上又是一点儿雨也没下。这天，人们正在杨老汉的草屋前商量着办法之时，忽然从村外走来了一个小伙子。这个小伙子长得眉清目秀，穿着一身青粗布衣服。听了人们的议论之后说："你们为什么不开一条河呢？"听他这么说，杨老汉答道："唉，谁说不是呢？可开河得需要钱哪，我们穷得分文没有，上哪里去弄钱呢？"年轻人听到这里点了点头说："那就让我给你们想个办法吧！"说完，他向村外走去，人们和杨老汉想看个究竟，就跟着他走了出来。

不一会儿，人们来到了村子的南头，只见小伙子向四周看了看，选了一处地方站下。忽然，一阵青烟飞过，小伙子倏地消失了，在人们面前出现了一条青龙。这时人们才明白，原来那个小伙子是这条青龙变的。只见青龙向大家点点头，就把头上的角插进土里向前一拱，立刻，地面上出现了一道深沟，沟里顿时出现满满的清水。接着，又用龙爪和龙尾把掘出的土推到沟沿上，沟里的水向南直泻而下，一直流向渤海。从此，两岸的人民彻底摆脱了干旱之苦，用清水浇灌两旁的土地。为了纪念青龙的功劳，这条河就取名为"青龙河"。

作者：张浩洪

双龙河的传说

滦南县西部有一条常年流淌的双龙河，一年四季，碧波荡漾，绿水淙淙，缓缓的流水，浇灌着两岸的大地。大地上，五谷充盈，丰收有望；岸边，柳绿花红，随风摇曳，似一幅亮丽图画展现于人们面前。当一路欢快的河水到达南部沿海，注入宽阔无比的海洋之时，恰似一条巨龙，投身于母亲怀抱之中，亲切无比，密不可分了。

这条河为什么叫作“双龙河”呢？这里面有一个动人的传说。很早很早以前，在南边的渤海里住着一个龙王。这个龙王残暴无情，只顾整天吃喝玩乐，根本不履行自己的职责，不顾人们的死活，一不按时给下界洒播甘霖，解除干旱；二是随意降雨，沥涝成灾，弄得人们呼天号地，苦不堪言。别看老龙王如此昏庸无道，可他有两个儿子黄龙和青龙，正好和他相反，心地善良，乐于助人，哥儿两个经常到岸上大行善事，每逢遇到有人落水，总是及时把人救上岸来。人们若是有事求到他们，只要能办到的，他们立刻千方百计地满足要求。

有一年夏天，这里闹起了旱灾，连续几个月雨点没落，直干得地上裂了深深的缝隙，各村的水井几乎全干，没有水喝，人们只得到百里以外的渤海里去担又苦又咸的海水吃。

这天晚上，人们都来到了村头的大槐树底下商量以后的办法。有人说：“去求求渤海龙王，让他给咱们下点雨吧。”立刻有人反驳说：“龙王是个无情的暴君，去求他肯定不行，他不但不给你下雨，去了说不定还会受了他的害呢。”这时，站出一个老头，对大家说：“龙王有两个儿子，一个黄龙，一个青龙，他们俩心慈面软，体恤人情，经常出来帮助人们解危救难，去求他们肯定奏效。”大家听了，一致赞成。

第二天，大家就推举了两个年轻人，他们一直往南走了10多天，来到了渤海岸边，找到了两条小龙。小龙问他们有何事相求？他们只得实言相告，将来意说明。两条小龙听后，深为担忧，一致表示一定出手相助。怎样帮助呢？两个小龙一商量，必须降雨，可是降雨非得有雨符，而雨符又在老龙王那里。如果去要，肯定不给，那只有一个办法，去将雨符偷来。哥儿两个说到做到，就在父王睡觉以后，将雨符偷出来，飞到了受灾地区的上空，降下了一场大雨。人们在久旱之后，见天降甘霖，一个个跪在雨地里向小龙们磕头致谢。

再说龙王醒来以后，发现身边的雨符不见了，便追了出来。见到两条小龙私自降雨，马上冲冲大怒，说道：“孽子，如此胆大妄为，实在可恶至极，赶紧回归龙宫，如再迟缓，决不轻饶！”两个小龙听后，回答说：“父王，下界百姓眼见干渴而死，等我们降完了雨以后再回去吧。”龙王见两个小龙竟敢违逆他的话语，气得厉声喝道：“既然你们如此可怜百姓，那就不用回龙宫了。”说罢用手一指，两条小龙一起摔落在地上，顿时失去龙身，变成了一条河流，头向南、尾向北一直朝着渤海流去。两条小龙虽然脱离开龙宫，但成年累月住在民间，用自身的丰厚资源，哺育着两岸的人们，倒是一件快事。为了纪念为民献身的黄龙和青龙，人们便把这条河叫作双龙河，直到现在，名称也未改变。

作者：张浩洪

暖泉村名传说

在滦南县东北方向，有两个村庄，一个叫西暖泉，一个叫东暖泉。两个村一路相隔，土地毗邻。这里土质肥沃，地势平坦，百姓安居乐业，人人都过着幸福生活。据《滦县志》载，此村是在明朝永乐二年（1404年）由山西山后陆州迁来的移民所建，当时就是一个自然村，叫作“暖泉”。后来随着村内人口增多，到了清宣统年间（1909年），一个村扩建成两个，一直到现在。

这个村子为什么有“暖泉”这个称谓呢？原来，这里有一个常年流淌的温泉，一年四季冒着热气的泉水缓缓地从地下涌出地面，水质清冽甘甜，不凉不热，饮在口中大有沁人心脾之感。用此水做饭香味扑鼻，松软可口；用于浇地，庄稼长势良好，葱茏茂盛；尤其是泡在积存下的水洼中洗下澡，更觉神清气爽，心旷神怡。有的人身患皮肤病症，洗上一次，立马见效，不痛不痒，绝无复发。这个“暖泉”由何而来的呢？里面有两个美妙的传说。

传说一。相传有一年夏天，一位老僧在云游途中，正值中午时分，烈日当空，饥渴难耐。忽见前方有间茅屋，便上前讨口水喝。敲开虚掩的柴门，见屋内只有祖孙二人，炕桌上放着一碗混浊的凉水和两块黑乎乎的饼子。老僧双手合十，口送佛号，阿弥陀佛，打搅施主用膳了，贫僧别无所求，只想讨口水喝！老人忙让孙儿为老僧将桌上那碗水送上。老僧着实渴急，待将浑水喝下，才见碗底剩下一层泥沙。忙问，施主为何就喝这般浑水？老人长叹一声，老天爷不让这方人活了！原来此地久旱无雨，河干井枯，地里的庄稼也多半旱死，能动的人都外出逃难，老人的儿子儿媳从几十里外为祖孙俩担来一缸浑水，也外出讨生计去了。老僧听了连呼，罪过，罪过，贫僧抢了施主的活命水！说完，在茅屋边盘腿打坐，说一声，请恕罪。说完，便端坐地上，双眼微闭，再不开口。

一晃七日过去，祖孙俩忽见老僧身下腾空喷出一股清凉的白气，上下盘旋，越来越浓，顿时化作一朵白云，驮着老僧徐徐腾空而去，一会儿便不见了踪影。一时间，祖孙俩惊得目瞪口呆，半天才醒悟过来，原来是一过路神仙。而后，爷儿两个跪下，望空拜去。接着，在老僧坐过的地方，冒出汩汩的泉水，从茅屋旁直向田里流去。从此以后，10里内井水充盈，河水扬波，庄稼返青，树木郁葱。这股泉水，冬暖夏凉，长年喷涌，甘甜无比，润口留香。这里的四方百姓，从此再也不受干旱之苦。于是，人们就称这个清泉为暖泉，这里的村子就叫作暖泉村。

传说二。还是在远古时代，天上的玉皇大帝有七个闺女，号称“七仙女”，个个长得美丽无比，聪明伶俐。由于她们长期待在天庭，所见到的无非是高墙大院、殿阁楼台，感到非常寂寞和单调，总想飞出宫殿，到人间走上一遭，领略一下风土人情。故此，才有了最小的七仙女下嫁董永、三仙女嫁给了书生刘彦昌、织女配给了牛郎等故事。尽管这些仙女最后都受到了无情的惩罚，但她们的举动仍在影响着其他仙女，总想跃跃欲试。七仙女中的大姐是个性情柔弱之人，她虽然不敢明目张胆地下凡，但久处深闺，常年蹲在宫廷后院，觉得实在无有情趣。一天，她找到王母娘娘，陈说了整天无所事事的无聊，深得王母的同情，怎奈慑于玉皇大帝的威严，又不敢怂恿大女儿私离天庭。大姐回宫以后，闷闷不乐，精神倦怠。身旁的一个侍女问明原因后，给她出了个主意，叫她装病在床，远离前庭，不见玉皇之面，这样就可以偷偷到凡间走上一遭。如果大帝问起，自己可以给掩盖一番。大姐一听，点头称是，就在一天趁着玉皇大帝议事之际，偷偷溜下天庭，直接降落到现在暖泉村这个地方。到这儿以后，她隐住身形，四处观看，只见凡间到处是青山绿水、草木葱茏，鲜花遍地，蝶舞莺飞；再看各家各户，炊烟袅袅、笑语寒暄，夫唱妇随，敬老尊贤。这个氛围，是多么的吸引人啊！在人们仰慕的天庭，是绝对看不到的。难怪三妹、七妹和织女都不愿回归，若是我的话，也是如此。大姐越看越爱看，她兴致勃勃，施展隐身法术，走遍了附近各个村庄，看遍了人间的处处美景，一晃就是 10 个月。常言道，天上一日，地上一年。在天庭的侍女，见到日已西落，大姐再不回来，一旦被发现，后果难以设想。于是，她就念动咒语，呼唤大姐速归。在凡间的大姐，心中忽地一动，知道已到回归时间。此时，人间已到秋天，做完活计的人们，满身污垢，燥热难忍，想洗一下澡轻松一下，可是跟前连个河沟都没有。大姐一看，动了慈悲心肠，念动咒语，喊来土地爷，吩咐他在此地掘一温泉，以供人们洗澡和饮用。她走后，土地爷立即施展法术，掘出温泉一眼，且常年流水不断，永不枯竭。当地百姓喜得温泉以后，生活上极大方便，常常感念仙女的慈悲之恩。

后来，明朝移民开始，一个董姓家族来到此地，见这个温泉水势旺盛，既能人畜饮用，又能洗澡浇地，于是在这里打桩开槽，和泥垒墙，建起一个村庄，并根据温泉的水温叫作“暖泉”。时至现在，此村名一直沿用。

作者：张浩洪

大清河

大清河在乐亭县城西南 35 千米左右的地方，这里有一个村庄叫大清河村，有一个盐场叫长芦大清河盐场。无论是村庄还是盐场都冠以大清河的名字，这条大清河流传着一个故事。

在古代，大清河不是一条清河而是一条浑河，河水全是掺杂着泥沙的黄水，由于河水太混浊，水生动物少得可怜，只有那些青蛙、癞蛤蟆在水边跳来跳去，偶尔看到土黄色的水蛇在黄水中扭动着身躯，寻找着可以填饱肚子的食物。

河中的河水为什么那样混浊？原来这条河中有一个大乌龟，它已经有千年的道行了，有了道行就有了灵性，它知道怎样占据这条河流又不被发现。它为了保护自己，必须隐匿身形，不然就会被渔猎者送到饭桌酒馆，成为他人的腹中之餐。为了更好地隐藏自己，它每天就用四个爪子搅动河底的泥土，被搅动起来的泥沙漂浮到了水中，使大清河的水变得混浊了，而混浊的河水就像一个庞大的幕罩，把乌龟紧紧地裹在了中间，免除了外来的危险侵害，使自己悠然自得地在这里安静生活。

大清河的水最终都流向大海，在大清河的入海口，混浊的河水与海水混合在一起，使入海口的海水也变得混浊了，它与深海的海水相比泾渭分明，截然不同，一个是碧绿清澈，一个是混浊泛黄。由于这里的海水混浊，就连那些过去常到海边游玩的小鱼小虾也不再光顾这个地方了。

有一次，东海龙王敖广到天上的灵霄宝殿向玉皇大帝奏本后回宫的路上，发现那里情况异常，心想，四海皆清，唯大清河独浊，是何道理？回到水晶宫后就派虾兵蟹将前去打探。这些虾兵蟹将去得急、回得快，它们把探听到的情况如实禀告了东海龙王。龙王听后想，看来这个老乌龟是一个得道的仙体，修炼成仙实属不易，况且这个老乌龟能这样做也是老谋深算、胸藏韬略。它在那里闲暇无事，久而久之很有可能节外生枝，与其这样还不如把它请到龙宫，封它个丞相，让它来协助我管理大海得了。想到这里，龙王就拿起御笔、饱蘸香墨拟就了圣旨，派虾将前往大清河宣召乌龟速到龙宫就职。

乌龟接到龙王的圣旨以后，就随着虾将慢慢悠悠地向大海游去。它来到龙宫后，龙王看它憨态可掬、忠诚沉稳的样子，就真的封它做了丞相。做了丞相后，协助龙王把龙宫治理得井井有条，把大海管理得更加兴旺。

这个乌龟离开了大清河以后，大清河的水越来越清了，比其他河里的水还要清亮得多，于是人们就把这条由浑变清的河称为大清河。大清河这个名称一直沿用到现在。

摘自《乐亭地名传说》

灯笼铺

灯笼铺在乐亭县城东南25千米多的地方，它现在就在渤海的北岸，像一个小山包一样，天天看着渤海的浪花，听着渤海的涛声，记录着日升日落、潮涨潮落，把大海的喜怒哀乐都蕴藏在了每一粒细沙之中。灯笼铺在海边存在了多少年，谁也不知道，只是一代一代的渔民们传颂着灯笼铺的故事。

相传在很久以前，灯笼铺是海中的一个小岛，也是距离海岸最近的一个岛，这个岛比其他的海岛都要小，距离其他的岛也很远，就像孤悬在海上的一条小船。岛上长满没人的蒿草和酸枣树，几乎把整个岛都覆盖了起来。这个岛上生长着很多的小动物，狐狸是这里最多最活跃的动物了。有时候这些狐狸走出草丛在沙滩上悠然散步，有时候带领着小狐狸在海边嬉戏要闹。他们是怎样来到小岛上的，谁也不清楚，也没有人去深入探究其中的原委。有的狐狸已经有几百岁，修炼得道行很深，就成为狐狸群中的首领。沿海的渔民们都知道这里狐狸很多，可是谁也没有去打扰过它们，谁都知道狐狸是大仙，没事去招惹大仙那不是自己给自己找麻烦吗？

有一年春末夏初，海上突然起了大雾。大雾在诗人眼中是一种意境，是一种景观，是一种抒发自己情感的载体，要不然他们为什么说“烟笼寒水雾笼纱”呢？而在渔民眼里则是一种祸患，是一种走向死亡的天网，是渔民们痛恨的仇敌。这时候正是渔民们出海打鱼随潮回家的路上，突然来的大雾把他们围困了起来，使他们迷失了方向，分不清东西南北了，只有抛锚停船，等待大雾慢慢散去。眼看着天就要黑了下来，可是雾气却越来越浓。他们不能准时回家，不但家里要担惊受怕乱成一团，一旦海上起了大风，渔民们时刻都有生命危险。

天渐渐黑了下来，渔民们在大雾紧裹着的船上也是如热锅上的蚂蚁。正当他们手足无措的时候，有一个渔民突然看到在他们的北边有无数个类似灯笼的红色光亮在跳上跳下，闪闪发光。看到这里他们异常高兴，都说那准是灯笼铺上的狐狸在炼丹，他们在告诉我们回家的路。于是渔民们马上起锚扬帆，稳舵行船，朝着狐狸炼丹的方向快速行驶。当他们走近灯笼铺的时候，这些类似灯笼的红色亮光就不见了。看见了灯笼铺也就等于回到了家。他们回到家以后，很是感激那些狐狸们，第二天全船的渔民们手捧香烛、肩抬供品到灯笼铺着实虔诚地祭拜了一番，从此这些狐狸也成了渔民们崇拜的仙家了。

与人为善者总会被善待，这应该是真的吧！自从这件事开始，这个小岛就有了灯笼铺这个名称了，而这个名称一直沿用到现在。

今天的灯笼铺已经没有了往日的风采和神秘，那些与人为善的狐狸们举家迁走，大概是去了峨眉山，其他的小动物们也不知道去了哪里。可是今天的灯笼铺却有了现代的发达与壮美，它站在大海的北岸，仍然历数着大海的潮汐和人世的沧桑。

摘自《乐亭地名传说》

老米沟——“虾米精” 智取“花蛇精”

乐亭县的老米沟是一条很大的河汊，虽然是河汊，可也算得上是一条水量充沛的内流河了。老米沟西北—东南走向，北起姜各庄镇岗子村西，流经赵庄子、小黑坨、范庄、柳林、西海村至老米沟闸注入渤海。这条河古时候是一条县内主要的海上通道，运输船、捕鱼船你来我往，甚是热闹。说到老米沟这个名字的由来，这里面还有一个传说呢。

相传有一年，龙宫里的一个大对虾精接受了玉皇大帝的圣旨，让它在老米沟这个地方潜伏下来，擒拿一个违反天条的白花蛇。白花蛇曾在人间修炼了几百年，得道成了小仙。可是它妄自尊大，总认为自己有了仙体，谁能奈何得了。因此，它在下界为仙的时候，经常无缘无故喷出毒液伤害生灵。这次是因为喷洒毒液草菅人命而畏罪潜逃的。天有天条，国有国法。它触犯了天条，自然要受到上天的惩罚。

玉皇大帝的圣旨一下，白花蛇已经算计到自己的厄运快要到来，于是就昼思夜想，想出了这一个金蝉脱壳的计策。变化成一个穿白衣服的公子，搭乘大船从大海驶向了老米沟。他想，远离仙境，避人耳目，也许会逃过这一劫。

道高一尺，魔高一丈。天网恢恢，疏而不漏。对虾精早已在老米沟静静地潜伏了几天，老米沟里天天出现一个像桅杆一样的东西，直直地竖立在沟水里。人们不知道是什么东西，有好事的人跑到跟前去看，对虾精一听到河岸上的动静就游到深海里去。人们只看到了像桅杆一样的对虾枪，说是对虾在晒枪，始终没有见到对虾精的庐山真面目。

这天，白花蛇搭乘的那条大船从老米沟行驶过来，走到半路，老米沟突然掀起巨浪，巨浪托起大船，大船左右摇摆，上下颠簸，一会儿被大浪抛起，一会儿又被大浪摔下，满船乘客有的抱着桅杆，有的扒着船帮，有的干脆就趴在了船板上，大呼小叫，乱成一团，眼看满船人的生命危在旦夕。就在这危急时刻，船老大镇静自若地大声说，船上的人谁做过坏事就赶快下船，不要连累了全船人的性命。船老大说过后，乘客你瞅我，我瞅你，一边察言观色，一边清点人数。在清点人数的过程中，人们发现那个身穿白衣服的青年公子不见了。人们正在议论纷纷，四处寻找，突然听到一声巨响，船底被虾枪扎出了一个大洞。船舱中有一条白花蛇浑身鲜血淋漓，已经死去。从此以后，老米沟就再也没有看到对虾精晒枪了。当地人都把虾称为虾米，把已经成精的大对虾称为老虾米，因此这里就叫老虾米沟，后称为老米沟。

现在这条河流虽然还在，但是水量远不如过去那样充沛了，过往船只也不如过去那样多了。如今的老米沟是乐亭县境内 12 条骨干排水河道之一，主要承担排水任务，它仍然是内流河的重要入海口。

摘自《乐亭地名传说》

浪窝口

浪窝口是二滦河的入海口，在乐亭县城东南25千米的地方。二滦河是滦河的主要分支，它又有自己的次分支，构成了乐亭十几条河流共同奔流入海的壮观景象。浪窝口这个地方最早不叫浪窝口，而是叫野猪口。野猪口并没有野猪，因为二滦河水到入海口时与海浪碰撞形成众多的大浪，这些大浪奔腾跳跃，黑乎乎的形似野猪，渔民们就把这里称为野猪口。那么，为什么以后又把野猪口改为浪窝口了呢？这里有两个与朝廷相关的民间传说 。

自古以来，这里就是一个比较大的鱼码头，也是通往外海的主要进出口之一，在海防上有着重要的位置，是国家重视的海上防卫战略要地，因此明、清时期朝廷经常派员到这里检查海上防卫。

民间传说之一。明代时期，朝廷派员来到了浪窝口，查看这里的地形地貌和水文变化，一边看一边在地图上做标记，查看完以后就问当地的渔民这个地方叫什么名字。当地的渔民说："这里叫野猪口。"这些朝廷官员听了以后都吃了一惊，赶紧说："以后不能叫这个名字，这个名字是犯忌讳的。如果再叫这个名字就要坐牢。"渔民们吓得谁也不敢吱声，只是呆呆地看着这些官员们。一会儿，一个官员说："这里不能叫原来的名字了，我给你们起个名字，以后这里就叫浪窝口。"当时没有多少渔民知道朝廷的皇帝姓朱，更不知道犯忌讳的那些清规戒律了。浪窝口这个名字就这样叫起来了，谁也不再提野猪口三个字。谁愿意因为叫一声野猪口去坐牢呢？

民间传说之二。清朝康熙年间，康熙皇帝经常微服私访，到民间了解民生，体察民情，力图使百姓安居乐业，力图使吏治清廉公正，国家也确实呈现出一派繁荣鼎盛的景象。有一年，康熙皇帝到了乐亭，这次他可不是微服私访，而是带着很多朝廷官员到乐亭来查看海上防卫的。走到浪窝口这个地方，他就下了轿，望着大海中的点点白帆和码头上装卸鱼虾的忙碌渔民说："看到他们生活安康，朕实感欣慰。不知这里叫什么名字。"一个官员要到码头去找个人问问，康熙没有同意，恐怕影响了他们。不一会儿，来了几个过路的人，康熙皇帝就问他们，这个地方叫什么名字。那几个人说："这里叫野猪口。"康熙听到这个名字后，脸上现出不悦的神色，他想，猪吃糠（康），我的年号是康熙，这个名字不吉利，得改个名字。他想了想对那几个人说："这个名字不好，我给你们这个地方起个名字吧！你们这个地方就叫狼窝口吧！"这个钦定的名字就这样定下来了。

后来人们又把狼窝口改成了浪窝口，浪窝口这个名字一直沿用到现在。

浪窝口这个名字究竟是明朝时期改的还是清朝时期改的呢，谁也没有说清楚。但恰恰说明了地名故事的一大特点：一个地名可以生出多个传说，一个事件也可以生出多个地名。

摘自《乐亭地名传说》

月 坨

乐亭县的月坨原称半月坨，后来就称为月坨。月坨的面积有1.25平方千米，因为它远离海岸，是海鸟们繁衍栖息的理想之地，过去也有人说这个沙岛是鸟岛。

相传在很久以前，大海里并没有月坨岛，月坨岛是怎么产生的？大海的深处、海潮的冲刷、海风的剥蚀，月坨岛为何还昂首屹立？这里有很多民间传说。那些传说虽然是虚无缥缈的，却是美丽动人的，是代代流传、经久不衰的。

月坨岛这个地方是渔民们出海打鱼的必经之路，那时沿海的渔民生活困苦、家道艰难，没日没夜地在海上打鱼，全家还难以糊口。谁都知道，大海无风三尺浪，有风浪高好几丈。如果遇到大风大浪，时刻都有船毁人亡的危险，就在渔民们出海打鱼的必经之路上，不知有多少渔民被狂怒的大海吞噬了生命。

有一年，海上乌云密布，狂风骤起，海浪滔天。海水黑得像墨一样，海面上伸手不见五指，多么有经验的驾长也辨不清东西南北了。渔船一会儿被顶上高峰，一会儿又被摔到谷底，桅杆断折，船帆破碎，船舱里灌满海水，渔民的生命危在旦夕。就在这千钧一发、生死存亡的关键时刻，天上的一位仙女路过此地，看到了人间发生的惨剧，动了她的恻隐之心，拯救了一船人的生命，也使这里的航道从此风平浪静。

原来，天上的王母娘娘每年都要举办一次蟠桃盛会，邀请各路神仙到瑶池赴宴。月中的嫦娥和吴刚也是王母娘娘的仙客之一。他们结伴从广寒宫出发，路过了月坨这个地方，看到这里狂风呼啸、乌云翻滚、浊浪拍天、船欲翻人欲亡的惨象，就对吴刚说："天上平静如水，人间多灾多难，我如果不是误吃了灵药来到天上，现在大概也会和他们一样受苦受难。今天我要救他们一命，让他们阖家团聚吧。"吴刚点头称是。于是嫦娥就从袖中的珍珠上刮下来一点细末撒向了大海，顿时乌云散去，狂风骤停，遇难船只的北面慢慢升起了一个小岛，这个小岛就像半个月亮镶嵌在了茫茫大海之中。

嫦娥看着慢慢升起的小岛，笑盈盈地对吴刚说："小岛是有了，这些渔民们也得救了，我会让海神把他们送到岛上去。可是这个岛上一点绿色也没有，实在是不好看。要让小岛变得好看，就看你的本事了。"吴刚想了想，从身上找了一片桂花树的树叶，从空中扔了下来，这片树叶飘飘荡荡往下落，落在了小岛的正中央，一会儿就长成了一棵不大不小的桂花树。桂花树上盛开着桂花，桂花的清香飘向了大海的四周。遇难的渔民们闻着桂花的香气一步步走上了海岛，休息了一夜后就回家了。

渔民们回到家以后，逢人就讲海上遇仙和神仙点化海岛的故事。沿海渔民们也把这个海岛当成自己的第二个家，是他们出海往返休息的地方，一直到现在仍然是这样。因为这个地方像半个月亮，人们就称这里为半月坨，后来称为月坨。这个名称一直沿用到现在。

不知过了几世，月坨上已经是芳草连天，那棵本是天上之物的桂花树也就魂归广寒宫了。说起桂花树，后人们从来也没有见过它的婆娑倩影，更没有闻到过它那清醇的香气。

摘自《乐亭地名传说》

石臼坨

石臼坨在乐亭南部的渤海湾中，它是渤海湾中最大的海岛。所谓海岛，人们的想象中都是石岛，就像海中的小山一样，可是石臼坨却是一座沙岛。岛上长满了绿色的原始植被，桑树、槐树、柳树、桃树、杏树、杜树、酸枣、榆树、红柳、山竹、芦苇、蒲棒、茅草、风稗、木贼、苜蓿、黄精、盐蓿、马齿苋、败酱草……一片片、一丛丛、一团团、一簇簇，高中有矮，绿中有红，把白色的沙岛打扮成绿色的世界，可以说这里是一个神奇秀美的世外桃源。

石臼坨过去曾经叫十九坨。据记载，唐太宗李世民率部东征时路过此地，在这里住了 19 天，因此这里就称为十九坨。可它为什么又叫石臼坨呢？原来这里有一个流传很久的民间故事。

相传在很久以前，这里就有一座小岛，中间高，周围低，就像一个小山包，上面生长着稀稀落落的乱草杂树，一脚踩下去，黄沙都没过脚背。一看就知道，这里是一个兔子都不拉屎的地方。

有一年，海上刮起了大风，掀起的海浪有一丈多高，海浪声就像打雷似的。这时候，从滔天的海浪中钻出了一条破渔船，被海浪抛上抛下，一直被抛到石臼坨的下面才停下来。船上没有任何东西，只有已经晕过去的母子两人。也不知道过了多长时间，海上风平浪静了，这母子二人也苏醒过来，他们四处望望，除去波浪汹涌的茫茫大海以外，就是眼前这个小岛了。他们仔细看了看这个小岛，惊恐中也流露出欣慰的神情，这就是他们的救命岛。他们总算有一线生机了，于是疲惫不堪的母子二人互相搀扶着一步步爬上了这个小岛。捡来了小鱼小虾，拾来了野果野菜，总算是吃饱了肚子，他们露天躺在沙滩上美美地睡了一觉。

在睡梦中，儿子似乎感到有个什么在撞他。他一骨碌爬起来，借着天上的星光看到不远处有一个白色的东西在动，他悄悄地走近一看，原来是一只小白兔在那里吃草。那里的草特别多，也特别绿，小白兔吃过以后，绿草马上又长出来。他感到很奇怪就回来告诉了母亲。

母亲说："那是一只神兔哇，它吃草的地方准有宝贝，你挖挖看吧！"儿子遵照母亲的嘱咐就挖了起来，果然发现了一颗明亮的宝珠。他把宝珠捧回来交给了母亲，宝珠放在母亲的手里闪闪发光，母亲说："神仙把宝珠赐给了我们，是让我们活命的，不是让我们发财的，我们可不能贪得无厌啊！"他们用宝珠变出了粮食，变出了淡水，变出了草房，母子二人就在这里生活了下来。

有一年大旱，海边上的人们没有粮食吃，没有淡水喝，穷人们都在饥渴难耐的死亡线上生活。母子俩得知后，就带着宝珠来到了海边，把宝珠放在粮食囤里，里边的粮食往外流；把宝珠放在水井里，井里的水就往外涌。粮食吃不尽，井水用不完，海边上的老百姓得救了。可是这件事让当地的恶霸知道了，就纠集了一批地痞来抢这颗宝珠，母子得知后就在众百姓的掩护下躲到了海岛上。恶霸带着地痞们穷追不舍，坐船赶了过来。母子俩稍一商量，就把宝珠扔进了大海里。

霎时海里掀起了滔天巨浪，大海和小岛全被巨浪吞没了，恶霸和地痞们也全被淹没在了大海里。风平浪静以后，大海恢复了往日的平静，小岛也全变了样，树木变得高大茂密了，树上结满各种野果；草变得更加青翠碧绿，绿草中摇曳着各色小花；岛上还出现了一口井，井水甘甜清冽；原来中间高周围低的小岛变得中间低周围高了，形状就像一个石臼。母子二人在这个小岛上住了下来，岸上的渔民们经常到这里来，给他们带来很多好吃的东西，母子二人生活得很快乐。在一个中秋之夜，母子二人乘坐一条大船离开了海岛，不知道去了什么地方。

因为这个小岛貌似石臼，因此就把这里叫作石臼坨。2000 年，在这里开发兴建了菩提岛旅游度假风景区，遂成为唐山湾国际旅游岛的重要组成部分，如今的它就像一颗璀璨的明珠，在渤海臂弯之中熠熠生辉。

摘自《乐亭地名传说》

翔云岛

翔云岛在乐亭县城南部25千米的地方，从翔云岛向南5千米就是滔滔渤海。翔云岛是一个国营林场，30年前，这里有大片的人工森林，这都是自20世纪60年代开始林场工人劳动汗水的结晶。森林周围是一望无边的芦苇荡，这些野生的芦苇经过人工管理和养护，也长得茂茂盛盛，郁郁葱葱，夏季是绿色的海洋，冬季是白色的雪浪，谁能说这里不是一片天然的休闲净土呢？20世纪80年代以后，这里又开辟了千亩虾池，开始了人工饲养鱼虾。经济效益为中心的年代，谁人不这样焉能生存？21世纪初，这里又开始了大规模的开发建设，一个大型的、功能齐全的现代化休闲度假村即将来到这个沿海的国营林场，使这里原本的原始风情即将呈现出一派现代风光。

把时间推溯到古时候，这里又有着什么样的故事与传说？相传在很久以前，翔云岛是在海中间的，四周海水围绕，这个岛在海浪的簇拥下，摇摇晃晃得就像大海中的一只船。那时候这个岛上有很多的小动物，可是这些动物繁衍得越来越多，岛上的绿草已经不能满足它们的需要了。有些小动物因为争斗经常被咬死，有的因为没有食物经常被饿死。有一天，八仙之一的韩湘子云游路过这里，看到岛上到处都是动物的尸体，就动了慈悲之心。他想，上天造物，均有定数，怜悯生灵是道家之本，见死不救，何为仙道？于是他就吹了一口仙气，念动仙家咒语，把这个海中的小岛一下就搬到了大海北面的陆地上。并摘下一片五色彩云留在了小岛的上空，隐藏在其他云彩的后面。如果小岛遇到危难，这片彩云就及时前来解救。从此后，这个岛上的动物特别多，狐、獾、鼬、兔、鹰、雀、鸥、鹭，低吟慢唱于蓝天白云之下，奔跑跳跃于绿树碧草之间。

唐朝唐太宗李世民率部东征，正值炎天夏日，热气蒸腾，他们走到翔云岛这个地方，部队士兵肚中饥饿，口中干渴，后面的追兵又尾随而来。看到这种情况，唐太宗仰天长叹曰："想我李世民为解黎民之疾苦、为救国家之倒悬，出生入死，征战半生，难道苍天不佑，今天将困死于此乎？"

话没说完，天空中就出现了一片五色彩云，这片五色彩云慢慢扩大，慢慢散开，形成了一道道白色的雾气和红色的光环，把唐太宗的部队笼罩在了雾气与光环之中，敌人的追兵摸不到他们的踪迹，看不到他们的身影，找不准他们的去向。唐太宗的部队吃完了饭，喝足了水，重新整顿鞍马，浩浩荡荡向东出发了。

唐太宗的部队撤走以后，天上的五色彩云才慢慢散去。后来人们就把这个地方取名为祥云岛，取祥云笼罩之意。以后这个地方又改称为翔云岛。这个名称一直沿用到现在。这里还有龙兴寺和扳倒井，都与唐太宗东征有关，也有着民间的故事传说。

摘自《乐亭地名传说》

京东名山景忠山

唐山大地，共有名山159座，古迁安，今迁西境内的景忠山便是名山中的佼佼者。景忠山按《迁安县志》所载：“旧有二名，南曰明山，北曰阴山。”到了明朝天顺年间，蓟州镇府移住至今迁西境内的三屯营，其山在三屯营南面，南方之神为朱雀，因此又称其朱雀山。那么如何唤成景忠山呢？有两种说法，一是“山形说”，因为此山为平地突兀而起，远观宛若一口倒扣的巨钟，故名“景忠山”。其二是“人文说”，至大明嘉靖二年（1523年）间蓟州总兵马永在山顶修建了碧霞元君宫和“三忠祠”，祠内供奉诸葛亮、岳飞、文天祥三忠，此后便唤成景忠山。其后，戚继光北国镇边，也来到景忠山拜祭三忠祠，并留诗：“冰霜谁知抱关情，三辅河流一洗兵。楼阁晴悬新气象，桑麻色起旧屯营。龙回地轴开戎幕，水和天门驻汉旌。天下奇才今不见，愿留方略佐金城。”当然，还因山顶有著名的碧霞元君庙，即俗称的娘娘庙，因此还有“娘娘顶”或“娘娘山”之称。

有名山便有传奇故事。山上有一奇洞，曰“知止洞”，即便山下无水，洞中却常滴甘泉。别山法师曾在洞中苦修九年。大清顺治八年（1651年）时，清世祖游此，听说洞中有圣僧修行，召出旨问。别山法师虽然面色枯黄宛若隔世之人，但回答皇帝旨问却令世祖动容，于是召他入京，供养于皇宫之内，不久，别山法师请求回山，世祖准假一月。其后，在顺治九年（1652年）五月再次诏请别山法师入京，并赐景忠山住持僧人海涛白银500两，并赐号别山法师为“慧善普应禅师”。其后到了顺治十六年（1659年），清世祖为选太子又来景忠山，到碧霞元君庙中问卜于元君，并赐银千两；第二年，又拨库银两万两重修殿宇。皇恩浩荡使景忠山不仅殿宇华丽，而且名重一时。

顺治之后为康熙，而康熙为顺治第三子，他被立为太子，登基做了皇帝，是清世祖顺治在景忠山上问卜于碧霞元君而定，因此康熙大帝也极为看重景忠山，他数次东游来此，题写了“天下名山”，题写了“灵山秀色”，题写了别山法师修行的山洞曰“苦行”，并赐题横匾“苦行苦来”。到了康熙三十二年（1693年），他又来此，陪护扶随其母孝慧章皇太后登山进香，事前，康熙下旨修整山路。景忠山再次热闹起来，工部司奉旨督办，地方官更不敢怠慢。于是，达官显贵，富户乡绅纷纷捐资以表忠心，四乡民众来此平整路基，能工巧匠云聚于此，打开条石，很快就修成了1800多个石阶的山路。其后，清时文人张太复来此留诗：“路指三屯外，青莲朵朵擎。万松穿石立，一径与天争。”又有三屯守官陈世林为此事立碑，使这段历史详细地保留下来。相传康熙此次登临景忠山还赠金佛一尊，赠有4500卷的《大藏经》一堂。

到了大清嘉庆四年（1799年），景忠山上的庙宇殿堂又进行了一次大修，三忠祠、碧霞元君宫、后佛殿及两司和牌坊都加以修整，并为此事留下功德碑。而《唐山大全》一书又载：清道光二十四年（1844年），部分寺庙被火烧毁，后重修，碧霞元君庙更是焕然一新。显然，数百年间，景忠山历经多次修建，所以从山下到山上，庙宇殿堂，暑院牌坊，楼阁碑林错落相连。到了清咸丰五年（1855年），文士姚光弼又为碧霞元君宫留赋名联："圣功无量，圣寿无疆，惟圣降神，聿尊圣母；元妙莫名，元机莫测，因元人道，厥仰元君。"正是明清两朝的将帅帝王，名人雅士登临于此，或题诗文或赐金修庙，使景忠山香火鼎盛一时。

当然，有香火鼎盛，就有善男信女，就有许许多多的传奇故事。清同治十年（1871年）间的夏天，丰润县郑家庄的董事荣身染重病，多方求医问卜，都未能治愈，他只好昏睡在床上等待西行之时，全家也惶恐不安。忽然昏迷之中元君娘娘向他走来对他传授药方，让他速用，不仅能治愈疾病，还能增寿。他听罢猛然醒来，元君娘娘所言犹在耳边。他立刻让家人按梦中元君娘娘所言去买药，果然大病痊愈。事后，他细细思量，应当是他每年十月都去碧霞元君庙进香，元君娘娘显灵救他一命，于是他捐资重绘了碧霞元君宫的正殿和配殿，报答元君娘娘的救命之恩，并刻碑记述此事。

民国二十四年（1935年）的春天，丰润县南夏庄王庆山的父母身染重病，然而家境贫寒无力求医买药，虔诚的王庆山想到了古人传说中的借寿。于是，他来到景忠山，到碧霞元君宫，焚香三炷，叩首拜神，许下大愿，愿以自己的寿命借给父母二老，希冀娘娘显灵。如身染重病的父母能够借寿痊愈，父母病好之日，他当来此了结心愿。果然，父母二老重病之后又得好转，竟然痊愈。虔诚的王庆山来到景忠山山顶北处的悬崖处，纵身跳下悬崖，用自己的死去确保父母二老的寿命，了结此愿。谁知，王庆山大孝感动天地竟然毫发无损，仿佛有人在空中托住，他竟然奇迹般生还。王庆山大孝感动神灵的故事传开，于是寺僧在山顶悬崖处立起神佑碑记述此事。各地也纷纷立碑宣扬此事，一时间众说纷纭，道士说是神仙显灵，僧人说是佛法无边。碧霞元君庙再次声名远播，来此信众川流不断，寺内圣香身价倍增。但咱俗家弟子难以说清此事，当然也有人找出他跳崖生还的种种"科学依据"。其实，大可不必，留有悬念，方成传奇故事。

如今盛世修庙，景忠山再次成为京东名胜，一年春秋两季的庙会成为迁西的旅游盛举。

作者：闫克岐

五虎山

五虎山，位于迁西县罗家屯镇，南临滦河。主峰海拔374.4米，山体总面积约6平方千米。属燕山余脉，山体由震旦系燧石条带白云岩夹石英砂岩构成。主峰突出，山势较陡。山体呈西南东北走向。山上植被较密，树木多为油松、板栗、核桃，还有药材、酸枣、蘑菇、柴草等。

五虎山原名九龙山，因此山有九座山头并排于滦河北岸似九龙饮水而得名，简称为九山。山下有九泉，涓涓汇入滦河。清康熙三十年（1691年）冬十二月，康熙皇帝狩猎于九山，获虎五只，下诏改为五虎山。

据《迁安县志》和《永平府志》记载，康熙皇帝曾先后到此山狩猎14次。嘉庆年间，迁安县教谕（掌文庙祭祀、教育等事的官）到五虎山游览时曾赋诗，诗中写的是当年康熙皇帝打猎时的热闹情景。据传说，康熙当年实际获虎两只，其中有一只母虎肚子里还有3只小虎，加在一起总共是5只。不管怎么说，康熙为这一带除掉了多年的虎患，百姓当然是高兴。“五虎山”的名字很快便流传开来，从而代替了“九山”之名。

山中有一洞，洞口朝东，原名枯松洞。宽5.5米，高24米。洞内右侧有一个小耳洞，小耳洞里还有一个牛角洞。正洞深处有一口斜井，井内寒气逼人，深不可知。相传，战国名将袁达、李牧曾在此洞中学道，学成后杀富济贫，除暴安良，为黎民百姓做了不少好事。为纪念他们，有人在洞中塑了袁、李二人遗像，自此后改名袁李洞。《迁安县志》记载：“袁李洞，在五虎山，形如团盖，可容数十人。世传袁达、李牧学道处，遗迹尚存。”袁李洞对面曾建有一座龙泉寺，后被毁坏。抗日战争时期，八路军曾在此洞中制造武器等。

山北部有米峪口，是迁安县、永平府通往京城的交通要道，沿路设有驿铺。原本道路崎岖险阻，不便通行。据《永平府志》载，康熙十年（1671年），有山西介休县商人段文德为行商方便，捐小米为开凿山路之资，米峪口便由此而得名。康熙狩猎时，每次都住在米峪口，这里成了康熙的临时行宫。

新中国成立后，国家对三（屯营）抚（宁）公路进行了多次翻修，并于1951年冬和1970年两次削降了米峪口岭（后称二拨子岭），此路才真正成为路面宽平、畅通无阻的交通干线。1988—1992年，因修建大秦铁路，又在这里开通了九山隧道，从大同至秦皇岛的运煤列车每天穿越九山隆隆而过。

2004年以来，周久海先生开始开发五虎山旅游区，四方游客慕名而至。游人可以在幽深的袁李洞前缅怀古代的英雄人物，可以在当年康熙打虎的地方打猎和采摘，可以在滦河中体验漂流的乐趣，可以在滦河岸边品味草原跑马的潇洒，更可以欣赏到梦境庄园的幽雅环境和温馨的服务。

摘自潘秀华著《栗乡纵笔》

喜峰口又称喜逢口

在唐山大地，以口为称的地名共有 76 处。喜峰口如今虽已安睡在潘家口水库之中，但古时却是历史上著名的雄关要塞，历经了烽烟战火，见证了朝代的更迭。时至今日，人们还是将它的故事留在记忆当中。

提到喜峰口，其名称的来历有三种说法。

其一是“山形说”。古人见这里两座雄峰巍然耸立，两处峰头微微相对，宛若两个有情人脉脉私语，而峰下山峦坡谷宛若新郎新娘牵手，更有的说遥看两峰像双喜字，于是人们路过此处称其喜峰口。

其二是“变名说”。《唐山地名志》载：“喜峰口古称松亭关。元代或元代以前就已改松亭关为喜峰口。”的确，松亭关为古时确有的雄关，辽代地图中已有松亭关，宋代时也留下了有关松亭关的诗文，如陆游诗：“丈夫不虚生此间，本意灭虏收河山。三更抚枕忽大叫，梦中夺得松亭关。”然而，在《辞海·地理》中均记载：“松亭关，故址在今河北宽城县西南，关塞险要，交通孔道，辽时自燕京至中京，每取此道。”未见松亭关即喜峰口的史料。而《明史》载：“建文初，燕王棣自永平谋并大宁，以此关险塞难下，乃从刘家口攻大宁，还取松亭。”显然，明朝时松亭关依然存在，与喜峰口并存，所以，并非元代时已将松亭关改称喜峰口。

流传最为久远的是“故事说”。元代许有壬作《喜峰口歌》：“白头老翁形影俱，岂惮山川千万里。天教此地适相逢，父曰从天降吾子。笑疲乐极俱殒生，谁谓情钟遽如此。”因此，老父千里寻子，在喜峰口父子相遇喜极而死的故事在明清两代广为流传。明朝万历年间，知府张元庆北游喜峰口感慨留诗：“双峰耸翠绣成堆，峡中古道映夕辉。南人北役千家散，父子重逢乐成悲。双冢空眺南飞雁，国破何足论是非。”清朝末年，滦州文人马文炳所著《茶余故里》记述了这段故事。

相传，元灭南宋后，大肆抓丁充任役夫，江浙一带十室九空，一张姓老汉有一独子名河儿被元军抓走，随大队北去，消失在烟尘之中。那年河儿刚满 13 岁，老汉夫妻二人，每天以泪洗面，思念爱子。转眼之间，十几年过去，再也未见爱子的身影，老伴因过度思念爱子悲伤而去世，只剩下老汉孤守残屋。老汉心中悲切，妻死子散，守残屋何用，于是老汉踏上北行寻子之路。老人沿村乞讨，露宿街头破庙之中，衣着已破烂不堪，白发墨面，精神已半有失常，遇人便问：“可知我儿张河否？”三年后，老人寻到河北境内，老汉在沧州一带遇到积善之人，听完老汉的泣诉之后，对他说："老人家这样茫然寻子，何时方能找到啊！听说凡被抓走的江南汉人，都划拨为蛮子营，为边塞养马或到海边煮盐，大多集中到长城、滦州、玉田一带。听说那里有三处蛮子营，一处蛮子坨，一处蛮子铺，一处蛮子沟。或许，到那里可找到你的河儿。"

老汉听好心人指点，总算缩小了寻子的范围，但寻遍京东大地又谈何容易。老汉从南部海边寻到长城内外，从玉田寻到滦州，从滦州寻到迁安，凡有蛮子营的地方他都去了，结果一无所获。这天，他来到迁安滦阳一带的蛮子沟，这是最后一处有江南人被抓来当马夫的地方了。老汉手拄拐杖，踉踉跄跄走在山沟中。他一边走一边呼喊："我的张河儿，你在哪里呀？"老汉的精神几乎失常了，他在山沟中茫然地呼喊着。突然，山坡上一个青年马夫飞奔而至，一把抱住老汉："爹！我就是你的张河儿！"老汉惊呆了，他的张河儿不是从天而降的吧？！老汉抱住失散十多年的爱子，时而大笑时而失声痛哭。父子双双喜极而泣呀！山坡上几个与张河儿一起放马的马夫也都奔过来，为他们父子相逢而高兴。然而，老汉狂喜之极，一头倒地猝然而死。张河儿将父亲埋在山坡上。不久，张河儿也悲愤而死，伙友将他埋在父亲坟墓的旁边，从此山坡上多了两个坟墓。《迁安县志》也就留下了如下文字："在滦阳驿北四十里，有双冢。"人们也就将父子相逢的山口称为喜逢口。不过，由于故事过于悲切，后世人们将喜逢口又改回喜峰口。

作者：闫克岐

独自西流的还乡河

还乡河，发源于迁西县新集镇泉庄村，是发源于迁西县境内最大的河流，也是唐山的母亲河。

泉庄村的大泉，作为还乡河的发源地，已成为迁西一景。据石碑记载，唐朝初期，在大泉旁边曾建有一座雄伟壮观的声云寺。还乡河，《水经注》称为浭水、庚水、巨梁水，后改称环香河、还乡河。

泉庄大泉是一个喷薄汹涌、永不枯竭的源头。村民传说，此大泉是一个海眼，直通东海龙宫，东海龙王经常派龙女和鱼精来到这里察看民情。过去人们经常看见方塘的石窟中有两条大“鲇鱼佬”，传说这就是龙王派来察看民情的鱼精。古时每逢大旱之年，人们便来到大泉，焚香烧纸，唱影唱戏，发黄表，戴柳帽，求龙王普降甘霖。

据《迁西县地名志》载，还乡河向西流经新集、夹河、临河、新庄子等村庄，过崖口入丰润县境，经新区、玉田等地入蓟运河。总长为130千米，其中迁西境内长20千米。河宽40~200米，流域面积为1566平方千米。

关于还乡河之名，其来历有两种说法：一为河水西流说，一为宋徽宗过河说。

河水西流说。据《迁安县志》记载，《燕北丛谈》这本书中说：“凡水皆自西而东，此水独西，俗谓之还乡河。”意思是说，凡地上的河流都是从西方流向东方，所以西方被称为是河流的故乡。而此河却与众不同，独辟蹊径，从东方流向西方，也就是流向河流故乡的方向，所以人称此河为“还乡河”。据此，还产生了一个民间传说。很早以前，东海龙王召集百河到东海开会，商议扩大海域之事。还乡河与滦河、清河、长河、澈河等近邻约好一起出发的时间。还乡河心想：如果再扩大海域，这一带良田就会被水淹没，不知又有多少百姓流离失所，因此自己决定：决不能助纣为虐，不与它们同流合污，我要走自己的路。于是，还乡河掉转头来，往西方的故乡流去，日夜兼程，一路欢歌，从而使得这一带百姓安居乐业。此传说歌颂了还乡河心地善良、关心百姓的高尚品质。

宋徽宗过河说。北宋末期，奸臣当道，朝政腐败，百姓处于水深火热之中，先后爆发了方腊、宋江等人领导的农民起义，又有辽金经常进犯。据《丰润县志》记载，相传金军押送赵佶、赵桓二帝过浭水（还乡河）时，赵佶见河水西流，遂触景生情，勒住马头，凄然泪下，说：“过此，渐近大漠，吾安得以此水还乡乎？”当天住在丰润的沙岩寺。宋徽宗当时感慨万千，于是在沙岩寺墙壁上题诗一首，其中有这样两句：“北狩至尊仍出塞，西流浭水自还乡。”后人根据这一历史事件，遂将浭水改称“还乡河”，河上的小桥也改名为“思乡桥”。

还乡河不愧是唐山的母亲河，她用甘甜的乳汁养育了两岸朴实勇敢的人民。还乡河水碧波荡漾，谱写了一曲震撼心灵的爱国主义旋律。1933 年长城抗战失败以后，迁西沦为日伪统治区。日伪军在还乡河畔的新集、夹河、新庄子等地设置了据点，残酷地镇压革命群众。在白色恐怖下，两岸英雄儿女前赴后继，燃起了熊熊的抗日烽火。由于革命斗争需要，还乡河畔各村也都起了化名，机智巧妙地对敌进行斗争。著名作家管桦的名篇《小英雄雨来》，描写的就是还乡河畔的人民在抗日战争期间与敌人进行不屈不挠的斗争的故事，影响深远。管桦还写过诗歌《还乡河上》，抒写了日军的暴行和人民起来抗日的场面。在中国共产党的领导下，包括还乡河畔人民在内的冀东人民，浴血奋战，抗战八年，终于将日本侵略者赶出了中国。还乡河更是一条红色的河！

击石作鼓石鼓山

玉田县城关西北约40里的地方为燕山余脉，有座山峰海拔高408.6米，为玉田县内最高山峰，称为石鼓山。是因悬崖处有一鼓状巨石，因此得名石鼓山。当然，还有的说这里的巨石像许多人在那里击鼓。早在北魏时期便有此说，即郦道元所著《水经注》载："南经燕山下，悬崖之侧，有石鼓，去地百余丈，望若数百石困。有石梁贯之，鼓之东南有石人桴，状同击势。"可见石鼓山山有奇石，得名石鼓山名实相符，而且在明朝之后被列为玉田八景之一的"层崖石鼓"。

《玉田县志》中对石鼓山之名又留下了故事说："唐太宗东征时经过此地，聚兵击石声如鼓。"石鼓山山腰曾有石鼓寺，寺内曾有古钟，钟上曾有记述，但古钟已残，仅存尉迟敬德的字迹，但民间却留下了李世民聚兵击石鼓的故事。

唐太宗东征在历史上确有此事，发生在大唐贞观十九年（645年），曾途经于此，并留诗"于北平"，诗中更有"翠野驻戎轩，卢龙转征旆"的诗句。那么，唐太宗为何在此驻足，并留下击石鼓的故事呢？因为在唐朝时，今唐山至辽宁为唐朝和高丽之间边塞之地，既有中原人也有高丽人聚居，交叉错落。如，今迁安的七家岑和丰润的高丽铺都曾是高丽人聚居之地，都曾发生过小规模的战事。而唐太宗东征必须先平定关内，保证粮草供应，无后顾之忧，方能挥师出关北击辽宁。所以，唐太宗在今唐山大地曾各处扎营，留下许多的传说。

相传石鼓山一带水草丰茂，曾是高丽人买马驯马之营地，经探哨获悉营地内有数百匹宝马，有百名士兵守营和驯养军马，有两名百夫长。营内更有一匹准备驯好之后送给高丽王的"照夜狮子白"，全身如雪，没有一根杂毛。李世民格外高兴，因为唐太宗李世民乃是马上皇帝，每次出征，身边都带有两三匹宝马。于是，唐太宗李世民便在尉迟将军的陪护下带领十几名亲兵前去探营，由当地的土人在前引路，悄悄地来到山腰的石鼓寺中。寺旁有一片凸起的鼓形石，俗称石鼓，又称空心石。京东燕山山脉均为水成岩，所以山中有洞，洞中有钟乳石，山上有空心石，空心石被击打之时便发出咚咚的响声。

唐太宗与尉迟将军向山下望去，果是驯马之地，四周一片绿柳围营，营内一排营房，一些士兵在草地上放马，营门驻有重兵守卫。看罢，太宗对尉迟恭说："咱们身边只十几个亲兵，兵力太少，咱们暂时回营，调集人马准备攻打驯马场。"尉迟恭哈哈一笑："主公，区区百人之兵，何足挂齿。看我单枪匹马踏破营寨，如何降伏尔等宵小之辈。"唐太宗见尉迟将军如此自信，便说："那就派十名亲兵随你踏营，我与五名亲兵在此击石作鼓为你助威！"说完，唐太宗居中，带头击石作鼓。此应为史实，但其后的响声如雷则应是传说了。相传唐太宗御手击石，顿时如电光石火，金光万道直上青天，而且如惊雷滚滚炸响山前。土人大吃一惊，他哪知太宗在此击石，惊动一方土地神，急忙在山中发力，刹那大山跟着回响，大地震得如水波摇晃。驯马营中士兵见晴天炸响惊雷，慌成一团，又见山坡上十余骑快马如天兵而降，两名百夫长急忙持枪上马迎敌。然而，尉迟将军的战马借山势已冲破营门，两人双枪直刺尉迟将军，尉迟将军挥动铁鞭，横扫过去，鞭沉力猛，将双枪打断，旋即回鞭又将二人打落马下。尉迟将军又将铁鞭举起，一声大喝："快快投降，饶尔等一命！"惊魂未定的两名百夫长，深谢尉迟将军不杀之恩，余众见尉迟将军如此神勇，更是吓得匍匐在地。于是，也留下了尉迟将军单鞭独下驯马营的故事，并将这一故事刻到铁钟之上，铁钟如今虽毁，仍留尉迟将军字迹。

两名百夫长和众降兵大开营门，列队迎接太宗李世民。李世民见尉迟将军如此骁勇，龙心大悦，亲手扶起跪拜迎接自己的尉迟将军，盛赞他真乃天神也！尉迟将军谦诚地说："非臣下之功，乃借陛下神威也。"

太宗在众人的簇拥下，步入驯马场观马。群马见众多生人进入，顿时惊乱，尤其那匹照夜狮子白咆哮狂奔，两名百夫长急忙上前拦马，却被狂马踢倒在地。又有四名士兵上前拦马，都被宝马踢翻。如此烈性之马，实属少见，唐太宗见之大喜。但乱马群奔看马头，只有制伏照夜狮子白，群马才能安定下来。然而，宝马连踢六人，已无人敢再近前。只见宝马向尉迟将军冲来，尉迟将军腾空而起，跃上马背抓住马鬃。宝马连声咆哮，扬起前蹄又猛然掀起后腿，但尉迟将军稳坐在马背上。宝马再度狂奔回旋，依然未能将尉迟将军甩落马下。宝马终于力竭，而此时尉迟将军猛然发力，宝马被压得跪在地上。宝马刚刚立起，尉迟将军再次发力，宝马再次跪倒在地，三次之后，宝马乖乖地停下来，用马头亲吻尉迟将军。尉迟将军将驯服的宝马牵至太宗面前。太宗骑宝马，宝马乖乖地驮着太宗绕场一周。后有邑人留诗："石鼓山下驯马营，太宗击石起雷鸣。尉迟单鞭降营众，再服宝马留英名。"后世不仅留下了故事，也留下了掠马庄、望马台等地名，尉迟将军的形象也深深留在村民的口耳相传之中……

作者：闫克岐

孟家泉的传说

相传，玉田城东五里处有个小村子，名叫孟家庄。村里住着一个小伙子，他姓孟，长年以磨豆腐为生，人们亲切地叫他“豆腐孟”。

一天清晨，豆腐孟担着豆腐进城赶早市。走到半路上，一位头发花白的老头儿突然出现在面前，对他说：“小伙子，我实在饿得慌，你就行行好，给我块豆腐吃吧！”豆腐孟看这老人面黄肌瘦，破衣烂衫，觉得怪可怜的，二话没说，放下挑子，就给他端了一大碗。老头吃了豆腐，很受感动，捻着胡须说：“心地善良的小伙子，有个秘密我得告诉你：你们孟家庄要遭大难了！”

豆腐孟一听，又惊又疑，急忙问道：“老人家，快对我说，孟家庄有啥大难？”老头说：“衙门口的狮子红了眼，孟家庄变成孟家泉！”随后又千叮咛万嘱咐：“这事只许你一个人知道，离村避难就是了，要是泄露天机，你就性命难保！”说罢飘然而去。

豆腐孟觉得这话太离奇，好端端的小村子咋就可能变成孟家泉呢？可是再想想那老头儿的身影和语气，绝对没有开玩笑、吓唬人的可能。他思索再三，终于打定主意。他先到城里衙门口仔细看了看那对石狮子，见石狮子的双眼连点红晕都没有，这才放心地去卖豆腐。从这以后，他天天到城里赶早市，天天到衙门口看看那对石狮子。

五月十二这天早晨，豆腐孟照样又来到衙门口前，不想，石狮子的眼睛真的变了，变得又大又红。他不由得“哎呀”一声，扔下豆腐挑子，撒腿往回跑。进村以后，他什么也顾不上了，在大街上可着嗓子喊叫：“乡亲们，赶快搬家吧，咱村要遭大难了！”人们跑过来把他团团围住，问他究竟是咋回事儿。豆腐孟看了看朝夕相处的乡亲们，把事情的缘由一五一十地述说一遍。人们听了又急又怕，慌忙回家收拾东西，急匆匆地逃难去了。

豆腐孟没有回家，他帮着村东头的一位老爷爷把东西收拾好，又背着村西头的老奶奶出了村。看到村里只剩他一个人了，这才松了一口气，准备离开孟家庄。可是，他刚要迈出村口，就听得轰轰隆隆一阵巨响，整个孟家庄全部陷入地下，一股股泉水往外喷涌，孟家庄很快就变成一片汪洋。眨眼之间，豆腐孟的身影消失了。

从那以后，原来的孟家庄变成了孟家泉。清澈的泉水不停地向外流淌，注入弯弯曲曲的荣辉河。乡亲们再也看不见勤劳善良的“豆腐孟”了。为了纪念这位不顾个人安危、拯救全村乡亲的英雄，每年阴历五月十二这天上午，人们总要抬着整猪、整羊、美酒和点心，来到泉边举行祭奠活动。

搜集整理：轩振东，摘自《玉田民间故事选》

天桥峪的传说

玉田县有个天桥峪。很久很久以前，在燕山深处有个飘满果香的山庄。庄里有个俊俏的小伙子，名叫王小胖。小胖自幼父母双亡，孤身一人，是乡亲们一口水一口饭，把他拉扯大的。小胖不忘乡亲们的恩情，谁有了为难着窄的事儿，他都有求必应。

小胖17岁这年，六月初二的后半晌，西边的黄云和东边的黑云搅在一起，一会儿工夫，下起了瓢泼大雨。

这时候，小胖砍柴来不及回家，就在一个石洞里避雨，因为石洞太小，只好把柴草放在外边，正巧把洞门堵得严严实实。

不一会儿刮来两阵腥臭腥臭的怪风，就听外边有人说话。小胖以为是避雨的，隔着柴火缝往外一望，只见不远处，岩石下面一个黄脸男人和一个黑脸女人在商量什么。机灵的小胖竖起耳朵一听，才知道这两个东西是龙魔变的，他们正商量要把东西这两座山峰钻透，然后将两个身子连在一起，行云布雨，淹没这里的一切，把这里变成汪洋大海，好让他们为所欲为。

这可把小胖气坏了，他抽出柴刀决心和龙魔拼个你死我活。可是踢开柴捆出洞一看，龙魔没有了，只见一股黄风奔身西山峰，一股黑风朝东山峰刮去。

小胖提着柴刀找遍了东山、西山，就是不见龙魔的影子，只好冒着蒙蒙细雨回家了。晚上，他躺在床上，想啊、想啊，怎么也想不出斩魔除害的办法来。

忽然门帘一动，走进一个白胡子老头，说："小胖啊小胖！这一带眼看要遭祸殃！快走，六月十八前，远离龙魔口。"小胖焦急地说："老爷爷，我跑了乡亲们呢？我不能眼看着乡亲们遭殃！好爷爷，您给我指一条搭救乡亲们的路吧！"老人乐了，手抚小胖的头唱了一首山歌："东山有蛇，化剑斩魔；筑庙压头，反得碧波。万勿绕远，须爬山坡。"唱罢化作一阵清风不见了。

小胖起身要追上老头问个仔细，不想跌了一跤，睁眼一看，自己从炕上掉了下来。明明是做的一个梦，可是老头唱的山歌却记得清清楚楚。

小胖越想越觉得奇，越琢磨越觉得怪。第二天，一五一十地告诉了乡亲们，并说自己要按白胡子老头的指点去斩魔除害。

乡亲们很受感动，这家把不舍得吃的米拿给他做饭，那家把上好的白面拿给他蒸干粮；张大妈拿来了鞋，李二婶拿来了帽，赵大叔磨快了砍柴刀。小胖带着干粮，把柴刀插在身后，告别乡亲们，奔向东山。

他不敢绕道去东山。因为绕道去足得18天，怕误了大事。于是按白胡子老头说的，决心从庄东头下到沟底，然后爬上东山。

山高坡陡，怪石挡道，野藤绊脚，遍地都是酸枣树棵子，小胖的衣服被划烂了，肉皮扎出了血，两脚打了疱，他顾不得这些，一直下到深深的沟底。

抬头一看，哎呀！东山的山坡更陡了，直上直下，小胖靠在石头上，闭着眼喘了一阵子气，往东山上爬去。

经过三天三夜，他终于登上了东山顶。

小胖刚要靠在一棵树下歇歇，猛听得上边有响动，抬头一看，呀！树上盘着一条大蛇，瞪着明亮的眼睛，吐着黑红的芯子。小胖把自己的生死扔在了脑后，翻身爬起，抄起一块石头，运足力气向蛇头砸去。“啪嗒”一声，大蛇掉在了地上，他抽出柴刀，刚要砍，只见那大蛇却蹿三蹿，滚三滚，化作一口三尺青锋剑。

小胖高兴极了，扔下柴刀，抓起宝剑，浑身长了使不完的劲，来到东山坡去找怪物，只见山坡上露着一个黑龙魔的头，身子已经深深地钻进山峰里去了。小胖刚要举刀砍，黑龙头一晃却变成了女人的脑袋，嬉笑着哄骗小胖说：“不要砍！一会儿我给你搭一座大桥，好玩着呢。等我搭成了，这山、这树，这一切都给你。你会有享不尽的荣华，受不完的富贵。”小胖说：“去你的吧！花言巧语骗得了谁？你要淹死我的乡亲们，我决不放过你这又狠又毒的家伙！”说着举剑就砍，只听噗的一声，黑龙头被砍掉了，骨碌骨碌滚下了山坡。

奇怪，从黑龙的脖腔里，又钻出一个龙头来。小胖眼一瞪，又把它砍掉了。紧接着，又一个龙头长了出来。小胖挥剑不停地砍，龙头不停地长；小胖砍得急，龙头长得快，砍了七七四十九剑，龙头整整长了七七四十九个。小胖实在太累了，想停下来喘口气，这龙魔晃着脑袋，咬咬牙，对小胖说：“怎么样，我不还手，你也砍不死我。老实等着吧，渴了？一会儿让你往饱喝！”黑龙魔的话真把小胖气坏了。他急中生智，把剑顺着黑龙魔的头顶猛扎进去，那三尺长的宝剑变长了。四尺、五尺、六尺……一个劲地长，一直刺透黑龙的心肝，只听黑龙一声怪叫，噗，黑血喷出十几里远。

杀死黑龙魔，小胖急忙把青锋剑拔出来，这时它又变成了三尺长，他擦去上面的血污，拿在手里，急忙奔向西山。

又过了三天，小胖爬到西山头，到山的西坡找黄龙魔。

这时山东坡有沙沙的响声，小胖一看，原来是黄龙的尾巴从山峰里钻了出来，直向东山黑龙魔伸去。小胖正要举剑把它砍掉，忽听西坡山洞里嗷的一声嚎叫，接着就“唰唰”乱响。小胖想：不好！黄龙魔要从西山坡逃走。于是他急忙跑到西坡石洞口，把剑插在洞口正中。这时他想起白胡子老头的话：“东山有蛇，化剑斩魔。”这些话都应验了。“筑庙压头”这准是让我筑一座庙压住龙头哇！那么，“反得碧波”又是啥意思呢？不管怎样，先压住龙头再说。于是他搬起石头在洞口垒上一座小石庙，就听里边龙魔叫唤几声不动弹了。

小胖长出一口气，登上山头，这时突然听到东山坡一声响，又钻出一条黑黑的龙尾巴。小胖勒了勒裤带，又要二上东山。忽然觉得身后有人拍他的肩膀，回头一看，原来是梦中的老头。老头笑着说：“勇敢的孩子，你没有绕道去，爬了山坡，争得了时间，除了大害，乡亲们是不会忘记你的。东边露出来的是黑龙魔的尾巴，西边露出来的是黄龙怪的尾巴。它们已经被我点化成石头，看起来好像断了的天桥。”

打这以后，人们就把这个地方叫作“天桥峪”了。现在“天桥峪”东西两山还各自伸着一块长长的石头，据说那是两条恶龙的尾巴。东山玉皇庙旁还有一个小泉眼，滴答滴答长年不干。有人说那是黄龙魔的眼泪，人们管那叫龙眼，也就是白胡子老头说的“反得碧波”吧。龙眼的下面是被水砸成的一个石坑，坑里的水清凉清凉的，传说后来小胖和乡亲们浇树、浇庄稼，就从坑里担水。

搜集整理：宋国明，摘自《玉田民间故事选》

秃尾巴老李

早年，玉田县城东北翠云山上，有座乌龙庙，庙里供奉着乌龙爷神像，并流传着一些神奇的传说。

相传，乌龙爷姓李，出生在丰润李庄子，自幼给本村一家财东当长工，经常受老财东的虐待。这年四月，庙会唱大戏，赶庙会的人山人海，热闹非常，小长工也想去赶庙会，可老财东说，必须浇完二亩菜园才行。真要是浇完二亩菜园，庙会早该散了，这不明明是捉弄人吗？没想到小长工痛痛快快地答应下来。

村中赶庙会的人，陆陆续续都走了。老财东都不见小长工动手浇菜园，只好派人去催，催了一遍又一遍，还是不见动静。转眼之间快晌午了，老财东又派人去催，不想小长工不见了，老财东以为他没浇菜园，就赶庙会看戏去了，气得破口大骂：“小兔崽子，看我非狠狠地治治你不可！”

老财东刚刚骂完，就听得屋外风声大作，紧跟着“咔嚓”一声焦雷，老财东不由一愣，心想刚才还响晴的天，怎么说下雨就下雨呢？当他开门到院子里一看，天还是晴的。可是，他到院外去看时，一个奇异的景象把老财东惊呆了。别的地方还是响晴的天，唯独他那二亩地菜园的上空，悬着一块乌云。这块乌云在小小的范围内翻腾滚卷，活像一条凶悍的乌龙，在半空中张牙舞爪地行云布雨，雨落之处，正好是这二亩菜园。眨眼之间就把二亩青菜浇得水灵灵的。不一会儿，又是一声焦雷，那块乌云一股烟似的不见了。这时，老财东如梦方醒，他想小长工定是真龙化身，悔不该百般虐待，越想越害怕，身不由已地“扑通”一声跪在地，面向菜园上空连连叩头，同时心惊胆战地求饶：“小老儿有眼无珠，不识真龙化身，望乞恕罪！”

原来，姓李的小长工真是一条大黑蛇变成的，后来人们尊称他为乌龙爷。只因乌龙这次被迫为老财东行云布雨，违犯天条，不敢在李庄子住下去了，便现出原形驾着黑风，逃到玉田县城东北翠云山上，住在半山腰一个石洞中。

每当翠云山附近大旱的年景，乌龙就为乡民百姓行起雨来，所以这一带年年风调雨顺，五谷丰登。

翠云山附近的人们为了感谢乌龙，经常杀猪宰羊，敲锣打鼓地为他献供。一来二去，乌龙的口味高了，不再想吃猪羊，他要每年吃一对童男童女，同时专吃那些老财东的儿女。这年他指名道姓说：“就从山根下孟庄户村的孟员外家先吃起吧。”

孟员外只有一儿一女，刚刚十来岁，当他听说乌龙要吃这双儿女时，简直愁得日不成餐，夜不能眠。转眼献供的日子到了，他正坐卧不宁，走投无路的时候，忽然家人来报，门外来了一个老乞丐，要求面见东家。孟员外悲愁交集，哪有心思接待一个老乞丐。他很不耐烦地对家人说：“多给一些银两，赶快打发他走！”家人去而复返，说那老乞丐不要分文，执意要见老员外，并要他亲自出门迎接。

孟员外觉得有些蹊跷，只好整装展容出门迎接，强颜欢笑把老乞丐引进客房。没等落座，老乞丐惊异地说：“我观老员外气色，阴盛阳衰，定有危难之事，讲与我听如何？”

孟员外愁容满面地说：“唉！我纵然有千般苦衷，讲与你又有何用？”老乞丐不以为然地说：“员外之言差矣，你又怎知讲与我没有用呢？”说话间，这才分宾主落座。孟员外讲述了事情的原委。老乞丐听罢，怒不可遏地说：“乌龙竟敢如此，我岂能容他？看大斗、利剑伺候，今夜我要执法斩断乌龙！”

入夜，老乞丐来到孟员外的儿女房中，点燃灯盏，一手举大斗，一手握利剑，端坐桌前执法。半夜时分，屋外狂风大作，老乞丐吹灭了灯盏，口念真诀，擎斗举剑，挺身而起。突然一道黑光，乌龙破窗而入。乌龙本来想吃孟员外的儿女，一见老乞丐怒从心头起，于是张牙舞爪扑向老员外。老乞丐将身躲在一旁，照准乌龙一剑剁了下去。这时只听得一声撕天扯地的惨叫，烈风骤起，天摇地颤，青光闪处，乌龙败阵逃走了。老乞丐定睛一看，地上留下一截黑黢黢的尾巴，还一扫一扫地打挺呢。

据说，孟庄户村东的大洪沟、小洪沟，就是乌龙挣扎逃命时豁出来的；孟庄户村北有个龙潭，便是乌龙逃到这里疼痛难忍时打个滚儿滚出来的；翠云山以北的大片红土，就是乌龙流出来的血染成的。

乌龙逃走之后，老乞丐又追赶了一程。后来他见乌龙没命地逃走，量他不敢回来伤人，这才止住脚步，就近找到一个大水坑刷洗利剑。现在王庄子庄东有个大水坑，就是当年老乞丐刷洗利剑的地方。坑里的水由于被乌龙的血所染总是浑的，长年不清。

为了防备乌龙再来作孽，老乞丐又在孟庄户村北的翠云山之下封了个截龙口，就是现在玉田、遵化县界的界山口。

后来，人们祈望乌龙还能像从前那样，造福乡民百姓，便在翠云山上为乌龙修造了一座庙宇，尊称他为乌龙爷。从这以后，每逢大旱，人们来到庙前求雨，乌龙真的和从前一样为人们造福了。每当大雨降临时，人们就能看见一条秃尾巴乌龙在庙顶上空盘旋移动，像是指挥行云布雨。每当这时，乡民百姓就会情不自禁地呼唤：“秃尾巴老李！秃尾巴老李！”

搜集整理：郭爱刚，摘自《玉田民间故事选》

横山——五莲献瑞

横山位于滦州市新城东北6千米，滦河西岸，滦河大铁桥北侧。在横山南山腰中建有大觉寺，站在横山前面的五福台上，可以很清楚地看到大觉寺被周围五座山头簇拥着，每座山头都像一朵莲花，人们便把这一景观叫作“五莲献瑞”。

大觉寺是一座佛家寺院，旁边又有五莲献瑞护持，自然又给大觉寺增添了一分神秘的色彩。因为莲花与佛教的关系十分密切，可以说“莲花”就是“佛”的象征，象征教义的纯洁高雅，莲与佛教结下了不解之缘。

提起大觉寺的五莲献瑞，这里流传着一个非常古老的传说。

很早以前，横山脚下偏凉汀（现称老站村）还是一个常年要防备滦河洪溢的村庄，滦河每到夏季，江河横溢。史载曾经冲毁480余村，由此可见滦河之害。为了防备滦河横溢，这一年又快到了夏季，住在偏凉汀村的百姓只好转移到附近的横山上去搭窝棚暂住。

村中有一对老夫妇，膝下没有儿子，只生了5个女儿，她们都以莲花命名，不过在颜色上分为白、青、红、紫、黄。这年，大姐白莲刚刚17岁，接下来两年一个妹妹，最小的黄莲妹妹仅仅9岁。要命的是，这一对老夫妇夫盲妻聋，都看不见东西，身体又不好，常年需要姐五个的照顾，别看姐五个年纪尚小，早已经都是干活好手。就连年仅9岁的黄莲小妹妹，已经能独立操持一大家子洗衣做饭等事情。那姐四个下地春种秋收，上山打柴担担，什么重活累活都难不倒她们。村里人看到这姐五个这么能干，人人伸大拇指。特别是姐五个不但对自己的父母特别孝顺，对那些需要帮助的乡亲们也是见难就帮，自己家有一口吃的，也要分出半口给别人。那年头要饭的多，偏凉汀又是个水陆码头交通要冲，要饭的很多，只要有要饭的到了自家门口，姐几个从不叫他们空手而走。有邻居劝她们，你们自己还吃不饱，就不要管那么多了，管不过来的！姐几个说，看不下去，少吃一口吧！

村西头的金老头重病在床，郎中看后说需要割亲人股肉熬汤喝才能治好。金老头3个儿子都怕疼，没一个人站出来。大姐白莲知道了跑过来说，割我的吧，我是金大爷的亲女儿！郎中不知是假，手起刀落，就把白莲的一块股肉给割了下来，熬了肉汤给老人喝，金老头的病果然好了。

村东头的孤寡老人阴大妈得了一种莫名其妙的病症，一位郎中说只有亲人尝其便才能确诊，老人4个儿女都嫌脏，没一个人肯为老人尝便。二姐青莲知道后赶忙跑过来说，我是老人的女儿，我尝吧。真的就尝了一遍，把味觉告诉郎中，郎中确诊后对症下药，很快治好了阴大妈的病症。

村尾的佟老汉常年瘫痪在床，没人照看。三姐红莲知道后就天天抽空跑过来给他收拾，给他擦洗，照顾他饮食起居，让这位孤寡老人安度晚年。

村头的铁大娘和儿女们下地时脚脖子被毒蛇咬伤，儿女们吓得都跑得远远的，四姐紫莲看见了跑过来用石头打跑了毒蛇，赶紧俯下身子给铁大娘吸毒。铁大娘的蛇毒全部被紫莲吸了出来，紫莲自己却中毒昏迷了，要不是大姐白莲用草药救了她，说不定紫莲就替铁大娘死了。

最小的黄莲小姑娘除了要照顾好父母的饮食起居和一大家子的吃饭问题，还主动担负起邻居希家跛足姐姐的用水问题。9 岁的黄莲担不了水桶，她只能用小水罐一罐一罐从横山井往姐姐家提。这天到了替邻家姐姐提水的半路上，看到一位渴得半死的老爷爷，她赶忙上前扶起了老爷爷，并把井水给老爷爷喝了。不一会儿老爷爷醒了，黄莲便要搀扶着老爷爷回家，老爷爷说不用送我，我见你姐妹五个积德行善始终如一，送你们一些东西吧。老爷爷伸手一指说，横山之巅金蟾望月处，八月十五月圆之际，会从金蟾嘴中长出一棵白腊冠秧子来，子时放叶，丑时开花，寅时结果，卯时一刻成熟。这果共有 5 颗，待其变成黑色时立刻摘下，你们姐妹五人各吃一枚，必有好处。说着老人忽然不见了。

这年秋涝，快到八月十五的时候，大雨一连下了几天几夜，滦河大堤被洪水冲垮，整个村庄顷刻一片汪洋。幸亏村民们从夏季就搬到了横山上，又听了白莲姐妹五个的话，到了秋天也一直没敢搬回村，才躲了这一劫。可是这年的大水奇怪，一连几天不但不退，还越涨越高，眼看冲到横山半山腰。到了八月十五这天夜晚，大雨忽停，圆月东升，水势却一点没有减弱的迹象，看样子不漫过横山不罢休。村民们很害怕。就在危乱之际，小妹黄莲忽然想到自己救下的那位垂死老人的事情，就把老人的话说给几位姐姐听，姐姐们说快去金蟾望月那儿！姐妹几个来到金蟾那里，那里早就挤满了人。姐妹几个想挤上前去，都被那些人给推了下来。情急之下，姐妹几个把那位神秘老人的话讲给大家听，没有一个相信她们的。子时到了，姐妹几个眼瞅着金蟾嘴里长出白腊冠秧子，可那些人看不到。丑时开花了，寅时结果了，卯时成熟了，眼看 5 颗白色的果子渐渐变成黑色，五姐妹看得清清楚楚，可那些人都看不到！

这时，大水已经漫了过来，眼看要把横山漫过，这里的人们全部要葬身一片汪洋。正在万分危急之际，五姐妹的身体不由自主地忽然就飞起来，迅速向金蟾那里飞过去。到了那里，五姐妹每人一颗黑色的果子，立刻放进嘴里，不一刻，神奇出现了，五姐妹每人化为一株巨大无比的莲花，稳稳地漂在大水的水面上，躲在横山上的人们全部转移到五朵莲花之上，没有一个人被大水卷走。而五姐妹却再也没有回来，她们永远立在横山之巅，化为五座山峰，如五朵莲花，守护着这一方热土。

这里的老百姓都说，五莲献瑞是横山的骄傲，子子孙孙都不会忘记她们，她们的英名和事迹将会永远传颂下去，世世代代！

作者：吴述东

五子山

五子山位于滦州市新城西南角，滦县职教中心西侧。山上有五峰，山峰有石洞，名五子洞，又名墓子洞。为何称为五子山，当地流传着一个传说。

很早以前，五子山是一座大山，山下住着一户人家，老夫妻二人生了五个儿子，个个都长得身强力壮。全家人开山造田，种粮种菜，日子过得红红火火。一年春天，老太太在山坡上种了萝卜、倭瓜，还种了一棵线葫芦。没承想老太太在种菜时候生了病，从此一病不起，线葫芦开花的那天就死了。过了两天，葫芦花落了，长出一个小葫芦。

有一天，山下来了一个化缘的和尚，手里拎着一个红布袋，长长的布袋垂到了脚跟。老头和五个儿子都迎了出来，和尚深施一礼说："施主，贫僧今天来不讨礼物，只想讨那个葫芦。"老头子好生奇怪："葫芦未长成，不知老师父讨要它何用?"和尚笑了笑说："现在不用，等它长成后再讨要。"老头子满口答应。可老五不同意，说："这是我母亲生前所种，不得送人!"和尚面露惋惜之色："唉，可惜，既然如此，贫僧实言相告。此葫芦乃开山钥匙，需等百日葫芦长成，方可摘下。手捧葫芦对大山晃三晃，山门便开，而后用葫芦顶住山门。山中金银财宝取之不尽，并有金马驹一匹，锁于山中。"和尚说完下山去了，只剩下一家目瞪口呆。

从此，一家人尽心培养那棵线葫芦，计算着时间，盼它早日成熟，尽早把金银财宝取出来救济穷苦百姓。线葫芦长得飞快，单那葫芦把就有五尺长，葫芦泛黄了，快成熟了。等到第 99 天晚上，全家人躺在炕上谁都睡不着觉，都想着明天是线葫芦成熟的日子。老五也想着自己的心事：真是宝葫芦吗？晃三晃，山就开，取出财宝，用完了再晃三晃，山门又开……就像开锁那般容易？要是真的，嘿嘿，有了金银财宝，盖新房，娶新娘，生儿育女，骑着金马驹走遍天下……突然，老头子一声呼噜惊动了他，不中，到明天金银财宝大家分，我能得多少？想罢，他偷偷下炕，溜出门，摘下葫芦，飞奔大山山崖。他捧着葫芦，对着大山晃三晃，只听"轰隆"一声巨响，山就裂开了一个大洞，山门开了！一片宝光从洞门射出，照亮了半边天。洞内如同白昼，金银财宝闪着五颜六色的光芒，使人眼花缭乱，金马驹咴咴长鸣到处乱窜。老五顾不得许多，急忙用线葫芦顶住山门，一头跑进洞去。

那"轰隆"一声巨响，惊醒了睡在炕上的老头和四个儿子。老头子急忙点上油灯，一见老五的被窝空了，大叫一声："快去救老五!"说完就一头栽倒在炕上。哥四个奔出门来，向那道白光跑去。

老五进得洞来，直奔金马驹，那金马驹一边嘶叫，一边奔跑，老五紧追不舍，直追得大汗淋漓，可怎么也追不上金马驹。正在这时，山门口响起四个哥哥的喊声："五弟快出来！快出来！"老五听见喊声，又来了力气，继续追赶金马驹。四个哥哥见事不好，都跑进洞来，想把老五拉出去。他们刚跑进洞，只听见"咔吧""轰隆隆"两声巨响，山门关上了。原来呀，宝葫芦还没长成，承受不住山门的巨大压力，被山门压碎了。可怜哥五个被关在了大山中。

第二天，天刚亮，大山"咔吧"几声脆响，分裂成五座山峰，由南向北并排有四座山峰，西面单有一座较矮的山峰，传说那就是老五，因为他没脸再见四个哥哥，所以躲到一边去了。

五子山也因此得名。

作者：吴述东

媳妇山

媳妇山原名小峰山、和尚山、披甲山，位于滦州市新城东南8千米，研山南侧，滦河西岸。山虽不高，但这里却有一个美丽动人的传说。

相传在唐朝末年，小峰山下住着一户姓李的人家，家中只有哥妹二人相依为命。李家兄妹很早就失去双亲。当时父母去世的时候，小妹刚刚牙牙学语，兄长也刚刚十几岁。父母临终之际，嘱咐哥哥一定要善待小妹，把小妹拉扯成人。哥哥把父母的叮咛牢记在心上，对小妹百般呵护，自己饥寒交迫，也不委屈妹妹。转眼之间，妹妹在哥哥的呵护下长大，哥哥也长成俊秀挺拔的小伙子，并娶了一个贤惠善良的妻子，成了家。夫妻二人共同照顾小妹成长，倒也温馨。然而，好景不长，当时战乱纷飞，军阀混战，蜜月刚过，哥哥就被官府强行抓走去边塞打仗。刚被抓走的时候，看着哭天抢地的妻子、尚在幼年的妹妹，哥哥心如刀绞。是啊，自己被抓走当兵，生死未卜，十去九不归，剩下新婚妻子一个弱女子和年幼的妹妹，她们可怎么活呀?！离别之际，哥哥嘱咐妻子要坚强地活下去，照顾好妹妹，抚养妹妹长大成人，妻子含泪答应。

时光荏苒，一晃8年过去，哥哥一去渺无音讯。年轻的妻子性情温柔，通情达理，时刻牢记丈夫的嘱托，辛勤劳动，精心养育小姑。平时有一口吃的，先让小姑吃，有一尺布给小姑穿，像对待自己的亲妹妹一样照顾小姑。一天，嫂子和小姑上小峰山打柴，忽然间乌云密布，狂风大作，下起了倾盆大雨，大雨夹着鸡蛋大的冰雹，铺天盖地而来。躲无处躲，藏无处藏，嫂子毫不犹豫地把小姑藏在身下，用自己的身体保护小姑。一个时辰过去了，风停了，雨雹也停了。当小姑推开身上的嫂子，只见她满身伤痕，早已气绝身亡。小姑痛不欲生，在乡亲们的帮助下，把嫂子葬在小峰山下。人们为纪念这位贤德的媳妇，就把小峰山改名为媳妇山。

据民国《滦县志》记载："唐时有妇李氏，随姑采薪，于此遇雨雹，以身翼姑而死……"说的就是当地流传已久的这段传说。

自古家中最难调和的关系就是姑嫂关系，媳妇山上的这则动人的传说则反映了古代滦州地区的人民明礼、崇义、淳朴的家风民风。早在3000多年前滦河流域的孤竹国国王儿子伯夷、叔齐弟兄俩互相让国，传为千古佳话；滦州市老城曾有吴、霍两家邻居互相礼让，各让出三尺地方，出现了"仁义胡同"；迁义庄以"义"命名，聚居一起的移民团结起来，大家讲义气，互相帮助，有情有义，达到和谐相处、同舟共济。这些都充分体现了滦州市人民团结、和谐、互助、礼让的人文精神。这些动人的传说一直激励、鼓舞着人们，至今仍然在滦州大地广为流传。

作者：陈明广

桃山献寿

桃山位于滦州市新城西北 45 千米，在滦州市与迁西县的交界苍官营村北，海拔 400 米以上。打远看去，这座山的主峰就像一枚端端正正的大寿桃，稳稳地长在苍穹之下。

民国《滦县志》记载："石宝山，在偏山之西北，山址相连，有大松二株，数百年物也。" "一斗泉山，在桃山之西南，山阳有古寺，其西里许有瓮山。" "莱山，在一斗泉山西，产蕨。"

桃山，就位于这样几座山之中，旁边的这几座山，就像人的双手，稳稳托住桃山这个大仙桃，护佑着这方水土的平安。在这里流传着一个"桃山献寿"的传说。

多年以前，桃山脚下住着父子二人，父亲悬壶济世，行医为生。儿子穿山越岭，采挖草药，供父亲处方。遇有富人照价收款，遇有穷人，常常就不收分文。不但医术很高，声誉更高，两县交界处的人们找他看病者络绎不绝，人称"王大先生"。

这天忽然来了一位少妇，大腹便便，显然已经有孕在身，但面黄肌瘦，病恹恹的。她进屋后也不说话，指指自己头部，就坐在那里一动不动。王大先生觉得异怪，但他一生行医见多识广，怪事多了也就见怪不怪。他让少妇把手腕放在脉枕上，就闭目诊断起来。这一号脉把王大先生惊出一身冷汗，原来这少妇有脉无象，脉理上管这叫"灵怪之脉"。这少妇分明是一怪兽幻成人形前来看病。王大先生虽惊但未动声色，而是沉着镇定地照章把着脉，又检查了她的头部，原来那里遇过石头一击，后脑部已凹陷进一块。这时那少妇指指头部又指指腹部，满眼含泪，那意思很明显，我已身怀有孕，又不幸身负重伤，请你看在我腹中胎儿的分上，一定要救我性命！王大先生虽是草医圣手，但外科手术也不成问题，他赶紧叫儿子预备手术器械，心想不管你是神灵还是鬼怪，到我这里都得慈悲为怀，救死扶伤。王大先生艺高人胆大，手术做得非常成功。不久那少妇再来时痊愈如常。她这次来仍是什么也没说，但放下一袋金子就走了。以后她又接连来了几次，每次放下一袋金子。王大先生父子知道这金子来路不明，哪肯就收，但每次都追她不及，这金子也不知退到哪里。一来二去，不觉一年过去，这少妇十天半月就来一次，金子已送得数目可观。这次父子二人早做准备，终于逮住了她，王大先生厉声喝问："救死扶伤乃我之本分，有钱没钱都得看病。但像你这样送金不断，于医德有悖，于我为人有悖。请你赶紧尽数拿走！"只见那少妇浑身一耸，早已不见踪影，身后飘落一张纸条，上书：“我本千年狐，造化幻人形。不慎遭人击，有孕难大行。幸哉贤父子，救我母子命。此金天外来，幸勿犯惊恐。确乎与愿违，浮屠造七层。”

父子二人唏嘘了一阵，只得作罢。从此少妇不再露面。父子二人按纸条所嘱，就在桃山之阳建了一座狐仙大庙，匾额题的却是：“胡公祠”。大庙三进，宽阔雄伟，庙后又建一座七层宝塔，塔旁凿一口八宝玻璃井，井水甘甜清冽，人们传为能治百病。因此各地来此取“圣水”者络绎不绝。有一年，滦州地面瘟疫横行，死人无数。幸好这里有王大先生父子每天用这口井水熬汤煮药，这才保得这一方人们安然无恙，躲过那场浩劫。谁知王大先生却因操劳过度，一病不起，弥留之际，王大先生想吃口桃子而不可得。因时在严冬，儿子到哪里去弄桃子！正愁得痛哭流涕，那多年不见的少妇突来，仍是那么风姿绰约，伸手就捧出一只硕大仙桃，献到王大先生床前。王大先生吃过仙桃，顿觉神清气爽，哇地吐出一地黑痰，大病竟然痊愈。此后王大先生又活了 30 年，百岁高龄无疾而终。父子俩谨记少妇临走时唯一说的话：桃山献寿。

作者：吴述东

金牛山取宝

遵化清东陵圈外的东南角有座南北方向的孤山头儿，远看像头卧在地上的牛，人们叫它“卧牛山”。世人流传俗语：“卧牛山，是宝库。大金牛，磨金豆儿，没有钥匙取不走。”后来干脆就叫牛山了。

相传，牛山东北脚下住着几户人家。有户张姓，就老两口过日子。这张老头儿爱种菜，这一年他在园子里种了一大片瓠子，正赶上风调雨顺，架上挂满大瓠子，又是吃、又是卖的总也不见少。可也怪，唯独有一架的瓠子秧上只长一根，起初又不爱长，等着大喷儿瓠子下去了，它才发旺起来，眼不见长到两尺多长，碗口那么粗，一转眼就变老了。张老头心想：既然不能吃了，干脆留种算了。

说来也巧，这时一个50多岁的侉子来到这根瓠子跟前儿，死乞白赖要买它，要多少钱给多少钱。张老头儿挺纳闷儿：侉子老头为啥偏买这样东西？准是有用。后来，这个侉子一天来三遍，一个劲地央求，高低要买。可直到末了，主人也没答应。

张老头儿见这瓠子让侉子惦记上了，怕他偷走了，就在瓠子旁边搭个窝铺，黑夜白日地看着。这样他还不放心，过了几天，索性把瓠子摘了放到家里柜底下藏起来。第二天一大早，侉子又来了，看见瓠子没了，急得直冒汗，忙追问老头。

张老头假装叹了口气说：“唉，昨个儿夜里睡得死，让贼给偷走了。”接着又叨咕：“一根青瓜，没了就没了吧，反正明年个也断不了种儿，不提它了。”侉子见他漫不经心的样子，就透露点儿实情：“你是不知道哇，这瓠子是件宝物。”“怎么？一根青瓜干啥使好？我咋看不出来呢？”张老头假装惊讶着问。

侉子见张老头儿急着追问，就知道这根瓠子没丢，便顺水推舟一五一十地讲出瓠子开金库的办法来。“你肉眼凡胎的懂个啥，那是开西边这座牛山金库的钥匙啊！”

“这山里有金库？那瓠子咋个开法呀？”果然，这天夜里子时，张老头儿用条口袋装着那根瓠子，蔫蔫儿地来到牛山西面的一块大石板下，小声嘟囔着：

天神来，地神来，
众神相助把门开；
开了库门瞧着赏，
是多是少都不怪。

张老头儿连念三遍，就听见“咯咯吱吱”的响声，眼前从小到大地敞开一道亮门儿。他进去就用瓠子把一扇大门支上了。他一细看，见一头大金牛正拉着一盘大磨“咕噜，咕噜”磨金豆子呢。张老头儿抬头四望，好家伙，挺大个洞子，一眼望不到边儿，遍地金光闪耀，照得他直睁不开眼。这时，张老头儿向东西南北面作了四个揖，嘴里还说：“请各路神仙大发慈悲，赏给我一点财宝吧!”张老头儿一说完，一低头，就见好多的金豆子直往口袋里蹦，不大一会儿，就有多半口袋，他一使劲背起来往外头走了。

哪知道，这个侉子跟张老头儿说明瓠子的用处，就是让他这样做，他也好从中得到些好处。这家伙在夜里就跟在张老头儿的后边，当张老头儿刚一往外走，侉子急忙闯进库里，进去就手脚不闲，又是捡又是捧的，忙个不亦乐乎。哪知道，这根瓠子长得不够时数，“嘎吧”一声折了，大门“咣当”一声关上了。人们再也见不到这个侉子了。张老头儿背回财宝，分给了左邻右舍，让大伙都过上了富裕日子。从此，人们称这根瓠子为“祖宗瓠子”，如今这个村叫成“祖户”了。

一晃儿到了清朝，顺治进关在北京登基坐殿以后，到马兰峪西边的丰台岭上察看陵址，抬头望见了这座牛山，当身边大臣向他讲述了“山里金牛磨金豆”的传说后，高兴地说：“好哇，有这样的大金库供奉我大清国，江山定会长久。依朕之见，今后这座山就叫‘金牛山’吧!”

采录：孙伟

猴儿山

遵化清东陵圈儿里的二郎庙旁有座土山，远看像个老猿猴坐着吃东西。传说这山还有段故事呢！

早年间，老边（长城）南边的一个山洞里住只老猿猴。那个时候猴子跟人可亲了，一到年关佳节，猴子就到洞外岭下的庄户里去拜年。好心的人家，饺子、饭菜总会让它吃个够。

又是大年初一，在鞭炮声中，老猴子抱个破瓦罐子，先进了一个叫“老抠儿”的富户，向他拜三拜磕仨头，起身捧瓦罐儿，嘴里呜啦着像哀求。哪知道，老抠儿不但不理，还气冲冲地骂道：“老猴孙儿你大清早来给我找晦气，快滚出去！”说罢扭过脸儿，老猴子只好垂头丧气地走了。

老猴子抱着破瓦罐子走进了西院的王家。这家没儿没女，只有老两口相依为命，日子穷得叮当响，过年只贴了半锅栗子面干菜馅饽饽。夫妻俩正要上炕吃饭，老猴子推门进来了，也是向着老两口儿拜三拜，磕仨头，起身捧瓦罐儿，嘴里呜啦着像哀求。王大妈忙对老伴儿说：“人猴是一家，何必分你我。咱们包不起饺子，就给它几个饽饽吃吧！”王老汉忙答：“唉，积德是好事，你瞧着给答对点吧！”王大妈掀开锅，捡了好几个发得蓬松、热气腾腾的大饽饽，放在老猴子的瓦罐里，用手向外一指：“快回山吃去吧！”老猴子走后，王老汉笑着对老伴儿说：“大年初一有人求，一年四季不用愁。今年个咱们准会大吉大利呀！”王大妈也抿嘴儿笑了。

日走星移，一晃儿到了青黄不接的时候了。这天晌午，老猴子又推开王老汉家的门。虽说它没抱着破瓦罐子，也叫这老两口儿一惊。王大妈没精打采地说：“你来得可不是时候儿，看，我们当家的饿得都起不了炕了！”说着两行热泪顺脸儿滚了下来。老猴子呜啦着，先到炕上扶起王老汉，又推着他们俩往门外走，老两口知道这猴子不害人，就跟着它上了山。

约莫半个时辰，老猴子就把老两口儿架到山洞里。原来洞里藏着好多好多的宝物，东一堆苞米、西一堆豆子、南一堆栗子、北一堆红枣，中间堆着的是珠宝。它又比画着让他们快弄回家去。随后，老猴子也帮着老两口儿往家鼓捣，一连忙活了三天三夜才运完。王家除自个儿度过了荒年，还救济了不少贫苦百姓，日子像气吹似的好了起来。

几个黑面饽饽换了粮食和珠宝的事儿，把老抠儿的嘴都气歪了，悔得他直打自个嘴巴子。眨眼间又到新年了，老抠儿心想：这回我可要抢先儿喽！初一大清早他就站在大门外向山道上望个没完。老猴子刚进村，他就往家里拽，好不容易拉到家门口，老猴子故意把破瓦罐儿往门槛上一摔，向他一龇牙，“嗷”的一声跑回洞去。老抠儿心想这不是给死人摔丧盆子吗？顿时气炸了肺，忙带着家人到老猴子的住处去抢，可洞里只有几捆柴草。他一气之下放了把火，火光一起，立时满洞浓烟滚滚，山石乱爆，整整烧了三天三夜，所有猴子都不见了。一场大雪过后，人们发现这座山变成了猴子形状，从这以后村民就把这座山叫猴儿山了。

采录：孙伟

磨盘山和马兰河

马兰峪东北方向，在青松翠柏的怀抱中，有一座山峰。每当清晨或傍晚，山上或山下，云飞雾扬，炊烟袅袅，宛如巨大的石磨浮动在烟云缥缈之上，情景美丽极了。这座山就是磨盘山。

传说很早以前，这儿住着母子俩，家境贫寒，以打柴为生。儿子叫俞生，是个勤劳孝顺的棒小伙。每天，他都拿着扁担、绳子、柴斧，带点干粮，到深山打柴，然后担到市上去卖，赚些钱，拿回家交给老母。

有一天，俞生睡得正沉，蒙胧中觉得有人招呼他的名字，猛睁眼看，却什么人也没有。身旁的老母也正睡得香甜。他刚要闭上眼睛，忽觉眼前耀眼夺目的一道光亮，心中诧异，坐起身来隔着窗向外看，外面已是大天亮了。他急忙穿衣下炕，拿起打柴工具，走出小院，带好柴门，转身向山里跑去。

跑着跑着，他猛地站住了，平日里通往柴门的道口旁，竟有了人家，一间新盖的茅草房门前有一位银发苍苍的老太太，赶着小毛驴在磨什么东西。再看石磨，磨缝里流下一道道金光闪闪的丝线，溅起无数金星。俞生暗想：这老人是哪儿来的呢？那石磨流下来的是啥呢？莫非老人家本来就在这儿住，而是自己走错了路吗？想到这儿，他走到老太太身后，深深地鞠躬，问道：“老奶奶，我每天到山里打柴，已经走熟了这儿的山路，可是从来也没见过您在这儿住过，莫非是我今天起猛了。走错了不成？”

老太太头也没抬，一面不停地干活，一面说：“你路走得一点也没错。不耕地收不到粮食，不栽树结不到果实，不出海打不来大鱼，不进山打不来干柴。”

俞生听老太太说完，差点笑出声，心想：人老了难免耳朵发聋打岔的。他又往老太太跟前走了几步施个礼说：“老奶奶，怪我刚才没说明白。我是说，我每天走这条路，为什么从没见您在这儿住过呢？”

这时，老太太转过身来，十分慈祥和蔼地说：“不，不是你没说明白，是我答得还不清楚。勤劳英俊的小伙子哟，你没见过我，我可天天见到你呢。你每天空手进山去，担柴下山归，你是个很勤劳的人。”

俞生听了更觉奇怪，便又问道：“您怎么会见到我呢？”

老太太哈哈笑了起来，那声音又响又豁亮，一点不像70多岁老太太的笑声。老人止住笑又说：“小伙子，不瞒你说，有这青山，有这绿水，就有我了。”“真的吗？”俞生摇摇头。“不信？我每天都在这儿磨金豆子呀。”

“金豆子？”俞生朝石磨望去，嗬，磨上，还有石磨旁边，果然放着一堆堆金光灿灿的豆子。亮光照得人睁不开眼。他见这好好的金子都磨碎了，便惋惜地说：“老奶奶，这么好的金豆子，为啥把它们磨碎呢？”

老太太慈祥微笑的面孔变得沉痛起来，她叹了口气说：“你哪会知道我的心呢。这世上总有许多不劳而获的人，吃饭不知粮食来之不易，穿衣不知养蚕织布的艰难。还有些人，总想不劳动还要获得金银财宝。为了告诉人们永远牢记勤劳致富的道理，让他们每个人懂得，要想得金子，必须到这山中大河里来淘。”

俞生听了，高兴地说：“老奶奶，您是神仙吗？您能告诉我，在哪儿可以淘到金子？”老太太微笑着，抬起手指向远处的一条河说：“马兰河畔，有山有水就有金子。”俞生朝老太太指的地方望去，那里果然闪烁着无数星光一样的亮点。他高兴地说：“谢谢老奶奶的指教。”说完给老太太施了礼，抬头刚要告别，老太太就不见了，石磨、小驴、房子都不见了。眼前还是那条通往山里的路。俞生眨着眼睛思索片刻，便飞一般跑回家中，把发生的事情告诉了娘和乡亲们。

乡亲们听后，便成群结队地到马兰河畔，在这里果然淘到了金子。从此，人们给这座山峰起了个名叫磨盘山，河也有了名字，叫马兰河。

直到今天，淘金的人们仍是络绎不绝。马兰峪一带的老百姓靠淘金过上了富裕生活。

采录：姚学忠

北凤山

遵化的西南角，有个村庄叫鲁家峪。村庄的北边有一座山叫北凤山。此山主峰高峻，气势雄伟，北边一段断崖如刀削斧剁，崖头峭岩耸立，主峰两边各有一稍低些的山峰对称紧靠，两边同其他山峰连在一起。远看中段，好似一只昂首挺胸、展翅欲飞的凤凰。说起此山，还有一段神话传说呢。

传说这里本来没有这座山，原来两山中间地带正在鲁家峪村北，是一个大水潭，潭水是黑的。东海的一黑鱼精为逃避龙王惩罚，逃入黑水潭，它听说吃掉村里所有刘姓的人就可长生不老。于是，它便开始作恶，兴风作浪，水淹村庄，伤害人命。本来刘家峪刘姓人多，为避黑鱼精残害，村名改成鲁家峪，人们也不敢报刘姓。后来，黑鱼精找不准谁是刘姓人就抓一个吃一个，一时间，人人胆战心惊，人心惶惶，大部分人扶老携幼，逃走他乡了。

就在村南头的茅屋里，住着刘姓的母女二人，母亲年迈多病，家事全靠女儿玉凤承担。这一次，黑鱼精又猖狂地作怪了，冲走了玉凤家的小茅屋，母亲卧病在床，躲避不及，被黑鱼精吃掉了。正巧那天玉凤为母亲进山采药，侥幸没被吃掉。她回家一看，家没了，母亲没了，一下子晕死过去。众人抢救半天，她才醒转过来。于是，她不吃不喝，整整哭了三天三夜，哭得风儿不刮，哭得花草低头。乡亲们百般劝解，她才止住悲声，擦干眼泪，咬牙切齿地表示：一定要为母亲及死去的乡亲们报仇，不除此怪，誓不为人。她洒泪告别家乡，奔向正北，寻师学镇妖法术去了。

且不说玉凤一路艰辛，吃尽了人间苦难。单说她一口气走了七七四十九天。这一天她走到一座山下，见路边有一位白发苍苍的老婆婆坐在地上呻吟，玉凤走上前去问：“老人家，因何在此呻吟哪？”老婆婆一边呻吟着一边看着玉凤说：“老了老了，腿脚不好使唤，摔坏了腿，回不了家了！”玉凤举目四望，荒郊野岭，前不挨村、后不着庄，怎么办？她走上前，拉着老婆婆说：“老人家，我背你回家吧！”老婆婆说：“难为你了，我家离这儿很远，要翻山越岭呢！”玉凤说：“山再高，岭再险，我不怕！”她背着老婆婆，朝着老人指点的方向，沿山路一直向北走去。

玉凤背着老婆婆，越过七七四十九道岭，走了上百里路，腿都抬不起来了，腰也酸疼得很，饿得眼冒金花。老婆婆每次要歇会儿，玉凤就是不肯，感动得老婆婆趴在她背上直掉泪，那落泪的“吧嗒”声传到玉凤耳内，听得清清楚楚。不知咋的，听到“吧嗒”声，玉凤感觉不累，也不饿了，脚下好像生了风，越走越快了。

日落西山，彩霞满天，在一座庭院前，老婆婆叫着玉凤说：“姑娘，咱们到家了。”推开院门，来到屋内，玉凤把老人放在炕上，并找来布为老人裹伤口，老婆婆很感激，问玉凤去干什么，玉凤把自己的来意说明后，老婆婆一边点头微笑，一边说：“你是个好姑娘，心眼儿好，决心大，做事会成功的。”说着，从怀中掏出三颗珠子，说：“你不用往北走了，这儿有三颗珠子，你只要在涨水时，把珠子丢在水里，便可除掉妖孽。不过，除你之外，不能让刘姓人看见，如果被看见了，珠子就不灵验了！”玉凤双手接过珠子，正要道谢，一抬头，老人已踪迹皆无，房子等一切也荡然无存，只有手里三颗珠子闪闪放着银光，玉凤也不去细想，怀揣宝珠，日夜兼程，赶回家园。听说玉凤回来了，人们的胆子都壮了，逃难的人们纷纷返回家中。

这一天，潭水又涨上来了，铺天盖地，眼见黑鱼精来势汹汹，又要上岸伤人。玉凤赶到岸边，站在高处，向着潭中甩出一颗珠子，黑鱼精一个侧歪，就要摔倒。这时东山头上一位刘姓老者见了，拍手叫好，哪知黑鱼精没有镇住，又冲向前来。玉凤见状，急甩出第二颗珠子，一珠砸在黑鱼精身上，一歪身倒入水中。这时，西山头上一刘姓毛头小伙又大喊一声：“鱼精完蛋了！”可时间不长，鱼精又从水中冒出来了，此时它张牙舞爪，更加穷凶极恶，冲着玉凤直扑过来。不容玉凤再多想，她心一横，牙一咬，攥着第三颗珠子冲鱼精一头撞去。水“哗”一下退了回去，鱼精跌倒水中再也没有露头，玉凤也没有上来。过了一会儿，慢慢地从水中冒出了一个山尖儿，山尖越升越高，一座状如凤凰的山峰升出了水面，最后和东西两山连成一体，遮住了黑水潭。从此，黑鱼精被镇住了，再也没有出来伤害老百姓。

人们不见玉凤姑娘出水，从四面山上齐聚到这座新山上，叫着“玉凤”的名字，可玉凤再也没有声音了，只有人们的喊声在山间回荡震响，飞向远方。后来，人们为了纪念玉凤，就把她寻珠的方向和她的名字连在一起，给这座山取名为“北凤山”。

采录：李自亚

龙门口水库的由来

龙门口水库坐落在世界文化遗产地、国家AAAA景区清东陵南端，西南与天台山相连，东偏北是清东陵金星山，东边是清东陵旅游服务基地。水库蓄水后水面直接与两山山脚相接，湖光山色相映成景。其开发建设是清东陵大旅游的一个重要组成部分，与旅游服务基地、清东陵景区、绿化带开发有机结合起来，能更好地满足游客吃、住、行、游、购、娱的需求。依托清东陵的旅游资源，挖掘清东陵的旅游潜力，促进旅游业的可持续发展，前景十分可观。

现在的龙门口水库，清朝时与现在对比大相径庭。如果留意观察清东陵景区周围的山势，山和山之间是相互交错的，两山之间没有缺口，正是所谓的莲花山。在清朝建陵时，只有龙门口处是唯一的缺口。据史料记载，清朝所葬的皇帝、皇后、阿哥、格格等人的棺椁全部由龙门口水库大坝的位置抬进来到各陵寝安葬。但在景陵修建之前龙门口叫兴隆口，后来改叫龙门口还有一段故事。

在景陵选穴动工时，钦天监上报康熙皇帝此处不适宜作为陵寝，但康熙皇帝决心已下。钦天监只能硬着头皮施工，但开工一年后，康熙皇帝视察时发现大部分土建已开工，只是陵寝前面有一个不大的水塘（就是现在景陵石像生旁大柳树的位置），好多的民工往里填土，仍然不见减小。康熙皇帝十分纳闷，把钦天监的人叫来询问情况，钦天监人员赶紧跪地磕头向康熙皇帝求饶。这样康熙皇帝更纳闷了，让他详细讲述。钦天监的人赶紧向康熙皇帝禀报。在此水潭内由玉皇大帝关押了一条黑龙，这条黑龙是东海龙王的儿子，因在东海为非作恶伤害百姓，成为东海的祸害。百姓御状告到天庭，玉帝大怒下令处死黑龙。龙王苦苦向玉帝求情，玉帝网开一面，就把他贬到此处伏法。康熙听后大感后悔，可事已至此也不能更改了。

晚间，康熙苦虑此事寝食不安，心中郁闷，便在陵区内散心，在七孔桥处遇到一身着黑衣的老者，护卫上前怒喝。老者悠然自得，康熙喝退左右，上前搭话。老者一拱手道："贤弟安好，你占我家我又何处安身?"康熙顿悟回答道："此处是我百年后安身之所，为何占你庭院？现有南山龙井一眼朕命你此处安身。"老者笑而不答，点头应允，转身飘然而去。后来不用一月时间水塘填满，工程顺利完工。从此在烟墩山下一股清泉长久不竭，在大旱年景周围百姓靠此泉水渡过难关。相传黑龙移居到此用多年的法力保持泉水不竭，也是为自己赎罪。

后来把此处更名为龙门口，每到大旱年景，石门、蓟县的百姓戴着草帽，抬着供品到此处求雨，每每灵验。

遵化市民政局收集

九虎岭的传说

遵化城东北50里处有一座大山岭，以岭顶端为界，原南归小厂乡，北属洪山口乡，全长七八里，名叫九虎岭。为啥叫九虎岭呢？这里有一个传说。

古时候，官府在洪山口城设了衙门，衙门归蓟州管辖，蓟州每年都要到洪山口一带来收缴钱粮。三道沟村有一个庄主姓王，与蓟州一个官员是同窗好友，平时往来较好，可这一官员一任州官就和以前大不一样了。

这一年王家主家因天灾日益衰落，不能帮助蓟州官员收缴钱粮，自家也交不上所摊派的粮钱，州官对此十分不满。这年，州官手下人又去洪山口一带收缴粮钱，他授意手下人借机难为一下王庄主。官役到了王庄主家，明知王家日子已十分贫寒了，却一反常态，仗势欺人，对庄主一家非打即骂。王庄主的长子实在忍不住这口气，愤怒地说出了心里话：“州官不念好友之情，见朋友贫寒了，无利可图，投石下井，把人往死里逼。”官府来的小官和衙役们听了，咬定他辱骂朝廷官员，非要把他带走治罪，就把他捆在院里一棵树上，全家老小求情也不宽容，当时正值秋尽冬初，冻饿难忍。

话说王庄主有两房太太，生有9男1女，虽家境贫寒，但全家人和和睦睦，见老大遭此难，心里十分难过，哥几个哪受过这样的窝囊气。他们趁着夜深人静，偷偷地放了老大，不料被衙役发觉，马上报告了小官。衙役跟小官报告时，被老七听到了。哥几个一商量，认为官府来的人，有真本事的没几个，哥几个足以教训他们。决心已定，哥几个就偷偷地狠揍了几个衙役，有一个衙役因打得重，当时就没气了。这事被小官发觉，说庄主家造反了，就命令衙役们打死了老庄主，老大因冻饿而力不从心，也被打死了。王庄主一家30多口，由老五和老八保护着上了东山。剩下哥六个与官府来人打了起来，哥几个人少但武艺精湛，不到天明就把官府来的人消灭了。天亮后一清点尸首，发现少了两个人、两匹马，想必是逃跑了，这才想到大事不妙，必遭灭门之祸。哥几个掩埋了父亲和大哥，又把官兵的死尸处理掉，烧了庄院，逃难去了。

跑掉的两个官兵将此事马上报告了州官，州官立即派来几百骑兵，一日内就到了庄主家，见人已死的死，跑的跑，就分兵追捕。这哥几个携家带口逃出不到半日，还未跑远就被捉回，死于乱刀之下。老五和老八闻讯后，把老小托付给朋友，拼命杀回报仇，因人少力薄，被官兵捉住，活活地被烧死了。官府血洗了庄主一家，在乡亲们的保护下，只剩下两个孙子和两个儿媳妇。

官兵走后，众乡亲含泪掩埋了庄主一家被害的人。但爷几个阴魂不散，每年只要官府来人催钱粮，夜晚就附魂专收拾官府来人。三年后，王家哥九个化作九只猛虎，专吃官府来的人，丝毫不伤害百姓。不管白天黑夜，只要官府来人，是有来无回。州府几次想要灭掉这九只猛虎也没成功。从此以后就不再到这里收缴钱粮了。

传说，以后有一皇帝到这里来打猎，所带的人马，让虎吃了好几个，剩下的被追得七零八落，望风而逃。回朝以后，皇帝与大臣谈此事时说“什么东大岭，纯粹是九虎岭”。此后“九虎岭”就在民间叫开了。

采录：刘俊禄

舍身台

很早很早以前，在遵化城北30华里的鹫峰山上，有一座寺院，叫栖云寺。寺里住着三个和尚，有一个师父，两个徒弟。因为这座寺院盖在深山的半截上，建寺年限又短，烧香请愿的人很少，下山化缘又很远，下去一趟带回的粮食有限。所以，寺里的和尚三天两头吃不上饭。这一天老和尚饿得受不了了，打算下山化缘游方，大徒弟也要跟着去，想吃几顿饱饭。老和尚想：反正山上也没啥事干，又没粮食吃，去就去吧，就让小和尚看家。小徒弟有点傻，问师父："你们都走了我吃啥呀？"老和尚愣住了，是呀，剩下他一个人吃啥呢，早晚还不饿死喽？唉！饿死了更好，倒少一张嘴。就说："我们走了，你就烧大腿，煮石头吃吧！"

一晃几个月过去了，眼看进入了冬季。老和尚想：该有人上山烧香了，也该有吃的了，小徒弟也早该饿死了。他便带大徒弟回到寺院。一进山门，大吃一惊，小和尚不但没有饿死，反而胖胖乎乎，红光满面。老和尚就问小和尚这几个月吃啥来着，小和尚说："您不是告诉我烧大腿、煮石头吗？"老和尚心想：我当时觉得他傻，说这句话是糊弄他呢。大腿也搁不住烧，石头也煮不烂呀，哪能吃呢？小和尚见师父不信，就领师父到斋房去看。果不其然，大锅里装着满满一锅大石头。小和尚把腿往灶膛一伸，就冒起火苗。不大一会儿，锅里就叽里咕噜响了起来。小和尚把腿缩回来，揭开锅盖，捞出一块就让师父和师兄吃。老和尚哪敢吃呀，小和尚自己就大口大口吃起来了。老和尚见小和尚吃得挺香，就捞了一块，一尝，又香又面，还有咸淡味儿。老和尚心想："糟了，小徒弟不是成神就是变妖了，留着他可不中！"便抄起门闩杠子朝小和尚打去，大徒弟也拿根棍子帮着师父打。小和尚吓得撒腿就跑，老和尚、大徒弟在后边紧追，一直追到了山顶。这山顶三面是悬崖，小和尚一看，没处跑了，便一合眼，跳下了几十丈深的山涧。老和尚和大徒弟往下一看，愣了，只见小和尚稳稳当当地坐在山涧下，一动不动，变成了一尊佛像。老和尚说："小徒弟成佛了，咱们也跳下去吧！"说完，老和尚和大徒弟也跳下山崖，在山涧下面也变成了佛像，只是在小和尚两边做了小和尚的侍卫。从此，栖云寺便在这一带出了名，百姓们重修寺院，给和尚跳山涧的地方取名叫"舍身台"。许多皇亲国戚、文官武将常来这里朝拜逛景，捐银赐金，题词赠赋。一年四季，善男信女游玩不绝，香烟缭绕，吟诵不断。

现在，虽然寺院和佛像不见了，但和尚跳山涧落地时留下的六个大脚印还依然存在。

采集：徐邵元、高振刚

野瓠山

现在的遵化石人沟铁矿所在地叫“野瓠山”，山下村子叫野瓠山村。这里流传着一个美丽的故事。

很久很久以前，前山脚下住着兄弟俩，过着贫苦的日子，哥哥每天辛辛苦苦下地干活，弟弟呢，却好吃懒做。一天，哥哥在地里锄草，觉得又累又渴，就放下锄头，走到山泉边喝了点水，顺便坐在树下休息一会儿，不觉迷迷糊糊地睡着了。

恍惚间，眼前站着一个白发银鬓的老头儿，对他说：“勤劳的小伙子，你到后山去，石洞前有棵瓠子秧，你好好照管它，一百天之后，你摘下那颗瓠子，对着石门连喊三声：‘野瓠子，快开门！’石门就会打开。那里面是金库，你取出金子，就不用再过贫苦日子了。不过，年轻人记住：必须过一百天，否则会变成一堆铁！也不要把瓠子带进洞，那样石门会关闭，石洞会倒塌，你就会被关在石洞里。”说完，老头儿便不见了。

哥哥一觉醒来，原来是个梦。他按照梦中老头儿的指点，来到后山，果然发现有个石洞，洞前古树前长着一株幼小的瓠子秧，他拔掉了旁边的杂草，给瓠子秧松了松土，又舀出清凉的水浇在根下。便兴冲冲地飞跑回家，把刚才的事告诉了弟弟。弟弟说：“哥，让我帮你来照看那棵瓠子秧吧！”“好！”哥哥答应了。

瓠子秧在哥俩的精心照料下，很快长起来开花了，花儿金灿灿的。又过了一个月，果然结了个瓠果。弟弟也变得勤快起来了，天天守在瓠秧旁。转眼到了第99天，弟兄二人做好准备，第二天就可以去金库取金子了。

这天夜里，弟弟翻来覆去睡不着，他想：“明天取回来金子两人分，哪如我自己偷偷取出来一个人得呢？那样我一辈子不用干活儿也能吃好的，穿好的。”想到这里，他偷偷爬起来，看了看还在熟睡的哥哥，背起口袋，溜出门，爬上了后山。

他摘下瓠果，走近石洞，对着石壁喊了三声：“野瓠子，快开门！”只听轰的一声，石壁上开了一道门，只见里面金光一闪，马上又黑了，弟弟走进石门，哪里有金子啊，全是笨重的铁块，弟弟气得跑出洞外，飞起一脚，将瓠子踢进门里，门“吱”的一声关严了，接着便是天崩地裂似的一声巨响，石洞倒塌，山崖的岩石将弟弟埋在了下面，再也没有出来。

原来弟弟只顾想独占金子，忘记了白胡子老头儿的嘱咐，瓠子还差一天，就去开门，又将开门的钥匙瓠子踢进洞里，所以他变成了一堆铁。直到现在，野瓠山还储有大量的铁矿石。

采录：王书芹

太后斩龙脉

1644年5月清军进占北京，爱新觉罗·福临在紫禁城登极坐殿，称顺治皇帝。先前的帝王一登极就张罗着建陵寝。那时候，顺治才十多岁，一切大事都由他皇叔摄政王多尔衮和额娘孝庄皇太后当家，这事自然也就由他们操办了。

这天早朝已毕，顺治的母亲孝庄皇太后和多尔衮商议好，决定从民间挑选两名钦天监攒凑个班子，从南到北，由西到东地去察看风水宝地。说也奇怪，一班人马走遍了各地也没选中。还是顺治皇帝在一年夏天来京东马兰峪一带打猎时，在丰台岭发现了一处陵地，并由钦天监察看了风水。后来他额娘和皇叔多尔衮，又差人从南方调回选陵地的钦天监，到皇帝自选的马兰峪一带再次查看，最后确认那是一块独一无二的风水宝地。那时候，这宝地正南数里之外横浮着一道白的雾气，摇摇晃晃，弯弯曲曲，恰像是一条龙卧在一道高高低低、蜿蜿蜒蜒的山脉之上。

一位钦天监对皇太后说："老太后，您脚下的这块宝地真是不错，只是旁边有分裂的龙脉，若不斩断，将来大清江山定遭人欺，不会长久！"孝庄皇太后忙问："你说的是哪些山脉？快指给我看。"那钦天监让老太后向南看。果真见到那道雾山像条白龙游水。孝庄皇太后半信半疑地说："真有这样的事？"

他们走出了兴隆口，来到石门镇。一打听，那道有风水的山叫"龙山"。近瞧，真像一条活龙弯弯曲曲、起起伏伏地卧着呢。孝庄皇太后问钦天监："怎样个斩法？""选用百对童男童女，半夜子时由皇家亲人带到山上，然后皇家亲人要踩住龙头，由童男童女们一齐动手，直到把山挖成一条大沟方可。"孝庄皇太后心想："大清国好不容易夺得了江山，为了社稷长盛不衰，我宁愿亲斩这条龙。"

一天深夜，遵化知县带着挑选好的百对童男童女，各持铣镐，聚集在龙山上。半夜子时，孝庄皇太后手执宝剑站立在东面的龙头上，命令童男童女一齐动手挖山。等到东方日出，已经挖了几丈深，一直挖了300多个日日夜夜，终于把条10多里长的大山斩成4段，并把龙山改称"龙头山"。之后，孝庄皇太后携带人马返回京师。

源自《遵化民俗》

无终子洞

遵化铁厂镇铁厂村地处幽冀之门户、辽海之襟喉，北倚燕山，南临渤海，距遵化市区30千米，是一个历史上有名的千年古村镇。据旧《遵化县志》《中国历史地图集》等记载，此地在春秋时属无终国，该村现仍存有一处无终国遗迹——无终子洞。

据《无终子洞创建阁殿碑序文》记载："白冶石城，四里许，山连峰聚，山腰有洞，内阔数丈，凡五十一步峭壁悬崖，层棱岈嵯，七孔八窍，孔孔相通，窍窍透明，内有石室、石梯、石窗、石屏，洞底有隙，通小场峪。此实为天造地设一神仙洞也。此地实为上古无终国国王之子出家修炼之地。后终成正果，羽化成仙。至春秋战国，燕子丹也来此洞修炼，功未成。夫山不在高，有仙则名。"由此而知，远在春秋时期，该地属无终国，时国王嘉父少小情衷老子教义，且影响颇深，至官冕大位心恤臣民，到了战国时期，无终国被燕国所灭，国王无终子厌为名而争争吵吵，痛为利而打打杀杀，遂看破红尘，潜心修道。一日他游览铁厂西山有洞天福地，名曰"涌泉洞"，遂隐居于此。历无数严寒酷暑，经几度斗转星移，秉青灯、阅黄卷、披褴褛、饮清泉、食野果备受艰辛，仍咏经不辍。其志坚感天动地，其心诚令神仙喟叹，因之遂得玉帝、王母点化，终成正果，羽化成仙。

据《遵化州志》记："洞口阔三尺，高五尺许，内平阔，给横二十余步，上有大小孔窍凡十五，中通纳风日。"此洞又名"仲理洞"。《水经注》记载：三国时，有中国道教早期派别之一的"帛家道"创始人辽东道士帛仲理在无终山炼丹、传教，接济贫民。遂仙去丹灶尚存。洞内曾设"真仙仲理神位"。

现在洞口处仍存《重修无终洞记》碑石一块。此碑雕刻于明万历三年（1575年），碑文由当时在铁厂督理炼铁事务的工部虞衡郎中唐文灿撰写。据《重修无终洞记》碑记载：明时，时任冀镇总兵的戚继光亲历此洞，听了无终子的故事，见山崖顶上刻着的"涌泉洞"，寻找到那所谓的泉眼，与山洞之间还隔着一座寺庙，便道：为什么要用这么远的事物来为石洞命名呢？要是改名为无终洞，不是与典故更贴切吗？因此，后人便将此洞更名为无终洞。

今天的无终山已经恢复历史原貌，其周边配套设施也已配备齐全，正逐渐成为大家假日出游观光的好去处。

王秀红　张晓宋采录　遵化市民政局整理

风雨沧桑说汤泉

汤泉，是地名又实有其泉，村以泉名为汤泉村，位于遵化县西北一带。汤泉至今已有千年以上的历史，《水经注》载："渔阳之北有温泉，其地即遵化汤泉也。"又载："泉水上沸而出，虽隆冬如汤，泛热滚沸，涌之不息。"远在大唐贞观二年（628年），已在此建起福泉寺，殿内供奉释迦牟尼佛祖，两壁为诸佛画像及十八罗汉。显然，在唐朝时此处的温泉已名声在外，皇帝赐名福泉并建福泉寺。相传至辽国时，汤泉一带划入辽国境内，萧太后也曾在此建起梳妆楼。看来，虽朝代更替，但佳景温泉人皆爱之。金元时期未留下更多的史料，到了明朝初期，温泉虽在，但温泉池已淤满污泥，寺庙尚存但已破毁。所幸到了大明万历年间，著名将领戚继光在北国镇边期间，对汤泉进行了修复，并留下"蓟门汤泉碑"，为后人留下翔实的史料。

戚继光在青年时曾多次带队来这里戍边，曾路过温泉看到这里碑刻如林，对汤泉极有感情，印象深刻，当他40岁时任蓟州总兵，再到汤泉时，已是碑刻全无，泉池满淤泥，亭馆已简陋不堪，因此引起他产生修整汤泉的想法。到了隆庆五年（1571年）时，他让由江浙招来的新兵开始修整这里的环境，并建起一座觞亭，还修整了一些石洞，使汤泉的面貌焕然一新。

汤泉这里最盛大的集会是隆庆六年（1572年）的冬天，戚继光在这里组织10万人马的大阅兵。汤泉的前面是一片宽阔的平地。正是个大阅兵好地方，他的想法得到了兵部的支持，当朝大学士张居正还特地致书于他，给予鼓励。这次大阅兵前后演习20多天，并进行实战演练，先是敌军攻破边城入内，之后援军赶来激战，均按戚继光布置的战法作战，有的正面迎击，有的包抄后路，时而步兵在战车的掩护下前进，时而骑兵似狂风冲向敌群，敌军逃窜又遭守城将士的拦击，场面壮观，其势如虹，十二路大军旌旗起伏，号角相闻，前来检阅的朝官无不喝彩。接着又检阅了将士的武艺，粮草军械等，朝官为戚继光的治军有方而折服。

从此，汤泉更加名声日重，为了接待日后来此观师的官员，在万历二年（1574年）的秋天，戚继光又主持建造亭馆，至万历四年（1576年）的仲夏完工。接着他又组织疏通和清理泉池内的淤泥，当时正是盛夏的五月，泉水热如滚汤，士兵难以下去清淤，于是让士兵先在下游的稻田里开挖了30余丈的排水渠道，通到上游泉池，之后将泉池的旧砖墙拆下2尺，导出池水，开始清淤，深挖3丈多深，清出1丈多深的淤泥。在泉池中挖出了辽代的万户印1枚，白金5两和一些金银首饰，还挖出黄金1锭、铜35斤、铜钱6石、铜镜157枚，将这些财物都用作了施工的费用。从此后，泉池再现了碧水见底的情景。每当清晨或夕照之时，红日映入池中，因此留下了“汤泉浴日”的奇观。

戚继光对泉池的重修也极具匠心，他将泉池底部铺上了白色的大理石，池的南北两面的中间各修一石洞，北出水口外有半月形的冷水池，池上有石桥，桥上有玉石栏杆，过桥后又修起了皇帝敕建的观音殿，泉池南面的出水口雕成一座石龙头，水从龙口喷出，冒着热气，之后进入石渠，再流入各个浴池；有集体洗浴的同众池，有为女人准备的女清池，还有洗马池，之后放入稻田。更值得后人记述的是，为修建温泉池，戚继光等许多将领捐资，才使工程得以完工，使将领和士兵有机来这里洗浴，游人可来此览胜。后人称之功德水，也可以说戚继光的功德和温泉池一块儿留给了后人。

在温泉池的南侧还有一座古亭，相传为唐代始建，到明朝重修，因亭内有水槽直通温泉池，滚烫的热泉在亭内石槽之中回转流过，人们坐于亭中石座之上，将酒杯放入石槽入口，杯随温泉水流动，当流至出口时，杯酒已热，因此又称转杯亭或流杯亭。温泉池北面约30丈的地方有一座六棱石，相传也为戚继光时所立，其石礴的南三面为文，北三面为图，至今文图虽在，已是字迹模糊面目全非，几乎无可辨认。石礴后面是佛殿和明清两代帝王来此时的行宫。

历代有许多文人墨客来汤泉一游，也留下许多诗文，其中较为著名的是明代的宋幼清来游汤泉时留下了《汤泉记事》，之后刻石留在汤泉池南墙，不仅文中充满对戚继光的崇敬，而且，临行时作诗一首：“落虹亭外夕阳边，回首春明起暮烟。雨后乱流冲马腹，风过细柳息人肩。绿沉中使三千客，黄帕材官尺五天。谁谓绕朝工赠策，十年空羡祖生鞭。”时至今日在汤泉一带还流传着许多戚继光的传说，如在汤泉一带或集市上，还有一种中间带孔的香酥饼，称为光饼。相传戚继光防止士兵行军打仗时吃不上饭，便设计出这种带孔的香酥饼，让士兵用细绳系在腰间。如今的汤泉已是旧貌换新颜，它涌流着康体健身的温泉，蕴含着英雄的往事，已成为唐山人的骄傲，吸引着四面八方的人们去贴近她。

作者：闫克岐

风后洞的传说

在迁安建昌营镇石门子村东北，有一座九头鸟山，山上有一个古老的石洞，人们都管它叫风后洞。据说石洞深不可测，可以一直通到渤海海底。从这个山洞中，时常会刮出阵阵凉风来。据县志记载，明穆宗隆庆四年（1570 年）的时候，建昌营风洞刮出来的风曾经造成灾害，后来县官带人到这里祭祀了一次才平息，以后每年祭祀定为惯例。

山洞里怎么会有风刮出来？为什么管它叫风后洞？在当地一直流传着这样一段故事。

相传远古的时候，在九头鸟山的石洞里，曾经住着一对老夫妻，老两口 40 多岁才生了一个儿子。儿子生下来就与众不同，很小的时候就能够辨别方向，即使没有大人领着出去玩耍，也从不会迷路。他还有一个特殊的本领，就是气脉特别长，一口气呼出去，可以持续半个时辰，就像刮起一阵风。父母因此就给他起了个名字，叫风。随着风慢慢长大，气脉也越来越足，呼气成风的本领也越来越大。他时常跑出山洞到外面去玩耍，采山花，摘野果，追逐野兽。有一次，他在山坡上玩得特别高兴，一时兴起，便用尽力气长吁了一口气。这一长吁气可不得了，足足有多半个时辰，开始时只是山草微动，树枝轻摇，后来就变成狂风大作，飞沙走石，整个山坡为之摇动。父母知道这一情况后，非常担心，怕他这样做会伤到那些上山割草拾柴采药的人，就再也不让他一个人随意出洞玩耍了。即使准许他一个人出洞，也总会再三嘱咐，不让他长吁气，以免伤人。

就在这山野之间，风无忧无虑地成长，跟猿猴学爬树，跟虎豹学武艺，跟野兔比赛跑，慢慢练就了过人的本领，行走如飞，膂力过人，尤其是呼气成风的本领，更让他如虎添翼，所向披靡。

这一带为轩辕黄帝部落属地，轩辕黄帝听说了他的事迹后，就专门派人请他加入自己的军队。风早听说黄帝是一位深受人们尊重的首领，也就欣然同意了他的邀请。很快，风在黄帝的部落里崭露头角，成为出类拔萃的将领，他的特殊本领也深得黄帝和士兵们的赏识。当时，黄帝正与蚩尤开战，双方互有胜负。最让黄帝军队头痛的，就是蚩尤一旦作战失利，便会放出一种烟雾。烟雾一出，四散弥漫，蚩尤军队趁烟雾不仅可以安全撤离，还把黄帝军队引向歧途，黄帝军队因此吃尽苦头。为了克敌制胜，黄帝决定制作一辆在迷雾中也能够辨清方向的战车。这个任务具体落到了风的肩上，风凭着超人的方向感，巧妙利用机械原理，与黄帝一起研究发明了指南车。有了指南车的帮助，遭遇蚩尤迷雾时，就再也不会乱阵脚了。与此同时，他呼气成风的本领也派上了用场，每当蚩尤迷雾袭来，他便呼气成风，吹散迷雾。黄帝军队因此节节胜利，最终打败了蚩尤，实现了中华民族历史上第一次大统一。

黄帝胜蚩尤，风立下了汗马功劳。鉴于他在大败蚩尤战役中立下的赫赫战功，黄帝封他为“风后”，即风中之王（“后”在古代是君主、帝王的意思）。他死后，人们为了纪念他，就把他出生的山洞命名为风后洞，一直流传至今。

作者：张森

金牛山的传说

距迁安城东20华里，有一座自北向南绵延起伏的群山，这就是金牛山。

金牛山是由北山、画儿山、龙尾巴山、老山、鸽子山和黑石头山大小六个山头组成。北山因其坐落在最北面而得名；画儿山因其秀美如画而得名；龙尾巴山因其造型恰似龙尾巴而得名；老山因其最高又最老而得名；鸽子山因有成群结队飞舞翱翔的鸽子常常在此聚散而得名；黑石头山因有许许多多奇形怪状的黑石裸露凸现在外而得名。这六个山头浑然一体，总称为金牛山。

很早很早以前，这里满山遍野的苍松翠柏枝繁叶茂，清澈的山泉从山脚下潺潺流出。清晨，远远望去，山顶被雾气笼罩，山腰有一股青云似的白色飘带缠绕，山间各种鸟雀喜欢窜动飞舞，婉转悠扬的叫声传遍四面八方。晨曦阳光穿云透雾，景象十分迷人，烟雾渐渐散去，露出蜿蜒起伏的山脊，令人心旷神怡，真是人间仙境。

黑石头山上有一块巨大的磐石高耸在山巅，周围绿草茵茵，十分繁茂，如同绿色的地毯铺设在那里。

相传，八仙云游四海时路过此处，从空中见此地烟雾弥漫，景象非凡，但不知是哪座名山。众仙怀着好奇之心降落祥云，一来歇歇脚，二来顺便游览此山。他们就在这块巨石之上盘膝而坐，小憩用斋。众仙纵目四望，此山非同一般，定有玄机在里边，但不敢妄下断言。他们用完斋饭，休息片刻，带着疑问就驾云而去了。后来，人们上山砍柴时突然发现这块巨石上留有八个盘子的印迹。从此，人们便把此石称为八盘菜，至今印迹尚清清楚楚。每年端午节，村民们都要抢先来此一游，一来享受山巅的清新空气，二来点用盘中的露珠，享受八仙聚餐之乐。还说这露珠，点眼可以清眼明目，吸入口中还能祛病败毒呢!

据说在金牛山中，有一头黄灿灿的金牛，总是昼伏夜出，来无影，去无踪，从来没有人见过。金牛夜深人静之时出来，先到山的西面去吃草，吃饱之后便到蟒龙河去喝水，吃饱喝足之后再回到山中。

奇怪的事不胫而走，山下附近村庄有人上山采蘑菇或者拾柴，在山的东坡田边捡到过牛粪饼子似的金块，还有的拾到过银片子。拾到这些东西的人家，日子都渐渐发了起来。时间一长，有的人道出了实情，从此人们便传开了，山中的牛会拉金尿银，越传越玄，也越传越远。

有一天，当人们谈论金牛的时候，一个南方人听见了，说者无心，而听者有意，他决心捉住这头金牛。

第二年秋天，这个南方人又来了，身背一个宝葫芦，一个人悄悄地向山中走去。一天夜里，一道霞光闪过，从山中走出一头金灿灿的牛来，顺山坡而下。这时候南方人正在山头凝神静观，见此他三步并作两步，脚步轻轻紧跟其后，慢慢地向牛靠近。眼看来到牛跟前，说时迟，那时快，只见他一个箭步，举起宝葫芦向牛头砸去，一下子打下一个牛犄角，老牛“哞”的一声逃走，过了山梁就不见了。

南方人仍不甘心，经过几天周密查探，终于发现了机关。他来到山前，手持宝葫芦晃了三晃，咔吧一声，山门大开，一眼望去，里边金光闪闪，一头金牛正拉着金碾子轧金豆子呢！他急忙冲进去，不料山门哗地向下一落，把葫芦砸个粉碎。从此，既不见金牛出来，也不见了那个南方人。

现如今，山的东面半腰间还有个洞呢，是不是那个山门，无从查证，从此人们便把这座山叫金牛山了。

作者：李桂闻

九龙泉

很久很久以前，在燕山脚下，沮水河畔，有一个美丽的小山村。这里山清水秀，景色宜人，人们勤劳质朴，日出而作，日落而息，过着安宁平静的生活。

然而，这种安宁平静的生活，却随着一位道士的到来，被彻底打破了。

这一天，一位游走四方的道士从小村经过。他看见村子东边的小山上，遍布圆形白石，远远看去，就像一排排龙鳞。经过一番风水考察之后，他神秘地告诉村里人，人们日日所见却熟视无睹的东白山，其实是一座宝山，山虽不高，却是龙藏之地，那满山的白色石头，其实就是龙鳞。龙藏之地，必有宝物，所谓“宝物九缸十八锅，不在前坡就后坡”，说的就是村东的山。他煽动人们赶紧去山前山后挖，一旦挖到宝物，那家家都是大财主了。

道士的一番话，让平静的小村迅速掀起波澜。人们放下手里的农活，开始在山前山后疯狂地挖掘起来。然而，许多天过去了，谁都没有挖到宝物，只在山前山后留下一个又一个难看的深坑。于是有人悄悄地去请道士指点，在道士的指点下，人们终于挖到了藏宝的地方，一共九处。然而，当他们开始从坑里取宝物时，却发现有泉水不断从藏宝物的地下冒出来。逐渐积满了水的坑中，人们根本没有办法取走宝物。为了取出宝物，人们只得想办法把水先淘干净，可一旦做起来，却发现这简直是痴心妄想，这边刚把水淘得见了底，那边又早已经满了。眼睁睁看着宝物拿不到手，有人又去请道士想办法。道士说，要想让他帮忙不难，但必须要把三分之二的财宝分给他。人们为了得到财宝，只好先答应了道士的请求。于是道士作起法来，燃起熊熊大火。大火九天九夜不灭，虽说财宝四周的水减少了，可是漫山遍野的庄稼和树木早被烤得干枯了。这可是全村人的命根子呀！醒悟过来的人们赶忙请求道士停止作法。然而，此时被财宝熏红了眼睛的道士，哪里还听得进人们的劝阻？眼看大火越烧越旺，庄稼和树木就要全部死掉了，于是人们一齐跪在地上祷告上苍，祈求天降大雨，灭掉这邪恶的大火。

玉皇大帝在天庭，早已得了土地爷的禀报。面对已经醒悟的人们，玉帝慈心大发，急忙命雷公电母击毙可恶的道士，又令九条神龙下界施水灭火，解救众生。这九条神龙栖身于藏有宝物的九眼神泉之下，行雨灭火。经过三天三夜的大雨，终于扑灭了大火，烧焦的土地复活了，干枯的林木又重生了，山野又披上了绿装，人们又过上了先前那样幸福宁静的好日子。

经历了这场变故，人们终于明白，真正的财宝，其实不是金银珠玉，而是那源源不断涌出的泉水，那才是他们子子孙孙取之不尽用之不竭的财宝。有了它，才有五谷丰登，才有绿树红花，也才有世世代代的幸福生活。为了纪念救助他们的神龙，人们在山上修起了龙王庙，把九眼神泉命名为九龙泉，从九龙泉里冒出的水晶莹如玉，人们给它起了个好听的名字——灵泉喷玉。随着美名的不断传扬，这里逐渐成为远近闻名的一道景观，后来还名列“迁安八景”之一，被写进《迁安县志》。再后来，人们把这些泉水汇集起来，修建了九龙泉水库，时至今日，这些甘甜的泉水还在哺育着这里勤劳的人们。

作者：张森

老虎嘴与卧龙池

位于迁安市区西南的岚山，风景秀丽，美景天成，自古就是风水宝地，“岚峰叠翠”曾名列“迁安内八景”之一，而其中尤以“五沟十八峪”为最，旧志载：“岚山距城三十里，翠色层叠，望之气沸沸如蒸，虽晴不减。山根有洞，南为秦王顶。”说起这秦王顶和附近的老虎嘴与卧龙池，其中还有一段有趣的传说故事。

相传当年李世民未做皇帝的时候，曾以秦王的身份征辽，于岚山驻兵。练兵闲暇，李世民登上南山主峰游览，但见四周群峰仰视，而南北坡山势平坦，绿草如茵，遂传令士兵在此放马。一天，李世民征战回来，但见山腰中有一龙一虎，正斗得不可开交。他站在远处观望良久，忽然心生恻隐之心，俗话说，两虎相争，必有一伤，这龙虎争斗，也是一样的道理。想这龙虎居住之地，一定是好风水，自己不能眼睁睁看着这龙虎有一方斗败，而坏了此地风水。于是命人唤来元帅秦琼和先锋官尉迟恭，吩咐道：“此地龙虎同居，风水绝佳，今龙虎相争，恐有一伤，你二人前去，将龙虎分开，以保此地风水永旺。”

话说二人领命前往，但见龙虎各恃所强，你来我往，闪转腾挪，毫不相让。二人见状，只得上前强行止斗。环顾四周，恰山下有一池碧水，对面一座山峰，于是两人商定，秦琼降龙到山下，尉迟恭伏虎至山顶。仗着二人都是天生神力，只见秦琼率先上前，一把扭住龙头，奋力将其拉下山坡，强按其卧于池中；而尉迟恭则抱住虎身，强行拉虎至对面山顶。老虎不服，面向山下卧龙的水池怒目而立，虎头狰狞，虎嘴大张，后化为一座山峰，被人称为老虎嘴。至今观其所在，仍是一副张嘴怒目之状。而秦琼强行拉龙止卧的那一池水，也被人称作卧龙池，至今仍碧波荡漾，久雨不溢，久旱不枯。

后来，李世民做了大唐朝的皇帝，南山顶因李世民曾经登临，人们便把它命名为秦王顶，载入《迁安县志》。当年李世民放马的山场，被称为青草峪。相传当年小白龙与太上老君打赌，小白龙不按玉帝旨意行雨，违犯天条，其罪当斩，求人间皇帝李世民，李世民虽答应相救，后却因疏忽而未能践行诺言。小白龙被斩后，夜夜托梦怨恨李世民，李世民不堪其扰，遂请秦琼、尉迟恭为其把守门户，日久天长，为减轻二人负担，就让人给他们画了像，贴在门上替代真人把守。后来，这两个人的画像流传到民间，被老百姓当作门神敬奉，驱鬼辟邪。这一美好的传说也因此流传至今。

如今，秦王顶、青草峪、老虎嘴、卧龙池这些富有传奇色彩的景点，已成为卧龙山庄旅游风景区的重要组成部分，而秦琼、尉迟恭力止龙虎相斗的故事也被徐春瑞先生撰为楹联，悬挂于景区南大门之上：“敬德挥鞭，巨龙背上秦王顶；叔宝执锏，老虎嘴下卧龙池。”

作者：张森

蟒山的传说

在迁安城东扣庄乡有大蟒山和小蟒山，蟒山村因此得名。关于蟒山的来历，有一个美丽的传奇故事。

相传，蟒山原为山下刘家的山，又称刘家山。刘家是这一带的望族，在明清两朝都有刘姓宗族在朝为官，但刘家处事低调，耕读并重。明朝时，刘家又出现了到东北经商的巨贾，其中最著名的为刘顺时，他不仅精通儒学，而且懂得经商有道，诚信待人，使刘家的田地财产日增。同时，在刘顺时的经历中也留下了与蟒蛇有关的传奇故事。

相传，刘家先人有一次在田中耕作时，发现一条受伤的黑花小蛇，便将小蛇带回家中，并请来郎中为小蛇疗伤，小蛇康复后便又被放回山中。转眼几年过去了，刘家生下贵子刘顺时。在刘顺时四岁那年，母亲带他去田中除草，把他放到田边，顺时乖乖地在地头玩耍。时间一久，母亲与他拉开了一段距离。当母亲清理干净田中的杂草时，忽然见两条野狗从山上飞奔而来，母亲一惊，唯恐野狗伤到孩子。当她提着锄头赶回田头时，惊呆了，小顺时安然地在中间玩耍，一条黑花巨蟒环在小顺时的外面，她一眼就认出是当年放走的小蛇。母亲惊喜异常，抚摸着大蟒的头说："龙儿回来了，谢谢龙儿帮我看护小顺时。"巨蟒极通人性地点点头吐吐芯，钻到草丛之中。此后，大蟒蛇经常在这一带出现，尽食田鼠野狐，成了农田的保护神，家家田地大丰收。于是，村民敬它为蛇仙。蟒蛇经常出现的刘家山便唤成了蟒山。

后来，刘顺时长大成人经商致富，便萌生了在蟒山顶上重修寺庙的想法。然而在山顶建庙谈何容易，工程尚未过半，资金便成了问题。刘顺时骑虎难下，想变卖家产良田，完成修建寺庙的善举，但却遭到家人的反对。大家都主张先停下，日后有余钱时再续建。这一天，刘顺时愁得到田野中闲转，忽然黑花大蟒出现在他的面前。大蟒一甩尾巴便将他盘到背上，驮着他穿过草丛和山岗，来到一处乱石凸起的山谷之中，乱石丛中有一小洞，刘顺时不解其意，大蟒蛇摇头吐芯，示意他入洞。于是，刘顺时找来几个胆大之人随他入洞探险，虽然洞口极小但洞内却越走越宽。当他们转过几个弯处后，在火把的光影中，发现洞中有二三十个麻袋，打开一看满是银元宝，元宝上刻印的日期竟然是辽代，至此已有数百年了。辽人如何将银元宝藏入洞中，蟒蛇又如何得知此处有宝呢？谁也弄不清楚。真是山中有宝必有仙，此宝当为善举用，刘顺时等人不由得向洞口跪拜，感谢蛇仙成全他建寺善举。当刘顺时等人将一袋袋银元宝拽出洞外时，大蟒蛇已不见踪影。有了这些银元宝，建起了寺院，起名隆兴寺。因为“隆”与“龙”同音，而蟒蛇又为“龙”，所以寺名隆兴是不忘蛇仙，因“龙”而兴。隆兴寺建得华美宏伟，高脊飞檐，磨砖对缝，朱柱艳红，雕梁闪碧。正殿有5间之大，殿内端坐如来佛祖，前殿为四大天王，但后殿却非观音倒坐，而是碧霄、云霄、琼霄3位女神仙。由于寺院宏伟又有蛇仙的传说，明清两代隆兴寺香火鼎盛，四周村民登山朝拜，祈求佛祖蛇仙保佑的人络绎不绝。相传寺内曾有僧人20余人，有香火田近百亩，但清朝之后大蟒蛇未再出现过。

抗日战争时期，寺庙已经破败，只有一名老僧在此，靠种一点儿庄稼和零星的香火费度日。相传寺内曾有八路军伤员在此隐蔽。一天，一个汉奸扮成香客来寺中进香，并留下香火费，汉奸还偷看到偏殿有养伤的八路军。当汉奸走出寺门时，意外发生了。一条黑花大蟒蛇突然蹿出，一口咬住他的腰部，顿时汉奸一声惨叫，随即开枪。老僧听到枪声从寺内出来，只见汉奸被蟒蛇死死咬住没了气息，蟒蛇也中弹而亡。老僧和看护伤员的村民连夜将大蟒掩埋，将汉奸扔进山沟，转移了伤员。后来，日军砍光松林，寺院也随之毁掉，但蟒蛇的故事连同蟒山的地名却留存了下来。

作者：闫克岐

黄龙庵

迁安境内有一座很陡的山，名叫黄龙山。山上有座庙，叫黄龙庵。关于这山和庵，还流传着一个故事呢。

据说很久以前，滦河的水是从迁安城东流过去的。当时城东有个村，叫张尹庄，是当朝阁老才宽的家乡，他家的坟地在河东岸，与他的家隔河相对，才阁老家人每年上坟，不光要横渡滦河，还得走一段沙滩，才阁老常为这事发愁，心想："我是当朝阁老，一人之下，万人之上，却偏受这河水的欺辱，怎能叫人心安?"

后来，才阁老终于想出办法，他写了一本奏章，奏明当朝皇帝，说出自家的苦楚，要求把滦河改道。皇上闻奏，正在犹豫不决的当儿，忽然皇姑见驾，说她东游归来，渡滦河，过迷谷村时，忽然迷了路，东转西转不得出来，直转到第二天，才取路回京。

两件事加在一起，使皇帝下定决心，于是下了一道圣旨，指责东海龙王。

圣旨传到龙宫，吓得龙王手忙脚乱，龙子龙孙、虾兵蟹将个个慌忙，集群臣共议此事。乌龟说："只有挖深河道是个好方法。"黄龙不同意他的意见，他说："滦河进了迁安县境，必须由城东走，这是因为上游被大山阻断的缘故，如果想改道，就只有在这个山上打主意才行。"龙王听了黄龙的话，觉得有理，就决定改道由城西流水，于是派黄龙与乌龟率领水兵去开山改河道。黄龙与乌龟先行查看地形，水兵大队随后赶到。

第二天天明开始动工。乌龟当众受到黄龙的驳斥，心中不满，就想报复一下黄龙。到半夜了，后面水兵还未到，他就偷偷起来学鸡叫。睡梦里惊醒了黄龙，起来一看，一轮明月照得遍地如银，只当是天亮了，可是水兵还一个未到，找乌龟也找不见，耽误了时辰又怕吃罪不起。这一急之下，只好尽自己平生力气向山峰陡壁猛撞过去，只听"轰"的一声震天响，山塌地陷，滚滚流水从二三丈宽的山岩缺口处排山倒海向城西流去。这一来不要紧，城西一带无数黎民百姓葬身鱼腹，万亩田地被淹。从此，年年到发水的时候，这一带不是冲毁田苗，就是淹没人畜。而高兴的是那才阁老，因为他去祖坟的时候再也不用涉水登舟了。

话说黄龙这奋力一撞，因用力过大过猛，力尽而死。而乌龟看到黄龙死了，自己报了仇，高兴得狂笑不止，一口气没上来，也气绝而亡。滦河改道城西以后，当地的豪绅给这个缺口起了个名字，叫作"龟口"，给这座山起名"黄龙山"。并在东边陡壁山盖了一座庙，叫"黄龙庵"，庵里立了一座石碑，上面写了“累死黄龙笑死龟”七个大字，表示对乌龟和黄龙为改变河道立下功劳的纪念。至于老百姓因此遭受的水灾，就无人过问了。

按理说，这个掌朝阁老应该享乐无边了吧？事实并非如此。因为阁老姓才，才与菜同音，菜是不能缺了水的，过去才家祖坟离水很近，阁老的家道就兴旺，自从河水改了道，离河就远了。才阁老的家业也就因此一天不如一天，不到几年光景，就家道败落。而才阁老本人，也因犯事被贬为庶民，最后落了个冻饿而死。

从此，当地流传起了这样一首民谣：

不应当，不应当，
龙王改河道，实在太荒唐。
阁老哈哈笑，百姓遭了殃。
莫欢笑，不久长，
改道风水尽，阁老也遭殃。
倾家又荡产，冻饿一命亡。

作者：白凤山

老马识途在迷谷

老马识途，是一句广为流传的成语，但是老马识途故事的由来和发生地，许多人却并不十分清楚。其实故事的发生地，就在今迁安与滦州市的交界处。

据《东周列国志》记载，春秋战国时期，中原各国逐渐承认了齐国的盟主地位，但居住在边远地区的一些少数民族部落却不理这一套。有一天，齐桓公正与大臣管仲议事，有人来报告说，北方的一个叫作山戎的少数民族又开始侵犯燕国了，他们劫夺燕国的粮食、牲畜和财物，燕国已经派人来向盟主求救了。齐桓公听罢，就征求管仲的意见。管仲说："山戎经常骚扰中原，是中原安定的忧患，一定要征服他们。"齐桓公听了管仲的话，亲率大军援救燕国。

齐国大军到了燕国，才知山戎早就带着抢到的人口和财物跑了。管仲说："山戎虽然跑了，但以后还会来骚扰。我们不如一追到底，彻底打垮他们，实现北方的长治久安。"齐桓公听了管仲的意见，就向北追击山戎。这时，燕国的君主燕庄公对齐桓公说："附近有个无终国（今河北省玉田县），与我们素有往来，他们也和山戎有仇，可否请他们给我们带路，一同攻打山戎？"齐桓公听他说得有理，立刻派人带着礼物去无终国求助，于是，无终国也派了一支军队前来参战。

山戎的首领名叫密卢，他听说齐、燕、无终三国联合讨伐自己，知道打不过，就带着一些亲信和金银财宝向北方逃跑了。来不及跑的山戎百姓和士兵都投降了。齐桓公问他们的首领跑哪儿去了？他们告诉齐桓公，密卢到孤竹国借兵去了。齐桓公决定跟踪追击，彻底消除北方动乱的隐患。

密卢逃到孤竹国，去向孤竹国君答里呵求援。答里呵派大将黄花率兵跟密卢前去迎战齐军，被齐军打得大败。一位大臣献计说："北方有个地方叫旱海，又称迷谷，茫茫沙漠无边，路途难辨。如果能把齐军引入迷谷，不用一兵一卒，就能使齐军人马全军覆没。"

黄花听了他的话，就动了心眼。他杀了密卢，割下首级，献给齐军，并称答里呵已经率军逃跑，自己愿归顺齐侯，为齐军引路，追击答里呵。齐桓公见黄花献上密卢首级，便信以为真，率领大队人马跟着黄花向北追击。黄花在前面带路，齐桓公人马随后紧跟，进了沙漠，没想到才拐了几个弯就找不到路了。茫茫无垠的黄沙，好似静静的大海，既分不清东西南北，也辨不出前后左右。齐桓公想找黄花来问一问究竟是怎么回事，但哪里还有他的影子？这才知道中了黄花的奸计。

这时太阳已经下山，夜幕笼罩着大地，四周漆黑一片，西北风一个劲地刮，冻得士兵直发抖。好不容易等到天亮，发现人马已零散不全。齐桓公命令赶快寻找出去的道路，但大队人马转来转去，怎么也走不出这个迷谷。这时，管仲猛然想起一个办法，听人说，老马大多认识归途，便对齐桓公说："老马识途，无终国的马很多是从山戎弄来的，不如挑选几匹无终国的老马，让它们在前边走，兴许可以找到出去的路。"齐桓公虽然将信将疑，但一时又没有别的办法，就同意试一试。于是管仲挑了几匹老马，让它们在前边走，大队人马跟在后头。几匹老马不慌不忙地走着，果然走出了迷谷，回到了原来的路上。从此，"老马识途"成为一句广为流传的成语。

沧海桑田，2000 多年过去了，当年的茫茫旱海，如今早已变成村庄和良田，只有那个叫作迷谷的小村庄，还在用自己的名字记录着那段传奇的历史。

作者：刘熙民

蚁穴知泉在龙山

在迁安市主城区之南，有一座巍峨的龙山，那是一座历史悠久的山。在这座山里，有一眼神奇的井，名叫龙泉井。在龙泉井南不远处的石壁上，雕刻着一尊石像，石像面容庄重安详，左臂弯曲，右臂直伸下指，好像在对面前的人说着什么，虽历经风雨，仍依稀可辨。这尊雕像就是著名的春秋五霸之首——齐桓公，是人们为了纪念齐桓公在龙泉山发现蚁知泉而雕凿的。

据《东周列国志》记载，在春秋末期，山戎令支国不断侵扰燕国，燕国于是向齐国求救。燕国是齐国的盟国，于是齐桓公亲自领兵，讨伐山戎令支国。令支国就是现在的迁安、卢龙、滦州市一带，而这次战争的主战场就是伏龙山，也就是现在迁安境内的龙山。

齐桓公率领大军与燕国军队会合之后，自西而入，东进 30 里，攻占了伏龙山，然后在山上安营扎寨。令支军队几次来攻，全部受挫，折损人马无数。于是令支军大将速买献计道："齐国要进兵，必由黄台山谷口而入。我军将木石擂断，外面多掘坑堑，以重兵把守，那么齐国即使有百万军队，也攻打不进来。而伏龙山方圆 20 余里没有水泉，只能依靠濡水。如果将濡水截断，齐军没有水喝，必定大乱，我们乘胜追击，必定大胜。"令支统帅密卢闻听大喜，依计而行，将濡水截断。

令支军切断濡水的消息，三天后被齐军探知。齐桓公大惊，赶忙命令军士凿山掘水，并声明先得水者有重赏。然而，军士把山都快挖遍了，也没有得到一滴水。这时，齐军中有一个叫公孙隰朋的人觐见齐桓公，他说："我听说蚂蚁居住的地方往往有水，应当在有蚂蚁居住的地方挖掘，这样才有希望挖到水源。"于是，齐桓公下令军士在山上各处寻找蚂蚁窝。当时正值冬天，军士遍山乱掘，也没找到一个蚂蚁窝。这时，公孙隰朋又站出来说话了，他说："根据我的经验，蚂蚁冬天要找暖和的地方居住，所以冬天蚂蚁在山的阳坡做窝；而夏天它们喜欢阴凉，所以就会到山的北坡去做窝。现在正是冬天，一定居住在山南面的阳坡，所以你们不用四处乱挖，只选阳坡挖就行了。"士兵听了，恍然大悟，连忙按照公孙隰朋的这个说法有针对性地去挖掘，果然在南面阳坡山腰上挖到了泉水。泉水清澈甘甜，齐军有了水源，欢呼雀跃，军心大振。齐桓公更是高兴，称赞公孙隰朋简直就是圣人了。于是犒赏有功之士，亲自命名泉水为蚁知泉，并将伏龙山更名为龙泉山。旧《迁安县志》记载："龙泉山距城十五里，山腰有泉，甚清冽，世人谓齐桓公伐山戎所凿蚁知泉。"

为饮水思源，使甘泉永存，后人砌石为井，接纳山泉，命名为龙泉井。因为有山泉水源，井水寒冬不枯，盛夏不溢，甘洌异常，当地人称之为圣水。此井至今尚存。在龙泉井北不远处，后人为纪念齐桓公曾建有一座庙宇，名为龙泉寺，一度香火鼎盛，常年吸引周边群众前来膜拜。民国初年，龙泉寺为直奉战火所毁，令人惋惜。

作者：刘熙民

将军坟

在长城冷口关有一个温泉村，沿羊肠小道上山，能看到一个奇怪的现象：长城在一座山头上分叉，一段西行，一段北去。北去的长城绕了一个半圆后与西去的长城会合，看上去就像一张弓。当地人称北去的长城为“错城”。在“错城”中间的一个山头上，有一个乱石堆起的坟墓，当地人称之为“将军坟”，据说里面埋葬的就是因修错长城而被杀的将军。

相传明朝洪武年间，朝廷派大元帅徐达重修长城，徐达手下一位将军被派到冷口负责修建长城。刚开始，这位将军恪尽职守，日夜操劳，和修长城的民工和士兵同甘共苦。当长城修建到冷口时，将军发现附近有温泉。冷口温泉地处肖营子镇温泉村（原汤杖子村），冷口位于迁安城北 25 千米处，由于秦朝以来历代修筑长城的缘故，这里成了重要的关隘，称为冷口关。关隘处的两山之间，有南北走向的峡谷，沙河从峡谷中滔滔流过。冬天朔风刺骨，寒气袭人，盛夏到此，凉风习习，暑热全消，冷口由此得名。由冷口关北行，有天然地热温泉一处，40 摄氏度的热水泉从地下涌出，给冷口增添了无限的温馨暖意。冷口与温泉的奇妙组合，成了清代迁安口外八景之一。古人有诗赞道：“白云堆里碧泉开，一脉融融绕战台。不是榆关寒气重，哪知春意此中回。”现代科学检测证明，冷口温泉因内含钙、镁等元素和硫酸根、碳酸氢根等离子，不仅是洗浴的天然热水浴池，而且还能祛病健身，对皮肤病、腰腿痛等多种慢性疾病有特殊疗效，是不加任何药剂的“药疗浴盆”。

发现有这么好的温泉，于是这位将军就隔三岔五去泡温泉，从此日日笙歌，夜夜燕舞，把修建长城的事忘在脑后。见将军每日花天酒地，民工和士兵们很是愤怒，开始消极怠工，工程速度慢了下来，但这位将军却依然如故。当长城修到“错城”处时，部将见施工图纸上设计的路线不清楚，前去请示往西修建还是往北修建，却遭到将军的一顿呵斥。部将回去后按自己的理解沿着山头向北修筑。一个月后，朝廷派人前来检查，发现这里的长城修错了，而且工程进展缓慢。弄清这位将军的所作所为后，朝廷便下令将其就地斩首。民工和士兵们吃尽千辛万苦，却白费了工夫，个个义愤填膺，他们就把将军的尸体用乱石埋在了“错城”上。如今，面对着乱石堆起的将军坟，似乎仍能感受到当时民工和士兵们的愤怒与怨恨。

关于这段“错城”还另有说法。说这位将军有勇有谋，颇有军事才能，他见冷口西侧教场沟至大龙庙这段山体低矮，容易被骑兵攻破，而冷口关又地势重要，于是他在冷口东西两侧各修了一段城墙，世称“瓮城”。就是把一路向西的长城，至此分成南北两支，北线修筑成弧形，长度相当于南线两倍至三倍，然后会合南北两线城墙组成套子的形状，俗称套城。套城既可迷惑敌人，设置埋伏，也可组成防守阵地，南北纵深防御，是古代冷兵器时代重要的防御体系。“套城”的修筑体现了我国古代军事家的智慧和谋略。

其实，民间误把“套城”当成“错城”，只是反映了社会底层对上层将领奢侈生活的憎恶，和对修筑长城耗费人力的怨恨罢了，与孟姜女的传说如出一辙。

作者：朱义昌、魏江荣

铜帮铁底饮马河

在老迁安县城的东北，原有一条环城而流、水清似镜的小河，因距县城三里而得名三里河。别看河不大，历史可不短。追溯三里河的源头，最远可到迁安镇潘营村北的庙山。庙山东侧是连绵起伏的白色沙坡，沙坡的底部形成了数条水沟，较有名的有泉水沟、柳树沟和火气沟。泉水沟源于杨团堡村和洗甲河村之间的山沟里，沟口有以此沟命名的泉水沟村。泉水沟村现在属于迁安镇白沙坡村的自然村。在泉水沟村南，柳树沟、火气沟与泉水沟三条溪流汇合南下，到杨团堡村西水势变大，形成了众多低洼的水塘，因地势低洼，经常内涝，周边村庄的村民们用舀水的水瓢淘干洼地里的水，然后耕种作物，因此村名都称为团瓢，著名的魏家团瓢、陈家团瓢、李家团瓢和杨家团瓢，合称“四大团瓢”。

河水经过四大团瓢，就来到了唐王征东安营扎寨的村庄——小寨和新寨村。当年唐王征东先在现在的小寨村位置扎寨，起初规模不大，故称小寨；后来军队增多，在小寨村南岳孤山脚下又扎一寨，人称新立寨，简称新寨。河水从小寨段正式称为三里河。因为三里河流经岳孤山前，所以又有个古雅的名字，叫岳孤水。别看三里河不长，它还有一条支流，就是发源于扣庄乡十里营村的十里河。十里河在迁安城东南 10 里处从卢沟堡村南注入三里河，三里河又南行 3 里许注入滦河。据旧县志记载，三里河“暑天愈凉，严冬不冰”。不仅如此，三里河还干旱时不浅，阴雨季节不涨，虽然夏季经常遭到暴雨、洪水的冲刷，却从未发生坍塌改道的现象。其中缘故，在当地流传着一个美丽的传说。

传说当年唐王李世民征东，率领秦琼、尉迟恭和罗成等众将从长安起兵。大军一路来到迁安地界，当时人困马乏，马渴得已无力行走，只好扎下营寨，即现在的小寨和新寨，寻找水源，派兵四处打探，均无池沼水源。一筹莫展之际，唐王环顾四周，见此地北邻山坡，四周沟坎围绕，中间地势低洼，几块卵石卧在地下，似有河流故道。因口渴难耐，情急之中，立马抬枪，向地猛刺，瞬间泉水喷涌，水花四溅。众将一看大喜过望，也纷纷挖地，顷刻泉涌成河，马喝到清冽甘甜的河水后，精神倍增。唐王见状，十分高兴，高声说道：“我要此河铜帮铁底，长供我将士饮马。”因三里河受了钦封，故又名“铜帮铁底饮马河”。

早年三里河畔垂柳成荫，水中芦苇丛生、鱼蟹成群，水面鸭鹅结队，景色迷人。后曾一度被两岸的工业废水污染，成为一条废弃的河流，严重影响两岸百姓的生活。2007 年，迁安市委、市政府重修三里河，把三里河建成一条集观光、游览于一体的生态走廊，横穿市区而过，三里河又成为迁安市区的一道亮丽景观。

作者：魏江荣

青龙河的传说

在燕山南麓、长城脚下，流淌着一条美丽的河流——青龙河。青龙河九曲回肠，蜿蜒南流，它发源于内蒙古的多伦，流经青龙、迁安和卢龙境内，注入滦河。青龙河水清澈甘甜，哺育着两岸勤劳勇敢的各族人民，关于它的由来，流传着一个美丽的动人传说。

很早以前，青龙河是一条旱河，只有雨季，才有水流。河的源头有一个村庄，村里有一户财主和一户穷人。穷人家有两口人，母亲守寡，儿子叫庆隆。庆隆的父亲在世的时候，欠下了财主利滚利的阎王债，因为还不起债，母亲只好叫庆隆给财主打工抵债。

老财主家养了一匹马，每天让庆隆给马割草。庆隆人勤快，一边给财主割草喂马，一边侍弄自家两亩贫瘠的土地。母子俩就这么相依为命。

这一年大旱，大地旱得直冒烟，庄稼旱得一擦火镰都能点着似的，草木干枯了，哪里还有青草呢。老财主蛇蝎心肠，庆隆割不来草就挨打挨骂，还要扣工钱。

有一天，庆隆愁眉苦脸，背着草筐，拿着镰刀，满山转悠。忽然，他发现一座山崖下有一片草长得嫩绿嫩绿的。他急忙来到跟前，放下草筐，挥镰把这一片草割下来，正好装满一筐，高高兴兴地把草背回老财主家。第二天，他又来到这里，奇怪地发现昨天割过草的地方，又长出了一茬又绿又嫩的新草。他心里想：真是老天有眼。他急忙把这片草割下来，正好装满一草筐。一连几天，他都是在这里割草。时间一长，引起了老财主的怀疑。老财主心里纳闷：天这么旱，草都枯死了，他是从哪里割来的又鲜又嫩的青草呢？

有一天，老财主悄悄地在庆隆后边跟着，看他是从哪里割来的草。老财主发现庆隆是从一座山崖下面割来的，等庆隆背起草筐走后，发现这里又长出一茬嫩绿的青草。老财主心里嘀咕：天这么旱，漫山遍野没有一片绿的地方，这里的草却绿油油的……老财主眉头一皱，鬼点子冒出来了，自言自语道：“我把这片草连根挖起来，看你还上哪儿去割！”想到这里，老财主回家取来镢头，挖这片草根。挖了一会儿，他发现草根下面有一个小石盆，很粗糙，于是抡起镢头就砸。小石盆被砸得直冒火星，一骨碌滚下山崖去了……老财主这才得意地回家了。

第二天，老财主催促庆隆给马割草，说：“今天割不来草，扣你半年工钱。”

庆隆背起草筐，直奔这座山崖下，到了地方一看，傻眼了，草根都被挖出来晒干了。庆隆抹着泪，背着空筐一步一挨地往山下走。他走到山下，发现了一个小石盆。庆隆家没钱购置什么家当，他心想：把小石盆拿回家去，做看门小狗的食盆吧。

庆隆家里养了一只狗，饿得骨瘦如柴。庆隆把小石盆放在门口，把刷锅洗碗剩下的泔水倒到石盆里。虽然只是泔水，可那小狗每天都吃得饱饱的。食盆里边放的食物不多，却不用再添，总是满满的。庆隆联想起在山崖下那片割不完的青草，突然明白：小石盆一定是一件宝贝。娘儿俩把小石盆刷洗干净，搬到屋里，放上一些米一试，嗬！真灵！果然是件宝贝。不管从石盆里舀出多少米，石盆里总是满的。娘儿俩高兴极了，把米拿到集市上卖了，把换回的碎银子放到小石盆里。结果，石盆里的银子越花越多。原来这是“聚宝盆”啊！娘儿俩有了钱，还清了老财主的阎王债，小日子红火起来。

墙有耳，门透风。庆隆家有聚宝盆的消息不胫而走，传到老财主耳朵里。老财主上门来讨聚宝盆，娘儿俩说什么也不给。老财主眉头一皱，有了主意，心想：我得不到聚宝盆，你们也别想得。他把这件事告诉了驻扎在附近的一伙匪兵，匪首巴不得马上得到聚宝盆，立刻带领匪兵和老财主上门来夺。众匪兵如狼似虎，把庆隆家包围得水泄不通。母子抱头痛哭，母亲对庆隆说：“儿啊，宁为玉碎，不为瓦全，咱娘儿俩豁出命也不能让聚宝盆落到他们手里，你把聚宝盆摔碎了吧！”庆隆举起聚宝盆往墙上摔，可是怎么也摔不碎。这时，匪兵在外面吼叫：“不把聚宝盆交出来，我们就放火烧你们的房子……”在这千钧一发之际，庆隆把心一横，抱着聚宝盆跳入院内的水井中。

说来也巧，庆隆家院中这眼水井，深不见底，还藏着一条小青龙，这条小青龙是遭了天谴，被囚禁在井里的，而这一天，小青龙终于有了出头之日。这时，匪兵纷纷跳井，去夺聚宝盆。说时迟，那时快，井水突然上涌，一条水柱从井口喷出，小青龙借着水势而出，顿时波浪滔天，洪水滚滚，老财主、匪首和一群匪兵全淹死在水里了。

井水奔腾咆哮，一泻千里，沿着燕山山麓，冲破长城垛口，流向大地，注入滦河。

后来，人们把这条河取名为青龙河。

作者：张国中

义雁痴情双雁坨

何为坨？石上有土为坨。唐山大地以坨为地名的有 229 处，多在南部地区，凸显唐山地貌。今滦州市新城南约 10 千米左右，有一个地名，称双雁坨。之前曾为沙坨，至明朝宪宗成化十二年（1476 年），改称双雁坨。为什么改称双雁坨呢？这年秋天，在这里发生了一对大雁生死不离的动人故事。

明朝时，这里是水草丰茂的地方。滦河水从这里流过，岸边的细沙像一条金带，随碧水延伸，山岗上满是柳、杨、桑、槐，是大雁南来北往的栖息地。每年春秋两季，成群的大雁在这里停留降落，或在河边觅食，或在林间飞舞，时而从树梢掠过，时而在一片碧绿的草丛中嬉戏。四周的村民对大雁极为友好，老人和孩子们经常撒食喂鸟，大雁也常常落到村民的身边，展翅长鸣。就这样，年复一年，大雁南来北往，为村民报道季节的更替，为村民带来无穷的欢乐。

这一年的秋天，又到了北雁南飞的季节，却来了两个捕鸟的人，悄悄地在树林中张开了罗网。一天，天空飞来一群大雁，它们都是一对对亲密对鸣着飞来飞去。大雁是爱情忠贞的飞鸟群，总是比翼双飞，生死与共，雄雌之间，若失去一只，另一只将孤守至死。此刻，在空中一对对自由飞翔的大雁，并不知前面已设下了罗网，依然时而高飞，时而俯冲，享受着飞翔的快乐。刹那间，灾难发生了，一只雄雁钻入网中，将雁颈紧紧锁住。顷刻，打乱了雁群的飞翔，大雁纷纷惊恐逃离。被网住的雄雁不停地挣扎着，呼号着。突然一只惊慌飞走的雌雁飞回到网前，与雄雁对鸣，其声甚哀，不知是哀其不幸还是在做最后的诀别。双雁相互对鸣，落下了雁泪。雄雁不停地拼命地挣脱着，雁颈勒出的鲜血染红了罗网，滴落到草地上。雌雁时而飞起盘旋，时而在网前悲鸣。天黑下来，雌雁伏在旁边的树枝上，呆呆地望着已无力挣扎的雄雁。天亮后，雌雁飞落到罗网上，拼命地用双爪撕裂着罗网，用嘴撕咬着网线，显然雌雁在做最后的努力。雌雁双爪抓出了血，嘴角流出了紫血，也越来越无力了。生命垂危的雄雁向雌雁发出三声哀鸣。相传大雁连续不断的数声长鸣是呼唤伴侣，只发出三声哀鸣是向伴侣诀别。突然，雌雁猛地飞向空中，又箭似的向雄雁冲来，雌雁也冲入网孔之中，和雄雁的头颈紧紧地绕在一起，雄雁雌雁交颈而死。而这悲伤的一幕，让来地里耕田的村民们看到了，惊呆了。当村民赶到罗网跟前时，生死不离的双雁已交颈死在罗网上。喜爱大雁的村民们愤怒了，他们撕毁了一张张罗网，赶跑了前来收网捕雁的人。村民将这对忠贞赴难、生死不离的义雁埋在这小山岗上，并将沙坨改为双雁坨。滦州诗人伦浃听到这个故事后，留诗一首：“飞雁有匹偶，饮啄滦水河。

但知稻粱谋，不解离网罗。相呼不肯释，纠颈死沙坨。”《滦县志》也有记：“成化十二年，有义雁双双纠颈而死……”

笔者曾查阅《县史方志》，有记载的，在这片土地上，与我们形影不离的飞鸟有69类之多，如今还有多少飞鸟与我们形影不离和谐相处呢？

什么时候再现那平沙落雁的美景，什么时候再现那“明月别枝惊鹊，清风半夜鸣蝉”的夜晚呢？

作者：闫克岐

中国第一条运煤河兴衰史

清光绪四年（1878 年），曾在英国留学多年，具有丰富科学知识，又英明果断，能克服困难的有识之士唐景声，字廷枢，在清末洋务运动中集资创办了开平矿务局（今开滦煤矿），聘请英国人金达为总工程师，开始进行采掘。在采煤取得进展的同时，运输不便的问题也随即出现。因而进行了地势测量，计划修建唐山至塘沽之间的铁路。当时，腐败保守的清政府不允许修建铁路。为解决运煤之急，于 1879 年 6 月开挖运煤河道（今称煤河）。运煤河原计划从唐山直接挖至今汉沽管理区闫庄，然后汇入蓟运河，经北塘入渤海达塘沽，但挖至胥各庄因遇流沙不能施工，遂停止，所以此地称为河头。煤河长约 35 千米，宽 15.15 米。为了调解水位差，便于船只航行，英国人在运煤河的西端闫庄（即汉沽管理区闫庄村）南面入蓟运河处，修建船闸，“闸口”因此而得名。因蓟运河通渤海，为潮汐河，涨潮时提起水闸，提高煤河水位，落潮时关闸，保持煤河最高水位。并设立管理机构，出入煤河的船只，均须在闸口登记，予以登记证，交纳闸口捐。在闸口旁修建数间欧式红砖房（老百姓称红房子），周围遍栽花木，同时在附近建了储煤场。为了便于南北交通，还在煤河上建了闫庄铁桥。以上工程的竣工、生产，一下子使这片原来空旷沉寂的土地上，忽然热闹起来。不管白天黑夜，运煤河上的船只往来如梭，纤夫的号子声此起彼伏，船工撑船、掌舵忙个不停。闸口作为开滦煤矿的一个转运站，由此把煤运往塘沽，再装船运往全国各地及国外。由于它的地理位置和任务的重要性，加之建筑物是欧式的，又由英国人常驻管理，因此煤河闸口在当地甚至在国内外都小有名气。

在当时利用煤河运输弊端有二：一是煤河受季节的限制，每年有三个月的冰冻期，船只不能行驶；二是沿途土质松软，易淤积，到时要清淤。1881 年以后，唐山、胥各庄之间修筑起马车铁路。马车铁路不用机器牵引，而是用骡马在铁路上拉车。后来这条铁路同煤河并行，延长至闫庄，开滦矿务局储煤厂定名唐芦铁路。煤的运输又增加一条通道，这样就减轻了煤河的运输压力，有利于克服以上两项弊端。

1886 年，唐山至塘沽铁路开始动工修建，线路有所变更，从河头经唐坊、田庄、芦台、汉沽、茶淀、北塘至塘沽，将原唐芦铁路的闫庄终点站，改在芦台（今天津市宁河区政府所在地）东 1.5 千米处，即现在的芦台站，自此煤河完成了它的单独运煤使命。

到了民国时期，来往的货船和渔船每天仍有百余只，每船的载重量最大为

100吨，最小为30吨。由天津、宝坻、玉田、芦台、胜芳、通州、北塘等地运来当地土特产品、日杂百货，再把当地的土特产品大白菜、土豆、洋葱、猪鬃、缸石等运往外地。1950年，闸口航运站曾在胥各庄设“河头航运小组”，专门负责办理煤河运输业务。

新中国成立后，随着铁路、公路建设的发展，交通工具的增多，逐渐取代了煤河航运，煤河只作为承泄丰南唐坊地区洼地沥水的任务。1959年津唐运河开挖以后，特别是1965年煤河汉沽农场段被填平占用，丰南从二庄车站处向北开挖了一条河道，把煤河水汇入津唐运河。煤河被断断续续堵塞，真正保留煤河原貌的只有10.76千米了（河头至二庄车站）。煤河下游的闸口铁桥因滨玉线改道被拆毁，两孔船闸用毛石垒断，不再与蓟运河相通。英国人建的红房子，新中国成立后成了宁河县养老院，管理和入住的多为残障军人及其家属。1976年7月28日，唐山、丰南一带大地震，红房子被夷为平地。

今天，站在蓟运河岸边的闸口遗址上，还能清晰地看到闸口旧貌：巨大的条石船闸护墙，起降船闸和导引船只进出闸口的数个大铁环，东面煤河的残余河段，西面宽阔的蓟运河……当年完整的煤河、闸口在冀东大地上消失了，但它却见证了世界闻名的开滦煤矿从采掘到运输的艰难历程，彰显了清末洋务运动中众多有识之士实业兴国的改革创业精神，从这层意义上讲，煤河、闸口又是永存的。

作者：陈忠时

沧海桑田七里海

七里海是自全新世晚期以来的海退过程在天津平原残留下来的众多潟湖之一，后演化为淡水沼泽，属沼泽湿地。

七里海名字的由来，有段传奇故事。很早很早以前，七里海还是渤海的一部分，到海水逐渐退却，形成毗邻渤海的一个湖泊。湖里有个巨大的水怪，嘴大如洞，每到夜里，便发出惊雷般的怪吼。发脾气时，阴风呼啸，浊浪排空，污水横流，害得周围百姓不得安宁。为降伏水怪，人们不知斗争了多少次，斗一次，失败一次，虽然怒火填膺，却也一筹莫展。

一晚，人们围坐村头，商讨对策。一位须发皆白的老人从此路过，朗朗说道："降水怪，只等闲，一条大河向东南。笛声响，神灵现，九天流霞落玉潭。"人们不解其意，再要细问时，老人已不见踪影，地上有一支玉笛。人们恍然大悟，这是仙人在指点迷津啊！

于是，男女老少挥掀上阵，挖河不止，日夜不停，一条大河终于挖成。

湖水越来越浅，水怪暴跳如雷，顿时黑云弥漫，腥风阵阵，洪水咆哮，淹没了农田，吞没了家园。人们想起了老人的话，拿出玉笛吹了起来。突然，天空出现一道裂缝，一头金光闪闪的麒麟钻了出来，直奔水怪。水怪张开血盆大口迎战，直杀得天昏地暗。最后，麒麟瞅准机会，一口将水怪咬死。征战中，麒麟不时地停下来觅食饮水。被麒麟吃过的草越长越旺，被麒麟喝过的水由咸变甜。自此，这方风水宝地水草丰盛，鱼蟹成群，鸟语花香，一派男耕女织，五业兴旺的景象。

人们本来就视麒麟为神灵，又受此隆恩，便将千顷烟波称之为麒麟海，后来渐渐地就叫成了七里海。

清光绪六年（1880 年）《宁河县志》载，七里海，"水本无源，地势洼下，行潦归焉。当夏秋雨多水汇，沧波浩渺，七里海极目无涯，汪洋如海，故以海名。"古来青龙湾河由西北向东南穿越三海，即后七里海、前七里海、曲里海。现在后七里海和曲里海已不复存在。七里海湿地及其附近的近地表和地表以上至今还保留着近岸地带形成的牡蛎滩，因此，七里海湿地作为研究渤海湾西岸古海岸带变迁的遗迹而闻名于世。这对于追索天津及中国东南沿海的海陆变迁，研究古地理、古气候、海洋生态、海平面变化及新构造运动具有重要的意义和科学价值。

后七里海位于芦台经济开发区东南部，这里有千年牡蛎滩，这里有鲲鲸骸骨，这里有麋鹿化石，这里有新石器石斧，这里还有秦砖汉瓦……古牡蛎滩：岭头村南，有大量古牡蛎堆积，呈带状分布，称之为古牡蛎滩，形成于距今7700~2500年。壳体一般长40毫米左右，最长的70毫米，一般宽15~20毫米，厚10~15毫米。埋藏地下2~3米处。牡蛎层厚达5米，两侧向域外延伸，形成数千米长、六七百米宽的古牡蛎滩，其规模之壮观，排序之清晰，国内绝无仅有，世界亦属罕见。它真实地记录了一万年以来古海岸的演变历程，对于追索滨海平原的成陆史，包括古气候、古生物、古环境等自然信息，具有极重要的科学价值。

紧邻大海北村西面有一处古城池遗址，东西长约600米，南北宽约500米，并有城顶城子、城耳朵等古城遗址。城池出土刻有“千秋万岁”的瓦当，字体为隶书，还有王莽时期五铢钱佐证，古城池应为两汉时期所修建。据考证，此前该地域还曾建有战国时期的古城池。据现场查看，当年的古城池为砖瓦结构，建材质地优良，历经2000多年的风化，依然有成型的砖瓦，应为当年戍边建造的军营。这也佐证了秦汉时期大量征发军民戍边的史实。

古诗描绘亦是“芦荻萧萧明月夜”“渔村环水聚，蟹舍绕寒流”的“江南水乡”景象，明代移民来此岸边落户，以捕鱼捉蟹为生，兼以筑灶熬盐、编织芦苇。至20世纪五六十年代，根治海河，潦水退去，挖沟修渠，开垦为农田。千顷良田，平坦如砥，四季如画，变幻多姿，美不胜收。其景致为春天铁牛遍地跑，家家忙种田；夏天稻花香里说丰年，听取蛙声一片；秋天遍地金浪翻，农夫收获下夕烟；冬季银装素裹，狐兔傍地走，留下脚印一串串。

作者：江振玺

匠心览景

七道桥火车站站名的由来

位于路南的唐山南站以西12千米处，有个四等小站——七道桥站。说起“七道桥”一名的由来，却与开滦煤矿有关，至今已有130多年的历史了。

清光绪六年（1880年），开平煤矿（开滦煤矿的前身）产煤在即。总办唐廷枢在《光绪六年九月七日禀李鸿章》折中写道：“窃职道自办开平矿局，三年以来，工程太巨，经费浩繁……所幸明年正月即可见煤……但有陆路百里之遥，若加车运，成本必重。此时不得不预筹运道，以备明春出煤之路。是挑河之所以不容缓者也。”于是，直隶总督李鸿章批准开平煤矿出资开挖唐山至芦台长80余华里的运河，取名“煤河”，以外运原煤。后因唐山至胥各庄一段地势较陡，不宜修挖河道，便于1881年改筑了矿区至胥各庄的铁路，后称唐胥铁路。从此，开平煤炭自唐山用火车运至胥各庄后，再倒装船只沿煤河水运，远销天津及国内外各地。

当初，煤河之上计划每隔约10华里建一木桥，总共10座桥，以便车马行人通行。据1884年刊印的《津门杂记》（晚清学者张焘编著）载：“开平煤河，起建十桥，均由督（总）办唐景星（即唐廷枢）观察酌定……禀由李傅相（即李鸿章）赐以嘉名……第一桥名‘利涉’，在芦台至宁河大道；二曰‘通津’，在裴庄子；三曰‘济众’，在大田庄；四曰‘拱辰’，在赵鸡翎庄；五曰‘咏唐’，在唐坊子；六曰‘履泰’，在泰来号；七曰‘望丰’，在侉子庄；八曰‘汇通’，在胥各庄；九曰‘阜民’，在王家河；十曰‘庆成’，在唐山煤井南。”以上桥名，可谓文字雅致、意境不俗，一时受到当地官绅名士的热捧。可是，煤河沿岸的老百姓却觉得称呼起来不习惯，而是从西向东依次称八座桥为“一道桥、二道桥……七道桥、八道桥”。而原计划中的第九桥“阜民桥”和第十桥“庆成桥”成了铁路桥，后来分别称作“王家河铁路桥”与“双桥里西桥”了。

新中国成立后，煤河渐渐失去水运航道的功能，改建成了水利灌溉干渠。当年的木桥也早已不见原貌，有的扩建成钢筋混凝土桥，有的改为兼做水闸的石桥。然而原来的桥名却一直延续了下来。

1977年，铁道部第三设计院为配合唐山震后复建，在《京山铁路压煤改线工程设计》中，将铁路改线的西端接轨点选在了胥各庄站与唐坊站之间，并设立一个车站。新站要起个贴切恰当的站名，当工程设计人员翻阅地图时，发现此处周围坐落着侉子庄、么家泊、铁匠庄等多个村庄，可是它们距这里都比较远，一时难以确定站名。此刻，唐山工务段陪同勘测的同志提醒道：接轨点距煤河上早先的七道桥最近，当地人至今仍称这一带的农田为七道桥。设计人员闻之欣喜，经过核实《全国铁路站名表》，尚无此站名，便将这座新车站定名为“七道桥站”了。

七道桥站于1994年11月11日正式运营，1996年5月7日该站又遵照铁道部的安排停办了客运业务，改为一个主要办理列车保留、换挂、通过及会让等业务的车站了。

作者：李国明

“老站” 过往

唐山曾经有个叫“老站”的地方。“老站”是唐山第一座火车站的站址。它坐落于路南区铁路以西、鱼市街以东，与小山隔道相望。1881 年，开平矿务局出资修建了唐胥运煤铁路。次年，该局为扩展客运业务，便从现永红立交桥处，向东接出一条约 0.9 千米长的线路，建起了唐山火车站。运营之后，收益可观。据《开滦煤矿大事记》载：1883 年 1 月，开平矿务局已拥有头等客车 1 节，二等和三等客车 3 节，每日在唐山和胥各庄之间往返 6 个来回，客票收入已足够这条铁路上行车的日常费用。

没有多久，火车站前的人流多了起来。矿工、旅客、商人、居民，形形色色，穿行不息。车站道口两侧也成了闹市，商贩云集。起初是露天摆摊，或支伞搭篷；后来则建房筑屋，开店经营。站前四周渐渐形成了唐山最早的几条街道。

到了 1894 年，唐胥铁路已先后向西通抵天津、向东延至山海关，唐山站的客货运量骤增，候车室和货场亟待扩建。可是此时车站附近已无空地可以利用。后来，路方在王谢庄的东南选址（今唐山南站处）兴建新站。然而，工程浩大，费用甚巨，故工期拖长，一直到客车线、站台、货运线、货场、站房等建筑相继竣工后，新的唐山火车站才于 1896 年正式运营。此时，旧的车站并未拆除，后来成为专供瑾义栈、瑞信栈等众多商家进出货物的一个货场。候车室及票房改成了货运室，货物线、站台、扳道房、道口依然使用。时间一长，这里就有了“老站”和“老站货场”的新称。

20 世纪二三十年代，“老站”周围已成为唐山的中心地带。富贵街、东局子、粮食街、柴草市、五福沟、瓦房街、和顺里、便宜街等街道纵横交错；绸缎庄、鞋帽店、鲜货局、菜市场、粮号、饭馆、药房、戏园、邮局等商铺鳞次栉比。人口密集，商业发达，各行各业，无所不包。每年逢元宵节、端午节期间，大城山雹神庙举办庙会。届时，由唐山交大道口始发、经唐山火车站（今南站）的“庙会小火车”，无论往返都会在“老站”停靠，以供游人香客搭乘。老站道口更是整日繁忙，车水马龙，人流如织。这时的“老站”及小山一带，竟被外埠人赞誉为“小天津”。

新中国成立后，工商业实行了公私合营，出入唐山的货物大都改在火车站内的货场装卸，“老站”已没有继续存在的必要了。于是，大约在 1956 年至 1957 年间，“老站货场”最终被撤销，院墙内盖起了铁路职工住宅，货运室（原始的候车室和票房）也分给唐山站的职工居住，扳道房改成了公厕。只有人行道口保留了下来。

1976年大地震中，“老站”的新、旧建筑全部损毁。几年之后，市场经济飞速发展连接建国路商业街与小山闹区的“老站道口”，已显得越来越狭小。于是，1994年这个平交道口改建成了立交桥。因为是唐山金匙集团捐资修建，故定名为“金匙桥”。从此“老站”这一地名就在唐山人的口头上渐渐消失了。

作者：李国明

大学路和唐山交通大学

大学路，一个既熟悉又陌生的名字。说熟悉，是因为在唐山有大学道和大学路这两条特别容易混淆的道路，大学道是在开发区，因毗邻唐山学院、唐山师范学院和华北理工大学轻工学院而得名。大学路是从唐山南站往西到风井的那一段路。它的得名，是因为在这条路上，曾经有过一所享誉世界的大学——唐山交通大学。

1896 年 10 月，中国第一所铁路高等学府“山海关北洋铁路官学堂”创办，它就是后来蜚声中外的唐山交通大学的前身。1905 年 10 月学校迁址唐山，定名为“唐山路矿学堂”。在唐山的 60 多年中，学校曾屡次改变隶属关系，屡变校名。虽然历经十几次的改名，但在人们心目和社会当中，“唐山交大（唐山交通大学）”无疑是最为大家所接受和使用的通称。

唐山交通大学使唐山与中国近现代交通史紧密地联系在一起，也为唐山成为中国近代民族工业摇篮提供了充沛的人才保障。唐山交大参照美国康乃尔大学模式办学，因考取难、要求严、好就业，在清末民国时期的教育界和工程界享有盛誉，一直以来人才辈出、精英云集。有 73 名国内外著名院士都在唐山交大就读过，土木工程学家、桥梁专家、经济管理学家、社会活动家杨杏佛，著名教育家、气象学家竺可桢，公路泰斗赵祖康等都是唐山交通大学的校友。还有第一位华裔美国工程院院士林同炎，两弹一星功勋奖章获得者姚桐斌、陈能宽，加州大学第一位华裔教授、美国工程院院士林同骅，中国科学家的楷模黄万里，唯一入传《新帕尔格雷夫经济学大辞典》的华人经济学家刘大中，这些名字都足以让人无比自豪。

回望清末民国到新中国的建设事业，在桥梁、铁路、公路、市政、水利、采矿、冶金、机械、建筑等各项工程和教育事业中，唐山交大的学子以勇于任事、能够做事而著称。20 世纪 50 年代，该校提出并指导建成了我国第一条电气化铁路——宝成铁路，先后参与设计建造了武汉、南京长江大桥，成渝、兰新、成昆铁路等重大工程项目。

1916 届毕业生茅以升在康乃尔大学的优异考试成绩，为所有唐山交通大学学子获取了免试入学攻读研究生的资格，从此唐山交通大学在国际上声名鹊起，被誉为“东方康乃尔”。1920 年初，学有所成的茅以升婉拒了在康奈尔任教的好意，回到唐山交大执教。第二年，交通总长叶恭绰合组交通大学，海归才俊茅以升出任唐山学校副主任，兼任交通大学土木科总教授。

历史上，唐山交通大学为我国孕育了多所亲缘高校（研究院）。1926 年在辽宁锦县建立分校，后称东北交通大学，再后并入东北大学；1948 年部分教授、专家帮助组建了中国人民解放军铁道兵工程学院（石家庄铁道大学前身）；1950 年，铁道部铁道技术研究所在该校成立，后迁至北京，现已成为铁道部科学研究院；1956 年创建了唐山业余工学院（现唐山学院的前身之一）；1958 年创建了唐山铁道学院兰州分校（现兰州交通大学），同年，又与河北省、煤炭部、天津大学一起组建了唐山矿冶学院（现华北理工大学的前身之一）。

20 世纪 50 年代的院系调整，使唐山交大从一个门类较为齐全的工科大学，变成了一个单科性的铁道学院。1964 年，铁道部又决定将学校内迁峨眉，整体实力再次受到大幅度削弱。到 1972 年，学校完全迁至四川，改称西南交通大学，在唐山设留守处。1976 年唐山大地震，美丽的校园尽毁，唐山的大学路从此成为了一条没有大学的大学路。

作者：黄威

刘屯曾有皇姑庵

当我们走进路南刘屯小学，就会看到整洁的校舍，有序的花木，就会听到朗朗的读书声，一切都是那样的时尚，有谁能想到这里曾有过一座拥有千年历史的常明庵，又称皇姑庵呢？提到皇姑庵，人们会问，庵是怎么来的？皇姑又怎么与庵联系在一起呢？我们先从庵说起。

庵的本义为圆形的草屋。庵，经历了由草屋至草庐至庵三个产生的过程。在上古岁月，人们在冬天居于地穴中御寒；夏天便在田间用木棍架起房屋，四周用草围成墙，顶部做成尖顶圆形，抹上泥巴，再一层层盖草。这就成了草屋，时至今日，还可偶见田间的草屋，用来午休和夜间看田人居住。

春秋战国时期，由于战乱不断，一些文人躲避到深山或溪涧旁边搭起草屋，安宁隐居，因溪边河畔常有芦苇，用其盖屋，便称其为草庐。由于隐居生活安宁自得，又有超世脱俗的氛围，大受文人的喜爱，其后世便将草庐二字凝聚成一个庵字，将安宁超世寓于其中。因此，庵字备受文人喜爱，常常以庵为号。例如，明代的文人杨基，字孟载，号盾庵；明代的著名儒将于谦，字庭益，号节庵；再如元代诗人虞集，字伯生，号邵庵。庵在古书中多有描述，如红楼梦中的精妙描写："原来这芦雪庵盖在傍山临水的河滩之上，一带几间，茅沿土壁，槿篱竹牖，推窗便可垂钓，四面都是芦苇掩覆，一条曲径逶迤穿芦渡苇过去，便是藕香花榭的竹桥了……"可见文人对庵的酷爱。在《红楼梦》中还有水月庵、拢翠庵等。

我们今天说庵，主要说尼姑居住的庵，也就是常说的尼姑庵。首先女僧为何称尼姑呢？因佛教传入中国而产生了僧人。至南北朝时，出现了女性的观音菩萨，她那普度众生的善良和华夏文化中的送子娘娘合为一体，极为适应女性的心理使佛教在女性中广泛传播。因为佛祖称释迦牟尼，牟尼为圣人的意思，称女僧为尼，其意为人中的圣者，而姑是未出嫁姑娘的代称。所以，称女僧为尼姑是对女性出家人的尊称。当然，也寓意女人出家后则超越世俗终身不嫁。女人信佛至盛唐时出现高潮。

我们说清了庵和尼姑庵，接下去我们续说皇姑庵。《唐史》记载，大唐贞观十九年（645年）二月，唐太宗率大军从东都洛阳出发，经幽州，过碣石，出榆关于六月抵达辽宁，在今辽阳一带连克四城，平定叛乱，于十月凯旋，十一月抵达幽州。在此期间，唐太宗途经唐山大地，留下了许多传说，皇姑庵的传说就是其中之一。

故事发生在太宗回师途中，行至临榆即今唐山一带，已是十月下旬的初冬时节，大军扎营之后，突降暴雪，雪花如席，顿时数万大军的烧火做饭、夜间取暖成了问题。太宗心中不悦，房玄令宽慰太宗说：“天子自有吉人相助，我主何不出营漫步?”于是，太宗在房玄令和尉迟将军的陪同下出营漫步，谁知途中又飘落大雪，君臣三人便到山前一间农屋草舍避雪。村夫将三人让至堂屋，端出火盆，对三人说：“恰遇我妻子临产，不能让三位里屋坐了。”三人围坐于火盆旁边，只见火盆内烧的不是木柴，而是通红的石块，火力极旺。太宗问村夫，盆中所烧何物，村夫指着墙角一堆黑石说：“这里的黑石可以燃烧。山上尽有小井，挖下四五丈即可采到黑石。”房玄令兴奋不已，对太宗说：“我主不愁柴火。此乃石炭，为山中之宝，燃烧堪比油脂。”石炭即煤，唐朝时已应用于社会生活之中。如唐朝诗人于鹄有诗句：“炼密敲石炭，洗澡乘瀑泉。”再如僧人贯休的诗句：“铁盂汤雪早，石炭煮茶迟。”第二天，尉迟将军率领士兵在村夫的带领下，到山中小井挖取石炭，运回军中，放入火盆点燃，果然似油脂燃烧，火光通红，取暖做饭，热气腾腾。三军将士见此奇物，山呼万岁，太宗大悦：“真乃天助我也。”当即赏银与村夫，并对村夫口诏：“你家人如生子，朕认作义子；如生女，认作义女。”村夫谢恩而归，数天后，村夫妻子生下一女，但太宗大军已到幽州。

多年后，小女长得端庄秀丽，聪敏过人，身体略弱，却更有病西施之美，常随父母上山打柴放牧。但她有异于常人，喜欢识别药草，能听懂鸟语兽声。一次，她去村外放猪，突然下起大雨，母亲和邻居急忙到村外寻找，只见大树下，猪儿围着女儿，女儿头上肩上站着燕子为她遮雨。大家顿感神奇。又有一次邻居的羊群受惊跑散。她站到村头，用竹管吹出柔柔的长音，很快，跑散的羊儿像听到了呼唤，乖乖地来到她的身边。邻居喜出望外。更为神奇的是，东邻的大伯三天三夜昏迷不醒，家人已安排后事，谁知喝下她熬制的药汤，竟然苏醒过来。这些神奇的故事越传越远，竟然传到朝廷，传到太宗耳中。太宗回忆起往事，不食前言，派使者来到临榆，封她为皇姑，并赐予金银。她将金银看得很轻，交与临榆县令周济穷人。她依然和父母过着平淡的日子，却更为人所看重。临榆县令也常到她家，关心她的饮食起居。由于她已封为皇姑，无人敢上门提亲。唐朝盛行女子出家，她决意出家为尼。临榆县令立刻将此事上奏朝廷，太宗诏准，赐予金银，并派尉迟将军前来为她建庵，建成后名为常明庵。她喜树，栽下古槐；又喜荷花，又挖出荷池。从此她在庵中度过一生。她名为明静，法号为太虚，但人们去庵中上香还是称她皇姑，日久也就叫成了皇姑庵。皇姑依然乐善好施，为乡邻看病施药，将香火钱助贫济困。一天夜晚，临榆县令突见皇姑来访，将许多金银放到他的案桌上，告知他今冬无雪春有大疫，派人采购甘草绿豆制汤以救百姓。县令连连感谢，猛然醒来原来是皇姑托梦于他，但见案上已放好几包金银。县令惊异不止，第二天骑马赶至皇姑庵，只见庵内人出人进，白衣素装，庵内诵经声不断。县令近前过问，方知三天前皇姑已经仙逝，县令立刻进庵在皇姑灵柩前纳头便拜。皇姑仙逝之后还惦记着临榆百姓，此后皇姑庵几百年间香火鼎盛至极，大明万历三十四年（1606 年）再次重修。清末之后庙宇逐渐衰落，至解放时古槐依存，但荷池早已无水变成大坑，也就留下了地名荷花坑。其后皇姑庵改作学校，消失在历史的演变之中，但皇姑的传说却在民间流传下来。

作者：闫克岐

大城山上兴国寺

大城山公园是唐山著名的景观之一，尤其是重建之后的兴国寺，以其巍峨耸立、华美壮观令游客叹为观止。但兴国寺源于何时，知之者却很少。

对于兴国寺建于何时，有两种说法。一是元代说，二是唐代说。《唐山大全》一书的《新城古迹》一文中记述："兴国寺建于金朝大定八年（1168 年），于光绪九年（1883 年）重修，庙宇巍峨壮丽宏伟，每年正月十五和端阳节是最热闹的日子。"此说记述较为详尽，可以说兴国寺最迟于元代已经建立。但清嘉庆十年（1805 年）所立的"兴国寺记事碑"记述："寺之所建，始于唐，名曰兴国。历宋元明以迄于今，称古刹焉。地基宽广，东至大涧，西至大沟，南至横道，北至大城。其间皆桃杏梨栗等树，而花椒树尤胜，凡供佛焚香者皆资其利以应用，故世语俗传，不曰兴国而曰花椒寺，其亦有因。与先世碑记所勒疆界甚悉，至今刹残已久，而庙中四至之内所有果木之属，又于乾隆年间，因冬寒过甚，春不尽萎。于是香火为之一空，迭传三世，只籍募化以供奉焉。迩年来，山场内准可开垦，僧因招人承租，计得租价已供香火，则界之所资于果木之所出着，今取资于地亩之所入也。倘亦佛之显灵，默佑之所致取，是为记。"按此碑文记述，兴国寺始建于唐。

说兴国寺始建于唐还有一说，"先有兴国寺，后有大城山。"相传唐太宗征东至此，曾扎营小住补充粮草，曾游此山。太宗见这里泉水如龙，山含灵气，便在房玄龄和尉迟将军的陪护下至此。土人告知此山曰寸土山，山上有寺曰寸土寺，顿时引起太宗君臣三人的好奇。三人登至山顶，果有一木结构小寺。因为制砖技术成熟普及于宋朝，所以唐寺多为木结构。小寺仅一间殿堂，方寸之地倍显简陋。一老僧盘坐诵经，孤灯静坐氛围有些苍凉。但小寺门上的横匾"寸土寺"三字引起太宗的注目，心中一动，问："两位爱卿，对此寺有何见解？"尉迟将军望望"寸土寺"三字，略作思索说："大概此山多石少土，才取名寸土寺吧！"房玄龄一笑："非也。寸土寺三字中寺居于右，右同于佑也，寸土寺三字之义为寸土为寺，寺佑寸土。此寺虽小却为圣僧，他在为大唐祈祝，佑护每一寸国土。边塞之地，有此圣僧，国之福也。"太宗大悦："卿言正合我意。此乃兴国之兆也，此次东征必将凯旋。"老僧听罢叩首谢恩。尉迟将军随即掏出一锭黄金送予老僧作香火之资。其后改建为兴国寺，后世虽几经修建，但所留史料均言"始于唐"。

兴国寺还有新旧之分，古庙在大城山上，其后迁址至启新水泥厂外的山坡上，兴国寺为何留下迁址的事情呢？其原委要从启新水泥厂的历史说起。启新水泥厂的前身为1889年唐廷枢所建的细棉土厂，其厂址在今唐山陶瓷厂院内。1892年唐廷枢去世，继任者张翼不学无术，贪钱有方，致使工厂倒闭。其后1900年周学熙恢复了唐山细棉土厂，中间又被英国人骗占过去，经周学熙的奋力抗争，于1906年收回。其后各国在中国投资铁路，需大量水泥，启新水泥厂迅速获利并极速扩张，不仅在江南筹建新厂，而且不动声色地以迅雷不及掩耳之势，几乎买下半个唐山场地，迫使开滦为其供给廉价煤，极大地降低了成本。其间也私下从兴国寺僧人那里买下大城山，开采含碱量极高、用于生产水泥的原料石灰岩，其他石料用于建筑。这期间发生了企业与周围农村之间的土地纠纷，兴国寺周围的张各庄、雷庄、刘庄、乔屯、城子庄5庄，对启新开采大城山不满，组成了5庄保护庙产公会，并推出刘荫兰、胡良臣、刘锦亭、张树桐、刘云晋五人为代理人，向法院对启新提起诉讼。一年后，于1935年12月法院宣布启新胜诉，各庄不服。为缓和平息企业与各村之间的矛盾，由启新捐给5村教育费5500大洋，5村不再起诉。其后，到了1937年，为扩大启新的生产原料范围，启新派人先与5庄保庙会的刘锦亭取得联系，得到他的支持，之后便与兴国寺僧人纯一商谈迁寺一事，纯一提出三项补偿条件。其后经中间人王子百协调双方达成协议：启新将寺址迁至窑神庙旧址，按原样重建，并负责建成后的维修，为寺院安装自来水和每月提供香火费3万元。于是将兴国寺拆迁，启新继续开采大城山。至解放时，寺院已毁，碑石尽失，庙址被采石场占用。如今盛世修庙，兴国寺得以重建，再现于世人面前，令人欣慰。

作者：闫克岐

柏西公园

柏西公园地处开平区马家沟街道，从马家沟矿大院门径直向南，沿一条小路上坡，不足百米处，东侧便是开滦马家沟矿医院，西侧与之相对应的是一片柏树林，因这片柏树林处在医院的西面和开平城区西北，所以人们称这片柏树林为柏西公园。公园建在开平城区最高处，此处是一个方圆 1 华里之多，高出周围地平面几丈的大土丘，有人称这大土丘为土山或山。古时候，此地叫摩天岭。解放前，这里还有刻着摩天岭字样的石碑。因这里地势较高，土山上草木繁茂，这里曾有山寨王占据。洋务运动时期，直隶提督聂士成在土山北侧创办开平武备学堂。土山的北坡曾是武备学堂的靶场，是学员们练习射击、打炮之地，岁月留下了学员们穿梭其间的青春脚步和奋力练武的背影。当时附近的百姓时常听到从山上树林中传出的枪炮声，以为这个地方很神秘。时过境迁，物是人非，这里已成为公园。公园占地约 5 亩，园内皆为柏树，有五六百棵。柏树高矮、粗细及品种不尽相同，参差不齐。其中，233 棵具有百年以上的树龄。据说，20 世纪 70 年代初，这里的一些古柏被上级园林主管部门选中，移植到了清东陵等国家级园林内。

清光绪四年（1878 年），开平矿务局在开平镇东大街正式成立。19 世纪末，开平煤矿日益兴旺发达，使国外财团、资本家们垂涎欲滴，虎视眈眈。从 1894 年起，英国、德国、比利时、俄国财团资本家就染指开平煤矿的所有权、开采权。1900 年，八国联军入侵北京，在天津逮捕了开平煤矿督办张翼，威逼他签署了由英人德璀琳代表开平煤矿督办的“授权书”，还签署了出卖开平煤矿的“契约”。清廷虽多次与英方谈判交涉，但始终未收回开平煤矿的矿权。1906 年，时任清廷北洋大臣的袁世凯见收回开平煤矿矿权无望，于当年 12 月开始筹建滦州煤矿，定名“北洋滦州官矿有限公司”。1908 年 7 月开始在马家沟村南，即开平武备学堂两侧凿井。因煤矿在马家沟村南，所以称“滦州官矿有限公司马家沟矿”。

马家沟矿建成后，不仅对矿区原有的树木加以保护，而且加强矿区绿化等环境建设。柏西公园即为马家沟矿建矿初期，由德国引进的树苗而栽植的。当年这些远涉重洋，来自异国他乡的幼小树苗，伴随着马家沟矿的成立、发展已长成大树，成为古树。这些古柏树高大、笔直，一般主干底部周长在 1 米半左右，树高约 20 米，树冠约占整个树高的四分之一，最长的侧枝长 3 米多。一棵棵古柏俊俏挺拔，刚直不阿，傲风斗雪，四季常青。无论是炎热的盛夏，还是萧瑟的寒冬，它们像一把把撑起的大伞，为人们遮风挡雨，蔽日消暑。每当春暖花开，那古柏暗绿色的扁平叶片上，长满了小米粒似的嫩绿色的小颗粒。春夏之交，一颗颗小颗粒变成了一个个豌豆粒儿似的小圆球。青绿色的小圆球上，长上了一层薄薄的白霜，又似一个个小玉珠，叶含着球，球偎着叶，缠绵纠结。最好看的还得是寒风瑟瑟、大雪飘飘的冬日，那些古柏茂密的枝叶上铺满了一层厚厚的雪，一年四季穿着的墨绿色衣裳变成了洁白色，像一位位白翁从天而降，又像一座座白宝寺塔尖聚落于此。它们不仅壮观，而且有一种大雪压松不弯腰、雪压青松松更青的豪迈气概。

柏西公园附近居民大多为马家沟矿职工及家属。社区居委会在园中插空设置了一些体育健身器械。每逢节假日，总有小孩儿们在树林里穿来穿去，他们追逐打闹，捉迷藏，做游戏，玩儿得热热闹闹；老人们沿甬路来回散步，还三五成群地在此相聚，坐在一起谈天说地，拉家常，唠闲嗑；上班族下班后来此休闲，消除工作中的疲劳，缓解工作中的紧张；热恋中的情侣在树下，谈情说爱，海誓山盟……前人栽树，后人乘凉。这片柏树林为不同的人群营造了一个游玩、休闲、娱乐、健身的好环境，同时也为一些人提供了一个调节烦躁情绪、释放情感的好去处。从春到冬，从天刚蒙蒙亮的晨练到月光下的聊天，每天人们来来往往，络绎不绝。

时光流逝，岁月沧桑，事物就在这不经意间发生着变化。马家沟矿的古柏经历了一个多世纪的风风雨雨，它们不辞辛苦地日日夜夜地守卫在这里，见证了清末民初那个动乱年代的历史，向每位来者默默地讲述这里发生的故事。

作者：王凤琴

康各庄双龙桥逸闻

康各庄双龙桥坐落于石榴河上，位于开平区越河镇康各庄村北偏东。据《开平志》载，从明朝嘉靖九年（1530 年）到民国二十四年（1935 年），康各庄双龙桥是在流经开平区 18 千米长的石榴河上建造的两座石桥（康各庄双龙桥和王盼庄永顺桥）之一。康各庄双龙桥虽不像“国桥”卢沟桥、赵州桥那样全国知名，但在双龙桥方圆百十里之内，却颇有名气，并留下了许多与它相关的逸闻。

康各庄原名为康家庄，因明永乐二年（1404 年）一康姓大户由外地迁此定居而得名。康家庄是一个依河而建的村庄，村民们在享受丰富水资源的同时，出出进进却不方便，“过河”这件事一直困扰着他们，在石榴河上造桥是他们的心愿。他们选好建桥位置后，用沙袋拦截河水，把施工场地围起来，然后淘干里面的水，再开挖桥墩的基坑。然而在开挖桥墩的基坑时，竟出乎人们所料，突然一股清泉喷出，涌泉很旺，喷薄不止，眼看好不容易将水淘干的施工场地就要被淹没，情急之中，人们从自家拿来做饭用的大铁锅扣泉眼，共用了 18 口大铁锅，但是泉水仍然四溢。一提到泉水，人们自然会想到山泉，山里才会有泉眼，可河中有泉眼真是太稀奇了。尽管人们建桥时触到了泉眼，桥最终还是建好了，而且建得相当漂亮。至今提到双龙桥，村里的一些老年人还是赞不绝口。这座桥全是用石头建造：石头桥墩、石头拱券、石头桥面，而且桥面是用 1 米多长、2 尺多宽的大块石板铺就，桥上有石头护栏。桥两侧两根圆圆滑滑的栏杆也是石头的。这座名副其实的石桥是康家庄人建造的，又地处康家庄，所以人们自然地就称这座桥为康家庄桥。

桥建好了，路也通了，康家庄人的愿望也实现了。可掌管石榴河河水的龙王却不干了。原来那泉眼是龙王进出龙宫的“御道”，这康家庄桥妨碍了龙王进出龙宫。于是，龙王就时不时地发脾气，让石榴河发大水，淹没庄稼和村庄。“这可如何是好？”庄主茶不思饭不想，整天想着石榴河发水的事。一天夜里，庄主做了一个梦，梦见龙王对他说：“你们修的桥挡了我的路，我出入龙宫太不方便了。我不想在龙宫住了，想在河边住，你们给我修个住处。”于是，庄主便找到附近几个同样受水害的村庄，商量在岸边共修一座寺庙，供奉龙王。附近几个受水害的村庄当然积极响应。庙很快就修好了，里面供奉上了龙王爷。那么这座寺庙起个什么名字呢？既然供奉的是龙王爷，这就自然地像其他供奉龙王爷的庙一样，将此庙叫龙王庙。此时，康家庄人建桥时挖出了泉眼，泉水很旺，有人就叫这泉眼为盛泉。又有人说，与其叫盛泉，还不如叫圣泉。圣，即崇高、神圣，泉则为水。圣水是能降福、驱鬼、治病的水，所以取了“圣泉”。又因为在建桥时出了圣泉，而建庙。因此这座寺庙取名“圣泉寺”。从此龙王有了新的安身之处，又有康家庄人的香火供奉，心情自然好了，石榴河也不再发大水了，康家庄人因此得以安宁。得以安宁的康家庄人想到，圣泉寺是由几个村庄共同建造的，大家要共同分享这份康宁，所以就把康家庄改成了康各庄，康家庄桥随之改称了康各庄桥。

后来，康各庄桥又出现了离奇的现象。每逢阴天下雨，桥上两条圆滑的栏杆就一条变成白色，一条变成青色，人们觉得很奇怪。原来，康各庄桥和圣泉寺落成后，在清明时节，一天风和日丽、蓝天白云，白蛇、青蛇二位神仙心情舒畅，云游踏青到此，看到这里阳光明媚，河水清清，河上之桥俊美壮观，圣泉寺里香火旺盛，一派祥和康宁之景象，便在两条桥栏杆上“附体”，安下身来，和龙王共享香火供奉。老龙王也乐得热闹。桥上住着白蛇、青蛇二位蛇仙，康各庄桥就成了仙桥。仙桥就得起一个带有仙神色彩的名字，不能再叫康各庄桥了。庄主思来想去，叫什么呢？叫双蛇桥？不行，这蛇字不好，大多数人是不喜欢蛇的；但蛇、龙一脉，就叫“双龙桥”吧。于是，康各庄桥就成了双龙桥。

不知又过了多少年，龙王老了，不爱动弹了，便回地下龙宫安享晚年了，庙中不再有香火供奉。但是白蛇、青蛇受康各庄香火供奉多年，不舍离去，她们要报答康各庄人。她们化作了寺院中的两棵亭亭玉立的小响杨树。初时，这两棵小响杨树细细溜溜、光光滑滑、挺挺拔拔，真像是直立起来的蛇。这寺院中也确有蛇，有一条大蟒蛇，还真有人见过。传说清末光绪年间一位邮差来康各庄送信，忽觉有什么东西在眼前一晃，像一条大飘带从头顶上飞过去了。他缓过神来一看，只见一条大白蛇在石榴河中喝水，而尾巴还缠在响杨树上，吓得邮差再也不敢跑这段邮递路线，辞职不干了。解放后，寺院改建成了康各庄小学，到了20世纪五六十年代，学生们还经常看到学校的井水中有蛇窜动。

这两棵作为白蛇、青蛇化身的响杨，在用其一生报答着康各庄人。她们用浓密的枝叶为上学的孩子们遮阳避雨；进入21世纪，圣泉寺旧址辟成了健身场地，这两棵响杨又对来此健身的老人百般关照，老人们都满怀深情地称她们为姊妹树。现在，这两棵姊妹树为天上的飞机指航，已是飞机飞行航线上的标志物了。

作者：王凤琴

开平文昌宫

新中国成立前，开平城南关外有一处小型古庙，称“文昌宫”。其西侧是天齐庙，东侧是住户及街道。宫内供奉着六星神像，这是开平镇古老的建筑之一。文昌宫原为石城县学宫，建于元朝至元五年（1268年）。明朝永乐元年（1403年），“开平中屯卫”徙置后，改称“开平文昌宫”。开平解放后，辟为开平镇南关小学。

旧开平（元代为永平路石城县）城南关外曾建有学宫，究竟建于何年，已无从查考。因年代久远，到了元至元初年，学宫建筑大部已毁坏坍塌，仅剩一座殿堂依然屹立在那里。有一天，时任石城县尹的邢谦视察这所学宫，拜谒这座庙院，看到了古庙的残破景象，颇有感慨。心想：“这样的条件怎能继续传播知识，教育读书人呢?”于是，他以复兴石城县的教育为己任，决定在石城县学宫旧址重建新学宫。他当即捐出自己的俸禄50万钱来倡导这件事，在场的其他一些官员也纷纷随其捐资。后又有文化界的一些知名人士贾景仁、郑从礼、李从德、杨士宁等量力出资。县尹邢谦对建学宫这件事很重视，认真地谋划，对学宫工程做了细致的安排、布置。县尹邢谦亲自主持，县监怯烈木丁、主管教育的官员董持敬主管，乡绅贾景仁等协助，大家齐心合力，共同筹建新学宫。之后负责筹建新学宫人员各司其职、密切配合，开始丈量地基，征集建筑材料，雇用民工，等等。石城县学宫虽是官办学宫，但没用官府出钱，也没向百姓摊派劳力，而是由官员、乡绅、文化名人等捐资修建的。从元至元五年（1268年）正月开工，到第二年四月新学宫便告落成。新学宫建成后，他们又将重新开挖护城壕沟所得土地作为学宫学田用地，还收集各社修剪林木时修剪下来的枝干作为学宫的烧柴，为师生考虑得十分周到。

开平，唐代属平州石城县，五代十国属契丹地，辽、金属石城县，至元朝时仍为石城县，因此称新建学宫为石城县学宫。当时永平路主管辖区教育的官员杨齐贤委托王大奎（身份无考）撰写碑文，来记述学宫的建造及建成后的盛况，赞颂“邢侯之功、邢侯之德”。

新建的学宫占地约5亩。学宫坐北朝南，其南大门为一座一间两柱一楼木瓦结构的牌坊式门楼，门左右两侧的围墙上还有两个旁门，在当时堪称壮观。牌坊门楼约高6米左右，跨度7到8米之间；顶部采用的是宫殿状造型，飞檐翘脊，横脊及坡脊为筒瓦，并嵌有嘲风和螭吻的塑像。牌坊门上的两枋之间镶嵌一块约2米长的横额，浅色底儿，深色字。据开平区档案馆现存的1937年拍摄的门楼照片，可看到匾额上4个字的轮廓，只有最左边的一个“文”字尚能辨认，其余3个字模糊不清。综合王大奎在其撰写的碑文中提到学宫的社会功能——“藏、修、游、息”，以及在匾额中题字的常识，匾额中的4个字极有可能为“修身习文”。牌坊门楼的底部为浅色石质底座。内侧是牌坊立柱的底盘，支撑牌坊全身重量。外侧是高约两米多的石墩，上部是鼓状造型，卧着石狮，不仅美观，而且木柱又可贴附在石墩上，成为木柱的辅柱，提高了牌坊的稳固性。学堂一层大殿为课堂，宽敞明亮。两侧配殿6间，像鸟翅一样对称排列，很是整齐，用于祭祀神位及学生宿舍。

这座重建的石城县学宫距今已有近800年的历史了。随着“开平”地名的确立，改称“开平文昌宫”后，直到新中国成立一直为此称。自元代这座文庙建成后，历代开平人对此庙加以修缮、保护，到解放后改建小学时仍完好无损。这座古文庙历经风雨沧桑，薪火相传，文脉源远流长。今日开平镇南关小学依在，但在唐山大地震中，古建筑全部被震毁，已荡然无存。

（本文写作中参考了《开平区志》附书，系唐山市开平区地方志编纂委员会李述编著。）

作者：王凤琴

开平陈家祖传窑

陈家祖传窑在开平区洼里镇狮子湾村。寻找陈家窑的历史足迹，还得从狮子湾这个村名的由来说起。狮子，是与老虎并驾齐驱的凶猛动物，说起它们的名字，令人生畏。狮子湾是不是因为有狮子出没而得名呢？不是的。这里根本就没有狮子。那么为什么起这么一个叫人害怕的名字呢？狮子湾村原名周家庄。过去，周家庄的小孩儿夭折得多，死后乱扔，在村西形成了一个乱葬岗子。此岗南面的一块地，经常有狼出没，故名“狼窝”。狼窝向东正对着周家庄。晚清，一位书生去京赶考，路过周家庄，因着凉患病，就住在了周家庄。养好病后，帮助村民看风水。他说：“狼窝对着周家庄，狼吃小孩儿，要用狮子压狼。”因此周家庄村民将周家庄和石匠洼村改为狮子湾村。

那么，狮子湾的原名为什么叫周家庄呢？相传，唐代以前，周家庄这个地方杂草丛生，荒无人烟。有户周姓人家来到此处，看到北有山，东有河，山坡南面平坦宽阔，草木丰茂，于是定居下来。后来，逐渐有人迁入此地，逐渐形成了村落。因为周家最早在此落户，在此开发，因此人们自然习惯地称之为周家庄。这户周姓人家就是现在狮子湾村周氏家族的先祖。20 世纪 60 年代，该村一周姓村民的家门口还有一棵高大威武的古槐树，4 个成年人手拉手，才能把树干围成一圈；树干内有个洞，能容纳 3 个成年人。据推算，这棵古槐树有 1000 多年的历史，它是该村村民家园的象征，是建村历史的见证。不幸的是这棵古槐树毁于“文化大革命”中。

从这棵古槐树，我们可以推测出周家庄历史的久远。相传，明代周家庄周家有一位女儿貌美、聪慧，被选为皇妃，进入皇宫。昔日名不见经传的小村，打破了往日的平静，一时间周家庄出了名。周家女儿进宫后很得皇帝的宠爱，皇帝在周家庄的村东河边为周家建了一座规模较大的周家皇亲花园。周家庄的邻村胶泥庄有一块地叫周家坟。据附近的老年人回忆，他们曾看到过这块地上曾有周家墓地，墓地内竖立着两块刻着“皇亲”字样的墓碑，一块是万历十七年（1589 年）的，另一块是万历三十三年（1605 年）的。这些都毁于“文化大革命”中，但可以证实周家与皇室确有关系。

周家皇亲花园建成后，要招收能工巧匠、园艺大师。这时从山东来了一位触碾磨的石匠，他能干、技艺高，被周家收留。之后，周家陆续接收了一些外地来花园做工人员。有的人带来了陶艺技术，而花园正需要大量的花盆儿。于是周家在村南建窑，烧制花盆儿和其他瓦、陶制品，这就是陈家窑的前身。这些外来做工人员逐渐在周家庄落户，他们傍窑建房，人越来越多，逐渐形成了一条街。因为山东的那位石匠来得最早，而且艺高、出名，所以人们称这条街为石匠洼街。

周家庄的地理位置为周家窑提供了得天独厚的制陶材料资源。传说，唐王李世民东征时，一妃子乘辇跟随其后，路过周家庄一带，正赶上下雨。因为这里的土质特别黏，辇轱辘被黏泥裹得很紧，不能转动了。雨越下越大，辇不仅走不动，而且往乱泥里陷。当时周边的一些零零散散的住户听说这事儿后，赶紧找马套车去救辇。一会儿，先后来了八位不同姓氏的大汉，各带一套好马。他们把八匹好马套在辇上，八匹好马一齐拉，终于把辇从很黏的乱泥中拉了出来。因为陷辇的地方，土质特别黏，以后在陷辇的这个地方形成的村庄，就被人们称为胶泥庄。将辇拉出来后，在停辇的地方形成的村庄，称之为王辇庄。在带马去救辇的八个人居住的地方，后来形成的八个村庄，人们按照去救辇人的八个不同的姓氏，分别称这八个村庄为马家套、刘家套、任家套、刁家套。所以，开平、古冶区一带出现了八个带“套”字的村庄。我们可以从这些传说中了解到周家庄一带的土质特点。经考证，周家庄一带处在一个古河道上。古河道淤塞，河底堆积了大量的沉积物，其中含有大量的贝壳粉和植物纤维。古时候由于河道流通不畅，河水冲刷着沉积物到处改道、泛滥，形成了今天地下弯弯曲曲、布局不规则的黑色土层，这就是当地人们传说的地下黑龙。周家窑有取之不尽的优质窑土，烧制的花盆儿及瓦陶制品不仅数量多，而且质量好。四面八方的人们纷纷来购买，加之周家皇亲花园的影响，石匠洼街的周家窑远近闻名。

后来，周家窑传给了陈家，成为陈家窑。陈家窑仍主要烧制瓦陶制品。清咸丰年间，陈连增的祖父经营时，陈家窑进入鼎盛时期。其产品销往滦州、卢龙、蓟州等州、县，在京东大地享有盛名。当时陈家有三个外甥已长大成人，想到外地谋生，被舅舅（窑主）阻止了，让他们三人到窑上干活儿。三个外甥精明能干，很讨舅舅的喜欢。后来舅舅派三个外甥到抚宁石门等地学习外地制陶技艺。回来后，将学到的一些东西融入到陈家窑。陈家窑就是在继承、吸收中发展的。清末，陈家窑传承人陈连增因膝下无儿，只是几个侄子主管制作，其女婿周尚余经管销售。

一方土地养一方人。解放前，陈家窑的两个大窑常年烟火不息，烧了一窑又一窑。村里的人，有的到窑上干活儿，有的从窑上购入产品，再到其他地方出售。生活在黏土地上的人们都投入到了制陶、售陶这一行业，形成了狮子湾村的独有特点。陈家窑的制品主要有大小盆、罐、饭筛等日用生活陶制品，还有小的乐器、摆设、玩物和其他一些观赏品等。

解放后，陈家窑归集体所有。1959—1960 年陈家窑被唐山市园林局征用，搬到市里，周尚余等被请去做师傅。后来陈家窑又回归村里。在以生产队为经济体制管理的时期，陈家窑成为生产队的主要副业，使该村社员年收入高于周围其他村社员的收入。1984 年，陈连增外孙周佐文（周尚余之子）注册了“唐山开平土窑陶艺坊”，2011 年申报了手工技艺非物质文化遗产，周佐文被确定为唐山市手工制陶非物质文化遗产代表性传承人。

作者：王凤琴

何来雾抬寺

——王盼庄石佛寺名称探踪

开平区越河镇的王盼庄小学是解放初由一座古寺院改建成的。人们称这座古寺院为石佛寺，在一些文字资料中也是这样的称谓。但是这座寺院在当地还流传着另外一个名字——“雾抬寺”。关于“雾抬寺”的由来，还有一个有趣的传说。

早在1500多年前南北朝时期，北魏的一位和尚云游到了越河镇这片土地上，那时这里还没有村庄。他放眼望去，是一片无际的平川，只是在王盼庄这个地方有个突兀高起的平台。云游和尚见了，喜出望外，觉得这个突兀高起的平台是修建寺院的风水宝地。但“风水宝地”这样的字眼，佛教的和尚是不用的，因为看“风水宝地”是道教的道士们干的事。不管道士也好，和尚也罢，就是我们俗人看了也一定会觉得这个兀台是建寺院的绝好之地。于是，云游和尚便不再云游，在这兀台之上搭起了茅草房，开始四处化缘，筹措建寺院所需的钱物。佛教自东汉明帝永平年间传入我国后，人们逐渐接受了佛教的观点，相信人活着的时候多做善事，修塔建寺，死后便可以到西方极乐世界享受美好的生活。所以，很多俗人每当遇到和尚来化缘，都会捐出一些钱物，以修后世。这样，这位和尚用了20多年的时间，就化足了建寺院所需的钱物，并着手施工。到了北魏文成帝太安年间（公元455—460年）这座寺院便建成了。

这座寺院坐北朝南，有三层大殿和东西配殿。大殿中分别供奉着四大金刚、释迦牟尼和关公的涂金泥塑像，东西配殿供奉着石佛和铜佛。第二层大殿在高二尺左右的月台之上，是寺院内最高最大的一层殿，殿前有很多石碑、石像。在二层殿月台的东南、西南、东北和西北四角各栽一棵柏树。其中东南角上的那棵柏树至今仍葱郁，已有1500年的历史，成了王盼庄小学的标志物。寺院因为建在了兀台之上，而起名“兀台寺”。

随着数百年岁月的流逝，人们逐渐忘记了兀台寺名称的来历，只知道它叫“wu tai si”。虽然发音正确，或者相似，但是不知是哪几个字，更不知其意。一天，一个财主十二三岁的儿子突然想知道这座寺院为啥叫“wu tai si”，便问他的父亲。他的父亲哪里知道为啥叫“wu tai si”，“wu tai”究竟怎么写、是什么意思，父亲全然不知。但又觉得不能在儿子面前丢面子，于是财主编造了一个故事：“这座寺院是在很早很早以前，老天下了一场大雾，浓浓的大雾对面不见人。大雾过后，在村的高岗处，出现了一座大庙。原来这座大庙是由这场大雾从附近的大丰谷村抬来的，所以人们叫它雾抬寺。”这绘声绘色的故事，让儿子听得入神，兴味盎然，信以为真，又接着问：“那大丰谷村的人干吗？”“当然不干了！为这事儿，他们还去县衙要求县太爷将寺院判还给大丰谷村。”“那这座寺院为啥还在咱们这里呢？”“县太爷问明情况后，捻着胡须慢条斯理地说：‘既然是大雾将寺院抬走，这说明是天力、是天意，也说明王盼庄的风水好啊。既然是天意，天意不可违，就让它留在王盼庄好了。’这座寺院就留在我们村了。”说到这里，财主突然想起了有关这座寺院中蟒蛇吸水吸人的传说，便主动对儿子说：“因为这座寺院的风水好，一条大蟒蛇也曾看上了这寺院，在里面安了家。天热时它就缠绕在院中高大的柏树上乘凉，口渴时从树上探下身子从树旁的井中吸水喝。天冷它就到大殿的大梁上缠着，有时探下头来张嘴吸口气，就能把在下面打坐念经的和尚从蒲墩上吸起来。和尚还以为自己成仙了呢。”听了这样神奇的传说故事，儿子对父亲的“学识”佩服得五体投地。

父亲与儿子的对话故事传开后，村里的人们喜欢雾抬寺这个故事，因为他们认为大雾能把寺庙抬来，说明自己居住的地方是风水宝地。也正因如此，这个故事流传至今。“兀台寺”就成了一直流传到现在的“雾抬寺”。但人们总觉得一座寺院能被雾抬来有点儿不靠谱，“雾抬寺”这个名字的来历过于虚。到了清光绪年间，随着西学的影响，人们的科学观念逐步增强，便按照由民间俗人挑头建的庙宇，里面有关公塑像就叫关帝庙，有老母塑像就叫老母庙的路子，人们根据雾抬寺的配殿中供奉有高大的石佛像，便把雾抬寺叫成了石佛寺。在一些档案、文献的记载里，没有“兀台寺”，也没有“雾抬寺”，只有“石佛寺”，而始之初的“兀台寺”却被湮没在了遥远的历史烟尘里了。“雾抬寺”的由来虽是传说，但它却真实地反映了很多地名是来自谐音讹传这个事实。如今几经改建的王盼庄小学仍在，寺庙旧址仍残存石碑、石墩等遗物，应当把“兀台寺”这个原名还给曾辉煌一时的北魏时期建筑的这座寺庙了。

作者：王凤琴

乐善桥

陡河作为流经丰南区境内一条有名的河流，在历史巨变的过程中，在它身上发生过许多故事。

雍正七年（1729年），二甲街古堤决口以后，小陡河、营田一带水源逐渐减少。至乾隆二十五年（1760年），经丰台主簿江志观察明营田缺水，饬令乡绅劝捐从二甲口横筑石坝一道，以抬高水位，重兴水利。因石坝常被破坏，又不利于交通。道光二十年（1840年）修建了闸桥，取名乐单桥。据《丰南文史资料汇编》记载，当时乐善桥的修建，还有一个关于诉讼的故事。乐善桥横跨老陡河之上，俗称响水桥。陡河水上涨时，小部分河水细流漫过石坝，供作宣庄一代人民的饮水，大部分顺流而下，成为灌溉王兰庄胭脂稻田的水源。但是，如遇河水暴涨，由于石坝拦阻，洪水不能迅速下泄，漫过石坝，泛滥成灾，上游和下游的百姓因治水用水的利害起了冲突，于是就有了下面这个故事：陡河上游博乐一带素有清王朝王府旗地之称。旗地设置庄头管理租佃，规定每年于农历九月二十五收租一天，晚上续加点燃一支蜡烛的时间，过时不候，逾时不交者不再给予租佃。有一年，上游河水暴涨，泛滥成灾，农民租佃的旗地颗粒无收，却还要向王府交租，农民被迫外出逃荒，有的家破人亡。同时，上游农民对石坝由迁怒变为痛恶。

道光二十年（1840年），二甲口石坝又遭洪水冲毁，下游百姓主张重修，却遭到上游百姓的竭力反对，于是对修复二甲口石坝的事儿，上下游百姓各持己见，上游推举魏庄子赵宝和、双坨张朋阁、发望台张景佩等人，下游推荐宣庄孟春台、张树兴等人，分别起草呈文。上游的呈文说：山可移，河可改，但不可阻挡水势，不能眼看着我们上游百姓倾家荡产。下游的呈文说：胭脂稻田乃给皇上进贡之物，不能荒废。上下游程文分别呈请到丰润县衙。因此事牵扯到许多乡绅、富户，事关重大，丰润县知县就拖延下来。

不久董各庄绅士董辉福、董喜欢、富户董春青知道此案难断，曾以中间人的身份提议，重修石坝时，在其下修一涵洞以泄洪水。但立刻遭到上游的极力反对。董春青认为上游的人不知好歹。他纠集很多董姓人，质问上游的人，他说：“这祖茔本是明初‘活神仙’李小苍看的阴阳，你们阻止重修石坝，难道你们想把董家满河的乌纱帽冲走吗？这还不算，河水南流，不往西流。还要我们出绝户吗？”董家人立即齐声呐喊：“不成！”

“上游的听着，你们这样只图生存，不管国计，这种举动好似造反。皇帝权力大还是你们的权力大？你们再不听规劝，打死勿论。”上游的百姓看到董家众人非常嚣张，极为愤怒。他们集合乡里膀大腰粗的人去找董春青算账，董春青等人见势不妙纷纷逃散。重修二甲口石坝的问题处于僵持状态。

正值双方未决胜负之时，韩继善出面调停。韩继善是韩家博乐人，势力很大，是有名的武榜眼。他为早日了结此案，大摆酒席，宴请上下游和董各庄诸位乡绅。韩继善提议在原来商定的基础上，在石坝下面多修一个涵洞，改为两个涵洞。意见提出后，遭到上游人的一片臭骂，说他吃里爬外，胳膊肘往外拐。结果，被宴请的乡绅不欢而散。

对此，丰润县知县继续保持沉默，于是有人便上告到保定府衙。保定府衙门批示丰润知县：“以上游不决口、下游利营田为原则，秉公办理此案。”

丰润县知县唐振吉（广东茂名县举人）接到上谕后立刻到董各庄察访，并在和尚庙设置公馆下榻，尔后命令地保拿请帖，遍请乡绅，磋商此事。最后决定，在石坝处修建一座闸桥。次日，知县下令上游下游和董各庄的百姓及诸位乡绅召开会议，知县亲自主持，会上宣布：“本县察看地势，端相要在石坝处修一座大桥，大桥分 13 孔，并在其上安装水闸，水大可起闸泄水，水小放闸蓄水，上游河水不泛滥，下游营田不缺水。这是本县意见，诸位意下如何？”

参加会议的人一起高喊：“青天大老爷高明。”知县继续说：“关于董家风水之事，在座董家百姓及乡绅请不要担心，董家风水之事，纯属怪力乱神。山河有变，本是自然变态。相信风水说法虽对，建千万人往来之桥，这种善举会感动天地，化凶险为吉祥的。”会后，知县依据以上的意思，把这座桥起名为“乐善桥”，得乐善好施之意。知县还说修建闸桥工程浩大，并带头捐了白银 100 两，乡绅、富户、赵宝和、张朋阁、张景佩、董辉福等人也都纷纷捐资。

该闸桥共 13 孔，总长十三丈，中孔高一丈三尺，基础按梅花排列打设柏木木庄，闸上游铺盖及下游护坦，堤岸防冲，均用三七灰土夯实防护；闸底用大石料砌筑，桥面以条石为梁，两侧设板石栏杆。凭桥栏远眺，水天相接，景物宜人；近看过往行人，熙熙攘攘。每次赶上夏秋水涨，鱼群逆流而上，聚于桥闸下，附近居民竞相捕捉、交易，桥旁若市。从此免除了河水泛滥之灾，拦蓄了陡河自然水资源，保证了营田用水，群众利用通河井、龙骨水车、泼斗等工具，提水灌溉农田。为此，咸丰三年（1853 年）、民国二年（1913 年）曾两次进行维修，1966 年 8 月丰南县在治理灌溉工程时又进行了改建。1976 年 7 月 28 日唐山、丰南大地震，乐善桥遭到严重破坏，1977 年进行初步恢复。1980 年，又根据陡河灌溉的需要，对此闸桥进行了彻底的修复。

丰南区民政局整理

李镐建桥梦鲁班

丰南区小陡河与河涧公路交叉处的宣庄桥，原是一座美丽壮观的石桥，有“小芦沟”之美称，1976年地震受损后，才改造成水泥桥。据传，这座桥是李镐监修。因工程浩大，困难重重，曾有李镐一宿愁得白了胡须和头发，梦遇鲁班相助，终告成功的传说。

李镐，字警众，宣庄人，生于康熙五十一年（1713年）。故于乾隆三十九年（1775年）。精通土木工程建筑，尤其善于建造桥梁，皇上曾恩赐他为修职郎。乾隆二十五年（1760年），他承担监修宣庄大桥的任务后，因系家乡桥，倍加精心设计，用料格外考究，故建成后，相当壮观。桥总长12丈，有8架石梁，石梁头上雕着8条大龙，龙的形状非常生动，就像在汹涌澎湃的波涛中戏水一样。桥两旁的石栏上刻有人物、花鸟，十分细致逼真。桥的柱子上凿有72头狮子，千姿百态，栩栩如生。桥碑记载：“有雌伏者，有鹄立者，有两相斗者，有群相戏者，玲珑万状，雅状观瞻。”

相传，李镐在监修此桥时呕心沥血，常常废寝忘食，亲临现场指挥。眼看竣工期限将到，偏偏桥的中梁无法树稳，如不能按期完工，就有渎职之罪。于是，昼思夜想，千方百计，用了数百个树稳中梁的施工方案，都未成功。由于思虑过度，连做梦都是如何解决树稳中梁的难题。有一天晚上，他坐在灯下冥思苦想，想着想着，不知不觉伏案而息，蒙眬之中，忽见门帘摆动，走进来一位白胡子老头儿，布衣草履，鹤发童颜，手中拿一块木片，问：“这是什么木？”李镐接过来仔细看，回答：“杜木。”老者笑说：“既知是杜木，还想不起它的用途？”李镐恍然大悟，用杜木片塞上中梁就能稳固？欲要再问，早已倏忽不见。李镐起身去追，惊喜地呼叫：“师傅，你等一等！告诉我尊姓大名，以便随时请教！”只听远处传来回声：“老夫鲁班是也……”李镐循声追去，不觉追到建桥工地被一物绊倒，醒来原来是南柯一梦。赶忙擦把脸，振作精神，按梦中的启示，又翻阅了很多资料，随即命人找来了杜木楔子。天刚蒙蒙亮，就来到建桥工地，召集工匠反复实验，终于成功。这时大家才发现他的须发皆白。其实他年仅48岁。人们无不为李镐的忘我精神而赞叹，并把这座桥定名为“中梁桥”，以示纪念。

丰南区民政局整理

煤河史话

煤河是一条人工河，它既无江河之壮阔，也无湖海之浩瀚。可是，它与中国近代工业发展息息相关，进而造就了丰南近代文明。

说起煤河的来历，还得从洋务运动开始。19世纪中期，清朝面对帝国主义“坚船利炮”的侵略，同时也为了镇压人民反抗，以曾国藩、左宗棠、李鸿章等为首的封建官僚提出了“仿立外国船厂，购求西人机器”、富国、“强兵”的洋务运动。于是，在洋务派的主持下，中国出现了一批具有资本主义性质的官办企业，大部分是军事工业方面的，如上海的江南制造局制造枪炮、军用船只。随后，许多省也相继出现了机器局、制造局之类的企业。这些企业要燃烧大量优质煤炭，但当时中国尚无机械化生产矿，多是土法开采，煤质低劣，所需优质煤炭多从英国进口，发展近代工业受洋人制约。这一历史背景为开平矿务局的诞生创造了条件。

唐山一带煤炭不仅蕴藏丰富，且质地优良，于是，洋务派官员直隶总督李鸿章决定用新法开采唐山煤炭。光绪四年（1878年）成立开平矿务局，同年在唐山乔屯开始开凿第一眼煤井，三年后的秋天，一个振奋人心的消息在冀东大地上不胫而走——“唐山矿出煤了”，且其品质优良。当时西方采煤专家称“可与英国及其他国家最好的煤媲美”。至此，中国有了第一座用机器开采的大型近代煤矿。

开平矿务局的创始人叫唐廷枢，广东香山县人，当过四品道台，热心洋务，具有非凡的经营才干。早在1876年唐廷枢到唐山一带勘察煤田时，就谋划了煤炭的运输问题。他计划从唐山煤矿沿陡河到涧河修建一条百里铁路，然后由涧河港将煤运至天津、上海等地。他提出在涧河建运煤港口比建秦皇岛港尚早19年，比孙中山先生在《建国方略》中建北方大港（今京唐港）早43年。恰在此时，英国人在上海偷偷修建的铁路在试行中轧死了一名中国人，清廷就把铁路视为怪物，朝中上下对修铁路之议噤若寒蝉。李鸿章更不敢让唐廷枢再提修路一事。可是唐山矿也开始出煤，为了使煤能够运出去，唐廷枢只好将修铁路计划暂时搁置起来，改由从芦台到唐山煤矿先挖一条运煤河来代替铁路。1880年10月煤河开挖，可是挖到胥各庄南，因地势往东渐高，且流沙严重，白天挖好，夜间即淤平，只好到此为止，所以这里才称为河头。煤河的西头由芦台达蓟运河，全长778华里，河底宽10丈。在蓟运河口设一双套水闸，蓟运河旺水季闸门开启，将水引入煤河，枯水季闸门关闭，将水留在煤河，所以煤河“波平浪静，四时不涸”，水位经常维持在 3~5 米。

煤河挖成后，为方便行人，每隔 10 里建一桥梁，共 8 座。由直隶总督李鸿章“赐以嘉名”。第一桥名“礼涉”，在芦台；第二桥名“通津”，在宁河县裴庄；第三桥名“济众”，在大田庄（今东田庄）；第四桥名“祺寰”，在赵翎庄；第五桥名“咏唐”，在唐坊；第六桥名“履泰”，在泰来号（原二庄火车站，在丰益庄西）；第七桥名“望丰”，在侉子庄；第八桥名“汇通”，在胥各庄。这八座桥除第一桥为铁桥外，其余皆为木桥。因这些桥梁的名字比较文雅，当时群众并没叫起来，只习惯按桥的次序称呼，如称“望丰”为七道桥，称“汇通”为八道桥。

新中国成立后，煤河虽有淤积，但仍能通船航运。1954 年以后，因河水过浅，加之铁路、公路逐渐发达，运输工具增多，进出船只日渐减少，同年撤销了“河头航运小组”，船运业务至此消失。但此时的水还是清的，仍有鱼虾、河蟹、河蚌生息，时而有捕鱼船在河上捕鱼。

20 世纪 80 年代初，丰南工业迅速发展，向煤河排放污水的企业越来越多，到 90 年代末年排污水达 6000 万吨，严重破坏了生态平衡。2001 年秋，治理煤河工程拉开了序幕，经过丰南人几年的共同努力，现在这条河已成为丰南一道亮丽的风景线，也成为城区内闪亮的高品位的聚焦点。

丰南区民政局整理

唐胥铁路

唐胥铁路是中国自建的第一条标准轨运货铁路，起自唐山止于胥各庄（今河北省唐山市丰南区），长9.7千米。于1881年5月开工兴建，11月完工。在修建的过程中历经坎坷、挫折不断，但最终还是修成了。这条铁路在经济建设中起到巨大作用，它开创性地改变了我国没有铁路的历史，向科学生产力迈进了一大步。

清朝末年，洋务派创办了开平煤矿（开滦煤矿的前身），“未出数月，产煤极旺”。为了把煤从矿区运到最近的海口装船运出，唐廷枢在1879年禀请李鸿章准许矿务局修筑唐山到北塘口的运煤铁路。但中间芦台至王兰庄50里地势低洼，夏秋季常为雨淹，须垫高筑坚，颇费工程，为适应运煤需要，唯有舍陆地而取运河，开发北塘至唐山的运河。运河自西向东挖到胥各庄南边遇到流沙，当时的技术条件无法处理流沙。且胥各庄至唐山一段，地势渐高，饮水造河显然不宜，不能再往前挖了，这里就是运河的头，就叫河头。运河挖不到唐山，还要解决运煤问题，所以改修铁路与之相接，也是迫在眉睫的事。但当时的清政府对修建铁路极其反对，全国各地多处修建铁路的想法不是被驳回，就是修好了被拆除。1877年8月3日，当英国人偷偷在上海吴淞修筑的一条窄轨铁路试行时，轧死了一名中国人，在铁路问题上一向持排斥态度的清廷立即与英国领事馆交涉，用28.5万两白银，买下了全部铁路，将其全部拆除，连同铁轨设备全部扔进了黄浦江。这无疑也拆掉了唐廷枢修筑铁路的全部梦想，也给李鸿章重重一击，致使朝廷上下官员，对于修建铁路一事，噤若寒蝉，无人再敢提起。面对这种局面，只好将修铁路的计划搁置起来。

然而，唐廷枢心中仍时刻不忘修铁路的计划。所以在挖河时舍弃了原拟由煤矿到涧河口的修铁路路线，改由唐山到芦台的路线，在买煤河地亩时，他已经暗暗为这条今后的铁路埋下了路基。后经李鸿章、唐廷枢等人多次呈禀，清政府在极端不情愿的情况下，允许自矿区至胥各庄之间，修筑一条轻便铁路。试运行那天，慈禧亲自试车，司机坐前面，慈禧坐后面。慈禧说我乃九五之尊，怎么能坐在别人的后面，于是就下车不坐了。火车开动起来，震耳欲聋。于是清廷保守派说什么火车行驶会“震动东陵，先王神灵不安”，“黑烟冲天，有伤稼禾”。然后就下令禁止火车通行，只能以骡马拖载，所以这条铁路当时也叫马车铁路。这无疑增加了铁路运输的难度，也违背了李鸿章、唐廷枢、金达等人建铁路的初衷。他们对朝廷的决定非常不满，所以在工程进行中就偷偷地按着他们自己的想法干了。关于铁路的轨距问题，他们经过一番争论，最后决定采用工程师金达所提出的，用4英尺8英寸的英国轨距，亦称标准轨距。

这条铁路1880年冬季开始铺轨，1881年夏初完成，在修筑铁路的同时，他们为了修造装煤用的矿车，以及以后修造机车、车辆，在胥各庄建立了一个修理厂，称胥各庄修理厂（即现在的唐山机车车辆厂）。

胥各庄铁路建成后，唐廷枢、金达等人知道用骡马运输不会长久，他们一方面修筑铁路，一方面偷偷在胥各庄修理厂造起机车来了。工人们根据金达设计的几张图纸，利用矿山用的旧料，造出了我国第一台蒸汽机车，即“龙号”机车。用骡马托运煤车效率实在是太低，这台机车于1881年6月9日开始使用，金达把它命名为“中国火箭号”。这台机车牵引能力百余吨，投入使用后，“运输能力，徒增10倍”。但行驶不久，被清政府发觉，命令停止行驶，后经李鸿章等人多次禀奏，才又准予行驶。1882年，又从英国购进了两台双水柜机车（称零号机车）。此后，机车的行驶才不受限制，在既成事实面前清政府最后也只好认可了。

唐胥铁路的修建，为我国铁路事业的发展奠定了基础，至今仍然没有退出历史舞台。

路南区民政局整理

天宫寺塔的传说

在丰润县城的西南方1.5里处有座古塔叫天宫寺塔，天宫寺塔是个极朴素的建筑。它始建于辽代清宁元年（1055年），塔基为平面八角的须弥座形，上为13层高24米叠檐实心，8个转角处为砖雕盘龙倚柱，层层均有独木向塔身外侧探出，悬挂着铁铸惊鸟风铃，微风拂荡，叮当作响，声脆悦耳。宝顶为红铜渗金，阳光之下熠熠生辉。每天清晨，它总是为我们迎来第一束霞光，朝霞照射在塔身上，整个宝塔都显得金碧辉煌。由于它坐落的位置特殊，所以不管你从远处的什么方位观看，整个塔身都显得格外峭峻、伟岸、峣峙、秀美，再与周围的景物相映衬，形成了一道独特的风景。正因为此，“宝塔玲珑”的景观也成了丰润八景之一。

天宫寺塔周围原是茂密的苍松翠柏、碧柳绿槐，东侧是殿宇相连的寺院，南侧、西侧是万亩沼泽地，种植着水稻、蒲苇与莲荷，北面是潋滟的洩水，再远处是起伏连绵的燕山峰峦。这些景物相融相映，于是又有“天宫有塔”之说。

据说天宫寺塔过去是天宫寺庙宇的一部分，天宫寺庙里有一位德高望重的老方丈圆寂后，寺庙里的众僧为了纪念他，就利用他生前化缘的钱在庙里修建了一座塔，把他的舍利安放塔底，还在塔前左右各栽种了一棵高大的柏树，以供善男信女对老方丈的瞻仰。

正因为在塔前栽种了那两棵高大的柏树，天宫寺庙里才又出现了后来的三塔鼎立的壮观景象。原因是那两棵高大的柏树经过不断的生长，百年之后它们高大的身躯已经与天宫寺塔平齐，又由于根深叶茂腰身雄伟，它们就变成了两棵柏塔，再加上天宫寺塔的衬托，就形成了三塔鼎立的壮观景象。因此在这一时代，天宫寺庙里便引来无数善男信女到此观赏美景。天宫寺塔也因此辉煌一时。

可是，天宫寺塔的好景却不长。因为那两棵高大的柏树又经过百年之后，长得更高更壮，它们的身躯已经高出天宫寺塔一大截，两棵柏树的腰身已接近相连，整个把天宫寺塔挡在了身后，天宫寺塔因得不到太阳光的照射而失去了光辉。而且，善男信女们对天宫寺塔的膜拜也都被那两棵柏树给接受了。从此天宫寺塔好像被人们遗忘了一样，在后面默默地站立着，只有偶尔有风吹过从它身上发出的几声铃声，才能引起几个善男信女的注意。

从这以后，天宫寺塔总是闷闷不乐地嫉妒起那两棵柏树来。心想：看你们两个现在得意的样子，有什么可以臭美的，其实你们两个原来不就是我的陪衬吗？不行，这样下去哪能还有我的美景所在，我一定要想一个办法除掉你们以绝后患。就这样，天宫寺塔等啊盼啊，无时无刻不在寻找除掉那两棵大柏树的机会。

有一天的深夜机会终于来了，天宫寺塔看见寺庙墙外来了一群过路的猴子，猴子们一边走一边东张西望地寻找着有趣的事情。天宫寺塔便心生一计，忙摇晃了几下身躯，身上的风铃便随之“叮当，叮当”作响。

群猴被铃声吸引，不约而同地把目光都集中在天宫寺塔身上。天宫寺塔一看行动奏效，便让风铃响得更加清澈。群猴见铃儿叮当作响，便一起跃进寺院内。来到天宫寺塔下，它们望着高高的天宫寺塔，有的观看、有的蹦来蹦去想跳到塔上摘取风铃，但怎么也上不去 。它们环顾四周后发现那两棵大柏树的枝杈正好靠近塔身，所以，群猴便顺着柏树跳上塔身，一个个握住风铃摇晃起来。半夜里铃声炸起，惊醒了睡觉的小和尚，打搅了念经的老和尚。所以众和尚都跑到天宫寺塔下看个明白，一看原来是猴子戏耍在摇风铃，因此和尚们便有的用石块砸、有的用长竿捅想把猴子赶走。可猴子蹿到柏树上后，一是因为众和尚们就站在树下，二是因为树上长满了清香无比的柏树籽，所以不愿离去 。

众和尚们一看猴子退去，便各自回房休息。可刚进入梦想，铃儿又炸起，众和尚们又跑到塔下观看动静，原来是猴子们又晃动风铃。就这样一来二去的整整折腾了七天七夜，众和尚实在受不住了，就一起来到住持房中商讨解决的办法。最后，住持咬咬牙决定把那两棵柏树砍倒，以解燃眉之急。

第二天清晨，众和尚们一起动手挥动斧头向那两棵大柏树砍去。第一棵砍倒了西南角的那棵大柏树，那棵大柏树向西北方向倒去结果砸倒了西南角的台栏柱。第二棵砍倒时向东南方向倒去，结果树枝挂掉了寺庙藏经阁上的一根涂金的椽柱。两棵柏树砍后，猴子们便各自奔逃了。因此，天宫寺塔又恢复了往日唯我独尊的风光，从此便有了“宝塔玲珑”或“天宫有塔”的景观。

为此，后人便留下一首儿歌来形容这一情景：“半夜铃儿响叮当，原是孙猴子闹得欢，惊得小和尚无法来睡觉，烦得老和尚无心来念经。众僧怒气冲冲把树砍，虽然树倒了猢狲散，一棵砸到了南台，一棵砸到了金川院。”正好在天宫寺塔的西南方向有一个南台村，东南方向有一个金川院村。

网络故事　丰润区民政局整理

丰润仁义胡同

丰润城西街有个名叫“仁义胡同”的小巷，就在现在城中心十字街路西南侧，是一条狭窄只有 1 米来宽，细长约百米且只能容一人行走的小巷子。关于这条胡同的由来，流传着一个美好传说。

相传大清康熙年间，曹、谷、鲁、陈四大姓氏是城内四大家族，曹姓人家在丰润县城又是第一大户，为了垒一堵墙，与隔壁谷姓人家发生了争执，双方相持不下。谷家说曹家多占了谷家的一尺宅基地，曹家说自古以来就是曹家的。两家互不相让，最后同时告到县衙。县官一看是这两家，知道是刺儿头不好剃，因为两家在京都有做官的。自己一个七品芝麻官，想管无法管，想断不敢断。无奈使了个缓兵之计，说：“这个案子我先收下，只是眼下我公事太忙，过些日子再给你们断。”曹谷两家没办法，也只好各自回家听传。县官回到后堂，急忙给在京为官的曹大人和谷大人分别写了书信，请求各自出面调停调停。

当时曹姓家族有位在江西广信府做知府的曹鼎望（1618—1693 年），字冠五，号澹斋；曾任安徽徽州、江西广信、陕西凤翔三地知府；是丰润清初著名理学大家，曾主修清康熙版《丰润县志》《浭阳曹氏族谱》，著有《曹子全书》。他收到信后，认为族人应与邻里和睦相处，不能因为这点小事就互不相让争执不休，还打起了官司，真的很没有必要。他便写下诗：“千里捎书一尺墙，让他一尺又何方（妨）？眼见长城十万里，至今无有秦世（始）皇。”寄回给族人，劝他们礼让为先，不要再这样做下去了。族人接到信后，感觉很有道理，马上放弃了继续打官司的念头，主动往自己的宅基内让出了一尺墙基。

谷姓家族有位任浙江学政的谷应泰（1620—1690 年），字赓虞，号霖苍；著名历史学家，著有《明史纪事本末》《筑益堂集》等。他也写信给族人，嘱咐族人要与邻里友善相处，不要因为这点不值当的小事发生争执，还打起官司，真的没有必要。谷姓族人接到信后，马上放弃了争执，也往自己的宅基内让出了一尺墙基。这样，在两家中间，便出现了一条南北方向的数百尺长、三尺宽的胡同，方便了人们出行。

自此，人世间多了一次善举，少了一场官司；多了一份友爱，少了一次纷争；多了一则人间佳话广为传扬，少了一处铭记于心的仇恨。丰润人为两姓人家的善举所感动，便将这条胡同称为“仁义胡同”。

数百年来，丰润古城历经战乱和变迁，但关于仁义胡同和它的美好传说也一直广为丰润人传颂着，它成为丰润人文精神的体现。这条宽不过 1 米，长不过百尺的“仁义胡同”，至今还在城内西街保留着。仁义胡同后来成为当地官府教化乡民的“道具”和榜样。同时他也反映了丰润人讲求仁义、道义为先的精神风采，它彰显的是中国人提倡的“与人为善，和谐相处，宽宏大度，仁义礼让”的精神境界。

如果您悠闲之时，可以到老城十字街西约50米路南，步行走一下仁义胡同，体验一下它的窄、静、幽、清，用心体味一下，我想您一定会在心灵深处会有所感悟的。

政协唐山市丰润区文史资料　王金弟

海边上的老爷庙

俗话说得好："傍山吃山，傍海吃海。"渤海湾岸边的人们，就是以吃海为生，吃海吃的就是龙王爷。但吃人嘴软，拿人手短。人们为了和龙王爷搞好关系，不让龙王爷发脾气，就集资修了龙王庙，让龙王爷享受人间烟火。

海上变化无穷，经常起风浪，起风浪就伤人。菩萨娘娘大慈大悲，救苦救难，普度众生，求得娘娘保佑后，就可免灾消祸。人们心诚地修了娘娘庙。

渤海湾岸边的渔村里，一般都信这两样儿神。可是，在过去的双龙河入海口海边上，却有一座俗称老爷庙的关帝庙。关帝庙是谁修的？为啥要供他？究竟是咋一回子事儿？

听上岁数的人们念叨，在大早先的时候，渤海湾北岸的曹妃甸区域除了打鱼的渔船外，还有不少做买卖的商船。

那时候，有一条海字号的三桅杆大货船，经常在海上往返。海字号的船主姓刘，刘船主也是海边响当当的大财主。刘财主虽说家有万贯，但他不像别的财主一样，他从不欺负船上的伙计们，一不少给工钱，二不逼着伙计们拼命。他有一个不成文的规矩，船出海不出海，伙计们敞开吃，能吃多少吃多少。所以，刘船主的为人挺好，人们都愿给这个没架子的财主干活。

这天，刘船主从码头上装满一船货，亲自来押船，祭奠了天地各神和海龙王，求过了菩萨娘娘保佑，货船慢慢驶出了码头。

货船驶出了河道，进入了渤海湾海面，一路朝西南驶来。这条航道，海字号大货船走过无数次了，简直和天上的星星差不多。道儿熟天儿好，顺风顺流，三桅杆上的帆都打满了，船借着风势，箭似的向前驶着。

海字号货船正走着。忽然，一阵怪风刮来，船就像被吸铁石吸着一样，向航道外的岸边扎去。货船完全失去了控制，被吸着东摇西摆，"哗"的一声，货船搁浅了，船身一斜，险些翻过去。

船上一片混乱。刘船主慌里慌张地看着眼前发生的一切，吓得张大了嘴巴，傻了眼。货船上的伙计们看着吓丢了魂的刘船主，说："刘老爷，事到如今咱们快想个办法吧。"

刘船主浑身直筛糠，哭丧着脸说："我也没办法，你们看着办去吧。反正大伙死活在一块儿。"

说来也真是奇怪，那货船浅住了以后，怪风停了，浪也没了，海里风平浪静，又恢复了原来的模样。

货船搁浅在海里一动不动。船上的伙计们不论咋使劲咋折腾，船还是搁浅着不动。这时候，天已经黑了下来。刘船主见伙计们一个个累得眼斜鼻子歪，没了辙，就说：“大伙儿别干了；船遇天色，没遇难，是我们的福分哪。大伙歇着吧！”

伙计们把锚抛下海里，收拾了收拾就回舱了。这天夜里，刘船主翻来覆去烙大饼，他硬逼着自个儿合上眼，但脑袋里总是乱糟糟的，总想白天出的事，他想：“真是拐子的屁股斜了门。好好的天头咋来了那么一股怪风呢？”他思来想去也没能找出子丑寅卯。后半夜，刘船主似睡非睡，迷迷糊糊睡着了。

刘船主做了一个奇怪的梦。梦里，他梦见了关公，关公立马横刀，和海里的一个怪物大战了起来，一道青光闪过，怪物的脑袋掉了下来。接着是红光一闪，关公不见了。大早起，刘船主寻思梦里的事，和船上的伙计们一说，伙计们也都说晚上做了同样的梦。

人们谁也琢磨不透是咋回事。伙计们起锚，想用船篙撑船。忽地人们的眼前又是一道红光，只见红光中关公骑宝马，用宝刀一推大货船，船飕地向前一蹿，驶进了深海，脱离了浅滩。红光又一闪，关公不见了。

刘船主和伙计们看得真真的，赶忙跪在船板上叩头，拜谢关公老爷的保佑之恩。于是，刘船主就吩咐货船先去交货，他带俩伙计乘小船上了岸，花了不少银两，买了砖石瓦块和木料，召集了不少能工巧匠，在他遇险的地方，修建了一座老爷庙，即关帝庙。

这就是海边的那座关帝庙的由来。当地人们听说了刘船主的遭遇后，便从四村八乡来烧香，求关公老爷保佑，关帝庙从此也和龙王庙、娘娘庙一样热闹起来，终年香火不断。这个关帝庙坐落在今天的曹妃甸区七农场南部，冀东油田的老爷庙作业区就是以此命名的。

据传说，20世纪80年代，冀东油田在老爷庙作业区探有石油，打了许多井，并将井以其他方式命名后，就是不出油。明明有油，为何不出油呢？急得油田技术人员团团转。后来，油田技术人员听到了这个传说，灵机一动，便以老爷庙1号井、老爷庙2号井等系列命名，你说怪不怪，油井竟然出油了，一直出到了今天。

作者：李连君

蚕沙口天妃宫

天妃宫，又称后天宫、娘娘庙，在闽、粤、港、台亦称之为妈祖庙。

蚕沙口天妃宫，位于唐山市曹妃甸区柳赞镇蚕沙口村。始建于元代，据说当初建庙的大梁用鱼骨制成，故后人又称之为“鱼骨庙”。古版《永平府志》亦有载：黄百万行船遇难，修鱼骨庙于此。

至明永乐七年（1409年），郑和下西洋归，明成祖诏令修天妃祠宇，蚕沙口天妃宫应运扩建。扩建中推小庙建殿堂，卸鱼骨易木梁，鱼骨庙不复存在，唯鱼骨残部至今尚存于天妃宫对面的古戏楼台上。而鱼骨庙、天妃宫的传说却代代相传：

相传，很早很早以前，渤海湾鱼虾丰盛，日出斗金。不仅如此，多少年来，由闽粤江浙北上的运粮米艚、贸易商船，自南海、东海入渤海，经曹妃甸船收泝河，上濡水（今滦河）再进燕蓟、下辽东，以江南丝绸、瓷器、茶叶、杂品或换取参茸、皮毛，或赚取铜钱银两。这条“海上丝绸之路”沟通了南北交流，吸引了无数江南商贾驾船北上。

相传元朝初年，有一个叫黄百万的浙江巨商，造了一条大货船，重金请了一位久经风浪的老船长，载上江南丝绸、茶叶、瓷器等特产，择日出杭州湾取道“海上丝绸之路”驾船北上。

黄百万的货船离开杭州湾，驶入东海，途中一帆风顺，看看就要进入渤海湾。黄百万对老船长说：“曹妃甸快到了吧，过了曹妃甸进入泝河口，咱这一趟就赚定了。老大，扯满风帆！”

老船长口里应着，心里倒不像黄百万那样轻松，海谚说“英雄好汉，难过曹妃甸。”这行船在海上，船不拢岸船长的心弦就松不下来。

这海上的天，像小孩儿的脸，说变就变。天一擦黑，风平浪静的海面忽然起了大风，风越刮越大，掀起滔天大浪，大浪一个接一个向货船压来。老船长吩咐伙计赶紧把帆落下来，加固缆绳，把货物用绳子绑好，让伙计们各自到位，全力稳住货船。船帆虽然落下，大浪仍然推着船顺流飞跑，跑着跑着，忽然打起转转来，船身还发出嘎嘣嘎嘣的声响。老船长大惊失色：“不好，舵断了！”这条船东一头，西一头，失去了控制，在原地打转儿。

黄百万和满船的人们吓得失魂落魄，大家烧起了香纸，跪在甲板上磕头许愿。有的把好吃的东西往海里扔，求海神娘娘保佑，还有的干脆换上了新衣服，准备告别人世。

黄百万更是害怕，他不仅害怕丢了自己的性命，还怕海浪将满船的货物吞掉！想到自己将人财两空，不觉地嚎啕大哭起来："老天呐，妈祖娘娘啊，保佑我吧！若能保佑我渡过大难，我黄某人愿意修建庙宇，让你尽享人间香火。"

这边，老船长见船摇晃得厉害，吩咐船伙计砍断桅杆，船伙计提斧在手正要砍桅杆，忽然喊叫："老船长你看，咱船头里天上有盏红灯！"

果然，在船前的夜空里，飘飘悠悠有一盏红灯引路，这条没舵、没打帆的船竟像被人拉着一样，随着红灯破浪前行。

"妈祖娘娘显圣了！妈祖娘娘显圣了！"黄百万率全船人跪在船头。

黑暗中，不知走了多远，红灯消失，船被浪头推到一个大坨子前。那里的风弱多了，浪缓多了，老船长和船伙计们篙、桨齐下，拼命将船弄向大坨子，找了个避风的地方抛下锚，将船固定在了大坨子一侧的小海湾。

第二天天刚亮，风平浪静。黄百万指挥着船伙计们在船上收拾东西，忽听得到船后水下检查船舵的老船长惊呼，在船后发现一条巨鲨。大家下水看时见巨鲨已死。

这位久经风浪的老船长突然"噗咚"一声跪在巨鲨前的海水中放声大哭！他知道，昨夜那么大的风、那么大的浪，他驾驶的船一没有舵，二没扯帆，稳稳当当地跟着红灯驶到这里，是这巨鲨在船尾推着船才救得全船人脱险啊！

老船长扑在鲨鱼身上大哭，鲨鱼在船尾又推船又当舵，鲨鱼是累死的呀！

死里逃生的黄百万，身经大难，人货无损。他感念妈祖娘娘神灵保佑，他感激巨鲨舍生救死，他记起了自己在风浪中许下的愿。既然许了愿，哪有不还之理?！他决定船不走了，他要还愿。

他一打听，这里叫蚕沙河口，他围着这大坨子走了好几圈，斟酌再三，选中了西边最高处的坨子顶，他要在这个地方建庙！

黄百万从船上卸下丝绸、瓷器，派伙计们换来砖石、木料，请来瓦匠木工，亲自监工，就地建庙。

可这几天，老船长不吃不喝，整天流着眼泪围着巨鲨转悠。几天后，老船长消瘦得脱了相。再看那巨鲨，肉臭了、肉烂了，被潮水淘得只剩下一堆大骨头！

黄百万来劝老船长进食进水，同时提出厚葬巨鲨遗骨。

老船长说："这鱼骨不能埋。它应该享受人间香火，应该受到人的四季祭祀。"

黄百万被老船长的诚挚感动，但把鱼骨放在哪里才呢？

老船长说："巨鲨是受妈祖娘娘之命舍死救生的，就让它献身庙堂陪着妈祖娘娘分享香火吧。"接着，老船长提出把巨鲨的巨大脊椎骨作为庙堂正中的大梁。

黄百万有些犹疑："这能行吗？"

老船长说："能行！心诚则灵，把巨鲨鱼骨置于庙堂的最高处，让它分享香火，也不枉它的舍身善举了。这天底下第一个用鱼骨修的庙，将会名传四海的。"

黄百万高兴了，他说："好，咱们就这么办！"

几天后，一个世上罕见的鱼骨头作梁的庙修成了。人们叫它"鱼骨庙"。黄百万让伙计们布好香案，摆好贡品，和老船长领头焚香祭拜。

此后，黄百万每次行船到此地，都要到鱼骨庙待上半天，烧香祭拜。

久而久之，鱼骨庙的神奇被人们越传越神，凡出海打渔和行船做买卖的人都来鱼骨庙朝拜。

后来，鱼骨庙前一夜间又冒出一座大戏楼，人们说是渤海龙王修的。这楼、庙南北相配，声动四方。蚕沙口妈祖庙会越办越盛。渐渐的，人们感到与大戏楼的宏伟壮丽相比，鱼骨庙显得太小了，到了明永乐年间，乡绅民众共议重修扩建天妃宫。重修后大殿扩大，鱼骨不能再用。于是，人们焚香请下了鱼骨，请一能人取鱼骨一节打造成一把"鱼骨剑"，置放在大殿正梁之上，乃成镇殿之宝。自此，鱼骨庙被天妃宫代替，但蚕沙口天妃宫的前身鱼骨庙的传说，至今还流传在当地民间。

摘自朱永远、朱长波著《神龟背上的村庄》

倴城——古滦州四大名镇之一

倴城，滦南县人民政府驻地，位于唐山市区东南45千米，系古滦州四大名镇之一。最早见诸文字记载是明弘治十四年（1501年）修《永平府志·古迹》："倴城废县（疑为城），在滦州西南六十里。"此后，民国二十六年（1937年）修《滦州志》载："倴城，在县城南六十里，元将那颜倴盏屯粮处，今镇北遗址尚存。"

20世纪70年代发掘出土的文物和文化遗址证明，远在商周时期这里就有人劳作生息，秦汉以前，倴城一带已形成聚落。古城民谣曰："南罗城，北古城，中间夹着个破倴城。"出土于古城的清乾隆年间"共遵明禁碑"载："……此处居民先世皆聚族古城内，北有通津河，南有海城坞，设重兵把守，盖一时重镇也。厥后，民居渐南，距古城半里许，即今谓倴城者。"罗城和海城坞都为城外之城，当时的倴城南有罗城和海城坞，北有古城，可见其规模之大。

倴城"皋上"附近曾有"丰裕屯"古村落（今京东医院一带），屯东埋有一柏木桩，相传为唐王李世民东征高丽时的拴马桩。此桩虽历经久远坚而不烂，看似松动却力拔不出。此处不远曾为骡马市却没有一只牛虻，传说当年唐王拴马于此，忽有牛虻飞至叮咬战马，唐王嗔道："此地岂容有牛虻！"语毕牛虻飞遁，自此方圆一箭之地再无牛虻出没。此拴马桩新中国成立后尚在。丰裕屯南3里许有一村名"十八道子街"，因开始居住18户人家得名，后人口增多形成18个小村统称"海洋镇"。那颜倴盏到此屯粮，令古城地带居民南迁，腾出古城专一屯粮，古城、海洋镇、丰裕屯合成一镇。此后，倴城规模不断扩大，陆续建成9门。老东门，坐落于今中大街与京东医院东侧丁字胡同交会处路西；西门，坐落于今中大街与和平路交会处路东；南门，坐落于今文化路与步行街交会处路东；北门，坐落于今文化路与北大街交会处路南；大东门，坐落于今中大街与建设路交会处路西；小东门，坐落于今北大街与建设路交会处路西；小西门，坐落于今北大街与和平路交会处路东；小北门坐落于今文化路与原北后街（学苑街南40米）交会处路南，小南门坐落于寿圣寺西、老东门外丁字胡同南端。西门至老东门135丈，老东门至大东门60丈，南北门相距90丈，北门至北小门75丈，小东门至小西门195丈，城内占地536亩。东西南北四门与大东门门楼高两丈余，门洞券式砖砌，高、阔、进深均丈余，木质大门两扇，门楼上修垛口及平台，其余城门规格略小。城四周无城墙及护城河，系由建筑物（房屋及围墙）围成东西略长、南北略短的长方形城池。城内东西街两条（今中大街、北大街），南北街一条（今文化路），丁字胡同两条（今成兆才大戏院东侧、京东医院东侧），今中大街与文化路交会处称“皋上”，为倴城中心部位，地势最高。此时的倴城，城内店铺鳞次栉比，商号、粮栈、作坊、当铺遍布，城内119家店铺有30多家在京、津、东三省等地很有名气。清嘉庆十四年（1809年）重修《滦州志》载：“倴城镇，在城南六十里，有四门，乡关市廛（chán）齐整，商贾富庶，三八日集。”可见当时倴城繁荣之盛况。

倴城又因寺庙林立、古迹繁多而远近闻名，比较有名的寺庙有：城东南的寿圣寺、东门外的二郎庙、真武庙，西门外的老爷庙、财神庙，南门外的老母庙（观音庙），北门外的齐天庙；城内自西向东为马神庙、玉皇庙、文昌宫、娘娘庙、三官庙。文物古迹有：关帝庙影壁座上的犀牛望月（亦称西井望月）、庙前的银杏树、娘娘庙的一步三座塔、寿圣寺山门外的八棱碑、马神庙马神爷座下的响水井、二郎庙北会走的大铁钟、北古城的金驹夜鸣、老母庙的夜鸣钟等。

摘自《滦南文物古迹寻踪》

长凝延庆寺塔的传说

滦南县长凝镇长凝村，在此村南街路西，曾建有一座宝塔，名曰延庆寺塔。此塔宏伟壮观，造型优美，曾是冀东一带赫赫有名的古建筑。延庆寺塔体呈八角八面，上下共有 13 层，高约 35 米，整体均系青砖砌就，下部为莲形塔座，座高 2.3 米，直径 8 米。塔的第一层高 3 米，有东、西、南、北 4 个矮门，另外四面镶有砖砌浮雕像 24 幅，浮雕上刻荷花莲花瓣，刀工细腻，形象逼真。各层塔檐全部以仿木结构磨砖砌筑，每层的各角以木挑檐，檐上各挂铜钟一个。全塔共有铜钟 104 个，风吹过，“叮咚” 作响。塔顶装有两个鎏金铜球，在阳光照耀下熠熠闪光。古塔矗立滦河之滨，晨钟暮鼓，更显佛家圣地之灵秀。

据史料记载，这座宝塔，系唐朝初期建造，监工者系尉迟敬德。探测建造此塔的渊源，因何建在这里，里面有什么故事，还得从一个传说说起。

长凝这个地块，早在汉朝时期，就是滦南沿海地区通往东北的必经之路，当时称为“茶马古道”。往东十来千米就是滦河水系，因缺乏管理，滦河经常决口，一到夏天雨季，洪水经常泛滥，不仅道路难于行走，就是地里的庄稼作物、村民住户，常常被毁和淹没，使得百姓流离失所，无法度日。当时人们缺乏科技知识，愚昧地认为闹水灾是水妖作怪。为了解决这一问题，村民们经过商量，决定在此地建造一座宝塔，用于震慑滦河里面的水怪，解除黎民百姓屡遭水灾的痛楚。然而，当各家各户把款捐足，宝塔即将竣工之时，洪水一来，仍遭冲毁，接连几次都不成功，大家叫苦连天，无计可施。

到了大唐贞观十九年（645 年）夏天，唐太宗率大军东征高丽，行至此地，正逢大雨滂沱，肆虐的洪水横冲直撞，将北行之路全部毁坏、人马难于行走。被困于帐中的唐太宗，直急得在营盘内大发其火，忙找来地方官员询问为何不采取措施，地方官员只得照实启奏，将建塔不成之事悉数说出。唐太宗一听，拍案大怒说，大胆水怪，竟敢如此猖獗！大唐天子在此，还怕你不成？这座宝塔非建不可！于是，便派手下大将尉迟敬德坐镇监督，迅疾建塔。

尉迟敬德，原名尉迟恭，生于公元 585 年，卒于公元 658 年，朔州平鲁下木角人。唐朝名将，官至唐右武候大将军，封鄂国公，是凌烟阁二十四功臣之一。他身高八尺，膀阔腰圆，面如锅底，力大无穷，以屡战屡胜，勇冠三军，享有盛名。尤其是他手中的五尺神鞭，更有出奇的威力。传说他是上界门神，被玉皇大帝派下协助唐太宗一统天下。他接了皇帝指令后，马上坐镇修建宝塔。正修之间，天上突然阴云密布，电闪雷鸣，接着降下倾盆大雨。尉迟敬德抬头一看，见云端之上有一条恶龙正在作祟布雨，大怒，扬起神鞭向着恶龙砸去，只听得一声惨叫，龙角被砸断，龙鳞掉了一地。恶龙扭头一看，原来是神将在此，忙在云端谢罪。尉迟敬德喝道，孽障既已知罪，日后不得再来扰民，如不改悔，上奏天庭，立斩不饶！恶龙点一点头，扭转身形飞走了。时间不长，雨过天晴，积水倒退，唐太宗和尉迟敬德带着队伍继续出征。而建塔的村民们，边感谢神将的大功，边抓紧施工，到了秋后，就将宝塔建成。为了纪念尉迟敬德的功绩，大家将宝塔取名“镇水宝塔”。从有了宝塔以后，这里很长时间没有发生水灾，人们日子安宁，快乐度日。

到了明代以后，大批的山西移民来到此地，其中有一姓张的老头，饶有知识，听了这个传说后，知道大家的安宁幸福，完全仰仗宝塔的通灵庇佑，于是，就将这里取名“长凝村”，意在此地以后水患断绝，百姓日子长治久安。到了清代，这里来了一些出家僧人，他们看中这块风水宝地，就筹集钱财，招来能工巧匠，在宝塔前边建了一座寺院，取名“延庆寺”。后来，随着延庆寺的香火鼎盛，人们前来朝拜寺院的同时，又都对宝塔顶礼膜拜，不知什么时候，就将“镇水宝塔”改名为“延庆寺塔”了。

1976 年 7 月 28 日 ，唐山发生了八级强震，镇水宝塔未能幸免。所幸，文物管理人员冒着余震的危险，对宝塔进行了清理，其后又在《唐山政协文史资料》中留下文字，使我们知道：塔内有墓室一座，高约 2. 8 米，直径约 3 米，四壁有画，有 4 幅神佛之像，4 幅为袈裟木鱼等佛像用具之图像；有辽代的鸡冠壶、三彩瓷等。由此知是辽代之塔。墓室内布有棺床，床上有砖砌卧佛像，约长 34. 5 厘米；卧像前有一座微小僧人坐像，双手合十，专注诵经；卧佛像右侧有银盒一个，内有舍利，左侧有长明灯一盏；头部有辽代铜镜，直径约 12. 5 厘米。显然，这座宝塔内部是辽代风格建筑，但外观已融入汉民族建筑的下檐之妙。因此这是少有的汉族与鲜卑族建筑融汇一起的真水白塔。白塔曾经是唐山大地上的一颗明珠。

如今，虽然宝塔已经消失，但动人的传说留存下来。长凝镇逢五初十集日，车水马龙，货物云集，已成为滦州、昌黎、乐亭三县物资交流的集散之地之一。

作者：张浩洪

百善学校：一个历久弥新的文化符号

初秋时节，慕名拜访唐山市境内仅存的呔商遗迹——乐亭县百善学校。在一片漂亮的农舍环抱之间，这所表面看似普通的乡村小学尽管略显凋敝，但推开那扇吱吱作响的栅栏门，迎面一座中西合璧的高大建筑和满院的苍松翠柏却让人不由自主地联想起这所学校昔日的辉煌。

提及百善学校，当然不能忘记武百祥的名字。这个出生于乐亭县阎各庄镇何新庄村的农家子弟，13 岁就跟着舅舅闯关东到东北谋生。学徒 7 年，社会的磨难使他深感没有文化的痛苦。因此他发誓，如果自己发迹之后，一定要在家乡办一所顶好顶好的学校，招聘顶好顶好的教员，使孩子们受到顶好顶好的教育，让他们个个有出息。

自 18 世纪初叶始创同记，武百祥一生致力于同记的经营。他创造性地吸收西方经营管理经验，率先在同记进行了一系列商业改革，首创“言无二价”，实行“明码标价”，组织股份公司，成为实力雄厚的民族资本家。武百祥没有忘记当年的誓言。1928 年，他与好友赵禅堂共同投资 10 万大洋，在家乡何新庄建起了当时乐亭县设备最全、占地面积最大、条件最好的学校——百善学校。百善学校的建立，轰动了整个乐亭县，武百祥热心教育的义举也传遍了关内外。

“渤海之北，燕冀之东，海洋沃野，我校百善设其中……”在百善学校，学生刚入学就要学唱百善学校校歌，这样的传统一直沿袭至今。据介绍，办学初期，武百祥就为学校亲笔题写了“勤、朴、诚、勇”的校训和校歌，以此来勉励师生奋发读书，做社会栋梁之材。

百善学校自 1929 年招生授业，至 1932 年已发展成为男女合校的一所完全小学，学校学生最多时达到 700 余人，生源除来自附近村庄，还有县内外其他地方的富家子弟。1937 年，为了解决沿海村庄学生就读困难，武百祥还在大苗庄、垛瓦、齐家寺设立了 3 个分校，由百善学校统一聘任教员、制订教学计划。资料显示，仅 1929 年至 1945 年，由百善学校升入中学继而升入大学深造的学生就有 100 多人，为社会培养了包括医学专家、高级工程师、学者教授以及党政机关高级干部等大量优秀人才，这些百善学子在抗日战争、解放战争和社会主义革命建设中都起到了积极作用。

财富终将遗忘，而精神却永存。以武百祥为代表的“老呔商帮”在教育中投入的不仅仅是资金，更重要的是在家乡延续了良好的文风学脉。百善学校教导主任於树民是土生土长的何新庄村人，整个小学时光都在百善学校度过。1992

年从昌黎师范毕业后，一直在母校任教。於树民说，在兴学育人之风的影响下，村里非常重视对下一代的文化教育，几乎家家有大学生。以他的家族为例，他共有叔伯兄弟姐妹 20 个，其中 13 人考取了各类院校。村里年轻人即便是没有步入高等学府，也依托良好的文化基础，积极投身于农业生产、商品流通、企业经营等各个领域，许多人都成为其中的佼佼者。

现今，学校内保留最完整的礼堂虽经岁月洗礼，但建筑中传统的飞檐大瓦、方条石基座，配以欧式门窗，既古朴又典雅。置身其中，依旧让人感受到历史的烟尘迫近而来。据说，礼堂内可容纳千人，师生每天的朝会、每周的周会以及歌咏演唱活动都会在这里举行。而礼堂北面的儿童图书馆，当时馆内藏书万册以上，除小说、诗歌、故事、科普类书籍外，还有堪称 20 世纪上半叶最有影响力的大型现代丛书《万有文库》一部。遗憾的是，这些当年珍贵的藏书几乎全部失落。

作为唐山市境内仅存的呔商遗迹，百善学校是 20 世纪初大批呔商精英回馈家乡掀起捐资办学热潮的代表性建筑。然而，由于历史及自然原因，特别是在 1976 年唐山大地震中，校址建筑设施遭到严重破坏，虽经一定修复，但已失去了往日规模。而且，学校也先后更名为抗日中学、何新庄小学等。

1985 年 4 月，原柳州军区副政委、百善学校老校长韩景和来母校故地重游时，目睹当时情景，感慨万千，挥笔在学校黑板上写下“还我百善、建设百善”八个大字。韩老的题字引起了各级政府及社会的重视。“昔日冀东名校，今朝再创辉煌。”一个全新的乐亭名校，将成为一道新的亮丽的风景坐标。

作者：刘长存、檀咏

净觉寺的由来

相传，唐朝武则天时期，有一位御史姓田名正，字净觉，玉田县田家庄人。他为官清正，直言敢谏，因而得罪了一些贪官和奸佞。后来，武则天听信谗言，将他撤职罢官，赶出京都。

田正回到老家田家庄，每日里吃斋念佛，积德行善。虽然家境富裕，却从不铺张浪费。攒下钱来，一是救助贫困人家，帮他们解除饥寒之苦；二是购买建筑材料，准备在还乡河畔建造一座庙宇，供乡亲们烧香拜佛。十里八村的人们对他都很尊敬，称他为“净觉先生”。

可是，树欲静而风不止。尽管田正在田家庄做了很多好事，赢得许多称赞，朝里的那些奸佞还是要落井下石，非把他置于死地不可。这些人捕风捉影，捏造事实，参奏他不满朝政，收买人心，筹建宫殿，蓄意造反。武则天当即发出御旨，责令玉田县令迅即查清此事，倘若属实，速将田正押送京都。玉田县令接到圣旨，心中暗喜，心想：“这可是个邀功请赏的好机会！一定要把这件御案查清楚，让朝廷也知道我的忠诚与才干！”想到这里，他立即带领人马气势汹汹地直奔田家庄而来。

这消息瞒得了田正和乡亲们，却瞒不了众佛。得知朝廷要派人捉拿田正，众佛不约而同地紧急行动，要帮助田正逃脱此难。当玉田县令带领官兵急匆匆地奔赴田家庄，忽然，有一位膀大腰圆的庄稼汉拦住去路，不等询问，就对官兵说：“净觉先生是好人，他吃斋念佛，心地善良，只做好事，不做坏事，你们不要害他！”县令听了甚是奇怪，心想，这汉子怎么知道我是奔赴田家庄，为抓捕田正而来呢？难道有人走漏了风声？刚想发问，那汉子飘然而去，连人影都看不见了。再往前走，不到 3 里地，又有一位老太太拦路，那老太太郑重其事地说：“净觉先生是好人，他吃斋念佛，一心向善，只做好事，不做坏事，你们不要害他！”县令又想发问，那老太太也是飘然而去，眨眼间踪迹不见了。再走一段路，又遇到一位教书先生……总之，仅仅 40 里路，竟有 10 多人拦阻，而且，这些人的言谈举止一模一样。县令满腹狐疑，来时的欣喜和得意烟消云散了。但是王命在身，怎能无功而返？只好硬着头皮往前走。他暗自嘱咐自己：“今天的事情太蹊跷，我必须小心谨慎，决不能贸然行事。”

过了两个时辰，官兵来到田家庄。县令命士兵把田正的家院里里外外仔仔细细地搜查一边，结果，一点造反的痕迹也没有找到。然后，他亲自去见田正。此时的田正端坐在佛祖的塑像前，聚精会神地诵念佛经。听县令说明来意，他坦然地回答："我已看破红尘，笃信佛祖，十里八村人所共知。说我蓄意谋反，实在是无中生有，请大人明察。"县令说："净觉先生，在下有一事要问，为什么从玉田到田家庄的路上，有那么多的人拦阻于我？是不是你预先得到消息，提前做了准备？"田正说："我终日闭门不出，怎么可能预知官府的机密大事？田家庄的人总共不到百口，每日都在田间耕作，又怎么会去拦阻官兵？"

县令将信将疑，真的召集全体村民一一询问。结果证实，田正所言句句属实。仔细端详这些百姓的面孔，根本没有拦路劝阻之人。在事实面前，县令恍然大悟："田正多行善事，口碑极好，又是个虔诚的居士，一定有佛祖相助。半路上遇到的那些人，肯定是众佛变化而成，目的是要帮助田正脱此大难。既然如此，我若害他，岂不要惹火烧身，自取祸灾？"想到这里，他恭恭敬敬地对田正说："看来，净觉先生确是忠正之人，确有慈悲之心，蓄意造反之事乃无稽之谈。今日本县看得清楚明白，回去后如实向朝廷禀报也就是了。"说罢，告辞而去。

玉田县令回到县衙后，把所见所闻写成奏折，向武则天禀报。武则天也信佛，听说田正念经拜佛，筹建佛寺，不禁转怒为喜，把诬告之人训斥一番，田正的案子也就了结了。这以后，田正变卖了家产，在村西建起一座富丽堂皇的寺庙，人们以他的字为寺名，称之为"净觉寺"。

一千多年来，净觉寺屡废屡兴，名字却始终没改；田家庄的村民一代接一代，田正的善行至今仍在流传。

搜集整理：张树云

傻和尚创修麻山寺

玉田城北，麻山南坡，曾经有一座小巧玲珑的佛寺，名叫麻山寺。相传，这座寺庙的创始人是玉田城内人，俗姓杨，人们都管他叫傻和尚。

小时候，傻和尚特别笨，教他念书识字，他一个字也记不住，十多岁了仍然是个睁眼瞎，所以人们称他为傻小子。有一年春节，隔壁大门上贴了一个大红字，他问哥哥："这个字念啥?"哥哥告诉他，这是个"福"字，傻小子费了好大劲儿总算记住了。第二年春节，隔壁大门上又贴了一个大红字，可这个字跟"福"字不一样，他心里犯疑，问哥哥："哥，'福'字咋一年一变样儿?"他哥哥又好笑又好气，对他说："这个字是'禄'，不是'福'。一个字一个写法，不会变来变去。"傻小子嘟囔："什么福不福禄不禄的，太麻烦，我一个也不认了!"

傻小子虽傻，可他心地善良，人缘特别好，提起他来，没一个不挑大拇指的。他家住在玉田城内，每逢农历三、八日，乡下人成群结队来赶集。他们走了很远的路，在集市上还得讨价还价的，往往是口干舌燥，看见哪里有水，不管干净不干净，咕嘟嘟地往肚里灌。傻小子看在眼里，心中明白，人喝脏水是会闹病的，干脆把自家水缸里的水舀到水桶里，把水桶放在家门口，又在水桶旁边放了几个大海碗，供赶集的人们解渴。

有一回，有个乡下妇女带着小孩儿来赶集，那小孩刚刚四五岁，不知怎么回事，找不着妈了。这小孩又着急又害怕，哭得成了泪人儿。好心的人们上前哄他，问他姓啥叫啥，是哪个村的。他一句话也不说，一个劲地哭，那些好心人没法可想，摇了摇头走开了。傻小子看到后，啥也不说，啥也不问，从家里拿来玉米饼子给那小孩吃，又端来大碗凉水给他喝。那小孩吃饱了，喝足了，跟傻小子玩起了藏猫猫，把找妈的事忘了个一干二净。他妈风是风火是火地赶来，看到儿子正跟傻小子活蹦乱跳地捉迷藏呢，又是高兴，又是感谢，硬是拉着儿子跪在地上，给傻小子磕了三个响头。

18 岁那年，傻小子到城北不远处的麻山玩耍，看到山顶上竖立着一块古碑，觉得挺新鲜，看了一遍又一遍，舍不得离开。这时，一位老和尚来到他身边，面带微笑盯着他。傻小子问那和尚："这石碑上写的是啥?"老和尚告诉他，写的是"古人种玉处"。傻小子又问："古人种玉处是咋回事?"那和尚给他讲了阳伯雍为过路人免费供水、义务补鞋的故事，还给他讲了"恶有恶报、善有善报"的道理。傻小子听得聚精会神，好像悟出了什么。那和尚又教他认"古人种玉处”五个大字，他不大一会儿就记得清清楚楚。他要拜那和尚为师，那和尚也不推辞，当即管他叫徒弟。从这以后，傻小子就变成傻和尚了。

傻和尚把麻山当成自己的新家，搭了间茅草房住下来，日夜不离。家里来人拽他下山，他把傻劲使出来，八头牛也拽不动。渴了就喝山泉水，饿了就到山下村庄里讨碗饭吃。冬天，寒风吹倒了茅屋，他差点儿被冻僵；夏天，大雨把茅屋浇漏了，他成了落汤鸡。可他就像一块大石头，结结实实、稳稳当当地落在麻山上，谁也搬不动。乡亲们被他的诚心所感动，决定帮他建座寺庙。不到半年，寺庙就建成了，起名为麻山寺。

也不知道为啥，他自从当了和尚，住在麻山上，当年的“傻小子”变得聪明灵透，悟性越来越高。十多年时间，不仅把佛法熟记在心，谈起四书五经、唐诗宋词，他也如数家珍，连那些举人、进士都争先恐后地跟他交往呢。更让人惊讶的是，他还读了不少医书，一有空就到大山里采药，附近乡亲有病时都去找他，他随叫随到，分文不取。

傻和尚的名气越来越大，麻山寺也就成了京东地区的一座名寺。

搜集整理：张树云

瞿坛庵风云录

玉田东关曾有一座规模不大的庙宇，名叫瞿坛庵。庙内只有两层殿，香火也不是很旺盛。直到清朝初期，这座小庙才引起人们的关注。

清朝入关后极力推行“剃发令”，强迫汉族男人跟满族男人一样，把前半个脑袋剃得光光的，后面留条大辫子。哪个胆敢拒绝剃发，那就会被清兵砍掉脑袋。这项恶政受到许多汉族民众的抵制，其中，才华出众、崇尚气节的玉田生员王公濯，毅然躲进瞿坛庵，“圆领大袖，混迹僧流”了。他心里想的是：你满族王爷再抓狂，也不能强迫我留大辫子吧？可以想象，当时县内外许许多多的眼光聚焦在这座小庙上，或流露出同情之心，或表达着敬仰之情。

大约在康熙中期，王公濯与世长辞。为了纪念他，王氏族人便把瞿坛庵当作本族的家庙，并在寺西南置地近 10 亩，作为瞿坛庵的香火地，用其租金解决族人祭祀及瞿坛庵管理所需费用。但是，到了嘉庆朝末期，一件咄咄怪事出现了：一个在京的旗人硬把瞿坛庵的香火地说成是自己的财产。面对旗人的无理取闹，一位名仕廷、字显候的王氏族人挺身而出，据理力争。那旗人蛮不讲理，气焰嚣张。王仕廷气愤不过，带领本族一些身强力壮的小伙子，把那人狠揍一顿。那旗人岂能容忍，跑回京都到刑部告状，刑部立即派人到玉田抓人。王仕廷真是条好汉，把打人的责任独自承担下来，结果被五花大绑押赴京师，关进刑部大牢。

最初审理此案的是一位满族官员，他已经接受了当事旗人的请托，一开始就对王仕廷施加压力。王仕廷一口咬定瞿坛庵就是王氏宗祠，附近耕地确是王氏宗祠的祭田，那旗人实属无理取闹、仗势欺人。满族官员得不到理想的口供，就对王仕廷严刑拷打。王仕廷真是硬汉子，说啥也不改口，使这场官司陷入僵局。就是在这种情势下，案子发生了戏剧性的转机：审理此案的满族官员被撤换，由一位汉族官员接手。

重新升堂后，汉族官员讯问那个告状的旗人：“你说瞿坛庵周围的耕地是你的私产，可有什么凭据？”那旗人拿不出任何证据。汉族官员又问：“这些年来，你可曾到那里收取地租？”那旗人回答：“未曾去那里收租。”问到这里，汉族官员也就心知肚明了，他斥责那旗人说：“你一无任何凭证，二又从未到那里收租，怎么能说那块耕地是你的？分明是你妄图霸占他人财产！”就这样，那旗人被轰出大堂，王仕廷被无罪释放，瞿坛庵的香火地仍归王氏族人所有。

在瞿坛庵祭田保住之后，作为保卫宗族利益的有功之臣，王仕廷被公推为瞿坛庵的管理者。可是，“成也萧何，败也萧何”，谁也不曾想到，这座家庙一度毁在王仕廷的手里。原来，王仕廷嗜酒如命，为喝酒可以不顾一切。喝酒吃菜是要花钱的，钱不够怎么办？那只能“靠山吃山，靠水吃水”了。王仕廷先是把瞿坛庵香火地的地租挥霍一空，继而又把香火地典当给他人，连瞿坛庵内那两棵乌桐树也被他砍倒，树干卖掉，枝杈晒干后生火做饭。十几年后，可怜的瞿坛庵变得墙倒屋塌，残破不堪。

面对这种情况，达王庄村的王坦（字子舒）等人挺身而出，为保护族产多方奔走。他们先到县衙打官司，将王仕廷典当给他人的香火地全部追回；又在王氏族中募捐，筹措了维修瞿坛庵的资金；然后聘请能工巧匠，重修瞿坛庵。经过大家团结奋斗，终使这座残破的家庙焕然一新。第二年，也就是嘉庆二十五年（1820 年），合族立碑于庵内，碑文记录了重修瞿坛庵的简要过程。

同治八年（1869 年），瞿坛庵又一次重修，主持人是王氏第十六世孙、王坦之子王敬德。王敬德是位武秀才，他非常敬佩先祖王公濯的高风亮节，家里珍藏着王公濯的画像，以及县内外知名人士为这张画像题写的诗文。他所操办的这次大修，不但在规模气势上超过以前，“涂丹漆而殿宇辉煌，累砖瓦而墙垣巩固”，而且，“建碣镌碑”，把各界知名人士赞美王公濯的诗词、文章全部刻在石碑上，分别布置在瞿坛庵之内。这样一来，瞿坛庵的文化底蕴更加厚重了。

新中国成立后，为创建玉田县中学（玉田一中的前身），将年久失修的瞿坛庵全部拆除。现在，此处已成为玉田县第三中学的校址。

作者：张树云

建昌营与清真寺

提到迁安就会想到建昌营，就会想到“拉不败的建昌营，填不满的开平城”。相传在春秋战国时期这里已有村庄聚落，称为“石头城”。明朝时修建长城冷口关，在此建军需供应营地，成为京东三大供应基地之一的安昌营，后改为建昌营。如今，已为镇政府所在地，每逢农历四、九大集之日，人山人海，车水马龙，交易上万，成为京东重要集镇之一，成为迁安东北部的政治文化和经济交流中心。

提到建昌营，就会想到建昌营的标志性建筑，保存完好的京东第一清真寺。

史料记载，早在唐太宗贞观年间就有大食国，即阿拉伯帝国来人通好，穆罕默德的弟子翰慕思曾来广州传播伊斯兰教。《唐史·大食传》中记载唐高宗永徽二年（651年），大食国派使节来到长安，从此以后的150年间，大食国遣使39次之多。穆斯林商人大量来唐贸易，并留住长安，从此带来了他们的生活风俗和穆斯林文化，中国的伊斯兰教随之产生与发展。到了元朝，穆斯林的地位仅次于蒙古人，高于汉人，元朝的官方文件称其为“回回”，穆斯林在元朝时形成一个新的民族——回族。

元朝末年，许多回族人参加了农民起义军，有的战功卓著成为明朝的开国元勋。明朝从朱元璋开始，对伊斯兰教优厚尊重，使得伊斯兰教有了迅速发展。明朝时，已有回族、维吾尔族、哈萨克族、乌孜别克族、柯尔克孜族、塔吉克族、塔塔尔族、东乡族、撒拉族、保安族10个兄弟民族信奉伊斯兰教。大量清真寺在北方建立，建昌营清真寺建于明朝嘉靖年间，清朝之后又经多次重修，成为风格别致的清真古寺，占地约5亩，有楼阁殿堂36间，有大殿、窑殿、南北讲堂，前廊、顶楼和沐浴室，女礼拜寺。

大殿即礼拜殿，是清真寺的主体建筑，是穆斯礼拜真主的圣殿。由于麦加圣城在中国的西方，所以礼拜殿都坐西朝东，殿内宽敞明亮，地面铺满地毯和为老年穆斯林准备的长凳。信众进入礼拜殿之前必须清心沐浴，脱鞋上殿，席地而坐。礼拜殿内有千姿百态的吊灯，礼拜殿内不供奉偶像，不用动物图形装饰，以阿拉伯装饰图形的风格为主。

位于礼拜殿最前方的是窑殿，又称“圣龛”，即阿拉伯语的“米哈拉布”。是礼拜殿内最圣洁之处，也是阿訇领拜之处。因为“米哈拉布”是礼拜殿中最重要的组成部分，所以，“米哈拉布”周围雕刻着《古兰经》经文和赞言，并饰以彩绘。

清真寺的沐浴室又称水房，是穆斯林信众礼拜之前的净身之处，其意是穆斯林在礼拜前净身的同时也要净心，是必须履行的教法规则和程序，是必做的净礼，是清真寺必不可少的设施。南北讲堂是清真寺的主要建筑之一，阿訇的办公室、讲学堂及居住区都设在北讲堂，寺管会的办公场所设在南讲堂。

顶楼又称宣礼楼，是供宣礼员在上面呼唤穆斯林按时到清真寺礼拜而设。顶楼又称望月楼，伊斯兰教历九月为斋月，何时封斋和开斋，要大阿訇或有权威的见证人在伊斯兰教历八月或九月的最后一天的黄昏时登楼望月，从而定出封斋和开斋的时间。顶楼的穹顶是阿拉伯式清真寺的主要建筑和标志象征，但建昌营清真寺的顶楼中西合璧，既有阿拉伯式的整体造型，又极具皇宫建筑特色。顶楼高12米，上为龙凤脊，脊上有瑞虎捧兽，有六角飞檐，檐下有玻璃凤眼，远远望去熠熠闪光。

清真古寺还保存了许多珍贵的楹联匾额，有康熙五十八年（1719年）邑间乡绅李梅父子重修清真寺时所赠的“彼美西方”，有正面的“清真古寺”，有历代达官士绅所赠的“清风明月”“清真正宗”“普慈世界”，有冷口关千总所赠匾额“覆祺酬载”，有康熙时武官哈元生所赠匾额“太初之处”。这些墨宝弥足珍贵，留下了历史上各民族对伊斯兰教的友好和尊敬，也留下了回汉满民族之间的浓浓情谊。如今建昌营的清真古寺，已成为穆斯林信众礼拜的圣地，信众们在这里过着正常的宗教生活，清真古寺也成建昌营街心最闪亮高耸的建筑，像一颗闪亮的明珠受到各族人民的珍爱。

作者：闫克岐

“金堆儿” 的来历

在遵化市侯家寨乡马蹄峪村北的长城脚下，有一个小山丘，当地老百姓都管它叫“金堆儿”。多么令人神往的地方！问起马蹄峪村上了年纪的人都会告诉你“金堆儿”跟修大石峪长城有关。

大石峪是马蹄峪村北的一个大峡谷。峡谷上下怪石嶙峋，遍地都是石头。踏石而上，至半山腰中，就会望见山顶上用石头砌成的长城和两座巍然耸立的敌楼。一座敌楼建在洼处，老百姓叫它“洼子楼”；一处建在此地最高处，老百姓叫它“高楼”。

当地老农讲，这两座敌楼是明朝隆庆年间修建的。当时戍边将领听说大将军戚继光要来视察边防，便在众多工匠中挑选了两名最优秀的工匠负责带领两个施工队负责包修，建筑标准、完工日期都要求立了军令状。

结果天公不作美，施工期间连续降暴雨，影响了往山上运送石块，并且在建设“洼子楼”的洼处积了大量的水，影响了“洼子楼”的施工进度，最终负责修“高楼”的施工队按时完了工，其工头受到了表扬；而负责修“洼子楼”的施工队延误了工期，没能在要求时间内完工，按军令状把这个工头给斩了。后士兵们觉得这个修建“洼子楼”的工头死得很冤便偷偷把他的尸体埋在了长城脚下的一个小山丘，也就是现在“金堆儿”这个地方。

过了一个时间，大将军戚继光来到大石峪长城视察防务情况，发现“洼子楼”的建筑地形与地势、建筑质量与风格后，大吃一惊，立马跟戍边将领说：“快！把修这座敌楼的工头给我找来，我有话说！”那戍边将领及陪同人员面面相觑，脸露难色：“这……这！禀将军，这个工头因延误工期已被处斩！”戚继光怒道：“什么?！斩了？哎呀！”连拍大腿，仰天长叹，眼里滚出了泪花，指着戍边将领骂道：“你糊涂啊，如此优秀的工匠，你怎么就给说斩就斩了？”那名戍边将领及陪同的官员们都被大将军的反应惊呆了，究竟是什么原因让大将军戚继光，为了一个修建长城敌楼的工匠这么动情和伤感呢？

戚继光（1528—1588 年），字元敬，山东蓬莱人。世袭登州卫指挥佥事，以参将备倭浙东。创鸳鸯阵破倭于台州，以总兵镇守福建，晋右都督，世称抗倭名将。隆庆元年（1567 年）调京，任蓟镇总兵，创建空心敌楼。这种敌楼建成后，能驻官兵，能储兵器，能藏粮草，极大提高了长城的防御和进攻能力，令敌望而生畏。戚继光是长城敌楼的创建者，故对敌楼有特殊的认识和感情。

这座敌楼（洼子楼）确实与众不同：远见整座敌楼上下方正，四面齐平，蔚为壮观；近看敌楼基座用九层花岗岩料石砌筑，严丝合缝；拱门由八块拱石构建，科学考究；门墩、门槛用一块料石精工细作，经久耐用；门楣上方独具匠心，镶嵌两组精美砖雕，惟妙惟肖。在敌楼南侧，一天然巨石如天外飞来与敌楼齐平而伴。大将军被这座（洼子楼）敌楼的精致和考究惊呆了！后他经了解得知，当时修建这座敌楼的工头是在当地优秀民工中提拔起来的，他把强烈的爱国保家情感和高超的技术才能全部倾注于这座敌楼的修筑上，精益求精，一丝不苟。但因老天作对，施工期间连降暴雨，洼处积水，运送砖石受阻，延误了工期，自请按军令处罚。

戚继光当即下令，为此工头昭雪并厚待家属，奖赏士兵。派人找到埋葬工头的地方，因其被斩首尸体无头，便命人为其堆了一个“金脑袋”重新安葬。“金堆儿”因此得名。

时光荏苒，我国著名长城学者、中国长城学会副会长兼秘书长董耀会先生登临大石峪长城洼子楼时，欣然命笔，题写八个大字“天人合一，万里无双”。目前，大石峪长城已被国家文物局列入国家抢救性保护地段。

作者：张志广、李彤

金牛寺

遵化东南有座山，因为它形如卧牛，所以人们管它叫“牛山”。在牛山东山脚下有一座庙，叫“金牛寺”。

古时候在牛山的东山脚下住着兄弟二人，老大奸，老二傻。老大娶了一个刁泼的媳妇，结婚不几天，嫂子就招不得傻子了，整日跟她的男人撒泼放赖。老大惹不起媳妇，只好把傻子分了出去。哥俩分家也没有找中间人，只是嫂子说了算。嫂子想，养猪还得有个猪圈，怎么也得给老二一个窝呀。于是答应分给老二一间破棚子，又让老二拿过去一口锅、一双筷子、一个碗就算分了家。打这以后，老二就自己另起锅灶了。

一天半夜里，老二拿起镰刀背起篓子上山拾柴去了。他刚一走出家门往西一望，就看见山顶上站着一个发光的怪物。他爬上山走近一看，原来是一头金牛。这头牛两眼放光，浑身金黄铮亮，耀人眼睛。老二摸一摸它的头，它点了三点；挨一挨它的身，它晃了三晃；拨拉一下它的尾巴，它摇了三摇。老二高兴得不得了，牵牛回了家。从此，好心的老二宁可柴不拾，到山北悬崖上割来又鲜又嫩的马兰草喂它；宁可饭不吃，到山下水泉里提来又甜又清的水饮它。不管刮风下雨，从不间断。

到了九九八十一那天的半夜里，老二依然和往常一样把金牛喂饱了，饮足了。这时金牛用头拱了老二三下，用尾巴抽了老二三次，调转身来向西山崖跑去。老二撒丫子就追。当金牛跑到西山崖前时，只听“轰”的一声巨响，山门大开。老二朝门里一看，金牛正在拉着金碾子轧金豆子，满屋子金砖铺地。不贪财的傻老二一粒金豆子也没捡，一块金砖也没拿，只听“轰”的一声巨响，两扇巨大的石门关上了。傻子回头一看，仍然是那座直上直下的山崖。

老二又回到山顶拿起镰刀背起篓子，提着水桶往家走去。他就觉着这只水桶坠手地沉，老二放下水桶仔细看，桶里什么也没有。当他一迈进自己的房门时，水桶里出现了满满的一桶闪闪反光的金豆子，把他的小窝棚照得铮亮。傻子心满意足地躺在炕上睡起了大觉。

正房中的大嫂一觉醒来，往外看窗纸发亮，打开窗户一看，只见老二的小窗口放出一道道金光。她急忙唤醒正在酣睡的男人，两口子走出房门，趴在老二的小窗口往里一看，大吃一惊，那不是金豆子吗？老二是从哪里弄来的呢？这两口子见财眼开，馋得直咽唾沫，痒得心里长虱子。嫂子见老二睡得正香，就轻手轻脚地打开草棚子的门，把这一桶金豆子偷到自己的家中。害怕老二发现，两口子商量半天，认为藏在炕洞里最安全。于是两口子刨开炕面，把这桶金豆子放在炕洞里，然后又把炕面抹好。贪心的哥嫂不满足于得到一桶金豆子，他们想要得到金山、银山。

第二天半夜里，老二点火做饭，吃完饭后，又上山去了。老大见老二走出家门也赶紧跟着上山，他躲在一块大青石后面，观看老二的动静。只见老二从北悬崖上割来马兰草喂金牛，从山下泉池里提水饮金牛，又见金牛头拱三拱，尾摇三摇，向山下跑去。老二走进石门，不一会儿走了出来。然后背着篓子，提着水桶回到家中。老大顺着小窗口一看，老二的水桶里又出现了满满一桶金豆子。

第三天夜里，哥嫂一宿没睡，商量偷金豆子的方法。还是嫂子鬼点子多，她让自己的男人假扮老二去山上盗金豆子。于是嫂子偷来老二的破衣服给男人穿上，偷来篓子、水桶递给男人，打发老大上山了。老大上山后照老二那样割马兰草喂牛，提泉池水饮牛。金牛跑下山去，他死追不放。金牛走进山门后，老大也跨了进去。爱财如命的老大从腰中解下准备好的布袋子，把碾子上的金豆子都收在口袋里，老大吃力地扛起口袋一步一步地向山门走去，当他刚到山门前时，只听“轰”的一声巨响，两扇巨大的石门关上了。可怜老大叫天天不应，喊地地不灵，活活饿死在山洞里。刁泼的嫂子在家中做完一宿美梦，天亮了还不见男人回来，放心不下，亲自到山上找男人，她找遍山前山后，山左山右，也不见老大踪影，她只好回到家中。一进房门，就闻到一股腥臊味儿，嫂子刨开炕洞，提出水桶，只见原来的一桶金豆子变成了一桶牛屎。

老二从此盖上了新房，娶上了媳妇，日子过得很美满。夫妻俩不忘金牛的恩德，塑了一尊金牛，供奉在自己的家中。

老二的后人按照先辈的遗愿，在牛山东山脚下修了一座庙，起名“金牛寺”，用以寄托对金牛的思念。

采录：鲁定国

马兰峪“栀” 成“舟”

在遵化马兰峪南边的一座小山上，耸立着一座砖塔叫“永旺塔”。永旺塔除座基是石料的以外，通体全用青砖砌成，高 17 米，直径 3 米，七层、八棱。每道棱上各建有一座半露半藏的小砖塔，故又称“九塔”。永旺塔的栏柱、塔座和塔身上，刻有 60 多幅有关农民兴旺的浮雕图案。56 个翘起的檐角上，各悬挂一个方形小铁钟，经风一吹，发出叮咚的响声，十分悦耳动听。从永旺塔中央南面的牌匾上镌刻的碑文上，可以清楚地证明他是戚继光镇北时于万历十年（1852 年）仲秋督建的。

洪武年间，大将徐达为扼守马兰关口，在马兰峪修建了石城。戚继光 21 岁时，奉朝廷之命，率山东六郡卫所的士卒戍边，来到蓟门，一待就是 5 年。在这 5 年里，他亲眼目睹了马兰峪一带黎民百姓的疾苦，十分同情；但因官卑职小，无力拯救。

事隔 20 年后，戚继光调任蓟镇总兵，又看到了这块贫瘠之地。可巧，这一年发生了水灾。戚继光登上了马兰峪后山顶，眼睁睁地看到关口以南十里汪洋，冲走民房，吞没了石城，逼得黎民百姓无家可归，流离失所。联想到关外异族的侵扰，他心情十分沉重。他紧皱眉头，思索着守关安民的措施。突然，他的耳边响起一首当地民间流传的歌谣：“马兰峪，像条船，就是没墙打转转，东一摆，西一闪，黎民百姓受熬煎。”如何能到达兴旺的彼岸？马兰峪的百姓需要一根扬帆的桅杆呀！戚继光决心要为这一带的穷苦百姓立一根象征兴旺扬帆的桅杆。

一天，他刚走出马兰峪城门口，迎面就过来一位白胡子老头。他向戚继光拱了拱手，说：“老夫听说元帅要为黎民百姓立根桅杆，实在是大恩大德呀！”“老伯，本官虽有此心意，但至今不知桅杆立在何处，望您赐教！”白胡子老头朝西北方向指了指说：“那高山顶上的府君庙是船舵，这马兰峪石城是船舱，可惜就是缺少了一根桅杆而不能成舟哇！”停了一会儿，他又指着南面的一座小山，继续说：“你看，那座小山叫堂子山，戚大帅若在堂子山上修建一座高塔，便是桅杆了。”“多亏老伯指点，本官已茅塞顿开。请受我一拜！”说罢，戚继光向白胡子老头儿深施一礼。

后来，戚继光忙于军务，把此事丢下了。数年后，戚继光又来到马兰峪驿馆，想起了往事，就对梁总督说：“我来蓟十多年，总有一事耿耿于怀，放心不下，就是马兰峪上未成舟，百姓难于驶向富岸哪！”“大帅爱民如子，已成美谈，无人不敬，就请大人裁定吧！”“马兰峪的百姓渴望立一根桅杆，我们应该满足他们，就在堂子山上建座高塔吧！”“大帅有此决心，下官倾心照办！”“那好，我这里已设计好一个方案，你调参将张楷为总督工。再抽调百名士卒，将修城所剩下的砖瓦料运到堂子山。就立即动工兴建吧！”“好的！”梁总督应声说。

戚继光又寻思：竖立桅杆，修建高塔，这是黎民百姓的意愿，可并不能够使这一带的黎民百姓富裕起来，他们得靠自己的双手去创造。于是，他便下令边关军民，一面镇守关口，抵御外患，一面植树造林，垦荒种田，筑坝拦水，造堤护岸，帮助百姓走向富裕之路。

塔建成了，戚继光高兴地提起墨笔，写了“永旺塔”三个遒劲有力的大字，吩咐一名能工巧匠镌刻在塔的正中。永旺塔这名字，寄托着戚继光对马兰峪人民的祝福和期望！如今，永旺塔还完好地屹立于马兰峪的堂子山上。

采录：孙伟

康熙御赐冷口关

冷口关位于迁安市区东北 32 千米，为明初所建，是明代长城的重要关隘。《永平府志》记载：“关城为砖砌，高二丈九尺，周三百八十七丈有奇，东南各有一门。”冷口关建在山势险峻的凤凰山上，远观凤凰山，恰似一只昂首展翅欲飞的凤凰，其正中主峰山腰处有两块碧绿色的岩石，似凤凰双眼；主峰两侧有青、褐、黄色间杂的岩石，如展开的多彩凤翅，12 座连环山峰则如展开的凤尾。山上 12 座山峰都建有城堡，故有“十二座连营凤凰山”之称。关城随山势修建，城墙用砖包砌，城南有练兵场。

冷口关原来不叫冷口关，而是有一个好听的名字——清水明月关。据史料记载，当年流经关口的沙河曾以水流清澈而驰名远近，每当三五月明之夜，皓月当空，映照清清的河水，宁静、朦胧而又庄严肃穆，给人以无限美丽的遐想，因而，可以说是名副其实的“清水明月关”。那么后来怎么就改成了“冷口”关呢？原来，它的改名是康熙皇帝御批的。

相传，有一年冬天，康熙皇帝骑着毛驴，微服私访来到冷口。当时，正是数九隆冬，天正下着鹅毛大雪，北风呼啸，卷着雪花，让人张不开嘴，睁不开眼睛。不用说在山里面，就是在平地上行走也十分困难，更不用说要穿过两山之间的关口了。然而，就是这样恶劣的天气，却正好被康熙赶上了。

话说康熙皇帝骑着毛驴，和随从们已经走了大半天，早已经是人累驴乏了。由于高山的阻挡，即使是春夏无风无雨的好天气，关口上也是冷风飕飕，寒气逼人。如今是严冬，又赶上大风雪天，那情形就可想而知了。

雪大风急，康熙骑在驴背上，顶着刺骨的寒风和冰冷的雪花，走一步退半步地艰难行走着。等到进入关口处，他立刻感到一股强烈的冲力迎面吹来，似乎要把他从驴身上给掀翻下来，而驴也被风雪吹得直往后退。迎着风雪，他努力试了几次，都被风雪卷了回来。后面的随从也是如此，虽然想帮忙，自己还自顾不暇呢。康熙毕竟是马上皇帝出身，久经沙场，见此情形，忽然灵机一动：既然迎面风雪太大，让人睁不开眼、张不开嘴，何不学学张果老，来个倒骑毛驴，就不被风雪灌口了。想到此，他从驴身上下来，换了坐姿，背朝前脸朝后，果然感觉好了许多。他挥动手中的鞭子，艰难地往前行进。随从们也学着他的样子，倒着往前走。也是该着他们不顺利，没想到就要出关口时，因为路滑，一不小心，又驴失前蹄，康熙被摔下驴背来。好在康熙身手敏捷，有惊无险，未伤毫发。终于进得关来，康熙忍不住回望来路，不由得发出一声慨叹：“袭人的冷口，好难过的关啊!”有了康熙的这句金口玉言，清水明月关从此被改为“冷口关”。

由于地势险要，冷口关各代均派重兵把守。明代戚继光任蓟镇总兵时，曾在此修边城、筑敌台，作为冲要之地。进入20世纪30年代，这里又成为中国军队抗击日本侵略者的著名长城抗战主战场之一。

作者：杨喜东、张森

李显庭与显记纸厂

在迁安造纸历史上，李显庭堪称是一位功绩卓著的开创者。

李显庭，1861 年生人，号老显，迁安镇西里铺村人。他自幼聪明伶俐，却不喜欢务农，终日游手好闲，出入赌场。后来，在村人的规劝下，终于回心转意，走上正道。他先是与人合伙开了一个小抄纸作坊，不到一年，就学会了抄纸技术。一天，他在县城的纸市上，发现有人出售从朝鲜进口的高丽纸，马上对这种纸产生了浓厚的兴趣。原来，高丽纸已经大量倾销于中国东北市场，关内见到的只是其中一小部分。这使他心潮起伏，思绪万千：纸是中国人发明的，现在却产生了“倒流”现象，这无疑是忽视改良造纸技术所致。办完了事情，他闷闷不乐地回到家里。

当时，正值清末改良派提倡实业救国，李显庭也决计大干一场，改良古老的造纸技术，走实业救国的道路，夺回东北市场。于是，他决定到朝鲜去学造纸技术。32 岁那年，他只身跑出山海关，流落到朝鲜平壤，进了一家纸厂做小工。他努力学习，精心观察。5 年后，他回到了家乡西里铺村，开办了一家小规模的造纸厂，手抄高丽纸。朝鲜纸厂造纸用的原料是楮树皮，李显庭使用迁安土生土长的桑树皮造纸，也获得了成功。

小纸厂办得很兴隆，但造纸技术仍停留在笨重的手工抄制上，比以前并没有多大的改进。而且他生产的高丽纸数量太少，根本无力夺回朝鲜人所垄断的东北市场。于是，李显庭决计二下朝鲜。

为了筹措去朝鲜的路费，他忍痛卖掉了 200 亩地。临行，妻子帮他把 1000 多块大洋装在一个褥套里，放在驴背上。李显庭辞别家人，辗转月余，来到朝鲜平壤，通过重金贿赂，进到一家机器造纸厂。管事人警告他，只许参观，不许用笔写画。李显庭只得边看边用心揣摩，回到住所后，凭借记忆画下机器的构造，写下大概的数据。就这样，一连几天参观，他基本掌握了机器造纸的特点和工艺流程。

李显庭回到家后，特意备了厚礼，在朋友的帮助下，到天津玉聚成机器厂联系订制造纸机器的事宜。开始时，该厂不敢承担这项业务，说恐怕造不好机器倒赔了钱。李显庭与对方当面立下合同，要是搞成功了，他如数给钱，要是失败了，一切损失由他来赔偿。厂主被李显庭这种创业精神所感动，当即承担了制造造纸机器的业务。根据李显庭提供的数据，该厂顺利地为他制出一套造纸机器。李显庭从天津聘请了一位姓周的技师，回家盖起一些简易厂房，安装了机器。当时搞的是火力发电，不知什么缘故，一直发不出电来。没有动力，机器不能运转，纸也没有造出来。虽经多次改装和修理，也无济于事。

在这种困难的情况下，李显庭决定三下朝鲜，再去学艺。为了筹集路费，他把剩下的100多亩地全卖光。经过半年周折，终于从朝鲜学来了水力发电和相关技术。

这时，李显庭已是两手空空，没有力量修建大规模的厂房。怎么办，他顾不得自己的脸面了，骑上毛驴，到县城几家大商号去借款。经过到处奔走，终于借到一笔款建水力发电厂。他在三里河畔买下了一块地皮，作为厂址。在技师的协助下，他亲自设计，亲自施工，亲自勘测，亲自指挥，挖沟筑坝，一次试车成功，为机械造纸闯过了第一道难关。接着，他与周技师一道，安装上了打浆机、抄纸机、烘干机等各个环节机器设备。民国二年（1913年）初夏，第一批机制大力纸（红辛纸）成功生产出来。他把自己的纸厂命名为“显记纸厂”。在我国北方，机械造纸的工厂，这还是第一家。

显记纸厂一出现，一下子轰动了河北，轰动了半个中国。当时，这个厂生产的纸有两种，一为“红辛”，一为“油衫”，统称之为“高丽纸”。为何称之为“油衫纸”呢？因为这种纸生产出来后，幅面宽大，质地厚实，拉力极强。一次，两个工人拉着一张“油衫”纸的四角，把一个3岁的孩子放在上面，居然走出几十步而纸完好无损。又有一次，一个工人把这种纸涂上一层桐油当雨布披，许多无雨衣的工人纷纷效仿。从此，便给这种纸起名叫作“油衫”。

显记纸厂出的纸质量好、价格低，很快就创出了牌子，打开了销路，在东北和平津等地十分畅销。当时东北人宣称：只要是显二爷的纸，来多少要多少。为了扶持乡亲们的造纸厂，帮助他们解决产品销路问题，他常常把别人的纸盖上显记字号。有的纸厂出了难题，往往请李显庭帮助解决，而李显庭也乐于出马。当时，北京的一些朋友也邀请李显庭前去帮助筹建纸厂，李显庭总是欣然前往。朋友问他：“你来帮我们建纸厂，你不怕挤了你的买卖吗？”他回答说：“纸厂越多越好，只有这样，我们才能夺回东北市场。”在李显庭的带动下，迁安县的造纸业大发展，到民国十九年（1930年），全县大纸厂有20多处，毛头纸坊600多处，海纸坊100多处。在显记纸厂的影响和推动下，纸张成了迁安县的大宗产品。

在革命战争年代里，显记纸厂曾与共产党合作，供应解放区军、政、民用纸。李显庭的侄儿李维唐曾回忆说，日本投降以前，他们背着日本人将纸运到解放区，供政府印制边区票子和报纸。日本投降后，显记纸厂与解放区的纸业公司（冀东纸业公司）经理谌厚慈共同商定，由解放区政府拨给纸厂一批小米，作为纸业公司的投资，生产的纸由公司调拨。1946年8月，迁安县城被国民党反动派控制，在当时非常困难的情况下，显记纸厂仍为解放区输送了纸张。

1943 年，82 岁高龄的李显庭病逝。迁安纸业界同人为了缅怀他的功绩，集资在县城南关的关帝庙里为他设立祠堂，祠堂里悬挂他的全身画像。民国二十年（1931 年）版《迁安县志》中，多处记载了他的突出事迹。

作者：马咏春

迁安仁义胡同的由来

在迁安市建昌营镇西大街，原大西门往里路南，有一条窄窄的胡同，青石铺路，宽只有一米多一点，两人相对而行，仅可擦肩而过。据说，原先西大街与南面的鸡市街本不相通，有了这条胡同以后，两条街才连上了。当地人都管这条小胡同叫“仁义胡同”，关于它的由来，还有一段感人的故事呢。

话说明朝嘉靖年间，就在这胡同的地方，住着一墙之隔的两家。东家姓任，西家姓梁。两家的主人是嘉靖丙辰同科进士，后来分别当了地方上的大官。有一年春天，梁家子弟在老家建房修院，悄悄占了任家一巴掌宽的墙基。任家知道了，心想：“你家官大，我家官也不小，你要欺负我，休想!”于是，一怒之下竟把院墙推倒，要重新垒一道墙，新起的地基多占了梁家将近一尺的地方。梁家一看，当然不干了，随即又把任家垒的墙基拆掉。就这样，梁、任两家你占我一寸，我挤你一尺，你建我推，你垒我拆，针锋相对，各不相让，闹得不可开交。后来，梁家叫工匠重挖墙基，索性向任家这边挪了二尺，并派人看守着，准备和任家比出个高低来。梁家也不想当熊包，便给在外做官的家人去信，要求沟通本县官吏，借助官府权势压压任家的威风。信寄出之后，梁家很快就收到在外做官家人的回信，信中没有别的话，只写了一首小诗：

千里捎书只为墙，让他二尺又何妨。

长城万里今犹在，不见当年秦始皇。

梁家人看后一时难以理解，心里埋怨官人太软弱、好说话，于是召开家庭会议，经过大家讨论，终于领悟出官人的良苦用心。于是按照来信的意见，在原来地基上主动向里让出二尺，重新把院墙建起来。任家见梁家主动往后退，很是惊奇，心想，莫不是他们怕了？托人背后一打听，原来是梁家官人写的那首诗起了作用。心想，既然邻居都主动让步，做出了高姿态，自己也不能光想占便宜，让街坊们笑话。于是主动拆除了新建起来的院墙，也在原来的地基上向里挪回了二尺。从此，在梁家与任家之间便形成了一条4尺宽的窄胡同。不仅两家的纷争没有了，前后两条街道也被胡同打通了。人们对这种以礼相让、仁爱相处的邻居关系都竖起了大拇指。经过乡绅们的提议，大家把这条胡同称为“仁义胡同”。“仁义胡同”的故事，也因脍炙人口，流芳至今。

几百年来，在这条胡同附近居住的街坊们，秉承着胡同的“仁义”精神，兄弟之间、邻里之间，互敬互让，和睦相处。这一带是回汉民族杂居之地，兄弟民族之间，互相尊重风俗习惯，互相帮助解决困难，无论谁家有大事小情，大家都像亲戚一样来往。2003 年，住在仁义胡同旁的居民自费建起了仁义胡同纪念馆，其中陈列了仁义胡同的牌匾、简介，以及颂扬仁义精神的书画作品，慕名前来的游客络绎不绝，《唐山劳动日报》《民族画报》等多家媒体进行了报道。如今，建昌营仁义胡同已经被列入河北省非物质文化遗产名录。

作者：穆瑞民

滦河大铁桥

滦河大铁桥位于滦州市新城东偏北5千米处，205国道滦河公路桥北侧，横跨滦河之上，巍然屹立，这就是100多年前杰出工程师詹天佑主持修建的中国第一座铁路大桥——滦河铁路大桥。这座桥的价值，不仅在于它把控扼关内外咽喉要道的天堑变成了通途，更在于它是近代史上中华民族在科学技术领域里扬眉吐气、一展雄姿的实证。在这座雄伟的大桥上记录着外国人干不了的，而我们中国的铁路专家詹天佑却干成了的故事。

清光绪十三年（1887年），因开平矿务局运煤需要，修筑了天津至开平的铁路，后来又延至古冶。1891年，清政府开办关西铁路，西起古冶，东至山海关，由北洋大臣李鸿章奏派周兰亭（记名提督）、李树棠（候补道员）总揽筑路事务，聘请英国专家金达为总工程师，李吉士、狄连德、穆和德为副工程师。

这段铁路最难的工程就是修建滦河的铁路大桥。金达特请号称世界一流的工程师英国的桥梁专家柯克斯承建。桥址选在榆山和武山南麓，水势凶猛。桥基所在的河床流沙层很厚，打桩总是不能成功，桥墩更是屡筑屡塌。柯克斯无奈，将工程转包给日本工程师，但桥桩都没打好，就被激流冲得无影无踪了。交工日期渐渐临近，金达心急火燎，又请来一个德国工程师。这个工程师踌躇满志，他从山东胶州湾请来一批水性很好的德国"机匠"，声称将使用最先进的"空气打桩法"筑成桥墩，但终因水势太猛，根本无法作业。德国人急了眼，为了减缓水势，炸毁了上游西岸不远的独山石。

独山石是正对冲过来水流的一块巨石，高十几丈。上游的急流被独山石阻挡激返，折向东南。德国人将它炸毁之后，不但于事无助，河水不再东折，州城西岸的几万亩良田还被水流冲刷得陆续塌陷。至今，河床向西移几千米。

面对滔滔河水，德国人"望河兴叹"，垂头而去。情急之中金达想起了驻滦河东岸卢龙县石门镇任分段铁路工程师的詹天佑，决定让他试试，以便转嫁难题。金达紧急任命詹天佑任关内古冶—滦河段工程师，负责修筑滦河大桥的工程。

詹天佑仔细察看了英、日、德三国工程师的施工现场，望着他们留在滦河桥边的破烂摊儿，对外国人恣意浪费中国资财的行为感到无比愤怒，他深深感到：中国的铁路建设必须由中国人自己承担起来。詹天佑时年32岁，勇敢地接受了历史向他提出的第一次挑战。他走入茅屋，向老船工问询滦河水流的变化情况；他走进工棚，向有经验的老工人请教施工问题；他深入工地，亲自勘测滦河多处的水深、流速、河床地质……终于，詹天佑掌握了丰富的第一手资料。经过缜密的勘查、比较，他重新选择了桥址。桥梁建造中最为关键也最为困难的是桥墩的建造，他勇于创新，大胆采用了新方法——“气压沉箱法”——来建造桥基。他雇用“水鬼”（潜水员）潜入水底，配合机器操作，“汲水挖根，深至八丈四五尺，剔尽浮沙碎石，见实底。考验土性坚凝，用俄国长松木，密钉梅花桩。施长方大石，和三合土砌立。”这样，詹天佑顺利地解决了建桥最关键的桥基问题。

史料记载：滦河大铁桥“工程浩大，历三十二月始告成”。1894 年 4 月，大桥竣工，“桥长二百一十七丈四尺六寸（实测为 670.56 米），宽二丈”，共十七孔，用经费银“七十八万二千四百九十五两九钱一分”。

外国人目瞪口呆！金达由藐视、刁难而到敬佩，还推荐詹天佑加入了“英国皇家工程学会”，成为该会第一位中国籍会员。

目前，詹天佑所修滦河铁路桥因年久失修，已不再使用，而成了全国重点文物保护单位，也是一处爱国主义教育基地。

作者：吴述东

滦州开觉寺为什么改成大觉寺

横山大觉寺位于滦州市新城东北6千米处，滦河西岸，滦河大铁桥北侧。在横山南山腰中建有大觉寺，不仅因为这里建寺较早，方丈德高，还因为这里曾经住过少帅张学良，并且在这里作出了东北易帜的重大决策，从此使这座寺庙闻名天下。令人不解的是，历代《滦州志》都明确记载，这座著名的寺庙原来不叫大觉寺，而叫开觉寺，那什么时候改成了大觉寺呢？这里流传着滦州知州游智开的故事。

原来，那一年滦州知州游智开到任以后，除旧害，破弊端，兴学劝农，给地方带来一片新气象，真是个政通人和，物阜年丰，百姓口碑就出来了："游智开，有智才，麦秀两歧乐开怀。"一棵麦子长俩穗，称为"麦秀两歧"，一般借指丰收年景，说明滦州百姓对这位知州相当认可。

可游知州心里并不轻松。让他担心的不是"政无它术唯防扰，狱到能平尚虑疏"，而是到任不久，他就发现僚属们喜好坐而论道，不善调查研究，因此决策问题处理政务经常出现偏差乃至失误。游知州在官场摸爬滚打多年，深知处理不好僚属关系会带来很多意想不到的危害，因此，他不好疾言厉色提出批评甚至弹劾，就想出一个办法来。他要通过这个办法，教育僚属，以儆效尤。

可巧，当时横山开觉寺大规模修缮已近尾声，修缮后的开觉寺金碧辉煌，蔚为壮观。民间风传滦州士绅请了大书法家肖显来写开觉寺的山门大匾，已经供在了寺庙里，单等寺庙开光那天揭幕。但有的人说肖显写的是"开觉寺"，有的人却说写的是"大觉寺"，争论不一。这天一大早游智开升堂议事，就给张王李赵四位僚属布置了个任务，让他们到开觉寺搞一下调查研究，看看施工进度如何，顺便看看那匾额究竟是"开觉寺"还是"大觉寺"，明天早堂，要详细禀报。

议事已毕，下得堂来，四位僚属背地里就搞起自由主义来了。老张是个同知，同知了十几年官位不动，一肚子的委屈没处说，遇事就爱发牢骚，说：啥大事耶，还值当我们哥四个都去？老王是个判官，判官是专管办案断狱的，相当今天的公检法之类，滦州物阜年丰地面平静，平时也没什么官司可判，经常闲着。没事也总想找些事来做做，去开觉寺散散心本来正合他意，可是见到同知发了牢骚，就附和着说，这破事派个衙役去不就结了！老李是个帮审，帮审是帮助判官断案的，见顶头上司随风打躺，乐得帮腔，就说，大人说得极是，哪里需要衙役啊，去个仆役就行了！老赵是个训导，训导大约相当现在的教育局副局长之类，在教谕之下。老赵浸淫儒学多年，又一身傲骨，连个教谕的差使都不给，自是心中不平，出口就吟了一首诗：“知州没事忙，同知跑断肠。判官无头案，帮审乱帮腔。”那三位都受了奚落，不约而同问了句：“你呢？”老赵摇摇头说：“教谕本空缺，训导梦黄粱。”大家笑了，又问：“明天汇报之事怎么办？”老赵起身叹了一声道：“各自跑一趟。”说着，头前走了。

第二天，游知州早早升堂，张王李赵依次汇报昨天开觉寺调研之事。同知老张说：“昨天下堂之后，我就跑到那里实地考察了一遍，基本完工。匾额上写的是‘开觉寺’。”判官老王见同知汇报完了，就赶紧接着说：“不错不错，是开觉寺，并且是泥金正楷，金灿灿的。”帮审老李见顶头上司没什么词了，赶紧补台：“对对对，那字不但是金灿灿的，字下面打的底子还是蓝幽幽的，蓝底儿黄字，差不了！”训导老赵一听该说的都叫他们说了，眼瞅着自己没了词儿，一急就给他挤出一个词儿来，只听他慢悠悠地说：“诸位大人说的极是，只是都没说全。听我的：开觉寺，黄字，蓝底儿，四周还镶着金边。”

游知州听罢各位僚属汇报，忍不住哈哈大笑：“你们这些信口胡诌的杀才！你们看！”说着，顺手把公案上遮东西的一块大红绸布一掀，原来正是一块黄字、蓝底儿、金边的大匾，上书三个行楷大字：大觉寺。众人面面相觑。游知州大笑道：“开觉寺符山法师请我写匾，这还没送去呢，你们就看到了？好一群糊弄本官的蠢材，该当何罪！”

众人赶紧拜伏在地，连连叩首请罪。游知州道：“死罪当免，活罪不饶。走，就请你四人抬匾，咱们给开觉寺送匾去！”路上，还是训导发现了问题，悄悄就问了一句：“敢问游大人，开觉寺怎么变成了大觉寺？”游智开笑道：“三人为众，四人呢？那就是乌合之众。譬如你四个，既然是乌合之众，本知州定要叫你们到那里开悟化道大知大觉，再不敢不做调查研究就胡言乱语欺骗本官，所以改名大觉寺！”训导小声嘟囔道：“谁还不知避你游智开游大人的名讳呀，冠冕堂皇编排这么多理由！”游知州听了个一知半解喝道：“大胆训导，活罪在身，还敢胡言！说什么哪？”训导顺口诌道：“杀才刚刚得了一首小诗，念给知州大人：‘开觉也是庙，大觉也是庙。既然都是庙，换汤不换药。’”游知州笑道：“好你个乌鸦嘴的赵训导，看在你还敢说些实话的分上，回头本知州表奏你当个教谕吧！”其余三人不干了：“合着我们这匾白抬啦？”

从此，滦州开觉寺改成了大觉寺。

作者：吴述东

滦州文庙传说——矮三砖

2009年滦县委（今为滦州市）、县政府重建滦州古城，为AAAA级景区，同时建文庙一座。文庙建在滦州古城玉石一条街西端、天赞道庙会广场北侧，与关帝庙南北相对。新建文庙总投资350万元，建筑面积961平方米，主要供奉孔子及72贤人以及萧太后雕像等。文庙建筑群以明清北方寺庙建筑风格为主，采用二进四合院为基础，融知识性、教育性、观赏性为一体，使之成为弘扬儒家文化的基地和文化旅游的重要场所。

提起文庙，古滦州在辽清宁五年（1059年）就建成了滦州文庙（文庙旧时也称孔庙、学宫），位于古滦州城西北隅，现第一实验小学院内。滦州文庙的主体建筑是大成殿，大成殿雕梁画栋，金碧辉煌，无论是建筑规模还是建筑形式，都与北京的金銮殿（太和殿）非常相似，就像是一个模子里脱出来的，远看气势相类，近看惟妙惟肖，让人叹为模拟界的鬼斧神工。那么，是什么原因使滦州的州官们如此大胆，敢把大成殿造得跟金銮殿相似呢？这里有一个有趣的传说。

相传以前，这个大成殿还仅仅是个坐落在小城西北角的小土地庙，不知建于何时，也不知为何人所建，反正赶到穷秀才把这里辟为私塾的时候，这里已是房倒屋塌，到处断壁残垣，只剩三间正房老屋还东摇西晃支撑着。因为年久失修，冬不避风，夏不避雨，雨雪天气学生们上课需要张着伞。穷秀才为此十分着急，官府又不给拨钱，他就下决心自己攒钱修缮。

一晃好几年过去了，秀才把学生们的束修和大户们捐的银两统统收拢起来，藏在泥塑土地爷屁股下面的小洞里。可是秀才太珍惜这些来之不易的银两了，他老是放心不下，一有空闲，他就要把这些银两拿出来数一数，哪天不数，就觉得好像缺了点什么，晚上睡觉都不踏实，有时候睡到半夜突然撒愣怔还要爬起来数一数。

这天私塾放学后，秀才做了两个学生的家访，耽搁了时间，盛情难却，在学生家吃了饭，回来就有些晚了。秀才躺倒床上怎么也睡不着觉，老觉得还有什么事没有做，原来是还没数那些银两！秀才一骨碌爬起来，又把那些钱拿出来仔仔细细数了一遍。嘿，功夫不负有心人，修缮的钱已经够了！他把这些银两抱在怀里，虔诚地跪在土地爷面前说："土地爷呀土地爷，你老先生管着那么多的事情，怎么不管管自己的家呢？害得我跟着你活受罪！现在好了，我给你老人家修庙的钱攒够了，明天我就去请泥瓦匠。几天的事，新庙就盖起来了。咱们跟学生一块儿享点福！"

没想到事情就那么巧，秀才的一举一动恰好被一个前来投宿的小偷看见了，等秀才睡下后，小偷把土地爷屁股底下的银两一文不剩地全都偷走了。第二天秀才又去数钱的时候才发现，钱不见了，当时就晕了过去，像丢了命一样急得直哭。抬头一看，土地爷还依旧笑眯眯地坐在那里，就埋怨道："土地爷呀土地爷；我都快急死了，你还笑！我省吃俭用几年，好不容易攒了这些钱，你自己都看不住家，这庙还怎么修？"他躺在床上，迷迷糊糊地就睡着了。蒙眬中，只见土地爷笑着向他走来："别着急，庙自然要修，还不用我们自己动手。现在京城里皇帝的女儿，得了重病，请了各地名医都没治好。我有三包香灰，你拿去给她诊治。到那时，庙自然就有了。"说完，从袖中掏出三包香灰递给秀才。秀才一睁眼原来是个梦，可手里确实有三包香灰，望着这三包香灰发了半晌愣，最后咬咬牙跺跺脚，就是送死去也得这么办了，要不猴年马月修得起庙呀！这样想着，他收拾收拾就进了京城。

一到京城，只见城门前许多人都在围着看告示，一打听，是皇帝最宠爱的公主生了一种怪病：脸上长满了疮，丑陋之极。皇帝下令谁能治好公主的病，将满足这个人的任何心愿。秀才这可高兴了，他伸手就把告示撕下，大摇大摆地进了皇宫。到了后宫，秀才一看公主的病，和梦见的不差分毫，可是他想到治好疮就能修庙，也就什么都不在乎了。他把香灰敷上，那疮第一天就合了口，第二天结了痂，第三天就完全好了，而且一点疤也没落下。

皇帝得知爱女的病治好了，非常高兴，就把秀才召进金銮殿，要赐给他许多金银财宝、绫罗绸缎，可是秀才一概都不要。皇帝很纳闷，世上还有见了财宝不动心的人，忙问："你想要什么？"秀才就把他攒钱修庙的事如实地告诉了皇帝，只要求皇帝修座小庙。修座小庙还不是小事一桩，皇帝便一口答应了，问秀才要修个什么样的。秀才哪里见过世面，他向四周环视了一下说："我看你这屋不错，就修个这样的吧。"一个穷酸腐儒和一个名不见经传的土地神，怎能和皇帝住一样的金銮殿呢？可是皇帝已有言在先，要什么给什么，不能失信于民！皇帝很不情愿地说："好吧，就修个这样的。不过你只是一介平民布衣，土地爷不过一方小吏，与我当朝天子比肩而立恐有不妥。这样吧，比我的金銮殿矮三砖吧。"矮三砖就矮三砖，秀才没说的，连忙向皇帝叩头谢恩。

皇帝拨款修个土地庙还不跟玩似的，转眼，一座金碧辉煌的土地庙就在滦州西北角建成了，只是比金銮殿矮三砖。后来，秀才在这里为国家培育了不少栋梁之材。由于这里文事鼎盛，来了个州官说这里挺像个样子，把这里辟为文庙吧。供上孔夫子，孔夫子名气大，把土地神请到南坛那边去吧。这样，这里就改成了文庙，原来供奉土地的九楹大殿改成了供奉孔子及七十二贤人。解放后文庙已废，建起了学校。

这就是滦州文庙矮三砖的传说。

作者：吴述东、陈明广

清节庙与夷齐让国

清节庙也叫清圣庙，百姓俗称夷齐庙，是故乡人为纪念大贤伯夷、叔齐而建，就建在孤竹城的旧基上。位于滦州市新城东北20千米，油榨镇孙薛营村北，滦河南岸。

孤竹国的国君为墨胎氏。王位传至伯夷、叔齐的父亲“初”（字“子朝”）时，已是商朝末年。老孤竹君“初”生有三子一女，长子伯夷名“允”，字“公信”；三子叔齐名“致”，字“公达”；他们中间还有一子名“凭”，字“公望”，世称“次君”。“初”尚有一女，名字不详，曾辅佐次君治理国家。

孤竹君“初”临死前有意要三子叔齐继承他的君位。他死后，叔齐不愿继位，要把君位让给长兄伯夷。但清廉自守的伯夷说：“应该尊重父亲生前的遗愿，国君的位置应该叔齐继承。”为了国家的安定，他逃到渤海湾一带过起隐居生活。叔齐仍不肯继位，于是，他去找哥哥做隐士去了，人们只好拥次君为国君。后来，二人听说西岐周文王的国家很稳定，人民安居乐业，就一起到西岐去。二人历尽千辛万苦赶往西岐，可此时周文王已去世多年了。就在二人西行的半路，正遇武王抬着父亲周文王的灵柩去讨伐当时的宗主商纣王，于是拦住武王的车马劝谏。意思是：你父亲刚刚死去，你不好好安葬，为什么急急忙忙大动刀兵？这能说是孝道的行为吗？作为臣子，去讨伐君主，这是仁义的行为吗？武王的左右想杀了二人，被军师姜子牙劝住，说：“此义人也。”随后扶起二人，放他们走了。

后来武王平灭殷商，天下归周。武王曾对伯夷、叔齐许以高官厚禄，但二人始终拒不接受。伯夷、叔齐愤恨武王这种“以下犯上、以暴易暴”的行为，发誓不接受周武王的封赏，不吃周朝的粮食，遂遁入油榨镇北部首阳山中采野菜生活。不久，二人双双饿死在首阳山上。

古人对“夷齐让国”的事迹倍加推崇，影响深广。在司马迁《史记》七十列传中，《伯夷列传》位居首篇。圣人孔子称他们“贤人也”；“亚圣”孟子称他们为“圣之清者也”。历代赞誉他们的诗文画卷汗牛充栋。他们的故事，旧时读书人耳熟能详，是古代士大夫心目中圣洁的偶像。伯夷叔齐的风范对谦恭揖让的中华民族美德的形成产生了巨大影响。

据史料所载，清节庙曾先后搬迁若干次，最初建于何地、庙号尊何已不可考。但油榨镇孙薛营村北的清节庙是明景泰五年（1454年），永平郡守张茂重建于孤竹故城旧址上的，至清代末又多次重修，如今建筑已毁。

当时的夷齐庙分东、西两院，中有侧门相通。后因清帝每年回盛京祭祖需要中途打尖，又在东侧建一行宫为驻跸之所，遂有东、中、西三院。东为行宫，中为正殿，西为佛堂，形成了集祭祀先祖的神庙、礼佛参禅的寺庙与皇帝行宫于一体的建筑格局。三院亦有黄土大墙环围，墙高丈三，开东、西、南三门。中院南门楼上悬有蓝底黑字横木匾额，上书“清节庙”三个遒劲大字。门外两旁各立一块石碑，右题“天地纲常”，左题“古今师表”。

进入中院大门，左首看去，便是一座玲珑小楼，清雅秀丽，建构不俗，朱红廊柱，青脊飞檐。楼内供奉的是伯夷、叔齐的小妹。夷齐让国出走后，国君只好立其次子，但此子体弱多病，难以理政，幸赖这位小妹多谋善断，为兄分忧辅国，深受世人敬仰。此楼就是为她而建，百姓俗称“小姐楼”。

离开小姐楼，回到寺庙中轴线甬路位置继续前行，便是巍峨壮观的正殿。正殿也叫大殿。殿门匾额为“百世之师”，为康熙大帝御笔。大殿没有后门，后墙居中位置横悬一匾“古贤人殿”，亦为康熙御笔；偏右略下位置也有一匾“伦常师范”，为雍正御笔；偏左略下位置对称一匾“万世可风”，为乾隆御笔。东侧山墙上嵌乾隆、嘉庆两块诗匾。西侧山墙为道光、咸丰御制诗匾。

大殿内坐北朝南居中位置供奉的，正是名满天下的伯夷、叔齐二位圣贤。二圣正襟危坐，眉毛微翘，面目慈祥，一望便知是两位富贵不矜、威武不屈、生逢乱世而能独善其身、大难临之而能不乱其行的圣贤形象。

经殿外左右两侧皆可绕过正殿，顺甬路前行便是中殿。中殿原为何用，暂无可考，但到乾隆年间已经辟为碑堂。碑堂内杂而有序排列的全是历朝历代众多帝王将相拜谒夷齐庙时留下的诗文碑刻，以明清两代的居多。其中清高宗乾隆皇帝两次临幸所留下的六首拜谒诗与和亲王随幸时留下的两首分嵌东西两山脊墙壁之上。

出碑房向北，便是后殿，后殿门匾横书三个大字：揖逊堂。堂前双碑，一碑文为元代马祖常所写，另一碑为明代商辂所书。穿过双碑，便进入了揖逊堂。堂内供奉的，也是伯夷叔齐。但与正殿不同，这是二人相互揖让的立像。堂内四周墙壁皆为彩绘，分别为兄弟让王、叩马而谏、耻食周粟、首阳采薇等场面。

揖逊堂往北，即为清风台。清风台是夷齐庙最北边的建筑，因台后便是十余丈高的悬崖峭壁，滦水西来，波涛汹涌，因此不建围墙。站在清风台上，骋目远眺，景色绝佳：远山如黛，近树生烟，长城北去，紫塞南来，十里平川，万亩沃野，夏天无风自凉，秋季野果飘香，让人顿生极乐之感。

西院前后皆短于中院，为半圆形环境所限。院内前半部分是菜园空地，后部为佛堂、斋室和僧人起居之所。

东院为皇帝行宫，三进结构，前后三层，为清朝各代皇帝或皇室成员每年回沈阳送皇影、祭祖时往来驻跸之所。

作者：吴述东、陈明广

大泊娘娘庙

大泊娘娘庙始建于明成化八年（1472年）。据《丰润县志》记载，当时明朝廷鼓励建庙宇，哪个村经批准建庙，朝廷拨给白银五千两。大泊陈氏三世祖陈雷、陈电兄弟二人进京找到堂侄陈守恩（大泊陈氏二世祖陈昇之孙，时任工部侍郎），相商大泊建庙问题，得到了四世祖陈守恩大力相助。陈守恩对大泊建庙十分热心，亲自设计图纸并寻找了瓦匠李正君、木匠刘敞林，又从山东商河县找来石匠、雕刻工孟开顺为修庙技术人员。大泊三世祖兄弟六人同心协力动工修庙，1472年农历四月十八日，娘娘庙召开“开光圣会”，从此香火不断。

娘娘庙由前殿、后殿、庙门、配房组成“四合院”式。前殿为主要建筑物，三道脊，筒子瓦起戟抱厦，内室宽敞；明柱上刻有对联一副，上联是“天仙圣母护佑人民四时康泰”，下联为“碧霞元君普度众生五谷丰登”。前殿内神像神采各异、栩栩如生，正中佛阁一座，内坐从山东蓬莱铸佛厂请来的碧霞元君娘娘风波铜像一尊，重达480斤。

关于娘娘的由来，还有一段美丽的传说。话说大明成化年间，牛栏山大水自西北向东南一泻千里，渤海海啸由东南向西北，奔腾咆哮，大泊村夹在这两股洪流之中，漫天水势，包围了村庄，村民将遭受灭顶之灾，慌张的人们聚焦在高岗之上，呼天抢地……忽一人高呼：“你们看！”众人顺指观之，洪水连天处，隐隐约约，似一物茫茫而至。人群骚动起来，纷纷踏水前行，见一碾盘之上端坐着一位光彩夺目的丽人，乃一金身娘娘，她双手合十，慈眉善目，形神飞扬，金光闪烁。说来也怪，随着娘娘的到来，漫天水势，已悄然退去百米有余。众人高呼：“娘娘显灵了，娘娘显灵了。”从此大泊村闹水灾，水势再大，也离村百米之外，从未淹没过村庄。洪水退去，人们高兴了，精气神来了，把娘娘连同碾盘往村里抬，抬着抬着，突然似有千吨之重，怎么也抬不动了。人们跪在娘娘面前，磕头祈祷……再抬，还是抬不动，娘娘如落地生根纹丝不动。众人议论纷纷，形成共识：此处定是风水宝地。于是就地修建了娘娘庙，供奉娘娘，近五百年间香火旺盛。至今，娘娘坐着的那块碾盘还存放在大泊村，默默地延续着这个美丽的传说。

大泊娘娘庙在明朝有过两次维修，第一次维修于明万历十一年（1583年），第二次维修于明天启四年（1624年）。两次维修均由大泊村出资，没有增加新的建筑，只是对破损门窗、瓦片进行更换，对室内进行粉刷。

清乾隆四十八年（1783年）4月，在娘娘庙院内东南角处新建正方形钟楼一座，古雅美观。钟楼内正中悬挂一口十八角铁钟，重达400斤，朝西立柱上刻有对联一副，上联是“暮鼓晨钟警醒尘寰名利客”，下联是“经声佛号唤回苦海梦迷人”。

清嘉庆十四年（1809年），经陈氏三门十二世祖陈永法、十三世祖陈克顺、二门十一世祖陈格言、六门十一世祖陈士会等人牵头，募化银两，在原址按原貌重修。修成后，请寨上（现汉沽区所在地）老状元李良楷撰写匾额与碑文。前殿匾额，东面为“功参造化”，西面是“普荫慈云”。当时滦州知府吴国禄进京路过大泊，亲笔写“慈光普照”匾额一块，挂在前殿正中。重修庙时曾立碑传世，石碑为两面文字，一面上镌刻有“千古不朽”四个大字，下面刻有庙史小字，另一面上镌刻有“万善同归”四个大字，下面小字刻有重修古庙时布施者姓名与所捐白银两数，刻有会末人陈永法、陈克顺、陈格言、陈士会和娘娘庙住持僧人圆栋的名字。这块碑现存放在大泊村。

娘娘庙自建成后，几百年中香火旺盛，建筑保护良好，大泊人把它当作圣地，十分爱护。除碧霞元君坐像曾在明万历十三年（1585年）正月十七和民国八年（1920年）农历十月十二日被盗。总体说，至1947年前（约500年）娘娘庙保存良好，无任何损坏。

从1947年开始，当时丰南县政府工作人员组织村民破除迷信，将前殿神像拉倒，殿内铜娘娘丢失，后前殿被拆除。1950年春，人民政府号召拆庙建学校，后殿佛龛被拆除，数百个一尺高小铜佛被哄抢一空。1956年，大泊小学将后殿改造成教室。1959年，在庙门和前殿遗址上，新建教室6间。1964年，后殿因年久失修，已成危房，学校组织民工将其拆除。1976年7月28日，唐山、丰南一带发生7.8级强烈地震，娘娘庙所遗留建筑与新建校舍一起被夷为平地，从此娘娘庙在大泊历史上消失，现仅存庙门枕石一对、明柱联残碑两块、国槐枯木一段及地下大量青砖。

娘娘庙

庙堂雄伟绝尘埃，碧霞随水蓬洲来。
晨钟暮鼓香火旺，佛光普照哑巴泊。
朝拜人群肩接踵，挂袍添灯四方来，
四月十八人鼎沸，祈求平安又生财。

作者：陈忠时

革命遗迹

冀东人民抗日暴动纪念碑

冀东人民抗日暴动纪念碑位于路北区境内大城山南麓的大城山公园内，1987年冀东人民抗日暴动50周年，为继承和发扬革命传统，努力振兴中华，特立此碑。

纪念碑占地面积12.3亩，由主碑、副碑、浮雕及广场四部分组成。主碑建于3.5米的高台上，坐北朝南，钢筋水泥结构，花岗岩贴面。碑高19.38米，象征着暴动年代1938年。正面金字“冀东人民抗日暴动纪念碑”由彭真题写。顶端为一面党旗与20面小旗，象征着冀东20万民众在中国共产党领导下与敌寇殊死战斗的情景。碑体两侧与后面的造型为燕山与长城。副碑用6平方米黑色大理石建成，上刻欧体楷书碑文，4组大型浮雕用浅红色花岗岩雕成，再现了八路军、抗日联军和人民群众抗日武装大起义的英雄形象。全部建筑线条清晰，雄伟壮观。冀东抗日纪念碑已经成为大城山公园的胜景之一，并被规划为纪念区。

冀东西屏京津，东扼辽沈，乃兵家必争之地。1938年7月，为逐日寇，雪国耻，中共河北省委及冀热边特委奉中央之命，率众举行了声势浩大的抗日暴动。

抗日战争初期，中共中央为壮大抗日力量，开辟新的敌后战场，决定创建冀东抗日根据地。照此部署，中共北方局及河北省委派大批军政干部来到冀东，广泛发动群众，建立人民武装，积极准备暴动。晋察冀军区所属八路军第四纵队从平西出发，下昌平、克永宁、取四海、攻兴隆，于1938年6月抵达冀东。主力到来，群情大振，又逢日寇南下，后方空虚，暴动时机业已成熟。

自7月6日始，中共冀热边特委领导的抗日联军率先在滦县、丰润、玉田、遵化、迁安、乐亭、昌黎、蓟县举行起义。呼者先登，应者云集，抑郁已久的国恨家仇如山洪暴发，势不可当。数日之内，抗日烽火燃遍兴隆、平谷、青龙、密云、三河、顺义、香河、通县、卢龙、抚宁、宝坻、宁河、武清等20余县和开滦矿区，起义大军达十余万众。是时，在抗日民族统一战线旗帜下，共产党员冲锋在前，工农大众勇为中坚，知识分子投笔从戎，国民党忠义救国军及诸多有识之士起而参战，伪军民团倒戈向敌，爱国绅商踊跃捐献，起义军与八路军协同作战，驱日寇，血涤长城内外，扫顽敌，交刃巷闾之间，斩关夺隘，连克7座县城，收复大批集镇。8月中旬，会师于遵化铁厂。9月1日，中共中央及北方局电贺暴动胜利，并嘱全军将士继续巩固团结，为驱逐日寇奋斗至底。

冀东暴动，沉重打击了日寇嚣张气焰，有效地配合了全国抗战。此后，冀东人民前赴后继，浴血奋战，历经长期斗争，终于建成冀热辽抗日根据地，为驱逐日寇，解放全中国作出不朽贡献。

作者：赵竞存

开平武备学堂

晚清时期，朝中出现了“洋务派”，兴起了洋务运动。洋务派在开办近代军事工业的同时，还兴办以学习西方军事科学技术为主体的军事学校。这些学校用西方的操练方法训练军队，培养基层军官。开平武备学堂就是在清光绪二十一年（1895年），由洋务派的追随者，时任直隶（河北省前身）提督、武卫军（亦称武毅军）前军总统聂世成创建的，并由他主管。

聂世成字功亭，合肥人，生于清道光年间，行伍出身。在清廷的对内对外战争中屡立战功。清光绪二十六年（1900年）5月，列强八国联军侵华，聂世成掌管清军34个营15070人，驻守在芦台、开平一带。在天津保卫战中，他重伤达七处，仍挥军奋战，终因伤势过重而阵亡。

聂世成这位饱经沙场的将军，从多年的战斗经历中深知先进的军事技能在战争中的重要作用。1894年冬，聂世成的“绿营”“武毅军”调驻京畿后，为提高军队素质，培养他所指挥的“武毅军”中的基层军官，建立了这所军事学校。学堂建在开平镇北2.5千米处，占地15公顷。学堂坐北朝南，院落硕大，房屋众多，围墙高筑，院门3座，中者高大，两侧为旁门，正门两旁坐有石狮守卫，狮旁两根旗杆直插天空，两面龙旗迎风招展。门前是平坦的教练场，每日均有士兵操练，号鼓齐鸣，杀声阵阵。教练场东侧小山坡前（位于今印子沟煤矿附近）是靶场，时有枪炮声传出，当地百姓难以接近，颇为神秘。

学堂有整齐的校舍、课堂和宽阔的操练场。学堂的总办为前清道台李竟成，会办是另一名道台孙宝琦，提调为吴春康，监学是裴其勋。第一期招收学员200名，是从武毅军中步兵、炮兵中通过笔试和面试后，择优录取的。学员编为内堂和外堂，分别学习，各有侧重。内堂学员60名，年龄为20岁以下，专门学习德文，聘请德国人沙尔为教官，进行教授。贾文远为领官，管理学员。外堂学员140名，分为左右两堂，每堂70名，吴桐仁为左堂领官，杨德泽为右堂领官。两堂学员所学课程分内、外两场。外场为军事训练，由德国人库恩为操场教官，训练关于步兵和炮兵的步法、操法及战法等学科。内场为课堂授课，由陈玉向、陈远泉、金绍曾、刘廷桂、龚雨苍等教官，分别讲授国文、外国文、绘图测量、操法、战法、筑垒学、兵器学等课程。学堂按军队建制管理，学制3年。清光绪二十四年（1898年），第一期学员毕业。从中挑选了田宪章等12名学业成绩优秀的学员，留在学堂内当助教，其余大部分学员被分配到芦台武毅军各营中去当教习，为候补哨长；同年，又从武毅军中选优招收第二期学员入堂受训。

开平武备学堂第一期毕业的学员，后大多数成为聂世成的武毅军的骨干。1900年夏季在抗击八国联军的战斗中，聂世成指挥的清军能对八国联军进行有力的打击，无疑是这些成为基层军官的学员起到了重要作用。在这批学员中还有名人出现，学员吴佩孚曾任清军管带（相当营长），后成为遭人唾骂的北洋军阀。开平武备学堂在1900年7月聂世成殉职后解体，学员随武毅军移驻通州。

开平武备学堂解散后，旧址成为清军营地，“通永镇”镇守使署移驻开平后，这里经常驻有清隶军，因其在开平镇的北面，民众俗称“北大营”。清光绪末年，“直隶滦州官矿公司”创办后，在学堂旧址西侧开凿煤井。清宣统二年（1910年）1月出煤，因需要场地，将学堂旧址迁到开平镇南面，即今轧钢厂、钢圈厂、食品厂一带，建筑资金由矿方负责，于民国初年建成。因建在开平镇南，民众俗称“南大营”。

清宣统三年（1911年）8月，由摄政王监国载沣亲自策划的“永平大操”拉开序幕，由摄政王的弟弟载涛主持，大操指挥中心设在开平。清廷的这次军事演习规模之大，观操官员和驻华武官及中外记者人数之多都是空前的。这与开平武备学堂不无关系。但由于“武昌起义”仅操练了一天，就夭折了。

新建的南大营仍坐北朝南，占地约120亩，面积少于武备学堂旧址，营房门外是操场，可容纳一个编制团的士兵操练。营房正门的装饰，是依照武备学堂的门面所布建的。营区内第一层房是前出厦的高顶瓦房，石质明柱，共有15间，主要用于警卫兵日夜站岗放哨；二层房也是明柱走廊的瓦房，房间内装饰典雅，十分讲究；三层房是教务处，有审讯室、反省室等；四层是军官住所；院落的东侧和北侧均为平房，由士兵居住；最北面是马号（马棚），此处有五口砖石所砌的水槽。

这座营房“生不逢时”，始建于清末，完成于民国，只使用了五六年的时间，以后就成为军阀打内战、日本侵略者残害人民的巢穴。民国十一年（1922年）、十三年（1924年）、十七年（1928年），直隶联军三次在开平交战，这些军队轮流住进南大营。民国十七年（1928年）八月，国民革命军进驻南大营。民国二十二年（1933年）五月，侵华日军攻占开平后，这座营地沦陷到侵略者的手中，成为日本侵略者进犯开平地域城乡的据点。日本投降后，开平民众义愤填膺，在对军国主义者的唾骂声中，彻底拆毁了这座营房。从此“开平南大营”成为历史名称。

（本文写作中参考了《开平区·志附书》，唐山市开平区地方志编纂委员会李述编著。）

作者：王凤琴

崔家坨抗日纪念碑

在丰南区崔家坨境内，有一座抗日纪念碑，它像一位饱经沧桑、历经枪林弹雨却始终屹立不倒的老人，向我们沉痛诉说着那段曾经让我们痛恨屈辱的历史，抗日英雄纪念碑标志着我们民族英雄的气概永留天地间。

据《丰南文史资料大全》记载，1945 年，中国人民迎来了即将抗战胜利的最后一年。敌人在灭亡之前进行了垂死挣扎，穷凶极恶，无所不为，利用伪满洲军发动了骇人听闻的“一・二七”和“四・二八”惨案，崔家坨因为独有的地理位置、有利的抗敌环境，使它成为抗日部队和敌人周旋的重要地点。崔家坨由现在的东崔坨、西崔坨、小卢庄 3 个村庄组成，地处平原，但地形结构较复杂。村周围有 4 个百余亩的大坨子，坨上林木茂密，野草丛生，村北有北坨，村南有裴坨，村西有寺坨，村东有大坨和黄坨。还有 20 多个大小坟场，坟场灌木丛生。村西还有一个面积 80 亩的大窑坑。村西 2 华里处，有一条南北流向的小河。以民兵为骨干，挖了 5 条交通沟，一条东通康各庄，沟长 5 华里；一条东北通苏狼坨，沟长 3 华里；一条南通东八户，沟长 3 华里；一条西通黑坨，沟长 4 千米；一条北通爽坨界，长达 2 华里。沟口和路口，民兵埋设地雷，昼夜执勤防守，当时被称为战斗根据地的堡垒村。

1945 年正月二十七日，我十四团“八五”，两个连（简称一・二连）拂晓前甩开敌人尾随，开到崔家坨休整，不料又被伪满军铁血部队两个团的兵力四面包围了。发现敌情后，我军团政委赵进远立即召集大家经过分析研究制订了作战方案，借助这村的地形地物优势，掩护全村群众有计划地撤退，各连排立刻进入阵地。

拂晓时刻，伪满洲军一个连的骑兵和 3000 人的伪满步兵向崔家坨方向移动。我军先放过敌人先遣马队，当自以为得势的敌步兵距我军阵地 200 米左右时，我军阵地 6 挺机枪，百支步枪一齐怒吼，颗颗子弹射向敌人。敌军被打得嗷嗷乱叫，丢下死尸、伤号、武器向四周逃窜。这次战斗，敌人死伤 170 多人，我军只有 1 人负伤。

虽然我方在地形上占据优势，一次又一次打退逼近沟附近的敌人，但是敌人数量上比我军要多很多。为了掩护群众撤走，一连、二连借助沟的优势边打边撤退，战斗一直打到上午 10 点钟。为了牵制住敌人，二排排长邸东义代表全排战士向团首长表示：“请团首长放心，坚决完成任务。”二排 33 名战士，个个英勇善战，立功无数。接到排长布置的任务，二排战士把敌人引向了他们的阵地，敌人猛喊："抓活的!"面对几十倍的伪满军，二排战士们毫无惧色，排长负了伤，班长曹景生立刻代排长指挥。炊事班长孟凡泽自幼会武，左右拼杀，接连砍倒几个，凡泽同志用小杨树打得敌人脑浆迸裂。敌人不住声地喊叫："抓活的！抓活的!"忽然间，我海川部队胜利会师，有了援军，一举赶走了敌人。群众大部分转移，只剩下一部分妇女和老幼病残人员，另有一部分群众隐蔽在秃尾巴沟内。不幸的是，27 名群众被敌人发现。第一次，由 3 个伪满军到沟里来，先咋呼，后搜腰包。第二次，逼着群众交武器。就在群众准备和敌人斗争到底时，一阵罪恶的枪声，从群众身后响起，凶残的敌人还将倒下的群众各扎 3 刺刀，就连年仅 2 岁的刘小全都没有放过。这次惨案，只有 4 人幸存，其余 23 人被杀。这天上午，七旬老人王希力，12 岁的王兰瑞，也都倒在了敌人的枪口之下。乡亲们忍着悲痛，含着满腔怒火，决心要向凶残的敌人讨还血债，把斗争坚持到底。

可恶的伪满军制造"一·二七"惨案后，丧心病狂的又来了第二次杀戮。阴历四月二十八日拂晓，人们正准备好饭菜，准备过节。不料，村外突然传来枪声。人们被召集到村西小庙集合。翻译喊话宣传"大日本帝国""东亚团结""共存共荣"等，并要求乡亲们交出八路军保存的枪支弹药粮食，否则就杀人放火。敌人的暴行激起了老人们的愤怒。李春源、王希光质问敌人："你们宣扬'大日本帝国''共荣共存'，可你们杀人放火，抢老百姓的东西，又是什么行为?"敌人恶狠狠地说："老土匪，拉出去，打!"13 岁的张继增被敌人捆绑在树上，两脚不沾地，皮鞭、木棍雨点般打在他身上，他始终回答："不知道。"敌人看弱的不行，又转向了年轻力壮的青年，敌人喊出李本、王希三、刘士合等十几名青年，进行审讯，压杠子、灌凉水，把他们折磨得死去活来。后又找出韩继选、王秀清、李兰芝、李胜、刘庆让、苏天德 6 名民兵班长。就在敌人将要把这几个人屠杀之际，民兵英雄韩继选为了保护大家，把敌人注意力引向自己，她抢先说："你们要问的话，我一概不知道，你们想干啥？不就是一个死嘛，为正义死是值得的。"凶残的敌人下了毒手，杀害了民兵韩继选。为了让人们永远牢记住这些献出宝贵生命的英雄们，在崔家坨村建造了崔家坨抗日纪念碑。这个纪念碑就是他们的英魂，永远昭示后人不忘国耻，爱国图强。

丰南区民政局整理

无名泊28座坟墓纪实

在丰南区南孙庄乡无名泊村的西南方，有一块墓地。这里墓碑林立，草丰土美。每年清明时节，一队队系红领巾的少先队员来这里填坟扫墓，栽花植树。这里繁花似锦，绿树成荫。

这里，安葬着28名八路军烈士。

1942年春天，八路军青英支队奉上级命令在支队长郭英的率领下深入这一带开辟地区。由于兵力较弱，不敢贸然行动，只得昼伏夜出，白天隐蔽在村西南的一条很深的壕沟里，晚上向群众宣传救国救民的道理。村中的百姓经常给战士们送水送饭，军民关系情深意切，亲密无间。

当时，驻扎在附近的治安军闻到风声，知道在无名泊一带有八路军的队伍，但不知具体地点，也不知有多少人，不敢贸然行动。

农历三月初三，治安军营长扮成一个卖豆片的来到了距无名泊4华里的小王庄（现已更名为新王庄）。见本村一青年人正在街里晒太阳，面黄肌瘦，无精打采，懒洋洋的样子，就认定是大烟鬼，于是就对他花言巧语进行哄骗，并给他五块钱三斤豆片，年轻人对这些早已垂涎三尺，于是就把青英支队的实力和大概方位告诉给他，并提供出驻在本村的八路军、武装班长谷士全。这个年轻人就是血债累累的叛徒孙占宽。

第二天，治安军派一个排的兵力到小王庄将谷士全抓走，严刑拷打，刑讯逼供，谷士全受不了皮肉之苦，投降变节，叛变投敌，把青英支队的人数、武器装备及具体地点和盘供出。于是，伪治安军营长让谷士全带路，直扑无名泊。

治安军以全营兵力包围了八路军所驻壕沟，青英支队奋起还击，但是因天长日久，久住潮湿的壕沟，武器弹药受潮，不能使用。而且敌人有一挺机关枪封锁路口，使八路军伤亡惨重。只有支队长郭英的手枪终日揣在怀里，未受潮。他率领全队的战士与敌人展开了激烈的肉搏战，终因寡不敌众，加上体力渐渐不支，除有40余人随郭英一起撤退外，其余28名队员全部壮烈牺牲。

据了解，此难之前，八路军青英部队队长龙海航（龙海航系化名，真名无从查考，只知姓刘，人称“刘老头”）已得知这一带敌情紧张，曾调动这支部队转移到解放区，但当时支队中的张排长等人认为若再等两三个月到青纱帐时再撤退也不晚，于是造成了这场悲剧。

附近的老百姓深为失去自己的亲人而悲痛，他们自己集资筹款，将烈士的遗体装棺入殓，安葬于他们遇难之处，并给他们修碑立墓，每年清明他们都让自己的孩子去扫墓，缅怀昔日军民鱼水之情。

叛徒孙占宽不久就被八路军抓获，在愤怒的声讨中被处决。汉奸谷士全流窜外地，1976 年地震中死亡。

丰南区民政局整理

大北柳河激战记

据《丰南文史大全》记载，大北柳河村位于唐山市东南方向，距市区30多华里。正是在日军提出的要“确保”的“满洲走廊”里。1945年初，大北柳河东河、中河、西河及李庄子还挖了“连环地道”，以适应反扫荡需要。而且这里水路便利，地形上占优势。

正是因为上述原因，八路军及地方部队经常把这一带作为落脚点，应对敌人的扫荡与合击。面临敌人的频繁扫荡，县委、县政府于4月19日下午，在爽坨召开了各区区长会议。会上，县委书记实践（原名王甲一）、县长张柯布置了任务，做大规模反扫荡的准备工作。夜幕降临的时候会才散，转移的同志们走了。县委书记实践和县长张柯分析了形势，最后决定选择在地理位置比较灵活的大北柳河村居住。

与此同时，冀热辽军区第17军分区副政委曾辉率领军分区政治部和两个特务连亦住进了大北柳河村北街。由于天已很晚，彼此之间都是各自单独行动，互相没有联系。

拂晓时分，村子还是静得出奇。可谁曾想到一场残酷的恶战即将来临……

就在战士们熟睡的时候，敌人的大队人马分别从钱营、开平、唐山、小集等地出动，首先袭击的是西纪各庄，然而却扑了个空。正在这时，从钱营方向奔袭过来的敌人也在沙河东岸、大北柳河西北方向待命。

军分区副政委曾辉下令各连增加岗哨，严防敌人的偷袭。这时，住在村南街的县政府机关同志们收拾收拾准备出去活动。可是已经晚了，不知是敌人发现了我们的行迹还是叛徒告密，敌人的马队和“天字治安军”已从河套里向大北柳河包围过来。同时，日本兵和伪军又从村南、村西、村东包抄过来，黑压压的敌人端着枪，抬着小炮，向村子步步逼近。

“叭叭叭……”脆亮的枪声划破了黎明的沉寂。值班的警卫战士发现了河套里的敌人，紧急报警。副政委曾辉同志指挥军分区政治部的同志们整理好文件和电台设备，并命令两个特务连掩护他们突围。于是，一场激烈的战斗首先在村北打响了。

村南街的县政府的同志们一听见枪声，知道情况不妙。县委书记实践说：“同志们，肯定敌人围庄来了，我们要做好马上突围的准备！”“报告，我们的部队在村北与敌人接火！”一个警卫班战士气喘吁吁地跑进来报告说。张柯县长忙说：“哦，昨晚部队也住在村里啦。小李，你马上去和部队取得联系，再去3个同志到村南看看情况。”警卫班战士小李答应一声，扭头冲出小院，不料，被村头飞来的一颗子弹击中，牺牲了。

南街的实践书记和张柯县长没等到小李的消息，这时，有两个战士跑来报告说敌人的合击点已由西纪各庄村移到了大北柳河村。实践书记和张柯县长的目光对视了一下，在场的每个同志都预感到一场生与死的恶战不可避免了。实践书记沉思了片刻，果断地说：“同志们，我先找个大院，靠村边观察一下，然后再定是守是冲！”张柯县长说：“我看对面南院儿的榨油房，是个有利地势，南门口正对着村外的开阔地，再说里头可能有通向野外的地道……”

这时，天已大亮了，狂风一直吼叫个不停，村北头的枪声更加密集了，过了一会儿就渐渐稀落下来。突然，一声马嘶，一匹枣红色战马沿南街奔驰而过。透过滚滚黄烟，看见十几个部队战士一边打枪还击，一边向这边退来。原来是主力部队向外突围过程中，留下一个排做掩护。部队在这排战士猛烈火力的掩护下，冲杀几个回合终于冲出重围。可是，这排战士终因敌众我寡，才向街里退来。正巧与县政府的同志们在此会合。实践书记一看，大声喊道：“同志们，快进那个高门楼的大院儿！”

就这样，县政府警卫班的同志和部队战士们相继冲进那有榨油房的院子。县长张柯又详细地进行了战斗部署，由部队的战士把守东侧院墙，由警卫班战士把守西侧院墙。实践书记坚定地说：“我们现在是孤军作战，主力部队撤出，我们这个院子已吸引了敌人的全部火力，敌众我寡。但我们一定要坚守，不让一个敌人接近院子，等候主力部队的支援。如果没有部队增援，我们就与大院儿共存亡！”战士们齐声回答：“坚决守住大院儿！”

激烈的战斗开始了。枪声、炮弹和手榴弹的爆炸声此起彼伏，像火山喷发一样，把大北柳河村南街、东街和北街变成一片火海。这时，在这片土地上，有3处发生战斗。其一就是南街的大院内外；其二是村东头黄沙飞腾，烟雾冲天，沙河套里的“天字治安军”与满洲队对打起来，这是一场狗咬狗的战斗；其三是张遂同志率海川部队为接迎大部队全部突围，从石各庄侯家坟方向向敌人背后迂回，给敌人以突然袭击，日军损失惨重。过了一会儿，村北、村东的枪声慢慢变得稀疏起来，唯有南街这个大院内外战斗进入白热化程度。

县委书记实践忽然想起这院子里有地道口，只可惜任凭他们怎么翻找也没找到那个小小的地道的入口。这时，墙头上的警卫班战士发现一群敌人趁着炮弹的浓重硝烟，抬着一人多粗的大枣木柱子，向大院的北门撞来。警卫班战士端起枪向敌人一阵猛扫，几个伪军应声倒下，剩下几个敌人扔下木桩子，抱着脑袋仓皇逃命了。尽管有几名战士牺牲，但大门最终没有撞开。

上午11点左右，狡猾的敌人又开始偷偷地抱柴火准备烧门。实践书记把望远镜对准南门外，详细地观察了一下敌人的阵势。门口外 25 米远的地方，左右两侧有两挺机枪正对着门口。于是，他跳下土坯堆，把情况跟县长张柯说了一遍。院内的几个战士也呼啦啦地围上来，我们的每一个战士都将面临一场生与死的严峻考验！实践书记严肃地说："同志们，现在快晌午了，我们的部队也许就来不了啦，敌我众寡悬殊，我们坚守必是死路，要是突围，兴许还有一线希望……""对，冲出去！打死一个够本儿，打死两个赚一个！让狗日的看看，我们抗日军队不是白吃干饭的！"战士们异口同声地说。

张柯县长一挥手，果断地命令道："好，轻装！"实践书记说："我们往北冲还是出不了村子，唯一的方向就是向南，因为那边是一片坨子地和壕沟，能出村。咱们分两路冲出南大门，要奔敌人的两挺机枪口冲。老张带一组向左侧冲，我带一组人向右侧冲，要边冲边喊边射击。速度要快，迷惑敌人，在敌人愣神儿的一刹那间冲出去。"实践书记深感自己责任重大，说到最后一句话的时候，他的眼眶湿润了。战士们都同意这一行动，在这种场合，他们都想死得壮烈些。

张柯县长下了命令："开门！"两个战士蹑手蹑脚地摸到南大门下，战士们分两队分别紧跟在实践书记和张柯县长后面，门开了，实践书记高喊一声："冲啊——"

门左侧是县长张柯和通信员岳中林开路，右侧是县委书记和通信员永胜开路。这两股队伍像两支利箭狠狠地向敌人阵地射去。战士们边喊"杀呀！"边开枪射击。当阵地上敌人左右两边的机枪手们醒悟过来的时候，战士已冲到跟前。其中一个机枪手当场被击毙，另一个抱着枪滚到了一边。其他敌人也蒙了，不知院里我们有多少兵力，还以为是先头部队抢机枪来了呢！就这一刹那，我们两股队伍已冲出 100 米了。在奔跑着的时候，战士们自觉地分散开。可是，身后敌人明白过来了，一边派人追来，一边架起机枪向我们的战士一阵猛扫，有几个战士当场牺牲了。

过了一会儿，县委书记和县长带的两股队伍分别冲出一里多地远了。谁料西南方向的檀庄和东纪各庄冲出一片敌人，向这边开炮开枪射击。敌人越集越多，恶狼似的向战士们奔跑着的荒地上扑来。实践书记忙向不远处的张柯县长喊："老张，快向岳家河岸上冲，那边有一片坟头。"两股队伍很快被压到一起了。

战士们拼命地向岳家河岸边的一片坟地方向跑，快要接近坟地的时候，意外的情况发生了……坟包儿后面，密密匝匝的灌木枝和蒿草底下全有敌人的重兵埋伏。敌人在我战士们快接近坟地时，开火了。子弹像雨点般飘来，罪恶的炮弹在我们的战士中间爆炸了。县委书记实践无声地倒下了，后面的战士也相继倒在血泊里。紧接着，张柯县长也倒下了，他的通信员岳中林拖着受伤的大腿，跑到张柯跟前，哭喊道："县长！县长！"就在这时，一个战士一把拽倒岳中林，把他推到沟河里，自己也就势滚下河坡。这就是这次惨案的两位幸存者。

敌人没有料到，三十几名战士就将他们打得尸横遍野，胆战心惊。每个战士都坚持到生命的最后一刻，敌人一撤，北柳河和檀庄的乡亲们，纷纷赶到，怀着崇敬而悲愤的心情，把烈士们的遗体安葬在村东并立了石碑。烈士的墓群至今尚在，乡亲们叫它“光荣坟”。

这次战斗是整个抗日战争中，丰南所属地域八路军及地方武装损失最为惨重的一次，经过反复冲杀，部队主力突出重围，但县委书记实践、县长张柯等36名干部战士，浴血奋战，在突围中壮烈牺牲。一个个强壮、鲜活的生命在瞬间消失，但是他们的英魂永照中华大地，他们的精神永远鼓舞着我们。

丰南区民政局整理

潘家峪遗址

潘家峪村位于丰润区东北30千米处。这里群山环抱，溪水长流，松青柏翠，梯田层层，果木成林，现有村民447户，人口1381人，耕地1911亩。该村始建于永乐二年（1404年），明成祖朱棣诏流民复业，山东潘姓迁入此处，以姓氏为首，借地形地貌而得村名。潘家峪人世世代代在这美丽宁静的村庄中繁衍生息。他们日出而作、日落而息，男耕女织，春种秋收，过着桃源般的生活。

1937年7月7日，日本帝国主义发动了卢沟桥事变，在中国共产党和毛泽东同志领导下，八路军挺进敌后，奔赴华北战场，放手发动群众，建立抗日根据地，广泛开展人民战争，潘家峪成为抗日堡垒村，成为冀东抗日根据地的中枢。

1933年，日军占领丰润后，日伪军到各地频频侵扰，修炮楼，建碉堡，偏僻的潘家峪周围三里一碉、五里一堡，20里内林立着十几座炮楼。潘家峪人平静的生活被打破，在日伪军的欺压中艰难地生活着。1938年初，八路军和地方党政工作人员先后来到潘家峪，宣讲“抗日救国”的真理，动员群众抗战。灾难沉重的潘家峪人民盼到了救星，看到了希望。他们认识到要翻身、要解放，只有自己行动起来，自己救自己，于是纷纷响应共产党的号召，积极奋起抗战。部分群众还参加了冀东大暴动。1939年，潘家峪党支部诞生，这对正处于恢复和发展抗日游击战争最艰苦阶段的冀东来说，无疑又是抗日斗争中的一个新的政权村。3月，冀东地委就在村里召开了会议，由吴德传达了中共中央六中全会精神。在村党支部的领导带动下，潘家峪人的抗日热情进一步高涨。

在艰苦的对敌斗争中，潘家峪人民积极为子弟兵站岗放哨，烧火做饭，照顾伤员，制作军衣。民兵破坏交通、割电线、埋地雷、打伏击、炸碉堡、拿炮楼，积极配合子弟兵打击敌人。那时，四周据点的敌人常来潘家峪扫荡，为了监视敌情，潘家峪人民在南山尖上树起了“消息树”，敌人一来，“消息树”就报警，群众及时转移，报国队做好战斗准备，在村头阻击敌人。自1938年至1940年春，敌人来村烧杀、抢掠达138次，仅报国队就在村头打了54次大仗，潘家峪的抗日烈火越烧越旺。潘家峪人民的抗日斗争极大地激怒了日本侵略者，面对潘家峪这座打不垮、攻不进的抗日堡垒，他们惶惶不可终日，必欲除之而后快，丧心病狂地要把潘家峪人民斩尽杀绝。1941年1月25日，日本侵略者集中了十几个县的3000多名日军和2000多名伪军，乘着黎明前的黑暗，把潘家峪紧紧包围起来，策划了血洗潘家峪的惨案。

屠杀从中午一直持续到傍晚，潘家峪成了一片焦土，在烈火浓烟中，人们辨不清方向，找不见亲人，蹚着满地烈火奔突号叫。衣服燃烧着，头发燃烧着，人人都像一个火球在各个院落之间滚动。密集的枪弹扫向人群，飞蝗似的手榴弹投向人群，大院南边的小山之上，两架掷弹筒也向大院里发射着炮弹。人们惨叫着成片成片地倒下，汩汩的鲜血流成河，在腾着烈焰的土地上“吱吱啦啦”淌，很快被烤干，然后又有新的血漫过来。人们的躯体在爆炸声中被撕裂、被击碎，断肢残臂被高高地扬上天空，然后又随着漫天血雨“噼噼啪啪”落进烈火之中。衣服的碎片和飞灰被巨大的烟柱裹挟着旋转着飞上天空，使方圆几十里的村庄都能看见潘家峪上空那浓黑的烟幕，那如纸钱一般飘飘摇摇撒遍青山的飞灰。全村1700口人被杀掉1230名，33户被杀绝，96人受伤，全部财物被抢劫一空，1235间房屋全被烧毁。惨案发生的第三天，我冀东军分区党政领导就率领12团的官兵来到潘家峪，带来大批粮食、衣服和药品，挨家挨户地慰问、安抚，当时就有12名幸存的潘家峪青年参加了八路军，跨入复仇的行列。

潘家峪惨案遗址作为日本帝国主义在侵华战争中屠杀无辜中国人民的铁证，有革命遗址6处，分别是西大坑、老槐树、小铁门、日军临时指挥部、潘家大院、南岩子。为保护、管理、利用遗址，1965年建立了潘家峪接待站，1976年经省文化厅批准建立了惨案遗址专门保护管理机构——潘家峪革命纪念馆，1982年更名为潘家峪纪念馆。1994年，潘家峪惨案遗址被省委、省政府命名为省级爱国主义教育基地。1997年，省、市、区三级政府投资412.8万元，建成占地面积1246平方米的潘家峪惨案纪念馆。潘家峪惨案纪念馆2001年6月被中宣部命名为全国爱国主义教育基地，2005年被国家13部门确定为全国100家红色旅游景区之一。

杨家铺烈士陵园

杨家铺烈士陵园是唐山市爱国主义教育基地，位于唐山市丰润区姜家营乡杨家铺村北。

1944 年 9 月，冀热边特委在丰润区皈依寨召开会议，参加会议的有特委成员李运昌、周文彬、李中权、朱其文、王友、丁振军等人。会议期间，得知敌人企图以远距离奔袭合击战术打击冀热特区领导机关，我军随即决定分散活动。进攻杨家铺的是日军独立混成第八旅团主力，约 2700 人，加上所配属其他部队共 3000 多人，从唐山、丰润城、榛子镇、迁西铁厂、左家坞等处向皈依寨一带进行突然奔袭合围。在合围中，敌人采取的是电光形不规则行动，各讨伐队都向打响重机枪第一枪的方向冲击。所以，夏庄子一打响，四处兵力迅速向杨家铺方向合围。由于敌我众寡悬殊，形势对我军十分不利。战斗接近中午时，杨家铺东面的马头山、东南面的马蹄山、西面的西城山都被日军占领。面对严峻的敌情，周文彬与几位领导商量后，决定从毡帽山南坡向西南李庄子方向突围，命令烧毁文件、钱物，彻底轻装。在抗击 3 倍于我军的日寇的残暴进攻时，我军临危不惧，视死如归，奋起反抗。从冀热特区领导到一般干部再到所有战士，全都表现出昂扬的斗志、贲张的血性。其中，特别是 12 团特二连连长刘景余。在接到上级突围命令后，他杀出重围，突破了日寇包围圈。但是，为彻底救出特区首长和机关干部，他毅然决然地把死的危险留给自己，把生的希望送给同志，他大吼一声“跟我来”，端着机关枪，冒着敌人猛烈的炮火，杀出一条血路，又返回包围圈内。刘景余是杨家铺人，凭借熟悉的地形，带领二、三排的战士，如猛虎下山，杀出一条血路，掩护人们突围。他三进两出包围圈，浴血征战，最后壮烈牺牲！

战斗进行了十几个小时，终因寡不敌众而失利。冀热边特委常委、组织部长周文彬，特委副秘书长李衫，宣传部副部长吕光，第四地委书记兼专员丁振军，冀东军分区卫生部长兼政委王少奇等 430 多名干部战士，在战斗中壮烈牺牲。

1954 年，为深切怀念在杨家铺战斗中牺牲的革命先烈，中共丰润县委、丰润县人民政府在杨家铺村北约 3 华里老爪山后，建起了杨家铺烈士陵园。原陵区约占地 5 亩，内有烈士墓 240 余座。埋葬着烈士 400 余名。有纪念馆展室和接待室房屋 110 平方米；一座纪念碑矗立在陵区之中，另有一个小碑亭，亭内石碑上记载了烈士们的英雄事迹。

多年来，成千上万的青年、学生、军人以及各界人士前来凭吊祭扫英灵，接受传统教育、爱国主义教育，烈士们的英勇献身精神鼓舞和教育了几代人。1989年，杨家铺烈士陵园又新征土地10余亩，进行了扩建。

乐亭黄口地道战

抗日战争时期，为了坚持平原抗日持久战，反击日伪军的大规模扫荡，乐亭县军民开展了地道战。时任二区区长的刘志一、组织助理孙耀东、区干部曹堪锐、张梦文、周进华在黄口、港东、南寨、孙庄、杜小口组织群众开展了地道战，形成了一定规模的地道。针对乐亭县地势不定、土质疏松的特点，地道采取了掏洞与砌施相结合、明沟与暗道相结合的形式，黄口的地道就是典型的一例。

黄口是一个片村，位于乐亭县胡家坨镇，据查，永乐二年（1404 年）山西洪洞县移民迁移到此，由于地处滦河口，河道弯曲，河口形似黄瓜，又因此地土壤适宜种植黄瓜，因此称为黄瓜口，简称黄口。另有一说法，二滦河从此处经过，当时在胡家坨镇这个河道上有两艘大船，一艘船型长而窄，两头上翘形似黄瓜，另一艘船宽而圆，形似木瓜，据此人们把形似黄瓜的船所停泊的渡口叫黄瓜口，把形似木瓜的船所停泊的渡口叫木瓜口。解放后，按坐落位置分为东、西、北三个村，称为东黄口村、西黄口村、北黄口村，简称东黄、西黄、北黄。

乐亭县黄口的地道规模最大、质量最高，整个地道从村西的刘庄到村东的小当庄，一直通到村外一两千米的坟地、寺庙。入口一般设在碾棚、牛棚、寺庙佛像底座下面。地道内有生活区，地道与水井相通，保证有足够的生活用水。地道内设有隔板，隔板上有孔，以防被敌人发现，敌人进洞时通过隔板上的孔可用扎枪消灭敌人。

1943 年末的一天，有日本鬼子、蒙古队三四百人来黄口扫荡，当时区工作队员和群众躲进了地道。村内一入口被敌人发现，敌人不敢进地道，就把一个来走亲戚的走马浮村人抓来，用刺刀逼着他在前面开道，将地道中的部分人赶到了地面，围到一块儿场地给人们开会，逐个查问有没有区干部。当时区干部张梦文和周进华正在其中。张梦文说是教书的、周进华说是走亲戚的，在村民的掩护下把他们放了。周进华在向昌黎县迟崖方向跑的时候死在滦河边。

当地道口被敌人发现后，在地道西段的区干部李定邦、曹堪锐和部分群众得到通信员谭松林的报告，由于曹堪锐是本村人，熟悉外面的情况，就组织大家向西出口运动，当到达龙王庙西出口时，出口的两边都有敌人的岗哨，只有通过横道才能进入交通沟。要是硬冲出去，那么众多群众一时难以撤离，定遭横祸。正在万分焦急之即，突然阴天下起了雨，站岗的哨兵躲进庙里避雨，看准时机，曹堪锐迅速组织大家冲出洞口，穿过横道进入交通沟，避免了一场惨案的发生。

现在各村的地道经过多年的风风雨雨都已经塌陷了，但是作为历史的见证，却永远留在了人民的心中。

震惊中外的喜峰口长城抗战

1933年3月，在喜峰口、冷口、古北口的长城沿线，发生了震惊中外的中国军队抗击日本侵略军进攻的长城抗战。日本侵略军为达到占领全中国之目的，于1933年1月3日占领山海关；2月21日开始进攻热河，3月5日开始进攻京东一带长城各口。国民政府军事委员会北平分会做出了布防：由第二军团（总指挥商震）32军驻守滦河以东防线，以冷口为中心；第三军团（总指挥宋哲元）29军担任冷口以西至马兰峪一线150千米的一带防务，以喜峰口为中心；第四军团（总指挥徐庭瑶）17军担任以古北口为中心的防务。今迁西境内长城沿线均由29军负责防守。3月6日，29军军长宋哲元将指挥部设在遵化。3月7日，29军37师师长冯治安、38师师长张自忠将指挥所设在三屯营。37师109旅副旅长何其沣首先到达了距喜峰口10华里的滦阳城内。

3月9日下午4时左右，37师副师长刘白珍、副旅长何其沣到达喜峰口。时值东北军万福麟部撤退南逃，到了傍晚，日军已占领喜峰口两侧高地，居高临下，控制了口门，对29军非常不利。此时37师特务营赶到，立即与日军激战，杀敌百名。王长海团随即到达，经过激烈夜战，夺回喜峰口两侧高地，稳住了喜峰口的战局。

3月10日凌晨，赵登禹、王治邦、佟泽光三个旅先后到达滦阳城。此时日军向喜峰口、铁门关猛攻。赵登禹率军立即冲杀上去，王、佟二旅从两侧增援。29军将士腰挎手榴弹，手提大刀，与日军展开近战、肉搏战，充分发挥大刀的威力。在老婆山争夺战中，赵登禹旅长身先士卒，带头冲锋陷阵，腿部受伤不下火线。日军武器虽然精良，但未能夺回老婆山阵地。

3月11日清晨6时，日军企图夺回被37师、38师占领的桃山高地，遂以数十门大炮向喜峰口两侧阵地狂轰滥炸后，3000多名日军向高地猛扑过来。抗日官兵用手榴弹和大刀把日军赶下山去。日军又在飞机掩护下向桃山发起轮番冲锋，占领高地。

旅长赵登禹不顾伤痛，亲率刘景山团一营前往增援。官兵冒着弹雨攀崖而上，在山顶肉搏两个小时，毙敌500名，以伤亡300人的代价夺回桃山高地。

夜半，经过一天浴血奋战的赵登禹旅没有休息，根据军部夜袭敌营的作战方案，喜峰口正面由王治邦旅同守，并相机出击。两路由赵登禹率领董升堂团及王长海团，出潘家口绕至敌右侧背后，攻击喜峰口西侧高山之敌；东路由佟泽光率领李九恩团及仝瑾莹团出铁门关，绕敌左侧背后，攻击喜峰口东侧高山之敌。

12日拂晓前，西路赵登禹到达日军特种兵宿营地区，董升堂团到达三家子等骑兵和步兵阵地。王长海团到达狼洞子及白台子日军炮兵阵地。29军大刀队如神兵天降，把尚在睡梦中的500日军几乎全部砍杀。缴获的大炮、坦克、汽车无法携带，遂将其焚烧和炸毁，顿时火光冲天，声传数里。极少数漏网之敌逃往宽城方向。驻老婆山的日军闻警驰来增援，与29军将士展开肉搏拼杀。

东路佟泽光旅到达预定地点，时日军见火光冲天，已有防备，中日双方展开了又一场大规模血战。正面坚守的王治邦旅见赵旅和佟旅袭击得手，遂督率本旅两个团出喜峰口从正面突击。3个旅从12日凌晨开始，与日军血战至下午3时，共毙伤炮兵司令以下官兵3000余人。所获敌炮、坦克、装甲车、辎重等全部炸掉。此后数日，日军无力组织大规模进攻。

日军见喜峰口久攻不下，便另调精锐，改变主攻方向，把矛头转移到遵化县罗文峪方面。日军没有想到，在那里同样遭到29军的沉重打击，再次惨败。

从3月9日至13日，29军爱国官兵与日军肉搏达数十次，歼灭日军4000余人。日本国内报界也不得不承认："明治大帝造兵以来之皇军名誉，尽丧于喜峰口外，而遭60年来未有之侮辱……" 29军大刀队神勇无敌，杀得侵华日军胆战心寒，使"皇军不可战胜"的神话从此破灭，振奋了全国人民的抗日情绪。著名音乐家麦新以长城抗战为背景创作了抗战名歌《大刀进行曲》，唱遍全国。

29军防守的喜峰口、罗文峪口是"长城抗战中唯一的胜利"。国民军宋哲元部在喜峰口前沿和滦河主阵地歼灭日军计有5000多人，夺获敌坦克车11辆、装甲车6辆、大炮18门、步枪6477支、手枪2340支、机枪36挺、飞机1架，自己伤亡近4000人。他们以劣质的武器重创装备精良的侵华日军，靠的是强烈的爱国心和民族自尊心。他们打出了中国军队的威风，振奋了中华民族的士气。这次战役，由于闻名于世，已载入世界军事史册。

迁西喜峰口长城抗战遗址，于2009年被命名为"河北省省级爱国主义教育基地"。为更好地发挥爱国主义教育基地的作用，农民企业家张国华在长城脚下石梯子沟建造了"喜峰雄关大刀园红色旅游景区"，免费向公众开放，迄今已接待了30多万人次参观游览，产生了巨大的爱国主义影响。

摘自 潘秀华著《栗乡纵笔》

抗日堡垒村——常胜峪村

迁西县的常胜峪，昔日叫狗捎书，该村辖常胜峪、安子峪、小石胡沟、大石胡沟、骆驼脖子、桦对台6个小自然村。

常胜峪以前称为“狗捎书”，源于一个真实的历史故事。据村人说，这里原名叫“沙金沟”，因为山里、河里到处都有金子而得名。大约明末清初之时，关东有人因被地主逼债无法生存，便来到沙金沟挖金子，住在古门洞里。春节前夕，这人忽然得了病，无法回家。于是他就写了一封信，拴在狗脖子上，让狗回家送信。狗通人性，这只狗果真把信送到老家，家人急忙将他接回家治好了病。村中的权贵见他挖了金子眼红，诬告他是偷盗，官府欲治其罪。于是，他又逃回到沙金沟，仍住在古门洞，以挖金为生。这件事被当地人传开，于是将沙金沟叫成了“狗捎书”。

抗日战争初期，这里成为长城沿线比较巩固的抗日根据地。1940年2月，成立迁遵兴联合县，县政府就曾驻在狗捎书一带，辖区东至迁安县的建昌营，西至遵化县城，南至滦河，北至兴隆县的柴白河等地区。“狗捎书”一带的群众积极抗战，与党组织关系密切，亲如一家。日伪军将这一带视为眼中钉、肉中刺，大搞“治安强化运动”，以“蚕食”抗日基本区。1941年3月13日，13团一个连在“狗捎书”与日伪骑兵100多人激战两个小时，毙伪副营长以下10余人，缴获战马13匹。据《中国共产党迁西县历史》，1942年敌人在这一带制造“无人区”，大搞“集家并村”，强迫“狗捎书”一带群众搬入龙井关“人圈”。群众拒绝搬入“人圈”，因此敌人将这里的200多间房屋全部烧光，但许多抗日群众仍在山上坚持抗日。1943年7月，撤销迁遵兴联合县，建立承青遵联合县，辖今遵化城东至滦河以西、兴城以北地区，及口外承德、兴隆等地。县政府仍驻狗捎书一带。据《迁西县志》记载：1943年8月18日，日伪军包围了狗捎书村边的桦树台，杀害群众20人，打伤2人，烧毁30多个草窝棚。当年10月29日，日伪军又在狗捎书村进行了血洗，屠杀群众18人，即为“狗捎书惨案”。但这里的群众仍坚持抗战，一直到1945年日军投降。在抗日战争时期，这里是远近闻名的抗日堡垒村，属于冀东军区的战场之一，是八路军重要的后勤保障基地，也是迁遵兴、承青遵两个联合县的政府驻地。

狗捎书这个地方，山深林密，道路崎岖，交通不便，可当地百姓勤劳、朴实、勇敢。1958年成立人民公社，因嫌村名不雅，根据此地曾是抗日根据地并为迁遵兴、承青遵两个联合县的县政府驻地，故改名为“常胜峪”，取常胜不败之意。新中国建立后，特别是20世纪80年代以后，常胜峪村不断改变贫穷落后面貌，人民生活水平不断提高。自2000年以来，常胜峪村为了纪念在日军多次扫荡中被敌人无辜杀害的78名群众，弘扬当地百姓不屈不挠、可歌可泣的抗战精神，开发了抗日时期红色旅游资源。现在，村内仍保存着大量的红色革命遗址、遗物和红色故事。

2004年，在县老促会帮扶下，常胜峪村学习愚公移山精神，修成了一条路基宽5米、路面宽3米的水泥路，比老出山路缩短了10千米。近年来，该村先后修成了一条护林防火通道，一条15000延长米的河堤，村里竖起了110盏节能路灯。村中新建了500平方米以回顾历史，缅怀先烈的抗战文化墙，新建15000平方米的新农村文化墙，以教育村民珍惜现在、开创未来；新建村民中心文化广场、革命雕塑、图书馆、广播宣传站等，丰富了村民文化娱乐生活。如今，常胜峪这个革命老区正在开发建设成一个集生态观光、山野休闲、革命教育和抗战文化为一体的旅游“堡垒村”。

部分摘自潘秀华著《栗乡纵笔》

玉田起义纪念碑

丰润区池家屯烈士陵园共有3座建筑物，其中之一是“玉田起义纪念碑”。全碑高1.85米，宽0.6米，厚0.19米。此碑正面刻有张明远撰写的碑文，阴面刻有这次暴动中牺牲的杨春林、于方舟、解学海、刘自立等13名烈士的简历。

“玉田起义”今人称为玉田农民暴动。这次暴动是遵照中共顺直省委的指示，在中共冀东特委的直接领导下发动的。1927年10月18日，玉田县两万多名农会会员，携带各种武器，从四面八方向县城集结，中午开始攻城。东路义军在总指挥张明远、副总指挥解学海率领下直逼东门，顺利地涌入县城。很快，西路军也进入城内。暴动队伍迅速占领了县公署、警察所、县议会和税务局等反动机关。反动县长、警察所长和土豪劣绅等大都潜逃。暴动指挥部立即宣布戒严，派出岗哨，维护治安，城内社会秩序良好。下午召开了群众大会，宣布攻城的胜利和农民政府的施政纲领。第二天凌晨，队伍撤到城北郭家屯、麦坡一带。然后，指挥部把参加暴动的400多名武装自卫队员编为农民军总队，由张明远、解学海等同志率领，在县内（主要是城北）坚持斗争。军阀政府惊恐万端，从马兰峪、唐山等地调集一个团的兵力，到玉田县进行“清剿”。由于敌我力量悬殊，农民军处境艰难，不到三天就减少到百人左右，后因环境过于恶劣而停止活动。

中共顺直省委闻讯后，为了加强对京东地区农民武装斗争的领导，派省委组织部长于方舟同志带领刘自立、刘贵林等10多名黄埔军校毕业的军事干部赶到遵化，并于10月24日在王爷陵召开了京东特委和玉田中心县委联席会议，决定整编队伍，第二次攻占玉田城。会后，以玉田农民军为基础，成立了京东农民革命军，建立了总指挥部，任命杨春林为总司令，张明远为总指挥。同时召集失散的原农民军战士归队，并动员附近有枪的农民参加农民军。经过4天的整顿，京东农民革命军发展到200多人。

10月27日，京东农民革命军在总指挥部的率领下，从王爷陵出发向玉田进军，沿途张贴、散发“打倒土豪劣绅”“实行土地革命”等标语和传单，收缴了民团枪支。10月26日攻破了遵化重镇平安城，解除了该镇警察所和民团的武装，捣毁了税务局，老百姓拍手称快，革命军很快发展到400多人。

10月30日，当队伍到达农运基础较好的鲁家峪时天已黄昏。由于当天晚上宿营时戒备不严，当地反动土豪以欺骗手段纠集附近民团1000多人，于拂晓前将鲁家峪包围。革命军被打散，伤亡颇为严重。于方舟、杨春林、解学海、刘自立等4位领导同志突围后行进到丰润县沙流河附近的大张屯，与当地民团遭遇，不幸被捕。后被押解到玉田监狱，经营救无效，于1927年12月30日被玉田县公署杀害。玉田农民暴动宣告失败。

历时近两个月的玉田暴动虽然失败了，但它是中国共产党领导下的北方农民的第一次武装暴动，显示了组织起来的农民革命军的伟大力量，对后来北方的农民运动和武装斗争产生了较大的影响，为玉田和京东人民的革命斗争播下了火种。

池家屯烈士陵园的倡导者和操办人是当年参加过玉田农民暴动的农会会员张志全。暴动失败后，他坚定不移地坚持革命斗争，曾任冀东区农会主任、冀东抗日联合会主任等职。抗战胜利后，怀着对革命烈士的敬仰与怀念，他向冀东区党委、行署提出建议：在他的家乡池家屯，无偿占用自家的土地，修建冀东25县烈士陵园，以纪念和缅怀在革命斗争中壮烈牺牲的烈士们。他的建议很快就得到批准，经过一年多的努力胜利竣工。其主要建筑物有三：一是冀东25县英雄烈士碑楼，二是玉田起义纪念碑楼，三是抗战烈士纪念碑楼。

烈士陵园竣工后，时任冀东行署主任的张明远同志为玉田起义纪念碑撰写了碑文。碑文在追述了玉田暴动的简要过程、热情讴歌了烈士们的光辉业绩与伟大精神之后，慷慨激昂地写道："当时革命运动虽告失败，但他们的遗志已被我冀东人民所继承，经十余年奋斗与八年血战，已取得今日之胜利。他们的精神不死，革命的浩气长存！"

作者：张树云

明远小学

玉田县明远小学坐落在革命老前辈、中共玉田县委第一任书记张明远的故乡虹桥镇前独树村一侧。其前身是陈家庄中心小学。2010年9月，在市县老区建设促进会和各级领导的支持下，投资608万元易址迁建。新校址占地26800平方米，建有钢筋混凝土砖混结构平房113间，辐射前独树、马坊、定府、陈家庄等11个自然村。为继承革命传统，打造红色文化，经征求张明远同志遗属的意见，将这所小学更名为明远小学，并在学校大门口竖起了张明远的塑像。

张明远是玉田县早期共产党员之一。1906年出生于城南4千米的前独树村（今属虹桥镇，与陈家庄相邻），1919年在玉田师范讲习班读书时投身五四运动。1925年11月加入中国共产党，1926年参加了由毛泽东同志主持的广州地区党的活动分子会议。1926年9月回县后，遵照上级指示，张明远召集本县8名党员，组建了中共玉田特别支部（简称“特支”），任书记。此后，他与“特支”成员一起，成功地组织领导了玉田县农民群众反“旗地变民”斗争等农民运动，沉重打击了反动军阀政府。不久，中共玉田特支先后改组为中共玉田县委、中共玉田中心县委，张明远仍任书记。1927年10月，遵照中共顺直省委的指示和中共冀东特委的安排部署，张明远组织领导了玉田农民暴动（或称农民起义），任总指挥。这次农民暴动在中国北方树起了中共领导的武装斗争的第一面红旗，虽然未能取得成功，但是影响巨大，对此后冀东农民运动的蓬勃开展起到了重要的推动作用。

玉田农民大暴动失败后，张明远成为反动政府通缉的首要“罪犯”。他舍家赴难，无怨无悔，坚定不移地从事革命斗争，曾任中共天津一区区委书记，中共顺直省委常委、农民运动委员会书记等职。其间，他曾三次被捕，最后一次被判刑三年。在狱中，尽管受到敌人的严刑拷打，尽管生活条件极为恶劣，他却坚贞不屈，从未泄露党的机密，还同狱友一起跟反动当局进行斗争，并当选为狱内党支部书记。1932年冬，国民党对政治犯实行大赦，张明远于当年11月提前获释。

在张明远的影响带动下，弟弟张金茂、妹妹张金芳先后加入革命队伍。张金茂曾任中共唐山市委交通员、共青团玉田县委书记等职。他是第二次玉田暴动（又称黄林暴动）的骨干，失败后被捕。面对敌人的威逼利诱，他不屈不挠，视死如归，独自承担领导暴动的责任，尽力为其他同志开脱。最后，他自己惨死于反动派的屠刀之下，其他同志先后出狱。

在这一时期，张明远的家已经不像个家了。奉军和官府经常到前独树村抓人、抄家，他的亲人长期处于贫困与恐慌之中。他母亲带着妹妹躲到城北徐屯亲戚家，妻子带着女儿回娘家躲避。父亲白天在村中东藏西躲，天黑才敢回到家里，整夜提心吊胆，稍有一点动静就扒开院子里的篱笆，跳到紧挨着院子的大苇坑躲避。入冬之后，干脆封了门，全家都躲到亲戚家。1928 年奉军撤退，张明远回到独树村时，“家中已是门庭破败，杂草丛生，满目凄凉”（引自张明远所著《我的回忆》）。

由于哥三个都是坚贞不屈的革命者，张明远的家人几乎陷于绝境。1933 年，京东特委给河北省委写了一份报告，其中一段专门说到张明远的家庭极度困难的问题，要求上级给予救济：“特委老张（指张明远）的家庭……有妇孺七口，没有一个能生产的人，现已到了绝粮的境地。他家庭是对我们很帮忙的，过去对我们尽过很大的力，现在还很好。老张参加工作，不能对他的家庭负责，你和互济会能否对他的家庭有些补助？如可以，请即交来……”

抗日战争时期，张明远曾任陕甘宁边区抗敌后援会宣传部长，中共北岳区、冀热察区党委常委、宣传部长，冀热辽区党委代理书记等职；解放战争期间，历任中共冀热辽分局常委，冀东区党委常委、行署主任，冀东区战勤司令部司令员等职。新中国成立后，张明远历任中共中央东北局常委、组织部副部长、东北局副书记、东北人民政府副主席、东北行政委员会副主席等职。1955 年调到中国科学院，任办公厅副主任。“文化大革命”中，他受到“四人帮”的迫害。1979 年任国家机械工业委员会副主任（正部级）。张明远还是第六届全国政协常委，党的第十三大、十四大、十五大特邀代表。1998 年逝世于北京。明远小学占地 26800 平方米，建有钢筋混凝土砖混结构平房 113 间，建筑面积 2937. 5 平方米。几年来，这所小学的师生以“传承明远精神，打造红色校园”为校园文化建设的核心，在教书育人上取得了优异的成绩。

编写：张树云

鸡冠山烈士洞

鸡冠山烈士洞原名狐仙洞，位于遵化市地北头镇东峪村。东峪村东北部有一座大山叫鸡冠山。鸡冠山半山腰有几十个火石洞，其中有一个大洞原来叫狐仙洞。狐仙洞究竟有多深谁也说不清。从洞口进去约 1 里地段，内有大、小 7 个洞。大洞能容 300 人，小洞能容几十人。大小洞之间有窄道相连，能容一人直立或侧身通过。狐仙洞很深，且又隐蔽。在抗战时期作为我冀东军区后方基地，洞内住着八路军伤病员和卫生部保卫班战士。

1942 年 4 月 16 日，日军扫荡鲁家峪，由于叛徒的告密，日军知道东峪村狐仙洞内藏有八路军伤病员。指挥官日野原松市命令小队长安本带领 100 多名日伪军在叛徒马成金的带领下从鲁家峪直奔鸡冠山。他们见山上有许多大大小小的山洞，断定洞里藏着八路军和军需物资，就在鸡冠山安营扎寨住了下来，还在狐仙洞口和东大岭上加放岗哨，安上了电话机。

“这个洞子，人的有？”安本指着洞口问马成金。

“有，有，人的一定有……”马成金低三下四地回答。

安本命令几个伪军将洞口的石头搬掉，对马成金说：“你的进去看看！”

“啊？我……”马成金顿时吓得险些瘫倒在地。

“你的害怕？”安本两眼圆瞪，用枪对着马成金。

“不，不，不怕……我去……”马成金边走边哆嗦，刚进洞口，就被分区司令部的叶奎同志打了一枪，可惜打偏了，这个狗汉奸尖叫了一声，抱着受伤的左胳膊逃出洞口。

安本让特务向洞里喊话：“出来，出来！不出来就把你们都熏死在洞里！”

过了一会儿，安本见没人出来，就下令往洞里放毒瓦斯。一股辛辣的毒气钻进洞内，呛得人们透不过气来，一阵剧烈的咳嗽声和孩子们的哭叫声传出洞来，叶奎和梁志民同志赶快组织人们用毛巾浸湿捂在嘴上防毒。

连续向洞里熏了好几天，60 多岁的李现母亲实在受不了，钻出洞来。安本问：“你的，实话的说，洞里人的多少？八路的多少？”

“不知道！”李母坚定地回答。

啪！啪！安本给李母两个重重的耳光。她晃了两晃，险些跌倒在地，继续说：“知不道，打死我也知不道！只知道宁肯被熏死，也不该出来！”

安本指挥特务毒打李母，打得她嘴里淌出了鲜血。李母“呸”一口鲜血，喷到特务脸上骂道：“你还是中国人吗?！为啥帮日本鬼子杀中国人？你闻闻自己身上还有没有点中国人味儿？”日本兵、特务的木棒像雨点似的落在李母身上，李母大骂不止。最后，安本抽出洋刀刺死了无辜的老人。

日伪军在狐仙洞前困守三天，一无所得，就逼使一个从别处抓来的群众进洞探听虚实。洞里人误以为是日伪军进洞就开了枪。洞外日伪军听见枪声就往洞里施放毒瓦斯，又将地雷和炸药塞进洞内轰炸。到了第五天（4 月 20 日）天亮后，日伪军才撤回东峪村，洞内 30 多人全部遇难。

在围困狐仙洞同时，另一部分日伪军还在别的山洞进行搜索，施放毒瓦斯。

据统计，日伪军在鸡冠山驻剿 5 天，共有 95 人遇难（其中八路军伤病员和干部 72 人）。解放后，为了纪念这些坚强不屈的死难烈士，当地政府将狐仙洞修复立碑，并改名为“烈士洞”。

遵化市民政局收集

滦州“北五庄”的地道战

“北五庄”即：郭各庄、刘庄、闵庄、王庄子、铁辛庄（后并入郭各庄），位于滦州市新城西北20千米，沙河以西、青龙山以东、九百户以北、大御路以南。“北五庄”和青龙山怀抱里的“山里五村”是相邻很近的村子，在关脸子山、青龙山、石马山、磕头山、郝家山怀抱之中。以黄山口为界，西面为山里五村，东面为“北五庄”。

1945年初，中国的抗日战争进入反攻阶段，华北抗日战争已经熬过了12年。在长期敌后抗战中，抗日军民创造了丰富的游击战术，滦卢联合县北五庄的地道战就是典型的一例。

山里五村常驻十七地委的报社、电台、军分区的军工厂、被服厂等重要部门和单位。而北五庄是山里五村的门户，负有保卫青龙山根据地、党政军机关的重要任务。北五庄如有闪失，山里五村难保。

滦卢县委书记刘光路是冀中人，对开展平原地道战有丰富的经验。他在充分调查研究的基础上，提出在土质适宜的地方，普遍开挖地道，土质差、水位高的地方要适当挖一些地窖，以备敌人扫荡时，可以转入地下，减轻损失。这样，在路北杨柳庄、九百户黏土深厚的地方开挖地道，在路南沙土地的姚庄一带开挖地窖。

1945年春节，一区区委书记刘正修、区长杨振武主持召开了北五庄党员大会，讲解了地道战对敌斗争的重要性，分析了北五庄开展地道战的条件：一是土质好，土层深厚，不易发生塌陷；二是群众基础好，不容易暴露；三是刘光路同志有经验。会上，介绍了冀中地道战的经验，宣布了县委在北五庄发动群众挖地道的决定。同时向大家说明，只靠一家一户的小地洞是不行的，一旦被敌人发现，是死路一条，必须将各家各户的地道连在一起，全部打通，整个地道才能活起来，生命才有保证，利用起来才灵活。要求党员、干部带头宣传，带头挖，起模范作用。

起初，一些群众是有顾虑。一怕费力不顶用，二怕房倒屋塌。经过反复动员和党员干部的示范，王庄子村于正月二十五就行动起来，上至白发苍苍的老人，下至七八岁的孩子，凡能拿动锹镐、端土倒土的都投入了战斗，经20多天的昼夜施工，王庄子首先将全村地道挖通。其余几个村在王庄子的带动下相继动工，闵庄全村200多男女老幼挖了一个月也完工了，郭各庄和刘庄在共产党员的带领下，800多人艰苦奋战，经过一个多月的时间挖成了两村贯通、全长3.5千米的地道。北五庄的地道挖成后，周围各村也主动挖起来，如小阚庄、九百户等村都有地道。

地道的结构与冀中平原冉庄的地道是一样的，有主道、支道、掩体、陷阱、通气孔、明暗出入口等。

主道设在村内大街下面，洞的横截面高一米八九，人能在里面直立行走，主道的地面根据需要有高低、宽窄、曲直之别。窄的地方是卡口，人要扁着身子半蹲着才能蹭过去，敌人放水或毒气时，可以将卡口堵死，不熟悉的人进入卡口时很麻烦，所以，卡口具有“一夫当关，万夫莫开”的作用。宽的地方，有一间屋子大，能容二三十人同进坐卧，并铺有垫草，设有水缸，人们可以在这里开会、休息。

主道两侧有掩体。所谓掩体，就是主道侧壁上一道上下方向的顺沟，仅能藏一个人，哨兵贴在掩体里，可以监视主道上的情况。隔一段距离就有放油灯的平台、通气孔。死岔道是给不速之客准备的，如果敌人和生人进了地道，往往会走到岔道里，那么就会被哨兵捉住，或掉进陷阱；而熟悉的人则会点燃油灯，分辨出主道和死岔道。

主道的底面在一定地方挖有翻口，有时突然向下钻几尺，有时突然向上翻几尺。这有两个作用：一是防止敌人灌水时淹没所有主道，敌人放火灌烟时，烟气可以上升；二是让敌人产生主道已经到了尽头的错觉。支道是挖在各户院子下边的，设在隐蔽的地方，如柴草棚内、牲口槽下、厕所内外。入口处伪装以柴草、破烂等不易被人动用的物件。从各户的入口处进入分道后，再往里去就进入了主道了。主道与分道交叉处，有一陷阱，陷阱里有尖刀或碰线地雷，落入陷阱的敌人或是被扎伤或是碰断地雷线而被炸死。陷阱口用翻板盖着，翻板用一根木棍托着，自己人进入主道后，会熟悉地将托翻板的木棍抽掉，翻板就成为没有依托的盖板，若敌人尾追而来，一踏上虚掩的翻板，立即落入陷阱。

各村的地道都设有四个出口，明暗各二。明出口是全村人都知道的，暗出口是经常封闭的，设在村外，若不是被敌人长时间堵在地道里，暗出口是不能打开的。

地道挖成之后，县抗日政府发出布告，布告的大意是：地道是打击敌人保护群众生命财产安全的设施，如有告密泄密，破坏地道，法不容情，执行枪决。

北五庄的地道，开辟了特殊的抗日战场。抗日部队的伤病员、抗日民主政府的机关工作人员，在敌情紧张时，经常到这里来隐蔽。政府的物资，如军鞋军袜、军衣被、枪支弹药、办公用品、老百姓的粮食和衣物等都可以隐蔽其中。1945 年 6 月 16 日（农历五月初七），九百户、沙河驿、卑家店等据点日伪军 800 余人，分数路扑向北五庄。县委书记刘光路带领县支队一个连及机关干部等共

100余人正在郭各庄工作，一区区委书记刘正修及部队10余名伤病员正在王庄子。县委得知情报后，决定转入地道，各就各位准备应战。当敌人紧缩包围圈进村搜索时，看到村里静悄悄没有一个人，推门时被事先挂好的手榴弹炸死炸伤。这次敌人一无所获。过了几天，日伪军在叛徒文祥的引导下，找到王庄子地道的出口，施放毒气，灌烟灌水，扔手榴弹，施尽各种手段，也奈何不得。王庄子300多人从地道里钻出来，高兴地说："这一回就值了！"县委机关干部和部队伤病员早就顺地道转移到包围圈之外。不久，抓住了叛徒文祥，在刘庄召开了群众大会，县长蔡勇为宣判文祥死刑。

北五庄的地道战，不仅保护了这里的党政军干部和群众的生命财产，更重要的是它以特殊战场的形式出现在冀东滦卢地区，体现了滦卢人民长期坚持机动灵活战术抗击日寇的智慧。

作者：陈发

村东那20座烈士墓

长眠在大泊村东的20位烈士是1947年10月25日杨家泊战斗中英勇牺牲的。他们所在的部队是当时中国共产党领导的冀东军区十三军分区下属的盐民支队，也称“铁龙部队”。成立于1945年8月，始称工人团。团长武汉兴，真名刘景田，下设两个连，共200多人。杨家泊战斗时，邢玉德任支队长，张昕之兼政委，黄宗轩为副政委。这支部队的主要任务是打击汉沽盐滩及周边村、镇的敌人，支援工人运动和农民运动。主要活动区域在铁南（京山线）的毕家鄽、涧河、李付庄、大泊、大神堂、娘娘庙、双桥子、前后大坨、高庄、付庄、蔡家堡、蛏头沽、前后避风嘴等地（就是今天的丰南南部，汉沽管理区东南部，天津市滨海新区以及长芦盐场一带）。

在艰苦的斗争中盐民支队经受了锻炼和考验，成为战斗力很强的部队，狠狠打击了国民党军队和地方反动地主武装（伙会）对游击区的清乡。保护了老百姓的生命财产，并在十分艰苦的条件下打开了为解放区运送粮食、棉花、布匹、食盐、煤油、药品等紧缺物资的通道。他们夜袭付庄、九棚等据点，打过漂亮的高庄伏击战，在沿海及周边农村的活动越来越多，对敌人的威胁越来越大。因此，驻芦台、汉沽的国民党军队与地方反动地主武装想方设法企图消灭这支部队。

1947年10月25日，盐民支队（其中有部分刚从丰玉宁联合县参军的新兵）得到情报，芦台镇的伙会要去杨家泊清乡，于是决定在杨家泊村伏击敌人，但行动泄密，国民党六十二军一五七师四七一团纠集芦台保安队二十三团约2000余人包围该村。面对10倍于己的敌人，盐民支队干部战士同仇敌忾，无畏无惧，利用每家每户的土围墙，英勇阻击敌人，从凌晨3点多开始，一直打到天蒙蒙亮，敌人始终没有攻进村子，上百个敌人中弹躺在水洼中，水面漂了一层平顶帽。

天亮了，能见度高了，敌人开始用少量兵力牵制村北的主攻点，大量兵力向村南和村东北迂回包抄（注：杨家泊西南、南面、东南环水），并很快强占了村西头的房屋。上了房的敌人，用机枪猛烈向村中院落里扫射、扔手榴弹。情况危急，为了避免更大伤亡，盐民支队奋勇从村东北向萝卜坨、大泊方向突围，遭到已迂回到村东北敌人严密的火力封锁。三排长唐宗来（双桥子人）为营救新战士，冒着枪林弹雨，带领全排反复冲杀，身负重伤，在抬往毕家鄽的路上壮烈牺牲，年仅19岁。

战斗结束后，大批伤员在大泊中村三官庙前用担架送往李付庄、毕家鄘、黑沿子，向京山线以北转移到解放区。牺牲的32名烈士遗体由杨家泊村杨洪彬等4人用四辆马车运到大泊村，南泊人陈田枝、陈奎平轮流守护，押运的是盐民支队的干部。大泊村、李付庄等村迅速筹借了32口棺材。烈士的遗体由马车运到大泊村东墓地，棺材也由各村派车运到，装殓掩埋了32位烈士。

自1948年开始，陆续有烈士家属将灵柩运回各自家乡，所以我们今天看到的烈士墓是20座。

新中国成立以来，每到清明节，滨海新区的杨家泊、高庄、看才庄、萝卜坨、酒家坨，汉沽管理区的大泊、皂甸、么家铺，丰南区李付庄的中小学师生都来此扫墓，缅怀先烈，铭记历史，接受革命传统教育。

为人民的解放事业英勇牺牲的烈士们永垂不朽！

作者：陈忠时

西高烈士陵园

西高烈士陵园建在唐山海港经济开发区王滩镇西高村，东靠滦乐灌渠东支渠。陵园南北长 270 米，东西宽 90 米，占地 36. 5 亩。四周有水泥柱钢角线圈着，并有挺拔的树木相围，大门设在陵园南端正中，门高 4 米多。大门上部的门楣上写着“西高烈士陵园”字样。从大门进入陵园有笔直的南北向水泥路，两旁栽植苍松翠柏和其他花木。路尽头是高耸的烈士纪念塔，塔高 12 米，下宽上窄，像一把利剑直插苍穹。塔基有 6 级台阶，四周用汉白玉石柱围定。塔身的正反面分别刻着“死难烈士万岁”“为人民而死虽死犹荣”的白底黑色大字，都是毛泽东主席的手写体。塔的南面有一广场，可容纳三四百人。塔北栽植杨柳树，形成了一个小片林，春夏秋季郁郁葱葱，荫庇着整个烈士陵园。园内水泥路西侧，建有烈士墓穴 36 座，其中 33 座墓标有“无名烈士”字样，四周垒有小墙，东边有刻碑一座，碑额书有“无名烈士纪念碑”。碑文曰：“乐亭古来人杰地灵，又乃革命先驱李大钊孕育之土。历次革命战争为国捐躯者数千名。1948 年秋，为纪念解放乐亭战亡之勇士，唐山军分区会同乐亭县政府将武园之烈士陵园迁至西高各庄并修建革命烈士纪念塔，遂将散葬之三十余具遗骨安葬于兹……”

乐亭县在县城建有“革命烈士纪念馆”，安放着全县 1900 多位先烈的骨灰盒、英名录和遗照。在乐亭县乡下，纪念英烈的烈士墓地仅此一处。追究为什么在这里建了烈士陵园，是有其历史背景和历史渊源的。

1943 年 8 月，昌（黎）乐（亭）联合县在高各庄（现东高、西高两村）成立，联合县的机关驻地就在这一带地区。为保护党政机关开展工作，镇压汉奸，配合八路军主力消灭敌人并建立了地方武装——县基干队、区小队和县民兵大队。有战斗就会有牺牲，救治伤病员的卫生所理所当然地安置在这一带。平时住在某一个村中，遇到敌情，进入高各庄村东五六平方千米的大树林中隐蔽起来，救治伤员工作照常进行。从战场上救护的伤员因伤重不能治愈牺牲而一时又不便接回家安葬的，就安葬在高各庄西南一里多地的一个叫“碱场”的空地里。从 1943 年 8 月到 1947 年底，几十名烈士的尸体都安葬于此。时任十三军区副政委曾辉（原籍江西），战斗中牺牲后也安葬在这里。新中国成立之后，曾辉同志遗骨移葬石家庄“华北烈士陵园”。

1948 年秋，十三军分区会同乐亭县政府决定将“武园”之烈士陵园迁至高各庄，并修建革命烈士纪念塔，于 1949 年完成。至此，高各庄村南“碱场”烈士遗骨迁移到西高烈士陵园。当时，人们称之为“冀东烈士纪念塔”。

当年修建烈士纪念塔是占用高各庄村富户“李老爷”的果园共80亩。1947年土地改革时，“李老爷”家族已无人在家，子弟们有的早年参加了革命工作，有的在外求学。“李老爷”家中大部分土地被平分，果园未做分配，为修建烈士纪念塔，而办理了国家征地手续。1959年修滦乐灌渠时把高各庄村分为东高、西高两村，并占去了大部分土地，致使西高烈士陵园减少到现在的36.5亩，位置在西高村。

1948年为修烈士塔，拆了西高正街路北最东头新中国成立前建的一座“玄武庙”，砖瓦石料大部用在了修建烈士纪念塔上。当时修建的塔为六棱形，原塔上刻有时任冀察热辽军区副司令员（原冀东区党委书记、司令员）李运昌、时任冀东区党委书记吴德、冀东区党委委员、组织部长阎达开等领导的亲笔提词。由于年代较长，保护管理不到位，年久失修，题词早已脱落。老人们只记得“热血浇开自由花”的题词。

2008年，由乐亭县人民政府出资、民政局主管，把纪念塔和烈士墓都南移至中间地段，重修革命烈士纪念塔改称为西高烈士陵园。

烈士陵园重修后，每年清明节，邻近的中小学都组织师生到烈士陵园开展祭扫活动，接受爱国主义教育。2014年9月30日，全国第一个烈士节，500余机关工作人员和驻区武警官兵、农村党员、中小学生代表到西高烈士陵园举行公祭活动，向无名烈士纪念碑敬献花篮，深切缅怀革命先烈的丰功伟绩和崇高精神。

作者：刘汝宁、赵志文、周俊杰

探古寻踪

开平有座状元坟

在唐山东北方向20千米处的凤山东侧，有一座茅山，山腰有一块较大的平地叫状元坟，据老人们讲，这里埋着一位状元郎。

相传，清朝年间，滦州有一位上知天文、下知地理，胸装前后五百年大事、善看风水的先生。这个人虽然本事很大，但脾气古怪，相貌丑陋，贪酒多醉，所以，很少有人向他求教。即使有人请他，也多因他酒后狂言，没人敢信他这一套。他无家无业，自恃有才，又不愿荷锄耕种，便整天走街串巷，晚上休于庙堂，因而生活十分艰苦。为了生存活命，每到麦收的时节，他都要找农家要些粗壮好看的麦秸，用麦秸编成许多小帽子，按现在的话说叫工艺品。然后，他把这些小帽子的前面逐个贴上纸条，纸条写上各种官名，名曰"官帽"，沿街叫卖，有不懂事的孩子想买，人们大多想图个吉利，也就买上一两个哄哄孩子。年复一年，他也能凑合着活着。

滦州城有一位姓王的大财主，他有两个儿子，长子已娶妻生子，次子尚未婚配。一天，王财主的家人带着王财主的孙子在家门口玩耍，这时卖"官帽"的算命先生经过这里，财主家的小少爷非要买一顶"状元帽"，嚷着长大要当状元郎。家人问算命先生要价多少，算命先生一见这家深宅大院，是个有钱人家，张口就要十两白银。一听这么贵，家人连连摇头，转身要走。但是，这位小少爷死活不依，哭喊着一定要买。正在家人为难的时候，王财主从门内走出来，问明孙子哭闹的原因后，他心里想，家里有许多好玩的东西，宝贝孙子都不喜欢，偏偏要买这麦秸编的、不值钱的"状元帽"，其中是不是有什么因果关系，孙子长大了真的能当状元？想到这里，王财主心里高兴，不管当得了当不了状元，图个吉利。他马上掏出十两白银买下了帽子，并顺手戴在了孙子的头上，不大不小正合适，王财主越发高兴了。

算命先生走了，王财主把孙子带到自家院内。孙子戴着新帽子，连蹦带跳，玩得高兴。忽然，刮起了一阵风，把帽子吹掉了。因为麦秸帽子特别轻，被风一吹，滚了老远，帽子上写着"状元"的小纸条也掉了。王财主急忙弯腰去捡，当他拿到纸条刚要往帽子上贴时，忽然发现纸条的背面写着几个字。他仔细看了看，只见上面写着："滦州西边有凤山，凤山东有瀑布泉。瀑布泉东有茅山，茅山山腰有平坛。此间宝地有风水，不出宰相出状元。"王财主看后大喜，心想，这十两银子没白花，这一定是高人为感激我的相助对我的报答，我家也许真的能出一个状元。他向人查问茅山这块地方在哪里。那时，因为凤山的"凤洞飞虹"

"围山泉瀑"在滦州十二景中较有名气，好多人都知道这个地方。财主毫不费力就找到了凤山东侧的茅山。当他来到茅山后，发现这里风景秀美，地势确实非同一般。西有陡河，东靠围山，半山腰有一块很大的平台，平台上隐隐约约有紫气上升。但等他走到平台上一看，平地上有一座小坟，坟前没有立碑，坟主不知是谁。

为了弄清坟主是谁，王财主派人多方打听，才知道这块地是山下双桥村一户刘姓家唯一的土地。怎么能弄到这块风水宝地呢？王财主冥思苦想了几天，终于想出了占有刘家土地的一条主意。原来，双桥村刘家很穷，他有一个 17 岁的女儿，生得聪明漂亮，尚未许配人家。而王财主自己的次子年龄 18 岁，也未婚配。于是，王财主吩咐手下的人在城里找来能说会道的媒婆，说明目的，许以重金，要媒婆无论如何也要说成这门亲事。说来也巧，找来的媒婆与双桥村有亲戚，媒婆便通过亲戚关系找到了刘家说亲。土里刨食的贫苦刘家听说滦州城的财主要与自己结亲家，未加思索便一口回绝，理由是：王家是城里大户，我是贫苦百姓，门不当，户不对，不敢高攀；二是刘家就这么一个女儿，自己老了，还要女儿养老送终，而且，城里离双桥村较远，有事不方便。

媒婆在刘家碰了一鼻子灰，便找到王财主讲了说媒的过程。王财主不甘心，又对媒婆许下诺言，只要说成此事，赏金加倍。媒婆便带上礼品三番五次找到刘家软磨硬泡。说王财主一家虽然有钱，但心地善良，重情义，乐善好施，是天下难找的人家。刘家经不住多次劝说，终于有点动心了。可是，女儿出嫁，也要置办些嫁妆，家里这么穷，哪有钱置办嫁妆，没有嫁妆，不但我难看，就是亲家那头脸上也挂不住呀。正在他犹豫之际，善于察言观色的媒婆已经看出了刘家的心事，便趁机说："老弟呀，结亲虽然讲门当户对，但也要讲个缘分，皇帝还经常找民女做皇后、妃子呢。今天王老爷看中你家女儿，不是因为你家有多少良田牛马，主要是喜欢你女儿的人品好，是过日子人。我和王老爷家说了，你答应了这门亲事，只要把东边茅山半山腰那块薄地象征性地做嫁妆，意思意思就可以了。"刘家经媒婆一说，认为王财主要求不高，又是诚心诚意，也不怕别人瞧不起，结亲后也许还有点依靠。最后，终于答应了这门亲事。

王、刘两家结亲后，茅山这块风水宝地归了王家。王财主为了稳住刘家的心，给刘家送去了好多吃的用的，使刘家感激不尽，也令全村人羡慕不已。尔后，王财主以茅山这片薄地不好为由，出钱为刘家置办了新坟地。然后，将自家的坟地迁到了这片薄地，祈盼着王家后代"官运"到来。

十几年后，王财主的长孙，就是那个戴过麦秸状元帽的小少爷经乡试、会试、殿试，竟连中三元，当了头名状元。王财主的目的达到了，竟然编造了刘家女儿不孝顺的谎言，与刘家断了亲，还狠心地将刘家的女儿当丫鬟对待，他的次子也另娶新人。

王财主的长孙中了状元，免不了回家炫耀。在回家的路上，他经过凤山，见凤山寺庙建筑有气魄，便下马进庙观赏。当他走到二层殿时，见阿弥陀佛端坐正中。他不相信阿弥陀佛能接引众生去西方极乐世界，便拿铁锥扎阿弥陀佛的腿，心想，是真的就出血，不出血就是假的。一锥刺下去，阿弥陀佛腿上的血便流淌下来，吓得他慌忙跑出庙门，骑上马向东跑去。不久，寺院守护神韦驮巡山回来，见阿弥陀佛腿上有血，忙问怎么回事，当他得知是新科状元所为时，怒气冲冲要捉拿状元。阿弥陀佛不许，但韦驮执意要去。阿弥陀佛估计状元已经过了围山泉瀑，便说："如果状元过了围山泉瀑，就不要再追了。"韦驮化作一阵清风追赶状元。状元早已过了围山泉瀑，韦驮难解心头之气，还是赶上去，手举杵落，打死了状元。后来，王财主家与官府知道这件事后，便一同把状元埋在了茅山的王家坟地。坟地规格不高，但很高大，周围广植树木。从此，这个地方便叫"状元坟"了。王财主一家因道德败坏，手段恶毒，从那以后，家道也就衰败了。人们都说这是报应。

状元坟以后被毁，这里变成了普通耕地，林木也多被砍伐。20 世纪 60 年代初这里还有几棵一搂多粗的大杏树在那挺立着，后来，也被当地人砍伐了。

（本文参阅刘福华《凤山的传说》整理。）

作者：赵晓楼

谎粮坨留迹朝鲜人

打开《丰润县志》就会看到这样的记述："谎粮坨，在县西北十五里。相传唐太宗设，以诳高丽。"高丽即古时对朝鲜的称呼。

这条记述告诉文我们，这里在唐朝时曾发生过战事，曾是高丽人聚集之地，曾是粮仓集中之地。所以，在战争中，才会出现太宗命人取走粮食，留下空仓，以诳高丽。当然，战事不仅发生在唐朝时期，远在汉朝时高丽王就曾率大军入侵右北平，即今蓟州区一带。应当说汉朝时高丽人已来到过唐山，至隋朝再次入侵辽西。隋文帝曾发兵进攻高丽，双方均不能胜。

到了唐朝时，东北的形势更加复杂，契丹、鲜卑、高丽均成为大唐边患，而高丽逐渐强盛，盖苏文再次反叛。大唐贞观十九年（645年），唐太宗率大军东征，途径唐山大地，东出榆关（山海关），至今辽东一带，连破四城，平定叛乱，得胜返京。因此，在唐山大地留下了谎粮坨等众多的有关太宗征东的记叙。也留下了初唐诗人沈佺愈思绪沉重的诗句："九月寒砧催木叶，十载征戍忆辽阳。"直至唐高宗派大将李绩率大军东征攻破平壤统一朝鲜，成为大唐的属国，战事才平静下来。

每年冬春，高丽王派使者来大唐王朝朝贡。高丽与大唐的关系也紧密起来，不仅处处模仿大唐建制，也派众多学子来唐学习。在唐文宗开成五年（840年），学成归国者，一次就达105人。汉文化也随之融入高丽，形成了汉文化圈。也有的人在大唐为官，如朝鲜新罗人崔致远，12岁来唐，18岁中进士，在唐僖宗时官至翰林学士。高丽与大唐的商贸往来也极为频繁，许多高丽人在中国定居。所以说，在唐朝时丰润一带的谎粮坨（后称高丽铺）已有朝鲜人定居，是可信的。当然，其他各县也有朝鲜人定居落户。如迁安的七家岑，就是7户朝鲜人在此定居而称七家岑。其后，形成了驿站，称为七家岑驿，如今仍称之为七家岑，留下千年未改的史证。

到了宋朝，虽然唐山一带已是辽国之地，但高丽人与宋朝的交往依然密切，如高丽使臣韩璘有诗《题扇寄弟》："离离鸣雁落江滨，梦里年来相见频。吟尽楚辞招不得，夕阳愁煞倚楼人。"表达了出使宋朝时日已久思念亲人的乡愁。再如，高丽使者朴寅亮有诗《泗州龟山寺》："塔影到淮沈浪底，磬声浮月落云间。门前客擢洪涛急，竹下僧棋白日间。"记述他游龟山寺时所见情景。当然，我们无法知道他们是走海路还是陆路。但因海路风险极高，而携带众多物品，走陆路则极为便捷。《河北省古代陆路运输简史》一书图载，在唐朝之后，从山海关至七家岑驿至高丽铺至天津大沽已是重要交通驿道，而大运河则是极为安全的水路，所以众多高丽使者年年去唐宋朝贡，经唐山大地是顺理成章的。也正是交通的便利和朝鲜人在此定居开发，使高丽铺成为车水马龙、商贸繁荣的驿站——高丽铺驿。

但高丽铺之名源于何时，有唐宋元三朝之说，经细查史料，唐朝时已有“铺”，分为两类，一是“寄附铺”，即当铺的前身；二是“铺驿”，仅限于商业所用的“驴驿”。而全国规模的邮传称为“驿馆”，只限于接待官差。宋朝时，始有完整的官差，军民同用的邮递。沈括《梦溪笔谈》中记述：“驿传旧有三种，曰步递、马递、急脚递。急脚递最剧，日行四百里，唯军急则用之。以木牌朱漆黄金字，光明炫目，过如飞电，望之者无不避路。”但宋朝时，唐山历经辽金两代，辽金无此建制，所以，高丽铺也非宋时所有。元朝统一中国，疆域极度扩张横跨欧亚，元朝设立了完备的驿铺制度，全国设驿站 806 处，每站有百名驿户，配有牛马。在驿站之间设急递铺，每隔 10 里、15 里或 25 里设驿铺，每铺设 5 名铺兵，10 铺设一铺长。所以，我们说高丽铺之名源于元朝是合理的。

明朝时，曾改名为高丽堡，其后又改回高丽铺。清朝时高丽铺更成为朝鲜人的驻足聚集之地。《丰润县志》中留下了朝鲜人归乡情切的题壁诗：“柝声传永巷，新月挂西楼。千里东归客，寒窗一夜愁。”应当说，高丽人的到来，也带来了他们的种稻技术。《丰润县志》记载：“县西十五里高丽铺，稻香与荷香相间，顾而乐之，恍若置身苏堤畔也。”至今，村南高丽人种稻的地方依然种稻，人们称为老稻田。

同时，也带来了高丽人的文化，如跳板、荡秋千等。而高丽人善于造纸、制扇的工艺也融入到汉文化之中，也倍显了汉文化极具包容的博大精神。高丽人生活简朴，死后简葬，也影响了汉民。至 1966 年，村头仍有高丽墓 70 余处，最大的一处为将军坟，为明朝时来朝的使者病故于此。其后，多种原因众墓消失。

到了近代，中国百年内乱，军阀连年混战，日寇占领朝鲜，进攻中国，高丽铺随之萧条，朝鲜人为生存各奔西东，留居者大减。当然也有许多人与汉族人成亲，融合到了汉族之中。时至今日，在全国第一次人口普查中，唐山市各区县仍有朝鲜族 126 人。或许，这些文字为读者留下一条研究朝鲜族在唐山的历史线索。

作者：闫克岐

状元街

在丰润城东大街，有一条名叫“状元街”的街道。别看这条街窄窄幽幽、弯弯曲曲、坑坑洼洼，可它却是丰润城历史和文化的一个亮点，对丰润悠久的历史和文风的昌盛起到过极为重要的作用。

状元街，因清乾隆年间丰润知名人士郑澄先生的善举而得名。根据丰润《郑氏族谱》记载：郑澄是丰润郑氏第十四世祖，是东关郑氏始祖。他风骨遒劲，坚持原则和国家法度，且为人正直，刚直不阿。这是个敢与清代著名文人、大学士纪晓岚较真碰硬的铁骨铮铮的硬汉子！郑澄先生自幼家境困难而又勤奋好学，先中举人后中进士。官至监察御史的郑澄先生荣归故里后，深知学子十年寒窗的艰辛。他看到丰润县的许多儒童学子由于家境贫寒，使得优秀人才无法参加乡试、会试，难以脱颖而出，遂倡导组建民间助学组织——“状元会”。他亲书《募置乡会试公产引》一文分送丰润籍京官、外官，离任退职关心家乡人才成长的隐士，及曾于乡试会试受过资助者，劝他们出资助学。募捐出于自愿，对在乡试、会试中受惠而无力输纳者不勉强，捐输数量不限，捐多捐少或有或无随意。最初预计可募捐 3000 金，因办法和措施得力，取得了预期的效果。到嘉庆十四年（1809 年），状元会又“置本邑地 7 顷 43 亩 5 分 2 厘，收租钱1,044吊 240 文，又续置滦州地 9 顷 6 亩 9 分 1 厘，收租钱1,507吊 500 文”。这样公产会有了固定的收入，并用以支付儒童举子应考期间的差旅食宿应酬等一应费用，丰润文风为之大振。

状元会基金的主要来源一是向社会贤达募捐，二是向乡试会试受过资助者取得功名倡捐，但是出于自愿的。正如郑澄先生在《募置乡会试公产引》所言：“丰邑近在畿辅，沐圣朝文教……寒峻随碟入都，往往艰于资斧，得第后旅寓京华，尤形支绌。夫以功读多年，一击不中，遂窘于再试矣，而囊空羞涩将伯莫呼呼？……澄尝怵然，深念人之敦尚梓谊，谁不如我，其子弟好修向上，又谁不如我？……仿先贤义庄之制，捐置公产收岁租以资诸寒士乡试人之数分给，傥山川效灵有作状头者，将全产交付。以后另方续捐……兹举经营伊始，约计需费三千金，同邑宦外任者飞书相咨，咸踊跃从事各登捐数如左。更望林下诸君子协力同心，各联所知因亲以及友……伟哉斯举！允宜踵此而笃行之！然则吾邑首事者又乌可不勉哉！敬具小引祈列台衔。”

据目前可考证的史料统计：明、清两代，丰润儒童举子中第者共计 570 人（进士 98 人，举人 472 人）。状元会成立前的 400 年间，丰润中第者共计 197 人

（进士 50 人，举人 147 人）；而自状元会成立（1793 年）至中国历史上废除科举考试（1906 年）的百余年间，丰润中第者竟然多达 373 人（进士 48 人，举人 325 人）。到了中国近代，公立学校兴起，县府将状元会的公产基金全部充作现代教育的经费投入到近代教育事业，对丰润近代教育的兴起又起到了巨大的作用。可以说，状元会是丰润教育史上一个非凡的创举，数百年来，对丰润的教育事业、人才培养、文风兴盛作出了重大贡献，正因为此，才使得丰润有了“南无锡，北丰润”人文大县之说。

郑氏家族明初时落籍大郑庄，是个忠孝传家、诗书继世的显赫家族，以“父子、叔侄、兄弟同科翰林院大学士”享誉艺林。状元会给丰润带来了文风的兴盛与人才培养的辉煌。科举时代，丰润的文风兴盛，甲第联翩，除个人的天赋和进取之外，还与家族的重视、社会的关注、官府的倡导支持是分不开的。明清两代，丰润儒童举子中第者共计 570 人（进士 98 人，举人 472 人）。其中，状元会成立前的 400 年间，中第者 197 人（进士 50 人，举人 145 人），占总数的 32.4%；状元会成立后至科举废除，中第者为 375 人（进士 48 人，举人 327 人），占总数的 67.6%。〔清代文学家赵国华（1813—1894 年），字菁衫，官至山东省盐运使，诰授资政大夫二品顶戴，赏戴花翎。在《心香书院议》里把他列为丰润文坛 17 位先贤之一。〕

后人将状元会所在地，亦是郑澄生前居住过的那条街命名为“状元街”。2010 年，丰润区浭阳新城改造过程中，状元街被拆除。东大街居民委员会为缅怀这位给丰润文化作出重大贡献的先贤，在原址上修建了状元广场，使得这处古迹得以保存并以新的面貌展现在人们面前。

政协唐山市丰润区文史资料　雷士奇

古老的海阳县

滦南县境域历史悠久，源远流长，在这块古老而神奇的大地上，曾经有过海阳侯国和海阳县750多年的历史。

战国初期，齐、楚、燕、韩、赵、魏、秦七雄割据对峙。秦孝公即位后，历时20年，秦得富强。战国后期，关东六国相互征战，势力不断削弱，而秦国则逐渐强盛。秦王嬴政即位十七年（前230年）后，秦国以摧枯拉朽之势，发动对六国的侵吞战争，六雄以失败结局。秦始皇统一了中原，建立了中国历史上第一个中央集权的封建国家。

秦始皇统一六国后，实行郡县制，全国分为三十六郡，马城之地属辽西郡。刘邦建立汉朝后，在实行郡县制的同时，继续实行分封制。《汉书卷十六·高惠高后文功臣表第四》，对摇母余及其后均有记载。摇母余，“以越对将从破秦，入汉定三秦，以都尉击项羽，侯，千八百户”。其竟是说摇母余因定三秦击项羽有功，被封为海阳侯，食邑海阳侯国1800户。至景帝中元六年（前144年），摇母余的曾孙哀侯省死无子承嗣，遂撤海阳侯国称号，改为海阳县。

关于海阳，民国年间的《滦县志》载：“大抵海阳之境，北距肥如（今卢龙）、令支（今迁安），南际于海，今滦县之东偏及乐亭地。”又《新唐书》及《辽史》所云：“马城、望都、滦州，皆海阳故地也。据此，则海阳幅员辽阔。”据上述记载，当时的海阳县为今滦州全部，昌黎西部，滦南、乐亭全境，曹妃甸、丰南区东部，及唐山市区以东大片区域均归其管辖。海阳县城在哪里呢？《唐书卷三十九·志第二十九·地理三》明确记载，平州北平郡，属其三。1994年10月由河北人民出版社出版，水利部海河水利委员会、海河志编纂委员会编纂的《滦河志》，都肯定“马城，海阳县城”。

关于海阳县，历代正史都做了明确记载。《汉书卷二十八下·地理志第八上》载：“辽西郡，秦置，属幽州”“县十四：……海阳，龙鲜水东入封大水。”肥如，玄水东入濡水。濡水南入海阳。《后汉书志第二十三·郡国五》载：“辽西郡，秦置。雒阳东北三千二百里。五城，户万四千一百五十，口八万一千七百一十四。阳乐、海阳，令支有孤竹城、肥如、临渝。”

从这些正史的记载，清楚地看出，西汉初年置海阳县，属辽西郡。东汉离乱之后，辽西郡所辖14县多有撤并，所余5县中，海阳县在焉。西晋时期，辽西郡所统三县中，仍有海阳县。至北齐天宝七年（556年），省海阳入肥如。至此，建置700年的海阳县为肥如的一部分。隋开皇六年（586年），省肥如入新昌。

不久，新昌改称卢龙，海阳为卢龙的一部分。

因此，在撤销海阳县建置184年后的唐开元二十八年（740年），在海阳县旧治重新置县时，“马城，唐开元二十八年，分卢龙县置”。

马城县治所在马城，即今马城镇政府驻地。据史籍载，马城城池虽小而坚。城墙围长1444步，约2888米，高1.5米（5米），城周辟东、南、西、北4座大门，另辟南小门，共五门。城外护城河环绕，水深沉急。城内民居错落，店铺临街而设，街道整齐，市井繁荣。以后，历代重修城围，大建庙宇，逐渐形成“三关四街五座门”、街口对庙“四街不露巷”的格局。这座城池以其独特布局和建造风格，矗立在滦河西岸，成为冀东一方政治、经济、文化中心。辽道宗清宁五年（1059年），始建滦州州学。金天会五年（1127年）进士李杭在乐安镇（今乐亭县城）建学宫（儒学教官衙署）。马城的宗教文化亦盛极一时，马城县境内庙多，有72座，仅马城古城内便多达22座。这些寺庙为唐朝初年至元朝初年所建。

这个昔日辉煌的水运重镇，自唐开元二十八年（740年）置县到元至元四年（1267年）撤销马城县建置，共延续了527年。马城置县比滦州置州早183年，比乐亭建县早449年。如果前推到汉高祖六年（前201年），摇母余食邑马城建海阳县，马城置县时间，则比滦州置州早1124年，比乐亭置县早1390年。开元二十八年（740年），唐玄宗深谙马城水运兴盛、经济繁荣、人口繁衍和马城地理位置之重要，遂下旨“分卢龙置马城县”。时辖地相当于今滦州市、滦南、乐亭、曹妃甸及丰南东境。

至元四年（1267年），撤销马城建置，共延续527年。

作者：韩永成、王义钧

济民场

济民盐场是元代至元二十四年（1287 年）设置于今滦南境内的古老盐场。当时为永平府所属的北方四大盐场（即济民场、惠民场、石碑场、归化场）之一，为滦州所辖。其范围南至渤海，北到倴城，东抵刘家河口接石碑场，西逾运河连越支场。济民场里有 3 坨 3 堡，东为青坨、中为孙家灶坨、西为十九圈坨。堡分东、中、西 3 个。灶房 8 间、煎滩 8 处，荡地 4 处。设分店 15 处，跨店 12 处。

明代设济民场大使署一员，官秩正八品，隶长芦蓟永分司属下。大使署初设崔各庄，后移至柏各庄。1912 年大使署撤销，设立场务所，1913 年并入济民渔盐局管理。济民场大使署，道光二十一年（1841 年）以前的历任使署姓名已无考证。道光二十一年（1841 年）大使署朱豫章、同治六年（1867 年）蒋嘉泉、光绪二年（1876 年）管之金、十一年（1885 年）方恭钺、二十一年（1895 年）鲍鼎炟。

域内的制盐历史可谓源远流长，最早可上溯至汉代。《汉书・地理志》里就有“辽西有盐官是也”的记载。北魏永熙元年（532 年），沿海开始大规模置灶煮盐。五代时期，在沧州设置盐运司，因沧州又称长芦镇，故北方沿海所产之盐均以“长芦”命名。当时境内的盐灶统归长芦管辖。辽时置榷盐院于香河县。“一时产盐之地如渤海、镇城、海阳……等处，五京计司各以其地领之。”（《辽史・食货志》）金时域内的煮盐业得到进一步发展，大定二十五年（1185 年）设沧州、宝坻等 7 处盐司。平州副使于马城县置局贮钱解盐。当时马城县成为盐运调发转运的中心。至元二十五年（1288 年）设三义沽、芦台、越支 3 盐使司。当时所辖的盐场共有 22 个，济民场是其中之一。到至元二十四年（1287 年），滦州设四处盐局，济民场乃其一。明代初年，长芦盐场发展到 24 个，为了便于管理，隆庆三年（1569 年）并为 20 个，即“南司九场，北司十一场”（《清盐法志・场产门》），济民场为北司派场。万历二十七年（1599 年），济民场有灶户 63 家，灶丁 433 人，其生产规模和产量，逊于越支、石碑等场，故定为下等派场。

清顺治五年（1648 年），济民场盐坨修筑公垣（土围墙），由场官派员专司启闭。凡灶户所产之盐，俱水运堆储垣中，商人凭票证进坨缴引领盐，盐行滦州各地。康熙五十二年（1713 年），政府清查长芦盐务，定海盐场灶额限，诏以其统计数为准，续生人口永不加赋。时济民场额户 38，灶丁 645，总人口 9867；原额灶地264顷84亩，草荡地19顷84亩，额锅170面；盐坨三，盐堡三，分布在新庄、常坨、边家灶一带。场设大使一员，官秩正八品。大使署归青州分司治下，管理场内灶丁，负责征解盐课等一应事宜。雍正十年（1732年），根据巡盐御史鄂礼奏疏，将天津府盐捕通判移驻越支场，专管济民、芦台、越支、石碑、归化五场盐务。乾隆四十三年（1778年），在越支场设蓟永分场，有额定灶户38家，灶丁645人，灶地311顷36亩，草荡地19顷84亩，煎锅171面。宣统三年（1911年），济民场改煎盐为晒盐，所属盐灶俱废，于蚕沙口开筑盐滩七副半，相距20里许，每滩占地2里余。计有盐滩33100亩，产海盐4360引（每“引”为650斤）。

民国元年（1912年），蓟永分司撤销，济民场为长芦盐运使司直辖盐场，并裁济民场大使，改设场所。次年，国民政府废滩限产，济民场因交通阻滞，规模较小等原因，遂归并济民渔盐局辖下，由石碑场节制。

“配盐”是盐运销的必经环节。盐商入场配盐前，先将盐包运往盐坨暂存。盐坨分内坨和外坨，商家的盐包到齐后，先置于外坨，这些未经过掣的盐叫“生盐”，不能运销。商家必须到运司请示报批，叫“过掣”。济民场的盐均由蓟永分司派人到盐坨“过掣”，即由批验所查点引盐数目“以察溢斤夹私之弊”。当时，蓟永分司下设两个批验所：一为芦台批验所，在汉沽；一为张灵批验所，在张庄子。检查过的盐运入内坨，称“熟盐”，熟盐方可运销。

因盐课是历代统治者的重要财政收入，因此备受重视。长芦是全国仅次于两淮的大产盐区，尤其是每年数十万两白银的盐课直接与国计民生攸关，故制定了一系列有关盐税和缉私的法令。

征收盐课刑法极严。元初，盐税极重，盐民连起码的生活也得不到保证，因官府“鞭笞逼急，田野为之骚然”。明代，官府征收盐税更加苛刻，“盐课征摧，急于星火”弄得“市野惊惶，妇子涕泣”。清政府为改革明王朝遗留的对灶户“加派迭增”“户口税减”“商逃课缺”等弊病采取了一定措施加以安抚，但仍未能革除时弊，而且盐课有增无减。清《盐法志》规定：“灶户内有倚恃贡、监生员抗税不完，欠八分以上者，俱革黜为民，责四十板，枷号二月；欠五分至七分以下，俱革黜为民，责四十板，枷号一月。”可见清时盐法也相当严。

为保证盐课的征收，历代封建王朝都制定了严厉的缉私法，明令禁止私煎私卖，并设置专门机构付诸实施。如金大定二十八年（1188年），“创巡捕使，山东、沧、宝坻各二员。宝坻置于易州及永济县（丰润县旧名），秩从六品。直隶省部，各给银牌。取盐使司弓手充巡捕人，且禁不得于人家搜索，若食盐一斗以下者不得究治，惟盗贩私煮则捕之。在三百里内者属转运司，外者即随路府提点所治罪，盗课盐者亦如之。”（《金史·食货四》）。元代盐法规定：“凡伪造引盐者皆斩，籍其家产，付告人充赏。犯私盐者，徒二年，杖七十，止籍其财产之半；有首告者，于所籍之内以其半赏之。行盐各有郡邑，犯界者减私盐罪一等，以其盐之半没官，其半赏告者。”清代《盐法志》规定：“凡犯私盐者，杖一百，徒三年。若有军器者，加一等（流两千里盐徒）。诬指平人者加三等。拒捕者，盐货车船头匹并入官。引领牙人及窝藏、寄顿者，杖九十，徒二年半。挑担驮载者，杖八十，徒二年。非应捕人告获者，将所获私盐给付告人充赏。有能自首者，免罪。”

为强化缉私手段，历代统治者还专门派驻军队弹压。民国年间，滦州境内额设马步汛 368 名，分驻各卡要隘，缉捕私贩。

尽管如此，并未给劳动人民及社会带来什么好处，相反，许多官吏借缉私之名，乘机敲诈勒索，中饱私囊。

历代统治阶级虽然如此重视盐课征收，但却从不关心盐民的生活状况。明清规定，灶丁从 15 岁到 60 岁应役。盐民劳动之繁重，收入之低微，生活之艰辛，从庶民中尤甚。明朝文人吴家纪留诗一首：“白头灶户低草房，六月煎盐炉火房。走出门外炎日里，偷闲一刻是乘凉。”明刑部侍郎彭韶在《上盐场图诗略》中写道：“臣近履盐场，始识其概，粮食不足，安息无所，未免预借他人。所得课余，急还债主，艰苦难以言尽。小屋数椽，不避风雨，粗粟粝饭，不能饱餐，此居食之苦也。晒淋之时，举家登场，刮泥汲海，汗流如雨，隆冬砭骨，亦必为之，此淋卤之苦也。煎煮之时，烧灼熏蒸，蓬头垢面，不似人形，酷暑阴晴，日有课程，前者不足，后者复来，此征盐之苦也。客商到场，无盐砥价，百端逼辱，举家忧惶，此配盐之苦也。疾病死伤，尤不能堪，逃亡则身口飘零，复业则家计荡尽，去住两难，安生无计。”这段话将盐民的生活状况反映得淋漓尽致，读后让人倍感辛酸。

现在域内的边家灶（边庄子）、曹妃甸的李家灶、孙家灶、常家灶、二面灶、三面灶等当时统归济民场管辖。济民场在繁荣域内经济、方便域内人民生活、促进同外地贸易往来方面发挥过重要作用。

摘自《滦南文物古迹寻踪》

“高里区” 农场名称的由来

“高里区”农场是1949年新中国成立前成立的第一个国有农场，这一名称，记载着一段鲜为人知的历史。

1938年，侵华日军勾结宁河县大汉奸、大地主齐燮元，征买土地5万多亩建起了农场，作为军粮基地。征用4300多名朝鲜人种植水稻。因当地人习惯将朝鲜称为高丽，农场所修水利排灌沟渠高出地面很多，且四面连接成圈状，所以当地人称之为“高丽圈”。

日本侵略中国蓄谋已久，1931年“九一八”事变后，日军占领了东北三省，建立了伪满洲国，加紧对中国的侵略扩张。当时的国民党政府奉行蒋介石“攘外必先安内”的政策，对于日本帝国主义的大举入侵，置若罔闻，希冀通过国际力量斡旋，隔靴搔痒，更助长了日军侵华野心。

内忧外患，民不聊生。在这种情况下，更有部分晚清、北洋政府、民国的政要与军阀头目，利用搜刮民脂民膏得来的财富，大肆掠夺购买土地。当时宁河县的土地，很多被当时的军政要员收买占有。河北丰润籍北洋政府官僚张志潭、天津籍的吉林督军孟恩远、贵州籍的北洋官僚朱启钤、奉军军长、蓟榆镇守使苏锡麟等军阀官僚，在宁河拥有大片土地和众多的佃户。时任伪华北临时政府治安总长的大汉奸齐燮元，原本就是宁河县的大地主，更是乘机侵吞农民土地，以为千秋之业。

1938年初，齐燮元为了能在日伪政权谋取升迁，趋奉讨好日本侵华日军，将木头窝等18村5万余亩土地卖给侵华日军。这18个村是：后米厂、木头窝、高坨、廉庄、西朱庄、扬拨庄、任千户、大于庄、于怀庄、花牛庄、马聪庄、北涧沽、马鞍子、官庄、辛庄、大王御史、小王御史、大艇村。这些村都是齐燮元的佃户村。失去土地的佃农一部分背井离乡，流离失所，甚是凄惨；一部分佃农另租齐燮元或他人的土地谋生，留在当地。

齐燮元，字抚方，原名齐英，光绪年间秀才，后考入保定陆军速成学堂，毕业后更名为齐燮元，开始了他平步青云的军阀生涯。1937年后投靠日本人，历任伪华北临时政府治安总长、伪华北政务委员会总署督办和伪华北绥靖军总司令等职，帮助日军残害中国人民。1945年以汉奸罪被判处死刑，1946年被处决于南京雨花台。

齐燮元卖与日军的土地，位于宁河县中间地带。“高丽圈”范围是：东北角由高坨村南向西，经廉庄、西朱庄、任千户到大于庄村南。西北角自大于庄村南南折，过花牛庄村东。西南角由马聪庄村东东折，过大北涧沽、马鞍村北。东南角在大王御史村北，朝阳村西南，向北过七孔闸到五间房。

侵华日军扶植东洋株式会社对这块土地进行生产经营。从朝鲜掠役 4300 多人为其耕种，起名为“芦台模范农村”。

“高丽圈”内建有 34 个屯，称为“里”，有东端里、上端里、崇仁里、下端里、金刚里、中央里、安次里、白条（头）里等。这些名称，多是当地人按照朝鲜人的发音译定而成的。日本人住中央里，建日式风格的房舍。有宪兵特务和警备队，配备枪支弹药和电台。设有地牢，用来监禁抗日志士和不服管制的人员。其他 33 个里建造简易房屋，让朝鲜农民居住，每里住约 50 户，设保长一人，10 户设一甲长。农民每月按人口配给一定数量的小米、高粱米、玉米面、豆饼等。收获的稻谷不许吃，全部归军用。

1939 年，“高丽圈”开始修建扬水站，选中了河阔水深的蓟运河中游木头窝南面的河汊处，1940 年 6 月 15 日竣工。在农场东侧修建七拱闸（亦称七孔闸），扬水站引水渠至此，南北分水，灌渠环绕全场。还修建了排水渠，涝时排水，同时洗咸排咸。

日本人征用朝鲜人进行生产，主要是利用他们的种植水稻技术。1910 年朝鲜已被日本吞并，征用朝鲜人比较便利。

有了蓟运河水灌溉之利，劳工具有种稻技术，水稻品种从日本或朝鲜引进，有银坊、水源等品种，米质好，产量也高，比当地水稻品种高 40%以上。这些品种先后流入宁河和茶淀、小站等地，成为当时种植水稻的优良品种。

由于这一地带已成为沦陷区，当年日本与朝鲜已合并，朝鲜人比中国人地位要高。警备队大多为朝鲜人，倚仗有枪和日本人撑腰，也常到周边村侵扰老百姓。当年在周围村庄流行的口头语是：“腊月二十七，高丽来抓鸡。”春节将近，百姓过年宰鸡杀猪，准备祭祖和过年，一般都在农历腊月二十七这天宰鸡。朝鲜警备队的人，每年腊月二十七日打着皇军的旗号到周围村抓鸡。时至今日，木头窝村的人们仍流传一段趣闻：原木头窝村北临道第一家，主人叫傅泽，是一个老实忠厚的农民，当年已 50 余岁。警备队进村找里保长，向傅泽询问：“你们村谁的负责？”傅泽急忙回答：“我的傅泽。”为首的家伙不待细说，上前打了傅泽一个耳光：“你的良心大大的坏了，年鸡为什么还没送到？”这则趣闻，加之百姓流传的一句歇后语“高丽拜年——够呛”，真实地说明当年的警备队借过年之机抢要百姓年货、骚扰村民的事实。

1944 年冬，宁河县五区区小队一个班，夜间到“高丽圈”杀死两个民愤极大的保长。此后，“高丽圈”宪兵队和特务加强戒备，经常与附近的日寇伪军到“高丽圈”周围进行扫荡。由于群众对敌寇恨之入骨，拥护我党的各种政策，随时随地给抗日武装提供帮助，敌寇的搜剿扫荡难以奏效。

1945 年日本宣布无条件投降，日本场长回国后，成立了以李大成同志为首的农场管理委员会，正式接管了这个农场。李大成同志号召朝鲜青年参加朝鲜自卫军，并任命朝鲜人李易民为队长。李易民系中共党员，1945 年春被捕，日本投降后由北京监狱放回。自卫军共招收青年 200 余人入伍，1945 年底，经上级指示，李易民带着这 200 多人从柏各庄坐船由大连回国。大连当时由苏联红军占领。

1946 年，由于占据芦台镇的国民党控制农场电源，扬水站不能汲水，无法种植水稻。经上级批准，“高丽圈”的朝鲜农民分两批回国，其中一部分人在延边落户，也有极少的人流落在当地。

日军投降，朝鲜人回国。国民党政府忙于内战，对“高丽圈”放置不管。冀东一带虽然有共产党组织，但属于流动办公形式，尚未形成巩固的政权。“高丽圈”在无人管理的情况下，呈现出荒凉景象，杂草丛生，芦苇遍地。国民党军队有时清乡或过路，也都是拆屋取火，把有用的设备抢走，难以装载的器物炸毁破坏，扬水站的房屋和电机水泵就遭此厄运。短短 3 年，34 里均遭破坏，只有中央里存有断壁残垣，安次里仅见旧址外，其余 32 里夷为平地。水利设施损坏殆尽，扬水站仅存残基，桥梁闸涵俱已破废。人迹罕至，荒草没人。成为县大队、区小队经常隐避和活动的地方，曾一度设有解放军诊疗所。据资料记载，1946 年 5 月，芦台国民党壮丁队队长潘万岩纠集还乡团，制造了宁河五区南涧沽惨案，杀害我军政干部和家属 18 人，一些受伤的人员被护送到“高丽圈”诊疗所治疗养伤。

1949 年 1 月 15 日，随着天津解放隆隆的炮声，“高丽圈”重新回到人民的怀抱。1949 年 4 月，由华北人民政府津沽区农垦管理局接管，取名“高里区农场”，后改由农业部直辖，定名为“国营芦台农场”，系农业部两个直属农场之一。

建场初期，高挽裤脚的第一代创业者，怀着建设社会主义新农场的豪情壮志，披星戴月，风餐露宿，喝沟水、啃窝头、住草棚，以苦为乐；披荆棘、战严寒、斗酷暑，顽强拼搏，将 5 万多亩荒滩改造成为良田，每年向国家提供商品粮近 20 万吨，为祖国建设作出了突出的贡献。

2003 年 7 月，经河北省政府批准，农场归属唐山市管辖，整体改制为“河北唐山芦台经济技术开发区”。2006 年 4 月更名为“河北唐山芦台经济开发区”至今。

“高丽圈”这个名称，当地人记忆尤深。对于“高里区”农场这个带有殖民色彩的名称，已逐渐被人们淡化忘怀了。

作者：江振玺

马城曾经为安城

马城，在滦南县倴城东北部，为镇政府驻地。但在古代却曾是马城县的县治，不但有县治而且有县城，是个已有千年历史的地名。《一统志》载：“马城古塞名，唐开元二十八年置马城县。”开元是唐玄宗时的年号，也就是说唐玄宗时已有马城县。

其后《金史》载：“大金天辅七年改滦州中刺使为节度使，领石城，马城，义丰，乐亭四县。”但《滦县志》的沿革篇又载：“马城县曾为宋安城县，故名。”这就给我们留下了思考，同一时期，同一地点，为何成为金史和宋史中都标注的地名呢？马城为何又多出安城一说呢？

打开历史的画卷，一个战火纷飞的岁月展现在我们面前，到了金朝天辅七年（1123年）春，正月之时，辽主败走山西，幽州大地落入金人之手，辽国已近灭亡，此时的马城隶属于滦州，平滦二州已经大乱，大辽国的节度使肖谛里被杀，平州处于无政府的混乱局面。这时平州人张珏站出来安抚杀死辽使的动乱民众，大家见张珏敢于担当，便公推他为平州领事。张珏便招兵买马，组织起5万人的军队和1000匹战马天天练兵，昼夜守城准备与金兵作战。金国大将粘没喝率大军来此，准备攻打残存的平滦二州，他的部下康公弼对他说：“如若加兵，必然引起叛乱，今大辽已灭，剩此孤城，不如以安抚为主。”于是，粘没喝便派他去平州说服张珏降金，康公弼与张珏见面之后，直陈利害关系，劝说张珏降金，保平滦二州百姓平安，并同意答应张珏仍为平州领事，不做任何改变。张珏见康公弼是诚意而来，便答应降金，并给了康公弼许多礼物。康公弼回营之后，尽替张珏美言，粘没喝听信了康公弼的话语，旋即退兵，平滦二州仍在张珏的掌控之下，但他只是表面降金，已达到让金人退兵的目的。

到了三月，宋朝派使臣赵良嗣来到大金国，要求大金国将营州、平州、滦州归还宋朝。原来，金人在灭辽之前曾与宋朝达成协议，两国共同击辽，灭辽之后将幽州归还宋朝，谁知金人灭辽之后食其言，并不想将幽州归还宋朝。宋朝便退而求其次，要求将平滦各州归还大宋，金主不许。宋使赵良嗣二次来到金国，要求归还平滦二州，赵良嗣说：“我宋朝乃大国，宜只为平滦二州，金国不能失信也。”金主听罢，也知道宋使讲得有理，是金国不守信用。金主有些动心，说：“平滦二州为边镇也，实不易得，也不易守也。”金主出此语，表明已有意将平滦二州归还宋朝，免得失信于宋。这时投降于金国的前辽国宰相左企弓献上两句诗：“君王莫听捐燕议，一寸山河一寸金。”金主看罢，态度强硬起来，故不许归还平滦二州，宋使赵良嗣无功而返。

然而，这件事情传到平滦二州的百姓之中，人心思宋，民情沸腾，纷纷痛斥左企弓，既为辽相，又献媚于金人，而且出卖平滦二州百姓。与此同时，又发生了一件事情，金人将俘获的河北民户由左企弓带领东迁辽宁。一路之上，燕民备受其苦，行至平滦二州时，皆不行，团团拥到张珏兵营前，哭诉左企弓的罪恶，支持张珏反金归宋。众人并写下血书一封，递交张珏将军，其大意是将军握有重兵，率众归宋乃民之所望。张珏见民情激愤，情不可抑，遂骗左企弓到滦河西岸，将其抓捕，历数其十大罪恶，将其斩首，旋即宣布平滦二州归宋。至十月，宋朝派使者来平滦二州，封张珏为节度使，改马城为安城，石城为临关，于是就有马城为安城的历史，在《宋史》中也就留下了“张珏以平滦二州併所领三县来降，赐马城名安城”的记载。

然而，好景不长，十一月金国率大军攻打平滦二州，张珏奋力抵抗，终因势孤力单而败，败走到玉田的燕山一带。张珏虽然败走，平滦百姓推张敦固为都统，拼死守城，抵抗金兵，金兵见急不能克，便派使者去宋朝，责问宋朝不该招降纳叛，软弱的宋主唯恐惹怒金国，竟诏旨王安中诱杀了张珏，并带着张珏的首级向金国求和，金主大喜。张敦固率领平滦百姓抗金，坚持了近两年，终因粮草断绝于金天会二年（1124 年）被金兵破城，攻陷平滦二州，张敦固被杀，安城复为马城，从此平滦二州入金国版图，其后，马城的地名未再发生变化沿用至今，其县城于清朝后期逐渐毁掉，至民国时尚有瓦砾残垣，如今已消失在绿野和村落之中……

作者：闫克岐

檀之谜

檀，通于壇，古时同音同义。壇，今简化为坛。至今，在唐山大地的自然村落中，有四处以檀为称的地名，即，路南区女织寨乡的檀庄，丰南县小集镇的檀庄，乐亭县毛庄镇的檀庄和滦县（今为滦州市）城关镇的南坛。如今已经寻觅不到坛的踪迹，只有这些地名在告诉人们，古时这里曾有过坛，是设坛的地方。那么，坛是从何而立的呢？这四处的坛都建于何时？又起到什么作用呢？

坛，为古代土筑的高台，用于朝会、盟誓、祭祀。具体讲，坛的出现源于古代皇帝的封禅之举。“封”是指筑土为坛祭天，“禅”是指筑土为坛祭地。而且，古人认为群山之中泰山最高，距上天最近，因此，人间帝王要去泰山祭祀天地。传说中夏商周三代已有封禅的说法，春秋时管仲曰：“古时封泰山，禅梁父者共有七十二家，受命于天。较著名的有伏羲氏、神农氏、炎帝、黄帝……”

这些传说告诉我们筑坛祭祀的历史非常遥远。有明确记载的筑坛封禅之举为秦始皇，《史记》载，秦始皇自定封禅之礼，乘车从山南登上泰山，举行封礼祭天活动，之后勒石歌颂秦德，然后从北面下山，到梁父山去行禅礼祭地，所用礼仪依据秦国祭祀天帝之礼稍稍加以改动。

其后汉兴，至汉武帝，国势昌盛，公元前110年，汉武帝先到梁父山行禅礼祭地，之后再到泰山封礼祭天并在坛下埋藏“玉镖书”。其后，汉武帝再次率领少数重臣登上泰山之顶，举行了第二次封礼祭天。第二天，汉武帝率重臣从北山下来，在肃然山举行二礼禅礼祭地，足显武帝对封禅活动的重视，而且下诏改此年为元封元年。

继秦皇汉武之后，东汉光武帝，大唐高宗，大宋真宗等均曾到泰山筑坛祭祀，行封禅大礼。由于去泰山祭祀天地，兴师动众，耗时费力，至南宋之后，不再去泰山举行封禅活动，而是在京城郊外建坛，举行祭祀天地的封禅活动。这一重大改变将祭坛活动从高高的泰山迁移到京城郊外。朱元璋建立大明朝之后，不仅在城郊筑坛祭拜天地，而且降旨让各州府建坛，从此各州府开始有坛的出现。清朝延续明制，从明至清，古滦州有社稷坛、风云雷雨坛、山川城隍坛、先农坛和历坛。

《滦县志》和其《文史志》为我们留下了珍贵翔实的资料：“社稷坛”建于明朝，建在古时滦州的城南。坛的具体位置，西至大道，东至陈家坟。“社稷坛”又为何意呢？明太祖认为“社为五土之主，稷为五谷之主，皆自然之气，广土诸谷，不能偏祀，合祭社稷。”明太祖下诏州府筑坛，举行祭祀天地的活动，是要让天下百姓感知皇恩浩荡，在为民祈祝天下平安、五谷丰登。

大明洪武二年（1369 年），朱元璋再次下旨，让各州县为民祈福，祭拜天神，以风云雷雨为一坛，山川城隍为一坛，每三年合祭一次。于是古滦州城南又建起两座神坛，建在了关帝庙南面，大清灭明入主中原后，依然延续明朝的制度，在州府筑坛祭祀，以示敬天顺民，但已改为大清社稷，至清雍正二年（1724 年），依明制诏准各府州县设坛，而且对坛的规格有明细的要求。社稷坛四周长二丈五尺，高三尺，东西北三面设台阶，为三层，取其义为“出陛三级”；北面为门，让祭拜者出入；坛门涂以丹漆，在坛的两侧设一座坎，以备祭祀人员坐息。在祭坛南面正中，距坛二尺五寸处立一神主，埋于土中，上露尖顶，挂二神牌，一书府县社之神，一书府县稷之神。神牌俱为朱底青字，临祭拜时置于案上，社神居左，稷神居右。其神位前面摆放祭品。这些史料就留下了社稷坛具体可见可知的依据，为不可多得的资料。至清乾隆九年（1744 年），不仅旨准祭坛，而且诏下统一的祭文，释成今天的话语，即：唯有社稷二神能保佑九州的安宁，保佑粮食丰收，满足各州的百姓。我们分设五色土以表诚敬之心，期盼春夏秋三个农时，风调雨顺，没有灾害，五谷丰收。届时，我们春秋两次虔诚地敬奉二神，使我们的山川大地像松柏磐石那样永固，让田地中的禾苗如翼腾长，保佑我们的粮仓中永不缺粮。这是我们真诚的希望啊。显然，这样的祭文说到百姓的心窝。不论谁当天子，百姓期盼的就是四季平安，五谷丰收。百姓感到了皇恩浩荡，祭祀的目的也就达到了。明朝时所建的风云雷坛和山川城隍坛，到了清朝时将二神坛合为一坛祭祀，因此就变成风云雷雨山川城隍坛。其坛高三尺，四门均涂朱丹，自南门入坛。在坛北正中有石柱，高二尺五寸，设三个神位，风云雷雨神居中，山川神居左，城隍神居右，神前摆设供品，猪羊各一和肉饭食物及果品布帛。由于其坛位处滦州城南，又俗称南坛。民国六年（1917 年）滦河发大水时，其坛地势略高未被淹没，成为难民聚居之地。其后逐渐败落毁亡，但南坛的地名留存至今。清朝雍正四年（1726 年），又下诏建“先农坛”祭拜神农炎帝，建在滦州东关之东。其坛方二丈二尺，高二尺一寸，四面台阶，均为三层，自南门入坛，同时在坛北面建起正房三间，东西配房各一间，均配有神位，凸显对祖先的尊重。雍正皇帝这一举措，明显在争取得到汉族群体的认同和巩固其皇权。其后各朝皇帝对先农坛的祭祀活动极为重视。但自光绪帝末年，滦河连年泛滥，先农坛不得不几度西迁。至民国十一年（1922 年），连降暴雨，山洪暴发，滦河发大水，先农坛地基与其官田完全淹没在滔滔的洪水之中。

历坛是滦州最多的祭坛，遍及乡里，与上述诸坛的作用决然不同，不是祭祀天地，敬奉神灵，而是安抚游魂野鬼之坛。至明朝，朱元璋出身乞丐，虽登大位当了皇帝，但深知抚慰游灵是深得民心的善举。于洪武三年（1370 年）十二月下诏，命京都王府、府州县，均建立历坛于城北，每年三次祭祀，其时间为春时清明之日、秋时孟望之日、冬时孟朔之日，由守土之官先在城隍庙贴出公告，公布祭祀日期，到了祭祀那天，用两头羊、三头猪、三石米作为祭品用的饭菜，先由官长祭主完毕，之后让下人将饭菜散发给无家可归的游民、乞丐。因此滦州城郊的历坛为明时所建。

至清朝，不仅依明制在府州县城设历坛，抚慰幽灵，安抚民心，而且扩大了设历坛的范围，在各个乡里均设历坛。古滦州时，路南、丰南、乐亭设历坛的地方均为乡里之地，因此这三处历坛为清时所建。所筑历坛之处，由乡里选出两至三名有爱心、乐善好施之人进行日常管理，和发放食物。官府每年给些禄银，也接受乡人的捐助。由于守坛人的工作都是施舍善举，极受乡人敬重，均称“坛善人”。日久，守坛人便以坛为姓，将坛改为谭。今路南区女织寨乡的檀庄便有谭姓家族，清末时出过秀才和饱学之士。

清朝不仅扩大了设历坛的范围，同时制定了统一的祝文，由前来祭坛的官员宣读，以示皇恩浩荡，抚及幽灵野鬼。其祝文要比祭祀天地的祝文还感动人。其祝文译成今天的话语，即：唯有神灵知道天地阴间的不同道路，佑护了人间的安宁。人的命运不同，谋生的办法也各异，但希望聪明和正直是一致的，纵观这些埋在地下的尸骨，地上已长满苍苍野草，让人感到悲伤，怎能不让人感动呢？因此，我代表朝廷前来祭祀你们，点起香火，告祭神灵关爱你们。虽然你们都是无家可归无人祭祀的游魂，但都是我们的同类，或为男，或为女，没有记载可查，也不知是早已故去，还是新亡之人，附于风号雨断的荒野之中，也没有亲人可托。今日设坛于城北，敬备牲礼和干干净净的饭食，来抚慰统一境内的幽魂。你们快来享受吧！你们快快归来吧！望坛而归来，神灵在思念你们，也寄去乡邻亲人对你们的思念！

祭祀的祝词实为感人。同时与祭坛相辅的措施还有建“漏泽园”，即官府拨出一块土地，专用作埋葬弃尸遗骨。历代朝廷的这些善举，备得百姓拥护。

时至今日，祭祀天地祈祷丰年的社稷坛在北京分为天地二坛留存后世。各地的历坛至民国后期逐渐消失，但安葬尸骨的漏泽园演变为今日埋葬骨灰、祭祀先人的陵园。

作者：闫克岐

皂户之谜

滦南县有个官寨乡，官寨乡有个村庄名为皂户，乐亭县有个汤家河镇，也有一个皂户庄。这两处地名甚为奇特。以皂为称的村庄还有丰润县的皂神庄和汉沽农场的皂甸。为什么会出现皂户这样的地名？皂又为何义，又为什么与户联在一起呢？这样罕见的地名又是如何落户唐山大地的呢？这些为我们后人留下一串谜团。我们先从皂字说起。

皂，在《集韵》一书中有明确的解释："皂，黑色。"在《广雅》一书也有同样的解释："皂，黑也。"在宋史的《舆服志》中，对皂的解释增加了新义："紫地皂花。"即紫色地面上有黑色的花纹图案。时至今日，大多数人的心中，皂即黑色。

不过，在漫长的历史长河中，皂是个多义词，皂在古代还是一个人数众多的群体，这一群体的社会地位如何呢？《左传·昭公七年》载："天有十日，人有十等。王臣公，公臣大夫，大夫臣士，士臣皂，皂臣舆，舆臣隶，隶臣僚，僚臣仆，仆臣台。"在这10个等级的人群中，皂者居士之后、舆之前，王公大夫为统治者和官员；而士则游离于官民之间，既可以是庶民中的侠士、辩士、勇士，也有机遇升入官员之列。《国语》载："天子举以大牢，祀以会；诸侯举以特牛，祀于太牢；卿举以少牢，祀以特牛；大夫举以特牲，祀以少牢；士食鱼，祀以特牲；庶人食菜，祀以鱼。"这段话讲得清清楚楚，在祭祀活动中，士和庶民都可以参加，而且士可食到鱼，庶民可以吃菜，而无皂者的份儿。显然，皂者这个群体的社会地位比普通的庶人还要低。但皂者这个群体也并非是完全失去自由的奴隶，在皂者后面还有舆、隶、僚、仆、台五个等级低下的人群。《左传·昭公七年》载："舆，众也，佐皂举众事也。"即舆这个群众体人数众多，是辅助皂者做事的人。舆下的隶又是做什么的呢？《仪礼》载："隶人涅厕。"隶是清扫厕所的人。《癸巳类稿》载："僚，劳也。"即普通的什么活儿都干的杂工。《毛传》曰"仆，附也。"即伺奉主人身边的下人。只有台，是居于社会最底层的奴隶。俞正燮先生释曰："罪而为奴，逃之复被获者则为陪台。"即被主人当成礼品送人的奴隶。如叔德铭簋文载："王益叔德臣台十人。"即大王加赐给叔德10名奴隶。显然，皂者这个群体高于这些清厕杂役之人。

具体讲，皂者这个群体都包括哪些人呢？其一，为王者身边的卫队。《癸巳类稿》载："皂者，补黑衣之队，卫士无爵有员额者。"皂者为王侯身边的身穿黑衣的卫士，有一定的名额限制，但不在官爵之列。其二为皂吏和皂隶。二者均为出入官场，身穿黑衣，为官者服务的办事人员，但皂吏地位略高，如师爷、文书、押司、班头、巡捕、门吏等均称皂吏；而皂隶的地位略低于皂吏，如应差、跑信、跟班、马夫、轿夫、更夫、报子等杂役人员。这是官场中不可缺少的，看长官眼色行事的群体，因为他们都穿黑衣，民间又俗称他们为“乌合”“鹊噪”“鸦飞”。其三为皂者和皂户。此二者的职责与上述两个群体决然不同，皂者为饲养牛马的人。如《管子》一书载：“殷人之王，立皂牢，服牛马。”释成今天的话语，就是商王建起饲养牛马的房屋，让穿黑衣的人去饲养。当然，以饲养军马为主，牛之作为祭品，至春秋战国时期，牛才广泛用于耕田。皂者中还包括基层管理养马人的官员。如《索隐》载：“养马之官，其衣皂也。”古时，养马之官的地位虽然不高，但职责极为重要。当然，养马之官毕竟是少数，皂者中的大多数为养马人，而皂户即养马的人家，用今天话说就是养马专业户或村落。那么，历史上的唐山大地是否有过养马场和养马的历史呢？有的。养马的历史极为久远。

唐山大地古为滦州，唐属石城，汉属右北平，春秋为燕地，商周为孤竹，历为边塞之地，从周时即为养军马之地，历经辽金元明，均在此饲养军马。《永平府志》载：“厥为滦土，军骑是供，孳牧即蕃，岁恒二运。”这些记载告诉我们远在周朝时，在滦州这片沃土已是养马场，放牧繁殖马匹，为戍边军队供应军马，并规定每两年输送一次军马。而且，有“周官校人氏掌牧之政”。至汉代，右北平依然是北边重镇，在北边一带饲养军马供应军需依然是汉朝的国策。晁错曾说：“论伐匈奴，谓蓋以边郡之良骑。”在边塞养马是固边的最有效的措施之一。

其后，至辽金三代皆将京东一带作为养马场或狩猎之地。明灭元后，退到长城之外的北元和其后兴起的女真族，依然威胁明朝的北边。京东大地是长城的边城，因此自朱元璋建国之初至其后的历代皇帝，都十分重视在长城一带屯兵养马，巩固边防。《滦县志》载：“明洪武二十八年，为鼓励滦州一带边民养马，朝廷下旨养马免税，养马户凡领儿马一匹，免粮五十亩；领骒马一匹，免粮一百亩。儿马一、骒马四者为群，立一群长，并选二聪明者为兽医。”其后燕王朱棣在北平建都，在京东大地养马屯兵则更为重要，已是京城的保障。永乐二十二年（1424 年）再次下旨令边民养马，二岁交马驹一匹。至明景泰三年（1452 年），为鼓励边民养马又诏免老马驹，儿马 18 岁以上，骒马 20 岁以上。至明英宗天顺三年（1459 年），在滦州各地已建起养马场 24 处，占地 600 余顷，可见明朝之时，滦州大地养马的皂户之多。同时在滦州城内建起马神庙，每年春秋两季祭祀马神，每年春秋两季挑选马驹 360 匹送交京城，由太仆寺统一管理备用。当年养马盛况，由此可见一斑。

丰润县的皂神庄与滦州的马神庙类同，均为祭神佑马，皂神即马神。古时，马为交通旅途、军骑作战的主要工具，备受人们重视。马神或皂神在城中、军营、旅店比比皆是。祭祀马神已有2000年的历史。《周礼》载：“春祭马祖，夏祭先牧，秋祭马社，冬祭马步。”马祖、先牧、马社、马步又为何意呢？马祖即神马为天驷星，可以飞越天河，先牧即养马人的祖先和养马官牧正；马社即最会饲养和驯马乘马之神；而马步则是能降灾害马的恶神，当然也要祭祀，请他不要给马群降灾。皂甸为养马食草之地，无须细述。当然，与古时养马有关的村落还有丰南县的东望马台、西望马台、养马坨，滦南县的养马庄、扬套马庄，乐亭县的下马坨、马神庙等。

虽然养马人和养马官四季祭神，请神灵佑马，但至明朝后期，朝政腐败，政令疏于常理，破坏了多年养成的鼓励养马的秩序和政策，将养马改成交银买马。结果，漏洞百出，一些大户豪强乘机买马卖马，从中渔利，弄得养马人家既养不起马，也交不上马银，甚至倾家荡产，家破人亡。滦州养马逐渐荒废，成为明朝削弱边备而灭亡的重要因素之一。历史的冲刷下只留下两处皂户的地名。

作者：闫克岐

寨之谜

提到寨，人们就会想到小说里、电视中的山寨，脑际就会掠过用树枝架起的栅栏，就会想到山寨里的绿林豪杰和寨主。的确历史上有过这样的山寨。寨的另一含义为驻军之地，即常说的安营扎寨；还有一个含义是自然村落，即本村寨的意思。

唐山大地是个寨字聚集之地，如东寨、西寨、侯家寨、宋家寨、边各寨、芦各寨等。以寨为称的村庄在古冶有 4 处，开平 5 处，丰润 6 处，丰南 1 处，滦州 10 处，滦南 8 处，乐亭 3 处，迁安 10 处，迁西 18 处，遵化 23 处，共计 88 处。

这些寨并非古时绿林聚集的山寨，但也有其独特的历史，要弄清唐山大地为何有这些带寨字的村庄、又何时建立，却要从大金国说起，从金史中寻找答案。

大金国为女真族建立的国家，曾地辖北方 120 年之久。其祖先为肃慎族。肃慎为上古时东北地区最古老的民族之一，自虞舜至商周均与中原互有往来。女真为肃慎的汉字异写。

汉至三国时期，肃慎称挹娄，臣服于汉朝的属国扶余，曹魏时期摆脱扶余自立。至南北朝时，挹娄又称勿吉。勿吉乃女真族语“窝集”，其含义是森林。此时的女真族，已有七个部落，居住在牡丹江、松花江、黑龙江下游及长白山一带，各不相属。至隋朝时勿吉又称靺鞨，为勿吉的转音，其含义仍为森林。至大唐时，各部落分有归属，成为两大部落，南部为粟末靺鞨，北部为黑水靺鞨。其后，契丹族强盛起来，建立辽国。女真族臣服辽国，南部为熟女真，与契丹人、渤海人、汉人、高丽人融为一体，学会冶铁农耕；北部为生女真，依然居于黑山白水之间，依山坡土坎搭木盖土，即成房屋，夏季随水草而居，冬天则居于室内。至先祖乌古迺时，形成了庞大的部落联盟，联盟之下的部族称作“猛安”，设一酋长，均称“勃极烈”；部族之下为氏族，称作“谋克”；一个“猛安”下面统领 8 至 10 个“谋克”。

氏族是女真人最基层的组成，一个氏族即组成一个“谋克”，以血缘家族关系形成。由于女真族实行严格的族外婚，因此其子必须与父母离开，异地生活，这就促进了女真族的壮大。其子成家后，生儿育女就又是一“谋克”。女真人的日常生活以部族为基础，主要日常活动是集体狩猎。每次出猎人数不少于 10 人，多不过 30 人，置于密林深处结“幕”。幕即在森林居住的小屋，或曰窝棚，即用树木架起的木屋，夏天遮雨，冬天避寒。每个小屋住三四个人不等，昼则游猎，夜则休眠。至今在长白山的密林山野中仍有这样的木屋，为家族共有，放牧时居住，下山后锁门。由于狩猎是极为艰辛又极其危险的活动，因此大家极为团结，一人有难，众人拼死相救。因此，使“谋克”成为极具战斗力的基层组织，每遇战争，由部族酋长通知，每人自备干粮和兵器。在其后的一次次战斗中，“猛安谋克”的组织形成为战争的胜利起到重要作用，成为军政合一的军事组织。至金太祖阿骨打，女真人强盛兴起，大败辽兵，于1115年仿汉制登皇帝之位，建国号为大金，以上京为国都，即今黑龙江省阿城地区。接着，金太祖举兵灭辽，迁都北京，又灭掉北宋，华北广大地区落入大金国版图，而京东至山海关一带更成为极需安定、巩固的地方。而女真人的活动却是空白，金太祖为加强这里的统治基础，从东北大地大量迁移女真人至此定居。这些女真族人按着“猛安谋克”的组织，成建制从千里之外迁来，四五十户独立结为村庄，为有别于汉民的村落，便称其为“寨”。寨中设一寨使，便为主首，主持全寨大事，这也是其后寨主一语的来源。于是在汉族人居住的京东大地出现了许多插居各处，由清一色女真族人组成的、带有军事性的村寨。他们将这些“猛安谋克”户称为正户，其他民族称之为杂户。金太祖这样千里移民的目的，就是为巩固女真人的政权基础，监控汉人、契丹人、奚人、渤海人以及其他民族。至此，我们也就弄清了唐山大地上寨的由来。

金太祖为使千里之外迁来的女真族人在这片大地安居下来，对这些“猛安谋克”户按户按牛划分给田地，每户“有耕牛三头为一具”，“一具给田四顷四亩有奇”。但历史却未能如金太祖所想而发展。从东北迁来的女真族人善于狩猎，不善耕田，来到这里后，失去了狩猎的环境，却要面对广阔的农田，在新的生活环境中遇到了困难。于是，有的人将田租给汉民，靠田租生活；也有的将田卖掉，变成无所事事的游民，日久变成一无所有靠帮工为生的新贫民。在女真族人的寨内也有主有奴，也出现男奴女婢逃跑的事情，他们消融在汉民之中，成为自由民。而汉民熟悉农耕又善于建筑屋院，因此在实际生活中，新来的女真族人处处需要汉民的帮助。而汉文化讲究和为贵，讲究搞好邻里关系，因此大家能够和谐相处。在田间地头的耕作中，在庭院修整中，大家渐渐相互融合，汉民的农耕技术传给女真人，女真人也渐渐由狩猎转化为农民，在生活中大家有了许多的共同语言。

而且，女真族有着严格的族外婚的风俗，儿女和后代都要分居另过，因此也不可能再回到千里之外的长白山黑龙江去完婚，很自然地走出寨子居住，与汉民、契丹、奚民等男婚女嫁。汉民也很自然地与女真人儿女成亲，迁入寨中，寨中的人口结构也就发生了变化。日久，从生活方式的融合开始，到儿女婚姻的民族融合，实现了民族的认同和文化的认同，几代人之后已分不清谁是汉民谁是女真人、谁是契丹人、谁是奚人，绝大多数都融入汉民之中。至今，契丹和奚族都已消失，只能从姓氏中寻觅到古时先祖的遗迹。寨也在历史的长河中演化成一般的村落，寨的历史也就成为村民们的茶余饭后、晨曦夕照中的趣谈和回索。

明朝之后，女真人再度兴起，入主中原，建立大清王朝，统治中国 268 年，只在清东陵驻有满族军队守陵，留下了满族的后人和以满族为主的乡村，未再重演当年的“猛安谋克”村寨的历史。寨，留下了一段民族融合的历史回忆。

作者：闫克岐

屯之谜

提起屯，都不陌生。在唐山大地的自然村落中，以屯为称的地名共有 122 处，主要分为两类：其一是官屯，如刘官屯、李官屯、朱官屯等共有 37 处；其二是家屯，如梁家屯、周家屯、陈家屯等，共有 29 处；二者占半数以上。当然还有一些按方位地貌而称的屯，以及孩儿屯、新军屯等较为独特的村名。历史将众多屯的地名留在唐山大地，也为我们留下了屯的历史演变的脉络。

屯是个非常古老的文字，甲骨文中已有屯字。在商周时期，屯的读音为纯，其含义为衣服鞋帽的镶边。屯又一含义为大福的意思。如《诗经・小雅》所载“锡尔纯嘏段”中的纯，即为大福之义。

到了春秋战国时期，屯的含义发生了变化，其含义为聚集的意思。如屈原的《离骚》中有“屯余车其千乘兮”，其中的“屯”即表示聚集了上千辆的军车。到了汉朝，屯的含义又有了新的变化，其含义为驻扎军队的意思，和军事部署连在一起。从此，许多重大的历史事件与屯连在一起。如在汉武帝对匈奴的战争中，虽然取得多次胜利，汉胜匈奴败已成定局，却未能给匈奴致命一击，匈奴仍有强大的军力侵犯汉境。因为汉军每次出征，均在千里以外的地方作战，后勤供粮成为汉军最大的弱点，军粮的多少就决定了汉军能作战的时间和胜负。而匈奴则可依靠与青海羌族的联系，就地获得军粮和补充兵源。到汉宣帝时，名将赵充国采用了屯田的办法，让戍边的士兵种田，来解决军粮供应困难的问题，使汉军能够长期驻守边塞，成功地截断了匈奴与青海羌族的联系，彻底击败匈奴，从此匈奴西去，成为今日的东欧国家匈牙利。

同时也打通了汉朝与西域 36 国的通道，与西域诸国建立了密切联系，并在西域设田官，督促戍边士兵屯田种地，而且开凿地下水道解决农田灌溉问题。如《水经注》载：“索励率兵千余人至伊缅城屯田，为解决农田用水，曾调集鄯善、焉耆、龟兹等国士兵三四千人，建起河坝。将发源于昆仑山的卡墙河，巨流横断，分成多条水渠，使河水分流，浇灌农田，使许多贫瘠的土地变为沃土，不到三年就连获丰收，积粮百万余石。”至今留下了许多坎儿井，成就了今天我们新疆好地方的繁荣的基础，而今我们的新疆建设兵团依然是古时“屯田”的延续。

到三国时期，屯田的作用就更加显现出来，成为战争胜利的经济基础。如曹操迎汉献帝至许昌，挟天子以令诸侯，虽然取得了政治上的主动，但其军事和经济实力依然比较弱小，但雄才大略的曹操采用谋士的建议，用屯田的办法筹措军粮，不但让军队种田，而且设置田官招募流民到许昌屯田。曹操的这一策略取得了成功，从而支撑起几十万庞大军队的用粮。相反，曾势力极大的袁术不懂得屯田，造成士兵缺粮，饿得采桑榛为食，溃不成军，最后袁术也被活活饿死。相传，曹操击败袁绍后，北上远征乌桓，在新军屯一带招募新军，补充兵力和粮草，因此留下新军屯的地名，这是唐山最早带屯字的地名。

至唐朝，唐太宗于贞观十九年（645 年）二月，亲率大军，从洛阳出发，经幽州，过碣石，出榆关，连克四城，平定辽东，十一月入榆关返回幽州。唐太宗曾在唐山一带多处驻军屯兵，相传迁西县的罗屯便是当年太宗屯军之处。后世，河南移民迁此建庄，为借此处曾是太宗驻兵屯军之处的洪威，百邪不敢侵入，便取名为“落甲屯”。因落甲屯与罗家屯谐音，日久，便唤成了罗家屯。其后，因唤得口顺，又唤成了罗屯，沿用至今。

蒙古族兴起，先灭金，后灭宋，建起元帝国。元统治中原大地近 90 年间，仍延续“屯田”的国策，但其性质已发生了变化。元代的屯田制度有三种：卫屯、军屯和民屯。其中以卫屯最多，卫屯加上军屯，就占去了全国大部分田地，由俘获的“奴隶兵”和“汉良民”来耕种。“汉良民”即所谓的战后扩地中的“新降户”，“民屯”是将有特长技艺的汉民集中在一起，充当煮盐工或采茶工。三者均处于半奴隶状态，均由军队监管，采用高压酷刑进行统治，许多人难以生活下去，因此经常发生集体逃亡、集体抗暴的事情，甚至啸聚山林反抗元朝，所以根本谈不上安居乐业生儿育女。因此，留下的元朝的地名也极少。由于元朝的残暴政策，不仅激起百姓抗元风暴，也使千里良田变成一片荒芜野草之地，极大地动摇了元朝的经济基础，成为元朝灭亡的原因之一。

唐山大地，带屯字的地名多数建于明朝时期。朱元璋建立明朝后，在长城边塞依然实行屯田制，实行军屯和民屯，但已和元朝决然不同，取消了奴隶兵，军队中的士兵三分守城，七分种田，也就是军屯。民屯是招募移民来边塞定居补充耕户，并诏示天下，禁止俘获或抢掠和买卖良民为奴，如发现庶民家中存养奴婢者，将被杖击 100，并立刻释放奴婢从良。而且，实行极轻的税赋政策，鼓励民屯的积极性，无论是官府给牛或自备耕牛的农户，均为每亩田只收一斗租。这些政策对于明朝初期的恢复农耕、补充国库军粮起到重要作用。洪武三年（1370 年），明太祖朱元璋再次下诏，召迁移民来长城边塞开荒种田，并规定：“每户给田十五亩又二亩菜田，如有余力多开荒者，新田免交租税。”这一政策极大地促进了移民北迁长城一带屯田开荒。

其后，明成祖继位，迁都北平，更加重视屯田。永乐元年（1403 年），明成祖下诏让各地流民迁居京都四周、京东长城一带屯田，对迁此的农户，特免三年差税。永乐二年（1404 年），又下诏，从江淮地区大批向京东大地移民。于是，唐山大地出现了移民潮，民屯骤增。为便于对移民的管理，规定“土民为社，移民为屯”。土民即原居住民和先来的移民。永乐二年（1404年）之后迁来的为新移民。滦州一带共建社41处、屯26处。此后的移民村落，皆以屯称。其中的“官屯”为军垦户，种田为军队供粮，其收成十分之一交军粮。其中的“家屯”为民屯户，即举家迁来，以族中大姓为称。按地域分布，大多集中到丰润、遵化、玉田三县。带屯的地名，丰润有22处，遵化有23处，玉田有41处，这也凸显了当时移民定居的情况。

厘清“屯”的历史，牵出了“社”，须再补述一笔。“社”的含义最初为土地神。如《左传》载：“后土为社。”“社”又为祭祀土地神的地方，如“伐鼓为社”。至春秋战国时期，“社”成为基层管理居民的组织，在齐卫，吴越，鲁等国均为“二十五家为一社”。

至元朝，“五十户为一社”，设一社长，社长既要监视村民，又要向村民追收税役。社长虽为汉人，但上边有蒙军驻扎于“社”，每个社内驻一名“鞑子”管事。“鞑子”即蒙古人的代称。一切均由“鞑子”权处，社内设立了严格的规定，夜间不许村民闭户，白天不许集会、鸣钟，凡违反规定者治罪。其刑罚极为严酷，让人裸立寒冰或烈日之中，或赤身坐于乱石之上，还有铁枷、禁锢、钉头等许多酷刑，不仅村民时常遇害，社长也常常成为死鬼。

至明朝，“社”留存下来，成为村之上的一级组织，近者三四村为一社，远者一二村为一社。“社”仅为管理组织，已无元朝规定的酷刑。至清朝，社改为乡，许多屯的地名留存下来，民国时期依然为乡和村。解放后20世纪50年代改乡为人民公社；80年代，取消人民公社，恢复“乡”的称谓和管理机构，“社”再次消失，“屯”留存下来。

作者：闫克岐

铺之谜

说起铺来，给人的印象就是店铺、杂货铺、烧饼铺、典当铺等与商贸有关的地方，其实并非只此。在唐山大地的自然村落之中，共有204处以铺为称的地名，有的以姓氏为称，如于家铺、杨家铺、孙家铺；有的以方位为称，如东铺、西铺、前铺、后铺；有的以地貌为称，如车道铺、狼窝铺；还有的以民族为称，如高丽铺。留下如此众多以铺为称的自然村落，又是怎样形成的呢？其中，值得我们细细求索一番。

首先，弄清铺的含义。一是古代门环下面的底座称铺。如左思的《蜀都赋》中的“金铺交映”，即指门上的金环与下面的铺座相映生辉。二是铺开。一种动作的含义，如“引笔铺纸”。三是指店铺。这样的店铺出现在大唐盛世，为“寄附铺”，又称质库和质舍，主要业务是收藏钱和物。钱分两个部分，其一是铺舍有自备资金，有的人急需用钱时，可用家中的玉器、帛、粟、衣物等物品拿到铺内作抵押，寄附于铺中，可换取一定数量的钱币，日后还回钱币，仍可取回抵押品；其二是一些有余钱的人，可将钱寄附于铺“生息”，需用钱时仍可取回。因此，寄附铺具有古代当铺和钱庄的双重性质。四是窝铺。窝即简易木棚做的小屋为窝，窝内用木板或石块等架的简易床为铺，窝铺就是二者合一，是最简陋的住所。这样的“窝铺”在唐山大地的地名中大量存在，带有“窝铺”二字的村落就有17处：如丰润县的于家窝铺、杨家窝铺，迁安的马家窝铺、白家窝铺。比窝铺还要简陋的“窝”有28处，如遵化县的李家窝、刘家窝、玉田县的李泥窝、西泥窝等。从地域上看，主要集中在玉田、乐亭两县，玉田有104处，乐亭有52处。唐山大地留下这样遍地窝铺的情景，主要发生在大明永乐年间，成千上万的移民至此，面对一片荒原，面对风雨雷电、冰雪严寒，首先要解决住宿问题，而能用物资就是树木、泥土和山石，因此搭起简陋的窝铺是解决生存问题的最简单的方法。其后才是重建家园的开始。而区别窝铺最简易的就是标明姓氏。日久，便出现了一个地区有许多姓氏在前，以窝或铺相称的地名。

唐山大地留下如此众多带铺的村落，也真实地留下了先祖在这片热土上曾经历过的艰辛岁月。而玉田县为唐山境内山少地多的平原，乐亭与大海相连，这两县都是易于谋生的好地方。因此，大量移民多至此地，留下众多带铺的地名是顺理成章的事情。

铺的地名中第五种含义是驿铺，也是最重要的含义。其性质与寄附铺完全不同，是朝廷或官府传递信件的地方。始于周朝，建于路边，称为“芦”，春秋称

“路室”，汉代称“传舍”或“邮亭”。至汉朝时，已将驿与铺结合在一起，也就是将换马和官员住所合在一起，这就极大地便利了信件的传递。当然，建立大量的既有车马又有住所的驿铺需要有强大的财政基础，“驿铺”的大量出现是在强盛的唐朝。由于商贸的四通八达，全国的邮传业务极盛一时，并分为陆驿、水驿、水陆兼办的3种驿铺，全国共设驿铺1600多处；而且规定出驿使从驿铺出发的行程，马行70里，驴行50里，车行30里；如有紧急军情，驿马每天可跑300多里。在唐山大地留下唐朝时的驿铺，为丰润县的阎家铺。明《顺天府志》载：“阎家铺古为一座驿铺。”《丰润县志》载：“望马台在县西阎家铺，相传唐太宗东征时，为尉迟敬德所建。”所以，阎家铺为唐时驿铺是可信的。

其后，至北宋，各州县均设置了专门传递文件的“急递铺”，每铺派有几名铺丁，一铺接一铺日夜兼程地传递文件。

元灭宋统一中国，建起大元帝国，地域广阔，急递铺发展迅速。元史中明确载有“设急递铺以达四方书信往来”的记载，但元朝的驿铺称之为“站赤”。

明朝时，称为“驿站”，清朝称为“铺递”。清朝时在唐山大地共设“铺递”10处。《滦县志》载，每铺设有铺兵二至五人，大部分由满人担任，有时也用信得过的汉人担任铺递，均为子承父业的世袭制，由军队管辖，发给饷银。由于铺递工作为世袭制，因此铺兵均娶妻成家，日久，铺递所在的地方便扩为村落，铺递也成为一个地方象征性的地名。于是，附近聚集而成的村庄也都以铺为称，日久，这样的村民聚集的“铺”大大超过专门办理邮政的“铺递”，铺的地名也不断扩增。

到清朝中后期由盛转衰，由于国力不足，经常不能为铺兵发饷。至咸丰年间便减少了铺递，滦州由10处减为6处，工银由年俸6两白银减少四成。其最后的6处铺递是州城铺、铁城坎铺、狼窝铺、牛桥铺、榛子镇铺和王家店铺。与此同时，从道光至咸丰、同治年间，东南沿海的商贸迅速发展，出现了“民信局”，“五口通商”之后，各地民信局在上海设立了民信局总号。至光绪二十二年（1896年），正式建立大清邮政局，铺递的历史结束。此后，从光绪末年至民国十三年（1924年），在滦县（今为滦州市）设邮局8处：滦县、滦县火车站、偏城、古冶、稻地、开平、雷庄、唐山。虽然设立了邮局，人们对邮局的工作人仍习惯地称为铺递，直至解放后才改称邮差。

铺递苏其是我们不能忘记的故事。他是满人，是古冶邮局的铺递。当时，并没有多少信件往来，多为开滦的货运往来和资金结算，有许多的空余时间。他酷爱象棋，在邮局门前摆了一张小桌，放上棋盘棋子，再放上一壶茶水，自己对局打发时间，有时痴迷到闭目下棋。日久，人们便都来和他对局，可是从没有人能胜他一局。于是，苏其便不再与人对局，只是静静地坐在旁边观棋自乐，古冶邮局门前也就成了象棋爱好者的聚集之地。1935 年以后，华北沦陷，成立了汉奸政权，日本商会遍及各地。古冶商会的土野一郎也喜好中国象棋，略知一二，便也到古冶邮局门前下棋。不过，大多数人不愿和他对局，怕招惹麻烦，一些和他对局者多为刚懂棋步的初学者。土野一郎狂妄至极。他也听说过苏其棋术高超，从无人能胜他。土野一郎曾几次约苏其与他对局，苏其置之不理，甚至闭目养神不再理他，让他非常恼火。他越端详苏其，越觉得苏其一脸傻相，方脸厚唇，不修边幅，寡言少语，又从未见他下棋，显然是徒有虚名，是人们用苏其之名来吓唬他，来保持中国人那一点点面子。他决定激怒苏其，胜他一局，显示其大和民族的智商高人一等，要从精神上征服东亚人。

这一天，土野一郎来到古冶邮局，当着众人与苏其赌胜。他提议，谁输了，就给胜者跪下叩三个响头，谁不敢应战就是缩首的乌龟。观者无不义愤，立刻要苏其应战，给他点颜色看看。苏其毫不动怒，随意从身边拽了一个围观者坐下，替他走棋，人们顿时惊愕。此人只是认得棋子，粗知棋步，很快，他就被土野一郎杀得落花流水，只剩下一车二卒，而土野一郎仍握有车马炮三大子在手。显然，土野一郎胜券在握，他不由狂妄地捻起小日本胡儿。这时，苏其坐到桌前与他对局，围观的人们顿时哄喊起来，要求重新对局。人们为苏其担心，然而苏其棋风凌厉，着法奇绝，一车二卒所向无敌。而土野一郎手中的棋子却显出拙笨，漏洞百出。众人眼前一亮，果然是高手出招，一剑封喉。很快，苏其吃掉了土野一郎的马和炮；接着，又用一卒拼掉土野的车；土野只剩下一个光杆老将，苏其用一车一卒将土野制伏。众人欢呼，土野羞得额角渗出汗珠。这时，苏其站起来，手指土野说："我就剩一车一卒也能打败你们小日本。"土野羞愧难当，转身想逃，众人一把按住他，在苏其面前叩了三个响头，才放他跑了。从此，土野一郎再也未在古冶邮局前的棋坛露面。而苏其也知惹了大祸，怕土野一郎报复他，便不辞而别回老家务农种田。

在铺的地名中，杨家铺和双铺是我们不能忘记的。1944 年 10 月 16 日，冀东特委机关在杨家铺召开各区委以上干部会议，不幸消息泄露，被几千名日本侵略军包围于杨家铺村北面的马头山下。激战十几个小时，终因寡不敌众，除少数人突围，周文彬、丁振军、吕光等 400 余名同志壮烈牺牲。这是我冀东军区遭受的一次重大损失。战后，当地群众将牺牲的烈士就地安葬。1954 年丰润县人民政府为纪念牺牲的烈士，在此建陵园以缅怀英烈，并在陵园内建有纪念碑和纪念塔一座。

还有玉田县的双铺烈士墓。1944 年 6 月 30 日，玉蓟县大队长郑辉和指导员张丙林率领 40 多名战士从江查铺转移途中被敌人发现。7 月 1 日，遭到 1500 多名日伪军的围击，他们在完成转移伤员和武器的任务后，引开敌人，且战且退，最后坚守在双铺西头孙家大院，奋勇抗击。在突围无望的绝境中，他们宁死不当俘虏。他们烧毁了文件，砸毁了武器，以集束手手榴弹集体自爆殉国。我们研究故乡的历史，永远不会忘记为今天的和平幸福而流血献身的英烈，更热爱我们的祖国和珍爱今天的安宁。

作者：闫克岐

营之谜

营，在唐山大地的自然村落中占有重要位置，数量众多，可以说处处有营。有的以家为称，如姜家营、于家营、孟家营；有的以官为称，如王官营、马官营、丁官营；还有的以地貌为称，如火石营、松棚营、茅草营，等等。至今，留存在唐山境内带营字的村庄共206处，唐山大地为何留存如此众多带营字的村落？既有家营又有官营，是何缘故？这些“营”又始于何时呢？是的，我们应当了解这段唐山特有的历史。

让我们先从营字说起。营，是个多义词，共有五种含义。一是经营料理，如《王兴传》载：“自所营创，尤为节俭。”二是谋求、钻营的意思。三是迷惑。如《孙膑兵法》载：“营而离之，我并卒而击。”其中的“营”即是迷惑的意思，用假象迷惑敌人，分散敌人的兵力，一举击败敌人。四是建造。如《晁错传》载：“营邑立城。”五是军营，即军队的驻地。如《史记》载：“周勃徐行至营。”其中的营即指军队的驻地。唐山大地留存的带营字的地方，即是古时曾经的驻军地方，但不只是驻军营地，还标识着驻军的数量。营为军队中的一级重要编制。究竟一个营的兵力为多少呢？又从何时纳入军队编制中呢？

夏朝时，已有军队的零星记述，至商朝已有完整的军队编制，采用十进制，分为百人团和千人团，已有师和戍的编制。至周朝，已有系统的军队编制的记载。武王伐纣时的军队编制为五进制，五人为一“伍”，这是最基本的单位。时至今日，仍称军人为行伍出身。五个“伍”为一个“两”，五两为一卒，五卒为一旅，五旅为一师，五师为一军。

但从秦汉至隋唐，均为兵农合一的府兵制。即，日常在家务农，一旦国家有战事，由州府下令征兵入伍，所以才有花木兰替父从军的故事。百姓服兵役的年龄为20~60岁；每人一生有两次服役，一次在地方，一次在边疆。至唐玄宗中期，发生了安史之乱，其后地方豪强林立，各自拥有军队，朝廷临时征兵困难，府兵制已形同虚设。开元十六年（728年），宰相张悦上书，建议招募勇士，建立固定的禁卫军，朝廷采纳了他的建议。从此，兵民脱离，国家开始有了固定的军队。

宋朝与唐朝之间有50年动乱岁月，以军队取得政权的宋太祖，深知用兵之道，深知如何增强军队的战斗力。他将军队的编制改为都营制，最基层是10人为1什，5什为1队，2队为1都，5都为1营；营为指挥部，即每500人设1名指挥官和指挥机关。在全国各地，以营为单位驻军，这就加强了部队的指挥作战的能力，比过去千夫设一长的建制更加严密有效，从此，“营”成为军队中最具战斗力的编制单位，也使营的含义由单纯的军队驻地增加了新的内涵。但唐山大地的“营”并非宋时所建。

在唐朝之后，五代十国时期，后晋皇帝石敬瑭为巩固皇位，将燕云十六州拱手送给契丹。从此，唐山大地成为“北国”境内之地，历经契丹大辽国214年、女真人大金国117年、蒙古大元朝135年，共历经466年间，为少数民族统治地域，所以没有营的地名出现。

明太祖灭掉元朝，将蒙古人赶到长城以外，但北元仍是明朝北边的最大的威胁。因此，明太祖开始大量往京东一带移民，并将军队改为卫所制，卫之下设千户所和百户所。为解决军粮供应的问题，明太祖在一定程度上恢复了兵农合一的制度。兵士叫“军”，户籍世袭，永为军籍，平时种田，战时应征入伍。很快，弊端出现，土地被军官占为私有，士兵大量逃亡，卫所制形成空架子，极大地削弱了明朝军队的战斗力。这是燕王朱棣能起兵成功的一个重要因素。

明成祖继位后迁都北京，长城沿线的防务更为重要。因此，他改卫为营，在京都设大营，在京东和长城沿线大量驻军，以营为单位，并将跟随燕王靖难战争中立有战功的将领迁到此地为官。如丰润县的王官营，其村王姓的先祖原是苏州人，跟随燕王屡建战功，被封为千户侯，奉命到此驻守，故村名为王官营。而各营之间的联系均以驻军将领姓氏为称，所以留下许多带官营的村落。同时，明成祖将兵民分开，驻军不再种田，为解决军粮供应问题，在永乐年间大量移民至此，按军队编制，成为军垦户，每亩收成三分之一供作军粮，其余归己，不参加战事。这项政策得到移民认可，获得成功，许多移民举家迁来，以姓氏为称，以家营为军垦户的代称。所以，同为军队编制，但有“官”“家”之分。其后各朝延续这项政策，解决了驻军和供粮的矛盾。所以，唐山大地大部分带营的村名均为明朝永乐之后所建。由于驻军众多，有的以地貌为称，有的以方位为称，还有的部队以来自的省份而名，如河南营、河北营等，还有以蒙古人组成的“鞑子营”和江南来此的“蛮子营”。所以，留存的带营的地名各式各样。

明朝在京东大地的53处驻军中，滦州有10处，迁安有36处，可见滦州为东去山海关的门户；迁安为长城沿线多处关口重地，需派重兵戍守，再加上其他地方的驻军，总兵力在5万人之上。值得记述的是著名将领戚继光在京东驻守16年中，不仅修复了千里长城，而且在密云、遵化、建昌3地建起辎重营，作为供应军粮基地；还建起车营7座，分别驻在建昌、遵化、石匣、密云、三屯、昌平、蓟州；同时还建起神机营，制作火攻之器。可以说，在唐山大地的许多带营字的地名中都留下戚继光的心血，也成为唐山大地的骄傲。

至清朝，军队为八旗建制，入主中原后，在汉人的军队中留有营的编制。清朝时的长城已成为内地，其驻军重点已转为保护京都和皇陵。因此，清朝时在唐山大地的驻军多在遵化一带，如京五营、六盘营、西下营、火营子等，多为满人驻军。至今已为遵化县的满族乡，许多后人已与汉人结合，已是满汉交融，其家庭成员既称满族，也可称汉族。

时至今日，营仍是军队中最重要的基层编制。无独有偶，或是巧合，如今唐山大地的许多军营驻地与古时驻地极为相近，如塔山营西面，山口交通要道都有军营，可见古今兵家所见略同。至此，我们不仅了解营的历史演变，也加深了对唐山历史的认识。

作者：闫克岐

哨之谜

提到哨，人们就会想到岗哨、探哨、哨兵、放哨等，都不会感到奇怪，但在地名中出现哨，就会令人一头雾水，迷惑不解。在唐山大地却真有这样的地名，至今留存10处，有迁安市的马哨，迁西县的黄石哨，滦州市的韩家哨，丰润的簷家哨、许家哨、刘家哨，乐亭县的冯哨郝庄、冯哨刘庄和刘边哨、王边哨。为什么在唐山大地留下这些奇特的地名呢？打开历史长卷，也就找到了答案。

哨是出现于明朝的独特的军事编制，它的编制多可几千人，少可几百人，还可独立成编。这种多种形式的“哨”，是在明朝的特定历史中形成的。朱元璋建立大明朝之后，对军队的管辖实行卫、所两级管理制，不论中央或地方均用“卫”作基本单位，每卫统辖军士5600人，其中5000人为正军，600人为“军余”，即候补军士。卫之下设千户所和百户所，千户所统辖1120人，其中1000人为正军，120人为余军，首领称千户，百户所统辖的军士为112人，其中100人为正军，12人为军余；所之下设旗，总旗下设小旗，小旗为基层单位；小旗8人，五旗为1总，2总为百户，并全部上户籍为军籍，世代为兵。在卫所统辖下的军士，三分服役，七分种田，平时耕作，战时从征。很快，朱元璋的这种设想落空，许多军田被军官化为私有，士兵则大量逃亡，不愿终身服役。卫所制成了空架子，一些服役的老兵成了专领军饷、悠闲散漫的兵油子。明军的战斗力极度下降，卫所制成为明朝衰落的一个重要原因。

明成祖定都北京，多次率兵远征北元，他不便改变太祖留下的制度，但他为了加强军队的管理，将军队分为五个军：中军、左掖、右掖、左哨、右哨。这样就能够区别开来，非常便于管理。“哨”开始出现在军事编制之中，此时的“哨”的编制为一个军。回师后，明成祖为加强京师的防卫，在五大营的基础上，建起一座大营，仍分五个部分，各哨分营的官员也称坐营，坐营之下设把总二员、马步把总二员。哨仍是五大营中的营级编制，左哨右哨占五大营的五分之二。其官员的日常职责是操练京师卫所军队，和中都、山东、河南等地轮流进京的马步军官。哨已成为独立于卫所制的极具战斗力的军队。其后，明军远征交趾，从交趾人那里发现了新的火器使用方法。明成祖下旨成立神机营，制造火器。这时的哨，已成为精锐部队的代称。

其后，到了嘉靖元年，女真族兴起，不断入侵，京师吃紧，又增5000名城内巡逻士兵，并从其中选出500名精兵作为尖哨，骑兵巡逻，哨兵又成为精锐部队中的精兵。

嘉靖期间，出现了一位名将戚继光，他出身于将门。17 岁那年，其父病逝，戚继光继承父业，任登州指挥佥事。那时，东南沿海一带屡遭倭寇抢掠，在抗倭战斗中，一些士兵骄惰怯战，更有的士兵私杀百姓报功。卫所制的腐败使戚继光感到必须建立一支纪律严明、战斗力强的部队。他一方面整顿军队，解除那些世代当兵吃粮的兵油子和浮滑、怯弱、图利、贪功的游民；另一方面去义乌招募种田农民和矿工组成了 3000 名新军，以“哨”为单位，百人为 1 哨；哨下设队，队下设甲；每甲 10 名军士，设 1 甲长，2 甲为 1 队，5 队为 1 哨。经过严格训练，这支队伍成了以身报国、英勇杀敌、荡平倭寇、威镇东南的戚家军。从此，哨成为戚家军的象征，倭寇只要见到戚家军的哨马飞来，立刻下海逃窜。

与此同时，明朝北边吃紧，屡受女真族侵掠，朝廷连换 10 员大将均未平息北边危机。嘉靖四十一年（1562 年），戚继光临危受命，调任北边。隆庆二年（1568 年），戚继光肩担重任，总理蓟州、昌平、辽东、保定防务。从此，东起山海关，西至张家口的千里防线，全部重担都压在戚继光的肩上。戚继光一改卫所制的弊端，将其弟戚继美率军调至北边。为了树立样板，整顿军纪，招募新兵按戚家军“哨”的编制整军练兵。先由上级派定哨官，哨官从部下选拔哨长，哨长从士兵中选拔队长，队长从新兵中选拔精兵。戚继光治军极严，不仅激励士兵要“身甘马革勿为神羞，永光史册”，同时严明军纪：“每甲一人当先，八人不救，至令阵亡者，八人俱斩；一甲被围，二甲不救，一队被围，本哨各队不救，一哨被围，别哨不救，致令失隘者，依法斩其哨、队、甲三长”。而且，戚继光还创办武校，从中选拔武艺高强者充任到哨队甲三长之中。戚继光的这些措施扭转了北边兵弱的局面，多次击败女真族的入侵，并活捉其首领长秃。戚继光答应了他们的要求，长秃归还了掠去的马匹和边民，并且保证不再入侵，从此以后又与明朝恢复了通贡互市的关系。从此，北边平静下来，边民得到安宁，京师的安全有了保证。戚继光晋升为太子少保，但两鬓已添白发。戚继光北国镇边 16 年，女真族未敢入侵，应当说戚继光以哨为单位的哨队甲三级编制的严格练兵，是实现强兵固边的重要因素之一。万历十一年（1583 年），戚继光调任镇广东，蓟州父老几次去京师请求留住戚帅，但圣命难违，戚继光不得不整装上路。临行之时，人们夹道相送，不少人一直送到境外很远很远，还是依依不舍。陈弟留下的送别诗：“谁将旌麾移岭表，黄童白叟哭天边。”这是当日的真实情景的写照。

戚继光调任南下，离开了唐山大地，但跟随他戍边的精锐哨兵全部留了下来。他们在这里安家落户，生儿育女，建庄扩村，留下了今天这些带哨字的聚落。可以说，这些村中的父老乡亲都是英雄的后人。其后人中也确实英杰辈出，最著名者为韩家哨。

韩家哨不但习武成风，而且杂技戏法名扬天下，曾组团巡演欧美。最为传奇的故事是，张作霖大帅寿辰之日，请来韩家哨的杂技戏法，为其寿宴助兴。韩氏先人来到宴前，先向张大帅鞠躬，再向客人行礼，之后，空中挥手，顺手牵来一只小肥羊。众人惊异不止，满屋的目光竟未看到他是如何带进一只活羊来的。顷刻间，韩氏先人又向空中挥手，小肥羊突然不见了，变成了一盘香喷喷的烤全羊。众人赞不绝口之时，韩氏先人再向空中挥手，又变出一盘大寿桃来，献给张大帅，张大帅连连叫好，满屋客人齐声喝彩。时至今日，许多杂技魔术团体中，多有韩家哨的后人参加。

另一件值得大书一笔的是，1938 年日寇铁蹄踏破唐山大地，民族英雄节振国刀劈鬼子兵，避难来到韩家哨，投奔他的武术启蒙老师韩清风。此时的节振国已是日寇的通缉要犯，而华北又是汉奸政权，节振国已是有国难投、有家难归。在此危难时刻，韩清风毅然将他留在韩家哨，韩家哨的村民不但担着极大的风险保护了节振国，而且在韩清风老人的支持下，节振国在韩家哨拉起队伍聚众起义，公开打起抗日的大旗打响了冀东工人大暴动的第一枪。韩家哨人将勇武豪侠、爱国杀敌的浩然正气，展现得淋漓尽致，辉煌在唐山的历史之中。或许，这正是唐山人永不沉沦的底蕴。“哨”，值得一说。

作者：闫克岐

灶户之谜

提起灶，就会想到灶台、灶火、灶屋，离不开支锅煮饭的地方。提起灶，就想到灶神、灶王爷，想到腊月二十三祭祀灶神，摆上麻糖瓜果、美酒佳肴，让灶神吃个酒足饭饱，一直吃到腊月三十“上天言好事”，主人还要用扇子在灶前扇风，以示灶神一路顺风。初一清晨再向门前洒几滴水，迎接灶神回家。“送神风，迎神雨”，这时灶台墙上的灶神已换成新的。从此，灶神归来降吉祥，一年平安。但如何也不会想到有灶户一事，让人听着耳生。查遍字典，没有关于灶户的解释。但唐山大地却有灶户为称的地名 14 处之多。

灶户就是煮海取盐的人家，那么，唐山一带是什么时候有人支灶煮盐，灶户之称又始于何时？应刨根问底，弄个明白。

提起煮盐，说来话长。盐虽多种，但分两类，天生的曰卤，人造的称盐；又因其产地不同，分为海盐、池盐、井盐和岩盐四种。

相传黄帝之臣宿沙氏最初煮海水为盐，可见煮盐的由来已久。到了商朝，盐已成为调味之首，《尚书・说命》载：“若作和羹，尔唯盐梅。”盐在醋之前，梅子含酸可制醋。到了周朝，渤海湾已成为煮盐之地。河北北部及辽宁一带古属燕地，又称幽州。《周礼・职方》载：“东北曰幽州，其利鱼盐。”《管子》又载：“齐有渠展之盐，燕有辽东之煮。”可以说从山东至河北到辽宁，在周朝之时已成煮盐之地。而且《周礼》记载已有掌管盐政之官，称为“盐人”。

至西汉初年，为发展盐业在渤海西岸、京东一带设了雍奴、文安、东平舒、泉州、章武 5 个县，即今从天津至曹妃甸一带。从此，这里的煮盐业迅速发展起来，但获得的厚利却落入民间豪强手中，一些盐商富有千万金，朝廷却未从盐商手中得到任何利益。至汉武帝时，开始将盐铁专营，收归朝廷所管辖，就是由朝廷派官员给予煮盐之锅，煮盐人自费煮盐，不许私卖，由官家定价收购和专卖。同时，汉武帝利用大盐商桑弘羊为理财官，用刑罚和没收器物的手段禁止私人煮盐铸铁；在产盐产铁的地方设盐官和铁官，全国共设盐官 32 处。此后盐铁专营成为定制，各朝沿袭。至金世宗大定十三年，即 1173 年，开始在京东，今天津宝坻县设立盐使司和在沧州设立盐使司，分管渤海沿岸，南北两段的盐务，使渤海一带的盐业有较大发展。

至元初，渤海一带的盐业曾一度萎缩。蒙古人以武功建国，游牧民族的意识占主导，所以采取了“悉空其人，以为牧地”的极端政策。所以在元史诸将列传中无处不有“杀戮强尽，骸骨遍野”的记述。华北大平原极为惨烈，十室九空，千里荒野不见人迹，只有野狗野狼叼食残骨，或飞鸟停在尸边残食腐肉。大量盐民南逃，偶尔被抓不死者便沦为奴隶。元太祖准备南下灭宋，耶律楚材向他建议："陛下将南伐，军需宜有所资。诚为定中原地税、盐酒、冶铁、山泽之利，岁可得银五十万两。"元太祖听从其建议，改变了"悉空其人"的杀戮政策，从此将战争中掠来的汉人称作新降户，交拨主管，充当苦役，有的集中到山里种茶采茶，有的集中到海边煮盐，种茶者称之园户或茶户，煮盐的称之灶户或灶丁。至此，我们可以清楚地知道，灶户一词始于元代初期。

至元世祖至元二十二年，即1285年，在渤海西设盐场22处，即今汉沽盐场的前身，因水边多长芦苇，又称长芦盐场，其后的芦台盐场也是因此得名。被迫迁来的"新降户"便成了整日劳作煮盐的灶户，日常劳作极为繁重，所给工钱却少得可怜，不足以维持生活，实际处于半奴隶状态。因此，灶户举家逃走或反抗的事情时有发生，但都被镇压下去，被抓回毒打或致死是很平常的事情。但在南方，蒙古人的军队较少，统治基础薄弱，江南一带的盐民成为反元的重要力量。盐夫张士诚兄弟三人聚集灶丁反元，曾一度占领苏北广大富庶地带，其后为朱元璋所败。

至明朝，对渤海一带的盐业加强了管理。明太祖洪武二年（1369年），设河北长芦都转运盐使司，下设沧州分司和青州分司，汉沽盐场为青州分司管辖。至明永乐二年（1404年），又从山东枣林一带移民至此成为灶户，煮盐为生。如曹妃甸的李八廒，相传为永乐年间的李文举一家从山东枣林迁此，建庄居住为李家沙坨，后又迁于今李八廒处建灶煮盐。同时李家又管辖着另外七面灶，因此，合到一起称李八廒。至明世宗嘉靖年间，长芦盐场逐渐采用了做盐田放海水、日晒取盐的方法。这是煮盐史上的一大进步，不仅解除了灶户的繁重劳作，而且使盐的产量大为增加。至明朝末年，长芦盐场的运销量已达到23万多"引"，每"引"为650斤。

明朝时，对盐业管理的制度是非常完善的，制定了"正盐"和"余盐"制度，"正盐"即必须交付朝廷的数量。"余盐"是灶户在完成"正盐"的数量后，又多生产出来的盐。"余盐"可以民间私售，这本是朝廷鼓励灶户多产盐的好政策，由于宦官和盐商勾结，使"正盐"和"余盐"制度形同虚设，一些盐商通过监管盐业的宦官购买"正盐"数量，而宦官中饱私囊，大量的正盐便成了私盐；同时，盐商又以低价向灶户预订"余盐"。因此，盐业被少数盐商所垄断，盐商和宦官双获暴利，而朝廷的税收则大为减少。如万历年间，京东的大盐商钱似玉勾结税监宦官马堂，向皇帝献银两万六千两，得到了查缉私盐的大权。由此可见宦官执政，万历昏庸至极。从此，钱似玉垄断了盐业的产销运营，由此也可见盐业利润之巨。

至清朝初期，京东盐业再度萧条。因为清廷为防止明朝残余力量反清北上，一度禁止河海槽运，影响了盐业的发展。至康熙时逐渐开放海禁，至康熙二十三年（1684年），下令全国开放海禁，京东盐业再次繁荣起来，也带动了商业繁荣。许多商贾从南方经登州至汉沽至奉天，将南方的丝绸、茶叶、瓷器带到北方，出现了万商穿行于京东大地，陆上车马和槽运日夜不停的景象。至康熙中期，长芦盐场的产量已达600余万石，行销于京津鲁豫之间。盐业的历史和灶户的来历就这样风风雨雨地走了过来，留下了灶户们辛苦艰难，化作盐业的繁荣。

解放后，沿海一带的盐场划归柏各庄农场，如今已为曹妃甸，大多集中在李家灶乡，不仅出盐，而且农渔并举，再也没有历史上的阴云，已是家家有存款、户户有余粮，村民和谐相处，物华天宝，人杰地灵。如今留存下来的灶户村有曹妃甸二农场的小廒上和常灶村，有十农场的李八廒，有十一农场的李家灶、沽南灶、小东灶、大东灶、大灶、小西北灶、大西北灶、大村灶、二面灶、三面灶、孙家灶、孙家东灶和孙家北灶，共14处以灶为称的地名。

作者：闫克岐

地名有里

唐山大地带里字的地名和村落共有99处，大致分为三类。一是里表示长度。如大二里、小二里、三里屯、五里岗、东八里、西八里等这类的村落有35处。其二是以地貌为称。里在其中的作用为乡里、故里、故乡的意思，如胡里庄、文里庄、石里桥等。一个里字常常令人心动，无论是离家万里的乡愁，还是回归故里的情怯，一个故乡的里字总是令人难以忘怀，化作脑际的青山绿水、红瓦白羊。这样的村落共有34处。不过，“里”字最重要的含义是古时管理居民的基层组织，这就是我们要说的“里”。里是怎样产生的？

里，产生于城，城产生于邑，邑又产生于何时呢？《史记》载：“舜耕历山，一年成聚，二年成邑，三年成都。”聚就是聚落村庄，邑就是比村庄大的城镇，都就是比邑大的都市。《史记》中这段文字记述了古代先有村庄后有都城的发展顺序。村庄容易理解，邑又是什么样子呢？商周时，“野以邑名”，就是将散居在田野的村民聚居后到一起，在其四周围垣设门，这就形成了邑，也就是带有围墙的聚落。不过，这道矮小的围墙，却是古时最重要的计算单位，可以知道邑内的居民户数和所耕种的亩数。《周礼·地官》载：“九夫为井，四井为邑。”又载“百亩一夫”，夫即一户人家，“九夫一井”就是9户人家共用一口井；“四井一邑”，说明一个邑内有36户。而一户耕田百亩，三十六户所耕之田也就可想而知。而古时“溥天之下，莫非王土；率土之滨，莫非王臣”，大王可以随时将土地和子民赏赐给功臣贵族，赏赐的基本单位就是“邑”，称为“食邑”或“食田”。赏赐少的一至两邑，多的三四百邑，可见当时邑的数量之多。随着邑内的居民不断增多，邑便不断向外扩张和增加新邑，也就出现了许多邑连在一起的城。都也是城，其区别是有王侯宗庙的城为都，反之为城。

随着邑和城的出现和大量居民聚集一起，甚至上万人聚居住在一起，便出现了如何管理居民的问题。因此，“邻”和“里”的基层组织形式也就应运而生。《周礼·地官》载：“五家为邻，五邻为里。”又载：“五家为比，五比为间。”比同于邻，间同于里，所以唐朝时王勃留下的名句“海内存知己，天涯若比邻”，真是十分贴切。比与邻均在五家之内，可以说是最近的邻里关系了。由此，就弄清了里是如何产生的。

再具体讲，里，就是在城邑之内，25家隔一短墙，设一里门，便称里。春秋时期，邑内隔墙的“里”在《诗经》中已有记述。《诗经》《将仲子》中有“将仲子兮，无逾我里”，释成今天的话语，就是：“将仲子啊，请你从里门出人，不要翻墙而过啊。”再如，《周礼》中记述周朝时，仲春二月，春官占卜一年的收成时，有“里人尽出”的文字，这些都表明了里的形成，也标志着从村落脱离出来的新的居民组织形式。

同时，邻里之间的和谐相处也就显得极为重要。孔子在论语中专有一章为“里仁”，其第一句话就是“里仁为美”，提倡在同一个“里”居住的人们，朝夕相见，都应以仁作为道德标准，这样做的人是里内最美好的人。仁，即亲亲也。用今天的话说，就是既爱自己也爱别人。孔子又讲：“不仁者不可以久处约，不可以长处乐。”释成今文，即不按仁的标准做事，不爱自己也不爱别人的人，不可能与他人长时间地友好相处，他自己也决不会长久地快乐。可见在春秋战国时期，对里内居民的管理，不仅朝廷官府重视，也引起了像孔子这样的大学者的重视。

与此同时，与里同时而产生的还有“社”。社又称“书社”，就是将里内的居民全部书写到一个图版上，称为书社。里与社二者之间既有相同点，又有区别，区别在于“里”是指管理居民的范围，和管理“百亩一夫”的耕田数量。“社”只是掌管里内人口的增减和流动，可以说“书社”是最早的有文字的“户口簿”。春秋时，楚、齐、鲁、卫、吴、越等国均采用25户为里为社的管理方法。孔子带着学生来到楚国，声势浩大，楚昭王为表示对孔子的敬重，以“七百里书社地封孔子。”可见孔子的声望如日中天，可见楚国土地之广和国势的强盛。至强秦统一中国后，实行郡县制，将25户为里定为最基本的居民组织，普天下统一推行。

至汉朝疆域再次扩大，汉承秦制延续了秦朝的邻里制度，在“里”之上又设“党”，五家为邻设邻长，五邻为里设里长，五里为党设党长，实行“三长制”。但基层组织中实际发挥作用者仍是里长。汉初的名臣郦食其、张耳、陈余等均做过里长。里长又称里胥，里胥对里中居民的耕田收获、日常起居，都有督促、组织、管理、监督的职能。《汉书·食货志》载：“春将出民，里胥平旦坐于右塾，邻长坐于左塾。”检查里内的居民是谁还没有起床下地，到田间耕作。这一制度延续到东汉末年，曹操统一北方，建都邺城，将里改称坊，又称里坊，实行城坊制，里又有了新的称呼坊。

至大唐盛世，京城人口剧增，在“坊”上建“里”，实行城、里、坊三级管理的制度，由官府委派邻里居民之中有威望之人做坊长和里长。他们虽不是正式官员，却拥有相当大的司法权，坊长协助里长审理里坊之内的居民间的婚姻、田债、民事纠纷等，使里长的作用得到加强和充分发挥，对于化解邻里之间的矛盾纠纷起到重要作用。应当说，大唐前期的平安盛世与这一制度有密切的联系。

至明朝，将里坊制改为里甲制，对居民的管理更加明确和严格，并为里长设立办公的地方，称“申明亭”，即申明教诫之意。同时，里长又是地方保安组织的官员。明朝将“里”这一基层组织的作用发挥得比唐朝时更加完善。

尤其在大明永乐之后，唐山大地移民骤增，其后的经济繁荣使唐山大地出现了以商贸为中心的城市。“里”在唐山大地日益增多，当然也留下了里内居民化解矛盾互敬互让的故事。相传曹雪芹家族居住在丰润县城的咸宁里，与其一道相隔的邻居也是家境殷实的望族，为扩张院落，便向外扩墙欺道，让曹家很是恼火，也便扩墙欺道，要争这个面子。于是，街道变得狭窄，不能走车了，里内居民怨声载道。曹家意识到扩墙欺道的不妥，但又觉得此事为隔道的邻居先引起的，应当由他们先内移院墙。而两家都不想先内移院墙，事情就僵持住了。于是曹家便派人捎信给曹家在朝的大官，想借官势压对方先向内移墙，然而得到的回信却是一首诗：“千里捎书为一墙，让他三尺又何妨。万里长城今犹在，不见当年秦始皇。”曹家顿时解开心中的疙瘩，不仅主动内移院墙，还又让道三尺，博得里内居民的交口称赞。隔道邻居也感到扩墙欺道的不妥，也向内移墙，让道三尺。狭窄的街道变得宽敞，两家都受到里内居民的称道。

至大清朝，改为保甲制，其细致程度又超越了明朝，十牌为一甲，十甲为一保，设甲长和保长，二长负责保甲之内的一切事情，如甲内发生盗、赌、奸、拐、杀等案件均要迅速报县，并协助破案。同时，严密了日常的户籍管理，每个牌户院内，有一户或多户，均要在院门外挂牌，院内人口的增减与院门的户牌要保持一致；并且甲长一年一换，保长三年一换。对于基层居民的管理，清朝又胜于前朝。

唐山市区内的里是随着唐山市的形成而逐步增多，大多建于民国期间。光绪三年（1877 年），李鸿章派唐廷枢到乔屯一带建矿采煤，1879 年开凿了一号井，1880 年修建了唐山至胥各庄的唐胥铁路，其后又从胥各庄挖通至芦台河口处的煤河，1881 年正式出煤。随着煤业的兴起，陶瓷、石灰、水泥、织布业等相继兴起，一个以煤业为主体的城市逐渐形成。1928 年改称唐山市，但仍属滦县八区管辖。随着城市的形成，里也应运而生。城内的布局为东西为大道，南北为大街；街道之下分成若干个里，里下为胡同。1938 年唐山从滦县脱离出来，正式独立建市。解放后，城、里、胡同的区域标志和划分留存下来，但“里”已不是基层组织，其职能为居民委员会和街道办事处所代替，里已成为单纯的又是重要的城市区域的标志。1976 年唐山大地震摧毁了一切，也改变了一切。震后重建，市内留存了八处“里”，丰润新区新添了 7 处“里”，但“里”之下的胡同消失，演变成小区。里仍然留在我们的生活之中，留在我们的城市之中，发挥着明路指南的作用。

作者：闫克岐

地名有集说集史

集，在唐山大地的域称之中仍存留6处：有丰南县的新集和小集乡，有滦州市的小集，滦南县的西南集和东南集，还有迁西县的新集乡。这些至今仍都是集市贸易的热闹场地。

说起集，既简单又复杂。简单说，集就是人们从四面八方聚集到一起，通过买卖交易互通有无，或以物换钱，或以钱换物。如今这样的集市遍及城乡各地，谁要想赶集逛集，天天有之。说它复杂是要弄清集的内涵，钩沉集的历史，则要在文山之中寻觅，在边边角角之处偶可得之，常令钩沉者失去耐心。

集，是个内涵极多之词。一为停留。如《诗经》有句："黄鸟于飞，集于灌木。"其二是聚集。如《离骚》有句："欲远集，而无所止兮。"其三为诗书文集。其四是成功。如《左传》中有记："今日之事，幸而集。"还有更难于令人理解的，古时却非常重要的"集脰""集糧""集既""集酬"。这是春秋战国时为王室服务的四个专门机构。"集脰"是负责大王、王后、太子饮食的厨官；"集糧"是为王室制造器皿用具的机构，即"酬客为集糧"；"集既"为主饮官，负责祭祀时的物品供给，负责王室日常的"六谷之饭"，相当于今天的总后勤官，"集酬"为掌酒之官，负责主管酿酒的官员。以上是我们应知之集的含义。不过，我们要钩沉的是形成地名的集的另一重要含义——"集市"。

集市贸易已有几千年的历史。古老的《易经·系辞》有记："日中为市，致天下之民，聚天下之货，交易而退，各得其所。"有的书归于神农之时，有的书说始于祝融之时。不管集市始于哪位先祖时期，都显见集市贸易的年代久远。

至商朝，已出现了专门从事集贸之人。《尚书·酒诰》中有载："肇牵车牛，远服贾。"同时出现了贝币，在商墓中常有出土。至周朝时，集市贸易已成为物资交流、钱物交流的重要场所，已经有专人管理，有"质人"和"胥师"。《周礼》载："质人掌成之货贿。"质人便是管理市场的主管者，凡在集市上成交的商品，均由质人为双立书契卷约。"胥师"为具有专业知识的人，能够识别"物之情伪与实诈"，对成交物品进行鉴定。显然，春秋战国时期，各国对集市贸易的管理和诚信交易十分重视，也足见两千多年前的先人的心地纯朴。至强秦统一中国，废城墙，修驰道，统一货币和度量衡，为集市贸易的发展创造了条件。

至西汉文景之治，天下太平，财富剧增，粮食堆满仓，多得没处存放，铜钱存得太久，穿钱的绳都烂掉了；集市贸易极为活跃。京都长安城内就有九处集市。又称九市，在集市旁边都有饮水的水井，因此集市又称市井。集市设有商肆，同类物品摆放一起，又称列肆。集市贸易的环境日益完善。

至大唐盛世，商贸空前繁荣，集市开始分化。一是京都或大城市的集市向大型专业发展。如京都长安设有东市和西市两大集贸市场，与居民区隔开；设有市令，每天中午，击鼓300声开始贸易，日落前三刻击钲300下停集。其货物的流动量，北至朝鲜，南至安南，西至西域波斯，大批商队车马昼夜不停，已是大宗货物的集散地，其货物远非三五天可卖完。而买主所购货物也非一日可运走，于是出现了大量的货物堆积，为存放贸物和分类管理，于是在集市贸易中又出现了“行”，有布行、米行、肉行、珠宝行等，仅东市就有220行，于是盖起一排排货库，“四方珍奇，皆所积集”，大宗贸物开始往批发的方向发展，标志着大规模集市的成熟。人们买物品，不去东市，就到西市，想买之物应有尽有。因此，唐之后留下“买东西”的俗语。其后的《唐宋传奇》《今古奇观》等书中，多见“买东西”一语。

与此同时，小型综合流动的集市遍布城乡，集市上柴米油盐、刀斧箩筐应有尽有。但货物的真真假假，参差不齐，也有些赃物上市，有骗人的，也有上当的。车马人流，时聚时散，这样的集市称为草市。专在天亮之前至天将破晓之时交易，各种物品，千奇百怪，价格便宜，许多贪小便宜者皆早早起来赶集，这种集市俗称鬼市。

唐山大地的集市兴旺于大明永乐之后，大批移民迁至京东，村落倍增，随之而来，集市兴起，但皆为早市，却也热闹非凡。曾有诗描述早市的热闹：“凌晨万物集棚齐，叫卖之声有高低。蝇营争利成晓市，三竿日上腾空集。”也有诗记述早市的杂乱：“夜方五鼓未啼鸦，小市人多乱如麻。贱价买来偷盗物，牵连难免到官衙。”

唐山大地留存下来的带集字的域称中，丰南的小集和迁西的新集最具代表性，值得记述。丰南县的小集建于明初，为山东移民迁此定居，最初为南新庄，寓意为从南部迁来。南新庄建在了柳河镇的旁边，日久，由于南新庄人丁日多，商贩多来此做生意，于是就形成了集市。而南新庄的地势呈三角形，略狭小，于是便称其小集，虽称小集，但因山东人迁此之后逐渐成了物流交易中心，而柳河镇虽为镇，却变成了从属地位。至大清乾隆五十年（1785年），柳河镇为小集所代替，改称小集镇。所以说小集不小。集市贸易的发展，改变了政区中心的移动，时至今日，小集仍是丰南县的主要集市之一。农历逢一初六为集，集市之日，人流达万人之众，日成交达百万元之上，集贸市场的兴旺可见一斑。迁西的新集那里原是一片荒原，一条小河流过，有朱王陈李四姓迁到这里定居。四户人家经历了先搭窝铺遮风避雨的艰辛、建筑房屋的劳累，以及开荒种田的辛苦，终于安定下来，形成聚落。由于四姓和睦相处，便起名四合庄。古人有定居便种树，树旺家族旺的习俗。村边有条小河，四户人家便在村庄周围遍插柳枝，不知不觉中柳树连成一片，像一道城墙护住村庄。一代人之后，这里成了绿树成荫最美丽的地方。人们都愿意到这里乘凉唠嗑，也留下邑人诗文：“水清水静水流长，柳岸柳树柳风凉。后人乘凉前人种，朱王陈李四合庄。”尤其村南古道边的两株柳树，枝儿竟然交织在一起，宛若天生的城门。于是，过往之人称这里为柳树城，有的到这里观赏奇树，有到这里买货卖货。而这里又交通方便，天长日久，“柳树城”便代替了“四合庄”。这里也成为一方有名的早市。每天夜里，来往的车辆不断，清晨时人山人海，车水马龙。柳树城的村民并不反感，他们觉得每天如此热闹，是这儿人气鼎望兴盛。买卖物品既有田野的农产品、香梨水果，也有农耕铁具、布帛皮货、柴米油盐、刀斧箩筐，应有尽有。既有本分人的真货实价的叫卖，也有弄假货蒙人的笑话夹杂其间。早市上良莠不齐，众生百态。

到了清朝康熙二年时，永平府乔太守与一位进京赶考的文友路过此地，住在了柳树城。通宵人声嘈杂不断，乔太守的文友久闻这里货物多，价格便宜，清晨五更，天方未明，他便来到早市上转悠。果然人头攒动，摊贩云集，摊前点着蜡烛，货物无奇不有，有高高低低的叫卖声，也有的交易者并不言语，均在袖内用手指掐算，双方满意后点头成交。其文友见一件羊皮袄毛色整齐，有些动心，于是同摊主人用手掐算，只用一两纹银便成交。其文友满心欢喜，回到住处，向乔太守炫耀自己买到的贱货，乔太守一笑说：“贪贱或许会上当。”仔细查看，果然上当，羊皮袄是在里面贴一层牛皮纸，将羊毛梳理后沾到牛皮纸上，外罩一件漂亮的布套。第二天清晨，其文友又去早市将皮袄卖出，竟然卖了三两纹银。其文友满心高兴，匆匆而归，回来后向乔太守亮出纹银。这时天已大亮，乔太守对他说：“你再细看纹银是否有假。”其文友细看纹银，果然是用老铅制成。文友惊呼上当，懊悔不已。乔太守笑道：“我带你此行，正想考察其早市弊端，不想为你所验证。”乔太守回府后，立刻下令取消早市，其开市时间规定卯时开市，午时收市。从此，州府境内的集市均为上午开集，光天化日之下，作假现象骤然减少；同时规定五天一集，全境皆然。并在柳树城设集，入地名志，改称新集。几百年来，历经风风雨雨，如今的新集已成迁西重要的集镇之一。

作者：闫克岐